제5판

Management Information Systems

디지털 기업을 위한

경영정보시스템

차훈상 · 홍일유

法 文 社

제5판 머리말

오늘날 기업들의 경영활동을 지배하는 새 경영패러다임은 네트워크화와 지식정보화라는 키워드에 의해 대표된다. 그리고 이 새 패러다임의 중심에는 인터넷 및 정보기술이 있다. 정보기술은 기업의 내부부서들 간은 물론 외부기업들과도 연동함으로써 비즈니스 프로세스를 혁신하고 더 나아가서는 전통적 기업을 디지털 기업으로 전환시키는 데 지렛대 역할을 담당하고 있는 추세이다. 따라서 오늘의 기업들은 정보기술에 의존하지 않고는 디지털 기업으로 거듭나는 전 세계적 트렌드에 합류할 수가 없는 것이다.

더구나, 물질적 자산 대신 지적 자산이 더 큰 비중을 차지하는 지식정보화사회에서 기업들이 살아남고 또 성공을 거두기 위해서는 비즈니스 핵심역량을 키우고 까다로운 소비자들의 니즈를 신속하게 충족시켜 나가야만 하는데 이는 정보기술을 통해서만 가능하다.

본서는 오늘날 기업들이 디지털 기업으로의 전환을 통해 기업의 대응 속도와 유연성을 높여 나가는데 있어 경영자가 필요로 하는 시각과 안목을 제시할 목적으로 집필을 시작하였다. 또 본서의 제목도 이러한 집필 의도를 반영하고 있다.

본서는 학부 및 대학원 수준의 경영정보시스템 강의 교재로 사용될 수 있도록 기획되었다. 현재 경영정보시스템 분야의 대학 교재로 우수한 책들이 많이 나와 있다. 그러나 여러 책들이 기업 현장의 경험을 다루는 내용보다는 학술적 이론 중심으로 되어 있어 학생들이 이해하기에 난해하다는 목소리가 간간이 들리고 있다. 본서에서는 경영정보시스템의 개념 및 발전추세를 생생하게 이해할 수 있도록 풍부한 시각적 예시를 통해 최대한 알기 쉽게 풀이하였고 또 다양한 사례를 통해 기업에서의 활용현장을 조명하는 데 주안점을 두었다. 본서는 다음과 같은 형식 및 내용면의 특징을 중심으로 각 장을 작성하였다.

형식면의 특징

- 이론의 단순한 나열보다는 요점을 중심으로 개념 및 추세를 소개하였다. 또 학생들이 이해하기 용이하도록 가능한 한 쉬운 표현으로 내용을 설명하였다.
- 하드웨어나 소프트웨어에 관한 내용들은 기술적 측면에 관한 부분이 많기 때문에 이해를 돕기 위해 칼라 사진, 그래픽, 차트 등 예시 자료를 최대한 활용하였다.
- 독자들의 흥미를 유발할 수 있도록 다음과 같은 다양한 유형의 사례들을 각 장마다 포함시켰다.
  - 개념사례: 각 장의 주제와 관련한 개념을 상징적으로 소개하는 미니 사례
  - 스포트라이트: 개념, 용어, 추세의 설명
  - 기업정보화현장: 국내외 선진 기업들의 정보기술 적용사례
  - 사례연구: 각 장의 주제와 관련한 정보기술을 실세계에서 적용한 과정에 대해 심층 분석할 수 있는 기업응용 사례

내용면의 특징

- 디지털 경영 관점에서 전통적 기업이 디지털 기업으로 전환하는 추세 및 이와 관련한 정보기술을 소개하였다. 특히, 다음과 같은 주제를 중심적으로 다루었다.
  - 경영전략을 기반으로 한 경쟁무기로서의 정보시스템
  - 정보기술과 리엔지니어링을 통한 기업들의 비즈니스 프로세스 혁신 방안
  - 사용자들의 보다 적극적인 참여를 가져온 웹의 진화와 지능정보기술을 기반으로 한 제4차 혁명이 가져올 기업 환경의 변화
- 기업 정보시스템의 기술적인 토대를 이루는 인프라 분야에서의 최신 기술동향을 담고 있다. 특히, 다음과 같은 주제를 중심적으로 다루었다.
  - 인터넷을 기반으로 한 클라우드 컴퓨팅, 서비스 지향 아키텍처, 오픈소스 소프트웨어 등 인프라 구조의 최근 발전 동향
  - 5세대 이동통신, 사물 인터넷(IoT) 및 인공지능(AI) 기술의 활용 방안
  - IT 보안 관리의 중요성 및 통제 방안
- 다양한 비즈니스 활동에 최근 정보시스템이 어떻게 사용되며 이를 통해 기대할 수 있는 효과는 어떤 것이 있는지에 대해 설명하고 있다. 다음과 같은 주제를 중심적으로 다루었다.
  - 산업 가치사슬상의 업무 통합: 인터넷 기술을 통해 공급사, 고객, 직원을 연동

할 수 있는 ERP, SCM, CRM, KMS, 기업정보포털 등의 기업 애플리케이션 구축 추세
- e-비즈니스 및 e-커머스: 인터넷, 인트라넷 및 엑스트라넷 기술에 기반한 기업들의 혁신, 그리고 소셜커머스 등의 최신 온라인 마케팅/판매 동향
- 빅데이터와 이를 활용할 수 있는 다양한 분야의 사례와 전망, RAD, 객체지향 개발 등 최근의 시스템개발 방법에 관한 내용을 수록하고 있다.

막상 준비한 원고가 책으로 나온다고 생각하니 기대에 미치지도 못하고, 부족한 부분도 남아 있어 아쉬운 마음이 앞선다. 독자들이 기업현장에서부터 우리의 일상생활에까지 깊숙이 스며든 정보기술을 이해하고, 미래를 준비하는데 조금이라도 도움이 되었으면 하는 마음 간절하다. 부족한 부분들은 여러 독자들의 도움을 받아 끊임없이 보완해 나갈 생각이다.

주변 여러 사람들의 헌신적인 노력이 없었다면, 이 책은 완성되기 어려웠을 것이다. 우선, 교정 과정에서 정성어린 도움을 준 중앙대 대학원의 김민재 조교에게 고마움을 표시하는 바이다. 그리고 책의 개념 단계부터 최종 검판 작업 단계까지 치밀한 기획, 편집 및 교정 작업으로 책의 가치를 높이는데 기여해 주신 법문사 편집부의 노윤정 차장께 감사드린다.

2021년 8월
명수대 연구실에서 공저자 씀

차   례

제2부 정보 시스템 기술 인프라

제5장 IT 기반 구조

제3부 정보기술의 기업응용

제10장 데이터 및 프로세스의 전사적 통합관리

개념사례

사례연구

제 1 부

정보기술이 기업경영에
미치는 영향

오늘날 경영환경은 비즈니스의 글로벌화, 기술의 급속한 발전, 사회문화적 변화 그리고 고객요구의 다양화 등으로 말미암아 하루가 다르게 변화하고 있다. 이러한 경영환경 가운데서 기업이 살아남기 위해서는 생산성을 높이고 서비스 질을 향상시키며 기업 경쟁력을 강화시키는 노력을 경주하여야 한다. 정보기술은 기업의 이러한 대응노력을 촉진시켜주는 촉매 역할을 하고 있으며 이제 정보기술 없이는 무한경쟁 시대에서 기업활동을 영위하는 것이 어려워질 정도로 그 비중이 확대되었다.

제1부는 정보기술이 기업의 경영활동에 미치는 영향을 조명하는데 역점을 둔다. 오늘날 경영환경의 변화에 대한 대응수단으로서 정보기술이 담당하는 역할에 관해 이해하고자 한다.

제1장에서는 정보기술을 통해 전통적 기업이 어떻게 디지털 기업으로 전환되고 있는지 그 트렌드를 알아보고, 또 경영관리자 관점에서 정보시스템의 주요 역할 및 특성을 이해하는데 초점을 둔다.

제2장의 주제는 정보기술의 전략적 역할이다. 경영전략과 관련한 개념모형들을 살펴보고, 정보시스템이 어떻게 경쟁무기로 활용이 가능한지 기업적용 사례들을 통해 알아본다.

제3장에서는 경영혁신에 있어서의 정보기술 역할에 관해 학습한다. 우선 프로세스혁신 및 리엔지니어링의 개념을 이해하고, 조직 및 프로세스를 성공적으로 변화시키는데 있어 정보기술을 어떻게 활용할 수 있는지 알아본다.

제4장에서는 디지털 기업을 견인하는 웹 기술이 그동안 어떻게 진화하여 왔는지 살펴보고, 나아가 최근 화두가 되고 있는 4차 산업혁명 시대를 맞아 기업들은 어떤 새로운 정보 기술과 경영 환경 속에서 경쟁을 하게 될지 알아본다.

제1부

제 1 장

정보기술과 디지털 기업

　오늘날 컴퓨터 및 통신기술은 급속한 발전을 거듭하고 있다. 이러한 기술의 발전으로 기업의 업무에서 컴퓨터를 기반으로 한 정보기술이 차지하는 비중이 그 어느 때보다 높아지고 있다. 뿐만 아니라, 정보기술은 기존의 전통적 기업을 네트워크에 연결된 디지털 기업으로 변화시키고 있다. 경영정보시스템(MIS)은 이러한 정보기술이 기업 경영에 어떠한 영향을 미치며 또 기업이 정보기술을 어떻게 이용하고 관리할 것인가를 다루는 학문 영역이다. 본 장에서는 기업의 디지털 경영에서 정보기술이 담당하는 역할을 살펴보고 정보기술에 기반한 MIS의 기초 개념에 대해 조명해 보기로 한다.

　본 장을 학습한 후 학생들은 다음의 질문사항들에 대해 각각 답할 수 있어야 한다.

• 오늘날 기업들을 움직이는 경영패러다임은 어떻게 변화하였는가?
• 기업활동에 있어 정보기술이 담당하는 주요 역할은 무엇인가?
• 디지털 기업의 주요 특성은 무엇인가?
• 기업에서 정보시스템은 반드시 필요한가?
• 오늘날 기업들이 정보기술에 의존하지 않고는 기업을 운영할 수 없는 이유는 무엇인가?
• 경영정보시스템의 개념은 무엇이며 지난 반세기 동안 경영정보시스템은 어떻게 진화해 왔는가?

디지털기술로 앞서가는 도미노피자

배달앱 업체가 시장 이슈를 선점하는 가운데 도미노피자의 앞서 나가는 행보가 업계에서 주목을 받고 있다. 적극적으로 새로운 정보기술(IT)을 도입하고, 친환경 경영에 나서는 등 피자 업체를 넘어 푸드테크 기업으로 나아가는 모습을 보이며 시장 변화를 주도하고 있는 것이다.

코로나19 확산과 함께 온라인을 통한 음식 배달 서비스가 일상이 되고 있다. 27일 통계청에 따르면 지난해 온라인 주문으로 이뤄진 음식 서비스 거래액은 17조4,000억원으로 전년보다 78.6% 늘었다.

▲ 도미노피자의 자율주행 배달 로봇 '도미 런'

▲ 도미노피자의 배달 전용 드론 '도미 에어'

도미노피자는 제조부터 주문, 배송까지 모든 과정에 IT를 접목해 독자적인 길을 구축하고 있다. 지난해 12월에는 자율주행 로봇 '도미 런'과 드론 '도미 에어'를 이용한 배달 서비스를 테스트 진행하며 새로운 기술 도입을 적극 시도하고 있다.

현재 '도미 런' 배송 서비스는 도미노피자 성균관대학교 수원캠퍼스 매장에서 '로봇 전용 도미노 스팟'을 통해 이용할 수 있다. 도미노피자는 앞으로 일부 상업지역과 아파트 지역을 대상으로 서비스를 확장할 계획을 가지고 LG전자와 협의 중이다. 또 드론 '도미 에어'를 활용한 배달은 올해 안에 한강공원 위주로 시작할 계획이다.

2003년 국내 외식업계 최초로 공식 홈페이지를 열고 온라인 주문을 받기 시작한 도미노피자는 2015년에는 고객이 원하는 대로 직접 도, 토핑, 소스 등을 선택해 피자를 주문할 수 있는 고객 맞춤형 주문 시스템 '마이 키친', 2017년에는 인공지능(AI) 채팅 주문 서비스 '도미챗(DomiChat)' 등을 선보였으며 2018년에는 PC와 모바일 배달 주문 고객들에게 제품의 위치 정보와 도착 예정 시간을 실시간으로 제공하는 서비스 'GPS 트래커'를 도입했다. 특히 'GPS 트래커'는 도미노피자가 국내에서 최초로 시도해 주목을 받았다. 차량 이용 매장 방문 포장 시 고객의 차량까지 매장 직원이 직접 피자를 배달하는 '도미노 드라이빙 픽업 서비스'도 2019년 시작했다.

배달 시장이 커지면서 쓰레기 분리수거 문제가 대두되고 있는 가운데 도미노피자는 친환경 경영에도 나서고 있다. 지난 5월에는 환경 경영의 일환으로 재활용이 가능한 '도미노 에코프렌들리 박스'를 선보였다. 도미노 에코프렌들리 박스는 휘발성 유기화합물 발생량을 축소시킨 콩기름 잉크를 사용해 인쇄 시 잉크 사용량을 최소화했다. 기존 피자 박스와 달리 콩기름 잉크를 사용해 재활용도 용이해졌다. 박스 외부를 여러 가지 색으로 인쇄하지 않고 검정색 잉크로만 인쇄해 잉크 사용량을 최소화한 것도 특징이다. 또한 음식 낭비를 막고 일회용품 사용을 줄이기 위해 피자 주문 시 함께 오는 피클, 소스, 포크 제공 여부와 수량을 고객이 직접 선택하는 'Zero-Waste 캠페인'을 진행하고 있다.

친환경 교통수단 도입도 추진하고 있다. 지난해 5월부터 일부 매장에서는 전기 바이크와 전기 자동차, 전기 자전거를 도입해 친환경 배달 서비스를 테스트하고 있다. 또한 1인 가구 확산에 따른 배달 트렌드 변화에도 대처하고 있다. 지난 4월 출시된 도미노 1인 피자는 가격과 양 모두 1인 가구에 적합하게 구성했다.

배달과 포장 중심이라는 도미노피자의 정체성은 코로나

19 상황에서 더욱 빛났다. 도미노피자를 운영하는 청오디피케이는 지난해 매출 2328억원, 영업이익 165억원을 기록했다. 전년 대비 각각 14%, 43% 증가한 수치다.

오광현 한국도미노피자 회장은 "앞으로 도미노피자의 30년은 끊임없는 혁신과 도전을 토대로 디지털 회사보다 더 앞선 IT 테크놀로지를 통해 도미노피자를 찾는 모든 고객에게 최고의 경험을 제공할 수 있도록 노력하겠다"고 밝혔다.

출처: 매일경제, 2021년 6월 27일

1.1 ▶ 디지털 혁명

정보기술의 발전 트렌드

우리는 지금 21세기 디지털 혁명의 시대에 살고 있다. 개념사례에서 볼 수 있듯이 디지털 기술은 끊임없이 발전하며 우리사회 정보화의 견인차 역할을 하고 있다. 통신 및 컴퓨터기술의 급속한 확산으로 우리가 사는 방식은 크게 달라졌다. 온라인 뱅킹 및 쇼핑에서 소셜 네트워킹에 이르기까지, 디지털 혁명은 일하고 남들과 사회적 관계를 유지하는 방식을 완전히 변화시키고 있다. 본 절에서는 우리 사회에서 정보기술의 발전이 어떻게 디지털 혁명을 이끌어 가고 있는지 알아보기로 한다.

'80년대 초 인텔 및 마이크로소프트사가 함께 주도해온 소위 PC 혁명은 전통적 사회에서 정보화 사회로의 전환을 크게 가속화시킨 것으로 평가되고 있다. 특히 '90년대 들어 전 세계를 하나로 잇는 인터넷 및 월드와이드웹 기술이 개인은 물론 조직에도 급속하게 확산됨에 따라, "손바닥 안에 모든 정보를!"(Information at your finger tips)이라는 캐치프레이즈는 이제 흔히 들을 수 있는 문구가 되었다.

이러한 컴퓨터 및 통신 기술의 급속한 변화에 힘입어, 최근의 정보화 트렌드는 다음의 세 가지 방향으로 진전되어 왔다. 첫째는 컴퓨터 하드웨어의 눈부신 발전으로 성능이 크게 향상된 반면, 컴퓨터의 가격은 매우 낮은 수준으로 떨어져 컴퓨터의 구입이 훨씬 용이해졌다는 점이다. PC의 급속한 가격하락으로 누구나 큰 경제적 부담 없이 컴퓨터를 구입할 수 있게 된 것이다. 그러나 컴퓨터의 보급이 늘어남에도 불구하고, 정보기술 혜택을 누리는 층과 누리지 못하는 층간에 존재하는 **정보격차**(Digital-divide) 현상은 점차 심각한 사회적 이슈로 부상하고 있는 추세이다. 우리나라에서도 소득격차 또는 지리적 격리 등으로 인해 존재하는 정보격차의 해소를 위해 정부 및 민간차원에서 대응을 하고 있다.

둘째, 광대역(broad-band) 통신 인프라의 구축으로 컴퓨터간의 상호접속이 수월해지고 세계 어느 곳에 있는 정보든지 자유자재로 접근할 수 있게 되었다. 컴퓨터가 정보의 처리 및 저장을 담당하는 주요 수단이라고 한다면, 통신망은 컴퓨터에 저장된 정보처리 결과를 지리적으로 떨어져 있는 이용자에게 전달하기 위한 주요 수단이다. 따라서 컴퓨터가 아무리 성능이 좋아진다 해도 컴퓨터와 컴퓨터간을 연결하는 고속도로가 없다면 컴퓨터의 잠재력은 제한을 받을 수밖에 없다. 우리나라는 최근 들어 초고속통신망을 위시한 정보고속도로(information superhighway)가 구축됨에 따라, 컴퓨터만 있으면 국내는 물론이고 세계 어느 곳에 있는 정보라도 바로 연결하여 이용할 수 있게 되었다.

셋째, 누구나 컴퓨터를 쉽게 배울 수 있는 툴의 등장으로 컴퓨터를 배우기가 쉬워졌다. 초기의 컴퓨터가 컴퓨터 전문가들의 전유물이었다면 요즈음의 컴퓨터는 남녀노소 관계없이 누구나 쉽게 사용할 수 있는 **사용자친화적**(user-friendly) 컴퓨터의 성격을 띠고 있다. 사용자친화적 컴퓨터환경의 대표적인 예로는 그래픽중심의 운영환경(graphical user interface), 마우스, 월드와이드웹 등이 있다. 특히 최근에 와서는 웹사이트의 범세계적 기준으로서 접근성이 중요하게 요구되고 있기 때문에, 시각장애자나 청각장애자도 인터넷을 즐길 수 있는 시대가 열리고 있다.

이와 같은 환경변화가 진행되고 있는 가운데 최근 주요 선진국을 중심으로 새로이 화두가 되고 있는 키워드는 **유비쿼터스 컴퓨팅**(ubiquitous computing)이다. 스포트라이트에 설명되어 있듯이, 유비쿼터스 컴퓨팅은 인간의 생활양식 및 기업의 업무수행 방식에 혁신을 불러일으킬 새로운 IT 트렌드로 인식되고 있다. 우리나라도 선진국들에 비해 다소 늦기는 했지만 정부 유관부서의 주도하에 관련 기업들이 컨소시엄 형태로 참여하는 시범사업 프로젝트가 진행 중에 있다. 그러나 장미빛 기대와 전망에도 불구하고 아직 실용화 단계까지는 넘어야 할 산이 많다. 정보가 어디에서나 존재함에 따라 안정적인 보안기술 개발의 해결이 가장 시급한 큰 문제로 남아있다. 또 유비쿼터스 환경을 실현하기 위한 프로젝트가 경제성이 있기 위해서는 관련시스템의 도입비용이 현재보다 훨씬 낮아져야 한다. 아직은 기업들 대다수가 시스템 도입의 필요성을 인식하면서도 초기 도입비용이 매우 높아 유비쿼터스 환경의 실현을 뒤로 미루고 있다.

스포트라이트　　　　**유비쿼터스 컴퓨팅**

유비쿼터스(ubiquitous)란 용어는 라틴어에서 유래한 것으로 '언제, 어디서나, 동시에 존재한다'라는 뜻으로서 네트워크를 통해 정보가 모든 곳에 존재한다는 의미를 지닌다. 지금처럼 책상 위 PC의 네트워크화 뿐만 아니라 휴대전화, TV, 게임기, 휴대용 단말기, 카

▲ RFID 칩이 부착된 생선관련 정보는 무선망을 통해 슈퍼마켓 서버로 전송된다.

네비게이터, 센서 등 PC가 아닌 모든 비 PC 기기도 함께 네트워크화되어 언제, 어디서나, 누구나 대용량의 통신망을 사용할 수 있고, 저요금으로 커뮤니케이션 할 수 있음을 가리킨다.

1998년 '유비쿼터스'란 용어를 처음으로 사용한 미국 제록스 팔로알토 연구소의 마크 와이저(Mark Weiser) 소장은 유비쿼터스 컴퓨팅이 메인프레임, PC에 이은 제3의 정보혁명의 물결을 이끌 것이라고 주장하였다. 마크 와이저에 따르면 미래에는 컴퓨터들이 현실 공간 전반에 걸쳐 편재되고, 이들 사이는 유무선 통신망을 통해 이음새 없이 연결되어 사용자가 필요로 하는 정보나 서비스를 즉시에 제공하는 환경이 구현될 것이며, 또 이를 위해서는 사용자가 거부감이나 불편함을 느끼지 않고서 언제, 어디서나 편리하게 컴퓨팅 자원을 활용할 수 있도록 다양한 형태의 컴퓨터를 현실 세계와 효과적으로 결합해야 한다.

일본의 트론(TRON) 프로젝트를 주도해 세계의 주목을 받은 바 있는 도쿄대 사카무라 켄 교수는 저서 '유비쿼터스 컴퓨팅 혁명'을 통해 '선진국의 경우 저성장 사회로의 이행이 가속화되고 있는데 유비쿼터스 컴퓨팅은 지속적 성장이 가능한 순환형 시스템의 정착을 가능하게 해줄 것'이라고 전망하고 있다. 그는 저서에서 유비쿼터스 환경하에서는 정보습득과 활용이 최적화돼 소모성 자원의 효율적인 사용이 가능해질 것이며, 유비쿼터스 컴퓨팅이 대량 생산의 획일적인 '하드와이어드(hardwired)' 사회를 개개인의 다양성에 적절하게 대응할 수 있는 '프로그래머블(programmable)' 사회로 탈바꿈시켜줄 것으로 전망하였다.

이와 같이 유비쿼터스 컴퓨팅에 대한 학계 및 기업의 관심이 모아지고 있는 가운데, 유비쿼터스 컴퓨팅 개념을 비즈니스 분야와 접목시킨 u-비즈니스가 빠른 속도로 성장할 것으로 전망되고 있다. u-비즈니스는 RFID 등 유비쿼터스 정보기술을 활용하여 물리적 요소와 전자적 요소의 연동을 통해 언제나 접속 및 상황인식이 가능하고 그 결과에 따라 자율적인 동작을 할 수 있는 시스템이 중심이 된다. 이러한 시스템을 중심으로 기업의 경영관리, 쇼핑과 매장관리(사진참조), 공급망 관리와 고객관계관리, 자산의 유지관리, 제조공정 관리, 물류, 교통, 의료복지 등의 다양한 분야에 응용되어 시간 및 비용을 크게 절감할 수 있을 것으로 기대되고 있다.

이렇게 유비쿼터스 컴퓨팅에 대한 관심이 고조되고 중요성이 부각되면서 세계 유수의 IT 업체들이 시장 주도권 장악을 위해 각자의 복안을 세우고 있다. 마쓰시타는 홈네트워크의 구성을 통한 가정내 유비쿼터스망 구축에 주력하고 있으며 히타치는 유비쿼터스의 관건이 정보보호라고 보고 시큐리티 기술 분야에 집중하고 있다. 소니는 각 기기간의 호환성 구축을 통한 자유로운 정보교환의 측면에서 관심을 보이고 있으며 MS는 가정용 정보단말기인 '미라'라는 컨셉트를 들고 나와 유비쿼터스 컴퓨팅의 가능성을 타진하고 있다. 이들 업계에서는 유비쿼터스 시대를 앞서가기 위해서는 기술 개발 이외에도 ITU 활동 등 표준화를 위한 정부차원의 적극적인 지원과 미국, 유럽, 아시아 각국 등과 연구개발 및 국제화 표준분야의 연계 등이 필요할 것으로 지적하고 있다.

디지털 세계로의 전환

1995년 MIT 미디어랩 소장인 니콜라스 네그로폰테 박사는 자신의 저명 저서 '디지털 경영'(Being Digital)에서 디지털 기술의 도래는 평범한 현상이 아니라는 점을 강조했다. "디지털 세계는 어느 대단한 발명품으로 시작되는 것이 아니라 이미 우리 생활에 존재한다. 다가오는 세대마다 이전 세대보다 디지털화 정도가 더 진행된다는 점에서 디지털 세계는 거의 유전적이기도 하다"고 그는 말한다.

실로 그의 저서가 출판된 후 해마다 세상은 더욱 디지털화되었다. 변화의 속도는 빨랐다. 기존의 산업들은 새로운 디지털 환경으로 바뀌었다. 음악, 사진, 출판, 언론, 은행, 금융, 제조, 의료, 교육, 엔터테인먼트 등 산업 부문마다 영향을 받지 않은 곳이 없다. 오늘날 디지털 기술은 현대사회를 사는 인간의 삶에 깊숙이 스며들고 있다. 디지털 기술의 첫 법칙이 있다면, 이는 무엇이든 디지털 신호로 변환될 수 있으며 또 반드시 변환될 것이라는 점이다. 이러한 디지털 세계로의 전환 과정에서 경영관리자들은 디지털화로 향한 끊임없는 물결 속에서 기회 및 난제들을 발견할 수 있어야 한다.

디지털 혁명의 핵심에는 사이버스페이스를 통해 흐르는 디지털 정보의 순환시스템 역할을 하는 인터넷이 있다. 사용자 간의 놀라운 상호작용을 가능하게 하는 힘을 제공하는 인터넷은 세계 수많은 컴퓨터들을 상호 연동하는 네트워크들의 네트워크이다. 인터넷은 곧 디지털 세상을 함께 엮어주는 접착제인 것이다.

매일 같이 세계의 수많은 이용자들이 인터넷을 이용하여 디지털 세계로 입장해 온갖 과업을 수행하고 있다. 이들을 인터넷으로 끌어들이는 마법적 요소는 무엇일까? 편리한 의사소통은 분명 그 주요 요소들 중 하나일 것이다. 네트워크에 연결된 이용자면 누구에게나 이메일이나 인스턴트 메시지를 별 비용을 들이지 않고 쉽게 전송할 수 있는 점이 매력포인트로 다가올 것이다. 기본적인 커뮤니케이션 이외에도, 사람들은 관심 있는 주제와 관련해 무슨 정보든 검색을 통해 찾아낼 수가 있다. 뿐만 아니라 제품이나 서비스를 사고 팔며, 대금 및 세금을 결제하기도 하고, 거주할 집이나 새 직업도 발견할 수가 있어 거래 수단으로서도 인터넷을 이용하는 사람들이 늘고 있다.

디지털혁명은 이제 그 모습을 드러내며 우리 삶속에 영향을 느끼게 해주기 시작했고, 미래에도 디지털기술에 의한 변화는 계속 될 것이다. 다음 세대에서 우리를 이끌어 줄 사람들은 디지털 기술을 잘 이해하여야 하며, 그것이 어떠한 방향으로 진화해 갈 것인지를 예측해 나갈 수 있어야 한다. 디지털화와 관련해 낙관할 점이 많기는 하지만, 그렇다고 디지털화가 사회에 좋은 영향만 주는 것은 아니다. 그 역기능을 피하기 위해서는 지혜롭게 대응방안을 준비하는 것이 중요할 것이다.

디지털기업의 등장

1990년대 이후 기업들의 활발한 정보기술 이용과 더불어 조직혁신 바람이 강하게 불면서, 산업화 사회에 유래 없던 **디지털 기업**이라고 하는 새로운 현상이 나타나기 시작했다. 디지털 기업은 몇 가지 특징을 중심으로 정의할 수 있다. **디지털 기업**(digital enterprise)은 조직의 고객, 공급사, 직원과의 주된 비즈니스 관계를 거의 전적으로 디지털 방식으로 관리하는 기업을 의미한다. 핵심 비즈니스 프로세스가 전사적 규모의 네트워크나 혹은 조직들을 상호 잇는 조직간 네트워크를 통해 수행되는 것이 특징이다. 신규제품의 개발, 주문의 접수 및 처리, 종업원의 채용과 같은 비즈니스 프로세스들을 정보기술을 통해 보다 효율적으로 처리할 수 있는 것이다.

디지털 기업에서는 지적재산권, 핵심역량, 재무/인적 자원과 같은 회사의 주요 자산들을 디지털 수단을 이용해 관리하며, 주요 비즈니스 의사결정을 지원하는데 필요한 정보가 기업 내에서 언제 어디서든 존재한다. 디지털 기업은 전통적 기업보다 훨씬 더 신속하게 환경변화에 대응할 수 있기 때문에 기업이 생존하는데 필요한 유연성이 높다. 또한 디지털 기업은 글로벌 경영을 할 수 있는 기회 및 환경을 풍부하게 제공한다. 결국 비즈니스 업무를 디지털 방식으로 효율화함으로 인해, 기업의 채산성 및 경쟁력을 높이는데 크게 기여할 수 있는 잠재력이 존재하는 것이다.

디지털 기업은 기업 경영을 위해 몇몇 핵심 정보기술에 전적으로 의존하는 점이 전통적 기업과 다르다. 디지털 기업의 경영관리자들에게, 정보기술은 유용한 하나의 도구에 불과한 것이 아니라 비즈니스의 중심이자 주요 경영관리 툴의 역할을 담당한다. 또 이러한 정보기술을 이용해 시공의 장벽을 허물고 글로벌 비즈니스 환경에서 급변하는 요구사항에 신속하게 대응할 수가 있다.

그림 1-1에서 볼 수 있듯이, 디지털 기업을 정의하는데 중요한 비중을 차지하는 시스템이 네 가지가 있다. 첫째는 **전사적 시스템**(enterprise systems)으로서, 이는 기업의 주요 내부 프로세스를 조정관리하고 제조, 물류, 판매, 재무, 인적자원 부문의 데이터를 통합하는데 초점을 두는 기업전체 차원의 정보시스템이다. 둘째, **공급망관리 시스템**(supply chain management systems)은 공급사들과 기업간의 관계를 자동으로 관리함으로써 제품 및 서비스의 기획, 제조 및 공급을 최적화하는데 목적을 두는 응용시스템이다. **고객관계관리 시스템**(customer relationship management systems)은 기업이 유지하는 모든 고객들과의 관계를 통합적으로 관리하는데 주안점을 두는 시스템이다. 끝으로 **지식관리 시스템**(knowledge management systems)은 기업의 전문지식을 창출하고, 수집하고 저장하고 또 전파하는데 목적을 두는 응용시스템이다. 이들 시스템은 기업의 정보흐름을

그림 1-1 ─○─ 디지털 기업의 개념도

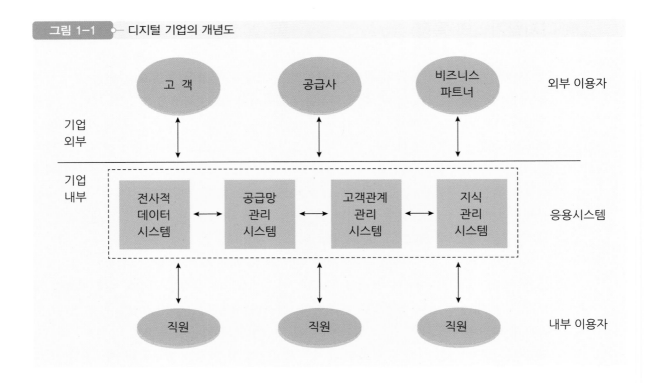

디지털 방식으로 통합하기 위한 주된 수단이며, 또 정보시스템 투자에서 가장 중점을 두고 있는 분야이기도 하다. 전사적 시스템 및 공급망관리 시스템은 제10장에서, 그리고 지식관리 시스템은 제12장에서 좀더 상세하게 살펴보기로 한다.

글로벌 컴퓨터 메이커인 **델 컴퓨터**는 완전한 디지털 기업으로 변신하기 위해 노력하고 있는 대표적인 사례기업에 속한다. 그러나 디지털 기업 현상은 전 세계적으로 일고 있는 대세인 반면, 오늘날 대부분 기업들에게 있어 디지털 기업은 아직 하나의 이상에 불과할 뿐이다. 단순히 정보기술만 도입한다고 해서 디지털 기업이 되는 것은 아니며, 정보기술과 기업전략과 업무프로세스와 조직이 디지털 기업이라는 우산 아래 통합이 되는 것이 중요한데, 이를 위해서는 상당한 비전과 이를 실현하기 위한 노력이 필요하기 때문이다.

Business 기업정보화현장

디지털 전환을 위해 ERP 도입한 삼성전자

삼성전자가 차세대 전사자원관리(ERP) 시스템인 'N-ERP'를 구축해 도입했다고 5일 밝혔다. 삼성전자는 미래 경영환경 변화를 지원할 수 있는 혁신 플랫폼을 마련하기 위해 전문 ERP 솔루션 패키지를 기반으로 30개월간 이 시스템을 개발했다. ERP는 기업의 물적·재무적 자원을 통합 관리해 보다 효율적인 업무 처리를 도와주는 시스템이다.

N-ERP는 SAP사의 최신 솔루션인 S/4 HANA기반의 '인-메모리 데이터베이스' 시스템을 적용해 대용량 데이터 처리와 분석 속도를 대폭 끌어올린 것이 특징이다. 인-메모리 데이터베이스 시스템은 디스크에 데이터를 저장해 상대적으로 복잡하고 느렸던 기존 ERP와 달리 메모리에 데이터를 저장해 속도를 높일 수 있다. 대용량 하드웨어를 병렬 연결해 업무량 급증에 따른 급속한 데이터 증가에도 유연하게 대응할 수 있도록 했다.

인공지능(AI)을 통한 업무 의사결정 지원과 문자 인식 기술을 활용한 업무 자동화 기능도 갖추고 있다. 내·외부 조직 간 협업이 효과적으로 이뤄질 수 있도록 사내·외 시스템 데이터를 실시간으로 연계해주고, 클라우드 기반 솔루션을 도입해 다양한 환경에서도 차질 없이 업무를 진행할 수 있도록 지원한다. 채팅을 통해 업무 처리를 돕는 챗봇 등 프로세스 자동화 플랫폼을 구축해 임직원들이 더 편하게 시스템을 사용하며 핵심 업무에만 집중할 수 있도록 했다.

삼성전자 관계자는 "N-ERP를 이용하면 온라인 판매 확대에 따른 대량의 소비자 주문 현황과 전체 공급망 상황을 실시간으로 분석할 수 있다"며 "이 같은 데이터를 기반으로 상세한 경영 시뮬레이션도 가능해 임직원들이 더 합리적으로 의사결정을 할 수 있게 된다"고 설명했다.

AI와 클라우드 등을 적용한 최신 ERP 도입은 글로벌 기업 중에서도 처음이라는게 회사 설명이다. ERP 업계에 따르면 삼성전자가 N-ERP 구축에 투입한 비용은 7,000억~8,000억원대로 역대 ERP 프로젝트 중 세계 최대 규모인 것으로 알려졌다.

N-ERP는 동남아시아와 중국 법인 등에 우선 적용됐고, 내년 1월까지 전 세계 법인에 순차적으로 도입될 예정이다. 삼성전자가 ERP 시스템 혁신에 나선 것은 2008년 G-ERP를 도입한 이후 13년 만이다. 삼성전자는 1995년부터 개별 법인별로 ERP 시스템을 도입해 사용해 오다가 2008년 전사 ERP를 도입했다.

문성우 삼성전자 경영혁신센터장은 "최신 기술 기반 ERP 시스템 구축은 글로벌 기업 중에서 선도적인 사례"라며 "N-ERP는 삼성전자의 디지털 혁신을 받쳐줄 가장 중요한 플랫폼으로서 역할을 수행할 것"이라고 말했다.

삼성전자에 따르면 N-ERP 구축에는 계열사인 삼성SDS가 참여했다. 삼성SDS는 ERP 초기 도입 시기인 1990년대부터 ERP 구축과 고도화 작업을 진행하며 기술과 시스템 운영 노하우를 축적해 왔다.

출처: 매일경제, 2021년 4월 5일

1.2 ▶ 정보시스템의 개념 및 역할

오늘날 기업경영에 있어 정보시스템은 점차 비즈니스 활동을 지원하기 위한 도구로서 뿐만 아니라 경쟁 환경에서 살아남기 위한 무기로서도 중요한 역할을 담당하고 있다. 정보관리가 왜 중요한 의미를 가지는지 그리고 기업에서 정보시스템이 담당하는 역할이 무엇인지 알아보기로 한다.

경영관점에서 본 정보의 개념

우리가 살고 있는 세상은 정보로 가득차 있다. 이름, 생일, 전화번호, 주소 등 개인정보는 물론 열차 출발시각, 상품쿠폰 유효일자, 관광명소 이름 등 생활에 관한 정보도 모두가 정보이다. 따라서 '정보'가 무엇을 의미하는지 그 의미를 물을 사람은 아무도 없다. 그러나 기업경영 관점에서 볼 때 정보는 매우 특별한 의미를 지니게 된다.

기업 자원으로서의 정보

전통적으로 기업이 비즈니스 목표 달성을 위해 사용할 수 있는 자원에는 인력, 물자, 자금, 기계 등이 있다. 이러한 자원이 풍부한 기업일수록 성공할 가능성이 높기 때문에 경영자의 과제는 이러한 자원을 어떻게 효율적으로 사용할 지를 결정하는 것이다.

정보화 시대에 접어들면서 기업들은 정보도 하나의 자원으로 인식하기 시작했다. 비록 무형이긴 하지만 정보를 창의적으로 활용하면 비용과 시간을 절감할 뿐 아니라 매출을 증대하고 경쟁에서 앞서갈 수 있기 때문에, 기업의 경쟁력을 좌우하는 중요한 핵심 요인으로 등장하고 있다.

흔히 자원이라고 하면 자원 관리를 적절히 해주어야만 자원의 활용효과를 극대화할 수가 있다. 필요한 자원을 획득하여 필요한 때에 사용될 수 있도록 준비하고, 준비된 자원은 잘 이용될 수 있도록 관리하며, 또 진부해지기 전에 새로운 자원으로 대체한다.

정보의 관리도 이러한 자원과 동일한 패턴을 따르는데, 관리자는 데이터를 수집하여 사용가능한 정보의 형태로 가공하며 이러한 정보가 조직 내 필요한 사람에게 적절한 형태로 적시에 제공될 수 있도록 하여야 한다. 또한 관리자는 오래되거나 불완전한 정보는 새로운 것으로 대체하여야 하는데 이러한 활동을 통틀어 **정보관리**(information management)라고 한다.

데이터와 정보

먼저 정보와 데이터에 대해 정의해 보기로 한다. **데이터**(data)는 조직에서 발생하는 일들에 관해 수집된 사실자료를 말한다. 반면, 이러한 데이터가 의사결정에 이용되기 위해서는 적절한 가공을 거쳐야 하는데, **정보**(information)는 데이터를 의사결정에 이용할 수 있도록 가공한 형태를 말한다. 가령, 한 기업의 제품별 매출 세부내역은 데이터인데 반해, 지난 12개월간의 총매출 증감률은 정보에 해당한다.

그러나 실제로 이 두 개념의 구분은 쉽지 않은데, 같은 내용의 자료라 할지라도 어떤 사람에게는 데이터인 반면 다른 사람에게는 정보가 될 수 있기 때문이다. 예를 들면 근로자 개인별 작업시간은 일선 감독자에게는 정보가 되지만 만약, 의사결정자가 최고경영자라고 하면 개인별 작업시간은 추가적으로 집계되고 요약되어야 하는 데이터에 불과하다. 최고경영자에게는 이 데이터가 요약된 형태로 가공되었을 때 비로소 정보가 될 수 있을 것이다. 따라서 어떤 사실이 데이터인가 정보인가의 판단은 어떤 의사결정을 할 것인가를 기준으로 하여야 할 것이다.

정보의 품질

슈퍼마켓의 우유제품이 상한 것을 보고 그 품질을 문제 삼듯이, 정보도 그 품질을 가늠할 수 있는 기준이 있다. 정보가 이미 때 지났거나 정확치 못하거나 혹은 일관성이 결여된 경우, 정보 품질이 불량하다고 할 수 있다. 최근 한 조사연구에 의하면, 기업 DB에 있어 평균 데이터 오류율이 1~5%에 이르고 있는 것으로 나타났다. 이와 같이 데이터 품질이 저하되면, 고객 서비스가 부실해지고 고지서 오류가 발생하며 불편사항이 발생함에 따라 고객 및 공급사에게도 부정적인 영향이 발생할 수밖에 없다. 한편, Wang(1995)은 완전무결한 데이터는 현실적으로 항상 필요한 것도 아니요 또 실현가능성이 없을 수도 있다고 주장한다. 이는 정보품질을 높게 유지하는데 높은 비용이 소요되므로, 정보 이용자들이 종종 오류를 발견하고 또 스스로 오류문제를 해결할 수 있도록 하는 것이 현실적인 대안이 될 수 있음을 암시한다. 이러한 점들을 고려할 때, 기업들은 정보 품질을 최대한 높게 유지하도록 데이터 발생단계부터 힘쓰는 것이 중요하며, 동시에 데이터 입력 및 관리 과정에서 발생한 오류를 사후관리하기 위한 노력을 병행하는 것이 필요하다고 할 것이다.

정보시스템은 반드시 필요한가?

2003년 미국의 저명한 경영전문 잡지인 하버드 비즈니스 리뷰에 게재된 논문에서, 니콜라스 카르는 기업에서의 정보기술 진화과정을 소개하면서 이는 마치 철도나 전력과 같은 과거의 기술의 진화와 매우 유사한 양상을 보이고 있다고 강조했다. 정보기술이 상거래의 주요 수단으로 자리잡는 수년 동안 선진기업들에게 강력한 경쟁우위를 창출할 수 있는 기회를 제공한 것은 사실이지만, 정보기술은 점차 여러 기업들 사이에서 보편화되고 도입비용도 크게 하락함에 따라, 일종의 필수 상품으로 자리매김했다. 가령, 기업들은 공급사에게서 컴퓨터, 저장매체, 네트워크 교환기, 소프트웨어 등과 같은 다양한 구성요소들을 구매해서 정보처리 공장(즉, 데이터센터)을 구축하고 전문인력을 고용해 이 공장을 운영하고 있다. 전략적 관점에서 보면, 정보기술은 기업에서 거의 눈에 보이지 않으며, 더 이상 전략적 중요성도 없다고 그는 지적했다. 또한 2005년 MIT대학에서 발간하는 경영전문 잡지인 슬론 매니지먼트 리뷰에 '기업 컴퓨팅의 종말'이란 제목으로 게재된 논문에서, 카르는 정보기술과 비즈니스 전략 간의 관계에 대해 조명했다. 이전 논문에서는 기업 컴퓨팅의 수요 측면에 초점을 둔 반면, 후속 논문에서는 공급측면에 대해 전망했다. 백 년 전 공장이 소유한 발전기가 전력 생산을 지배하였듯이, 기업들이 보유한 기존의 정보처리 공장들은 사라지고 결국 중앙집중화된 상용서비스(즉, 클라우드 서비스)를 전기를 공급하듯 고객기업들에게 공급하게 되어 기업중심의 컴퓨팅은 사라질 것이라고 그는 전망했다.

니콜라스 카르의 글은 곧 논란을 불러 일으켰고, 그의 시각에 대해 반대 의견이 팽배했다. 델 컴퓨터사의 CEO인 케빈 롤린스는 다음과 같이 이견을 제시하였다.

"전적으로 잘못된 주장이다. 만일 그것이 사실이라면, 왜 모든 기업들의 실적이 다 같지 않은가? 기업들 모두 표준 기술을 도입할 수가 있지만, 문제는 어떤 기술을 도입하며, 또 그 기술을 가지고 무엇을 하는가이다. 따라서 정보기술은 중요하다. 컴퓨터, 소프트웨어 등 표

▲ 오늘날 정보시스템 서비스는 모든 기업들이 발전소의 전기를 공급받듯이 쉽게 구매할 수 있는 상품이 되었다.

준 기술요소들을 잘못 선택해 잘 활용하지 못하면 결과도 부정적이겠지만, 기업의 업무 환경에 적합한 요소들을 적절히 선택해 잘 활용하면 성공적인 실적으로 이어지는 것이다."

양 쪽 주장 모두 일리가 있기 때문에 어느 한 쪽이 절대적으로 옳거나 잘못 됐다고 말하기는 어렵다. 그렇지만 카르의 주장은 최근 기업의 정보기술 이용추세의 단편적인 측면만을 지적한 것이라고 할 수 있다. 비록 오늘날 정보기술이 어느 기업이나 필요로 하는 필수 상품이 되면서 그 전략적 중요성이 예전보다 저하되기는 했지만, 아직도 기업이 정보기술 요소들을 창의적으로 도입해 경쟁에서 자신들이 앞서나가기 위한 전략적 지렛대로 활용할 여지가 존재한다. 다시 말해, 평범해 보이는 정보기술을 어떻게 기업의 비즈니스 문제와 절묘하게 접목을 시켜 성과를 극대화시킬 수 있는가가 오늘날 기업들의 주요 관건이다.

비즈니스 환경의 압박요인

최근 기업의 비즈니스 환경은 시장, 기술 및 사회에서 오는 각 요인들로 인하여 한층 더 복잡해지고 있다. 이러한 요인들은 빠르게 변화하면서 기업의 경영에 압박요인 (pressuring factors)으로 작용하기 때문에 기업마다 이들 요인에 대한 대응수단이 요구되고 있다.

정보시스템의 목적은 기업이 핵심활동들을 효율적이고도 효과적으로 수행할 수 있도록 도와 줄 뿐만 아니라 압박요인들을 완화시키고 대응할 수 있게 하는데 있다. 기업 경영의 압박요인과 핵심활동, 그리고 정보시스템과의 관계를 그림으로 나타낸 것이 **그림 1-2**이다.

기업에 있어 정보시스템의 역할을 이해하기 위해서는 기업의 압박요인과 핵심활동에 대한 상세한 고찰이 필요한데 이 중 몇 가지의 대표적인 요인들에 대해 살펴보기로 한다.

시장 요인

기업 경영활동을 압박할 수 있는 첫번째 요인은 시장요인으로서 오늘날 시장은 글로벌 경제, 치열한 경쟁 및 까다로운 소비자를 주요 특성으로 지니고 있다.

국제간의 업무장벽이 깨지면서 기업의 **글로벌화**(globalization)가 추진되어 경쟁이 더욱 심화되고 있다. 예를 들면 최근 동구권의 정치적 변화로 노동자들의 공급이 늘어나 숙련된 기능공을 시간당 1달러에서 4달러 정도만 주면 활용할 수 있게 되었다. 선진국

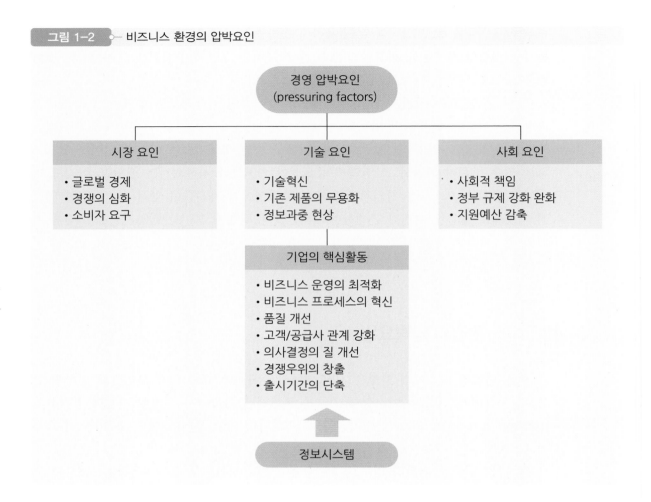

그림 1-2 ○── 비즈니스 환경의 압박요인

의 경우 시간당 임금이 15달러에서 25달러인 점을 감안하면 노동집약적 산업의 경우 경쟁력에 심각한 타격을 받을 수밖에 없을 것이다. 과거의 경쟁이 산업 내 또는 지역 내로 제한적인데 비해 오늘날의 경쟁은 국제화·세계화되고 있다고 할 수 있다. 국제간의 통신망구축과 인터넷의 확산은 기업의 글로벌화를 더욱 촉진하게 되고 기업은 정보기술을 이용하여 글로벌경영의 이점을 최대한 활용할 수 있게 되었다.

경쟁이 심화되고 있는 이유는 최근 항공산업, 금융산업, 통신산업 등 주요산업에 대한 규제가 완화되어 감에 따라 신규업자의 시장 진입이 용이해지고 있기 때문이다. 이와 같은 현상은 비단 우리나라뿐만 아니라 세계의 거의 모든 나라에서 공통적으로 일어나고 있는데, 우리나라에서는 은행에서도 보험상품을 판매하는 이른바 방카슈랑스(Bancassurance) 제도가 도입되었고, 미국의 경우에도 비 은행권기관들이 은행업무를 취급하는 등 산업간의 장벽이 제거되고 있다. 이러한 변화에는 정보기술이 지렛대의 역할을 담당하고 있음을 인식하여야 한다.

소비자들이 제품 및 서비스의 공급현황과 품질에 대해 점차 많은 지식을 갖추게 됨에 따라, 소비자의 기대 및 요구가 보다 까다로워지고 많아지게 되었다. 소비자들은 이제 제품 및 서비스에 대해 더 상세한 정보를 요구하고 있다. 그리고 소비자들은 품질이 높고 가격이 저렴한 제품을 커스토마이즈된 형태로 원하고 있다. 기업들은 이러한 고객 요구에 신속하게 부응하기 위해 노력을 다하여야 한다. 가령, 델 컴퓨터는 고객이 인터넷에서 자신의 필요에 맞게 주문한 컴퓨터 제품을 72시간 내에 고객 집에 배달되도록 하고 있다.

기술 요인

두 번째 경영압박요인은 기술의 변화에서 오는 요인이다. 급속한 기술혁신으로 인한 기존 제품의 무용화, 그리고 통신네트워크로 인한 정보과중 현상 등이 주된 기술 요인에 속한다.

기술은 제조 및 서비스 분야에서 더욱 중요한 역할을 수행하고 있다. 기술의 발전으로 인해 제품 및 서비스가 보다 다양해지고 또 품질도 향상되므로 많은 기업들이 기술 개발에 투자를 하는 추세이다. 뿐만 아니라 한때 최신으로 인정받던 기술이 얼마 안 가서 새로운 다른 기술의 출현으로 무용화되는 사례가 빈번하게 발생하고 있다. 따라서 기술도입 결정이 과거 어느 때보다 더 신중하게 이루어져야 한다는 의미이다.

인터넷 및 기타 통신네트워크의 등장으로 개인 및 기업에게 제공되는 정보의 양이 크게 증가한다. 인터넷에 존재하는 정보의 양은 해마다 두 배 이상으로 증가하며, 또 이용자의 의도와는 관계없이 스팸 메일까지 홍수처럼 몰려와 정보의 바다를 이루게 되었다. 뿐만 아니라 조직에서는 혹시 나중에 필요할지 몰라 저장해 두는 정보와 지식의 양이 크게 증가해 필요한 정보를 찾는 일도 쉽지 않은 상황이다. 이러한 관점에서 볼 때, 정보의 바다 가운데에서 데이터와 정보와 지식을 잘 관리하고, 또 필요할 때 정보를 효율적으로 탐색할 수 있는 능력을 갖추는 것이 지식정보화 시대에서 절실하게 요구된다고 할 것이다.

사회 요인

끝으로 우리가 살고 있는 사회는 기업경영에 다양한 압박요인을 제공하는 또 하나의 근원이다. 사회적 책임, 정부규제 등과 같은 사회 요인들은 기업에 부담을 줄 수가 있다.

기업과 사회 간의 접점이 빠르게 증가하고 또 변화하고 있다. 기업이 야기시킬 수 있는 사회 문제는 환경오염 문제부터 자살 문제에 이르기까지 다양하다. 기업들은 이러한 문제들을 인식하고 일각에서는 문제의 해소에 기여하기 위해 노력하고 있다. 기업이 다루어야 하는 사회적 책임의 주요 분야는 환경 통제, 평등기회의 부여, 근로자 복지혜택의 제공, 지역사회와의 관계유지, 정치적 부조리의 근절 등이다.

B·u·s·i·n·e·s·s
기업정보화현장

이마트, 정보기술로 고객동선 분석

이마트가 인공지능(AI) 카메라와 라이다 자율주행 소프트웨어(SW) 등 첨단 기술을 오프라인 매장에 접목하는 실증 테스트에 나섰다. 고객 데이터를 다각도로 수집해 매장 운영에 적극 활용하고, 리테일테크 기반의 서비스 모델도 구현한다.

이마트는 올해 본점인 성수점에서 딥핑소스, 서울로보틱스 등 정보기술(IT) 업체와 협업해 고객 동선 데이터를 추출하는 시범 테스트를 진행했다. 매장을 찾은 고객의 이동 경로 정보를 수집해서 마케팅에 활용하기 위한 실증 작업이다. 협업을 맺은 딥핑소스는 카메라 기반의 익명화 솔루션 제공 업체다. 대형마트는 보안 카메라에 녹화된 고객들의 동선을 수집해서 상품 진열이나 위치 구성, 맞춤형 마케팅 등에 활용할 수 있다. 이전에는 고객에게 일일이 개인정보 활용동의를 받아야 했기 때문에 서비스 구현이 불가능했다.

딥핑소스의 비식별화 기술을 적용하면 머신러닝에 필요한 데이터를 개인정보보호법 저촉 없이 안전하게 수집하고, 마케팅에 활용할 수 있다. 딥핑소스는 카메라 영상에서 추출한 객체를 AI를 이용해 익명화 작업을 거친다. 데이터 원천단계부터 실시간으로 비식별 처리, 개인 식별이 불가능하다. 그 대신 필요한 핵심 정보는 그대로 남아 원본과 동일한 분석 결과를 얻을 수 있다.

이마트는 딥핑소스 기술을 활용해 매장에 입장한 고객마다 각각의 코드를 부여해서 동선을 추적하고, 이렇게 수집한 정보를 마케팅에 활용하는 방안을 연구하고 있다. 이동 데이터를 분석하면 특정 시점에 할인을 얼마나 해야 고객들이 반응하는지도 확인할 수 있다.

서울로보틱스의 SW를 고정형 라이다 센서에 적용해서 고객 위치와 동선을 추적하는 시험도 진행한다. 서울로보틱스는 라이다, 이미징 레이더, 3차원(3D) 카메라 등 3D 센서의 데이터 인식 솔루션을 개발하는 업체다. 해당 솔루션은 미들웨어(MW)로, 3D 센서 성능을 극대화하는 역할을 한다. 특히 서울로보틱스가 완성차를 상대로 자율주행 라이다 SW도 공급하고 있는 만큼 이마

ORIGINAL

ANONYMIZED

▲ 딥핑소스 익명화 솔루션

트의 자율주행 모빌리티나 로봇 구현에 활용될 가능성도 열려 있다. 매장 내 고객을 뒤따르는 무인카트나 자율주행 배송차량 등이 대표적이다. 물류 자동화 등에도 기술을 접목할 수 있다.

이보다 앞서 이마트는 사내 기술연구 조직 S랩을 통해 스마트카트 '일라이'와 자율주행 배송 차량 '일라이고' 등을 시범 운영해 왔다. 차세대 스마트카트 상용화를 목표로 LG전자와 공동 개발에도 나섰지만 성과를 거두지 못한 채 협업이 종료됐다. 이후 이마트 자체 개발에 나선 만큼 전문 업체의 라이다 센서 기술을 활용하는 방안 등을 종합적으로 검토하고 있다.

이번 사업은 이마트 DT(디지털 트랜스포메이션) 본부에서 총괄하고 있다. 이마트는 올해 초 디지털사업부와 시스템개발·기획팀, S랩 등 조직을 통합해 DT본부를 신설했다. DT본부장에는 SK텔레콤 출신 A데이터 전문가인 진요한 DT 추진그룹장을 영입했다. DT본부는 이마트의 온·오프라인연계(O2O) 서비스의 고도화뿐만 아니라 각종 첨단 기술을 접목한 리테일테크 구현을 주도하는 역할을 맡았다. 이마트 관계자는 3일 "다양한 실증 테스트를 진행하고 있는 것은 맞지만 아직 상용화 단계는 아니다"면서 "데이터 기반 서비스 개선을 위한 실효성 여부 등을 다방면으로 검토하고 있다"고 말했다.

출처: 전자신문, 2021년 5월 3일

위에서 언급된 사회적 책임의 이슈는 복지, 환경통제, 평등기회 등에 대한 정부 규제와 관련이 있다. 가령, 정부가 스프레이 페인트로 부품에 도색을 하는 기업에 대해 폐페인트를 외부 전문업체에 의뢰해 처리하도록 하는 새로운 규제를 적용한다고 할 때, 추가비용이 발생함으로 말미암아 규제 적용이 없는 해외의 경쟁사에 비해 원가경쟁력이 저하될 수가 있으며, 또한 조직구조 및 업무프로세스의 변화도 불가피해질 수 있다. 한편, 규제의 해제는 일부 회사에게는 희소식이 되는 반면 다른 일부 회사에게는 악재로 작용할 수 있다. 일반적으로 규제의 해제로 인해 경쟁이 더욱 심화되는 경향이 있다.

정보시스템의 역할

글로벌 경제의 등장, 산업경제의 진화, 그리고 디지털 기업의 등장이 오늘날 비즈니스에서 정보시스템을 핵심적인 요소로 만들고 있다. 기업이 정보시스템을 이용해야 하는 일곱 개의 주요 이유가 있다.

비즈니스 운영의 최적화   기업은 채산성을 극대화하기 위해 비즈니스 운영의 효율성을 향상시켜야 한다. 정보시스템은 일상적인 비즈니스 운영에 대해 시간을 단축하고 비용을 절감시킬 목적으로 경영관리자들이 이용할 수 있는 수단이다. 가령, 월마트의 경우 리테일링크(RetailLink) 시스템을 이용해 공급사들과 월마트 상점들을 온라인으로 연결해 주고 있다. 고객이 제품을 구매하는 즉시, 공급사측에서는 온라인으로 재고의 변동사항을 파악하며 해당 상점에 필요시 재고보충할 물품을 발송할 수가 있다.

비즈니스 프로세스의 혁신　　정보기술은 기업 업무 프로세스의 혁신을 위해서도 중요하게 활용될 수 있다. 궁극적으로 정보기술은 업무프로세스의 혁신을 위해 구현도구(enabler) 역할을 하기 때문에 비즈니스 프로세스의 재구축을 위해서는 정보기술이 필수적으로 동반되어야 한다.

품질 개선　　오늘날 유통업체들은 정보기술을 사용하여 제품 품질을 개선하는 효과를 얻고 있다. 예를 들어 POS(판매시점) 시스템을 통해 축적된 판매데이터를 분석하여 잘 팔리는 품목과 안 팔리는 품목을 분리하여 안 팔리는 품목은 줄이고 잘 팔리는 품목을 확대함으로써, 매장품목 관리를 보다 효과적으로 또 효율적으로 수행하고 있다.

고객/공급사 관계강화　　기업이 고객의 니즈를 탁월하게 충족시킬 때 고객은 반복구매로 이에 보답하며, 궁극적으로 매출 및 이익도 증가한다. 또한 기업이 공급사와의 관계를 개선할수록, 공급사도 제품공급을 보다 원활하게 할 수 있으며, 이로 인해 원가가 낮아진다. 예를 들면, 맨하탄의 만다린 오리엔탈 및 기타 고급 호텔들은 정보시스템을 이용해 고객과의 친밀성을 높인다. 이들은 컴퓨터를 이용해 객실의 선호 온도, 객실 체크인 시각, 선호하는 TV 프로그램 등과 같은 투숙객 취향을 파악 및 관리한다.

의사결정의 질 개선　　여러 경영관리자들이 정보의 바다 가운데 일을 하면서도, 적절한 의사결정을 하는데 필요한 적시정보가 부족하다. 이러한 문제로 인해 원가가 높아지고 고객도 잃는 결과가 발생한다. 정보시스템은 경영관리자가 의사결정을 하는데 필요한 실시간 시장 데이터의 접근을 가능하게 한다. 가령, 통신회사인 버라이즌은 웹기반 대시보드를 이용해 경영관리자들에게 고객의 불만사항이나 네트워크 성능상황에 관한 정밀한 실시간 정보를 제공한다. 경영관리자들은 이러한 정보를 이용해 즉시 통신장애가 발생한 곳에 수리인력을 파견할 수 있고, 고객들에게 수리상황을 알릴 수 있으며 서비스를 신속하게 정상화할 수가 있다.

경쟁우위의 창출　　기업이 운영의 탁월성, 신규제품 및 비즈니스 모델의 개발, 고객/공급사 관계강화, 의사결정의 개선 등 비즈니스 목표를 달성할 경우, 경쟁우위를 달성할 가능성이 높아진다. 경쟁사보다 더 탁월하게 목표를 달성하면, 우수한 제품을 더 저렴하게 판매하며 고객 및 공급사의 요구에 실시간으로 대응할 수 있게 되어, 결국은 매출이 늘고 이익도 높아진다. 예를 들어, 토요타 생산시스템은 낭비를 최소화하는 공정을 지원함으로써 지속적인 개선을 가능하게 해 경쟁력이 제고되었다.

출시 기간(time-to-market)의 단축　　끝으로, CAD/CAM 등의 기술을 통해 제품설계 기간을 단축함으로써 경쟁사보다 더 신속하게 제품을 개발완료하고 이를 출시함으로써 시장 초기선점을 하는 것이 가능하다. 가령, 지난 1980년대 말경 미국 포드사의 엔지니어팀은 제휴관계에 있는 일본 마즈다(Mazda)사의 생산현장을 방문하고 마즈다의 신차 출시기간이 1년 미만인데 반해 자신들의 출시기간은 2년에 가깝다는 사실을 발견하고, 곧 제조설계 능력을 획기적으로 개선함으로써 1990년대 초에는 출시기간을 마즈다 수준으로 단축하고 다시 일본차에 대한 경쟁력을 회복하게 되었다.

오늘날 정보시스템은 비즈니스를 수행하기 위한 초석이다. 여러 산업의 기업들이 정보기술을 적극적으로 이용하지 않고는 생존 조차 어려울 뿐 아니라, 생산성을 증대시키는 데도 정보기술이 핵심적 역할을 담당하고 있다. 정보기술은 이제 기업의 보편적인 구성요소가 되었지만, 새로운 제품 및 비즈니스 수행방식의 초석으로서 기업에게 전략우위를 제공하는 중요한 요소이다.

정보시스템의 개념

정보시스템은 조직의 운영 관리와 의사결정을 지원하기 위해 정보를 수집하고, 처리하고, 저장하고, 전달하는 일련의 활동들을 수행하기 위한 상호 연관된 구성요소들의 집합으로 정의할 수 있다. 뿐만 아니라, 정보시스템은 기업의 구성원들이 문제를 분석하고 복잡한 현상을 시각적으로 조명하며 또 새로운 제품을 개발하는데도 활용이 되고 있다. 이와 같이, 오늘날 정보시스템은 조직활동의 조정관리, 의사결정의 수행에서 제품의 설계에 이르기까지 조직 활동 전반에 걸쳐 없어서는 안될 중요한 도구가 되고 있다.

그림 1-3에서와 같이, 정보시스템이 의사결정을 지원하고 운영을 통제하며 문제를 해결해 나가는데 필요한 정보를 생산하기 위해서는 입력, 처리, 출력, 통제의 네 가지 요소가 있어야 한다.

입력(input)은 조직내부 혹은 외부로부터 원시 데이터를 획득하고 수집하는 것을 말하며, **처리**(processing)는 이러한 데이터를 의미있는 형태로 가공하는 것을 말한다. **출력**(output)은 이와 같이 처리된 정보를 필요한 사용자에게 제공하는 기능을 의미한다. 또한 시스템에는 **통제**(control) 기능이 있는데 출력결과를 평가하여 입력단계에 피드백을 반영하는 기능을 말한다. 다른 시스템과 마찬가지로 정보시스템은 환경이라는 틀 내에 존재한다. 따라서 정보시스템은 조직과 조직을 둘러싸고 있는 환경에 대한 정보를 제공한다. 기업의 환경으로는 고객, 공급사, 경쟁사, 정부 등이 있다.

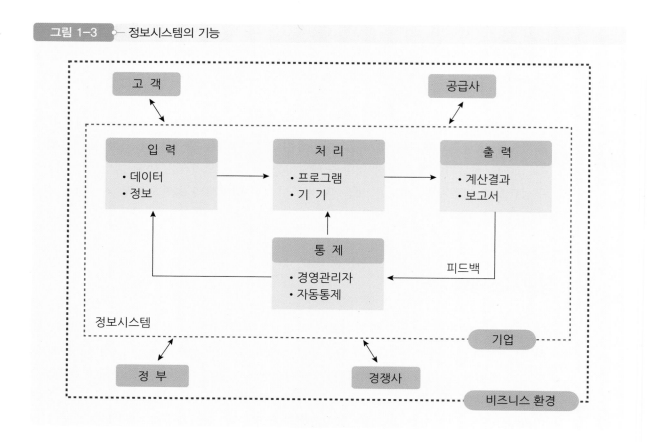

그림 1-3 ── 정보시스템의 기능

컴퓨터기반 정보시스템

우리는 흔히 정보시스템이 컴퓨터의 출현과 함께 등장했다고 믿는 경우가 종종 있다. 그러나 정보시스템은 전통적인 기업에서도 이미 존재해 온 것이 사실이다. 실무자들은 회계정보의 기록을 위해 장부를 이용하고 생산 및 영업과 관련한 데이터를 관리하기 위해 서류문서를 이용하며, 또 경영관리자들은 개인 네트워크를 활용해 업계동향에 관한 정보를 수집하고 이를 기반으로 의사결정을 내리는 것도 정보시스템에 해당한다. 이후 20세기 중반부터 컴퓨터 기술이 기업의 업무에 접목되면서 수작업에 의존하던 정보시스템은 컴퓨터기반의 정보시스템으로 전환이 된 것이다. 따라서 오늘날 기업의 정보시스템은 대부분이 컴퓨터기반 정보시스템이라고 해도 과언이 아니다.

컴퓨터기반 정보시스템은 컴퓨터기술을 이용해 필요한 과업을 수행하는 정보시스템이다. 컴퓨터 기기와 응용 프로그램과 데이터베이스와 네트워크 등의 기술을 통해 정보의 수집, 처리, 저장, 전달 기능을 가속화시킬 수 있기 때문에 현대 기업에서 없어서는 안될 핵심요소가 되고 있다.

정보시스템과 정보 기술의 차이점

정보시스템과 정보 기술(information technology)의 두 용어를 서로 비교해 볼 필요가 있다. **정보시스템**은 정보를 관리하는데 필요한 총체적 시스템을 의미하는데 반해, **정보 기술**은 정보시스템의 기술적 측면을 지칭하는 용어이다. 즉, 정보 기술에는 컴퓨터, 소프트웨어, 데이터베이스, 네트워크 등의 기술요소가 포함되는 반면, 정보시스템은 정보 기술 이외에도 사람(이용자 및 관리자) 및 운영절차가 포함되는 포괄적 개념이다. 그럼에도 불구하고, 정보 기술은 이보다 더 넓은 의미로 통하고 있으며, 종종 정보시스템과 동의어로도 쓰이는 경우가 있다. 본 서에서는 정보 기술을 조직차원의 정보시스템들을 포괄하는 의미로 사용하기로 한다.

정보시스템의 변천과정

경영정보시스템의 정의에 대하여 그간 수많은 학자들의 견해가 있었으나 크게 나누어 보면 경영정보시스템의 개념을 좁게 해석하여 "경영관리층에 정보를 제공하는 정보보고시스템"(information reporting system)으로 해석하는 견해와 경영정보시스템의 개념을 넓게 해석하여 조직의 여러 정보시스템들을 포괄하는 넓은 의미로 이해해야 한다는 견해도 있다.

경영정보시스템의 개념을 이해하기 위해서는 이 개념이 탄생하게 된 배경을 먼저 살펴보는 것이 좋을 것이다. 조직에 있어서 정보시스템의 역할은 큰 변화를 보여 왔다. 1960년대까지 조직에 있어 정보시스템은 수작업으로 하던 거래자료 처리와 같은 단순 반복적 업무를 컴퓨터로 자동화하는 수준이었다. 이러한 시스템을 **데이터처리시스템**(data processing system) 또는 **거래처리시스템**(transaction processing system)으로 칭한다.

이후 70년대에 접어들면서 경영관리자들에게 의사결정에 필요한 정보를 제공하기 위한 기능이 추가되면서 **경영정보시스템**(management information system: MIS)이 등장했다. MIS의 개념은 60년대부터 싹트기 시작하여 70년대에 와서는 거의 유행어처럼 인식이 되었다. 정보시스템의 기능이 자료처리나 회계기록관리 등 수작업을 컴퓨터로 처리하는 수준에서 경영자들에 대한 정보지원 수준으로 전환한 것은 실로 획기적인 것이었다. 이러한 경영정보시스템은 관리자들이 필요한 정보를 미리 정해진 형태로 출력하는 **정보보고시스템**(information reporting system: IRS)이라고 흔히 불리기도 했다.

그러나 이 IRS는 관리자들의 문제해결에 필요한 기능을 제공하기에 부족했다. 관리자가 필요로 하는 정보를 제공하는 기능 이외에도 의사결정을 위해 데이터를 정량적으로 분석하고 계산하는 기능이 필요했던 것이다. 이를 보완하기 위해 등장한 것이 **의사결정**

지원시스템(decision support system: DSS)이다. 의사결정지원시스템은 관리자들이 그때 그때 필요한 정보를 대화식 형태로 제공하며, 또 시스템에 저장된 계량모델을 데이터에 적용함으로써 경영관리자의 의사결정 분석을 효율적 및 효과적으로 지원할 수가 있다.

1980년대에 와서 조직에서의 정보시스템의 역할은 다시 변화하게 된다. 먼저 사무부문의 생산성을 높이기 위하여 전자출판(desktop publishing), 전자메일(electronic mail), 전자결재(electronic approval), 전자회의(electronic meeting)와 같은 **사무자동화시스템**(office automation system)이 등장하였다. 두번째로는 인공지능(artificial intelligence) 기술의 출현으로 컴퓨터에 내장된 전문적 지식을 통해 문제를 해결하기 위한 **전문가시스템**(expert system)이 개발되어 사용되기 시작하였다.

1980년대의 후반에는 정보시스템의 새로운 역할이 강조되기 시작하였는데 이것이 바로 **전략정보시스템**(strategic information system: SIS)이다. 전략정보시스템은 지금까지의 내부업무 지원에서 벗어나 시장에서의 경쟁적 우위를 달성하는데 핵심적 역할을 수행하게 된다.

이 시기에 또 다른 형태의 정보시스템은 개발되었는데 최고경영층의 정보요구에 맞게 개발된 **중역정보시스템**(executive information system: EIS)이 그것이다. 최고경영자들에게는 정보보고시스템이나 의사결정지원시스템의 직접적인 사용이 현실적으로 어려워 이들에게 적합한 정보시스템의 개발이 필요하게 되었다. 중역정보시스템은 바로 이들을 위해 개발된 시스템인데 사용하기가 쉬울 뿐만 아니라 제공되는 정보의 형태도 요약적인 이미지나 그래프로 되어 있어 한 눈에 회사의 업무현황을 알아볼 수가 있다.

1990년대에 접어들면서 조직에서의 정보기술의 역할에 또 다른 변화가 일어나기 시작하였다. 즉 지금까지의 정보시스템이 기존 업무방식을 어떻게 지원하는가에 초점이 맞추어졌다면 이제는 정보기술을 업무방식을 새롭게 설계하고 변화시키기 위한 수단으로 사용하기 시작한 것이다. 이를 **비즈니스 리엔지니어링**(business reengineering)이라고 한다.

조직에서의 정보시스템의 역할이 어떻게 달라져 왔는지 알 수 있도록 정보시스템의 변천과정을 그림으로 나타내면 **그림 1-4**와 같다. 초기의 시스템들이 주로 데이터 처리와 같은 일상적이고 기계적인 수작업 업무의 자동화에 초점을 두었다면, 이후의 시스템들은 점차 정보나 지식의 분석을 통해 기업에 비즈니스 가치를 높여주는 데 더 큰 비중을 두고 있음을 알 수 있다. 다시 말해, 정보시스템이 단순한 비용 및 시간 절감 수단에서 비즈니스 성공의 실현수단으로 발전해 온 것이다.

그림 1-4	정보시스템의 변천과정

1960년대 이전	거래처리시스템(Data Processing Systems)	거래자료 처리, 전통적인 회계응용프로그램
1960~1970	경영정보시스템(Management Information Systems)	정형적인 경영의사결정 지원
1960~1970	의사결정지원시스템(Decision Support Systems)	비정형적인 경영의사결정 지원
1980~1990	사무자동화시스템(Office Automation Systems)	사무부문의 생산성 향상
	전문가시스템(Expert Systems)	전문지식의 제공
	전략정보시스템(Strategic Information Systems)	경쟁우위를 위한 전략 지원
	사무자동화시스템(Office Automation Systems)	최고경영층 업무 지원
1990~현재	비즈니스 리엔지니어링(Business Reengineering Systems)	비즈니스 프로세스의 재설계와 혁신

요약

S / U / M / M / A / R / Y

- 과거의 산업화 사회가 현재의 지식정보화사회로 전환된 이후, 오늘날 기업들은 데이터, 정보, 지식을 효율적으로 관리하고 활용하는 능력을 그 어느 때보다 더 요구받고 있다.
- 기업의 정보시스템은 기업의 핵심활동을 효율적이고도 효과적으로 수행할 수 있도록 도와줄 뿐만 아니라 기업경영의 압박요인들을 완화시키고 대응할 수 있게 해 준다.
- 최근 인터넷 및 정보기술의 발전에 힘입어 오늘날 기업들은 디지털 기업으로 전환되고 있는데, 디지털 기업은 비즈니스 업무를 디지털 방식으로 효율화함으로써 기업의 채산성 및 경쟁력을 높일 수가 있다.
- 디지털 기업이 주되게 의존하는 정보기술로는 ERP, SCM, CRM, KMS 등이 있다.
- 디지털 경영의 주요 추세로는 비즈니스 프로세스의 통합관리, 공급망의 자동화 및 최적화, 고객요구에의 신속한 대응, 지식경영을 통한 핵심역량 강화 등이 있다.
- 정보는 품질이 유지되지 않으면 유용성 및 가치를 잃게 되는데 정보의 품질을 유지하기 위하여는 끊임없는 정보의 업데이트 노력이 요구된다.
- 정보시스템도 일반적인 시스템과 마찬가지로 입력, 처리, 그리고 출력으로 구성되며, 오

늘날 기업들이 이용하는 정보시스템은 거의 대부분이 컴퓨터 기반 정보시스템이다.

• 조직에서 정보시스템이 수행하는 역할은 큰 변화를 보여 왔는데 1960년대의 데이터 프로 세싱 시스템에서 시작하여 70년대에는 경영정보시스템과 의사결정시스템이 출현하였고 80년대에는 사무자동화 시스템, 전문가시스템, 전략정보시스템, 중역정보시스템이, 그리 고 90년대에는 비즈니스 리엔지니어링이 등장하여 정보시스템의 새로운 역할이 강조되고 있다. 이를 정리하면 조직에서 정보시스템이 수행하는 역할은 비즈니스 운영의 지원, 경 영관리에 관한 의사결정의 지원, 경쟁적 우위의 지원, 그리고 비즈니스 혁신도구로서의 역할이라고 할 수 있다.

토의 문제   E / X / E / R / C / I / S / E

01 최근 지식경영(knowledge management)이라는 영역이 등장하면서 지식의 관리가 중 요한 것으로 인식되고 있다. 정보와 지식은 어떤 차이가 있는가를 토의해 보자.

02 실제 정보자원관리가 어떻게 이루어지고 있는가를 한 기업을 방문하여 조사해 보자. 기업방문이 어려운 경우에는 학교의 전산실을 방문해 보자.

03 디지털 기업에 가장 가깝게 다가가는 국내 기업 세 개를 선정해 이들 기업들이 각각 왜 디지털 기업에 가깝다고 할 수 있는지 토의해 보자.

04 전통적 경영과 디지털 경영이 병행되고 있는 기업의 예를 하나 들고, 전통적 경영에서 완전히 탈피할 수 없는 이유에 대해 토의해 보자.

05 컴퓨터 시스템과 컴퓨터기반 정보시스템(CBIS)차이를 설명하여 보자.

참고 문헌   R / E / F / E / R / E / N / C / E

[1] Ackoff, Russel L., "Management Misinformation Systems," *Management Science*, Dec. 1967.

[2] Benjamin, R, I., and J. Blunt, "Critical IT Issues: The Next Ten Years," Sl*oan Management Review*, Summer 1992.

[3] Carr, Nicholas, *IT Doesn't Matter: Information Technology and the Corrosion of Competitive Advantage*, Harvard Business School Publishing, 2004.

[4] Carr, Nicholas, "The End of Corporate Computing," *Sloan Management Review*,

Vol.13, Spring 2005.

[5] Carr, Nicholas, "Is Google Making Us Stupid?," *The Atlantic*, Vol.6, July 2008. http://www.theatlantic.com/doc/200807/google. 2019. 2. 1 참조.

[6] Gory, G. Anthony, and Michael Scott-Morton, "A Framework for Management Information Systems," *Sloan Management Review*, Fall 1971.

[7] Hammer, M., and J. Champy, *Reengineering the Corporation*, New York: Harper Business, 1993.

[8] Laudon, Kenneth C. and Jane Laudon, *Management Information Systems: Managing the Digital Firm*(15th *ed.*), Pearson Education, Inc.: Upper Saddle River, NJ. 2018.

[9] McLeod, Jr., Raymond, *Management Information Systems*(10th *ed.*), Pearson International Inc., 2007.

[10] O'Brien, James A. and George M. Marakas, *Introduction to Information Systems*(15th *ed.*), Boston: Mc Graw-Hill, 2010.

[11] Pipino, L.L., Y.W. Lee, and R.Y. Wang, "Data Quality Assessment," *Communications of the ACM*, April 2002, Vol.45, No. 4, pp. 211-218.

[12] Redman, T. C. *Data Quality: Management and Technology*. New York, NY: Bantam Books, 1996.

[13] Weiser, Mark, "Hot Topics: Ubiquitous Computing", *IEEE Computer*, October 1993.

[14] Wikipedia.org. Nicholas G. Carr, http://en.wikipedia.org/wiki/Nicholas_G._Carr, 2021. 8. 20 참조

정보기술로 경쟁 대응하는 UPS

UPS는 1907년 지하 다락방에서 시작됐다. 자전거 두 대와 전화기 한 대가 유일한 자산이던 시애틀 출신의 두 청년 짐 캐시와 클로드 라이언은 최선의 서비스]와 최저 요금을 다짐했다. UPS는 이 방식을 성공적으로 실현해 100년만에 세계 최대의 지상 및 항공 소포배달회사가 되었다. 직원 수 45만 명, 차량 수 11만 2천 대, 그리고 항공기 수 기준 세계 9위의 자산을 갖춘 글로벌 기업이 됐다.

▲ UPS는 1907년 시애틀의 짐캐시와 클로드 라이언에 의해 설립됐다.

오늘날 UPS는 220여 개국에 51억 개의 소포 및 문서를 배달한다. 비록 페덱스 및 미 우체국과의 경쟁이 격화됐지만, 첨단 정보기술에 적극 투자함으로써 소형 소포 배달서비스를 주도하고 있다. UPS는 매년 10억 달러 이상을 투입해 우수한 고객 서비스를 유지하고 원가를 낮추며 전반적인 운영을 효율화하고 있다.

정보기술의 출발점은 소포 겉면에 부착하는 스캔 가능한 바코드 라벨이다. 이 라벨에는 발송자, 목적지, 그리고 소포 도착예정일 등 상세한 정보가 포함된다. 고객은 UPS가 제공하는 특정 소프트웨어를 이용하거나 UPS 웹사이트에 접속해 라벨을 다운로드 및 출력할 수 있다. 소포가 인수되기도 전에 스마트 라벨의 정보가 UPS의 컴퓨터 센터 중 한 곳에 전송되어 최종 목적지 인근의 배송센터로 전달된다.

이 센터의 시스템이 라벨 데이터를 다운로드 받아 오리온이라고 불리우는 경로지정 소프트웨어를 이용해 교통상황, 날씨, 각 정차지점 위치 등을 감안하는 배송기사별 최적 배달경로를 제시한다. 각 UPS 배송기사는 하루 평균 100곳의 지점에 정차한다. 미국내에서만 배송망에 55,000개 경로가 포함되어 있는데, 각 배송기사의 일일 경로에서 1.6km만 줄여도, 연간 5천만 달러의 큰 비용절감 효과가 발생한다. 이러한 절감액은 UPS의 비즈니스가 수익이 더 적은 전자상거래 배송쪽으로 이동하고 있어 수익을 제고하기 위해서도 중요하다. 이전에 한 소매점에서 몇몇 개의 중량이 큰 소포를 내려주던 UPS 배송기사들은 이제 주택가 여러 곳에 흩어진 지점들에 여러 번 정차하면서 가구당 작은 소포를 배달하여야 한다. 이러한 변화는 곧 연료비용 및 시간 소모를 늘려 소포 하나의 배달비용이 상승하게 된다.

UPS 배송기사가 매일같이 첫 번째로 전달받는 것은 DIAD라고 불리는 핸드헬드 장치로서 이 장치는 무선 휴대전화망 접속이 가능하다. 배송기사가 로그인하면, 당일 배송 경로가 이 장치에 다운로드 된다. DIAD는 고객 서명은 물론 현

▲ UPS 기사가 이용하는 무선 정보처리장치 DIAD

장 픽업 및 배달 정보도 자동으로 인식한다. 소포 추적정보는 UPS 컴퓨터 네트워크에 전송되어 보관 및 처리된다. 이 곳에서 정보는 고객에 소포 인도 증빙자료를 제시하거나 혹은 고객 질의에 응답하기 위해 세계 어느 곳에서나 조회가 가능하다.

자동화된 소포추적시스템을 통해 UPS는 전 배송과정에서 소포를 감시함은 물론 경로변경도 할 수 있다. 출발지에서 목적지까지 경로를 따라 여러 지점에서 바코드 장치로 소포 라벨의 배송정보를 스캔하며 또 중앙 컴퓨터로 소포의 진행현황 관련 정보를 전송한다. 고객 서비스 요원은 중앙 컴퓨터에 연결된 데스크탑 컴퓨터를 통해 어느 소포든지 그 배송 상태를 체크할 수 있으며, 또 고객 질의에 신속하게 답변할 수 있다. UPS 고객은 회사 웹사이트를 이용해 배송 상태에 관한 정보를 확인할 수 있다. UPS는 이제 아이폰, 블랙베리 및 안드로이드 휴대폰 이용자들을 위한 모바일 앱 및 모바일 웹사이트도 갖추고 있다.

소포를 보내야 하는 고객은 UPS 웹사이트를 통해 소포를 추적하고, 배송 경로를 확인하며, 배송료를 계산하고, 배송 소요시간을 조회하며, 라벨을 출력하고 또 방문 픽업을 예약할 수가 있다. UPS 웹사이트에서 수집된 데이터는 UPS 중앙컴퓨터로 전송되고 처리 후 고객에게 전송된다. 또한 UPS는 시스코 시스템 등 고객들이 자신들의 웹사이트에 UPS 기능 (이를테면, 소포추적 및 배송료 계산 등)을 내장할 수 있는 툴을 제공함으로써 고객들이 UPS 사이트를 접속하지 않고도 직접 소포 배송현황을 추적할 수 있도록 하고 있다.

UPS는 이제 수십년간 쌓아온 글로벌 배송망의 관리능력을 이용해 타 기업들의 물류 및 공급망 관리 서비스도 제공하고 있다. 사내에 UPS 공급망 솔루션 사업부를 설치해 일반 기업이 시스템을 구축하는것보다 훨씬 더 적은 비용으로 이용가능한 표준 서비스를 제공한다. 이들 서비스는 물류 서비스 이외에도 공급망 설계 및 관리, 화물운송 주선, 관세 중개 등을 포함한다.

출처: Laudon, K., & Laudon, J. (2021). Management Information Systems: Managing the Digital Firm, 17th ed. Pearson Prentice Hall: Upper Saddle River, NJ.

사례연구 토의문제

1. UPS는 경쟁환경에 대응하기 위해 어떤 정보기술들을 도입하였으며, 또 이들 정보기술은 UPS에서 각각 어떤 목적으로 활용되고 있는지 알아보자.

2. UPS가 도입한 정보기술은 그들만 보유한 독특한 기술인가? 페덱스(FedEx) 등 경쟁사의 정보기술에 관한 인터넷 검색을 통해 이 질문에 답해 보자.

3. 사례 말미에서 UPS가 최근에 와서 글로벌 배송망 관리서비스에 역점을 두고 있다고 하는데, 글로벌 배송망 관리서비스란 구체적으로 무엇을 뜻하는가? 또 이러한 서비스를 이용하려는 주요 타겟 고객들은 어떤 회사들인지에 대해 생각해 봅시다.

제 2 장

경쟁무기로서의 정보시스템

차 례

학 습 목 표

오늘날 정보시스템은 단순한 업무효율성 향상의 차원을 넘어 기업의 성패를 좌우하는 전략적 무기로 활용되는 추세에 있다. 미국은 물론 우리나라에서도 근래들어 정보시스템을 전략적인 목적으로 활용한 여러 성공사례들이 소개됨에 따라, 기업 경영자들은 정보기술이 전략경영에 대해 지니는 중요성을 점차 인식해 가고 있다. 본 장에서는 우선 기업의 환경과 경영전략에 대한 개념들을 살펴보고, 전략정보시스템과 경영전략 간의 연계에 대해 알아본다.

본 장을 학습한 후 학생들은 아래의 질문사항들에 대해 각각 답할 수 있어야 한다.

• 기업의 경쟁환경은 어떠한 틀을 통해 분석할 수 있는가?
• 기업이 경쟁우위를 창출하기 위해 적용할 수 있는 경영전략에는 어떠한 것이 있는가?
• 가치사슬모형을 통해 기업의 전반적인 활동을 어떻게 분석할 수 있는가?
• 전략정보시스템이 기존의 정보시스템과 다른 점은?
• 전략정보시스템으로부터 기업이 기대할 수 있는 효과는 무엇인가?
• 정보기술은 기업의 경쟁전략의 구현에 어떻게 적용될 수 있는가?
• 정보기술의 전략적 활용 기회를 모색하는 데 가치사슬모형을 어떻게 이용할 수 있는가

정보기술로 경쟁우위를 창출하는 스타벅스

스타벅스는 전 세계 75개 시장에 24,000여 개 점포를 보유한 세계 최대의 커피전문점이다. 스타벅스의 평판은 고급 전문커피 및 음료, 친화적이며 지식을 갖춘 직원들 그리고 고객친화적 커피숍에 기인한다. 이는 여러 해 동안 성공 공식이었으며, 스타벅스가 다수 품목에 대해 비싼 가격을 유지한 비결이기도 했다. 그러나 스타벅스에게도 경쟁자가 있으며, 경쟁환경에 대응하기 위해 그 비즈니스 모델 및 비즈니스 전략을 끊임없이 다듬어야만 한다.

스타벅스는 온라인 소매도 시도했는데 별 실효를 거두지 못했다. Starbucks.com 사이트에 접속하면, 커피, 머그 잔, 에스프레소 기기, 그리고 기타 액세서리들이 온라인에 소개되어 있지만, 이들을 구매하려면 스타벅스 매장, 슈퍼마켓, 혹은 스타벅스가 지정한 소매점을 방문해야만 한다. 스타벅스는 2017년 8월 온라인 판매를 중단했다. 스타벅스 경영진은 소매업에서 큰 변화가 있었으며 이 때문에 소매상들은 살아남기 위해 독특하고도 몰입감을 주는 매장 내 경험을 제공할 필요가 있다고 믿고 있다. 스타벅스의 경우, 제품 및 서비스 대부분이 온라인에서 판매되어서는 안 된다.

대신, 스타벅스는 매장 내 경험을 개선하는데 초점을 두고 있다. 회사는 2018년 1천여 매장에 새로운 메르카도라는

메뉴를 출시했으며, 카페인 함유 과일주스 및 질소 투입 음료 제품을 확대할 계획을 갖고 있다. 경영진은 2021년까지 식품 매출이 2배로 증대되길 바라고 있다. 스타벅스는 또한 프리미엄 커피 및 빵을 고가에 구매할 용의가 있는 고객들을 끌어들이기 위해 전 세계적으로 '리저브'란 브랜드의 고급 카페를 구축하고 있다.

스타벅스는 정보기술을 통해 고객의 매장 내 경험을 지속적으로 향상시키고 있다. 각 스타벅스 매장은 고객들이 무선 인터넷 접속을 할 수 있도록 와이파이 시설을 갖추고 있다. 스타벅스 고객들 다수가 스마트폰을 활발히 이용한다. 스타벅스는 2015년 9월 아이폰 및 안드로이드 모바일 장치를 위한 모바일 주문 앱을 선보였다. 스타벅스 모바일 주문결제 앱은 음료 및 식품의 결제가 신속하고 용이하게 해준다. 고객들은 스타벅스 매장에 가는 길에 모바일 주문결제 앱으로 주문을 하고 또 바리스타에게 팁을 주기도 한다. 주문 고객은 음료 준비가 완료되는 시각을 앱으로 확인할 수 있어 매장에 도착해 줄을 설 필요가 없다. 모바일 앱은 또한 해당 스타벅스 매장에서 재생중인 음악을 보여주며, 고객이 원할 경우 스포티파이 앱의 재생목록에 저장할 수 있다. 이 앱은 스타벅스가 고객들에게 제

▲ 스타벅스 고객들은 매장에 가는 길에 주문결제 앱을 통해 미리 주문을 할 수가 있다.

품을 더욱 효과적으로 타게팅할 수 있게 해주기 때문에, 아침 커피고객들이 매장을 나간 후 더욱 많은 고객들을 유치할 목적으로 점심 식사 및 찬 음료를 메뉴에 추가할 때 특히 중요하다. 찬 음료는 현재 스타벅스의 전체 음료매출 중 절반을 차지한다.

스타벅스는 매장 내 와이파이 네트워크를 이용하는 미국 고객들이 네트워크에 접속한첫 매장에서 이메일 주소를 남기기를 원하고 있다. 회사 소프트웨어에 고객의 장치 정보가 남기 때문에 그 후부터는 자동으로 접속이 가능해진다. 이런 방법을 통해 스타벅스는 이메일 주소목록을 확보해 다양한 프로모션으로 고객을 타게팅할 수가 있다.

출처: Laudon, K., & Laudon, J. Management Information Systems: Managing the Digital Firm, 17th ed. Pearson Prentice Hall: Upper Saddle River, NJ, 2021; Liz B. Foster, "5 Ways Starbucks is Innovating the Customer Experience," QSR Magazine, May 2018

2.1 ▸ 기업 경쟁환경과 경영전략

개념사례에 소개된 스타벅스는 혁신적 정보기술을 창의적으로 이용해 경쟁우위를 창출했다. 이는 정보기술이 기업의 경쟁무기로 활용될 수 있음을 여실히 보여주고 있다. 이와 같이 전략적인 목적을 위해 사용되는 정보시스템은 기업 경쟁환경 및 경영전략과 연계하여 살펴보는 것이 중요하다. 기업의 경쟁에 영향을 미치는 경쟁환경의 요소는 무엇인가? 경쟁사들보다 앞서가기 위해 필요한 경영전략에는 어떠한 것이 있는가? 정보기술이 경영전략을 뒷받침하기 위한 정보기술 활용방안은 무엇인가? 이들 질문에 답하고자 하는 것이 본 절의 주요 목적이다.

경쟁환경의 분석 틀로서의 경쟁세력 모형

전략정보시스템은 기업의 전략을 구현하기 위한 목적으로 구축되므로 성공적인 전략정보시스템을 도입하기 위해서는 경쟁우위를 창출하는데 기여할 수 있는 창의적인

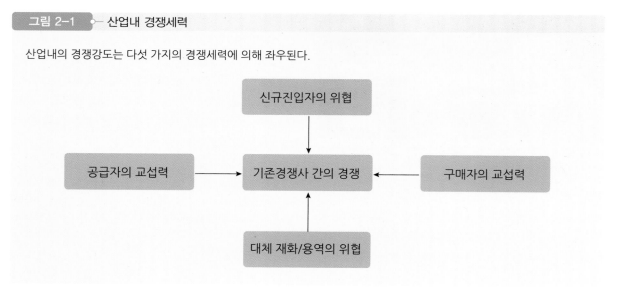

그림 2-1 ○─ 산업내 경쟁세력

산업내의 경쟁강도는 다섯 가지의 경쟁세력에 의해 좌우된다.

출처: M. Porter, *Competitive Advantage: Creating and Sustaining Superior Performance*, New York, N.Y. Free Press, 1985, p. 5.

비즈니스 전략의 도출이 전제되어야 한다. 창의적 전략의 도출에 있어 중요하게 요구되는 것은 기업의 경쟁환경에 대한 분석이다.

그렇다면 기업의 경쟁환경은 어떻게 분석할 수 있는가? 하버드 경영대학원 교수인 마이클 포터(Michael Porter)는 **그림 2-1**과 같이 산업의 경쟁환경을 분석할 수 있는 틀을 제시했다.

포터의 **경쟁세력 모형**은 기업이 산업 내 경쟁구조를 결정지워 주는 5개의 경쟁세력(competitive forces)에 대한 개별적인 대응능력을 적절히 배양하게 되면 경쟁우위의 창출을 통해 성공할 수가 있다는 아이디어에 기초하고 있다. 이들 경쟁세력과 기업 간의 힘의 균형이 기업에 유리한 방향으로 각각 전개될 수 있도록 유도함으로써 생성되는 전략적 기회를 활용하는 것이 가능하다는 것이다. 이들 경쟁세력을 각각 살펴보기로 한다.

구매자의 교섭력

구매자의 교섭력이란 기업과 구매자와의 관계에서 구매자가 갖는 상대적 교섭력을 의미한다. 따라서 구매자의 교섭력이 클수록 기업 교섭력은 작을 것이다. 일반적으로 구매자의 상대적 힘은 대량구매자이거나 단골구매자일 경우 크다고 할 수 있다. 가령 펜티엄 칩을 거의 독점 공급하는 인텔(Intel)사의 경우, 델컴퓨터나 HP는 무시할 수 없는 중요한 구매자이다.

구매자의 교섭력이 크다고 함은 무엇을 의미할까? 구매자의 힘이 클 경우 고품질, 저가격을 요구하며 다른 공급업체로 전환하겠다고 위협할 수 있는데, 이는 구매자의 교섭력이 클수록 전환비용이 낮기 때문이다. 즉, 전환비용이 매우 낮으므로 구매자로서는 공급업체를 바꾸는 것에 아무런 부담을 느끼지 않는다.

공급자의 교섭력

공급자의 교섭력은 기업과 공급자와의 관계에서 공급자가 갖는 상대적 교섭력을 의미한다. 공급자의 상대적 힘은 공급자의 수가 적을수록 크다. 시장에 공급자의 수가 적다고 함은 공급자의 힘은 크나 상대적으로 고객에게 부과되는 전환비용은 높으므로 기업의 힘은 작음을 의미한다. 즉, 공급자를 옮기려 해도 마땅한 업체를 찾기 어려우므로 기존의 공급자에 대해 불만이 있더라도 별다른 대안이 없다.

▲ 네덜란드 ASML사는 삼성 등 반도체 메이커에게 반도체 생산에 필수적인 노광장비를 공급하는 세계 유일의 기업으로서 글로벌 시장에서 매우 큰 공급자 교섭력을 지니고 있다.

공급자의 상대적 힘이 클 때에는 제품공급을 중단한다든지 품질격하를 하겠다고 위협하며 가격인상을 요구할 수가 있다.

신규경쟁업체의 진입위협

신규경쟁업체의 진입위협이란 신규업체가 기존 산업에 진입할 수 있는 가능성을 뜻한다. 자유시장체제에서 어느 기업이나 자유로이 산업 내에 진입할 수 있지만, **진입장벽**이 있을 때에는 쉽게 진입하기가 어렵게 된다. 진입장벽의 예로는 정부의 규제, 대규모의 초기 설비투자요구, 요구기술의 부족 등을 들 수 있다.

흔히 진입장벽이 낮을수록 신규경쟁업체의 진입위협은 크기 때문에 산업 내 경쟁은 보다 치열해질 수 있다. 그뿐 아니라 과열 경쟁의 결과로 가격이 지나치게 하락하고 필요자재의 비용이 상승할 수가 있다.

대체재/대체용역의 위협

대체재나 대체용역 또한 산업 내 경쟁 정도에 영향을 줄 수 있는 요소이다. 기존 주요 제품이나 용역이 품절되거나 질이 저하되거나 혹은 값이 상승될 때, 대체재나 대체용역의 위협은 높아진다. 대체재나 대체용역의 예로서 커피와 홍차, 왜곤(wagon)과 미니밴, 은행신용카드와 백화점카드, 병원과 한의원, 대학교와 특수전문대학 등을 들 수 있다.

대체재나 대체용역의 위협이 강할 때에는 경쟁이 심화되고 궁극적으로는 기업의 수익성이 제한된다.

기존 경쟁사 간의 경쟁 강도

위의 요소들에 비해 기존 경쟁사 간의 경쟁 강도는 산업 내 경쟁 강도에 더 직접적이고도 중요한 영향을 미치는 경쟁세력이다. 기업들의 경쟁방식에는 몇 가지가 있다. 첫째, **가격경쟁**은 보다 저렴한 가격을 통하여 시장점유의 확대를 꾀하는 방식으로서 많은 기업들에 의해 흔히 사용되는 경쟁방식이다. 둘째, **품질경쟁**은 품질의 제고를 통한 경쟁력 강화에 역점을 두는 방식이다. 셋째, **서비스경쟁**은 고객서비스의 강화를 통해 우위를 확보하는 경쟁방식이다. 넷째, **기술우위경쟁**은 기술개발에 대한 집중적 투자를 통해 우수기술 하나로 승부를 거는 경쟁방식으로서 컴퓨터 칩 기술로 앞서가는 인텔사, 고도광학기술이 뛰어난 캐논사, 무선통신기술에 있어 잘 알려진 모토롤라사 그리고 메모리 반도체 기술로 세계적 리더가 된 삼성전자가 대표적인 예라 할 수 있다. 끝으로, **시간기반의 경쟁**(time-based competition)은 기업의 특정 업무프로세스의 주기시간(cycle time)을 획기적으로 단축시킴으로써 고객요구의 변화에 보다 신속하게 대처해 나가는 방식이다. 오토바이 제조 주기시간을 80%나 단축하는 방법을 찾은 혼다사, 360시간 걸려 만들던 세탁기를 두 시간 만에 제조하는 방법을 찾은 마쓰시타사, 적시주문시스템(JIT)을 통해 부품조달 시간을 단축하는데 성공한 토요타사가 모두 좋은 예이다.

▲ 토요타사는 JIT 기술을 통해 차 조립라인에의 부품조달 시간을 줄이고 재고비용을 최소화하는데 성공했다.

기업의 본원적 경쟁전략

마이클 포터(Michael Porter)에 따르면 기업의 전략은 경쟁에 대처하기 위한 기본적 틀이다. 전략을 성취함으로 말미암아 산업 내 경쟁세력들에 대하여 우위를 확보할 수 있고 수익성도 더 높아지게 된다.

경영전략은 기업의 목표를 성취하기 위한 것이므로 기업마다 고유의 창조적 전략이 있다. 따라서 기업의 전략이란 본질적으로 다양성과 독특성이 특징을 이룬다고 할 수 있을 것이다. 그러나 여러 다양한 전략들 중에서도 기업들이 보편적으로 이용하는 공통적 전략이 있을 수 있다. 마이클 포터는 이를 **본원적 경쟁전략**(generic strategies)이라고 칭하며, 그 예로서 비용최소화 전략(cost leadership strategy), 차별화 전략(differentiation strategy) 및 집중화 전략(focus strategy) 등 세 가지의 본원적 전략을 제시하고 있다. 이들 전략과 더불어 기술혁신 전략, 성장 전략, 제휴 전략을 아래에서 함께 살펴본다.

비용최소화 전략

비용최소화 전략은 1970년대에 기업들에 의해 널리 사용된 본원적 전략으로 1973년의 오일쇼크로 인해 세계 경제가 크게 위축되면서 각국의 여러 기업들로부터 큰 관심을 모

그림 2-2 ── 기업의 본원적 경쟁전략

기업경쟁전략은 전략대상 및 경쟁우위 원천에 따라 비용최소화전략, 차별화전략, 그리고 집중화전략으로 나뉜다.

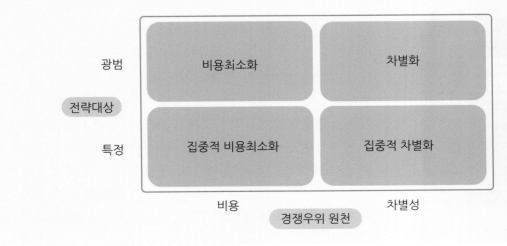

으게 되었다. 흔히 기업재무구조의 개선을 위해서는 매출을 증대시키거나 비용을 감소시켜야 하는데, 경쟁이 치열한 상황에서 매출의 증가는 극히 어려운 경우가 많기 때문에 비용의 절감으로 이윤의 극대화를 지향해야 한다는 것이 비용최소화 전략의 주요 취지이다. 기업의 비용부문 중 주로 광고비, 연구개발비, 서비스 지출비, 영업비 등을 대상으로 원가절감이 실행된다.

차별화 전략

오늘날 기업들은 매우 유사한 경영환경 내에서 활동하고 있다. 특히 경쟁이 치열한 산업일수록 기업들 간에 생산기술, 제품군, 영업전략 등이 유별나게 다르지 않기 때문에, 비범한 발상을 통한 창조적 경영 없이는 무한경쟁시대에서 성공하기가 좀처럼 수월하지 않다.

▲ 벤츠사는 소비자 감성을 자극하는 독특한 자동차 디자인을 통해 차별화된 고급승용차 이미지를 굳혀오고 있다.

차별화 전략은 동종의 기업들과는 다르게 기존의 제품이나 서비스에 가치를 부가함으로써 고객이 갖게 되는 새로운 인식을 통하여 전략우위를 추구하는 전략이다. 차별화 전략을 통해 고객에게 특이한 이미지를 부각시킬 경우, 고객의 브랜드 충성심을 드높여 주는 반면 가격민감성을 낮추어 주기 때문에 경쟁사로부터의 보호막을 형성시켜 준다.

차별화의 대상이 되는 영역은 몇 가지가 있다. 우선, 외관의 디자인을 변경함으로써 색다른 브랜드 이미지를 창출하는 것이 가능하다. 가령, 독일의 아우디사는 소비자의 감성을 자극하는 독특한 자동차 외형 디자인을 통해 고급 승용차로서의 이미지를 굳혀오고 있다. 둘째, 기술 자체를 통해 차별화하는 방법이 있다. 오디오 파워앰프 한 대에 1,000여만 원 가까운 가격으로도 안정된 매출을 유지하는 매킨토시사는 기술의 혁신을 통한 차별화로 성공한 예이다. 셋째, 기능이나 특징으로 차별화할 수 있다. 일반 원두커피 메이커는 커피원두를 갈고 나서 그 가루를 커피 메이커에 넣도록 되어 있지만, 드롱기(Delonghi)사의 커

▲ 드롱기사의 에스프레소 커피 메이커

피 메이커는 보다 향긋한 커피맛을 내기 위해 커피원두를 넣고 버튼만 누르면 자동으로 갈아진 뒤 커피가 만들어져 나온다. 넷째, 고객서비스로도 차별화가 가능하다. 컴퓨터 제품의 온라인 판매에 있어 가장 문제가 되는 것은 고객이 특정 브랜드의 컴퓨터제품에 대해 갖는 안정성 면의 두려움이다. 일부 컴퓨터사에서는 남달리 3년 동안 컴퓨터의 부품교체 및 수리를 완전 무상으로 서비스한다든지, 구입일로부터 3개월 동안 사용해 보고 만족하지 않을 경우 기간 내 반품하면 전액 환불해 준다는 등의 서비스 차별화를 시도하기도 한다.

집중화 전략

위의 비용최소화 전략과 차별화 전략은 산업 내 전체에 걸친 광범한 전략대상을 목표로 하여 전개된다. 그러나 전략대상을 좁게 정하여 집중적으로 공략하는 전략이 있을 수 있는데 이를 **집중화 전략**이라고 부른다. 기업의 역량이 충분하게 갖추어져 있을 경우에는 전략대상이 광범위해도 좋은 성과를 기대할 수 있지만, 그렇지 않은 경우에는 틈새시장과 같은 특정 전략대상을 선택하여 더욱 효과적으로 또 효율적으로 시장을 공략하는 것이 바람직하다.

특정 전략대상이란 어느 특정 구매자 그룹, 연령층, 제품군의 일부 또는 특정 지역적 시장 등을 의미한다. 코카 콜라의 TV광고에서는 10대나 20대의 연령층을 타겟 구매자 그룹으로 선정하고 있기 때문에 광고출연 모델도 비슷한 연령층으로 등장시킨다. IBM과 같은 기업은 본래 컴퓨터의 깊은 역사와 기술을 자랑하기 때문에 데스크탑 PC나 워크스테이션에서부터 미니컴퓨터 및 대형의 메인프레임 컴퓨터 그리고 더 나아가서는 슈퍼컴퓨터에 이르기까지 상당히 광범한 제품군을 전략대상으로 삼을 수 있지만, 규모가 그보다 작은 컴퓨터제조업체들은 상황이 다르다. 델 컴퓨터나 에이서와 같은 기업에서는 제품군을 데스크탑 PC 및 노트북컴퓨터로 국한시킴으로써 그들의 우위를 고수하고자 노력한다. 근래에 와서, 국내 대기업들이 경기악화로 인해 타격

▲ 많은 여행사들이 집중적 차별화전략을 통해 특정 고객군을 겨냥한 판촉활동을 실시한다.

을 입게 됨에 따라 이윤을 못내는 부실한 사업을 정리하고 대신 경쟁력있는 핵심사업을 집중 육성하는 것도 집중화 전략의 좋은 예일 것이다.

그림 2-2에서 처럼, 집중화 전략은 선택된 전략우위 유형에 따라 집중적 비용최소화 전략과 집중적 차별화 전략으로 나누어진다. **집중적 비용최소화 전략**은 특정 전략대상에 대하여 비용최소화를 구현하는 전략으로서, 가령 염색약 제조업체에서 남성 염색약과 관련된 프로세스에 대해서만 비용최소화를 적용하는 것이 그 예라 할 수 있다. 이에 반해, **집중적 차별화 전략**은 특정 전략대상에 대하여 차별화를 구현하는 전략이다. 여행사의 경우, 효도관광을 위해 비행기 항공표를 구매하는 고객에게 목적지의 호텔예약 서비스도 함께 패키지로 묶어 제공하는 것도 그 예라 할 수 있다.

기술혁신 전략, 성장 전략, 제휴 전략

포터의 세 가지 본원적 전략은 1980년대 초에 제시된 것으로서 21세기를 바라보는 오늘날 기업에게 주는 가치로서는 한계가 있다. 이에 와이즈먼(Charles Wiseman)은 포터의 본원적 전략 이외에 세 가지의 전략을 추가적으로 제시했다. 첫째, **기술혁신 전략**은 산업 내에서 기업을 운영하는 방식을 근본적으로 변화시킬 수 있도록 제품 혹은 프로세스 변화를 추구하는 전략이다. 둘째, **성장 전략**은 매출확대나 지역확장, 기업간 전방/후방 통합, 사업다각화 등의 방법을 통해 회사의 양적·질적 성장을 도모하는 전략이다. 셋째, **제휴 전략**은 기업 간의 마케팅약정, 합작투자사업, 혹은 기업인수를 통하여 단독으로 수행해내기 어려운 과제를 다른 기업과의 공동노력으로 수행해 냄으로써 우위를 얻고자 하는 전략이다. 어려운 기술의 공동개발, 새 시장 창조, 핵심능력의 공유 등이 제휴 전략의 주요 목적이다.

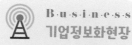

B·u·s·i·n·e·s·s 기업정보화현장　　**질레트사의 기술혁신**

20세기 초 질레트(Gilette)사는 안전면도날을 처음 개발했을 당시부터 경쟁에 부딪힐 것을 예견했었다. 경쟁사들을 밀어제치기 위한 방법은 최소의 비용으로 보다 날카롭고도 견고한 면도날을 제조해 최고의 제품을 시장에 출시하는 것이었다. 이후 줄곧 질레트에서는 이러한 전략을 추구해 왔다.

질레트사는 미국 내 수동면도기 시장의 64%를 점유하고 있으며, 세계 기타 시장에서도 선두 위치를 고수하고 있다. 유럽시장에서만 70%를 그리고 남미시장에서는 80%를 점하고 있다. 가격이 대단히 민감한 요인으로 작용하는 시장에서 이러한 성공을 거두기란 실로 쉽지가 않다.

이 회사에서는 정보시스템을 이용하여 저비용 고품질 제품을 내놓았으며 신형 면도기 제품들을 개발하여

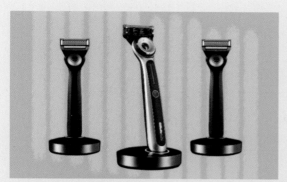

▲ 정보기술은 질레트의 면도기 제품 혁신에서 중요한 역할을 담당했다.

선보이는 데 있어서도 혁신을 거듭했다. 첨단기술을 이용해서 제조비용을 개당 단 몇 센트라도 절감하는 것이 가능했으며, 이는 1년에 십억 개의 면도날을 제조하는 회사에서 수천만 달러의 큰 돈을 절약시키는 요소로 작용할 수가 있다는 의미이다.

질레트사의 보스턴 공장에서는 거의 완전자동화가 이루어져 있다. 3천여 명의 근로자들이 대부분 시간을 기계작동 상황을 점검하거나 생산공정에서 병목현상이 걸리는지 검사한다. 컴퓨터화된 공정제어장치를 이용해 온도나 압력 등을 보다 정확하게 제어하는 동시에 산출물을 최적화하고 있다. 결과적으로, 면도날 및 면도기 부품을 수 년 전에 비해 더 신속하게 설계하며 품질도 더 향상되고 있다. 10초 정도 걸리던 생산공정 주기가 7초나 8초로 줄어들었다.

질레트에서는 또한 정보시스템을 이용하여 면밀하고도 까다로운 품질관리 표준을 이행하고 있다. 가령, 미니컴퓨터에 연결된 고해상도의 현미경 카메라를 통해 질레트 '센서'(Sensor) 면도기에 쓰이는 이중(二重) 면도날을 각각 검사한다. 미니컴퓨터는 또한 카메라로 포착한 면도날 정지화상을 메모리에 수록된 정상적 면도날 화상과 세밀하게 비교함으로써 완벽한 평행을 이루지 못하는 날은 즉시 불합격시킨다. 각도상에서의 극미한 오차도 면도의 만족감을 낮출 수 있기 때문에 시스템은 단 2미크론(micron; 즉 1m의 100만분의 1)의 오차도 허용치 않는다.

정보시스템은 생산공정에서의 허점을 찾아내는 데도 사용된다. 질레트사는 면도기 카트리지 연결부분을 개선하여 '센서' 면도기 산출량을 4%나 증대시켰다. 엔지니어들은 수백만 개의 면도기를 생산하면서 자동축적된 컴퓨터 데이터를 분석함으로써 연결부위의 간격이 너무 좁다는 사실을 발견해 냈다.

질레트사는 정보시스템을 통해 혁신적인 신형 면도기를 개발하여 시장점유를 높이기도 하였다. 이 회사의 10명의 설계사는 네트워크 환경에서 3차원 CAD 소프트웨어를 운용하여 독특한 '센서' 면도기를 설계했다. '센서' 면도기는 곧 히트상품으로 부상했고 비일회용 면도기 시장에서 시장점유 43%에 달하는 최고의 판매기록을 남겼다.

한편, 2005년 1월 질레트사는 소비재 부문의 다국적 기업인 프록터 앤 갬블사에 인수됐다. 이로써 킹 질레트에 의해 1895년 면도날 메이커로 설립된 질레트사는 110년만에 역사의 뒤안길로 사라지게 됐다.

출처: Robert F. Brands, "Gillette, Shaving and the Challenge of Innovation," *Huffpost Business, June 10*, 2010; www.wikipedia.org, 2021년 8월 20일 참조

가치사슬 모형

마이클 포터에 의해 제시된 **가치사슬 모형**(value chain model)은 기업의 가치활동

그림 2-3 ㅡ 기업의 가치사슬 모형

주 가치활동과 지원 가치활동이 함께 기업경쟁우위에 영향을 미친다.

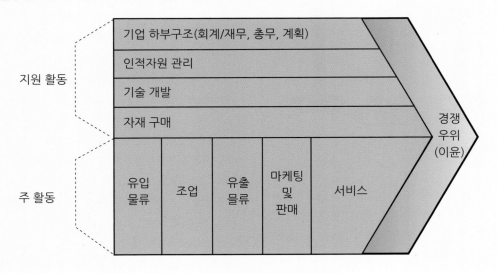

을 분석하기 위한 틀이다. 이 모형은 기업이 일련의 연쇄적 활동들로 이루어져 있다고 보고 각 활동이 제품이나 용역에 최대한의 가치를 창출해 줄 수 있는 방향으로 유도해 나아간다면 기업이 유리한 위치를 시장 내 구축할 수 있다는 전제에 바탕을 두고 있다. 이 활동들은 **그림 2-3**에서와 같이 주 활동(primary activities)과 지원 활동(support activities)으로 구분된다. 기업의 **가치사슬**이라 함은 곧 이 주 활동들을 의미한다. 모든 업무가 주 활동들을 중심으로 이루어지며 지원 활동은 단지 주 활동을 측면지원하는 역할을 한다. 이들 다섯 가지의 주 활동과 네 가지의 지원 활동을 아래에서 살펴본다.

주 활동

표 2-1에서는 주 활동과 지원활동의 각 활동에 대해 간략한 설명이 주어져 있다. 주 활동은 순차적으로 수행되는 다섯 가지 활동들로서 유입물류, 조업, 유출물류, 마케팅 및 판매 그리고 서비스를 포함한다. **유입물류**(inbound logistics)는 필요한 자재를 제조지점까지 이동시켜 조업을 준비하는 과정을 뜻한다. **조업**(operations)은 유입된 원료 및 자재를 공정에 투입시켜 완제품을 만들어 내는 활동이다. 대부분의 제조활동은 물론 서비스 제공활동도 조업에 해당한다고 할 수 있다. 가령, 금융회사에서 대출 등 금융서비스를 제공하는 것이나 보험회사에서 접수된 보험청구서들(claims)을 처리하는 것

표 2-1	기업 가치활동의 유형
가치활동	내용
유입 물류	자재의 접수, 창고보관 및 제조지점까지의 이동
조업	유입된 자재를 완제품으로 변형
유출 물류	제품의 창고보관 및 분배
마케팅 및 판매	판촉 및 영업
서비스	제품가치의 유지나 개선을 위한 서비스
기업 하부구조	가치사슬 전체(5개의 주 활동)에 대한 관리지원
인적자원 관리	인적자원의 선발, 고용, 교육연수, 개발
기술개발	제품 및 제조 프로세스의 개선
자재 구매	유입 자재의 구매

출처: Porter, M. and V. Millar, "How Information Gives You Competitive Advantage," *Harvard Business Review*, July-August 1985, p. 151.

도 조업의 범주에 포함된다. **유출물류**(outbound logistics)는 완성된 제품을 창고에 보관시키고 판매지점까지 운송하는 과정이다. 그 다음 단계인 **마케팅 및 판매**(marketing & sales)에는 광고 및 판촉을 포함하여 제품이 고객의 손에 입수되는 순간까지 전개되는 전반적인 영업활동이

▲ 유출물류는 생산된 제품을 판매지점으로 운송하는 가치활동이다.

해당된다. 끝으로 **서비스**(after-sale service)는 고객이 제품을 구매한 이후 제품과 관련하여 필요로 하는 모든 서비스 기능을 제공하는 기업 활동이다.

지원 활동

지원 활동은 기업 하부구조, 인적자원 관리, 기술 개발, 그리고 자재 구매의 네 가지 활동으로서 주 활동이 원만하게 이루어질 수 있도록 측면 지원하는 역할을 한다. **기업 하부구조**(corporate infrastructure)는 위의 주 활동들에 대해 통제 및 조정관리기능을 제공하는 기업활동이다. 계획, 재무관리, 회계관리, 정부 및 법규 관계, 품질관리 등은 제품의 제조나 판매에 직접적인 영향은 미치지 않으나 기업의 정상적인 운영을 위해 없어

서는 안될 필수 기능이다. **인적자원 관리**(human resource management)는 회사 인력의 선발 및 고용에서 이들에 대한 교육연수 및 능력개발에 이르기까지 포괄적인 인력 관리기능을 제공하는 활동이다. **기술 개발**(technology development)활동은 생산하는 제품 자체에 대한 기술과 제조공정의 효과 및 효율을 증대시켜 주는 기술에 대한 연구개발 과정이다. 제품기술의 개선을 통한 시장점유 확대도 중요한 반면, 제조과정을 지원하는 기술을 통한 비용절감이나 생산성 향상 효과도 그에 못지않게 중요하다. 지원 활동 중에서 마지막 가치활동은 조업을 위해 유입되는 원료나 자재의 **구매**(procurement)이다. 간혹 유입 물류와 자재 구매를 혼동하는 경우가 있는데, 유입 물류는 자재의 접수 및 보관에 중점을 두는 반면, 자재 구매는 주문을 해서 구매를 하고 대금을 지불하는 측면에 초점이 맞추어진다.

2.2 ▶ 전략정보시스템의 개념 및 역할

앞에서 살펴본 바와 같이, 기업들은 목표의 원활한 수행을 위해 경쟁전략을 수립하여 경쟁환경에 적용함으로써 경쟁력을 강화시키는 데 총력을 기울인다. 또한 성공적인 경영전략은 일반적으로 정보기술을 수반한다는 사실이 그동안 여러 기업들의 경험을 통해 입증되고 있다. 본 절에서는 전략정보시스템의 등장배경, 개념 및 기업 내 역할을 이해하는 데 초점을 맞추고자 한다.

◦•• 전략정보시스템의 등장배경

컴퓨터기술이 기업에 도입되기 시작했던 초기 시절 대부분 응용시스템들의 주된 목적은 반복적인 수작업의 자동화를 통한 비용 절감, 효율 증대 그리고 보다 정확한 데이터 처리였다. 그 당시 대부분 응용시스템들은 주로 급여, 회계, 주문입력 등의 기능을 지원하는 정보시스템으로서 정량적 데이터의 처리를 통한 업무 효율성의 제고가 그 주요 목적이었다.

그러나 1980년대에 접어들면서 정보시스템의 역할에 대한 인식이 변화하기 시작했다. 컴퓨터기술이 기업활동의 효율증진을 위한 숫자 처리기나 데이터 저장고로서의 수준을 초월하여, 치열한 경쟁환경에서 전략적 우위를 확보하기 위한 도구로 사용될 수도 있다는 새로운 발상이 출현한 것이다. 이러한 발상은 이후 정보기술의 전략적 활용에 기반을 두는 전략정보시스템의 등장을 초래하였다.

전략정보시스템의 개념

전략정보시스템(strategic information systems: SIS)은 정보기술을 이용하여 기업의 경쟁우위를 향상시켜 주는 조직정보시스템으로 정의할 수 있다. 정보시스템의 전략적 활용을 통해 시장점유를 확대하고

▲ 전략정보시스템은 정보기술을 이용하여 기업의 경쟁우위를 향상시켜 주는 조직정보시스템이다.

매출을 증대시키는 역할을 하기 때문이다. 일부 학자들은 전략정보시스템을 "조직의 경쟁전략을 지원하는 정보시스템"이라고도 정의한다(Ahituv 외, 1994). 기업의 전략은 정보시스템을 통해 구현될 수 있기 때문이다.

전략정보시스템은 정보기술을 이용하여 고객관계를 개선하고, 제품설계를 가속화하며, 공급업체와의 관계를 확대하고, 새로운 매출기회를 창출하며, 또한 종업원 생산성을 개선한다. 전략정보시스템을 적용한 결과로 조직의 목표, 업무, 제품, 서비스, 조직환경과의 관계 등이 변화할 수 있다. 예를 들어, 미국의 잘 알려진 투자금융회사 메릴 린치는 정보시스템을 이용해서 주식중개업체에서 금융서비스업체로 조직차원의 큰 변화를 가져왔다.

전략정보시스템은 완전히 새로운 기술을 의미하는 것은 아니다. 기술보다는 활용목적에서 의미를 찾아야 한다. 기존 시스템들의 기술을 기반으로 하되, 전략적 목적을 추구한다는 의미이다. 가령, 데이터처리 위주의 기존 시스템이 기업의 비용 측면을 겨냥한 것이라면, 전략정보시스템은 기업의 수익 측면을 겨냥한 것이라고 할 수 있다.

전략정보시스템의 역할

기업의 경쟁우위를 확보하기 위한 수단으로 정보시스템이 사용될 수 있다고 앞서 지적되었다. **그림 2-4**에서와 같이, 정보시스템은 기본적으로 각 경쟁세력의 강도를 약화시키기 위한 수단으로 활용이 될 수 있으며 이로 인해 기업의 경쟁우위가 확보되고 이윤마진은 증대될 수 있게 된다.

그렇다면 정보시스템의 전략적 역할은 무엇인가? 전략정보시스템을 통해 경쟁우위를 확보할 수 있는 다섯 가지 방법을 각각 살펴보기로 한다.

진입장벽 구축

신규경쟁사가 시장에 진입하지 못하도록 진입장벽(entry barriers)을 구축하는 것은 전략정보시스템으로부터 기대할 수 있는 주요 효과 중의 하나이다. 시장에서의 경쟁에 필요한 정보기술의 투자규모나 복잡성을 증가시킴으로써 진입장벽을 세울 수 있다. 신규경쟁사에서는 자금이나 기술 부문에 부담을 느껴 진입을 포기하거나 후일로 미루게 될 것이다.

그림 2-4 ━ 경쟁세력 모형과 전략정보시스템의 관계

전략정보시스템은 정보기술과 경쟁세력간의 관계에 기초하는 개념이다.

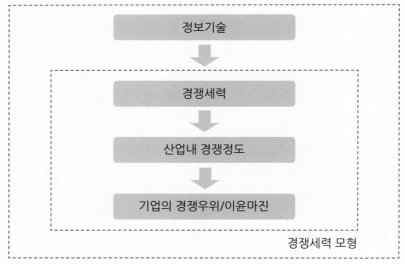

예를 들면, 최근 일부 은행에서는 정보기술을 통한 차별화 전략을 구현하기 위해 엄청난 자금을 투자하여 스마트폰 뱅킹 기반의 가상은행을 구축하고 있다. 이러한 시스템은 큰 규모의 자금투자 외에도 상당한 기술력이 전제가 되어야 하므로 금융시장 진입에 대한 장벽의 역할을 한다.

업무 의존도 증대

전략정보시스템은 구매자와 새로운 관계를 맺음으로써 그들의 업무 의존도를 높여주는 역할을 한다. 흔히 **업무 의존도**(operational dependency)를 높이는 전략정보시스템은 차별화 전략의 구현을 통해 구축된다. 정보기술을 이용하여 구매자에게 편리한 서비스를 제공함으로써 제품이나

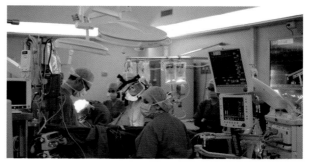

▲ AHSC사는 온라인 주문시스템을 통해 자사에 대한 병원들의 업무 의존도를 높일 수 있었다.

용역을 차별화 할 경우, 이들 업체들은 이미 그들의 업무가 상당부분 전략정보시스템에 의존하고 있다는 인식과 더불어 부가가치 서비스를 잃는 것에 대한 두려움으로 인해 경쟁사로의 전환을 꺼리게 된다.

업무 의존도를 증가시키기 위해 구축된 전략정보시스템의 대표적인 예로는 미국의 병원들에 다양한 의료제품들을 공급해 온 AHSC(American Hospital Supply Corporation)사를 들 수 있다. 기존에는 영업사원들이 일일이 지방의 병원들을 찾아다니며 주문을 받아 수작업으로 구매주문서를 작성한 뒤 우편으로 발송하는 방식에 의존했었기 때문에 주문접수 및 처리와 관련하여 큰 시간과 노력이 소요되었다. 그러나 이 회사에서는 병원들이 공중회선망을 통해 원격으로 호스트 컴퓨터의 제품DB에 접속하여 제품정보의 실시간 조회는 물론 온라인 주문도 할 수 있게 하였다. 그 결과로 이들 병원의 구매업무 프로세스도 이 시스템에 크게 의존하게 되었고 시장점유가 확대되었다.

전환비용 생성

전략정보시스템은 종종 기업과 구매자 사이의 관계에 **전환비용**(switching costs)이 발생하도록 구축된다. 구매자 측에서는 특이하고도 유용한 전략정보시스템을 지속적으로 사용하면서 시스템의 효과로 인해 '고객 충성심'이 강화될 뿐 아니라 정보시스템 기술에

▲ 오티스사는 IT를 이용해 엘리베이터의 원격진단 및 신속 대응능력을 갖춤으로써 제품에 대한 서비스기능을 강화했다.

적지않은 투자를 하게 되므로 다시 거래처를 바꾸기 위해서는 전환비용을 감수해야만 한다. 따라서 전환비용이 거래처 전환에 있어 부정적인 요인으로 작용한다는 것이다. 결국, 정보기술로 인한 전환비용의 발생은 구매자를 빠져나가기 어려운 상황으로 유도하며 구매자의 교섭력을 약화시키므로 기업의 경쟁우위로 연결이 된다.

승강기 제조업체인 오티스사에서는 고객에 대한 서비스기능을 강화하기 위해 휴대단말기를 무선통신으로 회사의 컴퓨터시스템에 연결함으로써 고장의 원격진단 및 문제에 대한 신속한 대응능력을 갖추게 되었다. 이로 인해 서비스 질이 향상되고 고객 충성심이 높아지게 되어 고객들이 이탈해 다른 업체와 서비스계약을 체결하는 경우가 현저하게 줄어들었다.

공급자의 교섭력 약화

기업이 공급자와의 네트워크 연결을 통해 전략정보시스템을 구축함으로써 성취하고자 하는 전략적 목적은 궁극적으로 공급자의 교섭력 약화이다.

앞서 언급하였듯이 일본의 토요타 자동차 회사는 적시(just-in-time: JIT) 주문시스템의 성공적 활용으로 큰 성과를 거둔 기업으로 잘 알려져 있다. 수많은 자동차 부품 하청업자와 컴퓨터 네트워크로 연결하는 적시주문시스템은 필요한 만큼의 부품수량을 적시에 공급하게 함으로써 재고량을 크게 감소시키고 그로 인해 재고비용을 절감하는 효과가 있기 때문에 기타 제조업체에도 적용되고 있다. 그 외에도 백화점과 같은 대형 소매업체에서는 공급자의 제품재고량, 공장생산계획, 제품가격 등을 온라인으로 조회하여 제품공급에 대한 조절기능을 수행하고 공급에 차질이 생길 경우에는 때에 따라 불이익을 주는 방향으로 시스템을 운영했다. 이와 같이 제조업체나 소매

▲ 백화점과 같은 소매업체에서는 전략정보시스템을 이용하여 공급능력을 개선시킬 수가 있다.

업체에서 공급자와의 네트워크 연결을 전략적 무기로 사용하는 경우 결국 공급업자의 교섭력을 약화시키는 결과를 가져오게 된다.

업무효율성 제고

외부 조직과의 네트워크 연결 없이 내부시스템으로 업무효율성을 높임으로써 경쟁사에 대한 공략을 강화하는 내향적 전략정보시스템이 있다. 이러한 시스템이 전략적 성격을 띠는 이유는 정보기

▲ 자동차 대여업체 Avis사는 Wizard라는 전략정보시스템을 구축해 차량배치 기능을 최적화함으로써 경쟁우위를 창출할 수 있었다.

술을 이용하여 '비용최소화 전략'을 구현하기 때문이다. 조직내부비용을 현저하게 줄임으로써 경쟁사들보다 가격을 더 낮출 수가 있고 또한 이윤도 높아지므로 기업의 성장에 중요한 역할을 할 수 있다.

비용절감으로 조직생산성을 높여주는 전략정보시스템의 예로 자동차 대여업체인 에이비스(Avis)사에서 구축한 위저드(Wizard)시스템을 들 수 있다. 이 시스템은 에이비스사의 대여자동차들의 위치, 비용 및 대여내역에 관련된 정보를 관리해 준다. 이러한 정보관리능력을 통해 대여할 차가 필요할 때 이를 적시에 준비시키고 차량관리비용을 최소화하는 방향으로 차량배치기능을 최적화함으로써 허츠(Hertz), 내셔널(National) 및 기타 자동차대여 회사들과의 경쟁에서 우위를 확보했다.

업무효율성을 제고하는 전략정보시스템의 또 하나의 예는 항공사의 수익관리 DSS(의사결정지원시스템)이다. 여타 항공사들의 요금인상 혹은 요금할인 정보를 즉시 분석하여 항공요금을 전략적으로 조정할 수 있도록 해 줌으로써 각 좌석으로부터 가능한 한 최대의 이윤을 가져올 수 있는 시스템이다. 한 예로, 수익관리 DSS의 최초 도입 항공사인 아메리칸 에어라인사는 시스템 도입으로 1998년 기준으로 연간 매출이 10억 달러 가까이 늘어난 것으로 밝혀졌다.

2.3 ᐳ 전략정보시스템과 본원적 경쟁전략

정보기술은 기업의 경쟁전략 구현을 가능하게 한다. 앞서 논의된 비용최소화, 차별화, 집중화의 세 가지 본원적 경쟁전략은 정보기술과 연계하여 구현할 수 있으며, 이렇게 구축된 정보시스템은 기업이 경쟁력을 강화시키는 지렛대의 역할을 하게 되는 것이다. 이러한 맥락에서, 전략계획을 수립할 때 전략정보시스템이 경쟁환경에 미치는 영향과 경쟁전략의 구현에 미치는 영향을 고려하는 것이 중요하다. 다음은 기업이 정보기술을 이용하여 각 본원적 전략을 어떻게 구현할 수 있는지 설명하고 있다.

비용최소화 전략의 구현

정보기술을 통한 비용최소화 전략의 구현은 정보시스템의 적용에 따른 비용절감에 초점이 맞추어져야 한다. 가장 간단한 예로서 자재요구계획(material requirements planning: MRP)시스템은 생산에 필요한 자재의 양을 정확히 예측하여 적절한 양의 재고를 보유할 수 있도록 해 줌으로써 재고관리비용을 절감하게 해 주는 기술이다. 컴퓨터설계(CAD/CAE)기술은 효율적인 기계 설계를 통해 설계·제조비용을 현저하게 절감하게 해 준다. 문서이미징시스템(document imaging system)은 보험회사로 하여금 수많은 보험청구서류들을 문서이미지 형태로 관리하게 함으로써 문서보관 및 검색과 관련한 엄청난 비용을 절감시키는 데 큰 역할을 담당하고 있다. 앞서 온라인 주문처리시스템의 대표적 성공사례로서 설명한 AHSC사의 의료용품 수발주시스템도 또 하나의 예이다. 이 시스템은 재고수준을 최저로 유지시킴으로써 비용절감효과를 가져오는 동시에 주문의 입력 및 처리와 관련한 제반비용을 절감할 수 있다.

차별화 전략의 구현

차별화 전략을 구현하는 정보시스템은 기존 제품이나 용역에 가치를 부가하여 새롭고 독특한 이미지를 창출하기 위한 목적으로 사용된다. 정보기술에 의해 생성되는 부가가치로 인해 고객이 제품을 색다르다고 인식하면 그만큼 높은 가격에도 구입하고자 하는 고객이 적지 않을 것이다. 가장 고전적인 예로서 항공예약시스템을 들 수 있다. 미국 아메리칸 에어라인(American Airlines) 항공사의 세이버(SABRE) 시스템이나 유나이티드 에어(United Air)항공사의 아폴로(Apollo)시스템은 여행사의 시장정보 접근을 자신들에게 유리하게끔 조정함으로써 시장점유를 현저하게 끌어올렸다. 오늘날 컴퓨터 예약시스템을 사용하고 있

▲ 아메리칸 에어라인에서 구축한 세이버(SABRE)시스템은 차별화를 통해 경쟁우위를 창출한 대표적인 전략 정보시스템의 예이다.

는 여행사들은 총 예약의 65% 가량을 세이버나 아폴로를 통해 처리한다. 이들 항공예약시스템은 항공권의 유통경로 및 방법을 기존과는 현저하게 차별화함으로써 여행사들이 주로 이들 항공사의 시스템을 통해 거래를 하도록 유도하고 있다. 다른 항공사의 시스템에 비해 이들 전략정보시스템의 예약방식은 독특한 성격을 띠고 있었던 것이다.

집중화 전략의 구현

끝으로 정보기술을 통한 집중화 전략의 구현은 집중적 비용최소화 전략과 집중적 차별화 전략의 두 가지에 대해 적용된다. 넓은 전략범위보다는 좁은 전략범위에 중점을 두므로 특정한 틈새시장을 목표로 하여 비용최소화나 차별화를 시도할 수 있다. 컴퓨터로 DB 자료를 분석하여 틈새시장 기회를 발견한다고 하면 이는 하

▲ 시어즈백화점은 IT를 이용해 특정 고객계층에 대한 마케팅을 전개하고 있다.

나의 좋은 예라고 할 수 있다. 가령 그림엽서 회사에서 정보기술을 통해 도시별로 카드 유형과 매출 간의 관계를 분석하고 각 도시에 대해 잘 팔리는 유형의 카드 중심으로 매

출전략을 수립한다면 이는 집중화 전략으로 우위를 획득할 수 있는 방법이 될 것이다. 시어즈 로벅(Sears, Roebuck and Company)사에서는 4,000만 명이 넘는 고객들에 대한 자료를 컴퓨터로 관리하며, 이를 분석하여 가전제품 구매자, 연장(tools) 구매자, 유아제품 구매자 등의 소비자 그룹을 겨냥한 판촉프로그램을 전개하는 데 이용하고 있다. 각 소비자 그룹에게 관련 홍보문을 발송함으로써 매출을 증대시키는 이 전략은 집중화 전략에 속한다.

Business 기업정보화현장 　고객의 모든 질문에 온라인으로 답하는 라디오쉑

라디오쉑(RadioShack)의 광고문구 "당신의 모든 질문들에 대한 답을 가지고 있어요"는 손재주가 좋은 사람 대상의 비즈니스 모델에서 '혼자 해 보는' 전자제품에 큰 지식이나 관심이 없는 고객들을 유인 및 보유하기 위한 만인을 위한 모델로의 변화를 반영한다. 이러한 새 전략의 핵심 요소로 등장한 것이 라디오쉑 온라인(radioshack.com)이다. 이 사이트는 비즈니스 프로세스 및 제품정보에 관해 상점내 직원들을 교육시킴으로써 고객들의 질문 및 니즈를 더 잘 응대할 수 있도록 마련된 인트라넷이다.

라디오쉑 온라인이 지원하는 애플리케이션에는 다음과 같은 것들이 포함된다.

·고객 거래내역 조회

구입날짜와 품목번호만 있으면 고객 영수증 없이도 여느 상점에서 접수된 반품내역을 모두 확인할 수 있다.

·부품 조회

각 상점마다 보통 재고를 보유하지 않는 품목 10만여 개에 대한 카탈로그를 유지할 수가 있다. 어떤 품목이든 상점 내에서 주문할 수 있고 고객의 집주소로 직배송이 가능하다.

·서비스 계약서

고객이 서비스 계약을 맺은 불량제품을 반품할 경우, 상점 직원은 즉시 온라인으로 서비스 계약서를 조회하고 상품수리에 대한 승인을 구할 수가 있다.

▲ 전자제품 전문 라디오쉑 상점의 모습

·제품 보유여부 확인

희망 품목이 품절이 되었을 경우, 상점 직원은 전지역의 라디오색 상점들의 재고를 온라인으로 탐색하여 해당 품목을 찾아내 안내할 수가 있다.

·작동여부 확인

제품 테스트가 온라인에서도 수행되어 즉시 피드백을 받을 수가 있다.

·전자 메모 및 매뉴얼

현재 종이 매뉴얼은 온라인화 되어 보다 편리하게 참고하고 또 업데이트할 수가 있다.

·온라인 신용카드 신청서

상점 직원들은 신용카드 신청서를 온라인 네트워크에 직접 입력함으로써 60초 이내에 승인 혹은 기각 결정을 받을 수가 있다.

• 매출보고서
지역별, 상점별, 직원별 매출실적을 조회할 수가 있다.

고객들은 내부 네트워크를 전혀 접근할 수가 없지만, 그 혜택은 누릴 수가 있다. 온라인전략 사업부의 부문장인 밥 겔만 씨는 라디오쉑 온라인 덕분에 고객들은 직원

들을 어려운 기술을 쉽게 풀어 설명해 주는 친근한 전문가로 여긴다고 말한다. 라디오쉑은 만족해하는 고객들을 보유함으로써 누리는 혜택이 있다.

출처: Dalvin Brown, "RadioShack maps a comeback with 100 express locations," USA Today, July 26, 2018; www.radioshack.com, 2021년 8월 10일 참조

2.4 ▶ 전략정보시스템과 기업 가치사슬

이미 앞에서 토의한 기업 가치사슬은 정보기술의 적용 기회를 발견하는데 매우 유용하게 활용될 수 있는 개념적 틀이다. 기업의 어떠한 업무에 정보기술을 적용하는 것이 좋을까라는 질문으로 시작하기보다는 기업의 가치사슬을 일련의 상호 의존적 활동들로 분해하여 각 활동에 대한 정보기술 적용 가능성을 개별적으로 점검하는 것이 훨씬 합리적인 접근방법이다. 이러한 관점에서 볼 때, 전략정보시스템은 기업의 제품이나 서비스에 가장 큰 가치를 부가하고 나아가서는 기업 전반의 가치를 극대화할 수 있는 핵심적 활동을 지원하도록 구축되어야 할 것이다.

그림 2-6은 기업 가치사슬의 각 활동과 관련된 정보기술을 예시하고 있다. 아래에 이들 정보기술을 기업활동별로 살펴본다.

유입 물류

제품생산에 필요한 재료의 조달에 있어 중요한 역할을 담당할 수 있는 정보기술로서 **적시**(just-in-time: JIT)주문시스템, EDI(electronic data interchange) 및 전자우편을 들 수 있다. 유통업체에서 JIT시스템을 구축할 경우 온라인으로 제품을 주문할 수 있음은 물론 공급업체에서는 네트워크로 직접 재고를 확인하여 적시에 물품을 공급할 수 있게 된다. 따라서 재고비용을 절감하고 동시에 물품 공급상의 차질을 예방하는 효과를 기대할 수 있다. 또한 유통업체에서는 네트워크상에서 공급업체들의 DB를 추적하여 가격이 저렴한 공급업체를 선택할 수 있어 간접적으로 공급업체 간의 경쟁을 유발시킬 수 있다. JIT

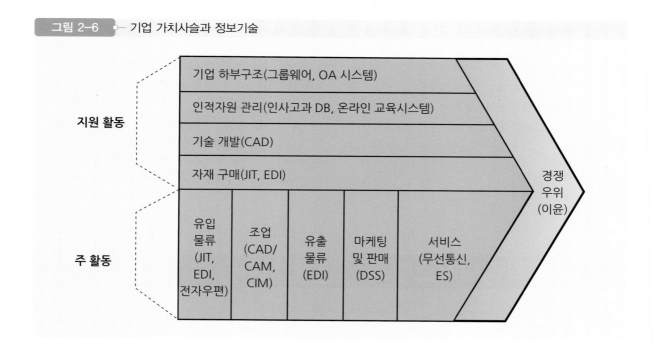

그림 2-6 — 기업 가치사슬과 정보기술

시스템 이외에도, EDI 혹은 전자우편을 통해 조업에 필요한 재료를 주문함으로써 재료 공급을 신속하게 지원할 수 있다.

조 업

정보기술은 기업의 제조 및 기타 운영 활동을 촉진시키기 위한 수단으로 사용될 수 있다. CAD/CAM(computer assisted design/computer assisted manufacturing)은 제조 기능을 자동화하는 정보기술로서 효율적이고도 정확한 제품 설계를 위해 필수적이다. CIM(computer integrated manufacturing)은 공장의 자동화를 위해 생산공정의 단순화, 자동화, 통합화를 꾀함으로써 생산효율 및 품질의 제고에 주안점을 두는 컴퓨터기술이다. CAD/CAM이나 CIM은 제조와 직접적으로 관련있는 기술인 반면 비제조 관련 정보기술도 조업에 마찬가지로 적용할 수 있다. 가령, 투자신탁회사에서 고객들로 하여금 온라인방식을 통해 주식 간 자금의 이체 혹은 유동자금의 예금을 수행할 수 있는 시스템을 개발한다면 이는 고객에게 차별화된 서비스를 통해 우위를 확보하는 좋은 예이다.

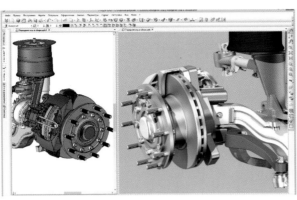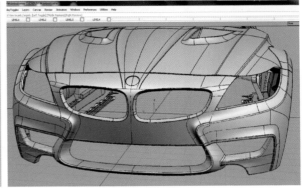

▲ 기계 설계에 흔히 이용되는 CAD 소프트웨어는 제조활동의 지원을 위해 사용될 수 있는 정보기술이다.

 B·u·s·i·n·e·s·s
기업정보화현장

CAM-TOOL 도입으로 혁신하는 TOHO 베트남

베트남 하노이 시내에 위치한 탄롱 공단에는 80여 개의 일본계 기업이 입주해있다. 'TOHO 베트남' 사 역시 탄롱 공단의 일본계 기업으로 금형 내재화의 심화·확대, 고객 요청 등의 이유로 2000년대 초반에 베트남에 진출했다.

2002년 설립되어 2004년에 본격적으로 생산 라인을 가동시킨 TOHO 베트남은 현재 100여 개의 거래처를 확보하고 있다. 제품별로는 오토바이 부품이 절반

정도를 차지하고 있고 프린터를 비롯한 가전 제품이 나머지를 차지한다. 금형의 종류별로 보면 플라스틱 금형 70%, 다이캐스팅 20%, 고무 금형 10%의 분포를 가지고 있다.

TOHO 베트남의 후쿠시마 오사무(福島治) 사장은 "진출 초기에는 본사에 대한 수출 비중을 더 높게 예상했지만, 현지에서 금형 수요가 매우 높았다. 프린터의 정밀기구 부품부터 오토바이 외장품까지 수주하고 있으며,

▲ TOHO 베트남에서 생산하는 오토바이 부품 다이캐스팅 금형

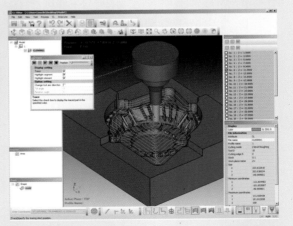

▲ TOHO 베트남사가 도입한 CGS의 CAM-TOOL 예시화면
출처: www.cgsys.co.jp)

금형 성형기 사이즈로는 형 체력 10t부터 1,300t까지의 생산 실적이 있다. 금형 종별로도 플라스틱 금형과 다이캐스팅 및 고무 금형 까지 폭넓게 커버하고 있다"고 설명했다.

새로운 CAM 솔루션 도입의 이유

이처럼 다양한 금형을 제작하고 있는 TOHO 베트남은 '일본계 기업의 장점을 살린 고정밀·고효율 금형 가공'을 목표로 끊임없는 개선 활동을 진행하고 있다. CGS사의 CAD/CAM 일체형 하이브리드 CAM 시스템인 'CAM-TOOL'을 도입하게 된 것도 목표 달성을 위한 설비 투자의 일환이다. 수많은 CAM 솔루션 중에서도 CAM-TOOL을 선택한 것은 서페이스 연산 방식에 의한 고품질 완성면 실현이 가능하다는 측면을 높이 평가했기 때문이다. 모리이 켄이치(森井健一) 설계·제조 부장은 "CAM-TOOL은 잔삭 가공처럼 세세한 부분까지 이미지대로 가공 패스를 만들어 내는, 마치 가려운 곳을 긁어주는 것 같은 소프트웨어다. 다만 그만큼 설정하는 파라미터가 많아 담당자가 없던 도입 초기에는 가공 데이터의 작성에 어려움도 있었지만, CGS사의 적극적인 지원 아래 시행 착오를 거듭하며 안정적인 시스템을 구축할 수 있었다. 기계 가공 정도를 높여 마무리하는 시간을 줄이는 것이 당사의 방침인데, 가공 패스나 공구 부하 변동을 억제하는 등 CAM-TOOL의 다양한 기능이 고정밀·고효율화에 기여하고 있다"고 설명했다.

5축 머시닝센터를 도입한 2015년에는 그보다 1년 전에 미리 선행하여 CAM-TOOL 5축 모듈을 도입하기도 했다. CGS의 자회사이자 태국 방콕에 위치한 CGS ASIA에서 일본인 기술자를 파견해 가공 데이터 작성에 대한 강습을 지원해주어 예정된 일정대로 프로세스를 안정화시킬 수 있었던 점도 TOHO 베트남이 만족하는 부분이다.

안정화된 CAM 시스템 위에서 모리이 부장은 이제 새로운 고민을 시작한다. TOHO 베트남의 CAM 담당자는 베트남인 10명. 재직 13년차의 리더가 다른 멤버들을 지도하면서 실무를 총괄하고 있다. 신입사원은 이미 가공 조건이 템플릿화 된 전극의 가공 데이터 작성부터 맡아 소형부터 대형 가공으로 단계적으로 키워간다. 금형 가공도 단계적으로 템플릿화한 후 유사 형상을 찾아내고 참조할 수 있도록 하고 있지만, 폭넓은 크기와 종류의 금형을 다루기 때문에 숙달 과정에서 적절한 가공 조건을 판단하고 데이터를 작성할 수 있는 기술을 익히게 하고 있다.

"다행히 우리 직원들은 매뉴얼을 처음부터 끝까지 읽을 정도로 공부하는 것을 좋아하고 버전업이 실시되면 바로 새로운 기능을 숙지하려고 한다. 가공 패스를 내는 방법도 각자가 확인해보고 있다. 시키는 것만 하는 것이 아니라, 결과를 개선하고 업무 능력을 향상시키려는 마음들이 크다"고 설명한 모리이 부장은 "하지만 욕심을 좀 더 부리자면 더 신중하게 패스 검증을 실시하는 것은 물론, 표준화·템플릿화를 추진하는 동시에 각자의 창의성을 더 발휘할 수 있는 환경이 만들어졌으면 한다. 그 균형을 어떻게 맞춰갈지 잘 고민해서 더욱 정밀하고 효율적인 금형 가공 프로세스를 구축해 나가고 싶다"고 덧붙였다.

TOHO 베트남의 윈-윈 전략

현재 베트남 금형 업계는 현지 기업들의 무서운 상승세와 그에 따른 기업 간 경쟁 심화 양상이 나타나고 있다. 후쿠시마 사장은 "당사와 경합하는 수준의 기업이 6, 7개 사 정도다. 가격으로 경쟁력 우위를 점하기는 어렵고, 가공 효율 및 가공 속도를 높여 단납기 대응을 강화하고 있다. 또, 품질에 있어서도 종래 이상으로 집착하고 있다. '일본 기업 특유의 장점'을 고객에게 인정받고 차별화를 도모하고 싶다" 고 전했다.

이같은 목표 달성의 관건은 현지 스태프다. TOHO 베트남은 하노이 공업 대학과 연계하여 매년 약 10~20명의 학생들에게 강의와 현장 실습, 정기적인 능력 테스트를 포함한 포괄적 인턴십 프로그램을 제공하고 있다.

이를 채용의 기회로 활용하고 있기 때문에 현재도 현지 스태프의 절반 정도는 이 대학 출신이다. 현지 스태프 육성을 통한 경쟁력 향상으로 현지 기업들과 경쟁을 이어나가는 한편, 베트남 금형 산업을 육성·발전시킬 수 있는 활동도 이어나가고 있다.

2013년에 요시나카정공, 나고야정밀금형과 공동으로 '니치에츠 금형 클럽'을 창설했다. 1년에 1~2회 기술 발표 교류회를 개최하고 공작기계나 공구, CAM 업체의 최신 기술에 대한 강연을 진행한다. 꾸준한 활동이 공감을 얻어 일본, 베트남 기업들과 정부 기관 등을 포함하여 90여 개의 회원사가 확보되었다. "베트남에서 더 많은 수주를 획득하려면 현지 고객 확보에 기여하는 토양을 만들지 않으면 안된다. 아직 베트남 금형 산업의 능력

과 기술력으로는 충족되지 않는 일이 많다. 이같은 활동을 통해 모두 업그레이드해서 경쟁력을 높이면 좋겠다"는 후쿠시마 사장. 그는 "일본 금형 제조 업체에도 뒤지지 않는 금형 생산 실현을 통한 동남 아시아 No.1 정밀 플라스틱 금형 제조업체가 되는 것이 목표"라고 설명하며 "그를 위해서는 현지 스태프의 면밀한 소통을 기반으로 일하기 편한 환경을 만들어 그들을 정착시키고 육성해 나가는 것, CGS를 비롯한 생산재 업체 각 사와의 단단한 파트너십을 구축하는 것이 필수"라고 구성원 각각의 역할을 다시 한번 강조했다.

출처: MFG, 2018. 11, www.mfgkr.com; www.toho.com, 2021년 8월 16일 참조

유출 물류

제품을 소비자에게 전달하는 과정도 역시 컴퓨터기술에 의해 지원될 수 있다. 제조업체에서 고객업체들과의 EDI 네트워크를 이용하면 주문문서의 접수 및 제품의 발송과 관련한 업무가 현저하게 촉진될 수 있다. 은행이 현금을 고객에게 손쉽게 제공할 수 있도록 해주는 현금입출금기(automatic teller machines: ATM) 및 현금출금기(cash dispensers: CD)는 고객서비스의 개선효과를 가져올 수 있다.

마케팅 및 판매

제품의 마케팅 및 판매에 있어서도 정보기술의 역할이 지대하다. 온라인 주문처리시스템이 이 부류의 정보기술에 속한다고 할 수 있다. 대표적인 예로는 앞서 비용최소화 전략을 구현하는 정보기술의 예로도 기술된 바 있는 병원의료용품 제조업체 AHSC사의 주문처리시스템을 들 수 있는데, 온라인 방식에 의한 제품정보 조회 및 발주를 통해 주문과정이 손쉬울 뿐 아니라 제품의 납품이 보다 조속히 이루어질 수 있었으므로 상당한 시장점유 증대효과를 가져왔다. 또 하나의 예로서 백화점의 판매시점시스템(POS) 및 의사결정지원시스템(DSS)을 들 수 있는데, POS시스템을 통해서 포착된 매출데이터는 DSS를 이용해 제품별, 지역별, 연령층별로 분석하여 어느 제품이 어느 지역에서 어느 연령층에게 언제 잘 팔리는지 알 수 있으므로 마케팅전략을 수립하기 위한 중요한 정보

원 역할을 한다. 또, 베네통사가 매출정보를 분석해 패션 트렌드의 변화에 신속하게 대응하는 것도 마케팅 및 판매활동을 지원하는 정보시스템의 활용을 통해서이다. 그 밖에도 인터넷 쇼핑몰은 제품 홍보, 판매촉진 및 유통비 절감 효과가 있기 때문에 같은 부류의 정보기술이라고 할 수 있다.

서비스

▲ 무선단말기는 필드 서비스요원에게 유용한 커뮤니케이션 툴이 될 수 있다.

판매된 제품에 대한 A/S(after-sale service)는 무선통신이나 전문가시스템 기술을 통해 지원해 줄 수 있다. 특히, 수리를 담당한 기술자가 방문서비스를 위해 이동해야 할 경우 회사본부 측에서 기술자에게 지시사항을 전달하거나 기술자로부터 수리상황에 관한 보고를 받는 데 있어 효과적인 정보교류 수단이 요구된다. 물론 전화나 팩스를 이용할 수 있지만 보다 합리적인 서비스기능을 제공하기 위해서는 소형 무선단말기를 휴대함으로써 자동차 안에서도 통신이 가능하도록 해야 한다. 서비스 활동을 지원하는 또하나의 정보기술로서 전문가시스템을 고려할 수 있다. 전문가시스템의 중요한 기능 중의 하나는 시스템의 고장을 진단하는 기능이다. 고장에 대한 원인을 파악하기 위해 요구되는 방대한 양의 정보분석은 인간의 제한된 능력으로는 정확한 결과를 기대하기 어려운 경우가 간혹 있다. 특히 시스템이 복잡할수록 원인분석의 복잡성도 커지므로 전문가시스템의 적용이 바람직하다.

기업 하부구조, 인적자원 관리, 기술 개발, 자재 구매

정보기술은 위의 주 활동들에 대해서뿐 아니라 지원 활동들에 대해서도 중요한 영향을 미칠 수 있다. 기업 하부구조 부문에서는 전자우편이나 기타 그룹웨어 시스템을 통해 조직원들간의 의사소통 및 정보교류를 원활하게 함으로써 경영관리업무를 촉진시킬 수 있다. 인적자원 관리를 위해서는 인사 고과 DB를 구축하여 각 조직구성원에 대해 효과적으로 업무실적을 모니터해 나가는 것이 무엇보다 중요할 것이다. 기술 개발 활동을 촉진시켜 주는 정보기술로는 CAD/CAM이 대표적이라고 할 수 있다. 제품을 연구개발하는 데 중요하다고 할 수 있는 CAD/CAM시스템 이외에도, 제품생산 공정을 효율화할 수 있는 기술을 개발하기 위한 정보기술 또한 이 부류에 속한다. 끝으로, 자재 구매 활동을 위한 정보기술은 유입 물류에서와 같다. 온라인 주문처리시스템 및 EDI를 이용하여 구매 효율성을 높일 수가 있으며 또한 JIT시스템에 의한 물품의 적시 공급으로 구매상의 오류를 최소화하는 것이 가능할 것이다.

2.5 전략정보시스템의 계획수립

경쟁우위를 창출하는 것도 중요하지만 어렵게 창출한 경쟁우위를 지키는 것 또한 비즈니스의 지속적인 성공을 위해 중요하다. 지속적 경쟁우위란 기업들에게 서로 다른 의미를 지닌다. 경쟁우위는 공급사, 고객, 또는 경쟁사와 관련한 것일 수 있다. 또 경쟁우위는 저렴한 가격, 매력적인 제품기능, 혹은 기업이 지닌 다양한 자원들 때문에 존재할 수 있다. 경쟁우위의 지속가능성은 비즈니스의 성격에 따라 의미가 달라지는 매우 상대적인 개념이다. 업계에서 확고히 자리가 잡힌 기업의 경우, 지속가능성은 존속 기간을 뜻할 수가 있으며, 그 기업만이 지닌 독특한 오랜 기간의 연구개발 경험은 다른 기업에서 쉽게 모방하기가 매우 어려울 수 있다. 그러나 다른 산업에서는 기업이 고군분투하며 이루어낸 기술을 다른 기업이 수 주 또는 수개월 만에 수월하게 개발 완료할 수도 있다.

경쟁무기로서의 정보시스템이란 책을 저술한 찰스 와이즈만(1985)에 의하면, 전략정보시스템의 중요성은 얼마나 진보한 기술을 도입하는가 보다는 기업이 경쟁우위를 창출하고 유지하기 위해 정보시스템을 어떤 수단으로 활용하는가에 있다. 비록 정보시스템의 도입 및 이용이 반드시 경쟁우위로 연결되는 것은 아닐지라도, 기업의 전략계획 과정에서 중요한 도구 역할을 담당할 수 있다. 전략적 시스템은 성급하게 도입하기 보다는 전략정보시스템 활용기회들을 찾아내기 위한 체계적인 접근방법에 따라 단계적으로 개발되어야 한다.

SIS 활용기회의 탐색

와이즈만(1988)은 SIS 활용기회를 발견하기 위한 개념적 틀을 제시하였다. 이 틀은 정보기술을 토대로 어떠한 전략을 어떻게 실현할 수 있는지 탐색하는데 유용한 도구로 활용될 수 있다. **그림 2-7**에서 볼 수 있듯이, 전략 포인트와 전략 대상의 두 가지 차원으로 구성되어 있다. 와이즈만은 기업이 경쟁우위를 확보하거나 유지하기 위해, 혹은

그림 2-7 ● 전략정보시스템의 전략수립을 위한 개념적 틀

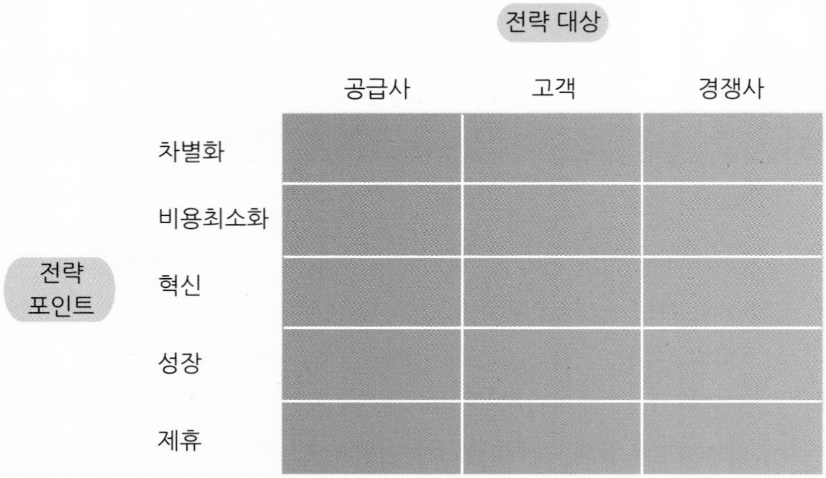

전략 대상

	공급사	고객	경쟁사
차별화			
비용최소화			
혁신			
성장			
제휴			

전략 포인트

전략대상 중 한 곳의 경쟁우위를 약화시키기 위해 취하는 조치들을 가리켜 **전략포인트** (strategic thrusts)라는 용어를 사용한다. 전략 포인트는 앞서 본원적 전략에서 소개했던 차별화, 비용최소화, 혁신, 성장, 제휴의 다섯 가지로 구성된다. 그 다음으로 **전략 대상**은 공급사, 고객, 경쟁사의 세 가지이다. 따라서 와이즈만의 개념적 틀을 통해 모두 15개의 전략정보시스템 기회유형이 검토될 수 있다. 전략 포인트를 구현할 목적으로 정보기술이 이용된다. 이들 전략 포인트를 세심하게 검토하려면 상상력이 필요하며, 다른 기업들이 유사한 상황에서 무엇을 했는지 이해하면 도움이 된다. 각 전략 포인트를 아래에서 각각 살펴보기로 한다.

차별화　앞서 본원적 전략에서 설명하였듯이 기업이 경쟁사와 다르게 제품이나 서비스를 제공함으로써 독특한 이미지를 창출시키는 전략포인트이다. 제품의 차별화는 품질, 특징, 디자인, 브랜드네임, 패키징 등에 대해 실현된다. 가격의 차별화는 할인, 지불기간, 신용공여 조건 등을 통해 진행된다. 이와 같이 차별화를 통해 기업의 독특한 이미지가 부각될 때, 비로소 경쟁우위의 창출이 가능하다.

비용최소화　기업의 특정 비용들을 절감시켜 재무적 여건을 완화하고, 공급사, 유통채널, 혹은 고객이 비용을 줄여줌으로써 유리한 대우를 받을 수 있도록 하며, 또 경쟁사의 원가를 높이는데 초점을 두는 전략포인트이다. 비용최소화 전략포인트는 규모경제 (economies of scale) 달성을 목표로 삼기도 하는데, 대기업의 경우 전문화, 자동화, 교섭력, 경험 등의 요인을 통해 규모경제를 달성하게 되면, 제품을 더 저렴한 비용으로 획득,

생산, 처리, 저장, 배송, 혹은 판매할 수 있다. 한편, 원가 절감은 범위경제(economies of scope)를 통해서도 실현이 가능하다. 주요 운영프로세스를 확장하기 보다는 추가적인 운영프로세스들을 통합해 이들이 공통적인 인프라 비용들을 공유하도록 함으로써 비용을 줄일 수 있다.

혁 신　　　정보기술을 이용해 제품이나 프로세스에 대한 변화를 구현할 수 있다. 여러 금융관련 기업들의 경우, 혁신적인 제품은 사실상 정보시스템이다. 혁신을 이루기 위해서는 기회에 대한 신속한 대응이 필요한 반면, 혁신으로 상당한 위험이 따르기도 한다. 비록 정보시스템이 도입된다 해도, 위험부담 없이는 혁신이 불가능할 수도 있다. 그러나 혁신만이 비즈니스가 수행되는 방식의 근본적인 변화를 가능하게 하는 새로운 제품이나 프로세스를 탄생시킬 수 있다.

성 장　　　양적 규모나 지역적 분포의 확장을 통해 성장을 실현함으로써 경쟁우위를 획득할 수가 있다. 성장은 제품의 다각화를 통해서도 실현이 가능하다. 뿐만 아니라, 추가적인 비즈니스 기능들을 연동해 성장을 이루는 것이 가능한데, 자동차 메이커가 자동차 핵심 부품회사를 인수해 수직적 통합을 하는 것이 그 예에 해당한다. 신속한 성장을 관리하는데 있어 정보시스템이 큰 도움이 될 수 있다. 이와 같은 다양한 성장전략들은 위에서 언급한 규모경제 혹은 범위경제와도 연관이 될 수 있다.

제 휴　　　기업 간 마케팅 협약, 합작투자사의 설립, 혹은 적절한 기업인수를 통해 성장, 차별화 또는 비용최소화와 같은 공동목표를 달성할 수 있도록 함으로써 경쟁우위를 창출시키는데 기여하는 전략포인트이다.

전략계획수립 프로세스

브레인스토밍 및 체계적인 탐색 방법을 통해 SIS 활용기회를 발견하는 것이 중요하다. 와이즈만(1988)에 의하면 전략정보시스템의 계획수립은 다음의 다섯 가지 단계를 통해 추진될 수 있다.

- 1단계: SIS 개념을 정보서비스 부서의 경영관리자들에게 소개한다. 관련사례를 이용해 전체적인 프로세스를 설명한다. 정보서비스 부서 내에서의 아이디어 생성 회의를 진행하는데 대한 승인을 받는다.
- 2단계: 정보서비스 부서의 중간경영층과 함께 SIS 아이디어생성 회의를 수행한다. SIS 아이디어생성 방법론을 테스트하고, 최고경영층에 검토해야 하는 핵심 SIS 부문들을 결정한다.

- **3단계:** 정보서비스 부서의 고위경영층과 함께 SIS 아이디어생성 회의를 수행한다. SIS 아이디어들을 확인하고, 이 아이디어들을 전 단계에서 도출된 아이디어들과 함께 검토한다.
- **4단계:** 최고경영자들에게 SIS 개념을 소개한다. 기업을 위해 검토된 SIS 아이디어들에 관해 논의하며, 다음 단계의 아이디어생성 회의에 대해 승인을 받는다.
- **5단계:** 기업의 기획자들과 함께 SIS 아이디어생성 회의를 수행한다. 주요 SIS관련 아이디어 몇 개를 발견하고, 이전 회의에서 정리된 SIS 아이디어들을 새로이 생성된 SIS 아이디어들과 결합하여 함께 검토한다.

일반적으로 SIS 아이디어생성 회의들을 모두 완료하는데 수일이 소요된다. 이러한 과정을 통해 다수의 유용한 SIS 아이디어들이 도출되게 되며, 이들 중 소수 아이디어들을 선택해 시스템으로 구현한다. 최고경영진은 SIS 기회의 탐색에 집중하며, 이렇게 도출된 아이디어들은 중요한 경쟁우위를 창출하는 데 기여한다.

 요약 S / U / M / M / A / R / Y

- 전략정보시스템은 활용되는 정보기술 그 자체보다도 정보기술을 어떠한 목적으로 활용하는가에 중요한 의미가 담겨 있다.
- 많은 전략정보시스템들이 통신망을 통해 외부조직과 연결시켜 줌으로써 경쟁우위를 확보하는 데 초점이 맞추어지지만 일부시스템들은 조직 내부효율성의 증대에 목적을 두기도 하므로, 전략정보시스템은 외부지향적일 수도 있고, 내부지향적일 수도 있다.
- 정보기술을 전략적으로 활용할 경우, 진입장벽의 구축, 업무의존도의 증대, 전환비용의 생성 등 구축사에 유리한 효과를 가져올 수 있다.
- 조직간 정보시스템이란 기업이 구매자나 공급자와의 통신네트워크 연결을 통해 조직들 간의 전략관계에 변화를 가져 오는 것을 주요 목적으로 하는 네트워크 기반의 시스템이다.
- 조직간 정보시스템은 그 특성에 따라 자원결집 IOS, 상호보완 협력 IOS, 운영 협력 IOS, 운영조정관리 IOS의 네 가지 유형으로 나뉜다.
- 기업의 전략은 정보기술을 통해 성공적으로 구현할 수 있다. 가령, 비용최소화전략을 위해서는 CAD/CAM이나 적시(JIT)주문시스템이, 제품차별화전략에는 온라인 주식매매시스템이 그리고 집중화전략에는 DB마케팅기술이 적용될 수 있다.

- 정보기술이 기업에 제공할 수 있는 전략적 기회를 발견하기 위한 좋은 수단은 가치사슬 모형이다. 가치사슬 모형은 기업이 제품이나 서비스를 고객에게 제공하기까지의 순차적 활동들을 분석할 수 있는 도구이다. 따라서 각 활동부문에서 적용 가능한 정보기술을 탐색해 보는 것은 전략정보시스템을 구축하기 위한 첫 단계라고 할 수 있다.
- 와이즈만이 제시한 전략정보시스템 계획수립 틀은 기업이 어떠한 전략정보시스템을 구축함으로써 경쟁우위를 창출할 수 있는지 구체적 기회를 탐색할 수 있는 도구이다.
- 와이즈만의 개념적 틀은 전략포인트(차별화, 비용최소화, 혁신, 성장, 제휴) 및 전략대상(공급사, 고객, 경쟁사)에 따라 총 15개의 전략정보시스템 기회유형을 검토할 수 있는 방법을 제공한다.

토의 문제

E / X / E / R / C / I / S / E

01 기업의 여섯 가지 본원적 경쟁전략들의 장단점을 서로 비교해 보자.

02 국내 한 백화점의 가치사슬을 분석하고 어떠한 부문에 어떠한 정보기술을 적용할 수 있는지 생각해 보자.

03 국내에서 전략적인 목적으로 구축된 조직 간 정보시스템의 예를 한 가지 들고 이 시스템이 미칠 수 있는 전략적인 영향을 논해 보자.

04 시티은행(Citibank)에서 1980년대에 구축했던 ATM(자동현금인출기)시스템은 초기에 어떠한 우위를 제공했으며, 궁극적으로는 어떠한 경쟁전략을 구현하기 위한 수단으로 적용되었는지 생각해 보자.

05 전략정보시스템의 구축에 있어 초기시장 선점(First mover advantage) 효과의 개념을 이해하는 것이 중요하다. 우리 주변에서 초기에 시장을 선점한 기업의 예를 하나 들고, 이 기업이 어떤 우위를 가지고 시장의 초기 선점에 성공했는지 알아보자.

06 국내의 증권회사에서는 어떠한 정보기술의 적용을 통해 차별화전략을 구현할 수 있겠는가?

참고 문헌

R / E / F / E / R / E / N / C / E

[1] Applegate, L, R. Austin and D. Soule. *Corporate Information Strategy and Management: Text and Cases*, Burr Ridge, IL: Richard D. Irwin, 2008.

[2] Clark, Roger. "The path of development of strategic information systems theory," www.rogerclarke.com, 2021. 8. 13 참조.

[3] Hammond, J.H. "Quick Response in Retail/Manufacturing Channels," In Bradley, S.P., J.A. Hausman, and R.L. Nolan (eds.), *Globalization, Technology, and Competition*, Boston: Harvard Business School Press, 1993, pp. 185-214.

[4] Hong, Ilyoo. "A New Framework for Interorganizational Systems based on the Linkage of Participants' Roles," *Information and Management*. Vol.39, 2002. pp. 261-270.

[5] Laudon, K. C. and Jane Laudon. *Management Information Systems: Managing the Digital Firm* (*17ᵗʰ ed*), Upper saddle river, NJ: Prentice-Hall, 2018.

[6] O'Brien, James A. and George M. Marakas, *Introduction to Information Systems* (*15ᵗʰ ed.*), Boston: McGraw-Hill, 2010.

[7] Porter, Michael E. *Competitive Strategy: Techniques for Analyzing Industries and Competitors*, New York: The Free Press, 1980.

[8] Quinn, James B. *Intelligent Enterprise: A Knowledge and Service Based Paradigm for Industry*, New York: Free Press, 1992, p.108.

[9] Rackoff, N., C. Wiseman and W. A. Ullrich. "Information Systems for Competitive Advantage: Implementation of a Planning Process," *MIS Quarterly*, Vol.9, No.4, Dec. 1985. pp. 285-294.

[10] Turban, E., C. Pollard, and G. R. Wood, *Information Technology for Management : Digital Strategies for Insight, Action, and Sustainable Performance* (*10ᵗʰ ed.*), New York: John Wiley & Sons, Inc., 2018.

[11] Wiseman, C., *Strategy and Computers: Information Systems as Competitive Weapons*, Homewood, IL: Dow Jones-Irwin, 1985.

[12] Wiseman, Charles. *Strategic Information Systems*, Burr Ridge, IL: Richard D. Irwin, 1988.

[13] Wiseman, Charles. "Strategic Information Systems: Trends and Challenges over the Next Decade," *Information Management Review*, Vol.4, No.1, Summer 1988, pp. 9-16.

사례 연구

전통기업에서 디지털기업으로 변신하는데 성공한 로센블러스

로센블러스(Rosenbluth International)는 매출 면에서 세계 3위 규모의 여행관리 회사이다. 기업여행, 휴가여행, 회의여행 등 종합서비스를 제공하고 있다. 필라델피아에 본사를 두고 있는 로센블러스는 100년 이상 동안 가족경영 형태로 운영되어 오면서 여행산업의 강자로 자리를 굳혔다.

배 경

1978년의 항공사 규제완화 이전에는, 여행사들이 비즈니스 여행과 레저 여행을 구분하지 않았었다. 가격이 안정되어 있었고 컴퓨터의 역할이 점차 커지는 시기였다. 여행사들은 서로 경쟁을 하면서도 자신들의 서비스를 차별화할 수단이 없었으며, 기업 고객들에게 특별히 제공할 만한 것이 없었다. 흔히, 여행사의 역할이나 위상은

광고능력 및 목적지관련 전문지식에서 찾아볼 수 있었으며, 항공사의 티켓오피스에서 기업들의 티켓을 구매해 주곤 했다.

그러나 항공산업에 대한 규제가 완화되고 정보기술이 더욱 널리 활용되면서, 이러한 현실은 갑자기 달라지기 시작했다. 여행사들은 목적지의 선택을 조언해 주며 레저여행을 지원해주는 역할로부터, 기업고객을 위해 가격 관리, 티켓가격 협상, 여행일지 작성 등의 서비스를 제공하며 기업여행을 지원해 주는 역할로 점차 바뀌게 됐다.

이후, 인터넷이 기업의 비즈니스 수행방식에 점차 깊은 영향을 미치면서, 여행업계에도 환경의 변화가 몰려오기 시작했다. 항공사들은 커미션을 없애거나 감액하고, 온라인 여행사들이 새로이 나타나며, 자동화된 여행관리 시스템들이 출현하기 시작했다. 이러한 변화들 중, 여행사들

▲ 지난 30여 년간 여행산업이 규제완화와 정보기술 등 큰 변화에 직면함에 따라, 여행사들은 생존전략을 찾아야만 했다.

을 가장 긴장시킨 것은 1995년 2월 등장한 여행 수수료 상한선제도와 1997년 10월에 내려진 수 수료 감액결정이었다. 이러한 급격한 환경변화 속에서도, 여행업계의 강자로 군림해 온 로센블 러스사는 회사의 가치명제와 가격구조와 주요 고객들과의 관계를 과감하게 바꿈으로써 이러한 변화에 대응했다.

새로이 창업한 온라인 기업이 새 인터넷 환 경에서 전략적 기회를 찾는 것은 크게 놀랍지 않 지만, 기존의 오프라인 경쟁환경에서 성공을 거 둔 기업이 변혁을 통해 새로운 환경에 성공적으 로 적응한다는 것은 극히 드물며 어려운 일이다.

디지털 혁명의 위협

정보기술 및 인터넷이 기존의 여행업계에 미 치는 영향이 점차 가속화되면서, 디지털 혁명의 물결은 로센블러스와 여행산업에 다음과 같은 위협을 가져왔다.

• 비중개화 : 항공사, 호텔 및 기타 서비스 제공자들은 전자유통시스템을 과감하게 도입함 으로써 여행사를 건너뛰려 하고 있다. 온라인 예 약을 통한 이티켓 (eTicket) 발행이 그 예에 속한다.

$50이던 여행 사 커미션 상한선 이 $10로 하향조 정됐고, 대부분 주요 항공사들이 여행사 커미션 퍼 센티지를 10%에 서 5%로 줄였다.

• 온라인 여 행사의 증가 :

Expedia.com 등 수많은 온라인 여행사들이 개인 여행자들을 유치하기 위한 노력으로, 크게 할인 된 가격으로 다양한 여행서비스를 제공하고 있 다. 그러나 이 온라인 여행서비스들은 이제 기업 여행시장까지도 잠식해 들어가고 있다.

• 리베이트 기반의 경쟁 : 주요 여행전문회 사들 간의 경쟁이 리베이트(rebate) 중심의 경쟁 이 되고 있다. 여행사들은 기본적으로 커미션 일 부를 다시 고객들에게 돌려주고 있다. 즉, 커미션 을 이용해 더 낮은 가격을 제공함으로써 고객을 유치하고자 하는 것이다.

• 비즈니스 모델 기반의 경쟁 : 전자상거래 에서 도입되고 있는 혁신적인 비즈니스 모델(가 령, 고객이 값을 부르는 경매나 역경매 등)은 여 행산업의 여러 기업들에 의해 이미 활용이 되고 있어, 경쟁을 더욱 심화시키는 결과를 가져오고 있다.

이비즈니스 기업으로의 변신전략

로센블러스는 이러한 환경변화에 두 가지 전 략으로 대응했다. 첫째, 레저여행 사업을 접고 기 업여행을 전담하 는 여행사로 거듭 나기로 결정했다. 둘째, 커미션 전 체를 리베이트로 고객에게 돌려주 기로 결정했다. 커미션으로 수입 을 늘리기 보다 는, 제공된 서비 스에 따라 고객에 게 요금을 청구하 고 있다. 예를 들어, 기업 여행비용의 절감방법 관련 상담, 기업고객을 위한 회사내부 여행정책의 개발, 여행 제공자들(항공사, 호텔 등)과의 기업여행가격 협상, 여행관련 문의에 대한 전화응답 대행 등의 서비스들에 대해 수수료가 각각 산정된다.

회사의 비즈니스 모델을 완전히 바꾼 두 번째 전략을 실현하기 위해, 로센블러스는 몇 가지 전자상거래 애플리케이션을 이용하기로 했다. 종합적인 웹기반 기업여행관리 솔루션을 도입했는데, 이 솔루션은 여행계획수립 기술, 프로필관리 툴, 독자적 여행관리 애플리케이션, 고객지원 및 서비스 등이 통합되어 있다. 웹브라우저 기반의 이 서비스를 통해, 기업 여행자는 언제, 어디서나 단 몇 분만에 예약을 완료할 수 있다.

이 시스템에 있는 특정 툴들은 다음과 같다.

• **할인분석** : DACODA(Discount Analysis Containing Optimal Decision Algorithms)라고도 불리는 이 시스템은 특허를 받은 이익관리시스템이다. 기업의 여행비용 절감을 최적화함으로써, 여행관리자가 복잡한 항공사가격 구조를 이해하고 고객기업에게 가장 유리한 조건의 항공권 구매계약을 찾아낼 수 있도록 하는 데 목적이 있다. 또 항공사들과의 요금협상을 하는 데 있어 합리적인 데이터를 제시함으로써 신뢰를 줄 수가 있다.

• **전자메시징 서비스** : 고객이 이메일을 통해 자신의 여행요청에 대해 문의 및 관리할 수 있는 시스템이다. 이들 서비스는 웹기반의 양식을 이용해 고객이 전화를 이용하지 않고도 예약요청을 전송할 수 있도록 해 준다. 또한 양식에 맞춰 작성된 여행일정표가 이메일을 통해 여행자에게 전송된다.

• **U이티켓** : 사용하지 않은 이티켓을 추적, 감시, 기록, 반환금 회수, 그리고 교환할 수 있는 시스템이다. 이티켓 사용금액이 늘어나면, 미사용분 이티켓 금액도 역시 늘어나기 마련이므로 이를 회수하거나 새 이티켓으로 교환해야 한다.

• **예약감시** : 특허가 난 최저요금 검색시스템으로, 출발시각 직전까지 예약을 추적하며, 여행예약 4개 중 하나 꼴로 추가 비용절감 기회를 찾아낸다.

• **글로벌 유통 네트워크** : 온라인으로 기업과 연결함으로써, 여행자가 언제라도 자신의 여행일정표, 개인 여행취향, 혹은 기업 여행정책을 즉시 조회할 수 있도록 기회를 제공한다.

• **맞춤예약** : 글로벌 전자예약시스템으로서, 기업 여행정책과의 부합도, 서비스의 일관성, 예약내용의 정확성을 확인하는 데 목적이 있다.

• **인텔리센터** : 혁신적인 통신기술을 이용해 다수 고객의 전화문의를 관리함으로써 기업고객을 위한 비용절감 및 개인적 서비스를 제공하기 위한 고급 예약센터이다.

• **네트워크 운영센터(NOC)** : 여행에 영향을 미치는 다수 요인들(가령, 날씨, 이벤트, 항공 트래픽 등)을 감시한다. 이 정보는 로센블러스의 문의대응 직원에게 전달되고, 직원이 다시 기업고객들에게 여행계획의 변경에 대해 통보할 수가 있다. 또한 NOC는 전사무소에서의 전화문의량을 추적하고, 필요시 전화를 신속하게 연결해 주는 역할도 한다.

온라인 전략의 강화노력

로센블러스는 1999년 8월, 인터넷 여행사이트인 비즈트래블(Biztravel.com)을 인수했다고 발표했다. 컨티넨탈 항공, 매리어트 호텔, 선마이크로시스템즈 등 기업들도 비즈트래블의 주식을 인수했다. 로센블러스는 이번 인수를 통해 온라인 여행의 최전선에 설 수 있을 것으로 기대하고 있다.

로센블러스의 최고경영자 헬 로센블러스는 전자상거래에 진입하는 것이 중요하다고 강조한다. 한동안 전자상거래 진입방법을 놓고 고민해 왔으며 회사 자체 사이트를 구축할 계획도 세웠으나, 이번 인수기회가 찾아오자 주저 없이 결정을 내렸다고 그는 말했다.

로센블러스는 다른 여느 여행회사들과 마찬가지로, 여행서비스 시장의 온라인 매출이 1997년의 9억 1,100만 달러에서 2002년의 112억 달러로 성장할 것이라는 주피터 커뮤니케이션사의 예측자료를 믿고 알고 있었다. 이 온라인 시장을 장악할 수 있는 기회가 비즈트래블 닷컴을 통해 찾아온 것이다.

비즈트래블의 인수계약조건에 의하면, 로센블러스가 계열사로 로센블러스 인터랙티브를 설립하도록 되어 있다. 새로 설립되는 이 회사는 급성장하는 중소기업들을 전담하는 비즈트래블 닷컴 사이트와 일반 대중을 대상으로 하는 소비자 사이트를 운영하기로 했다.

신설되는 소비자 사이트의 주된 특징 중의 하나는 출발 당일까지 할인 티켓요금을 계속 사이트에 올린다는 점이다. 로센블러스는 이들 티켓요금들을 탐색해서 이미 비싼 요금을 주고 구입한 티켓이라도 더 낮은 금액의 티켓이 있을 경우에는 즉시 교환해 주기로 결정했다. 로센블러스의 예약시스템은 계속해서 항공사들의 티켓요금을 낮추기 위한 압력요인으로 작용할 것이라고 회사 측은 말한다.

한편, 2002년 말경, 로센블러스는 웹기반의 티켓 거래소를 출범시켰다. 이 온라인 거래소에는 중소기업들이 자신들의 여행 니즈에 관한 정보를 올릴 수가 있다. 항공사, 호텔체인 및 기타 여행공급자들은 이러한 니즈를 충족시킬 수 있는 서비스에 대해 입찰경쟁을 벌일 수가 있다. 그 당시까지 중소기업들은 협상을 통한 할인프로세스에 참여할 수가 없었으나, 이제 이들 기업은 여행정책이나 직원의 과거 여행패턴 관련 데이터와 같은 자신들의 니즈를 제시하고 이를 가장 좋은 조건으로 만족시킬 수 있는 여행공급사를 쉽게 선택할 수 있게 됐다. 협상과정이 모두 온라인으로 진행된다. 우선은 북미지역을 대상으로 시작된 거래소는 2003년부터 아시아 및 유럽을 포함하도록 비즈니스가 확대됐다.

아메리칸익스프레스에 인수되다

2003년 7월, 글로벌 신용카드회사이자 미국 최대의 기업여행사인 아메리칸익스프레스 (American Express)사는 로센블러스를 인수한다고 발표했다. 아메리칸익스프레스는 기업 고객들을 늘리고 기존의 서비스 라인을 확대할 예정이다. 2002년 한 해 기준으로, 로센블러스가 30억 달러의 여행서비스를 관리한 반면, 아메리칸익스프레스를 통해 관리된 여행서비스 총액은 155억 달러에 달했다. 이번 인수는 아메리칸익스프레스가 또 하나의 대형여행사 토마스 쿡의 미국사업부문을 인수한지 9년 만에 이루어져, 향후 여행산업의 구조변화가 예상되며, 다른 경쟁사들은 비교도 안될 정도로 상대적으로 왜소해졌다.

수년 전 분사해 나간 레저여행 자회사인 로센블러스 베케이션(Rosenbluth Vacations)은 독립 사업체로 계속 존재할 것이다. 또 로센블러스 회장인 헬 로센블러스와 사장인 알렉스 와실로프도 회사에 계속 남아 합병과정을 도울 것으로 알려졌다. 그러나 넉 달간에 걸친 인수합병이 마무리되면, 로센블러스 가족은 단 한 개의 여행관련 사업체인 업스트림(UpStream)만을 관리하기로 했다. 업스트림은 오비츠 및 비여행관련 업체들에게 아웃소싱 방식으로 서비스를 제공하는 고객지원서비스 업체이다.

로센블러스의 와실로프 사장은 로센블러스가 아메리칸익스프레스에 매각된 것은 고객들에게 글로벌 솔루션을 제공하고 직원들에게는 글로벌 문화를 제공하기 위해서였다고 말한다. 아메리칸익스프레스의 길리건 사장도 핵심은 두 기업의 인수합병에 따른 시너지의 창출이고, 이를 통해 고객을 위한 가치창출을 기대한다고 밝혔다. 또한 두 기업의 통합은 운영비용을 낮추고 기술에 더 큰 투자를 할 수 있는 기회를 제공할 수 있다. 그러나 인수합병으로 회사가 지나치게 커짐에 따라, 일부 고객을 잃을 수도 있다는 우려의 목소리가 있다. 고객에게 깊은 배려와 세심한 서비스를 내세우는 다른 여행사들에게 이탈해 가는 고객들이 존재할 것이기 때문이다.

결론

로센블러스는 경쟁환경의 근본적인 변화에 성공적으로 대응했다. 이 회사는 컴퓨터 및 인터넷 기술을 통해 여행산업의 전략적 변화를 주도했으며, 그를 통해 헤아릴 수 없는 혜택을 얻었다. 필라델피아 지역에서 레저여행에 주력하는 대형 여행사였던 로센블러스는 1979년의 4천만 달러 매출에서 2003년에는 전세계 25개국에 5천명 직원들을 둔 항공권 연매출 55억 달러의 기업여행전문 여행사로 성장했다. 로센블러스는 고객이 요구하는 수준의 서비스를 고객이 원하는 비용에 제공할 수 있는 여행업계 강자로 계속해서 남게 되었다.

환경의 변화에 따라 회사의 가치명제도 전략적으로 조정했다. 로센블러스의 초기 이점은 판매시점(POS) 툴, 요금검색 소프트웨어, 데이터시스템에의 손쉬운 접속 등의 요인들에 기초하고 있었다. 그러나 로센플러스의 초기 이점들은 경쟁의 심화에 의해 많이 약화되었다. 로센블러스의 새로운 가치명제는 우수한 여행관리 서비스를 제공하고 여행경비를 절감하는 능력이다. 새 환경에서 보다 큰 가치를 창출할 수 있도록 핵심능력을 정비한 것이다.

또한 로센블러스는 업계의 트렌드를 단순히 따라가는 추종자가 아니라 새로운 트렌드를 만드는 혁신자였다. 다른 기업들보다 먼저 기술을 도입하고 이를 지렛대로 이용해 위협을 기회로 전환시켜 성공의 발판을 마련하였다. 환경의 변화를 남보다 더 빠르게 읽어내고 그에 적응할 수 있도록 회사 자체도 신속하게 혁신시킨 것을 볼때, 로센블러스는 실제로 변화를 관리할 줄 아는 기업이다.

출처: Barbara De Lollis, "American Express Agrees to Buy Rosenbluth," USA Today, July 16, 2003; Edwin McDowell, "*Rosenbluth Buys Big Stake in Business Travel Web Site*," New York Times, August 6, 1999; www.rosenbluthvacations.com, 2021년 8월 15일 참조

사례연구 토의문제 C / A / S / E / S / T / U / D / Y

1. 로센블러스사는 창업 이후 끊임없이 난관에 부딪히곤 했다. 이 회사가 직면했던 문제들은 어떤 것들이며, 이러한 문제들에 어떻게 대응했는지 구체적으로 설명하시오. 그리고 로센블러스사의 경험을 바탕으로 어떠한 기업혁신 아이디어들을 제안할 수 있겠는가?

2. 로센블러스사는 본래 오프라인 여행사였다. 디지털 혁명이 시작되면서 수많은 온라인 여행사들이 출현함에 따라 오프라인 여행사였던 로센블러스사가 구체적으로 어떠한 온라인 경쟁전략을 통해 이들 신규 경쟁사들의 움직임에 대응했는지 설명하시오.

3. 사례 본문에서는 로센블러스사가 DACODA 시스템을 이용해 합리적인 이익관리를 수행하고 있다고 언급하고 있다. 인터넷 검색을 통해 이 시스템이 구체적으로 로센블러스사의 성장에 어떻게 기여했는지 논의하시오.

4. 로센블러스사의 온라인 경쟁전략은 실패였는가 아니면 성공이었는가? 답변에 대해 납득할 만한 근거를 제시하시오.

5. 로센블러스는 기업대상의 여행업계에서 성공한 회사라고 할 수 있다. 로센블러스사가 시도한 온라인 경쟁전략은 소비자 대상의 여행업계에서도 유사한 좋은 성과를 얻을 수 있었겠는가? 만일 그렇지 않다면, 소비자 대상의 여행분야에서 성공을 거두기 위해 어떤 노력히 특별히 필요한지 설명하시오.

6. 로센블러스 사례는 여행산업의 전통적 기업이 어떻게 디지털 기업으로 변신했는지를 보여주고 있다. 제조산업 및 운송산업에서 디지털 기업으로 변신하는데 성공한 기업사례를 각각 하나씩 선택하고 어떤 요인들 때문에 성공이 가능했는지 설명하시오.

제 3 장

비즈니스 혁신도구로서의 정보시스템

차 례

학 습 목 표

　경영혁신은 오늘날 여러 기업들에게 급변하는 경영환경 속에서 경쟁력 확보를 위한 필수 수단으로 인식되고 있다. 그러나 경영혁신을 통해 업무 프로세스의 효율성을 크게 향상시킬 수 있기 위해서는 정보기술의 뒷받침이 전제가 되어야 한다. 본 장에서는 경영혁신에 있어 정보기술이 담당할 수 있는 역할을 조명하고자 한다.

　본 장을 학습한 후 학생들은 아래의 질문사항들에 대해 각각 답할 수 있어야 한다.

● 오늘날과 같은 경영환경에서 기업이 경영혁신을 통해 기대할 수 있는 효과는 무엇인가?
● 리엔지니어링은 기존의 경영 개선기법과 어떻게 다른가?
● 리엔지니어링은 어떠한 절차에 따라 추진될 수 있는가?
● 정보기술은 리엔지니어링을 추진하는 데 있어 어떠한 역을 수행하는가?
● 리엔지니어링에 성공한 기업들은 리엔지니어링 추진방식에 있어 주로 어떠한 공통점을 지니는가? 즉, 리엔지니어링의 성공 요인은 무엇인가?

개념사례

AI로 주문응대 혁신하는 파파존스 피자

음식 주문을 위한 또 다른 디지털 채널을 제공하는 '가상 비서'를 도입한 레스토랑 체인은 많다. 하지만 매장 직원들이 빠르게 주문을 처리하는 한편 서비스를 개인화할 수 있도록 AI를 활용하는 퀵 서비스 체인은 거의 없다.

하지만 파파존스는 AI 기반 콜센터로 개인화서비스 목표에 다가서고 있다. 이 회사의 콜센터 이니셔티브 '파파콜(PapaCall)'은 코로나19 사태로 대면 접촉을 꺼리는 고객들이 음식을 주문하는 데 중요한 역할을 했다고 저스틴 팔시올라는 말했다. 그는 파파콜을 구축한 파파존스의 최고 인사이트 및 기술 책임자다.

팔시올라는 "대부분의 업체가 그랬듯이 코로나19 위기에 실시간으로 대응했다"면서, "직원들을 안전하게 보호해야 했다. 고객도 마찬가지였다. 동시에 계속해서 훌륭한 고객 경험을 제공하고자 했다"라고 언급했다.

파파존스는 주문 처리를 돕는 가상 비서 소프트웨어(예: 알렉사 또는 구글 어시스턴트 등)를 활용하는 실험을 했다. 결과는 만족스럽지 않았다. 대부분의 고객이 음성 비서를 통한 주문보다 온라인 주문이나 전화 주문을 더 편안하게 생각하고 있었기 때문이다.

새로운 콜센터 운영 레시피

파파존스의 '파파콜'은 조금 다르게 AI를 활용한다. 이 회사는 고객이 주문 전화를 걸면 콜센터 직원에게 해당 고객 정보를 제공하는 AI 엔진을 구축했다. 이를 통해 주문 처리 시간을 단축하고 (매장 직원들이) 피자를 만들고 배달하는 데 집중하도록 하고 있다.

팔시올라는 파파존스가 최근에서야 음성을 디지털 채널로 인식하기 시작한 탓에 심사숙고 끝에 이러한 접근방식을

취할 수 있었다고 밝혔다. 그는 "매장에서 직접 주문 전화를 받는 것을 없애고 이를 기술적인 관점에서 적절하게 수행할 수 있는 방법을 논의하는 것부터 시작했다. 그래서 다르게 접근해야 한다는 점을 알게 됐다"고 설명했다.

그에 따르면 파파존스는 최신 기술로 콜센터 직원을 지원하기 위해 오랜 파트너인 '코그너잔트(Cognizant)'에 도움을 요청했다. 참고로 코그너잔트는 비즈니스 컨설팅, 정보 기술 및 아웃소싱 서비스를 제공하는 미국의 기술 회사다.

이 회사가 구축한 파파콜은 고객이 전화를 걸면 클라우드 기반 전화통신 시스템 및 기타 로직을 통해 해당 고객의 전화번호를 인식한다. 콜센터 직원은 이 정보를 확인하고 고객의 이름을 부르며 전화를 받을 수 있다. 또 고객 정보(예: 선호도 등)도 제공돼 이를 바탕으로 대화를 나눌 수 있다.

현재 파파콜은 1,500곳 이상의 북미 지역 파파존스 매

▲ 파파존스는 고객의 주문응대 프로세스를 혁신하기 위해 파파콜 시스템을 구축했다.

장에서 사용되고 있으며, 앞으로 더 많은 지역의 매장에 적용할 계획이라고 팔시올라는 덧붙였다.

AI 기반 고객 경험

파파존스는 또한 AI를 활용해 개인화 기능을 확장하는 방법을 모색하고 있다고 팔시올라는 말했다. 개인화 기능은 직원들이 주문을 처리하고, 고객을 지원하며, 관련 제품을 추천할 수 있도록 한다.

이를테면 개인화 기능을 통해 파파콜은 콜센터 직원이 재주문 고객에게 이름을 부르며 인사를 하고, 다시 주문해준 것에 감사를 표하며, 기존에 주문했던 것을 다시 주문할 것인지 묻는 등 구매 이력에 따라 추천을 할 수 있도록 지원한다는 게 그의 설명이다.

고객이 계속해서 주문한다면 '고객 허브(Customer Hub)' 알고리즘은 IVR, 콜센터 직원 데스크톱, 추천 엔진에 관련 정보를 제공한다. 따라서 시간이 지남에 따라 더 맞춤화된 고객 경험을 제공할 수 있다고 팔시올라는 덧붙였다.

▲ 파파콜은 고객에 대한 개인화기능을 강화시켜 더욱 맞춤화된 서비스를 제공할 수가 있다.

궁극적으로 시스템 자체가 유능한 세일즈 직원처럼 이전 주문 및 다른 관련 정보를 토대로 새로운 메뉴를 추천하면서 고객에게 업셀링을 시도할 수 있게 된다. 최근 파파콜은 고객 만족도 평가에서 95%의 만족도를 나타냈다.

출처: Boulton, Clint, "Papa John's serves up AI for more efficient ordering," CIO, Aug. 3, 2021

3.1 ▶ 프로세스 개선과 프로세스 혁신

프로세스 변화가 왜 필요한가?

어느 기업이나 급변하는 시장환경에 신속히 대응하고, 경쟁사보다 가격경쟁력을 갖출 정도로 조직 효율성을 높이고, 새로운 제품과 서비스의 개발을 위해 기술혁신에 주력하고, 양질의 고객서비스를 제공하는 것을 최대의 경영목표로 삼는다. 그러나 모든 기업들이 실제로 이러한 방식으로 경영된다고 한다면, 왜 수많은 기업들이 경쟁력을 잃고 심지어는 적지 않은 손실을 감수해야 하는 것일까? 이에 대한 답은 이러한 기업들의 바라는 모습과 실제 모습 간에 격차가 존재한다는 점에서 찾을 수가 있을 것이다. 다시 말해, 기업들이 성취하기 원하는 목표와는 달리, 실제 업무를 수행하는 방식은 종종 비현실적이고 비합리적인 것이다.

조직이 기존의 비효율적인 방식을 버리고 이상적인 방식을 새로이 도입하기 위해서는 업무프로세스의 과감한 혁신이 필요하다. 앞의 개념사례에 소개된 파파존스 피자도 프로세스혁신을 통해 고객경험을 개선함으로써 대고객서비스의 품질을 제고하는데 성공했다.

프로세스 혁신의 개념

프로세스 혁신은 기업이 비즈니스를 수행하는 방식에 큰 변화를 가져옴으로써 경쟁 우위를 획득하는 것을 가능하게 해주는 경영혁신기법을 뜻한다. 프로세스 혁신(process innovation)은 기존의 프로세스 개선(process improvement)과 비교할 때 일반적으로 **표 3-1**과 같은 차이를 나타낸다. **프로세스 개선**은 '지속적 개선'(continuous improvement)의 아이디어에 뿌리를 두고 있다. 기존 프로세스의 자동화, 소규모의 구조변화, 품질 및 생산성 개선, 경영절차의 변화 등과 같은 방법들은 변화의 속도가 느릴 때는 통할 수 있는 해법이었다. 그러나 비즈니스 환경 변화의 속도 및 규모가 커지기 시작하면 지속적 개선기법은 비효과적이며, 보다 근본적인 변화를 만들 수 있는 프로세스 혁신기법이 요

표 3-1 프로세스 개선과 프로세스 혁신 간의 차이

구 분	프로세스 개선	프로세스 혁신
변화 수준	점진적	급진적
출발점	기존 프로세스	완전히 새로 시작(영점출발)
변화의 빈도	일회/지속적	일회
소요 기간	짧다	길다
참여	상향식(종업원부터)	하향식(최고경영진부터)
전형적인 적용 범위	좁음, 기능 내	넓음, 여러 기능에 걸침
위험부담	보통	높음
주요 지원수단	통계/계량분석	정보기술
변화의 유형	문화적	문화적/구조적

출처: Thomas H. Davenport, *Process Innovation: Reengineering Work through Information Technology*, Boston, MA: Harvard Business School, 1993)

구된다.

최근 프로세스 개선 기법에는 TQM 및 식스 시그마(six sigma)가 있으며, 프로세스 혁신 기법으로는 비즈니스 프로세스 리엔지니어링과 벤치마킹(benchmarking)이 있다. TQM 개념은 아래의 스포트라이트에 소개되어 있으며, 벤치마킹 개념은 뒤의 스포트라이트에서 설명되어 있다. 우선 프로세스 혁신 기법 중에서도 가장 대표적이라고 할 수 있는 비즈니스 프로세스 리엔지니어링에 관해 살펴보기로 한다(BPM은 제4절에 소개되어 있음).

 스포트라이트   **TQM(전사적 품질관리)이란?**

TQM의 개념

우리말로 '전사적 품질관리'라고 알려져 있는 TQM(total quality management)은 비즈니스 개선에 대해 보다 전략적으로 접근하는 경영혁신 방법이다. 품질은 공급자 관점보다는 고객 관점에서 강조가 된다. 따라서 품질은 제품 혹은 서비스에 대한 고객들의 요구사항 및 기대치를 충족시키는 것을 의미한다. 품질은 성능, 신뢰성, 견고성, 대응속도, 미관 등 다양한 특징을 의미할 수 있다.

TQM의 주요 전제는 제품 및 프로세스의 품질이 조직의 제품이나 서비스의 제조 혹은 소비에 관여하는 모든 이들의 책임이라는 점이다. 다시 말해, 조직의 경영관리자와 근로자는 물론 공급사와 고객까지도 참여시킴으로써 고객의 기대사항을 충족시키는데 초점을 둔다.

TQM은 품질, 생산성, 유연성, 적시성 및 고객 대응능력 등을 지속적으로 개선해 나가기 위해 다양한 툴과 방법을 이용한다. 품질 전문가인 리차드 쇤버거에 의하면 TQM을 이용하는 기업들은 아래의 목표들을 끊임없이 추구한다.

1. 제품이나 서비스에 대해 보다 우수하고, 보다 어필을 주며, 보다 일관성있는 품질
2. 설계 및 개발에서부터 공급사 및 판매채널, 오피

스, 공장, 그리고 최종 이용자에 이르기까지 보다 신속하고, 보다 일관성 있는 대응능력
3. 수요량 및 제품구성비에 대한 고객들의 변화요구에 대해 보다 유연하게 대처할 수 있는 능력
4. 품질개선, 중복업무 회피, 낭비요소 제거 등을 통해 비용을 보다 낮출 수 있는 능력

GE의 식스시그마 품질경영

식스시그마(Six Sigma)는 제너럴 일렉트릭(General Electric)이 경쟁력 강화를 위해 추진한 전사적 품질관리 프로그램으로서 오늘날 품질경영을 도입하는 기업들에게 매우 중요한 영향을 미치고 있는 TQM 성공사례이다. GE의 현재 품질수준은 3.5 시그마 및 4.0 시그마 사이의 범위 내에 존재하며 1995년에 비해 3~10배 높은 수준이다.

식스시그마의 실현을 위해 GE는 제품공정에서 10,000개 불량품 중 9,999.5개를 없애야 하는데, 이는 백만 개 중 3.4개에 해당하는 비율로서 상상하기 조차 어려운 극히 낮은 불량률이지만, 이를 통해 80억 ~120억 달러의 수익증대효과를 기대할 수 있다.

특정 프로세스의 개선을 위한 식스시그마의 기본 접근은 "정의, 측정, 분석, 개선, 통제"단계이며 이들 단계 대부분에 대해 정보기술이 중요한 역할을 수행한다.

▲ GE사는 식스시그마 기법을 이용해 전투기 F-16용 제트엔진 등 제품들의 제조불량률을 낮추고 있다.

GE는 정보기술을 이용해 기본적 품질데이터를 수집하고 무불량의 식스시그마 프로세스를 모델링할 수 있으며, 이들 프로세스를 자동화하여 지속적 개선을 실현하고, 또 계속 무불량 상태를 유지하기 위해 프로세스를 모니터한다. 가령, GE는 '고객 대시보드'라고 하는 웹사이트를 개발해 고객들이 직접 불량개념을 정의하도록 하고 있으며, 또 인트라넷을 개발해 전 직원이 식스시그마 프로젝트에 관한 진행정보 및 지식을 공유함으로써 식스시그마 노력의 성과를 극대화하도록 하고 있다.

출처: Admin, "Remembering Jack Welch and his relation to Six Sigma," *Six Sigma Daily*, May 26, 2020; Melymuka, Kathleen. "GE's Quality Gamble," *Computerworld*, June 8, 1998, p.64; www.ge.com, 2021년 8월 23일 참조

3.2 비즈니스 프로세스 리엔지니어링의 이해

리엔지니어링의 등장배경

1980년대 후반 많은 미국 기업이 인원감축을 목표로 감량경영(downsizing)을 실시하였는데, 그 결과 단기적으로는 이익을 유지하는 데 성공하였지만, 중장기적으로는 기업의 활력이 떨어지고 조업실적이 저조해지는 부작용이 속출하였다. 즉, 단순히 인원을 줄이기 위한 경영 합리화는 간접부분 서비스의 질적 저하만 초래할 뿐이라는 사실을 깨닫게 되었다. 따라서 이제까지의 단순한 비용절감이라는 경영혁신의 주요 목표를 이제는 수익/품질과 결부된 것으로 바꾸어야만 하는 상황으로 변하게 되었다.

고객만족을 높이고 경쟁우위를 확립하기 위하여 비용삭감과 동시에 시장에의 대응시간 단축, 그리고 품질 및 서비스 향상을 꾀하는 경영혁신기법을 가리켜 **리엔지니어링**(reengineering) 혹은 비즈니스 리엔지니어링이라 한다. 리엔지니어링은 과거의 업무방식의 단순한 보완보다는 업무시스템의 과감한 재구축으로 업무수행 방식의 일대 혁신을 추구함으로써 혁신적인 개선효과를 가져오는 것을 주요 목표로 한다.

리엔지니어링의 개념

비즈니스 리엔지니어링 기법의 창시자라고도 할 수 있는 하버드 대학의 마이클 해머 (Michael Hammer) 교수는 **리엔지니어링**을 "비용, 품질, 서비스, 신속성 등과 같은 주요 경영성과지표에 있어 극적인 개선을 이루기 위해 비즈니스 프로세스를 근본적으로 재고하고 영점에서 시작하여 재설계하는 것"이라고 정의하고 있다. 이 정의에 내포된 특성을 살펴보면 그 의미를 보다 정확히 이해할 수 있다.

근본적인 발상　리엔지니어링은 기업의 가장 근본적인 문제부터 다루는 것이 필요하다. 우리의 업무는 무슨 목적으로 수행하는가? 우리의 현 방식대로 업무를 수행하는 이유는 무엇인가? 이러한 질문에 답을 하다 보면 기존의 업무체계에 파묻혀 온 비합리적이고도 비효율적인 요소들을 규명해 내기도 한다. 따라서 리엔지니어링은 기업이 수행해야 하는 업무를 밝혀내고 또한 그 업무를 수행하는 방법을 결정하는 데 초점을 두게 된다.

영점 출발　리엔지니어링은 기존의 업무방식이나 프로세스를 완전히 무시하고 영점 (zero-base)에서 출발한다. 영점에서의 출발은 단순히 기존방식의 피상적인 변화가 아니라 기존의 방식을 과감히 버리고 새로운 업무수행 방식을 고안해 내는 것을 의미한다. 따라서 리엔지니어링은 비즈니스 개선이라기보다는 비즈니스 재창조라고도 할 수 있다.

극적인 개선　리엔지니어링은 경영 성과를 점진적으로 개선하기보다는 획기적으로 대폭 변화시키는 데 역점을 둔다. 과거의 경영혁신은 점진적인 개선을 강조하였다. 예를 들어 종합적 품질관리(TQM)와 같은 품질관리 기법은 기존의 작업방식을 끊임없이 개선해 나가는 것이 특징이다. 그러나 이러한 개선과정은 근본적인 작업방식을 크게 변화시킬 수 없으므로 10%의 개선은 가능하다 해도 100% 이상의 극적인 효과를 기대하기는 어렵다.

프로세스 중심　일반적으로 기존의 관리자들은 과업이나 직무나 근로자나 조직구조와 같은 전통적인 조직요소 중심으로 사고하지만 프로세스 중심으로 문제해결에 접근하는 경우는 드물다. 비즈니스 프로세스는 입력물을 투입시켜 고객에게 가치가 되는 출력물을 만들어 내는 활동으로 정의된다. 예를 들어 주문처리 프로세스에서는 고객주문을 입력물로 취하여 이를 제품 배달이라고 하는 출력물로 변환한다. 즉, 주문된 제품을 고객에게 배달함은 곧 이 주문처리 프로세스가 생성해 내는 가치인 것이다.

리엔지니어링의 주요 원칙

산업혁명을 기점으로 시작된 산업화 시대는 디지털 컴퓨터의 개발로 막을 내리고,

그림 3-1 ─ 산업화 사회와 정보화 사회의 주요 특징

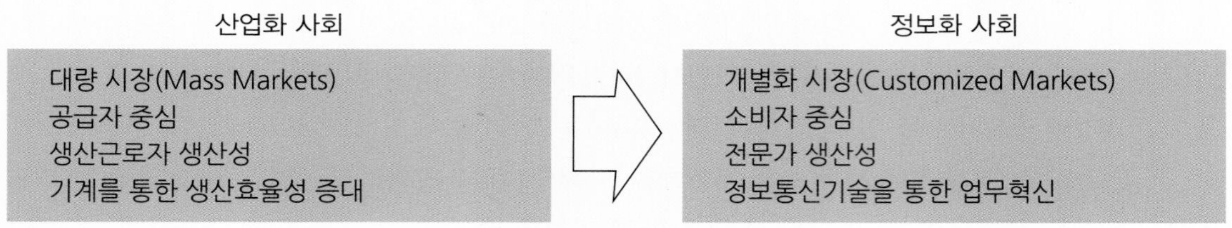

산업화 사회

대량 시장(Mass Markets)
공급자 중심
생산근로자 생산성
기계를 통한 생산효율성 증대

정보화 사회

개별화 시장(Customized Markets)
소비자 중심
전문가 생산성
정보통신기술을 통한 업무혁신

그 후 정보통신기술의 눈부신 발전은 정보화 시대가 시작되는 계기를 마련했다. **그림 3-1**은 산업화 사회와 정보화 사회의 주요 차이점을 요약하고 있다. 산업화 사회의 기업들은 주로 아래와 같은 원칙에 따라 운영되어 왔다.

- 인적자원의 전문화
- 지원기능의 전문화(예: 마케팅, 재무관리)
- 대량생산(제품을 대량으로 생산하여 보관한 뒤 수요에 따라 판매)
- 계층적 조직구조
- 조립라인을 통해 생산근로자 최대한 활용
- 기획/예산관리, 자원분배, 관리통제 등을 위해 복잡한 시스템 활용

그러나 이러한 원칙은 오늘날 경영환경에 적합하지 않다. 현대 기업들은 소위 3C라고 불리우는 요인들로 인해 과거와는 현저하게 다른 환경에 직면해 있다. 이들 3C는 고객(customers), 경쟁(competition), 변화(change)이다. 이들 3C가 어떠한 양상으로 변모했는지 살펴볼 필요가 있다.

고 객   과거에는 기업이 제품을 만들어 시장에 내놓으면 소비자는 별 목소리를 내지 못하고 이들 제품을 사야 했다. 즉, 시장은 기업에 의해 지배되었으며 공급자 위주의 특성을 지니고 있었다. 그러나 근래 들어 시장 형성에 있어 고객의 역할이 크게 증대되기 시작했다. 따라서 고객이 자신들의 취향을 기업의 제품에 맞추기보다는 기업의 제품을 자신들의 필요나 취향에 맞추는 형태로 바뀌기 시작한 것이다. 고객들은 이제 기업에게 무엇을 원하는지 뿐만 아니라 언제, 어떤 식으로 원하며 값을 얼마를 치루기 원하는지 목소리를 내고 있는 것이다.

경 쟁   오늘날 기업들은 점차 심화되어 가는 경쟁환경 속에서 활동하고 있다. 과거에는 가격에 기초한 경쟁이 대부분이었다. 그러나 요즈음은 가격은 물론 품질, 서비스, 대응속도 등이 새로운 경쟁 기준으로 등장하고 있다. 다시 말해, 이들 모든 부문에 있어 경

쟁력을 갖추어야만 시장에서 살아남을 수 있다는 의미이다. 따라서 기업경영이 예전보다 점차 복잡하고 어려워지고 있다고 할 수 있다.

변　화　　고객이나 경쟁도 변했지만, 변화의 속성 자체도 변하고 있다. 이제 변화란 일시적이기보다는 보편적이고 항시 발생하는 것이라고 할 수 있다. 또한 변화 속도도 가속화되기 시작했다. 기술발전도 급속히 이루어지고, 제품수명주기도 짧아지고 있기 때문에 이러한 빠른 변화에 신속하게 대응하기 위한 기업의 노력도 절실히 요구되고 있다.

이러한 3C요인들이 지배하는 경영환경은 과거와는 다른 새로운 방식으로 대응할 필요가 있다. 비즈니스 리엔지니어링은 다음과 같은 기본 원칙에 따라 추진하는 것이 바람직하다.

업무의 통합화　　전통적으로 기업들은 분업의 원칙과 전문화의 원칙에 근거하여 업무를 조직해 오고 있다. 과업은 최대한 세분화, 전문화시키고 각 근로자는 매우 작은 단위의 단순업무만 반복적으로 수행하게 함으로써 업무의 생산성 및 효율성을 높인다는 논리가 산업화시대의 기업들을 지배해 온 것이다. 그러나 업무가 세분화될수록 나뉘어진 업무영역들 간에 장벽만이 형성되어 업무의 원만한 흐름을 방해한다는 사실을 기업들은 발견하게 된다. 업무를 조각화하는 것이 아니라 통합화함으로써 주기시간(cycle time)을 단축함은 물론 환경의 변화에 더욱 신속하게 대응할 수 있게 된다.

분산자원의 중앙집중적 관리　　조직 내의 자원이 분산된 환경에서는 종종 비효율성의 문제가 발생한다. 이러한 문제의 해결을 위해서는 분산자원의 중앙집중적 관리가 필요하다. 자원을 중앙집중적으로 관리할 경우, 자원이 보다 효율적으로 활용됨은 물론 중복처리를 피하고 관리 비용에 대한 통제가 이루어져 비용절감이 가능해진다.

병렬방식의 업무처리　　리엔지니어링을 추진하는 여러 기업들이 발견하는 보편적 사실 중의 하나는 순차적인 기능들 간의 연결이 미약하다는 점이다. 한 기능이 완료되면 곧바로 다음 기능이 시작될 수 있도록 순차적인 기능들 사이의 연결을 강화할 필요가 있다. 뿐만 아니라 필요시 이 기능들을 동시처리가 가능하도록 조정하고 통합함으로써 처리 시간을 크게 단축하는 효과를 기대할 수 있다. 업무를 병렬방식으로 처리하는 데 있어 수행 부서들 간에 적절한 커뮤니케이션을 유지하는 것이 중요하다.

B·u·s·i·n·e·s·s
기업정보화현장

혁신으로 '로켓성장' 이룬 쿠팡

쿠팡의 뉴욕증권거래소(NYSE) 상장은 국내 유통산업 역사에도 중요한 변곡점이다. 쿠팡의 걸음은 e커머스 혁신의 발자취가 됐다. 과감한 배송 모델을 앞세워 국내 유통시장을 송두리째 뒤흔든 쿠팡은 '게임 체인저'를 넘어 '한국의 아마존'으로 도약하기 위한 본격 행보에 나설 전망이다.

2010년 업계 첫 가입자 1,000만 명 돌파로 승승장구했지만 쿠팡 창업자인 김범석 의장은 시장 지배자로 도약하기 위해 소셜커머스 사업에서 직매입 커머스 회사로 사업 모델을 전환했다. 특히 2014년 선보인 로켓배송 서비스는 '유통과 물류의 시너지'라는 새로운 기준점을 제시하며 시장 패러다임을 완전히 바꿨다.

로켓배송은 국내 처음으로 시도한 직접 배송 서비스다. 비용 절감을 위해 배송 업무 외주화가 당연했던 국내 e커머스 시장에서 쿠팡은 직매입·배송이라는 자체 물류 모델을 도입했다. 승부수는 적중해 2013년 478억원이던 매출이 지난해 약 13조 2,500억원까지 치솟았다.

로켓배송은 쿠팡이 설립 11년 만에 국내 최대 e커머스 사업자로 등극하게 만든 핵심 원동력이다. 직매입을

바탕으로 한 빠른 배송 시스템은 이제 유통업계 표준이 됐고, 쿠팡 등장 이후 국내 유통산업 미래 역시 물류와 정보기술(IT)이 됐다. 로켓배송 서비스가 현지 기관투자가들에게 강력한 인상을 남긴 덕분에 쿠팡은 세계 최대 시장인 미국 증시에 성공적으로 데뷔할 수 있었다.

쿠팡의 걸음은 빠른 배송에서 멈추지 않았다. 시장을 선도하기 위해 로켓배송뿐만 아니라 로켓직구·쿠페이·쿠팡이츠·마켓플레이스·로켓와우·제트배송·쿠팡플레이 등 혁신 서비스를 잇달아 선보였다. 초대형 물류 인프라에서 시작되는 쿠팡의 서비스는 첨단기술 물류 설비와 이를 소비자에게 전달하는 로켓배송, 원터치 간편결제 기술까지 모든 것을 아우른다.

지난해 분사한 간편결제 법인 쿠페이의 가입자는 1,000만명을 넘어섰고, 음식배달 서비스 '쿠팡이츠' 역시 배달 시장 상위 서비스로 빠르게 자리매김했다. 올해 들어서도 쿠팡은 '아마존 프라임'과 유사한 온라인동영상서비스(OTT) 쿠팡플레이를 론칭하며 멤버십 강화에 나섰고, 로켓직구 사업도 미국에서 중국으로 영역을 확장했다. 오픈마켓 판매자를 대상으로 한 풀필먼트 서비스 '제트배송'도 제3자물류(3PL)까지 영역 확장에 나설 전망이다.

쿠팡의 10년 성장을 이끈 김범석 창업자는 지난해 말 대표이사 자리에서 물러났다. 각자대표 체제 아래 전문화된 역할 분담을 바탕으로 경영 효율화를 꾀하기 위해서다. 이사회 의장직을 맡아 미증시 상장 임무를 완수한 김 의장은 쿠팡의 새로운 10년 미래를 설계하는 역할을 맡았다.

▲ 쿠팡이 최근에 새로이 선보인 쿠팡이츠 서비스

출처: 전자신문, 2021년 3월 11일

리엔지니어링의 적용 예

비즈니스 리엔지니어링을 기업 업무에 적용한 대표적인 예들이 **표 3-2**에 예시되어 있다. 표를 통해 알 수 있듯이, 정보기술은 리엔지니어링의 중요한 구현수단이 되고 있다. 아래에서는 이들 예 중 IBM 크레딧과 코닥의 경우를 살펴보고자 한다.

IBM 크레딧의 대출승인 프로세스

IBM 크레딧(Credit)은 IBM사의 자회사로서 IBM사의 컴퓨터관련 제품 및 서비스를 구입하는 고객에 대해 대출서비스를 제공하는 금융회사이다. IBM영업사원이 고객의 제품구입 대출과 관련하여 전화를 하면 일반적으로 다음과 같은 7단계를 거치게 된다.

1. 전화응답 직원이 대출에 대한 고객 요청자료를 신청용지에 기록한다.
2. 신청용지는 위층의 신용담당부서에 전달되고, 이 곳에서 신용전문가가 해당 정보를 컴퓨터에 입력하고 고객의 신용 상태를 확인한다. 신용확인의 결과는 동일 양식에 기록되고 메모지는 다시 운영과에 전달된다.
3. 운영과의 역할은 고객의 요청에 따라 대출조건을 조정하는 일이다. 변경된 조건은 신청양식에 첨부되어 이율책정 담당자에게 전달된다.
4. 이율책정 담당자는 데이터를 PC의 스프레드시트 프로그램에 입력하여 고객에 대한 적정 이율을 산정한다. 이율은 별도의 용지에 기록된 후 다른 서류와 함께 사무직원에게 전달된다.

표 3-2	리엔지니어링의 대표적인 적용 예			
회사명	대상 프로세스	혁신 성과	기존의 정보기술	새 정보기술
IBM크레딧	대출업무	7일에서 1일로 단축(85%); 1일당 처리 건수 100배 증가	데이터 베이스	처리전담자를 지원하는 컴퓨터시스템
코닥	제품개발	업무 70주에서 38주로 단축(46%); 비용 25% 절감	–	CAD/CAM; 통합데이터베이스
포드자동차	구매업무	500명에서 100명으로 감축(80%)	개별 데이터베이스	공유데이터베이스; 네트워크
뮤츄얼 베네피트 보험회사	보험증권 발급업무	2달에서 2시간으로 단축(99%)	개별 데이터베이스	통합데이터베이스; 네트워크; 전문가시스템

5. 이 곳의 관리자가 모든 정보를 종합하여 편지의 형태로 작성하고, 이 편지는 대출 서비스를 전화로 처음에 요청했던 영업사원에게 페더럴 익스프레스편으로 우송된다.

이러한 단계들을 거치는 데 평균 6일이 걸렸으며, 때에 따라서는 2주까지도 소요되었다. 영업사원 관점에서는 이러한 주기(cycle time)는 지나치게 긴 기간이었다. 이 기간 동안 고객은 다른 금융기관을 알아볼 수도 있고, 다른 컴퓨터 공급사로 마음을 돌릴 수도 있기 때문이다.

따라서 IBM 크레딧사의 두 임원이 이 단계들을 실험을 통해 분석하기에 이르렀다. 이들은 결국 실제 업무수행에 투입되는 시간은 '90분'에 불과하다는 사실을 깨닫게 되었고, 이 90분과 기존의 6일 간의 차이는 대부분 한 부서에서 다른 부서로 전달되는 데 소요되었다. 즉, 순차적인 기능들이 서로 원만하게 연결되지 않았던 것이다.

경영진에서는 문제의 핵심이 어디에 있는지 조사하게 되었고, 그 결과 문제는 개인

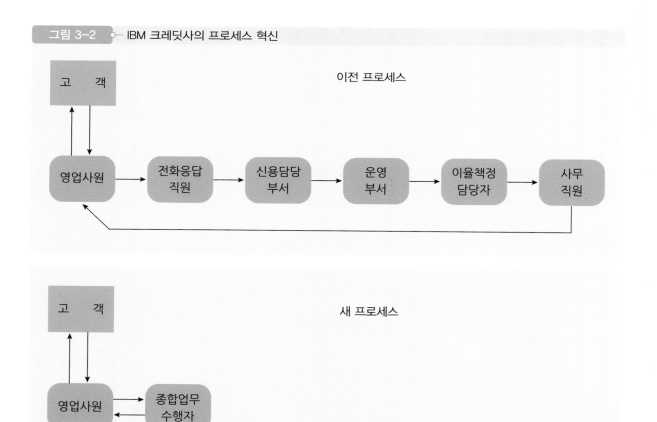

그림 3-2 ⊶ IBM 크레딧사의 프로세스 혁신

의 생산성이 아니라 대출승인 프로세스의 구조 자체에 있었다는 사실을 알게 되었다. 아무리 개인의 생산성을 높인다 해도 전체적인 프로세스 주기는 크게 개선될 수가 없다는 의미이다.

결국, 문제해결책으로서 부문별 전문가(specialist)들을 종합업무 수행자(generalist)로 교체하게 되었다. 이제는 서류가 부서들을 넘나드는 대신, 한 사람이 대출승인 업무를 처음부터 끝까지 담당하여 처리하게 된 것이다.

IBM 크레딧사는 대출승인 프로세스에 대한 리엔지니어링의 결과로 7일이 걸리던 총 처리시간을 4시간으로 줄일 수 있었다. 동시에 처리건수도 '100배'가량 증가되어 매출도 높아지는 결과를 가져왔다. 프로세스 주기의 90% 단축과 업무 생산성의 100% 증대는 리엔지니어링이 추구하는 '극적 개선효과'에 해당하기에 전혀 부족함이 없는 성과였다.

코닥사의 제품개발 프로세스

리엔지니어링의 성공사례로 잘 알려져 있는 또 하나의 기업은 코닥이다. 1987년 코닥의 경쟁사인 일본 후지사에서 1회용 카메라를 출시했다. 이 카메라는 필름이 장착된 것으로서 고객이 사진을 다 찍은 후 제조사에 맡기면 필름은 현상처리되고, 카메라는 분해된 다음 재사용된다. 이때, 코닥사에서는 대응제품이 없었음은 물론, 새로이 개발하는 데는 70주나 소요될 것이었으므로 전혀 대책이 서지 않았다. 이러한 배경에서 출시기간을 획기적으로 단축시키기 위한 노력으로서 코닥사는 제품개발 프로세스를 리엔지니어하기에 이르렀다.

일반적으로 기업의 제품개발과정은 순차적이기도 하고 병행적이기도 한데, 두 경우 모두 느린 경향이 있다. 제품개발이 순차적으로 진행되는 경우에는, 제품의 한 부분을 담당하는 팀의 작업이 끝나기 전까지는 그 다음 부분을 담당한 팀의 작업이 시작될 수 없다. 이러한 이유로 인해 제품개발 프로세스가 느릴 수밖에 없는 것이다. 반면, 제품개발 프로세스를 병행적으로 진행할 경우, 각 부품을 동시에 개별적으로 설계하고 최종단계에서 결합하는 것도 가능하다. 그러나 이 방법도 그 자체적인 문제를 지니고 있다. 비록 기본적으로는 동일한 카메라 설계에 따라 개별적인 부품의 설계가 진행된다고 하지만 개발도중 개선목적을 위해 부품의 설계를 변경하는 일이 발생하게 된다. 이러한 변경사실이 다른 팀에게 전달되지 않는 경우가 종종 발생한다면, 최종 결합단계에서 문제가 발견되어 원점으로 돌아가 설계노력이 다시 이루어져야 하는 것이다.

코닥의 경우, 카메라의 설계는 병행적으로 진행되지만 카메라 제조설비의 설계작업은 이후에 순차적으로 진행된다. 카메라 설계자들이 작업을 시작한 지 28주가 될 때까

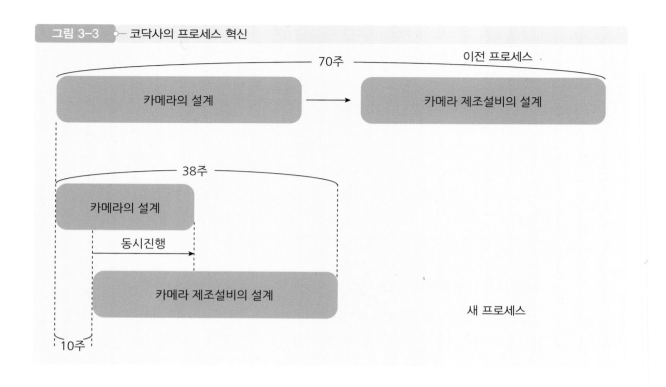

그림 3-3 코닥사의 프로세스 혁신

지 제조부문의 설계자들은 작업을 시작조차도 하지 못하고 있는 것으로 드러났다.

그리하여, 코닥사는 CAD/CAM(컴퓨터방식의 설계/제조 방식) 기술을 혁신적으로 활용함으로써 제품개발 프로세스를 리엔지니어하고자 했다. 그러나 단순히 지면 대신 컴퓨터상에서 설계도면을 작성함으로 인해 개별 설계자들의 생산성은 증대될 수 있었지만 제품개발과정에는 매우 큰 효과를 제공하기 어려웠다. 따라서 코닥은 CAD/CAM을 통합적 제품설계 데이터베이스와 연동시켜 적용하기로 결정했다. 매일같이 이 데이터베이스에는 각 엔지니어의 작업내용이 축적되어 제품 전반에 걸친 작업데이터가 관리되었다. 매일 아침, 설계팀원들은 데이터베이스의 개인별 작업내용을 조회하여 혹시 전날 작업으로 인해 문제가 야기된 경우가 있는지 확인하였다. 문제가 존재하는 경우에는 즉시 필요한 조치를 취하여 수주일이나 수개월씩 시간이 낭비되는 상황을 사전에 방지하였다. 이러한 방식의 적용으로, 제조설계자들은 제품설계가 끝나기도 전에 설비준비 작업에 들어갈 수 있게 되었다.

동시공학(concurrent engineering)이라고 일컬어지는 이 프로세스는 항공기 제조 및 자동차 산업에서 널리 활용되어 왔지만, 이제 소비재 제조업체에서도 새로운 시도를 하고 있는 것이다. 그림 3-3에서와 같이, 코닥사는 동시공학 기법을 이용하여 35mm규격의 1회용 카메라 및 제조설비의 총 설계소요기간을 반으로 줄여 38주까지 끌어내렸다.

또한 제품설계의 완료시점 이전에 제조시설 준비작업이 시작될 수 있게 되어, 그로 인해 확보된 지식을 통해 보다 손쉽고 보다 값싸게 제조할 수 있는 생산방식을 설계하는 것이 가능하게 되었다. 또한, 설비준비 및 제조에 소요되는 비용이 25% 가량 절감되었다.

3.3 ▶ 비즈니스 프로세스 리엔지니어링의 구현

리엔지니어링 추진절차

리엔지니어링 추진위원회를 조직하고 나면 이 추진위원회에서 리엔지니어링의 추진

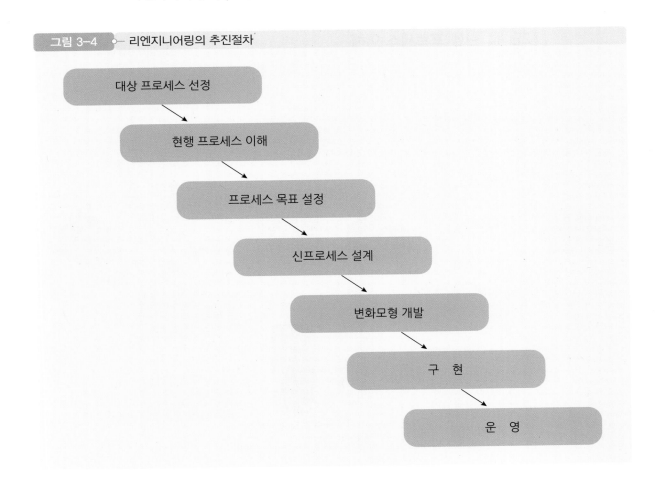

그림 3-4 ◦─ 리엔지니어링의 추진절차

여부를 결정하여 통보를 해 오게 된다. 리엔지니어링을 추진하는 절차는 학자에 따라 의견이 다양하지만 기업 리엔지니어링의 경험을 토대로 여러 학자 의견을 종합하면 **그림 3-4**와 같이 요약된다.

1단계: 대상 프로세스 선정

리엔지니어링을 추진하는 데 있어 가장 첫 과제는 기업 내의 어떤 프로세스를 대상으로 할 것인가를 결정하는 일이다. 기업마다 다양한 프로세스가 존재하지만 이 중에서 기업의 전략상 가장 핵심이 되는 프로세스를 몇 개 선정하여 추진하는 것이 바람직하다. 이들 핵심 프로세스를 대상으로 단시일 내에 가시적인 효과를 보여 주는 것이 리엔지니어링의 성과를 조직 내에 널리 알리고 저항을 줄이는 방법이다.

일반적으로 가장 흔하게 리엔지니어링의 대상이 되는 프로세스로는 신제품개발 프로세스, 고객주문처리 프로세스, 애프터서비스 프로세스, 구매관리 프로세스 등이 있다.

2단계: 현행 프로세스 이해

리엔지니어링 대상 프로세스가 선정이 되면 현재 프로세스에 대한 이해가 필요하다.

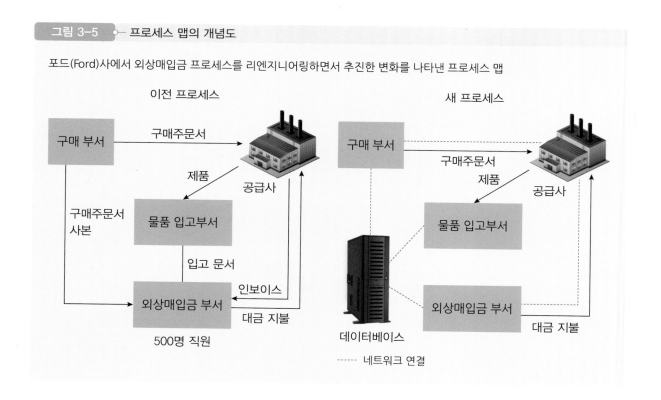

그림 3-5 ● 프로세스 맵의 개념도

포드(Ford)사에서 외상매입금 프로세스를 리엔지니어링하면서 추진한 변화를 나타낸 프로세스 맵

여기서 주의해야 할 것은 기존 프로세스에 대한 기본적인 내용 이해로서 족하며, 깊이 있는 프로세스 분석은 피해야 한다는 사실이다. 지나치게 상세한 분석에 치우치다 보면 자칫 현재 프로세스를 개선하는 수준으로 끝날 수 있기 때문이다.

이 단계에서 가장 먼저 해야 할 일은 현재 프로세스를 이해하기 위해 기본적인 자료 수집을 통해 프로세스 구조를 파악하는 일이다. 또한 이를 토대로 프로세스가 수행되는 과정을 시계열로 그리고 기능부서별로 나타낸 **프로세스 맵**(process map)이 작성된다.

3단계: 프로세스 목표 설정

현재 프로세스를 이해하는 단계가 완료되면 프로세스 목표를 설정한다. 프로세스 목표 설정은 장차 프로세스가 과연 어떤 모습으로 수행되어야 하는지를 상세하게 기술하는 것을 의미한다.

프로세스 목표는 "이 프로세스가 어떠한 경영목표를 달성하여야 하는가"라는 질문으로 시작하여 경영 전략, 고객 의견 그리고 벤치마킹 기법을 통하여 변화하고자 하는 내용을 정의한다. 벤치마킹 기법은 업계에서 가장 우수한 성과를 내는 모범기업을 찾아내 이들의 성과를 기준으로 목표를 설정하도록 해 주는 역할을 한다(스포트라이트 참조).

프로세스 목표는 계량화된 지표로 표현하는 것이 좋은데, 몇 가지 예를 들면 아래와 같다.

- 고객의 주문처리기간을 2일로 한다.
- 신제품개발기간을 28주로 한다.
- 처리비용을 30,000원에 한다.

4단계: 신프로세스 설계

리엔지니어링 과정에서 제일 중요하고 창의적인 부분이 신프로세스 설계 단계이다. 앞 단계에서 설정된 프로세스 목표를 달성하기 위해 프로세스가 어떻게 달라져야 할 것인가를 고안해 내는 단계이다.

리엔지니어링팀에 의한 브레인스토밍 세션을 통하여 참신하고도 창의적인 아이디어를 발굴하고 벤치마킹으로 세계 초일류 기업들의 우수 프로세스들을 조사한다. 이렇게 발굴된 아이디어를 백지 위에 그리면서 설계내용이 구체화되면 새 업무방식에 대한 **프로세스 맵**을 그림으로 표현한다.

스포트라이트　　　　　벤치마킹이란?

스펜도리니(Spendolini, 1992)는 벤치마킹을 "조직 개선의 목적을 위해서 가장 우수한 업무기법을 실행하고 있는 기업의 제품, 서비스 및 업무 프로세스를 조사하기 위한 지속적이고도 체계적인 과정"이라고 정의하고 있다. 한편, 웨스팅하우스(Westinghouse)사의 정의에 따르면, 벤치마킹은 "우수한 조직성과를 가져올 수 있는 대단히 우수한 업무수행 기법을 지속적으로 찾고 또 적용시키는 것"을 의미한다. 즉, 세계 초일류기업의 경험을 통해 이상적인 업무수행 방법을 배우는 것이 곧 벤치마킹이라고 할 수 있다. 반면에, 로저 밀리켄(Roger Milliken) 같은 이는 벤치마킹을 "남의 기법을 훔치는 행위"라고도 하지만, 벤치마킹은 단순한 모방이 아니다. 남의 기법을 우선 완전히 이해한 후 기업의 여건에 맞게 도입하여야 하기 때문이다. 이들 정의를 종합하면, 벤치마킹은 어느 특정분야에서 우수한 상대를 표적으로 삼아 자기기업과의 성과 차이를 보고하고 그들의 뛰어난 운영 프로세스를 배우면서 자기 혁신을 추구하는 데 그 의의가 있다. 기업의 비즈니스 프로세스를 엄격한 표준과 비교하여 그 성과측정을 가능하게 하는 점이 특징이다.

벤치마킹 전문기관인 미국생산성품질센터(American Productivity & Quality Center)에서는 벤치마킹을 수행하기 위한 방법론으로서 아래 그림에서와 같은 4단계 과정을 제시하고 있다.

첫 단계에서는 ① 무엇(What)을 벤치마킹할 것인가 그리고 ② 어느 기업을(Whom) 대상으로 벤치마킹할 것인가를 결정해 주어야 한다. 벤치마킹을 하기 위한 비즈니스 프로세스나 기능을 적절히 선택하기 위해 면담조사, 탐색적 조사, 설문조사 등과 같은 다양한 조사기법을 이용할 수 있다. 또한 벤치마킹할 기업은 주어진 산업 내에서 가장 모범이 되는 최우수 기업으로 선택하는 것이 바람직하다. 두 번째 단계에서는 조사대상 기업의 업무프로세스에 관해 폭넓게 정보를 수집하여야 한다. 특히 벤치마킹 대상기업의 모범 프로세스를 규명할 목적으로 척도를 개발하고 이에 대한 데이터를 수집할 필요가 있다. 세 번째 단계는 수집된 정보를 분석하고 그 결과에 기초하여 제언하는 것이다. 정보 분석에 있어, 두 회사 간의 성과 격차를 발견하고 프로세스 성공요인(enablers)을 규명해 줄 필요가 있다. 마지막 단계에서는 프로세스 성공요인을 우리 회사에 적용시키기 위한 노력이 요구된다.

벤치마킹을 통해 다음과 같은 효과들을 기대할 수 있다. 첫째, 벤치마킹 조사는 시장과 관련한 데이터에 의존하므로 고객의 요구 정의를 명확히 할 수 있다. 둘째, 상대기업의 조사결과를 토대로 효과적인 목표의 설정이 가능하다. 셋째, 신뢰성있는 생산성 측정법을 개발함으로써 상대기업과의 성과비교를 할 수 있다. 넷째, 업계 최상의 실행방법을 구현함으로써 경쟁력을 확보할 수 있다.

출처: www.apqc.org, 2021년 8월 22일 참조; www.benchmarkingnetwork.com, 2021년 8월 20일 참조; en.wikipedia.org, 2021년 8월 10일 참조

계 획 → 수 집 → 분 석 → 적 용

5단계: 변화모형 개발

신프로세스를 구현하고 운영하기 위해서는 기업의 조직, 정보시스템 구조 및 성과측정/평가시스템을 변화시키는 것이 필요하다. 따라서 새로운 업무환경에 걸맞는 변화모형이 조심스럽게 개발되어야 한다.

프로세스 혁신으로 요구되는 조직구조의 변화는 프로세스 혁신 이상으로 복잡하고 어려운 문제이다. 조직설계(organizational design) 관점에서 신프로세스와 조화를 이룰 수 있는 방향으로 조직 재구축이 계획되어야 한다. 특히, 조직원들의 저항을 관리하기 위한 대책도 필요하다. 기업의 정보시스템 아키텍쳐도 신프로세스의 수행을 효과적으로 지원할 수 있도록 바뀌어야 한다. 무엇보다도 프로세스 지원을 위해 요구되는 정보의 흐름을 정의하는 것이 필요하다.

6단계: 구현

신프로세스의 구현은 현행 프로세스에서 신프로세스로의 전환을 의미한다. 따라서 예상치 않은 문제가 발생할 위험부담을 최소화하기 위해 신중을 기하여야 한다. 이러한 맥락에서, 프로토타이핑 기법을 통해 신프로세스를 모의실험하여 테스트해 보는 것도 바람직하다고 할 수 있다. 즉, 구현 전 신프로세스의 검증을 통해 리엔지니어된 프로세스를 성공적으로 구현할 필요가 있다는 의미이다.

7단계: 운영

이 단계에서는 조직과 기술적인 측면을 고려하여 새로운 프로세스의 **프로토타입**(prototype)을 설계하고 이를 시범적으로 운용해 본다. 이러한 시범운영을 통해 조직과 기술적인 측면의 저항과 문제점을 발견하고 해결해 감으로써 성공적 리엔지니어링을 이루게 된다. 운영 단계의 핵심은 리엔지니어링을 품질경영으로 이행하는 것이다.

구현수단으로서의 정보기술 역할

데이븐 포트(1993)는 정보기술이 극적인 리엔지니어링 성과의 초석이 된다고 말하고 있다. 오늘날 정보기술은 비즈니스 리엔지니어링을 통한 경영혁신을 가능토록 해주는 필수적 구현도구(essential enabler)가 되고 있다. 즉, 정보기술은 업무 프로세스의 재구축 노력에 있어 핵심적인 역할을 수행하므로 리엔지니어링에서 반드시 포함되어야 한다.

해머와 챔피(1993)는 정보기술과 관련하여 세 가지 주요 원칙을 제시하고 있다. 첫째, 정보기술의 역할은 곧 자동화라고 하는 관념을 깨야 한다. 전통적으로 정보기술은 기존 프로세스를 자동화함으로써 생산성과 품질을 개선하기 위한 목적으로 사용되어 왔다. 그러나 리엔지니어링에서는 이러한 전통적 역할에서 한 걸음 더 나아가 정보기술을 새로운 업무모형을 구현하기 위한 수단으로 인식해야 한다.

둘째, 문제를 먼저 찾고 그에 대한 해결방안을 모색하는 보편적 발상에서 탈피해야 한다. 즉, 우선 우수한 해결책을 확보한 다음 이 해결책을 통해 해결할 수 있는 문제들을 찾는 방식이 요구된다. 이러한 방법은 **귀납적 사고**(inductive thinking)라고도 불린다. 존재하지도 않는 문제를 발견해야 하므로, 이 방식을 성공적으로 적용하는 데는 혁신적 발상이 요구된다.

셋째, 정보기술에 대한 사고방식을 바꿀 수 없는 기업은 리엔지니어링을 할 수 없다. 리엔지니어링을 가능하게 하는 기반은 정보기술이지만, 정보기술에 대한 단편적 고찰에서 더 나아가 개방된 안목으로 그 잠재력을 발견하고, 이를 통해 조직 구조와 프로세스를 재고하여 전면적인 개혁을 추진할 때 리엔지니어링은 성공할 수 있다.

이와 같이 정보기술에 대한 새로운 사고를 통해 새로운 비즈니스 기회를 모색하고자 할 때 리엔지니어링이 요구되며, 또한 리엔지니어링을 통해 업무 프로세스를 획기적으로 변혁하고자 할 때 대상 프로세스의 선정, 분석, 재설계 작업의 과정에서 핵심적 역할을 할 정보기술이 요구되는 것이다. 즉, 정보기술은 리엔지니어링을 지원하기도 하며, 리엔지니어링을 이끌기도 하는 것이라 할 수 있다.

 B·u·s·i·n·e·s·s 기업정보화현장

지능화 정보기술로 유통혁신 추진한 오카도

영국의 온라인 식료품 유통업체 오카도(Ocado)는 2000년 4월 설립된 기업으로 오프라인 매장 없이 온라인만으로 이익을 낸 드문 사례로 꼽힌다. 이것이 가능했던 것은 이 회사가 기존 대형마트의 관행을 답습하지 않고 과감하게 차별화된 비즈니스 모델을 채택했기 때문이다.

오카도는 복잡한 유통 과정을 단순화하여 대형 물류센터에서 직배송 되는 시스템으로 빠르고 정확한 배송에 주력했다. 그 배후에는 로봇·AI를 활용한 '리테일테크 혁

신'이 있었다. 오카도는 기존 업체들이 쓰던 컨베이어벨트 시스템을 과감하게 버렸다. 그 대신 무인 로봇을 활용한 스마트 시스템을 도입했다. 그 결과는 놀라웠다. 물류 생산성이 무려 45%나 비약적으로 상승한 것이다.

급기야 2011년 회사설립 이후 최초로 영업흑자를 달성한 뒤 지금까지 높은 연평균 성장률을 지속하고 있다. 외신 등에 따르면 오카도는 지난 2002년 이후 2700만 건 이상의 주문을 처리하여 2012년부터 2017년까지 6년간 약 20%의 높은 연평균 성장률을 기록하고 있다.

▲ 오카도사는 로봇기술을 이용해 유통혁신을 추진하고 있다.

오카도의 혁신을 견인하는 스마트 플랫폼 'OSP'

오카도는 어떻게 이런 성공을 거둘 수 있었던 것일까? 이 질문에 대해 오카도의 CEO 팀 스테이너는 자사의 핵심 성공 요소로 기술 혁신과 스마트 솔루션을 꼽았다. 대표적인 것이 'OSP'라 불리는 오카도 스마트 플랫폼(Ocado Smart Platform)이다.

OSP는 온라인 소매업 운영을 위한 오카도가 독자적으로 구축한 솔루션으로 주문에서 배송까지 모든 주문 이행 프로세스를 위한 SW와 HW를 포함하는 것이다. 적용 범위는 주문 접수부터 주문 처리, 라스트 마일 서비스까지 전체 프로세스를 커버한다.

주문 접수는 편리성에 방점이 찍혀 있다. 사용자들이 편리하게 접근할 수 있도록 웹, 모바일, 태블릿 어플리케이션 등에서 사용할 수 있는 이커머스 소프트웨어를 제공하고 있다. 주문 처리 과정에서 중요한 역할을 하는 것은 로봇이다. 오카도의 물류센터인 CFC(Customer Fulfillment Centre)에서는 자동화된 로봇이 그리드 모양의 스마트 플랫폼 위를 다니며 주문을 처리한다.

사실 오카도도 첫 번째와 두 번째 물류센터에는 컨베이어벨트를 설치했었다. 하지만 순차적 처리 방식으로 인해 문제가 발생하자 세 번째 물류센터부터는 컨베이어 벨트 대신 바둑판 모양(그리드)의 독창적인 스마트 플랫폼'을 개발해 설치했다. 바둑판 모양의 스마트 플랫폼 칸칸마다에는 6.3m 깊이의 박스 속에 고기, 우유, 세제 등의 상품이 쌓여 있고 로봇이 이 그리드 위를 다니며 주문을 처리하는 것이다. 로봇은 공간 효율을 감안해 직육면체의 바디에 전후좌우 어느 방향으로든 달릴 수 있는 바퀴가 달려 있다.

이 로봇들은 4G 네트워크 통신을 통해 제어되는데 수천 개의 로봇이 움직이는데도 충돌이 일어나지 않는 것은 초당 300만 회에 달하는 계산에 의해 움직임이 최적화되어 작동하기 때문이다. 수천 개의 로봇이 스토리지에서 고객 주문을 구성하는 식료품을 검색하여 자동으로 배달할 장바구니를 구성하는 모습은 가히 장관이다.

라스트 마일 서비스 단계에서는 배송 차량에서 수집된 센서 데이터를 활용해 최적의 배송 경로를 도출하고, 실시간으로 위치 확인이 가능한 SW를 활용해 질 높은 배송 서비스를 제공한다.

출처: 한경비즈니스, "AI/로봇으로 유통업을 혁신한 오카도", 매거진 한경, 2020년 6월 3일; 물류신문, 2018년 8월 31일

어떻게 실패를 피할 것인가?

그동안 리엔지니어링을 실행한 미국 기업들을 대상으로 조사한 결과 성공하는 기업은 30%뿐이라고 하는 사실은 실로 믿기가 어렵게 느껴진다. 비록 10%의 경영성과 증대도 리엔지니어링의 기준으로는 "실패"로 간주되기는 하지만, 성공이 그토록 어려운 데는 실패요인이 존재하기 때문이다. 실패요인은 성공적인 적용방안을 모색하는 데 중요하므로 살펴볼 가치가 있다.

마이클 해머 교수가 저술한 '리엔지니어링 혁명'(The Reengineering Revolution)이란 책에는 기업들이 리엔지니어링을 구현하면서 흔히 범하는 주요 과오 10가지가 소개되고 있다. 이들 각 실패요인과 더불어 문제를 피하기 위한 대책이 표 3-3에 요약되어 있다.

1. 리엔지니어링 개념을 정확히 이해하지 못한 상태에서 리엔지니어링을 추진하는 경우 진정한 의미의 리엔지니어링을 하지 않고도 리엔지니어링을 수행했다고 하는 경우가 종종 있다. '극적인' 혁신성과를 얻기 위해서는 기본적인 리엔지니어링 철학을 정확히 이해하는 것이 무엇보다 필요하다.

2. 리엔지니어링 대상 프로세스의 정확한 선정이 안된 상태에서 추진하는 경우 리엔지니어링의 대상은 프로세스이지 부서나 조직이 아니다. 대상이 되는 프로세스를 명확히 정의하는 것이 리엔지니어링의 추진에 앞서 필연적으로 선행되어야 한다.

3. 현행 프로세스를 분석하는 데 지나치게 많은 시간을 소모하는 경우 기존 프로세스의 분석에 전념하다 보면 자칫 기존 업무의 틀에 매여 리엔지니어링을 추진할

표 3-3 ── 리엔지니어링의 주요 실패요인

실패요인	해결대책
리엔지니어링 개념 이해의 부족	리엔지니어링의 기본적인 철학 이해
대상 프로세스의 불명확	대상 프로세스를 명확히 선정
현행 프로세스 분석에 과도한 시간소모	계획된 일정에 따라 프로세스를 신속히 이해
경영진의 강력한 리더십 부재	경영진이 적극적으로 업무와 조직의 변화 유도
소극적인 프로세스 재설계	과감하고도 혁신적인 프로세스 재설계 시도
프로세스 설계 후 곧 구현 시도	구현 전 아이디어의 세밀한 테스팅 필요
지나치게 시간을 끌며 리엔지니어링 추진	초점을 잃지말고 적용범위를 좁게 잡아 추진
프로세스 변화에 따른 조직변화 외면	기존 조직의 개혁을 과감하게 수용
현실성이 결여된 리엔지니어링 구현	신속하고 즉흥적이며 반복적으로 구현
조직원들의 관점/필요 무시	개개인의 필요를 세심하게 배려

위험이 있다. 계획된 일정 내에 신속하게 기존 프로세스를 '이해'하는 수준으로 넘어가는 것이 필요하다.

4. 경영진의 강력한 리더십 없이 리엔지니어링을 추진하는 경우 리엔지니어링팀이 아무리 능숙하게 추진하더라도 리더십이 부재한 상황에서는 실패하기 마련이다. 경영진이 앞장서서 하향식으로 업무와 조직의 변화를 유도하여야 한다. 업무재설계로 요구되는 변화는 강력한 리더십에 의해 뒷받침되어야 하기 때문이다.

5. 프로세스 재설계에 있어 적극성이 결여된 경우 기존 업무 틀에서 약간 수정하면 된다는 고정관념에서 벗어나 과감하고도 혁신적인 사고를 통해 프로세스 재설계를 시도해야 한다. 창의적인 발상을 유도할 수 있도록 적절한 분위기가 조성되어야 한다.

6. 새로운 프로세스의 설계에서 곧장 프로세스의 구현으로 가는 경우 새로이 설계된 프로세스는 검증된 상태가 아니므로 그 뒤에는 작고 큰 오류가 숨어 있을 수 있다. 오류로 인한 위험부담을 최소화하기 위해, 너무 성급한 구현시도는 피하고 구현 전 아이디어를 세밀하게 테스팅하는 것이 절대적으로 필요하다.

7. 지나치게 시간을 질질 끌며 리엔지니어링을 추진하는 경우 리엔지니어링 기간이 길어지게 되면 조직원들의 흥미를 잃게 할 수 있으므로, 기존 프로세스의 이해에서 신프로세스의 실험적 구현단계까지 12개월이 초과해서는 안된다. 절대로 초점을 잃지 말고 적용범위를 좁게 잡아야 한다.

8. 프로세스의 변화에 따른 조직변화를 수용하지 않는 경우 리엔지니어링을 추진하는 데 있어 조직원들이 기존 시스템(조직구조, 직무, 임금체계 등)에 대해 갖는 애착을 극복하는 것이 중요하다. 기존의 시스템을 바꾸는 것이 두려워서 프로세스를 제한적으로 혁신해서는 안 된다는 의미이다. 신프로세스에서 요구하는 기존 조직의 변화를 과감하게 수용해야 한다.

9. 전통적이고도 이상적인 방법으로 구현하는 경우 리엔지니어링은 새로운 변화에 대한 모험이다. 치밀하게 계획을 세우고 모든 것이 계획한 대로 완벽하게 전개될 것이라는 지나치게 이상적인 기대하에 리엔지니어링을 구현하면 실패할 수 있다. 보다 현실적인 방법(즉, 신속하고 즉흥적이고도 반복적인 방법)을 통해 구현해야 실패를 피하는 데 도움이 된다.

10. 조직원들의 생각/의견을 무시하는 경우 조직원들의 기존 업무방식에 대한 집착을 버리게 해야 한다고 해서 업무방식에 대한 그들의 필요를 무시해서는 안 된다. 합리성이나 효율성에만 매달릴 것이 아니라 개인관점에서의 득실도 세심하게 배려하여 리엔지니어링을 추진해야 한다. 결국, 리엔지니어링으로 인해 초래

되는 조직 내의 엄청난 변화는 이 조직원들에 의해 수용되어야만 실패를 피할 수 있다.

3.4 비즈니스 프로세스 관리

80년대 후반 이후 90년대에 이르기까지 기업들이 리엔지니어링을 통해 비즈니스 프로세스의 급진적 혁신을 추진하는 데 주력해온 반면, 2000년대에 접어들면서부터는 비즈니스 프로세스의 총체적인 관리의 필요성이 대두되면서 비즈니스 프로세스 관리가 기업들 간에 주요 화두로 부상하기 시작했다. 아래에서는 비즈니스 프로세스 관리와 관련한 주요 개념들을 살펴본다.

제3의 물결 – BPM

비즈니스 프로세스 관리(business process management: BPM)란 기업이 급변하는 경영환경 속에서 변화에 민첩하게 적응할 수 있는 비즈니스 프로세스들을 확보 및 유지하기 위한 접근방법이다. BPM은 '제3의 물결' 패러다임의 관점에서 이해될 수 있다. 기존의 빅뱅(Big Bang) 방식의 업무 프로세스혁신에 초점을 두는 BPR(Business Process Reengineering)과는 달리, 경영환경의 변화에 따른 업무프로세스의 변화 혹은 변경 그 자체를 수용할 수 있는 방법론이다.

그림 3-5에서 볼 수 있듯이, 산업화 사회에서 정보화 사회로 진입한 이후 기업들

그림 3-5 ── 비즈니스 프로세스 관리(BPM)의 진화 단계

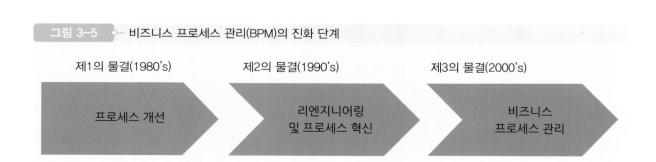

제1의 물결(1980's)   제2의 물결(1990's)   제3의 물결(2000's)

프로세스 개선   리엔지니어링 및 프로세스 혁신   비즈니스 프로세스 관리

표 3-4			BPM 진화단계별 개념 및 특징		

단계	시기	주요 개념	비즈니스	기술	툴/기법
산업화 시대	1750~ 1960년대	• 노동의 분업화/전문화 • 과업 생산성 • 비용 절감	• 기능적 계층구조 • 지휘 및 통제 • 조립라인	• 기계화 • 표준화 • 기록관리(장부 등)	• 과학적 경영 • 재무 모델링
제1물결	70년대~ 80년대	• 품질관리 • 지속적 흐름 • 과업 효율성	• 다중산업 기업 • 인수/합병	• 컴퓨터 자동화 • 경영정보시스템 • MRP	• TQM • 통계적 제어 • 프로세스개선기법
제2물결	90년대	• 프로세스 혁신 • 최우수 수행방법 • 속도, 비용, 가치	• 수평적 조직 • 가치 명제 • (출시기간, 고객관계 등)	• 기업 기반 구조 • ERP, CRM • 공급망관리(SCM)	• 활동기반 원가 • 식스시그마 • BPR 기법
제3물결	2000년대	• 적응성 및 민첩성 • 글로벌 경영 • 지속적 변형	• 네트워크 조직 • 프로세스 효율성 • 조직 효과성	• EAI • 서비스기반 구조 • 실적관리 툴 • BPMS 소프트웨어	• BSC 기법 • 셀프서비스/개인화 • 아웃소싱 • BPM 기법

이 비즈니스 프로세스를 개선 및 관리하는 방법은 제1, 제2 및 제3의 물결을 통해 진화해 왔다. 이들 물결을 지배했던 중심적 경영철학은 각각 프로세스 개선, BPR/PI, 그리고 BPM이다. 이들 각 시기의 주요 개념 및 특징은 **표 3-4**에 요약되어 있다.

산업화 사회에서 비즈니스 프로세스 관리의 방법에 중요한 영향을 미친 사상은 1910년대 테일러(Frederick Taylor)의 과학적 경영이론이다. 과학적 경영이론에서는 비즈니스 프로세스가 업무수행 과정에 내재하며 회사정책 매뉴얼에 잘 정리되어 있는 것으로 간주했다. 이 당시 프로세스 관리는 '업무수행 방법 및 절차의 분석'을 의미했다. 테일러의 과학적 경영 철학은 제1의 물결이 일게 하는데 초석을 제공했다.

제1의 물결　정보화 사회에 접어들면서 비즈니스 프로세스 관리의 제1 물결은 품질경영 기법을 통해 일기 시작했다. 1980년대에 불어 닥친 최초의 물결에서는 TQM(total quality management)나 지속적인 개선의 개념에 초점을 맞추었다. 일상적인 비즈니스 프로세스를 컴퓨터 기술을 통해 자동화시킴으로써 업무 효율성을 높이는데 주안점을 두었다.

제2의 물결　지난 1990년대 일기 시작한 두 번째의 물결에서, 프로세스는 한 차례(즉 빅뱅) 변화를 통해 혁신이 가능했다. 마이클 해머가 주장한 리엔지니어링의 철학에 기반을 두고 모든 변화가 일어났으며, 결과적으로 변화들은 '혁신'이라는 이름 하에 매우 근본적인 접근방법을 통해 구현되었다. 한편, 정보기술은 프로세스 변경에 따른 유연한 적용에 한계가 있는 ERP 애플리케이션과 같은 소프트웨어에 국한됐다. 경영관리자들은 이들 애플리케이션을 통해 프로세스의 설계에서 프로세스의 변화에 이르는 프로세스 수명 주기를 효과적으로 제어하기가 어려웠다.

제3의 물결　　빅뱅 방식의 일회성 혁신방법의 한계에 회의를 느낀 기업들은 2000년대 접어들면서 장기적이고도 통합적인 접근을 통해 프로세스 관리를 하는 것이 바람직하다는 인식에 주목하기 시작했다. 제3의 물결에서는 기업이 새로운 비즈니스 프로세스를 손쉽게 설계 및 최적화하는 능력을 확보하도록 하는데 초점이 있다. 연속적이고 반복적인 과정을 통해 변화를 추구하므로 변화 자체가 하나의 수명주기를 가지고 일어난다.

　　BPM의 제3 물결은 비즈니스 프로세스의 혁신 및 관리를 위한 근본적으로 새로운 방법이기도 하다. 가령, GE는 고유의 디지털화 전략(Digitization Initiative)을 통해 명료하게 정의된 비즈니스 프로세스들을 보유함으로써 끊임없는 비즈니스 프로세스 혁신요구사항에 합리적으로 대응하고 있다. GE와 같은 기업들의 BPM 목표는 두 가지로서 첫째는 비즈니스 프로세스의 초효율성이요, 둘째는 전례없는 프로세스관리의 민첩성이다. 이러한 목표 달성을 위해, GE는 모든 사업단위 및 워크그룹의 권한을 강화해 그들이 자신들의 프로세스를 직접 관리하도록 하고 있다.

BPM의 정보기술, BPMS

　　제3의 물결은 비즈니스프로세스 리엔지니어링도, 전사적 애플리케이션 통합도, 워크플로우 관리도, 또 다른 패키지 소프트웨어도 아니며, 오직 이러한 기술 및 기법들을 하나로 통합한 접근방법으로 이해할 수 있다. BPM의 제3 물결은 지속가능한 경쟁우위를 구축하기 위한 새로운 토대가 될 수 있을 것이다.

　　제3의 물결에서 핵심이 되는 정보기술은 BPMS 소프트웨어이다. 1999년 한 오픈소스 개발자 단체가 BPM을 실행에 옮기는데 필요한 새로운 기업용 소프트웨어로서 BPMS(business process management system)라고 하는 소프트웨어의 표준을 제정할 계획을 발표하면서 BPMS가 탄생하게 된다. BPMS의 주요 구성요소는 다음과 같다.

- **프로세스 엔진**: 프로세스 기반의 애플리케이션을 설계하고 구동하는 역할 담당
- **비즈니스 분석**: 관리자가 비즈니스 이슈, 추세 및 기회를 발견하는데 도움을 주는 시스템
- **콘텐츠 관리**: 전자 문서, 이미지 및 기타 파일을 저장 및 관리하기 위한 시스템
- **협업 툴**: 토론방이나 게시판 등을 통해 부서내 및 부서간 커뮤니케이션을 촉진시켜 줌

BPM은 BPR과 어떻게 다른가?

지난 1980년대 말 이후 비즈니스 프로세스 리엔지니어링 기법이 기업의 비즈니스 프로세스를 혁신할 수 있는 수단으로 인식되어 온 반면, 근래에 와서는 이러한 과격한 혁신방법의 실효성에 대해 의문이 제기되고 있다. 백지화 상태에서 새로 그림을 그리는 이러한 기법이 지나치게 어렵고, 급진적이며 또 포괄적이라는 지적이다. 직원, 조직, 기존 시스템, 그리고 조직의 문화에 미치는 영향이 매우 크다. 최고경영자 중에 이러한 광범한 변화를 지혜롭게 추진할 수 있는 용기를 갖춘 사람이 과연 있을지 의문이다.

그런데도 불구하고 많은 기업들이 오늘날의 BPM 관점을 받아들이기를 꺼려한다. BPR과 마찬가지로 BPM도 비용을 낮추고 서비스 및 품질의 질을 높이며 직원 생산성을 향상시키기 위한 수단으로서 프로세스 중심의 사고방식을 강조한다. 또한 BPM도 비즈니스 변화의 추진수단으로서 기술을 중시한다. 이와 같이 공통점이 있기는 하지만, 이두 방법론은 근본적으로 다르다.

급진적 혁신이 아닌 반복식 접근

BPR 이론은 주요 운영프로세스들을 변화시키기 위한 급진적인 방법을 통해 기업이 경쟁력을 제고할 수 있다고 주장한다. 가능한 곳마다 인간의 작업은 자동화로 대체함으로써 완벽한 프로세스를 설계하는 것을 목표로 했다. 이와는 대조적으로 BPM은 반복적인 방법론을 이용해 점진적으로 프로세스를 개선하는 것을 지향한다. 오늘날 비즈니스 운영 환경은 과거 어느 때보다도 빠르게 변화한다. 프로세스 변화를 반복적이고도 점진적인 방법으로 접근하게 되면 보다 빈번한 조정이 가능하게 되어 글로벌 시장에 더 신속하게 대응할 수 있다.

수작업 업무의 자동화보다는 인간중심의 사고 중시

BPR은 반복적 업무를 찾아내고 정보기술을 이용해 이를 자동화함으로써 비즈니스 효율성을 높이는 데 초점을 둔다. BPR과 마찬가지로 BPM도 업무흐름을 이해하고 수작업 업무를 찾아내기 위한 프로세스 모델링으로 시작한다. 그러나 오늘날 프로세스 분석의 목표는 단지 수작업 업무를 제거하는 데 있지 않다. 이미 해당되는 업무 부분은 자동화가 완료되어 있다. 진정한 목표는 사람들 간의 상호작용 및 상호의존관계, 그들이 업무수행을 위해 의존하는 시스템, 그리고 업무에 필요한 정보를 이해하는 것이다. 은행 및 보험사와 같이 BPM을 일찍이 도입한 회사들은 프로세스 모델링을 이용해 수작업이

고객서비스 질을 높이는 데 기여할 수 있는 부분을 찾아낸다. 이러한 상호작용의 개인
화는 차별화의 원천이 된다.

BPM은 인간을 시스템 및 비즈니스 문서만큼이나 중요하게 혁신적 프로세스에 기여
하는 주체로 간주한다. 업무의 성과를 극대화하기 위해서는 자동화된 업무 및 정보 흐름
과 더불어 '수작업 업무' 및 '인간 상호작용'을 관리하는 것이 중요하다는 인식 때문이다.
BPMS 방법론을 통해 경영관리자들은 어떤 업무가 기계보다는 인간에 의해 더 잘 수행
될 수 있는지를 찾아내고 또 인간 및 시스템을 탁월하게 관리함으로써 기대되는 효과를
발견할 수가 있다. BPMS 소프트웨어를 이용하면 직원들이 프로세스를 개선하고 혁신적
아이디어를 공유할 수 있는 방법을 탐색할 수가 있다. 비록 업무의 자동화가 이미 되어
있다 하더라도 직원이 창의적으로 담당할 수 있는 혁신적 프로세스가 존재한다.

프로세스와 애플리케이션을 상호 분리

BPR과 달리, BPM은 인간에 대한 의존도를 줄이기 보다는 인간의 상호작용을 업무
프로세스에 재 투입하고 근로자들이 실시간으로 우수한 업무수행 방법을 공유하도록
하는 데 역점을 둔다. BPR이 유행하던 시절에는 많은 수작업 업무를 제거하면서 프로
세스가 애플리케이션에 고정되었었다. 프로세스가 애플리케이션에 고정되게 되면 근로
자들의 업무가 어떻게 다른 이들의 업무에 영향을 미치는지 알 수가 없다. 뿐만 아니라,
전문화된 프로그래밍 기술이 필요하기 때문에 프로세스를 쉽게 변경하기가 어렵다. 따
라서 프로세스를 개선하거나 조정하려면 IT 애플리케이션이 새로 개발될 때까지 기다려
야만 했다. 오늘날 BPMS 기술은 프로세스를 그 구현으로부터 분리한다. 프로세스 모델
은 업무 프로세스와 프로세스 수행자를 모두 표시함은 물론, 정보흐름 및 비즈니스 규
칙도 표시한다. 정보기술이 특정 과업의 구현방법을 결정하므로 경영관리자는 유연하게
프로세스를 관리할 수가 있다.

요약

- 경영혁신은 기업이 급변하는 경영환경 속에서 변화를 통해 경쟁력을 확보할 수 있는 계기를 마련하고 있다. 대표적인 경영혁신 기법으로 비즈니스 리엔지니어링을 들 수 있다.
- 리엔지니어링은 과거의 업무방식의 단순한 보완보다는 업무시스템의 과감한 재구축으로 업무수행 방식의 일대 혁신을 추구함으로써 극적인 개선효과를 가져오는 데 그 목적이 있다.
- 리엔지니어링에서는 업무를 조각화하기보다는 통합화하고, 분산자원을 집중적으로 관리하며, 또한 병렬방식으로 업무를 처리하는 것을 주요 원칙으로 한다.
- 리엔지니어링은 일반적으로 대상프로세스 선정, 현행프로세스 이해, 프로세스 목표 설정, 신프로세스 설계, 변화모형 개발, 구현, 운영의 7단계에 따라 추진할 수 있다.
- 정보기술은 리엔지니어링을 통한 경영혁신을 가능토록 하는 필수적 구현도구(essential enabler)의 역할을 담당한다. 따라서 어떠한 정보기술이 업무프로세스에 어떠한 변화를 줄 수 있는지 이해하는 것이 중요하다.
- 리엔지니어링은 리엔지니어링 개념의 보편화 추세와는 대조적으로, 리엔지니어링을 추진하는 기업 중의 소수만이 경영혁신에 성공한다고 한다. 흔히 범할 수 있는 오류에 유의함으로써 실패를 사전에 예방해야 할 것이다.

토의 문제

01 리엔지니어링과 전통적인 경영개선 방법과의 공통점 및 차이점을 정보기술의 적용 측면에서 비교해 보자.

02 벤치마킹은 리엔지니어링과 더불어 또 하나의 주요 경영혁신 기법으로 알려져 있다. 경영성과를 극대화하기 위해 이들 두 기법을 어떻게 혼합적으로 활용하는 것이 바람직한지 논하시오.

03 우리나라 기업들의 리엔지니어링 성공요인은 어떠한 것들이 있을까? 우리나라 조직문화의 관점에서 주요 성공요인을 알아보자.

04 할인매장을 리엔지니어링할 경우 재구축 대상이 되는 주요 프로세스를 세 개 제시하고 이들 각 프로세스가 왜 혁신대상이 될 필요가 있는지 설명하시오.

 **참고 문헌** R / E / F / E / R / E / N / C / E

[1] 삼성SDS,『경영 패러다임으로서의 BPM의 이해』, 2004.

[2] Davenport, Thomas & Short, James. "The New Industrial Engineering: Information Technology and Business Process Redesign," *Sloan Management Review*, Summer 1990, pp. 11-27.

[3] Davenport, Thomas. *Process Innovation: Reengineering Work through Information Technology*, Boston: Harvard Business School Press, 1993.

[4] Hammer, M. "Reengineering Work: Don't Automate, Obliterate," *Harvard Business Review*, July/August 1990, pp. 104-112.

[5] Hammer, Michael and James Champy. *Reengineering the Corporation*, London: Nicholas Brealey Publishing, 1993.

[6] Hammer, Michael and Steven A. Stanton. *The Reengineering Revolution*, New York: HarperCollins Publishers, 1995.

[7] Hammer, Michael. *Beyond Reengineering*, New York: HarperCollins Publishers, 1996.

[8] Hill, Janelle B. "BPM is Not the Same as BPR," *BPM Strategies Magazine*, Feb. 9, 2007.

[9] Laudon, K.C. and J.P. Laudon. *Management Information Systems: Managing the Digital Firm* (*17ᵇ ed.*), Upper Saddle River, NJ: Pearson Education, 2021.

[10] Lusk, S., S. Paley, and A. Spanyi, "The evolution of business process management as a professional discipline," *BP Trends*, June 2005.

[11] Turban, E. and C. Pollard, Information Technology for Management: On-Demand Strategies for Performance, Growth and Sustainability (11th ed.), New York: John Wiley & Sons, 2018.

[12] Smith, Howard and Peter Fingar. *Business Process Management: The Third Wave*, Meghan Kiffer, 2003.

[13] Spendolini, Michael J. *The Benchmarking Book*, New York: Amacom, 1992.

사례 연구

'프로세스 혁신' 어떻게 해야 하나

업무 프로세스는 한 조직의 '일하는 방법' 혹은 '일의 흐름'이다. 경영은 다름 아닌 프로세스 관리이고 경영 혁신은 바로 프로세스 혁신이라고 할 수 있다. 그러면 업무 프로세스를 어떻게 개선하고 혁신해 낼 수 있을까. 프로세스 혁신은 보이지 않는 무형의 업무 프로세스를 가시화하고 유형화하는 것에서부터 시작된다. '프로세스 맵(process map)'은 현재 프로세스 상태를 시각화해 문제점을 찾아 개선할 수 있도록 도와준다.

프로세스를 보다 효율적으로 관리, 운영하기 위해 하나의 프로세스를 여러 개의 하위 프로세스로 나누는 과정을 거쳐 프로세스 맵을 그리게 된다. 최근에는 시간 가치가 중시되면서 산업계에서 가치 흐름도, 혹은 시간 가치 흐름도라고 하는 '가치 흐름 맵(VSM: Value Stream Map)'이 자주 활용된다.

VSM은 제품이나 서비스가 가치 흐름을 통해 생산되거나 제공될 때 그 바탕이 되는 '재료와 정보의 흐름'을 이해하고 파악할 수 있게 해 주는 도구다. 프로세스의 처리 시간을 측정해 낭비 요소를 제거하는 '린(LEAN)' 사상의 가장 핵심적인 툴이다.

프로세스 표준화의 대표 사례 스타벅스

업무 프로세스가 없거나 가시화되지 않은 조

직은 보통 1~2명의 효율이 높은 우수 인력에 의해 성과가 나타나며 그 인력이 빠지면 성과가 떨어진다. 하지만 프로세스가 존재하고 프로세스가 잘 정비된 조직은 업무의 생산성이 높고 성과를 내며 누구라도 해당 업무를 수행할 수 있다.

예를 들어 스타벅스는 누가, 언제, 어디에서 일을 해도 동일한 효율(맛과 서비스)을 낼 수 있도록 프로세스를 표준화했다. 커피 재료, 물의 온도, 끓이는 기구, 넣는 양과 순서 등 모든 것을 표준화하고 사람에 의해 발생할 수 있는 변동 요소를 제거해 '프로세스 성숙도(Process Maturity Level)'를 달성하고 있다.

이러한 방식은 제조업뿐만 아니라 지식 서비스업에도 적용할 수 있다. 한 조직의 프로세스는 정태적인 것이 아니라 발전하고 성숙돼 가는데

가장 성숙한 프로세스 모습을 프로세스 베스트 프랙티스(BP: Best Practice)라고 하며 대표적인 모델은 미국 생산성 품질센터(APQC)와 아서앤더슨이 공동 개발한 프로세스 분류 프레임워크(PCF: Process Classification Framework)다. 프로세스 개선과 설계를 위한 글로벌 '진단 참조 모델'로 자주 활용된다.

성과를 내야 하는 조직은 조직 내 업무 프로세스상의 문제점을 찾아내기 위해 일반적으로 다음 3가지 방식 중 하나를 활용한다.

첫째, 업무 목표 활용이다. 목표를 달성하지 못하는 부문의 업무 프로세스는 문제 영역이다. 예를 들면 고객의 요청 후 3일 내 해결이 목표인데 이를 늘 달성하지 못하고 있다면 고질적인 문제 영역으로 리스팅한다.

둘째, 현행 프로세스 분석이다. 앞뒤 연관 프로세스를 다운 스트림, 업 스트림으로 정의함으로써 타 프로세스와 연관 관계를 확인하고 관련 이슈들을 정의하고 도출한다.

셋째, 진단 참조 모델 활용이다. 베스트 프랙티스인 진단 참조 모델을 잣대로 활용해 문제 영역으로 리스팅한다. 예나 지금이나 벤치마킹을 많이 활용하고 있지만 이는 시간과 비용, 공간의 제약 등으로 진단 참조 모델의 활용도가 높아지고 있다.

프로세스 혁신은 프로세스를 구성하는 5가지 변수, 즉 프로세스 자체, 측정 지표, 시스템(IT 자동화), 조직 역할과 책임(R&R: Role & Responsibility), 운영 규정(R&P: Rule & Policy) 등을 분석해 이들 변수를 설계·재설계하는 것이라고 할 수 있다. 이를 '5가지 설계 변수 분석(5 DPA: 5 Design Parameter Analysis)'이라고 부른다.

프로세스 혁신을 위한 설계 변수를 하나씩 살펴보면 다음과 같다. 프로세스 자체는 업무에

필요한 프로세스가 다 제대로 갖춰져 있는지(완결성), 업무 처리에 맞도록 기능하는지(기능성), 대기 시간 증가나 재고 증가 등 낭비 요소가 제거돼 전체적으로 최적화돼 있는지(최적성), 조직의 목표를 달성하기 위해 조직 전략과 잘 연계돼 있는지(전략 연계성), 프로세스가 표준화돼 있고 지속적으로 보완되고 발전되고 있는지(성숙도) 등을 살펴보고 이에 대한 문제점을 도출해 개선하게 된다. 이 5가지를 프로세스의 5가지 속성(5 process properties)이라고 한다.

프로세스 설계 변수의 하나인 측정 지표는 경영 전략을 수행하는 실질적인 수단이다. 한 프로세스가 제대로 기능하고 조직의 전략과 제대로 연계돼 있다면 프로세스가 제대로 운영되고 성과를 낸다고 볼 수 있지만 그렇지 않다면 그 프로세스는 효율성에 문제가 있는 것이다. 따라서 프로세스의 핵심 성과 지표(KPI)인 측정 지표를 도출하고 이를 측정해야 한다.

이마트·세븐일레븐, 자동화로 서비스 혁신

현업의 업무 프로세스에 대한 성과 지표로서 측정 지표 선정과 타깃 설정 과정에서 전통적으로 중요시해 오던 재무적 관점 외에 고객, 내부 프로세스, 학습과 성장이라는 3가지 비재무적 관점도 함께 고려하는 '균형 성과 기록표(BSC: Balanced Score Card)' 관점이 한 조직의 경영 전략을 입체적으로 관리할 수 있도록 도와주는 효과적인 성과 관리 기법이라고 할 수 있다.

KPI 모니터링과 평가 과정에서 현재 경영 전략의 유효성을 점검할 수 있게 되고 제대로 설정되지 않은 KPI는 조직 간 혼선을 초래하고 신속한 문제 해결을 저해하는 요소가 된다. 최근 한국 기업들도 사회적 책임 의식(CSR)이 강화되면서 조직원의 성장, 전사적 경영 혁신, 사회와 국

프로세스 혁신 사례	
우편번호 자동 분류 시스템	- 과거 1명이 하루 평균 2000~3000건 분류 - 1대의 자동화 시스템으로 하루 3만~5만 건 처리, 20여 명의 업무 처리 가능 - 분류 작업을 하던 인력을 배송 업무에 투입, 배송 시간 단축 가능
ATM	- 1대의 ATM이 창구 직원 여러 명의 역할 - 단순 업무는 ATM으로 대체하고 기존 창구 직원은 대출·상담 등 좀 더 중요한 업무에 투입
이마트	- 1993년 창동 1호점에서 현재 100여 개 점포 보유, 한국 최대 유통 업체로 성장 - 첨단 물류 시스템을 통해 지점별 정보를 분석하고 매장별로 차별화된 상품 배치를 통해 경쟁사 대비 뛰어난 핵심 경쟁력을 갖춤
세븐일레븐	- 1만 개의 체인점과 총 7만 개의 컴퓨터로 연결된 네트워크망 - 하루 3회 주문과 공급을 받을 수 있는 프로세스 및 시장 정보를 입력할 수 있도록 훈련된 20만 명의 직원 구축, 매년 매장 상품의 70%를 고객의 요구에 맞춰 신규 상품으로 변경해 세계 톱5 유통 업체로 성장

가 발전에 대한 기여도를 측정하는 성과 지표를 채택하는 것은 바람직한 추세다.

또 다른 설계 변수는 시스템, 즉 정보기술(IT)에 의한 자동화다. 이는 반복되는 단순 업무 프로세스를 자동화해 생산성을 혁신하는 것이다. 업무 프로세스 중 일부 과정을 자동화함으로써 생산성을 향상시킬 수 있고 자동화를 통해 확보된 잉여 인력을 좀 더 중요한 업무에 투입해 경쟁력을 확보하거나 확대할 수 있게 된다.

우편번호 자동 분류 시스템과 현금자동인출기(ATM) 시스템이 시스템화의 좋은 예다. IT 시스템을 구축함으로써 차별화된 서비스를 제공할 수 있게 되고 경쟁력 혁신의 기반이 될 수 있는데, 이는 이마트와 세븐일레븐에서 그 사례를 찾아볼 수 있다.

또 다른 설계 변수인 R&R은 새로 설계된 프로세스를 누가 담당하고 누구의 승인을 받고 누구를 참조인으로 둘 것인지에 대한 설계다. R&R은 새로 설계된 프로세스의 경우 담당 조직과 상의해 결정하게 되는데, 이를 위해 가장 많이 활용되는 도구가 'RASCI(Responsible · Accountable · Consulted · Informed) 차트'다.

마지막 설계 변수는 R&P다. 설계한 프로세스를 어떻게 운영하는지 규정한 사내 규정 매뉴얼이다. 업무 인수인계를 위해서도 매우 중요한 설계 변수로서 일반적으로는 하얀색 두꺼운 바인더로 인쇄해 부서별로 갖춰 놓는데 요즘은 CD나 기타 저장 매체에 저장해 놓는다.

결국 혁신을 성공적으로 이뤄 내기 위해서는 검증된 추진 방법과 과학적 도구가 절실하게 필요하다. 검증된 추진 방법은 바로 개선 활동이나 혁신 활동을 '업무 프로세스'를 살펴보는 일로 시작해야 한다는 것이다. 또한 과학적 도구는 프로세스를 구성하고 있는 5가지 설계 변수를 통해 프로세스를 설계·재설계하는 것이다.

출처: 매거진 한경, 2021년 7월 22일

사례연구 토의문제

1. 사례 본문에 소개되는 가치흐름맵(VSM)이란 개념은 무엇을 뜻하며 이는 프로세스 혁신 과정에서 왜 필요한지 인터넷 검색을 통해 알아봅시다.

2. 스타벅스가 프로세스 성숙도를 달성하기 위해 적용하는 프로세스 혁신방식에 대해 논하시오. 또 이 방식을 지식서비스업에도 적용할 수 있다고 하는데, 적용하기에 적합한 지식서비스업의 예를 한 가지 제시하시오.

3. 베스트 프랙티스에 해당하는 진단참조모델을 왜 참고하여야 하는지 설명해 봅시다. 또 이를 위해 어떻게 진단참조모델을 확보할 수 있는지 방법을 제시해 보시오.

4. 사례 본문에서는 정보기술에 의한 자동화를 통해 프로세스 혁신이 가능하다며 그 예로서 우편번호 자동분류시스템, 현금자동인출기(ATM), 이마트, 그리고 세븐일레븐을 들고있는데 이들 4가지 시스템 사례는 어떤 면에서 서로 다른지 설명하시오.

제 4 장

웹의 진화와 제4차 산업혁명

차 례

학 습 목 표

    1989년에 팀 버너스리가 World Wide Web(WWW)을 고안한 이후로 웹은 급속한 변화를 거쳐 지금에 이르렀다. 초기의 웹은 단순한 문서를 보여주는데 그쳤지만, 이후 닷컴의 붕괴와 함께 웹은 새로운 플랫폼으로서의 역할을 담당하게 되는데 이를 우리는 웹 2.0이라고 부른다. 웹 2.0은 한 가지 새로운 기술의 혁신이기보다는 웹을 이용하는 사용자들이 만들어낸 새로운 삶의 방식을 의미한다. 기존의 수동적이던 사용자들은 소셜 네트워크나 유튜브 등을 통하여 다양한 미디어 콘텐츠들을 직접 생산하고 이를 다른 사용자들과 공유하기 시작하면서 웹의 주체로 등장하였으며, 기업은 이런 사용자들의 적극적인 참여를 이끌어 내고 이를 통해 데이터를 축적하는 것이 핵심 경쟁력이 되었다. 최근에는 4차 산업혁명이 전 세계적으로 화두인 가운데 사물인터넷, 인공지능, 빅데이터 등 관련 기술이 우리 생활을 빠르게 변화시켜 나가고 있다. 사용자들의 주도적 참여를 이끈 웹 2.0의 시대를 거쳐, 이제는 인공지능기술을 접목한 정보기술의 새로운 전성 시대가 시작된 것이다. 이 장에서는 웹 기술의 발전과 제4차 산업혁명의 의미를 살펴보고, 이것이 우리 생활에 어떤 영향을 주며, 나아가 기업의 경영환경을 어떻게 변화시켜 주는지 알아본다.

    본 장을 학습한 후 학생들은 다음과 같은 질문들에 답할 수 있어야 한다.

• 웹 2.0은 무엇이며 기존의 웹 1.0과는 무슨 차이가 있는가?
• 웹 2.0이 보여주는 대표적인 특징은 무엇이며 각각이 의미하는 바는 무엇인가?
• 제4차 산업혁명은 무엇이고 이를 견인하는 기술은 어떤 것이 있는가?
• 제4차 산업혁명이 가져올 미래 변화는 무엇인가?

 **개념사례**

새로운 웹 플랫폼, '메타버스' 열풍

'메타버스(Metaverse)'는 가상을 뜻하는 '메타(Meta)'와 현실세계를 의미하는 '유니버스(Universe)'의 합성어로, 현실과 가상세계를 혼합한 공간을 의미한다. 이런 메타버스가 아래 사례들에서 보듯이, 새로운 웹 플랫폼으로 빠르게 발전하고 있다.

사례 1: "입사동기, 가상세계서 만났어요!"…LGD, 신입사원 '메타버스'에 태웠다

LG 디스플레이가 신입사원 교육에 '메타버스 플랫폼'을 활용했다고 8일 밝혔다. 이번에 LG디스플레이가 만든 메타버스 교육장은 국내 4개(파주·구미·여의도·마곡) 사업장을 구현한 1개의 '메인홀(Main Hall)'과 중간레벨인 5개의 '그룹홀(Group Hall)', 8명으로 구성된 25개의 '팀홀(Team Hall)'로 이어지는 3단계 네트워킹 공간으로 구성했다.

약 200명의 신입사원들은 역할수행게임(RPG) 형태의 온라인 가상공간으로 구성된 메타버스 교육장에서 본인의 아바타로 LG디스플레이 주요 사업장을 돌아다니며 입사동기들과 화상소통을 하는 한편, 릴레이 미션, 미니게임 등 다양한 교육 프로그램에 참여했다.

이번 교육에 참가한 한 신입사원은 "코로나로 인해 동기들과 친해질 기회가 없을 줄 알았는데, 비록 가상공간이지만 동기들과 함께 한다는 느낌을 받았고 대학시절 들었던 온라인 수업과 달리 흥미롭게 교육에 집중할 수 있었다"고 소감을 밝혔다.

교육 후 실시한 설문 조사에서도 91%의 신입사원들이 메타버스 방식을 활용한 온라인 교육 방식이 동기들간 네트워킹에 효과가 있었다고 답했다.

LG디스플레이는 올해 채용하는 약 900여명의 신입사원들을 대상으로 총 8차수에 걸쳐 메타버스를 활용한 교육을 실시할 예정이다. 또한 신입사원 교육에서 메타버스 플랫폼이 매우 효과적이었다는 반응에 따라 향후 다양한 사내 임직원 교육과 채용 프로그램으로 확대 적용할 방침이다.

사례 2: 코로나 뚫고 축제 열렸다…캠퍼스 덮친 '메타버스'열풍

메타버스에서의 강의는 요즘 대학가에서 활발하게 이뤄지고 있다. 축제, 대입 설명회 등도 마찬가지다. 전문가들은 "메타버스를 활용한 교육의 장점이 크다"고 입을 모은다.

8일 대학가에 따르면 숙명여대는 미국 스타트업 최고경영자(CEO) 출신 기업가의 초청 강연을 지난 6일 진행했다. 이 강연은 미국의 스타트업 '스페이셜웹'의 메타버스 서비스를 통해 구축된 '숙명 버츄얼 오디토리움'에서 열렸다. 학생 200여 명이 해당 강의를 신청했는데, 5명 정도만 오프라인에서 수업을 듣고 나머지는 메타버스를 통해 참여했다.

캠퍼스 생활의 꽃인 축제도 가상공간에서 열렸다. 건국대는 지난 5월 봄 축제를 가상현실(VR) 게임 기업 플레이파

▲ LG디스플레이가 새롭게 도입한 메타버스 신입사원 교육장면

▲ 숙명여대는 지난 6일 메타버스 플랫폼 '스페이셜웹'을 활용한 특강을 열었다.

크와 함께 정교하게 구현한 가상공간 캠퍼스 '건국 유니버스'에서 진행했다. 숭실대도 메타버스 플랫폼 '개더타운'을 활용해 학교 캠퍼스 건물을 구현하고, 여기에서 축제를 열었다.

전국 최초로 '메타버스 입학식'을 개최한 순천향대는 고등학생 대상 입시 설명회도 지난 5~6월 메타버스로 열었다. 2학기에는 국내외 주요 인사들을 매주 연사로 초청하는 대형 교양 강의 '피닉스 열린 강좌'를 SK텔레콤의 메타버스 플랫폼 '점프VR'을 통해 진행할 계획이다. 순천향대 관계자는 "메타버스를 이용하면 100여 명이 넘게 참여하는 대형 강의도 사회적 거리두기나 방역 걱정 없이 할 수 있다"며 "코로나19 확산세가 진정될 때까지는 메타버스 강의가 많이 열릴 것"이라고 내다봤다.

전문가들은 "다른 어떤 분야보다 교육 분야에서 메타버스를 활용했을 때 상당한 이점이 있을 것"으로 예측한다. 포스트 코로나 시대에도 메타버스 교육이 이어질 것이란 얘기다. 다른 나라에서 이뤄지는 양질의 교육을 공간의 제약 없이 수강하는 게 가능하기 때문이다.

사례 3: MZ세대 타깃, 메타버스 '제페토'에서 만나는 쏘나타 N 라인

메타버스 플랫폼인 제페토는 사용자를 표현하는 아바타를 통해 가상의 공간에서 친구들과 소통하며 놀이, 쇼핑, 업무 등 다양한 활동을 즐길 수 있는 서비스로 제약없이 자유롭게 원하는 활동을 할 수 있다는 점에서 전 세계 MZ세대들에게 각광을 받고 있다.

현대차는 자동차 업계 최초로 메타버스 플랫폼인 제페토

▲ 현대자동차는 국내 대표 글로벌 메타버스 플랫폼인 네이버제트(NAVER Z)의 '제페토'와 협업을 통해 가상공간에서 쏘나타 N 라인을 시승할 수 있는 경험을 제공한다고 25일 밝혔다.

에서 차량을 구현해 고객들에게 인터랙티브한 경험을 제공한다. 플랫폼 내 인기 맵인 다운타운과 드라이빙 존에서 쏘나타 N 라인을 시승할 수 있게 했다. 현대차는 쏘나타를 메타버스 플랫폼에 노출시켜 앞으로의 잠재 고객인 MZ세대와 소통을 활발히 하는 동시에 차량의 하이테크한 이미지를 강화하고 선도적인 기술력을 갖춘 브랜드로써 이미지를 확고히 한다는 전략이다.

또한 자신의 아바타를 이용해 영상과 이미지를 제작할 수 있는 제페토의 비디오 및 포토 부스에서 쏘나타를 활용할 수 있게 함으로써 MZ세대가 공감하고 소통할 수 있는 자동차 콘텐츠 생산이 활발해질 것으로 기대하고 있다.

출처: 한국경제 신문, 2021년 7월 8일; 오토헤럴드, 2021년 6월 25일

4.1 ▶ 웹 2.0이란?

웹 2.0은 이름 그 자체에서 알 수 있듯이 '웹'이라는 무엇인가의 보다 진보된 '2.0'버전이다. 그렇다면, 우선 '웹'이란 무엇인지 알아볼 필요가 있을 것이다. 웹은 1989년에 팀 버너스리에 의해 고안되었다. 그는 하이퍼텍스트 기술을 개발하고 인터넷 공간에서 과학자들의 자료 공유를 돕는 통로로 웹 기술을 고안했다. 이후 초창기 웹은 주로 기업이나 개인의 웹 사이트와 동일한 의미로 쓰였으며 일반 사용자들은 이런 웹 사이트들을 방문함으로써 자신이 보고, 듣고, 이용하고자 하는 웹 콘텐츠들을 제공 받을 수 있었다. 이런 초창기 웹을 1.0이라 한다면, 대체 웹 2.0이란 어떻게 다르게 정의할 수 있을까? 웹 2.0이라는 용어 자체는 2003년 오라일리(O'REILLY)라는 미국 출판회사의 대표자인 존배텔과 팀오라일리가 처음 사용하였다. 인터넷상에서 정보를 모아 보여주기만 하는 웹 1.0보다 한 단계 더 발전하여 사용자가 직접 데이터를 다룰 수 있도록 서비스를 제공하자는 것이 핵심이다. 하지만, 웹 2.0은 한 마디로 정의하기보다는 아래서 보여주는 몇 가지 대표적인 특징을 지니고 있으며, 이는 닷컴의 붕괴에서도 살아남을 수 있었던 구글, 아마존, 애플 등 인터넷 기업들이 추구하는 새로운 기업 경영의 방식이라고 할 수 있다.

플랫폼으로서의 웹

이 말의 의미를 이해하기 위해서는 먼저 플랫폼이란 무엇인가라는 질문에 답을 해야할 것이다. '플랫폼'이란 기반이 되는 설비를 말하며 이 기반설비 위에 서비스, 응용 소프트웨어, 웹 콘텐츠 등이 담긴다. 예를 들어 윈도우 10 운영체계(OS)라는 플랫폼이 있으면 우리는 그 위에 워드, 엑셀, 파워포인트, 메신저 등의 응용 소프트웨어를 설치하고 사용한다. 즉, OS는 응용 소프트웨어가 작성되고 동작할 수 있는 플랫폼이 되며, OS라는 플랫폼이 없이는 응용 소프트웨어가 동작할 수 없게 된다.

플랫폼으로서의 '웹'이라 함은, 웹이 이런 응용소프트웨어를 위한 플랫폼, 커뮤니케이션을 위한 플랫폼, 새로운 미디어 콘텐츠의 제공을 위한 플랫폼, 심지어는 새로운 애플리케이션의 개발을 위한 플랫폼 등 다양한 목적으로 존재하게 된다는 것을 말한다. 예를 들어, 여러분이 친구들과 동영상을 공유하고자 할 때, 이를 웹상에서 유튜브를 통해서 한다면 유튜브는 여러분의 콘텐츠 공유 플랫폼이 된다. 마찬가지로, 페이스북과 같은 소셜 네트워크 사이트는 커뮤니케이션을 위한 플랫폼을 제공함으로써 사용자 스스로 콘텐츠를 생산하고 소비하고 또 공유할 수 있는 기반을 마련해 준다. 또 다른 예로서, 마이크로소프트사는 기존의 PC에 설치하여 사용하던 오피스 소프트웨어를 대체하는 오피스 온라인(office online) 서비스를 제공하는데, 이 경우 따로 소프트웨어를 깔지 않아도 인터넷 브라우저를 통해 언제 어디서나 웹상에서 손쉽게 오피스 소프트웨어를 실행할 수 있게 해준다. 이 경우 웹은 응용 소프트웨어를 위한 플랫폼을 제공한다.

웹은 애플리케이션 개발을 위한 플랫폼으로도 사용된다. 가령, 특정 지역의 맛거리 볼거리 등에 대한 정보를 구글이 제공하는 맵 서비스와 연동하여 제공하는 서비스를 생각해보자. 이 경우 구글은 데이터와 아이디어를 가진 다른 개발자들이 자신이 가진 다양한 서비스를 쉽게 결합시켜 사용하도록 개발 플랫폼을 제공하는 것이다. 이렇듯 웹은 더 이상 단순한 웹 사이트와 웹 페이지가 아닌, 다양한 목적을 가진 플랫폼으로서의 역할을 수행하고 있으며, 사용자들은 그 플랫폼 위에서 다양한 콘텐츠를 무한한 창조력을 가지고 쏟아내기 시작한 것이다.

집단지성(Collective Intelligence)

위키피디아(Wikipedia.org)라는 웹에서 제공되는 백과 사전이 있다. 위키피디아는 누구나 참여할 수 있고, 관심의 대상이 되는 주제에 대하여 내용을 추가할 수 있는 플랫폼을 제공한다. 다른 사람이 쓴 내용이 자신의 주장과 다르면 이를 지우고 자신이 원하는 내용으로 고쳐버리기도 한다. 처음 위키피디아가 대중에 소개되었을 때, 이런 자발적 참여 방식과 신뢰에 바탕을 두고 대중의 지혜를 모아 나간다는 지극히 이상적인 운영방식에 대하여 많은 사람들이 의구심을 나타내었다. 하지만, 오늘날 위키피디아는 전문가 집단이 심혈을 기울여 만들어낸 대백과 사전인 브리태니커보다도 오히려 더 높은 대중의 신뢰성을 얻었으며 집단지성의 대표작으로 일컬어진다.

사용자들의 적극적 참여

웹의 역할은 사용자들의 구미에 맞는 콘텐츠를 만들고 제공하기보다는 이러한 콘텐츠를 생산할 수 있게 하는 환경, 즉 플랫폼을 제공한다고 하였다. 웹 2.0에서는 이런 플랫폼상에서 대중의 자발적인 참여를 통하여 콘텐츠를 생산하고 이를 조직의 구성원들

그림 4-1 Wikipedia.org에서 보여주는 web 2.0에 대한 설명

대중이 만들어낸 위키피디아는 집단지성의 대표적인 예이다.

간에 공유하며, 이를 통해 새로운 가치를 창출하게 된다. 콘텐츠와 서비스는 사용자들 스스로의 참여에 의해 생성되고, 동영상 공유사이트인 유튜브, 소셜 네트워크 사이트 인 페이스북, 단문 메시지 공유를 위한 트위터 등은 이를 위한 플랫폼만을 제공하게 된 다. 이러한 기반 위에서 사용자들은 사진이나 동영상을 찍어서 업로드하고 수시로 사이 트를 방문해서 주위 사람들의 반응과 관심 정도를 살피게 되며, 주위의 관심에 희열을 느끼고 이런 일을 계속 반복하게 된다. 위키피디아는 웹 2.0을 "사용자들로 하여금 소 셜 미디어 상에서 대화를 통해 상호 작용과 협업을 가능하게 해주는 장"이라고 말하고 있으며, "사용자들이 웹 사이트에서 제공되는 콘텐츠를 수동적으로 보도록 하던 기존 의 웹사이트들과 다르게 웹 2.0은 사용자로 하여금 가상의 세계에서 직접 자신의 웹 콘 텐츠(User Created Contents, UCC)를 만들어 내고 이를 다른 사용자와 공유하는 디지털 프로슈머(Producer+Consumer)를 탄생시켰다."라고 말한다. 즉, 웹이 플랫폼 역할을 위 주로 하게 됨으로써 정보가 양방향으로 흐르게 되고 사용자 스스로 서비스를 생산하고, 소비하기도 하는 것이다.

기업 핵심 경쟁력의 변화

이처럼 사용자들이 중심이 되어 콘텐츠를 생산하다 보니 기업의 역할과 그들의 핵심 역량에 변화가 일어나기 시작했다. 즉, 과거 기업은 그들의 이윤을 추구하고 다른 기업들과의 경쟁에서 살아 남기 위해 양질의 콘텐츠를 제공하고 더 많은 고객을 끌어들이기에 노력을 기울였다. 국내의 대표적인 포털 웹 사이트의 경우, 포털이 제공할 수 있는 뉴스, 볼거리, 광고 등 모든 콘텐츠를 운영자가 직접 고안하고, 수시로 이 내용들을 업데이트 해준다. 하지만, 이제는 이런 운영자 중심의 편협된 콘텐츠를 제공해주는 기업이 경쟁에서 살아 남기는 점점 힘들어지고 있다. 웹 2.0에서 기업의 핵심 역량은 얼마나 사용자들이 편리하게 콘텐츠를 만들어 내고 공유할 수 있는 '플랫폼'을 제공하느냐에 따라 좌우되는 것이다. 양질의 플랫폼은 더 많은 대중의 참여를 유도하고, 참여를 통한 데이터와 콘텐츠의 축적은 한편으로는 부산물로 보이나 바로 진정한 기업 경쟁력의 핵심이 되는 것이다. 팀오라일리가 말한 '(사용자가 만들어낸) 데이터가 차세대의 인텔 인사이드' 라는 의미가 여기에 있다.

여기서 한 가지 주의해야 할 점은, 재창출하기 어려운 사용자가 주축이 된 데이터 소스의 구축이 웹 2.0 전략의 중요한 요소이지만 기업의 사업적 성공을 위해서는 반드시 수익모델이 있어야 한다. 즉, 기업은 자신의 가치 있는 정보를 고객에게 제공함으로써 고객으로부터 직접 돈을 받든지, 아니면 가치 있는 정보를 제공할 수 있는 기업의 능력을 제3자에게 인식시킴으로써 간접적인 수익을 올리게 된다. 전자의 경우 판매를 통한 수익이고, 후자는 광고를 통한 수익이라 하겠다. 하지만 대부분의 고객은 정보의 실제 가치를 인정하기보다는 다른 사용자들이 제공한 정보를 무료로 제공받아야 한다는 생각을 가지고 있으며, 따라서 기업은 판매를 통한 수익을 거두기는 힘든 실정이다. 웹 2.0하의 기업들은 이러한 이유로 광고 중심의 수익 모델을 주로 추구하게 되는 것이다.

롱테일 현상

흔히 시장경제하에 물품을 판매할 때는, 가장 잘 팔리는 상위 20%가 전체 매출의 80%를 차지한다고 보는 파레토 법칙에 따라 물건을 판매한다. 즉, 오프라인 매장에서 기업들은 한정된 공간과 자원을 잘 팔리는 물건에 집중하여 매출 신장을 위해 노력하게 된다. 가장 대표적인 예로 서점이 있는데, 우리가 오프라인 서점 매장에 들어가면 흔히 베스트셀러 책을 진열하는 진열장을 보게 되지만 희귀한 책들은 찾아보기 어렵거나

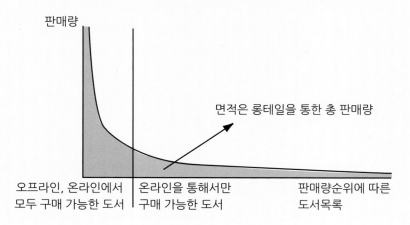

그림 4-2 ○─ 롱테일로 이루어진 온라인 도서 매장의 매출

온라인 매장은 오프라인 매장이 그 동안 간과해 왔던 상위 20%를 제외한 상품들에 주력하게 된다.

특별 주문을 해야 하는 경우가 많다. 더 많은 서적을 진열하고자 한다면 매장 진열 공간의 제한뿐 아니라, 재고 및 관리 비용을 충당할 수 없게 된다. 인터넷기술의 발달과 온라인 쇼핑몰의 등장은 오프라인 매장의 제한점인 전시나 마케팅, 재고나 물류에 드는 비용 등을 혁신적으로 줄여 주었으며, 특히 온라인 매장에서는 소수의 상위 베스트셀러뿐만이 아니라 수요가 그다지 높지 않은 다양한 제품들을 판매할 수 있는 여력이 생기게 되었다. **그림 4-2**에서 보여주듯이 기존 오프라인 시장이 넘겨 볼 수 없던 일종의 '머리'가 아닌 '꼬리'에 해당하는 틈새 시장을 온라인 매장들이 파고든 것이다. 이와 같이 전통적인 파레토 법칙에 반대되는 새로운 비즈니스 모델이 생성되었는데, 이를 '롱테일 현상'이라고 한다. 이 용어는 2004년 와이어드(Wired)잡지 2월호에 크리스앤더슨(Chris Anderson)이 처음으로 소개하였다.

대표적인 온라인 서점인 아마존은 이렇게 활성화된 틈새 시장의 매출이 전체 총 매출액 대비 25%에 육박한다고 한다. 이와 비슷한 예로 음반을 사용자들로 하여금 mp3 파일 형태로 다운로드하든가, 실시간 스트리밍으로 재생할 수 있게 해주는 음반시장의 경우는 무려 40%의 매출이 롱테일에서 얻어진다. 온라인 DVD 대여 웹사이트에 출발하여 지금은 비디어 스트리밍 시장를 장악하고 있는 넷플릭스의 경우도 20% 이상의 매출을 롱테일을 통해서 창출하고 있다. 이용자들간의 중고 매매 시장인 이베이(eBay)도 롱테일 전략을 성공적으로 적용한 비즈니스 모델로 볼 수 있을 것이다.

이와 같이 온라인 시장들의 틈새 시장 개척은, 그동안 많이 팔리지 않는다는 이유로

소외되어 왔던 다양한 제품들과 이를 즐기는 일부 마니아들도 웹을 통해 소통하고 고객으로서의 권리를 찾게 되었다는 점에서 웹 2.0의 철학과 일치한다. 뿐만 아니라 웹 2.0의 발달과 더불어 이러한 '꼬리'를 머리와 비교해서 더욱 두터워지고 길어지게 하는 여러 가지 방안이 소개되어 지고 있다. 가령 앞서 언급한 유튜브 등의 스트리밍 서비스를 통해 소규모 제작자들이 자신의 콘텐츠를 적극적으로 홍보할 수 있게 되었으며, 소형 광고주들은 더 이상 값비싼 기존의 신문이나 텔레비전, 아니면 대형 포털 웹 사이트가 아닌 소수 마니아층만을 겨냥한 새로운 광고 방식을 출현시켰다. 대표적인 예로 뒤에서 설명할 구글의 에드센스(AdSense)가 있다.

 스포트라이트   ## 1인 미디어 크리에이터 전성시대

유튜브코리아가 2월 24~25일 이틀간 마련한 '유튜브 팬페스트 코리아'에는 이틀간 8,000명이 넘는 인파가 다녀갔다. 티켓 판매가 시작된 뒤 20분 만에 매진됐던 이 행사에는 어린이를 동반한 가족, 친구끼리 온 중·고생, 20대 청년들로 북적였다. 크리에이터 전성시대다. '크리에이터'는 유튜브나 페이스북, 아프리카 TV 같은 플랫폼에 채널을 만들고 직접 촬영한 영상을 올려 대중들과 공유하고 소통하는 이들을 일컫는다. 방송국에서 만드는 콘텐츠도 아니고 비전문가들이 찍어서 올리는 영상물이 얼마나 대단할까 생각한다면 오산이다. 영상물에 익숙한 10~20대들에게 크리에이터의 인기는 연예인 이상이다. 기성세대에게 영상 콘텐츠라고 하면 TV를 우선적으로 떠올리겠지만 20대 이하의 젊은 층은 TV 대신 유튜브를 통해 선호하는 크리에이터들이 업로드하는 콘텐츠를 보는 것이 훨씬 익숙하다. 한때 초등학생들 사이에 아이돌 가수와 같은 연예인이 장래희망 1순위였지만 요즘은 크리에이터로 바뀌었다. 1인 방송은 경계도 제약도 없다. 게임, 요리, 춤, 노래, 미용, 외국어, 각종 실험, 연주 등 자신이 좋아하거나 즐기는 모든 것들이 소재가 된다. 유튜브에는 하루에도 수없이 많은 콘텐츠가 올라오는데 이용자들이 주로 많이 보는 장르는 게임이나 뷰티, 엔터테인먼트, 요리, 어린이와 관련된 것들이다. 그래서 이 분야에는 적게는 수만 명, 많게는 수백만 명의 구독자를 거느린 스타 크리에이터들이 활약하고 있다. 크리에이터 연령대도 다양하다. 하루하루 자라나는 모습을 공개하는 '서은이야기'의 주인공은 올해 4살 난 신서은양이다. 구수한 말솜씨와 메이크업 실력으로 화장품 모델까지 꿰찬 박막례씨는 일흔이 넘어 개인 방송을 시작했다. 간장게장, 닭다리, 과자 할 것 없이 재미난 먹방을 보여주는 '영원씨 TV'의 김영원씨는 80세다. 기존의 학벌, 스펙 중심 사회의 관점에서 봤을 땐 비주류이거나 다른 트랙을 달려온 경우가 많지만, 자신이 좋아하는 일을 꾸준히 즐긴다는 것이 성공한 크리에이터들의 공통점이다.

1인 방송이 성장하고 크리에이터가 득세하게 된 기반은 10대 시청자다. 어려서부터 스마트폰을 피부로 접하고 영상문화와 호흡하며 자라온 이 세대는 다양한 영상 콘텐츠를 찾아내고 만드는 일에 익숙하다. 기성세

대는 '검색'이라면 포털 사이트를 떠올리지만 10대는 모든 것을 유튜브로 검색한다. 텍스트나 사진으로 정보를 흡수하는 것보다 영상을 통해 직관적으로 받아들이는 것이 훨씬 자연스럽다. '꿀팁'이라는 검색어로 각종 생활정보를 찾아보고 뉴스 역시 영상을 통해 접한다. 비단 보는 것뿐만이 아니다. 음식을 먹고 교실에서 장난을 치는 것 따위의 특별할 것 없는 일상까지 영상을 찍어서 올린다. 온라인 메신저와 같은 도구를 활용해 실시간 소통하고 반응하는 것이 자연스러운 10대들에겐 기존의 스타 연예인들과 달리 이용자들과 댓글로 활발히 소통하는 크리에이터의 방식도 자신들의 문화 코드에 들어맞는다. 유튜브 〈1인 미디어 시대의 글로벌 스타들〉을 쓴 글로벌 광고 전문가 김천수씨는 "1인 미디어의 위력은 10대가 주시청자이기 때문에 갈수록 강력해질 수밖에 없다"면서 "기존 TV나 미디어가 해소해주지 못하는 갈증을 모바일 동영상이 풀어줬다"고 설명했다. 그는 이어 "구글은 2020년이면 주류 미디어보다 1인 미디어의 비중이 70% 이상을 차지할 것으로 내다보고 있다"고 덧붙였다.

출처: 경향신문, 2018년 3월 4일

크라우드소싱(Crowdsourcing)

크라우드소싱(crowdsourcing)은 '대중'(crowd)과 '외주'(outsourcing)의 합성어이다. 이 경우 소비자 또는 대중은 기업의 활동 중 일부에 일종의 개별 외주 업체로 참여하게 되고, 이러한 참여를 통해서 기업의 활동 능력 향상이 이루어져 수익을 창출하면, 이를 참여한 대중과 공유하게 된다. 크라우드소싱이라는 용어는 제프하우(Jeff Howe)에 의해 2006년 6월 와이어드(Wired) 잡지에 처음 소개되었다. **그림 4-3**에 보여주듯이 크라우드소싱의 대표적인 방법은 바로 공모전이다. 기업이나 정부기관들은 마케팅 아이디어나 정책 아이디어를 얻기 위해 대중들에게 특정 주제에 대한 공모를 제시하고 채택된 아이디어에 대해서는 보상을 제공한다. 공모전은 비록 경쟁의 형식을 가지고 있기는 하지만, 대중들의 입장에서는 그 아이디어가 현실화되는 과정에서 보람을 느낄 수 있으며 공모자의 입장에서는 새롭고 다채로운 시각으로 문제를 해결할 수 있기에 널리 사용되고 있다. 2016년 열렸던 크라우드소싱 관련 국제 포럼인 Crowdsourcing Week Global 2016 (이하 GSW)에서는 흥미로운 사례가 하나 소개되었다. 바로 크라우드소싱을 기반으로 하는 인터넷 박물관 USEUM에 대한 이야기이다. USEUM의 창시자인 Fotenini Valeonti 는 UCL(University College London)에서 박사학위 과정을 밟던 중 어떻게 하면 일반 대중들에게 "예술"에 대한 접근성을 더 높이고 또한 "예술"을 매력적인 것으로 받아들이게끔 할까에 대한 고민을 하던 끝에 이 웹사이트를 창안하게 되었다. 이 웹사이트의 기본적인 구성은 굉장히 간단하다. 전 세계의 유명 미술 작품들의 이미지를 USEUM 웹사

그림 4-3 ○── 크라우드소싱

크라우소싱의 대표적인 방법은 공모전이다.

크라우드소싱을 기반으로 하는 인터넷 박물관 USEUM
(https://useum.org/)

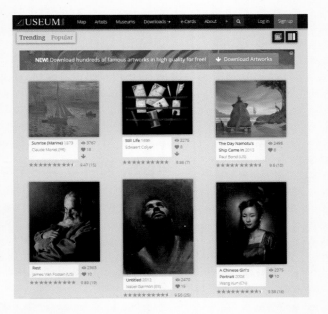

이트에 다 모아두는 것이다. 조금 더 구체적으로 말하자면 USEUM과 연계된 미술관 혹은 박물관에 소장된 작품들에 대한 정보를 '굉장히 간단한' 설명과 함께 소개한다. 현재, 누구나 이름을 들으면 알 수 있는 루브르 박물관, 오르세 박물관 등의 작품들도 소개되고 있다.

위의 예시처럼, 크라우드소싱은 이전에는 해당 업계의 전문가들이나 내부자들에게만 접근을 허용하였던 지식을 대중에게 공유하고, 제품이나 서비스의 새로운 개발이나 혹은 업그레이드 과정에 전문가뿐만 아니라 비전문가나 외부전문가들의 적극적인 참여를 유도하게된다. 이런 크라우드소싱을 통해 기업은 한정적인 내부의 인적 자원에만 의존하지 않고 많은 외부의 인적 자원을 보다 적극적으로 활용할 수 있으며 또한 대중은 이러한 참여를 통해 자신들이 사용하는 제품, 서비스를 더욱 발전시키는데 기여를 하고 이익을 서로 공유하게 되는 것이다. 크라우드소싱을 대중의 노동력 측면에서 롱테일 현상을 활용하는 방법으로 설명하기도 한다. 즉, 기존의 기업들은 내부의 인적 자원을 구성함에 있어서 '머리'에 해당하는 소수의 우수한 인력을 선택적으로 고용하는 파레토 경영 방법을 따랐지만, 크라우드소싱은 이와 달리 '꼬리'까지 포함한 다양한 인력 활용에 목적을 둔 경영 방법이라는 것이다. 이와 같이 인력활용을 다양화하는 대표적인 방법 중 하나는 소셜 네트워크를 이용하여 다양한 인력 풀(pool)에 온라인으로 접근하는 것이다. 물론, 기업의 모든 업무를 크라우드소싱을 통해 추구할 수는 없을 것이며 여전히 중요한 핵심 업무 수행을 위해서는 파레토식 접근방식이 효과적일 것이다. 따라서 크라우드소싱은 기존의 파레토식 인력 운용 방식을 상호 보완하는 형태로 보는 것이 타당할 것이다. 최근에는 기업정보화현장에서 보여주듯이, 기업들이 대중을 통해 자금을 조달하는 크라우드 펀딩도 주목 받고 있다.

B·u·s·i·n·e·s·s 기업정보화현장

화장품, '와디즈' 크라우드 펀딩 성공사례 잇따라 '주목'

크라우드 펀딩은 '군중(crowd)으로부터 자금조달(funding)을 받는다'는 의미로 자금이 필요한 개인이나 기업이 웹이나 모바일 네트워크 등을 통해 불특정 다수로부터 자금을 모으는 것을 말한다. SNS를 통해 참여하는 경우가 많아 '소셜 펀딩'으로도 불린다.

가치를 사고파는 크라우드 펀딩은 꾸준히 증가하고 있다. 대표적인 크라우드 펀딩 플랫폼인 와디즈의 경우 2013년 리워드형 펀딩 서비스를 시작으로 2016년 투자형 펀딩 서비스가 도입되며 본격적으로 방문자가 늘기 시작했다. 2017년 월 방문자가 100만 명을 돌파한 이후 매년 급격히 증가해 지난해 500만 명에 이어 불과 1년도 채 안돼 올해 3월 방문자가 1,000만 명을 넘어서면서 '와디즈 펀딩 이용자 천만 명 시대'를 열었다.

많은 이들에게 알려지지 않은 중소 브랜드나 시장에 첫발을 내딘 신규 브랜드들에게는 와디즈를 통해 실제 고객의 니즈를 확인하고 트렌디한 제품을 선보이는 것이 가능하다. 또 펀딩이나 투자를 통해 제품의 가치를 인정받고 성장 가능성을 확인받는 '테스트 매장'의 기능을 해

펀딩 성공시 시장 경쟁의 출발선에서 한발 앞서는 효과를 누릴 수 있다. 이에 따라 제품은 물론 1인 창작자나 커뮤니티 모임 등 다양한 펀딩 시도가 이어지고 있으며 이는 화장품 브랜드라고 다르지 않은 상황이다. 8월 31일 현재 크라우드 펀딩 플랫폼 와디즈를 통해 펀딩과 투자가 진행됐거나 진행 예정인 화장품 관련 제품은 900개가 훌쩍 넘는다. 이 중에는 로션, 앰플, 패치, 쿠션, 선스틱, 마스카라, 메이크업 픽서 등 화장품 개별 제품의 비율이 압도적이다.

그동안 수많은 화장품 브랜드 펀딩이 이어지면서 성공 사례도 적지 않다. 올해 들어 와디즈 펀딩을 진행한 '언더텐'가 꼭 필요한 성분만 남기고 비워낸 수분 스킨토너를 선보여 펀딩 진행 3일 만에 목표금액의 1,000%를 달성했다. 펀딩 종료 시에는 무려 2,071%라는 기록으로 목표를 초과달성했다. 뷰티 브랜드 QB Skin Lab(큐비 스킨랩)의 첫번째 안티에이징 기능성 화장품 '루비앰플(LuBi ampoule)'도 와디즈 펀딩 출시 하루 만에 목표금액 1,000%를 달성했다.

화장품의 경우 브랜드를 시장에 알리는 것만으로도

많은 시간과 노력이 필요하다. 특히 마케팅 여력이 적은 중소 브랜드나 신규 브랜드의 경우 소비자들에게 제품의 가치를 인정받고 '입소문'으로 이어지기까지 힘든 길을 걷게 되는 것이 일반적이다. 이에 와디즈 펀딩을 통한 출발은 투자와 입소문을 한번에 잡는 전략이 될 수 있다. 와디즈 펀딩을 통해 제품에 대한 고객의 니즈를 확인할 수 있어 시장이 원하는 트렌디한 제품을 발 빠르게 선보일 수 있을 뿐 아니라 투자를 받는 것도 가능하다. 또 원브랜드숍이나 멀티숍, H&B스토어, 백화점, 면세점 등 '닫혀 있는' 기존 화장품 유통시장에서 눈을 돌려 와디즈 펀딩을 고객과 직접 만날 수 있는 새로운 유통채널로 활용할 수 있다.

출처: Cosmetic Insight, 2020년 8월 31일

어텐션 이코노미

예전에는 소수의 기득권자들만이 소량의 정보를 생산하고, 이를 신문이나 텔레비전 등 제한된 정보 전달 채널, 즉 미디어를 통해 대중에게 전달했다. 웹이 사용되기 시작한 초창기, 이런 전통적인 정보 전달방식은 그대로 답습되어 인터넷을 기반으로 한 포털(Portal) 웹 사이트들이 등장하였다. 이런 포털 웹사이트들은 자신들의 사이트에 광고를 낼 광고주를 모집하고 이들에게 광고비를 걷어 수익을 올린다. 마치 유명 신문은 광고비가 비싸듯이 각 포털 웹 사이트 별로 방문자 수에 따라 광고비가 책정되게 된다. 따라서 포털 사이트들은 최대한 방문자수를 늘리기 위하여 최근 뉴스나 가십거리들로 구성된 콘텐츠를 구성하고 관리하며 이탈하는 고정 방문자수를 줄이기 위해 안간힘을 쓰게 된다. 방문자들은 자신이 관심이 있건 없건, 예전에 신문이나 텔레비전 광고를 보듯이 포털이 제공하는 현란한 배너나 팝업 광고를 볼 수밖에 없었다.

이런 초창기 웹의 구조가 점차 바뀌어 나가고 있다. 블로그, UCC 등 지식과 정보의 생산 도구가 방대해지고 초고속 인터넷을 통한 정보의 제공 경로는 날로 발전되고 있다. 정보 제공자들의 롱테일이 점점 두터워지고 길어지고 있는 것이다. 정보 제공 기회의 평등이라는 측면에서 이는 바람직하지만, 이로 인한 문제점은 정보의 홍수로 원하는 정보를 찾기가 힘들어지고, 과잉의 정보로 개개의 정보에 대한 가치는 점차 낮아지며, 결과적으로 정보를 소비하고자 하는 사용자의 주목(attention)을 받기는 더욱 어려워지게 되었다. 이와 같이 더 이상 정보가 희소하기 보다는 사용자의 어텐션이 희소하게 된 새로운 경제 구조를 '어텐션 이코노미'라고 부른다.

어텐션 이코노미 상에서 기존의 매스미디어적인 포털 광고는 더 이상 대중의 관심을 받지 못하게 된다. 대신 양질의 정보를 걸러주는 검색, 사용자들이 직접 작성하고 만

들어 내는 평판 시스템, 아래 소개할 블로그 등을 이용한 타겟 마케팅 등이 더 효과적인 광고 수단이 될 수 있을 것이다.

공개, 표준화, 공유

웹 2.0은 자신의 욕심만 채우기 위하여 벽을 쌓아 올리기보다는 대중에게 공개를 하고 공유를 추구한다. 이렇게 서로 공유하기 위해서는 서로 간에 일정한 약속을 정해놓고 이를 따르는 게 효과적이며 이를 위해서 자체적으로 표준을 수립하려 노력하게 된다.

예를 들어, 구글, 아마존, 이베이 등 대표적인 온라인 기업들은 자신들이 제공할 수 있는 서비스를 감추기보다는, 누구든 쉽게 사용을 할 수 있게 오픈 애플리케이션 프로그래밍 인터페이스(Open API)를 제공한다. 이처럼 API를 제공함으로써, 기업이 가지고 있는 서비스들은 무한정으로 확장되기 시작한다. 예를 들어 내가 구상하는 새로운 애플리케이션이 부동산 정보를 지도에 보여주는 것이라 한다면, 새로 지도를 만들 필요 없이 손쉽게 구글이 제공하는 지도 서비스를 Open API를 통해 내가 가지고 있는 부동산 정보와 결합시키게 된다. 이런 작업을 흔히 메쉬업(Mashup)이라 하며 새로운 웹 프로그래밍 기법으로 자리잡아가고 있다. 이에 대해서는 뒤에서 좀더 자세히 알아보자.

4.2 ▶ 웹 2.0의 활용

웹 2.0에 대한 전반적인 설명을 바탕으로 이 절에서는 이러한 개념이 실제 기업이나 우리의 생활에 어떤 식으로 사용되고 있는지 대표적인 예들을 중심으로 좀 더 상세히 알아보자.

태깅과 폭소노미(Folksonomy)

폭소노미란 군중(Folks)과 분류(Taxonomy: 택소노미)라는 두 개의 단어가 합쳐진 말이다. 그대로 해석하자면 군중에 의해 만들어지는 새로운 분류체계를 의미한다. 웹

2.0 백과사전인 위키피디아에 따르면, "자유롭게 선택된 키워드를 사용해 구성원이 함께 정보를 체계화하는 방식을 의미하는 신조어"라고 풀이하고 있다. 흔히 우리가 상상하는 분류는 주로 도서관 등에서 사용하는 분류 체계나 생물학 등에서 종, 속, 과, 목, 강, 문, 계로 이루어지는 분류법 등이다. 이런 분류체계는 각 분야의 전문가들이 모여서 오랜 기간에 걸쳐 토의를 거듭하여 만들어진 결과물이다. 즉, 고전적 분류 체계는 디렉토리 혹은 나무(tree) 구조를 가지며, 전문가들에 의해 만들어져 한편으로는 권위적일 뿐만 아니라 한번 정해진 후에는 변화하지 않는다. 폭소노미는 이런 기존의 분류체계를 정보로서 그대로 받아들이는 수동적인 자세에서 벗어나 구성원들이 자발적으로 개별 정보에 의미를 부여함으로써 단위 정보를 체계화한다는 것이다. 쉽게 말해, 도서관의 자료를 분류하는 일이 택소노미라면 SNS에 태그를 다는 일은 폭소노미이다. 태깅(tagging)은 우리가 어떤 형태든 웹을 통해 얻은 정보에 대해서 한 두 단어의 키워드를 댓글과 비슷하게 달아주는 것을 말하며, 트위터, 페이스북, 인스타그램, 유튜브 등과 같은 SNS에서는 해시기호(#) 뒤에 태그를 붙인다고 해서 해시태그(hashtag)라 부르기도 한다.

폭소노미가 기존의 분류체계와 다른 점은 사용자들이 자발적으로 개별 콘텐츠에 의미를 부여함으로써 정보를 체계화한다는 점이다. 이를테면 SNS에 글이나 사진 등을 게시할 때 이미 주어진 정치, 경제, 문화 등의 분류체계와 별도로 '#맛집', '#운동 음악',

인스타그램과 트위터에서 #kpop 을 적용한 결과

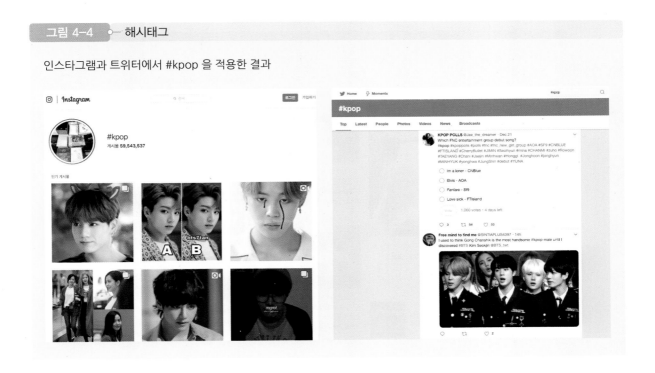

'#OOTT(Outfit of the day)' 등의 태그를 직접 입력하면 이 태그를 기준으로 관련정보들이 일목요연하게 군집된다. 이 경우 사용자들이 관심 있는 주제의 내용물을 쉽게 찾을 수 있도록 도와주어, 필요한 정보를 보다 효과적으로 전달할 수 있는 장점을 가진다. 결론적으로, 폭소노미는 웹 2.0의 철학을 이어가는 대중이 주체가 된 웹상에서의 정보의 재 분류라고 하겠다.

메쉬업(Mashup)

메쉬업은 영어로 혼합해서 무엇인가 새로운 것을 만드는 것을 의미한다. 앞서서 '플랫폼으로서의 웹'을 설명하면서, 여러 서비스의 다양한 결합을 가능하게 하는 개발 플랫폼에 대한 관심이 고조되고 있다고 하였다. 또한 이를 가능하게 해주는 매개체로서 오픈 애플리케이션 프로그래밍 인터페이스(Open API)라는 표준 규정을 언급하였다. 구글맵은 이런 웹 2.0의 특징을 활용하는 대표적 예이다. **그림 4-5**에서는 여행 정보사이트와 산악 자전거 정보사이트가 어떻게 구글맵을 결합시킨 서비스를 제공하는지 보여주고

그림 4-5 ─● 메쉬업을 이용한 구글맵의 활용

있다.

이처럼, 새로운 서비스 제공 웹 사이트에서는 자기가 가지고 있는 데이터 등 고유의 서비스와 함께 여러 가지 다른 외부 서비스를 Open API를 이용하여 코드 한 두 줄을 추가함으로써 쉽게 통합하고 이를 통해 새로운 서비스 혹은 플랫폼을 제공할 수 있게 된다. 이러한 서비스의 재창출 과정을 매쉬업이라고 부른다. 구글이 이렇게 자신의 서비스를 외부에 공개하는 것을 따라 국내의 Daum 이나 네이버 등 지도 서비스 업체들도 최근들어 기존의 폐쇄적인 태도를 버리고 그들의 서비스를 Open API로 공개하고 있다. **그림 4-6**에서는 주유소 가격 비교라는 재미있는 서비스를 네이버 지도 서비스와 결합한 예이다.

지도 이외에도 Open API를 제공하여 메쉬업을 가능하게 해주는 대표적인 서비스는 유튜브의 비디오 API, 구글이나 네이버, 다음 등이 제공하는 검색 API 등을 그 예로 들 수 있다.

이와 같은 메쉬업을 응용한 다양한 애플리케이션 서비스들은 매우 빠르게 발전하고 있다. 예를 들어, 2,000개가 넘는 매쉬업과 500개가 넘는 Open API가 현재 program mableweb.com에 등록되어 있으며 그 수가 계속적으로 늘어나는 추세이다.

여기서, 왜 구글은 자신의 지도 서비스를 Open API를 통해 대중에게 공개를 하고

그림 4-6 ── 국내 네이버 지도 서비스의 오픈 API를 결합한 주유소 가격 비교 서비스

이를 무료로 사용하게 하는 것인지 의아한 생각이 들 것이다. 구글은 데이터와 서비스를 공개함으로써 사용자나 신규애플리케이션 개발자들을 자사의 네트워크로 종속시키며 이런 이용자들이 늘어남에 따라 자신들의 서비스를 일종의 표준으로 자리매김을 하게 한다. 이렇게 표준화된 플랫폼으로 입지를 구축함에 따라 부수적으로 광고를 통한 수익이 증가되고 신규 수익 모델을 창출하게 되는 것이다. 요약하자면, 구글의 전략은 지도 서비스나 구글을 사용하는 사용자로부터 수익을 바라지 않는다. 오직 수익은 광고를 통해서이고 이를 위해 자신의 플랫폼 표준화는 매우 중요하게 작용한다.

구글의 광고서비스: 구글애즈(Google Ads)와 에드센스(AdSense)

구글의 광고 프로그램은 크게 구글애즈와 에드센스로 나누어진다. 먼저 구글애즈는 광고주를 대상으로 하는 프로그램으로, 구글 검색, 유튜브 동영상 서비스, 구글 플레이 스토어 등에 광고를 게재한다. 이와 같은 구글 사이트에 게재되는 광고는 구글 사용자가 키워드를 통해 검색할 때 그 결과인 관련 웹 사이트나 콘텐츠와 더불어 실리게 된다. 따라서 광고주는 자신의 광고를 싣기 위해서는 검색 키워드를 고가에 구글로부터 사들이게 되는 것이다. 대신 구글은 그렇다고, 국내 검색 사이트들과 같이 광고비를 많이 낸 순서에 따라 맨 윗단에 광고를 실어주기보다는 광고 중에서도 사용자들의 선호도를 고려하여 게재 순위를 매기고 있다고 한다.

에드센스는 위에서 설명한 광고주를 위한 구글애즈와 함께 연동하여 제공하는 광고 모델이다. 이는 구글 내부에 광고를 하는 것이 아니고 개인의 블로그와 같이 외부의 웹

그림 4-7 ◦─ 에드센스 예시

이와 같은 광고를 개인 블로그에 넣기 위해서는 몇 줄의 코드만이 필요하다.

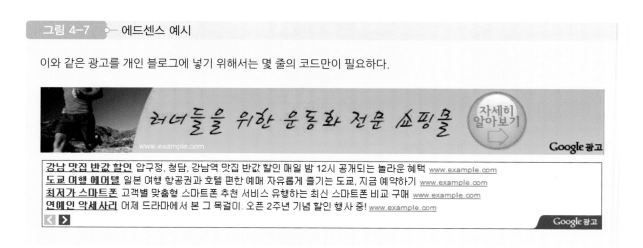

콘텐츠에 광고를 하는 방식이다. 따라서 광고주가 아닌 웹 사이트 소유자가 에드센스에 가입을 하게 되고, 자신의 콘텐츠와 더불어 구글의 광고를 해주게 된다. 광고를 게시한 광고주는 해당 광고를 사용자들이 얼마나 클릭하였는지에 따라 구글에 일차적으로 광고비를 지급하고, 이렇게 적립된 광고비 중 일부가 웹 사이트 소유자, 즉 에드센스 가입자에게 수표로 지급되는 방식이다.

에드센스의 광고는 기존의 포털 등 대형 웹 사이트를 통한 배너 형식의 무차별적 광고와는 큰 차이점을 가진다. 에드센스는 구글에 가입되어 있는 다양한 광고들 중, 자동으로 광고를 내보내는 웹 사이트의 콘텐츠와 가장 연관성이 높은 광고를 선택하여 집중적으로 보여주게 된다. 예를 들어 내가 운영하는 블로그가 등산에 관한 블로그라면 에드센스는 등산 용품에 관련된 광고를 내보낼 것이며, 요리법에 관한 블로그라면 요리 기구에 대한 광고를 게재하게 되는 것이다. 정말로 관심있는 사람을 대상으로 광고를 하여 광고주는 불필요한 비용 지출이 줄게 되고, 광고를 보게 되는 사용자도 성가신 배너나 팝업이 아닌 자신이 원하는 유용한 정보를 제공받게 되는 맞춤형 광고 모델이다. 달리 말하면 이는 어텐션 이코노미에서 살아남기 위한 타겟 마케팅 모델이라고도 할 수 있다. 최근에는 유튜브를 통한 동영상 광고가 차지하는 비중이 매우 빠르게 늘어나고 있다.

B·u·s·i·n·e·s·s 기업정보화현장 **유튜브 수익: 240억 버는 7살 라이언을 통해 보는 유튜브 경제학**

포브스 매거진은 1500만 명의 구독자를 지닌 '라이언 토이스리뷰'가 장난감 리뷰로 엄청난 수익을 내고 있다고 보도했다. 국내에서도 토이푸딩, JFla, BJ율댕, 밴쯔, 영국남자, 이사배 등 유튜버들의 영향력이 날로 늘고 있다. 라이언처럼 나이는 어리지만 많은 구독자를 거느린 '어썸하은'(9살)과 같은 유튜버도 있다. 이들 유튜버는 돈을 어떻게, 얼마나 버는 걸까? 또 이들에게 주어진 책임감은 얼마나 될까?

동영상 중간 광고, 홍보, 사업

라이언은 크게 3가지 방식으로 돈을 번다. 포브스는 지금까지 라이언이 올린 수익 대부분이 동영상에 삽입되는 광고를 통해 번 수익이라고 분석했다. 유튜브에서는 구독자가 1,000명이 넘으면 자신의 영상에 광고 게재를 할 수 있는 자격을 준다. 영상 제작자는 광고 시청 시

▲ 7살에 2,200만 달러(240억 원)를 버는 유튜버가 있다.

간에 비례하는 돈을 보상받는다. 이 덕분에 월 시청 조회수가 10억 회를 넘기는 라이언이 큰돈을 벌 수 있었던 것이다.

라이언은 또 제품 홍보를 통해 돈을 벌기도 했다. 장난감 제조 회사 등에 돈을 받고 장난감 리뷰를 해주거나

홍보해주는 것이다. '라이언 토이스리뷰'는 여기서 멈추지 않고 수익 모델을 확장했다. 그는 지난 8월 부모님과 함께 장난감 브랜드 '더 라이언 월드'를 런칭하고 자신의 장난감, 티셔츠 등 상품을 미국 월마트 매장 2,500여 곳에서 판매 중이다. 라이언은 미국 NBC 방송과의 인터뷰에서 자신의 인기 비결을 "재미와 흥미"로 분석한 바 있다.

유튜버로 태어나는 사람은 없다

라이언은 장난감 리뷰를 즐겨보던 평범한 소년이었다. 그는 2015년 어느 날 부모님께 부탁해 장난감 리뷰를 시작했다. 처음에는 큰 인기를 끌지 못했지만, 픽사의 애니메이션 '카' 시리즈에 등장하는 장난감 차를 갖고 노는 영상이 화제가 되면서 빠르게 억만장자가 됐다. 영국 출신 게임 유튜버 '댄TDM'도 비슷한 경우다. 댄TDM 채널을 운영하는 대니얼 미들턴은 1,700만 명이 넘는 구독자를 지닌 유튜버로 현재 수백억 원의 돈을 번다. 하지만 그는 2016년까지만 해도 식료품 유통업체 테스코에서 일하던 평범한 청년이었다. 그는 픽셀 형태의 그래픽 디자인으로 건물을 짓거나 부수는 게임 '마인크래프트' 영상을 찍어 올리기 시작했고, 이 영상이 어린 구독자들에 인기를 얻으며 유명인사가 됐다. 그는 BBC에 "유튜버로서 명성을 얻을 수 있을 것이라고는 생각하지 못했다"

며 "유튜버라는 직업은 청소년들의 본보기로서 역할을 하고 있다. 나 역시 이것을 위해 여전히 배우고 있다"라고 말했다.

책임감, 함께 온다

유튜브를 통한 인기와 부는 자연히 책임감과 함께 온다. 미국의 유튜버 로건 폴은 자살로 추정되는 시신을 찍은 동영상을 올렸다가 비난을 받고 사죄했다. 이 일로 유튜브는 그의 채널을 상위 5%의 유튜브 크리에이터들을 홍보하는 구글 선호 프로그램(Google preferred programme)에서 제외했다.

한국에서도 구독자 90만 명의 유튜브 크리에이터 BJ윰댕이 최근 가정폭력과 관련한 상담을 진행하던 중 상담자에게 "의지가 없다"며 "그냥 살아야 해" 등의 발언을 한 것에 사과하기도 했다. BJ윰댕의 발언 영상에는 2,000개가 넘는 댓글이 달렸다. 그는 사과 영상에서 "2,000개 정도 되는 댓글을 모두 읽어봤다. 너무 가슴 아픈 이야기가 많았고, 이렇게 다른 사람에게 상처를 주게 돼 가슴이 아프다"고 말했다.

출처: BBC 뉴스 코리아, 2018년 12월 4일)

제휴(Affiliate) 마케팅

겉으로 보기에는 일반 링크이지만, 다른 사용자가 이 링크를 클릭하여 이 책이나 물품을 구매하게 되면, 해당 어필리에이트 계정으로 일정 비율의 커미션이 주어지게 되는 것이다. 국내의 경우 2018년 쿠팡이 쿠팡 파트너스라는 프로그램을 시작했다. 아래 **그림 4-8**에서 보듯이 아마존 어필리에이트 프로그램과 유사한데, 광고를 통해 다른 사람이 쿠팡의 제품을 구입할 경우 판매가격의 3%를 수수료로 제공한다고 한다. 머지 않아 쿠팡의 제품이 네이버 블로그와 페이스북과 같은 개인 채널에 빠르게 퍼질 것으로 예상된다. 제휴마케팅은 한편으로는 소수 계층의 참여를 확대하는 새로운 웹 2.0의 경제 영역을 생성시킨다고 볼 수 있다.

그림 4-8 ○─ 국내 쿠팡의 파트너스 제휴 프로그램

4.3 ▶ 제4차 산업혁명이 가져올 미래 변화

지금까지 웹 2.0의 개념과 이를 구현한 대표적인 사례들을 제시하였다. 그렇다면 앞으로 웹은 어떤 식으로 더욱 진화하게 되는 것일까? 웹 2.0을 창시한 존배텔과 팀오라일리는 앞으로의 웹 2.0을 웹 스퀘어드(웹^2)라고 부르며 특히 모바일 기기와 더불어 제 2의 개혁을 가져올 것이라고 하였다. 이 절에서는 웹의 미래와 더불어, 최근 화두가 되고 있는 제4차 산업혁명과 이를 견인하는 핵심 기술 들에 대해 알아본다.

제4차 산업혁명이란?

제4차 산업 혁명은 비교적 최근에 나타난 우리사회의 획기적인 변화를 포괄하는데, 그 용어는 2016년 다보스 세계경제포럼(World Economic Forum, WEF)의 주제로서 처음 주창되었다. 4차 산업혁명은 기계의 지능화를 통해 생산성을 고도로 향상시키고, 산업구조를 근본적으로 변화시키는 특징을 가진다. 따라서 대규모의 설비 투자(자본)나 인건비 절감(노동) 등 기존의 생산요소에 대한 혁신보다는, 데이터를 수집하고 분석함으로써 얻어낸 정보들을 기계가 학습함으로써 새로운 가치를 창출하게 된다. 예를 들어 2015년, 정보 회사인 구글은 종업원 약 6만명이 \$234억의 수익을 창출한 반면, 전통적 자동차 제조회사인 제네럴 모터스(GM)사는 종업원 약 21만 명이 절반도 안되는 \$97억원의 수익을 창출하였다.

지능정보기술이 이끄는 4차 산업혁명

4차 산업혁명을 이끄는 핵심 동인을 흔히 지능정보기술라고 부르는데, 이는 인공지능(Artificial Intelligence, AI)의 "지능"과 사물인터넷, 클라우드 컴퓨팅, 빅데이터, 모바일(IoT, Cloud Computing, Big Data, Mobile: ICBM)에 기반한 "정보"가 종합적으로 결합된 형태를 말한다.

인공지능

2010년 이후, 인공지능분야에서 기존의 머신러닝의 한계를 뛰어넘는 비약적인 발전

그림 4-9 ── 제4차 산업혁명

4차 산업혁명의 핵심동인은 지능과 정보기술을 이용한 산업간 초융합이다.

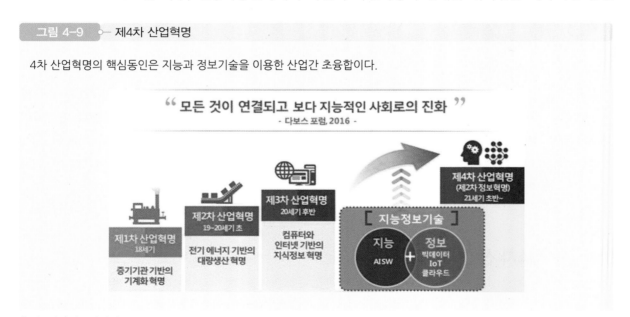

출처: 미래창조과학부

이 딥러닝(Deep Learning)을 통해 이루어졌다. 딥러닝은 머신러닝에 포함되지만, 보다 발전되고 구체적인 구현 방법이며, 그 핵심은 분류를 통한 예측이다. 즉, 수많은 데이터 속에서 패턴을 발견해 인간이 사물을 구분하듯 컴퓨터가 객체를 분별한다. 컴퓨터의 분별 능력 학습은 크게 두 가지로 나뉜다. 지도 학습(supervised learning)과 비지도 학습(unsupervised learning)이다. 기존의 머신러닝은 대부분 지도 학습에 기초하고 있다. 예를 들어, 지도 학습 방식은 컴퓨터에 먼저 '이런 이미지가 고양이야'라고 방대한 양의 사진을 주입해 학습을 시켜주면, 기계는 인공신경망(neural network)을 통해 새로운 고양이 사진이 주어졌을때 이를 판별하게 된다. 따라서 사전에 반드시 학습 데이터가 제공돼야만 인공신경망이 판단을 할 수 있고, 사전 학습 데이터가 적으면 오류가 커지므로 데이터양도 충분해야만 한다. 반면 비지도 학습은 '이런 이미지가 고양이야'라고 학습시키지 않고, 고양이의 이미지를 보면서 이를 스스로 일반화시키고, 자율적으로 컴퓨터가 '이런 이미지가 고양이군'이라고 패턴을 발견하면서 학습하게 된다.

딥러닝이 가장 활발하게 이용되고 있는 분야를 꼽는다면 음성 인식과 이미지 인식이다. 데이터의 양 자체가 풍부한 데다 높은 확률적 정확성을 요구하고 있기 때문이다. 우리가 잘 알고 있는 인공지능 바둑 프로그램 알파고 역시 16만 건이 넘는 프로기사 기보를 토대로 매일 3만 번의 실전 경험을 쌓으며 스스로 학습하며 성장하였다. 비단 알파고 뿐만 아니라 요즘 관심이 증가하고 있는 자율주행자동차, 스마트폰의 개인비서 서비스 등, 많은 새로운 분야에 인공지능의 도입이 예견되고 있다.

사물인터넷 (Internet of Things: IoT)

인터넷은 컴퓨터들의 연결을 넘어서 이제는 우리 일상 생활에 존재하는 모든 '것'들을 하나로 묶어 가고 있다. 사진, 음원, 비디오클립 등 디지털콘텐츠들 뿐만 아니라 우리가 상상할 수 있는 모든 사물들이 복잡하게 연결된 새로운 웹이 형성되고 있는 것이다. 사물인터넷이란 이와 같이 세상의 모든 물건에 통신 기능을 가진 센서가 장착되어, 사물과 사물 간에 인터넷을 통해 정보를 상호소통하는 지능형 기술 및 서비스를 말한다. 따라서 굳이 사람이 개입하지 않아도 사물들끼리 알아서 정보를 교환할 수 있게 된다는 뜻이다.

아직까지 낯선 용어로 보이지만, 벌써 여러 실생활에서 적용되어지고 있다. 사물 인터넷의 대표적인 예로 스마트 가전을 들 수 있다. 개개의 가전 제품들에는 이들이 사용하는 에너지의 양과 사용패턴 등을 정보로서 수집하고 전송이 가능한 센서가 부착된다. 이런 센서가 보내는 정보는 인터넷을 통해서 전달되고 이런 정보는 각 제품, 심지어는 만든 회사와 모델명까지 밝혀낼 수 있는 일종의 서명처럼 쓰일 수 있다고 한다. 이런 정보를 통해 어떤 식으로 에너지를 절약하고 효율적으로 사용할 수 있는지에 대한 전략을 수립하게 된다고 한다. 실제로 영국에서는 현재 120만 가정에서 사용되는 가전제품에 이러한 센서를 부착해 스마트 전력망을 구축하였다고 한다. 숨겨진 정보의 재발견이라 하겠다. 4차 산업혁명의 핵심이 "연결"과 "지능화"라는 점에서 지능화된 사물간의 통신을 나타내는 사물인터넷은 가장 핵심이 되는 기술이다.

클라우드 컴퓨팅

4차 산업혁명 시대에는 네트워크로 연결된 컴퓨터를 통하여 할 수 있는 일이 점차 증가한다. 클라우드 컴퓨팅은 정보를 자신의 컴퓨터가 아닌 인터넷에 연결된 다른 컴퓨터들을 이용하여 처리하는 기술이다. 클라우드 컴퓨팅 제공자는 컴퓨팅 자원의 풀(pool)을 형성하고, 다수의 고객들이 이를 공유하고 필요한 만큼 나누어 쓰게 된다. 클라우드 서비스를 제공하는 가장 대표적인 회사는 온라인 쇼핑으로 잘 알려진 아마존, 구글, 애플 등이다.

이들 클라우드 서비스 제공업자는 수천, 수만 개의 범용 서버를 한자리에 모아 둔 물리적 장소인 '데이터 센터'를 운영함으로써, 규모의 경제를 통한 자원의 공유를 극대화시킬 수 있게 된다. 데이터 센터에서는 분산 컴퓨팅 기술을 이용하여 범용 서버들을 하나로 연결하여 엄청난 연산능력을 보유한, 마치 하나로 보이는 슈퍼컴퓨터를 구성할 수 있다. 이렇게 구성된 슈퍼컴퓨터는 다시 여러 사용자나 서로 다른 작업을 위해 공유되어야 하는데 이를 위해 가상화 기술이 사용된다.

클라우드 환경에서 제공되는 서비스는 크게 인프라스트럭처 서비스(IaaS: Infrastructure as a Service), 플랫폼 서비스(PaaS: Platform as a Service), 소프트웨어 서비스(SaaS: Software as a Service)의 세 가지 형태로 구분할 수 있다. 인프라스트럭처 서비스는 가장 기본적인 서비스 모델로서, 수백 또는 수천 대의 컴퓨터를 연결한 강력한 컴퓨팅능력, 데이터 저장공간, 파일보관 서비스 등의 기반 구조를 제공한다. 소프트웨어 서비스는 소프트웨어 자체를 다수의 사용자의 요청에 따라 제공하는 웹 기반의 애플리케이션 서비스를 지칭한다. 예를 들어 구글(Google)은 '구글드라이브(Google Drive)'를 통해 문서작업 및 저장서비스를 제공한다. 플랫폼 서비스는 인프라스트럭처 서비스와 소프트웨어 서비스의 중간 단계에 해당한다. 주 서비스 사용자는 애플리케이션 개발자들이 되는데, 이들은 애플리케이션을 개발·실행할 수 있는 플랫폼을 클라우드를 통해 제공받게 되며 인프라스트럭처 서비스와 같이 서버의 운영 체계 자체를 제공받지는 않는다. 가령, 구글이 제공하는 맵을 자신의 애플리케이션에 이용하기 위해서는 구글 앱 엔진(App Engine)

플랫폼 서비스를 사용한다.

　4차 혁명과 더불어 컴퓨터뿐만 아니라 수많은 기기들이 사물인터넷으로 연결되고, 그 결과 지금까지 다루지 않았던 엄청난 양의 데이터가 인터넷으로 쏟아지고 있다. 이러한 데이터의 저장과 처리는 클라우드를 통해 제공되는 대용량 스토리지와 강력한 병렬 그래픽프로세서(GPU: Graphic Processing Unit)가 아니면 도저히 불가능하다. 다행인 점은 앞서 언급한 바와 같이, 이런 강력한 프로세서를 개별 이용자가 구매할 필요없이 클라우드를 통해 원하는 만큼만, 원하는 시간에 빌려쓸 수 있다는 점이다. 4차 산업혁명 시대에는 생산과 소유 대신, 이처럼 연결과 공유가 중요해지는 세상이다. 이런 특징은 웹 2.0의 철학과도 크게 다르지 않다. 클라우드 컴퓨팅에 대해서는 9장에서 보다 자세히 설명하도록 한다.

빅데이터

　4차 산업혁명의 기반을 이루는 핵심 분야인 인공지능은 수많은 센서를 통한 각종 데이터의 실시간 수집도 중요하지만, 이런 빅데이터를 맞춤형 분석을 실행해, 이로부터 새로운 지식을 창출함으로써 완성된다. 특히, 빅데이터는 규모만 큰 것이 아니라 그 형태가 각양각색이다. 가령, 온라인 쇼핑 관련 상품 정보, 소셜네트워크를 통해 제공하는 실시간 뉴스피드, 유튜브에 올라오는 비디오, 자동차에 부착된 센서를 통해 수집되는 운전자 데이터, 스마트폰이 제공하는 위치정보, 헬스 기기를 이용한 신체 정보 등을 생각해 보자. 이러 다양한 데이터들은 하나의 주어진 형식을 따르기보다는 동영상, 음성, 사진, 텍스트와 같이 다양하고 비정형화된 형태를 띄고 따라서 그 만큼 분석 또한 어려워진다. 이를 위해, 텍스트 마이닝, 평판분석, 소셜네트워크 분석, 군집 분석 등의 새로운 빅데이터 분석 기술이 각광을 받고 있다. 웹 2.0이 사용자들로부터 데이터를 수집하고 이를 축적하는데 기여하였을 뿐만 아니라, 빅데이터 시대의 새로운 통찰력은 이러한 데이터를 분석하고 결과를 전체적으로 바라볼 수 있는 환경을 제공한다고 하겠다. 빅데이터에 대한 자세한 설명은 14장을 참조하도록 한다.

모바일

　모바일은 클라우드에 데이터를 제공하는 수단이자, 최종사용자에게 서비스를 전달하는 인터넷의 보다 확장된 연결수단을 의미한다. 클라우드에 제공되는 정보들은 다양한 모바일 기기를 통해 전달된다. 스마트폰, 테블릿, 자율주행자동차, 스마트가전기기 등 모두가 모바일 기기로 정의할 수 있으며, 이들은 무선 인터넷을 통해 통신을 하게 된다.

무선 인터넷은 앞서 언급한 사물간 지능통신, 즉 모든 사물에 센서나 통신 기능을 부과하여 지능적으로 정보를 수집하고, 상호 전달하는 네트워크의 구성을 가능하게 하였다. 사물인터넷과 결합된 모바일 기술은 분산된 환경 요소에 대하여 인간의 명시적 개입 없이 상호 협력적으로 센싱, 네트워킹, 정보 처리 등 지능적 관계를 형성하는 사물 공간 연락망을 형성하게 된다. 모든 기기의 스마트화에 따라 사람이 중심이던 인터넷에서 사물은 물론 현실과 가상세계의 모든 정보와 상호작용하는, 바로 4차 산업혁명이 추구하는 초연결시대가 열리고 있다.

4차 산업혁명이 가져올 미래 변화

지능정보기술을 기반으로 한 4차 산업혁명은 우리 생활 전 분야에서 급격한 변화를 가져오고 있으며, 이러한 변화는 크게 다음의 4가지로 요약할 수 있다.

스마트화: 초연결과 지능화의 확산

4차 산업혁명은 사물 · 사람, 제품 · 서비스 등이 사물 인터넷, 빅데이터, 인공 지능 등 파괴적 기술과 접목되어 상호 연결되고 지능화되는 결과를 가져올 것이다. 이러한 스마트화의 대표적인 특징은 다음과 같다.

• 무인 의사결정

인간의 고차원적 판단기능 기계가 수행함으로써 기계가 독립된 주체로 활동하여 자동화 및 무인화가 확산된다.

• 실시간 반응

정보수집, 데이터 분석, 판단 추론 등 일련의 과정들이 ICT 기술(IoT, Cloud, Big Data, Mobile 통신)을 통해 즉각 처리되어 실시간 응답 반응이 가능해진다.

• 자율 진화

딥러닝 등 기계 학습을 통해 스스로 진화하여 기계의 성능이 기하급수적으로 향상된다.

• 만물의 데이터화

과거에는 보관 활용이 곤란했던 데이터(생체 행태정보, 비정형 정보 등)도 기계 학습 과정을 거쳐 의미를 추출하는 것이 가능해졌다.

이와 같은 생활 전반의 스마트화는 기업간 경쟁의 규칙에도 큰 변화를 초래하고 있다. 즉, 이전까지는 경쟁 요소가 제품의 가격이나 품질이었다면, 이제는 어떻게 데이터를 연결하고 지능화하여 새로운 가치를 만들어 내느냐가 관건이 되었다. 예를 들어 폴로 랄프로렌은 스마트 기기와 연결된 셔츠를 개발해 심박수나 스트레스 지수 등의 실시간 확인이 가능한 제품을 출시하였다. 또한, 경쟁 단위도 하나의 단순한 제품이 아니라 여러 제품과 기술이 하나로 연결된 일종의 시스템으로 확대되는 추세이다. 예를 들어, 여러 가전 기기가 하나로 연결되는 스마트 홈, 사무실과 기기들이 하나로 연결된 스마트 빌딩 등이 좋은 예가 될 수 있다.

서비스화: 제품 중심에서 제품+서비스 중심으로

사물 인터넷 등 파괴적 기술의 등장으로 제품 단위보다는 제품+서비스 중심으로 비즈니스 모델의 전환이 가속화되고 있다. 가령, 기존의 제조업체들은 설계, 디자인, 유지 · 관리 등 전후방 서비스 부분을 결합한 포트폴리오를 강화하는 추세이다. 글로벌 기업 GE는 엔진과 터빈 등의 제조업 중심에서 유지 · 관리와 컨설팅 등을 결합한 서비스 기업화를 추구하고 있는데 매출의 40% 이상이 서비스 분야에서 이루어지고 있다. 자동차 산업도 비슷한 예가 될 수 있는데, 제조를 넘어서 배터리 충전 서비스, 더 나아가 위치/공간/교통정보 서비스 등이 결합되어 새로운 서비스로 고도화되고 있다.

친환경화: 친환경 신사업의 창출

파리협정 발효(2016년 11월) 등 글로벌 환경규범이 본격화되면서, 4차 산업혁명의 기술 혁신도 친환경화를 가속화하는 방향으로 발전하고 있다. 기업은 빅데이터, 인공지능을 활용하여 수요예측 · 맞춤형 최적 생산을 추구함으로써 자원 이용 효율의 극대화를 위해 노력하고 있으며, 전자기기에 센서를 탑재하고 지능화된 전력망을 이용함으로서 에너지 수요 관리 최적화가 확대되고 있다.

플랫폼화: 제품 · 서비스 네트워크를 통한 가치 창출

앞서 웹 2.0의 특징으로 플랫폼으로서의 웹을 설명하였다. 마찬가지로 4차 산업혁명은 다수의 제품과 서비스를 서로 연결하고 통합하는 매개체를 통해 새로운 가치를 창출하는 비즈니스 모델을 확산시킨다. 특히 지능 정보기술을 활용한 기업들은 공격적으로 산업을 확장하며 기존의 제조업체나 서비스업체를 위협하기도 한다. 예를 들어 차량 공유 업체 우버의 기업가치는 2021년 100조를 넘어 미국차 빅3보다 커졌으며, 이는 이미 제네럴 모터스나 포드 등 기존 기업을 추월하였다. 에어비앤비와 같은 숙박 공유서비스 업체도 기존의 호텔 사업자들을 위협한다.

핵심 기술을 중심으로 다양한 제품과 서비스를 연결하여 신 시장을 창출하는 경우도 생겨나고 있다. 가령, 네스트랩(Nest Labs)은 자사 온도 조절기를 중심으로 에너지 공급, 가전, 응용 소프트웨어, 보안 서비스 등 약 50개 기업을 IoT 기술로 연결하여 스마트 홈을 구현한다. 뿐만 아니라 위에서 언급한 우버의 경우 차량 공유서비스를 중심으로 물류(우버 카고), 여행(우버 트래블), 자율주행 택시 등으로 그 비즈니스 영역을 확장하고 있다.

 요약　　　　　　　　　　　　　　S / U / M / M / A / R / Y

- 웹 2.0에서 사용자는 생산과 소비의 주체인 프로슈머가 되어 다양한 콘텐츠를 작성하고 이를 웹에 올려서 다른 사람과 공유하며 이를 통한 소통을 도모한다.
- 웹 2.0에서 기업이 경쟁에서 살아남기 위해서는 양질의 플랫폼을 구상하고 더 많은 대중의 참여를 유도하여야 하며, 이런 참여를 통한 데이터와 콘텐츠들을 축적함으로써 경쟁력을 향상시켜야 한다.
- 웹 2.0에서는 기존의 상위 20%가 전체 매출의 80%를 차지한다는 파레토 법칙 대신, 머리가 아닌 꼬리에 해당하는 틈새 시장의 발전을 촉진시켜 소수가 소외받지 않는 롱테일 시장 구조를 형성한다.
- 웹 2.0에서는 대중이 무궁 무진한 노동력의 풀을 제공하게 되고, 비전문가나 외부인의 적극적인 생산 활동을 크라우드소싱을 통해 유발시킨다.
- 웹 2.0에서는 정보 제공 기회가 평등해지고, 개개 정보에 대한 가치는 점차 낮아지며, 정보를 소비하는 사용자의 주목이 희소해지는 어텐션 이코노미가 생겨난다.
- 웹 2.0에서는, 감추고 벽을 쌓아 올리기보다는 많은 사람들에게 공개를 통하여 더 많이 사용하게 하고, 이를 통해 표준으로 자리 잡히도록 하는 것이 중요하다.
- 웹 2.0의 개념은 폭소노미, 메쉬업, 구글애즈, 에드센스, 제휴 마케팅등 다양한 형태로 활용되어지고 있다.
- 4차 산업혁명은 인공지능기술을 중심으로 하는 파괴적 기술들의 등장으로 상품이나 서비스의 생산, 유통, 소비 전 과정이 서로 연결되고 지능화되면서 업무의 생산성이 비약적으로 향상되고 삶의 편리성이 극대화되는 사회·경제적 현상이다.
- 4차 산업혁명을 이끄는 핵심 동인은 지능정보기술이며, 이는 인공지능의 지능과 정보가 종합적으로 결합된 형태이다.

- 4차 산업혁명을 이끄는 정보 기술에는 사물인터넷, 클라우드 컴퓨팅, 빅데이터, 모바일 (IoT, Cloud Computing, Big Data, Mobile: ICBM)이 있다.
- 4차 산업혁명은 앞으로 초연결과 지능화의 확산을 통한 스마트화, 제품과 서비스의 결합, 친환경 신사업의 창출, 제품·서비스 네트워크를 통한 새로운 플랫폼 위주의 시장 창출 등 우리의 미래를 다양하게 변화시킬 것이다.

주요 용어　　　　　　　　　　　　　　K / E / Y / W / O / R / D

웹 2.0	플랫폼	집단지성	디지털 프로슈머
롱테일	크라우드소싱	어텐션 이코노미	태깅
오픈 API	폭소노미	매쉬업	구글애즈
에드센스	제휴 마케팅	제4차 산업혁명	인공지능
사물인터넷	클라우드 컴퓨팅	빅데이터	

토의 문제　　　　　　　　　　　　　　E / X / E / R / C / I / S / E

01 웹 2.0을 한마디로 정의하기는 어렵다. 자신만의 웹 2.0에 대한 정의를 내린다면 무엇이라 할까?

02 웹 2.0에 대해 일부에서는 새로울 것이 없는 허상에 불과하며 정교하게 포장된 마케팅 용어에 불과하다는 시각을 보여준다. 당신은 이에 대해 어떻게 생각하는가?

03 요즘 들어 소셜 네트워크 사이트들이 우후죽순 생겨나서, 마치 예전 닷컴 버블의 행보를 답습하는 게 아니냐는 우려가 있다고 한다. 이에 대해 어떻게 생각하는가?

04 당신이 만약 새로운 사업을 인터넷상에서 시작하려고 한다면, 어떤 식으로 '태깅'을 활용할 수 있을까?

05 제4차 산업혁명을 정보와 지능의 융합이라고 본다면, 인터넷 기반의 지식정보 혁명인 제3차 혁명과는 어떤 차이점이 있을까?

06 제4차 산업혁명이 학교 교육이나 수업에 가져올 변화는 어떤 것이 있을까?

🔍 참고 문헌

R / E / F / E / R / E / N / C / E

[1] 경영정보의 이해, 차훈상 · 홍일유, 법문사, 2018.

[2] 웹 2.0 경제학, 김국환, 황금 부엉이.

[3] Stephen J. Andriole, Business impact of Web 2.0 technologies, CACM December 2010.

[4] Web Squared: Web 2.0 Five Years On(http://www.web2summit.com/web2009/public/schedule/detail/10194).

[5] 크라우드소싱이 만드는 더 나은 내일 (http://froma.co.kr/422)

[6] 인터넷진흥원, 2018년도 인터넷 10대 이슈 전망 (https://ciokorea.com)

[7] 신산업 창출을 위한 정책과제 – KDI 리포트 (2016년 12월)

[8] 독일의 4차 산업혁명에 대한 정책적 대응: 인더스트리 4.0과 노동 4.0의 전개 상황, 이승현, 국제노동브리프, 2020년 1월호.

📄 사례 연구

경매 문화에도 새 바람 '디지털 트랜스포메이션'

업종을 막론하고 디지털 트랜스포메이션(Digital Transformation)의 흐름을 거스르는 분야를 찾아보기 힘들 정도다. 이 같은 디지털 트렌드 속에서 전통적인 경매 문화에도 새바람이 부는 모습이다. 최근 전 세계 미술 시장에서 가장 '문제적 분야'로 주목받고 있는 미술품 NFT(Non Fungible Token: 대체 불가 토큰)부터 음악 시장의 새로운 가능성을 조명하는 음원 저작권 경매 플랫폼까지. 디지털이 몰고 온 새로운 경매 트렌드를 알아본다.

디지털로 가볍게…달라지는 미술 경매

얼마 전부터 경매를 대하는 대중의 인식이 조금씩 달라지기 시작했다. 우선 미술품 시장에서는 온라인 경매가 지속적으로 성장세를 보이며 일반 투자자와의 심리적 거리를 좁히고 있다.

예술경영지원센터에 따르면 국내 온라인 경매 시장은 2018년 상반기 105억 원에서 지난해 상반기 123억 원 규모로 17.1% 성장했다. 최근에는 젊은 투자자들이 시장에 대거 유입되는 현상까지 더해지며 전체 미술품 경매 시장이 리프레시되고 있다는 게 미술계 전문가들의 평이다.

전 세계 미술 시장에서도 온라인이 강세를 보이는 것은 마찬가지다. 세계 최대 아트페어 주관사 아트바젤과 글로벌 금융 기업 UBS가 내놓은 '미술 시장 2021(The Art Market 2021)' 보고서에 따르면 지난해 세계 온라인 미술품 판매액은 124억 달러로, 2019년 60억 달러를 기록했던 데 비해 106.7% 늘었다.

같은 기간 온·오프라인 미술 시장의 규모 (501억 달러)가 전년(644억 달러) 대비 22.2% 줄어들었다는 점과 비교하면, 미술 트렌드의 무게중심이 디지털과 온라인 쪽으로 일부 옮겨간 것으로 해석된다. 신종 코로나바이러스 감염증(코로나19)의 여파로 오프라인 시장이 다소 위축된 상황 속에서 디지털을 매개로 하는 새로운 시장이 조명받게 된 것이다.

이런 흐름 가운데 유독 눈에 띄는 경매 트렌드가 있다. 바로 NFT 기반의 디지털 아트다. NFT는 디지털 자산에 대한 소유권을 주장할 수 있는 일종의 '디지털 등기부등본'이다.

블록체인 기술을 기반으로 개별 디지털 파일에 고유의 인식번호를 붙여, 자산으로서의 가치를 인증해준다. 디지털 파일 원본을 훼손하거나 위조할 수 없고, 온라인상에서 파일 복제가 무한대로 일어난다고 해도 단 하나의 오리지널 파일을 가려낼 수 있다는 것이 큰 장점으로 꼽힌다. 원본과 복제본의 차이가 없어 투자자산으로서의 가치가 낮았던 디지털 아트의 맹점을 '대체 불가능한 토큰'이 보완해주는 셈이다.

NFT 기반 디지털 아트는 수백년에 걸쳐 기반을 다진 미술품 경매 시장에 전례 없이 등장한

▲ 세계적 미술품 경매 장터인 크리스티 경매에서 지난 3월 6,934만 달러(약 780억 원)에 팔린, 블록체인 기반의 NFT가 적용된 디지털 아트다.

이단아에 가깝다. 최근 NFT 미술품 경매가 뜨거운 이슈로 떠오른 데에는 지난 3월 한 미국 작가가 뉴욕 크리스티 경매에 내놓은 디지털 아트 <매일: 첫 5000일>의 역할이 컸다.

디지털 아티스트 마이크 윈켈만이 '비플'이라는 가명으로 선보인 이 작품은 그가 2007년부터 만든 작품 5,000개를 붙여 제작한 NFT 디지털 아트다. 최종 낙찰액이 무려 6,934만 달러에 달해 디지털 아트도 돈이 될 수 있다는 가능성을 보여줬다.

이런 흐름을 타고 국내외 경매 회사들도 발빠르게 움직이고 있다. 세계 2대 경매 회사인 소더비는 최근 NFT 디지털 아트 시장 진출 계획을 밝힌 데 이어, 디지털 아티스트들의 작품으로 구성한 NFT 경매를 열었다.

국내 최대 메이저 경매 회사인 서울옥션도 관계사인 서울옥션블루와 함께 디지털 자산 분야에 진출하겠다고 밝혔다. 서울옥션블루가 디지털 자산 관련 기술 개발을 맡고 서울옥션은 아티스트 발굴을 진행하는 식으로 새로워진 미술 시

장 트렌드에 대비하는 모양새다.

서울옥션블루 관계자는 "NFT 예술품은 유일무이한 자산이며 위변조가 불가능해 거래 내역을 추적할 수 있고, 제3자 검증 없이도 진위 확인이 가능하다"며 "작품에 희소성과 유일성이라는 가치를 부여할 수 있기 때문에 미술 시장에서 그 영향력이 급격히 높아지고 있다"고 설명했다.

한 미술평론가는 "국내 메이저 경매 회사가 팔을 걷어붙이고 NFT 관련 사업 준비에 나섰다는 것은 이 시장의 가능성을 충분히 확신하고 있는 것"이라며 "시장 진입 초기에 뛰어들어 안정적인 포지션을 취하게 되면, 향후 펼쳐질 NFT 시장에서 굉장히 유리한 고지를 차지할 수 있다는 판단을 내린 것으로 보인다"라고 분석했다.

물론 아직 초창기 시장인 만큼 NFT 미술품을 둘러싼 혼란도 적지 않다. 우선 NFT 디지털 아트에 아무리 고유의 인식값을 부여한다고 해도 이를 희소성 높은 '작품'으로 볼 수 있느냐 하는 의문이 짙다. 통상 예술 작품의 희소성이 높을수록 투자자산으로서의 가치가 높다고 보는 게 일반적인데, NFT 디지털 세상에서의 무한 복제까지 막아주는 기술은 아니지 않느냐는 시각이다.

김승주 고려대 정보보호대학원 교수는 "미술품 NFT가 블록체인 시장의 새로운 성장 동력이 될 수 있는 건 맞지만, 현재 형성되는 가격을 보면 거품이 지나치다"면서 "특정 디지털 아트의 소유주가 누구인지를 입증할 수는 있지만, 불법 복제는 가능하기 때문에 엄밀히 말하면 희소성은 떨어진다"라고 말했다.

NFT 미술품을 낙찰받았다고 해도 해당 작품의 모든 저작권을 소유한 것은 아니라는 점도 투자자들이 유의해야 할 대목이다. 김승주 교수는 "많은 사람들이 NFT 미술품을 한 번 구매하면 마치 그 작품의 모든 권리를 산 것처럼 오해한다"면서 "작품 원본의 저작권과 2~3차 저작권은

또 각각 다른 문제라, 해당 작품을 경매로 낙찰받았을 때 어느 정도 수준까지 권리를 보장해주는지는 들여다봐야 한다"고 지적했다.

NFT 미술품의 저작권을 둘러싼 논란은 최근 국내에서도 있었다. 국내 한 디지털 아트 플랫폼이 한국 미술계 거장 3인의 작품을 NFT 방식으로 발행해 경매를 추진하려다가 저작권 침해 논란으로 중단한 사례다. 국내법상 저작권 보호 기간은 70년으로, 작품의 소유권을 갖고 있어도 원본 작품을 가공·복제해 판매하려면 별도의 권리를 양도받아야 한다.

김윤섭 아이프미술경영연구소 대표는 "디지털 세상에서 가상으로 만들어진 작품을 대상으로 NFT 거래가 진행된다면 덜 헷갈릴 텐데, 오프라인에서 거래됐던 실물 작품의 이미지를 활용해 2차적으로 NFT 거래를 한다고 하니까 더욱 혼선이 빚어지는 것"이라며 "특히 작고한 작가의 작품을 NFT로 만들 경우, 해당 작가의 이름을 그대로 내세우기보다는 작가들의 작품을 모티브로 삼은 NFT라는 콘셉트로 접근해야 혼란이 적다"고 조언했다.

NFT 미술품을 일반적인 순수미술과 구분해서 봐야 한다는 지적도 있다. NFT는 어디까지나 미술을 매개로 하는 금융상품이라는 개념으로 접근해야 한다는 말이다. 일단 NFT 미술품을 구매했다고 하더라도 이를 리세일해 더 많은 부가가치를 형성할 수 있어야 투자자산으로서 가치가 생긴다. 한국 시장에서 NFT 미술품을 낙찰받았다고 해도, 해당 NFT가 글로벌 마켓에서 온전한 매매 수단으로 인정받을 수 있는지도 중요한 문제다.

김 대표는 "NFT 미술품 시장에 어떻게 적응하고 경제적 가치를 창출할 것인지가 앞으로의 과제가 될 것"이라면서 "물론 NFT가 미술 시장의 새로운 전환점 역할을 하게 될 것이라는 기대

감은 충분히 있는 상황이다. 다만 NFT 시장을 성공적으로 안착시킬 방법에 대해서는 좀 더 냉정하게 검토할 필요가 있다"고 지적했다.

투자와 재미를 동시에, 뮤직테크 즐기는 법

미술 시장의 가장 뜨거운 이슈가 NFT 경매라면, 음악 시장에서는 저작권을 투자자산으로 활용하는 '음악 저작권 경매'가 화제다. 좋아하는 음악의 저작권 일부를 경매를 통해 낙찰받고, 이를 주식처럼 사고팔 수도 있다. 대체 투자처를 찾는 MZ(밀레니얼+Z) 세대 사이에서 주목받는 플랫폼으로, 가수의 활동을 응원한다는 의미가 담긴 일종의 '덕질테크'다.

뮤직카우는 저작권자와 리스너를 잇는 징검다리 역할을 통해 창작과 소비의 선순환을 지원하겠다는 목표를 갖고 있다. 투자 가치가 높은 음원을 선별해 저작권 지분의 일부를 뮤직카우가 사들인 뒤 이를 잘게 쪼개 경매를 진행하게 되는데, 경매가 끝나면 최종 수익금의 50%를 창작자들에게 배분해주는 식으로 창작 활동을 지원한다.

투자자는 자신이 사들인 저작권 지분에 따른 저작권료 수익을 매월 연금처럼 받을 수 있다. 특히 저작권 보호 기간 동안 경매 시작가 대비 연 8%의 수익률을 올릴 수 있도록 설계했다는

게 뮤직카우 측의 설명이다.

김경숙 상명대 지적재산권학과 교수는 "최근 관심을 갖고 지켜보고 있는 저작권 관련 사업 중 하나"라면서 "창작자들 입장에서도 자신의 음악 저작권을 유통할 수 있는 창구가 추가로 생겼다는 측면에서 나쁘지 않은 사업이다. 저작권을 잘 유통해서 수익이 발생하고, 이를 창작자와 경매 참여자가 제대로 나눈다면 시장에 긍정적인 영향을 끼칠 것으로 보인다"고 평가했다.

다만 이 플랫폼을 통해 저작권 지분을 낙찰받았다고 할지라도, 저작권법상의 모든 권리를 구매했다고 오해하는 것은 금물이다. 보유한 지분율에 따라 저작권료 수익을 나눠 가질 수 있는 것은 맞지만, 이를 벗어난 권리를 실제 저작권자와 동일하게 행사하는 것은 불가능하다. 정산받을 저작권료 수익에 대한 '청구권'을 보유한 개념이라고 이해하면 쉽다.

김경숙 교수는 "주택을 구매한다고 가정했을 때, 집에 대한 완전한 권리를 주장하려면 자신의 이름으로 소유권 등기가 돼 있어야 한다. 음악 저작권도 마찬가지다"라면서 "만약 투자자가 실지분권을 행사하려면 공동 저작자로 올라가는 수밖에 없는데, (뮤직카우 사업모델의 경우) 채권적 권리를 주는 형태로 해석된다"고 말했다.

1. NFT(Non Fungible Token: 대체 불가 토큰)의 특징을, 다음 웹 2.0의 특징과 비교하며 설명해 보자.

   a. 플랫폼으로서의 웹

   b. 사용자들의 적극적인 참여

   c. 공개, 표준화, 공유

2. 블록체인을 적용할 수 있는 서비스는 위에서 제시한 NFT외에 어떤 것이 있을지 토의해 보자.

3. 뮤직카우의 음악 저작권 경매 모델의 장점과 단점에 대해 토의해보고, 이것이 창작자들에게 긍정적인 영향을 미칠지, 혹은 부정적인 영향을 미칠지 의견을 제시해 보자.

제 2 부

정보 시스템 기술 인프라

지난 반세기 동안 정보 기술은 끊임없이 발전되어 왔다. 정보 기술의 발전은 기업들의 다양한 정보 시스템 도입을 촉진시켰고, 궁극적으로 기업의 전략, 조직, 프로세스, 직무 등을 모두 변화시키는 연료와도 같은 역할을 수행하고 있다. 이러한 관점에서 기업의 경영관리자가 정보 기술을 보다 효과적으로 적용하기 위해서는 그 기반이 되는 정보 시스템의 기술적인 측면에 대한 이해가 반드시 수반되어야 할 것이다.

제2부에서는 오늘날 기업의 정보시스템에서 기술적인 토대를 이루는 하드웨어와 소프트웨어를 포함한 기반 구조와 통신과 네트워크 기술, 데이터 베이스 관리 기술, 보안 관리 기술, 그리고 최근 관심이 커지고 있는 클라우드 컴퓨팅 기술들에 대하여 소개하고 있다. 이들 기술 요소는 그 자체가 목적이 아니라 경영 목표를 보다 원만하게 달성하기 위한 수단으로서 중요성을 지니므로, 경영관리자에게 요구되는 정보기술의 실용적 지식에 초점을 두고 있다.

제5장에서는 메인 프레임에서부터 인터넷 중심으로 IT 기반 구조가 어떻게 발전되어 왔으며, 이를 구성하는 핵심 요소인 컴퓨터 하드웨어, 소프트웨어, 네트워크와 통신에 대해서 학습한다. 또한, 서비스 지향 아키텍처, 오픈 소스 소프트웨어, 서버 가상화, IT 융합 등 최근 IT 기반 구조의 동향과 미래에 대해 살펴본다.

제6장에서는 정보 시스템들을 상호 연결시켜 주고 정보의 전송을 위해 중요한 역할을 담당하는 데이터 통신 기술에 대하여 학습한다. 4G 네트워크인 롱텀 에볼루션(LTE) 등 다양한 통신 기술을 소개하고, 더불어 사물간 지능형 통신, 사물 인터넷 등 최신 무선 통신망 기술들도 학습한다.

제7장에서는 기업의 정보 시스템에서 핵심이 되는 데이터베이스 관리에 대해 학습한다. 개념적, 논리적, 물리적 데이터 모형을 거치면서 어떻게 효과적으로 데이터 모델을 수립하는지 알아보고, 구조적 질의어(SQL)를 이용하여 데이터를 조작하는 법을 학습한다.

제8장에서는 인터넷과 같은 개방 통신네트워크 환경에서 주요 관심사로 떠오르고 있는 정보시스템 보안관리의 이슈에 관해 학습한다. 정보시스템의 안정적 운영에 위협이 될 수 있는 요인들에 관해 알아보고 이들을 사전에 예방함은 물론 보안침해사고 발생시 신속히 시스템 및 데이터를 복구할 수 있는 보안대책에 관해 살펴본다.

제9장에서는 소프트웨어, 스토리지, 서버, 네트워크 등 다양한 IT 자원을 필요한 만큼 빌려서 사용하고 사용한 만큼 비용을 지불하는 클라우드 컴퓨팅의 개념, 다양한 서비스 및 배포 방식, 경제적 효과 및 도입 시 고려사항들에 대해서 살펴보기로 한다.

제 2 부

제 5 장

IT 기반 구조

차 례

학 습 목 표

　IT 기반 구조는 하드웨어/소프트웨어/네트워크 등 일체로서 기업을 운영 추진하는 연료와도 같은 역할을 수행한다. 이들 기반 요소들은 그 자체가 목적이기보다는 궁극적으로는 기업의 전략, 조직, 프로세스를 통한 기업의 경영 목표를 보다 원만하게 달성하기 위한 수단으로서 더 큰 중요성을 지닌다. 본 장에서는 이런 IT 기반 구조들이 어떤 식으로 발전해 왔는지 알아보고, 이러한 기반 구조가 기업활동에 어떻게 이용되고 어떠한 효과를 미치는지 여러 가지 측면에서 살펴보기로 한다.

　본 장을 학습한 후 학생들은 다음의 질문 사항들에 대해 답할 수 있어야 한다.

• IT 기반 구조의 정의는 무엇이며 어떻게 발전되어 왔는가?
• IT 기반 구조를 구성하는 요소들은 어떤 것들이 있는가?
• 컴퓨터는 어떠한 과정을 통해 진화해 왔으며, 컴퓨터 하드웨어의 발전을 가속화시킨 주요 요인은 무엇인가?
• 소프트웨어의 두 가지 유형은 무엇이며 각각의 기능은 무엇인가?
• 대표적인 오퍼레이팅시스템의 예로는 어떠한 것들이 있는가?
• 서비스지향 아키텍처는 무엇이며 기존의 기반 구조와 어떤 차이를 가지는가?
• 오픈 소스 소프트웨어는 일반 상용 소프트웨어에 비해 어떤 장점이 있는가?
• 서버의 가상화를 통해서 얻을 수 있는 장점은 어떤 것이 있는가?
• IT 융합이 무엇을 의미하고, 우리생활에 어떻게 영향을 미치는가?

 **개념사례**

기업이 오픈소스를 좋아하는 10가지 이유

2019년 4월에 공개된 레드햇의 기업 오픈소스 실태 조사에 따르면 IT 리더 중 99%가 오픈소스 소프트웨어를 자신의 기업 IT 전략에서 "상당히 중요"하게 여기는 것으로 나타났다. 오랫동안 오픈소스와의 전쟁을 선포했던 마이크로소프트를 포함한 기존 기업용 소프트웨어 업체들의 오픈소스 도입이 이를 입증하고 있다.

▲ 오픈소스 소프트웨어의 예

기업이 오픈소스 소프트웨어를 도입할 때 얻을 수 있는 10가지 이점은 다음과 같다.

1. TCO가 낮다

오픈소스 소프트웨어의 가장 확실한 이점은 일반적으로 제품을 무료로 다운로드할 수 있다는 점이다. 스토리지 및 컴퓨팅 파워 등 운영비가 발생하지만, 더 낮은 총 소유비용(TCO)은 오픈소스 소프트웨어를 도입하는 확실한 주요 이점으로 나타났다. 상용 소프트웨어 업체들은 구매한 제품에 대해서만 비용을 청구하지 않는다. 그들은 값비싼 업그레이드, 지원 서비스, 벤더 종속 비용도 요구할 수 있다. 디에고로 주디체는 "오픈소스 도입에 대해 전략적인 접근방식을 취하는 기업들은 유지보수 비용, 교육, 기타 비용에도 불구하고 오픈소스가 충분히 안전하고 효율적이며 전반적으로 더 비용이 적게 든다"고 말했다.

2. 혁신에 대한 접근성 올라간다

기업의 오픈소스 도입에 관해 이야기할 때, 비용 절감만 따지기보다는 혁신과 최고의 기술에 대한 접근성을 고려해야 한다.

디에고로 주디체는 "오픈소스로 실험하는 것은 상용 제품보다 쉽다. 개발자는 기존의 무료 소스를 다운로드하여 시도한 후 해당 기술이 적합한지 판단할 수 있으며, 적합하지 않은 경우 다른 구성요소로 신속하게 변경할 수 있다"라고 말한다. 깃허브의 EMEA 솔루션 엔지니어링 이사 카이 힐튼 존스는 "오픈소스가 혁신을 가능하게 한다"라고 강조했다. "이제 기업들은 오픈소스 커뮤니티와 같은 문화가 조직 내부의 혁신에도 기여한다는 사실을 알고 있다."

3. 특정 업체에 종속되지 않는다

이전 소프트웨어 업체들이 자신들의 고객을 종속시켜 이를 통해 이익을 얻는 메커니즘으로써 '폐쇄형' 코드를 사용한 반면, 오픈소스는 모두가 소프트웨어를 검토하고 원하는 대로 사용 및 수정하며 집합적으로 새로운 것을 창조하고 결과를 공유할 수 있게 한다. 이를 통해 개발과 혁신을 중심으로 성장하는 커뮤니티의 기초가 형성되는 경우가 많다.

4. 커스터마이징 범위가 넓다

오픈소스 소프트웨어는 코드에 대한 접근으로 훌륭한 수준의 커스터마이징을 제공하며, 일반적으로 제한적인 자원으로 세부적인 커스터마이징이 가능하다. 내부 기술이 부족한 경우 프로젝트의 개발자, 오픈소스 커뮤니티, 일자리를 원하는 상업적 전문가가 지원을 제공할 수 있다. 고객은 커뮤니티와 업체의 지원을 받아 새로운 기능, 커스터마이징, 보안 개선 등을 신속하게 이행할 수 있다.

5. 협업 문화를 조성한다

오픈소스 개발자들은 주로 업무에 대한 자부심과 동료들

의 의견으로부터 동기를 부여받기 때문에 제품의 품질에 더욱 집중하는 경향이 있다. 조직에 소속된 사람들뿐 아니라 세계 최고 개발자의 지식을 이용할 기회가 있으며, 잠재적으로 기여하는 개발자의 수와 이로 인한 잠재적인 지식 풀이 넓어진다.

6. 버그가 적다

오픈소스 커뮤니티는 순수하게 상업적인 경쟁자들보다 더 신속하게 프로젝트의 품질 개선을 유도할 수 있다. 보는 눈이 충분히 많으면 다양한 버그를 빨리 발견할 수 있다. 열성적인 커뮤니티 구성원들의 도움으로, 이런 버그들은 신속하게 수정할 수 있다.

7. 우수 인력이 들어온다

오픈소스 소프트웨어를 도입하면 우수 개발자와 데이터 과학자 인재를 찾기 위해 전면전을 벌이고 있는 현 상황에서 필수적인 인재채용에도 도움이 될 수 있다. 개발자들은 아직 해결되지 않은 문제를 해결하고 싶어 한다. 개발자가 부족한 세상에서 오픈소스 커뮤니티에 기여하고 오픈소스 문화를 구축함으로써 기업이 최고의 인재에 접근하여 채용하고 유지하는 데 도움이 될 수 있다.

8. 소프트웨어 품질을 높인다

개발자들은 오픈소스 커뮤니티가 이미 완성한 세계 최고의 구성 요소들을 사용하는 것이 효율적이며, 특히 그 구성요소들이 무료일 때는 더욱더 그렇다. 재사용 가능한 구성요소를 확보함으로써 더 높은 가치의 기여에 집중할 수 있는 자유를 확보하는 경우가 많다.

9. 보안이 개선된다

오픈소스 소프트웨어는 모두가 볼 수 있도록 취약성을 노출하는 경향이 있기 때문에 위험을 감시하는 눈이 많다. NGINX의 휘틀리는 "OSS가 더 안전하다"라고 짧게 말했다. 이어서 "반직관적으로 보일 수 있지만 소프트웨어를 보는 눈이 많으면 시험, 버그 해결, 개선도 증가한다. 오픈소스 소프트웨어는 기업이 자체 개발한 소프트웨어나 구매한 상용 소프트웨어 등을 통해 따라갈 수 없는 보안 수준의 이점이 있다"라고 덧붙였다.

10. SW 감사가 쉬워진다

내재된 개방성과 투명성 덕분에 오픈소스 소프트웨어는 기업 사용자에게 훨씬 큰 유연성과 함께 시스템에서 무엇이 작동하고 있는지에 대한 통찰을 제공할 수 있다. 전통적으로 오픈소스 플랫폼은 더욱 명확한 문서, 더욱 빈번한 업그레이드, 시험을 위한 정기적인 다운로드를 제공함으로써 오픈소스 소프트웨어의 감사를 용이하게 해 준다.

출처: Scott Carey, Tom Macaulay, Computerworld UK, 2019년 7월 9일

5.1 ▶ IT 기반 구조의 발전

IT 기반 구조(IT Infrastructure)는 기업 전체를 운영하는데 필요한 컴퓨터 하드웨어, 통신망 등의 물리적 장비와 이 위에서 운영되는 소프트웨어 애플리케이션과 데이터베

이스, 그리고 이들을 효과적으로 이용하기 위한 교육이나 훈련 등의 서비스 일체를 의미한다. 예를 들어, 온라인 쇼핑몰을 운영하는 기업은 고객이 자신들의 쇼핑몰을 접속하기 위한 네트워크로 인터넷, 광 케이블, 이동통신을 위한 무선 네트워크 등 사회 전반에서 공용되는 기반 구조에 의존한다. 기업내부에서는 기업의 운영을 위한 사내 이메일, 워크 플로우 관리 시스템, 전사적 자원 관리시스템 등 기업차원의 IT 기반 구조가 필요하다. 또한 각 부서별로도, 고객관리 시스템, 생산 관리시스템 등 다양한 소프트웨어 중심의 기반 구조가 필요하게 된다. 이러한 IT 기반 구조는 기업 내에서 수도나 전력 시스템과 같이 고객을 위한 제품이나 서비스를 보다 효과적으로 생산하고 판매하기 위한 필수 요소이며 내부 직원, 공급자들에게도 다양한 IT 관련 서비스를 제공하기 위한 기초를 제공하게 된다.

지난 수십 년간 IT 기반 구조는 컴퓨팅과 네트워크 등 핵심 기술과 더불어 발전되어 왔다. 이러한 변화는 크게, 메인 프레임 기반 구조, 개인 컴퓨터 중심의 기반 구조, 클라이언트/서버 중심의 기반 구조, 인터넷 중심의 기반 구조를 거쳐 이루어졌다. 새로운 기반 구조가 나타남으로써 이전의 기반 구조가 점점 사라져 가는 것은 사실이지만 완전히 사라지지는 않는다. 예를 들어 아직도 일부 기업에서는 메인 프레임을 이용한 래거시(legacy) 시스템들이 업무를 처리하는데 사용된다.

메인프레임(mainframe)과 미니컴퓨터 기반 구조: 1960년대 초반

오늘날 조직의 IT 기반 구조는 컴퓨터의 성능 향상과 인터넷을 비롯한 네트워크의 발전과 더불어 빠른 변화를 해왔다. 1960년대 초반만 하여도 기업의 IT 기반 구조는 주로 메인 프레임 컴퓨터 들이었다. 메인 프레임은 일반적으로 대형 컴퓨터 또는 범용컴퓨터라고도 한다. 그 이유는 중앙에 위치한 대형 컴퓨터를 기업 내 사설 네트워크를 이용하여 수백 개의 원격 터미널에 연결하고 이를 공유하여 사용하였기 때문이다. 한 마디로, 전문시스템 관리자에 의한 중앙집중처리 형태의 기반 구조였다. 따라서 이때부터 중앙 메인 프레임의 공유를 가능하게 해주는 시분할 처리방식과 다중작업 방식 등이 활발히 개발되었다.

메인 프레임은 주로 초창기 중 규모 이상의 대기업이나, 은행 등 조직이 크고 거래건수가 많은 곳에서 전사적 컴퓨팅 용도로 이용되어 왔다. 은행이나 증권회사의 경우 고객의 수가 많고 하루에도 수만 건의 거래가 이루어지며 이러한 처리를 위해서는 메인 프레임 정도의 컴퓨터가 필요하였다.

이 분야의 선두주자인 IBM은 1960년대 이후 메인 프레임 시장의 최대점유율을 보여 주었다. 예를 들어 **그림 5-1**은 1965년 출시된 IBM 360 시리즈로서 시분할 처리 방식, 다중작업, 가상메모리 등을 구현하며 널리 이용되었다. IBM 외에도 UNISYS, AMDAHL, NEC, 후지쓰사가 대표적인 메인 프레임 공급 업체이다.

그림 5-1 IBM 360 시리즈. 초기 메인 프레임의 크기는 방 하나를 차지할 정도로 매우 컸다.

메인 프레임은 성능은 우수하지만 가격이 비싸고 사용하기가 어려울 뿐 아니라 유지 · 관리하는 데 비용이 많이 들어 중소규모의 조직이 이용하기는 힘들었다. 그러나 1960년대 후반 DEC(Digital Equipment Corporation)사가 미니컴퓨터를 개발함에 따라 컴퓨터의 사용이 급속하게 확산되는 전기를 맞이하게 되었다. DEC사가 처음 개발한 PDP-8 미니컴퓨터의 경우 가격이 5만 달러 정도여서 그 당시 메인 프레임이 2십만 달러였던 점을 감안하면 파격적인 가격이었다. 메인 프레임과 마찬가지로 미니컴퓨터는 여러 명의 사용자가 동시에 사용할 수 있는 멀티유저시스템인데, 미니컴퓨터에도 수십 명에서 수백 명 정도의 사용자가 동시에 사용할 수 있는 다양한 시스템이 있다.

미니컴퓨터는 메인 프레임과 입력, 출력, 저장장치 등이 유사하고, 비슷한 업무를 처리하지만 그 규모에 있어 차이가 있다. 즉, 속도 면에서 늦고, 저장장치도 작으며, 동시 사용할 수 있는 사용자의 수에 있어서도 제한적일 수밖에 없다. 따라서 메인 프레임이 중앙집중형 방식으로 혼자서 모든 작업을 집중적으로 처리하였다면, 미니컴퓨터는 부서별/사업단위별로 작업을 처리하는 방식으로 일종의 메인 프레임과 개인 PC의 중간 수준이라

그림 5-2 미니 컴퓨터: 메인 프레임에 비해 크기가 훨씬 줄어들었다.

하겠다. **그림 5-2**에서 그 예를 보여 주고 있다.

이와 같은 미니컴퓨터는 메인 프레임보다 성능자체에 있어서는 못미치지만 가격 대비 성능 측면에서 본다면 메인 프레임을 능가하였다. 또한 미니컴퓨터는 온도와 습도조절 등의 특수한 환경을 필요로 하지 않아 대부분의 사무실이나 작업장에 설치할 수 있고, 작동하기가 쉬워, 전문요원이 없어도 일반 직원들을 훈련시키면 시동이 가능한 시스템이다. 대표적인 미니컴퓨터로는 DEC사의 VAX계열 제품과 IBM의 AS/400 등을 들 수 있다.

메인 프레임과 미니컴퓨터를 기반으로 한 기반 구조는 1980년대 초반까지 주류를 이루었으나 1980년 이후 개인용 PC의 급신장으로 성장률이 둔화되었으며, 특히 클라이언트/서버 컴퓨팅 추세의 확산에 따라 더욱 위축되었다.

독립적 개인 PC 기반 구조: 1980년대 초반

개인용 PC가 대중화 되기 시작한 것은 1981년 IBM PC가 출시된 이후이다. IBM은 PC 시장의 급속한 성장을 제대로 예견하지 못하고 IBM PC의 호환기종을 허용하였다. 따라서 이런 호환 기종은 Microsoft사의 DOS를 기본운영 체제로 도입하였고 이후 윈도우 운영체계가 표준으로 확립되면서 빠르게 전파되기 시작했다. 1980년대부터 1990년대 초까지 크게 확장된 개인 PC 기반 구조는 개개의 개인용 컴퓨터에서 독립적으로 운영될 수 있는 워드프로세서, 스프레드시트, 프레젠테이션, 그리고 데이터베이스 등 생산성 향상 애플리케이션의 발전을 가져왔다. 즉, 중앙집중방식의 메인 프레임 방식이 독립적인 개인용 컴퓨터로 분산되기 시작하였다. 이후, PC는 마이크로 소프트의 윈도우와 인텔사와 CPU를 탑재한 '인텔 PC'가 대표적인 표준으로 자리잡아, 현재 대략 88%의 개인컴퓨터는 윈도우 기반이고, 8%는 애플의 MacOS기반, 그리고 나머지는 리눅스 등 다른 운영시스템을 쓰고 있다. 최근에는 태블릿과 스마트폰이 대중화되면서, 개인용 컴퓨터에 대한 수요가 다소 주춤하지만, 여전히 워드프로세싱, 스프레드시트, 발표자료 작성 등에 그 활용도가 높다.

여기서 주의할 점은 개인 PC 중심의 업무처리가 수행되기 시작한 1980년대에는 PC 간의 네트워크의 연결은 상대적으로 중요성이 떨어지게 되었다는 점이다. 하지만, 1990년대 이후 다시 네트워크를 통한 컴퓨터의 연결이 중요시 되며 클라이언트/서버 기반의 구조로 발전하기 시작했다.

스포트라이트   세계 최초의 컴퓨터는?

Electronic Numerical Integrator And Calculator(ENIAC)은 세계 최초의 컴퓨터로, Universal Automatic Computer(UNIVAC)는 세계 최초로 상용화된 컴퓨터로 유명하다. 두 컴퓨터 모두 미국 펜실베니아 대학의 전기공학자 모칠리(John W. Mauchly)와 에커트(J. Presper Eckert, Jr.)가 개발하였다. 에니엑은 1948년 탄도 궤도 계산을 위한 군사적 목적으로 발명된 진공관 방식의 컴퓨터이다. 이후 이 두 사람의 전문가는 1951년 회사를 설립하여 상용 목적의 유니백 컴퓨터를 개발했다. 유니백은 기업이나 정부기관에서 업무처리 목적으로 도입한 첫 디지털 컴퓨터로 알려져 있다. 유니백은 오늘날 컴퓨터에 비해 속도는 매우 느린 반면 크기는 방 하나를 가득 메울 정도로 크다. 이는 여러 개의 '진공관'을 소자로 하여 중앙처리장치 및 메모리 회로를 구성했기 때문이다. 또한 주기억장치로는 자기 드럼을, 그리고 보조기억장치로는 자기 테잎 및 천공카드(punched cards)를 이용한 것이 이 시기 컴퓨터의 특징이다. 유니백 컴퓨터는 중량이 무려 13톤에 달했으며 5,200개의 진공관을 탑재했다. 유니백은 미국의 1951년 인구 조사와 1952년 대통령 선거의 결과 예측, 그리고 1954년 GE사의 자동임금 처리 시스템에 이용되었다.

▲ 에니엑 컴퓨터. 세계 최초의 컴퓨터

▲ 유니백 컴퓨터. 세계 최초의 상용화된 컴퓨터

클라이언트/서버 기반 구조: 1980년대 중반

클라이언트/서버 기반 구조는 네트워크의 발전과 앞서 언급한 개인용 PC가 대중화되면서 나타났다. 클라이언트는 사용자 인터페이스를 위한 화면운용(Presentation Rule), 업무규칙(Business Rule)의 구현, 그리고 자료에 대한 접근규칙(Data Access Rule)등의 작업을 맡게 되었으며, 이에 반해 서버는 주로 데이터를 관리하는 작업을 맡게 되었다. 클라이언트와 서버는 서로 물리적으로 독립된 시스템에 존재하지만 네트워크를 통해 연결되는 형태로 구성되었다. 주로 서버는 클라이언트에 비해 대용량의 시스템이 이용되었다. 시스템의 구성이 2-계층 클라이언트/서버 방식으로 발전함으로써, 기존 메인 프레임 구조와 같은 서버의 부하가 상당부분 줄어들게 되었으며, 클라이언트가 서버에 위치한 대량의 자료를 접근하여 가공할 수 있게 됨으로써, 더욱 정교한 자료 분석과 사용자로의 정보 제공이 가능해졌다.

하지만, 많은 기능이 클라이언트 시스템으로 이관됨에 따라, 반대로 클라이언트가 너무 비대해지는 결과를 발생시켰으며, 서버로의 과도한 데이터 접근 요구에 의해 네트워크의 부하도 매우 높아지게 되었다. 이를 보완하기 위해서 3-계층 클라이언트/서버 시스템이 도입되었다. 기존의 2-계층 클라이언트/서버 시스템의 문제점을 해결하기 위해 새로 도입된 방식으로, 사용자와 인터페이스하기 위한 화면운용만을 클라이언트시스템이 담당하고, 나머지 업무규칙의 구현과 자료의 접근규칙의 운용을 자료 관리와 더불어 서버시스템에서 담당하는 방법으로, 서버와 클라이언트의 작업분담이 더 세분화되는 방식이다.

이 방식에서 서버 시스템은 업무 규칙을 처리하는 부분과 자료 관리를 위한 부분을 물리적으로 나누어 서로 다른 2개의 서버로 구성될 수도 있다. 이와 같이 업무 규칙에 관한 애플리케이션을 분산함으로써 성능의 향상을 가져오고, 서버의 기종이나 데이터베이스에 무관하게 확장성이 용이해지며, 장애 발생시에도 다른 백업 컴퓨터로의 이전 및 장애 복구가 용이해졌다. 하지만, 개발 환경이 복잡하고 구현이 어렵고, 추가적인 조정을 위한 중간 미들웨어 및 하드웨어의 도입에 따른 추가 비용 부담이 있다.

인터넷 중심의 기반 구조: 1990년대 초반

인터넷이 사회 전반적인 네트워크로 자리잡으며 웹 기반의 시스템이 나타나게 된다. 웹 시스템도 확장된 '클라이언트/서버 시스템'으로 분류되나, 일반적으로 클라이언트/서버 시스템이라고 하면 웹 시스템이 나오기 이전, 즉 앞서 설명한 바와 같이 사용자 PC에는 클라이언트가 설치되어 화면을 처리하고 서버에서는 자료를 처리하는 시스템을 일컫는다. 인터넷 중심의 IT 기반구조가 보여주는 가장 큰 특징은, 다양한 컴퓨터 하드웨어들이 종류에 상관없이, 광대역의 네트워크에서부터 소규모의 네트워크까지 전 세계에 걸쳐 하나로 연결되었다는 사실이다. 이를 통해 예전에 상상할 수 없었던 기기간, 조직간 연결성과 데이터의 유연한 흐름을 보장하게 되었다. 인터넷은 전 세계 네트워크를 하나로 연결하기 위해 TCP/IP라는 통신 표준 규약을 따르는데, 이에 대한 보다 자세한 기술적 설명은 제6장에서 다루도록 한다.

인터넷의 발전으로 인하여 사용자들은 웹 브라우저를 통해 다양한 서비스를 요구하게 되었고, 서비스 제공자들은 이를 처리하기 위해 클라이언트에게 웹 페이지를 보여주는 웹 서버, 업무 규칙과 처리를 담당하는 응용서버 등을 효율적으로 연결하여 사용한다.

클라우드 중심의 기반 구조: 2000년대 초반

최근 들어서는, 보다 빨라진 인터넷 환경을 기반으로 클라우드 컴퓨팅이 새로운 IT 기반 구조로 대두되고 있다. 인터넷 기술을 활용하여 가상화된 IT자원을 서비스로 제공하는 방식으로 사용자는 소프트웨어, 스토리지, 서버, 네트워크 등 다양한 IT 기반 구조에 대한 자원을 필요한 만큼 빌려서 사용하고 사용한 만큼 비용을 지불하게 된다. 마치 전기나 수도를 사용하는 것과 같은 방식이다. 따라서 기업들은 개별 IT 기반 구조를 설치하고 관리하기보다는 이를 서비스로 간주하고 서비스 제공업체를 통해서 제공받게 된다.

기술적인 측면에서 클라우드 컴퓨팅이라는 개념은 완전히 새로운 기술이라기보다는 기존의 분산 컴퓨팅, 웹 서비스, 서버 및 스토리지의 가상화 기술과 공개 소프트웨어 등의 기반기술을 하나로 융합하여 만들어진 컴퓨팅 환경이라고 할 수 있다. 하지만 이런 복잡한 인프라 구조는 대부분 구름 뒤에 숨겨지게 되며, 사용자는 이러한 기반 구조에 대한 전문 지식이 없이도 자기가 원하는 기능을 서비스의 형태로 제공받는다. 클라우드 컴퓨팅에 대해서는 제9장에서 자세히 다루고 있다.

5.2 IT 기반 구조의 구성 요소

컴퓨터 하드웨어 기반 구조

컴퓨터 하드웨어는 데스크탑 PC, 랩탑 컴퓨터 등의 클라이언트 장비들과 대용량의 서버 컴퓨터 장비로 크게 나누어진다. 클라이언트 장비에는 마이크로 프로세스(CPU)를 장착하며 이를 제공하는 업체는 크게 인텔(Intel)과 AMD사가 있다. 이들 둘 간의 경쟁은 오랜기간 동안 지속되어 왔다. 한 쪽 회사가 우세할 때, 다른 쪽 회사에서는 대대적으로 업그레이드를 해서 우위를 차지하고, 그러면 다른 쪽에서 또 다른 업그레이드를 실시하고, 이런 반복을 통해서 CPU는 발전해 왔다. CPU는 더 미세한 나노(nm)공정을 적용할수록 와이퍼 한 장당 더 많은 칩을 만들어 낼 수 있는데, AMD사는 2019년 이후 7 나노 공정을 통해 제품을 만들고 있으며, 2021년 현재 인텔은 10나노 공정을 통해 제품을 만들 수 있는 기술을 가지고 있다.

CPU의 발전 과정을 살펴보면, 먼저 1971년 인텔은 최초의 상업용 CPU인 '4004'(4비트)를 1만 나노(nm) 공정으로 출시한다. AMD의 경우 1975년 '8080A'라는 모델을 출시하며 본격적으로 인텔과의 경쟁이 시작되었다. 이후 1980년대에 들어서면서 PC가 대중화되고, 당시 흔히 불려지던 286, 386, 486 등 x86으로 불리는 CPU가 3~4년 단위로 개발되었다.

이어서, 1993년대에 들어서 마침내 인텔사의 '펜티엄' CPU가 개발되었다. 사실 486 다음으로 586이라는 이름이 사용될 예정이었으나 당시 AMD사가 이미 586이라는 이름을 사용함에 따라 5를 지칭하는 'Pent-'와 부품을 지칭하는 '-ium'이 합쳐진 새로운 이름 펜티엄이 사용되었다. 이때부터 펜티엄은 I, II, III, IV 그리고 펜티엄-D로 2005년까지 꾸준히 업그레이드되었다. 하지만, 인텔의 첫 듀얼 코어 CPU인 펜티엄-D는 전력 소모와 발열이 심하고, 데이터 병목현상이 심해 소비자들로부터 부정적인 평가를 받았다. 반면, 같은 시기AMD가 출시한 듀얼코어 애슬론 64×2는 문제없이 작동했다. 당시 시장은 인텔이 AMD에 시장을 뺏기는 듯 보였다.

2006년에 접어들면서, 인텔은 아키텍처를 개선하고, 두뇌를 늘리는 멀티 코어(Multi Core) 방식을 채용했으며, 다양한 명령어들을 추가하는 등 설계와 효율 측면에서 개선을 이뤄 나가면서 성능을 높여가기 시작했다. 2006년부터 출시된 인텔의 CPU에는 "코어2"라는 이름이 붙여지고 65나노공정을 통한 양산에 돌입하면서 AMD에 반격을 하는 양상을 보였다. 간단히 말하자면, CPU의 주된 주기능은 제어장치와 연산 장치로 나누어지는데, 코어2 듀오 CPU는 제어 CPU 1개와 연산 CPU 2개로 구성된다. 이를 이어, 제어 CPU 1개와 연산 CPU 4개의 조합인 코어2 쿼드 CPU가 2007년에 개발되었다. 이후 코어 2 시리즈는 45나노공정으로 발전하면서 2008년에 더 낮은 전력과 발열 면에서 우수한 CPU들이 생산되었다.

2008년에 접어들면서, 쿼드 코어가 점차 대중화되기 시작하였고, i5와 i7 등 i 시리즈 CPU가 나타났다. 2010년에 나온 'i7 걸프타운'은 최초로 6개의 코어를 연결한 헥사코어 CPU이다. 2011년에 들어서면서, 샌드브릿지라는 새로운 계열의 저전력 고성능의 뛰어난 코어 i 시리즈들이 출시되었고, 2013년부터는 하스웰이라는 새로운 아키텍처를 적용한 4세대 코어 i 시리즈들이 사용되었다. 이후 5세대(브로드웰), 6세대(스카이레이크), 7세대(카비레이크), 8세대(커피레이크), 9세대(커피레이크 리프레쉬)를 거쳐, 최근에는 10세대(코멧 레이크/아이스 레이크) i 시리즈 CPU가 출시되었다. 지난 40년간 CPU의 발전은 실로 놀라우며 아래 "스포트라이트"에서 설명하고 있는 무어의 법칙(Moor's Law)은 이런 현상을 설명하기에 적합하다.

최근 인텔은 CPU시장을 독점하고 있다는 생각에 기술투자를 게을리 하고, 연구개발에 소극적인 모습을 보여 주었으며, 신규 모바일 사업에 대한 투자는 모두 실패를 거듭하고 있다. 반면 영원히 2위 자리에 밀려 있을 줄 알았던 AMD사는 2012년 부터, 새로운 인재를 영입하고 플레이스테이션과 X-Box와 같은 콘솔에 자사의 CPU와 그래픽 카드를 공급하여 자금을 축적하게 된다. 자금력과 우수한 인력을 이용한 결과 AMD사는 새로운 CPU인 "라이젠(Ryzen)"을 2017년 출시하였고, 2021년 현재 5세대 라이젠이 7나노 공정을 통해 출시되었다. 이에 인텔도 코어-i9세대부터는 코어 개수를 늘리면서 라이젠에 대응하기 시작했지만, 수년 동안 연구 개발에 소홀한 탓에 10나노 공정을 이용한 생산에도 계속 차질을 빚고 있다. 한편, 애플은 최근 기존에 사용하던 인텔 CPU 대신, 자체 설계한 M1 CPU를 새로 출시되는 컴퓨터에 적용하고 있다. CPU 시장의 영원한 승자는 존재하지 않는다고 하겠다.

보다 작은 클라이언트 장비인 테이블릿이나 스마트폰의 경우에는 CPU와 함께 통신모듈, 그래픽 모듈, 디지털 신호처리 모듈 등이 하나로 집약된, 손톱 크기 정도의 모바일 어플리케이션 프로세서(Application Processor, AP)가 필요하다. 그 예로, 애플의 A14, 퀄컴의 스냅드래곤, 삼성의 엑시노스 등이 있다. 이들 제품은 제조 회사는 다르지만, 공통적으로 저전력이면서 효율성이 뛰어나야 하는데, 이를 위해서, ARM이라는 특화된 회사에서 설계한 아키텍처 (ARM architecture)를 라이센스를 주고 사와서 제조에 사용한다.

서버 장비는 클라이언트에 비해 좀 더 다양한 종류의 제품이 발전되어 왔다. 위에서 언급한 인텔사나 AMD사의 프로세스를 칼날(blade)처럼 얇게 여러 개를 랙(rack)에 장착한 형태인 블레이드 서버가 있다. **그림 5-3**에서 보여주듯이 대략 16대 가량의 서버가 한 랙에 들어갈 수 있다. 각 서버는 일반 PC급 사양이지만, 전력공급이나 기타 기능들이 따로 달려있지 않고, 랙에 달려있는 각 서버를 위한 거치대인 '샤시'에

그림 5-3 블레이드 서버. 여러 개의 인텔이나 AMD사의 프로세스 기반으로 한 서버를 10개 이상 얇게 겹쳐서 사용한다.

서 전력 등을 공급 받는다. 블레이드 서버는 공간 절약과 집중을 통하여 비용을 절감하는데 탁월하다.

블레이드 서버는 주로 MS사의 윈도우 기반 서버를 운영시스템으로 채택하는 경우가 대부분이다. 가령 IBM이 공급하는 블레이드 서버의 70-80%가 윈도우를 기반으로 하고 있으며, 델과 HP사의 블레이드 서버 제품은 대략 90%를 윈도우 기반으로 하여 시장에 공급하고 있다고 한다.

이밖에, 특별히 고안된 CPU를 사용하는 서버도 여러 종류가 있다. 예를 들어, 오라클 사가 보유한 SUN SPARC는 기업체를 위한 전문 서버이며 IBM과 애플이 공동 개발한 PowerPC도 비슷한 예이다. 우리가 흔히 이용하는 Intel과 AMD사의 CPU에 장착된 칩 대부분은 CISC(complex instruction set computing) 방식으로 설계되어 있으며 CISC 칩은 칩 내에 여러 명령 내용을 담은 특수목적의 회로를 포함하고 있어 프로그래머가 일하 기는 훨씬 쉽다. 그러나 CISC 칩은 복잡하고 생산하는 데 비용이 많이 든다. 반면, SUN SPARC나 PowerPC의 경우 칩을 RISC(reduced instruction set computing) 방식으로 설계함으로써 마이크로프로세서의 속도를 크게 향상시킬 수가 있다. RISC 칩은 기본적인 명령만을 담고 있어 더 단순하며 생산비용이 적게 드는 장점이 존재한다. 이와 같은 서버들은 주로 Unix나 Linux를 운영 시스템으로 사용한다.

 스포트라이트 **무어의 법칙**

무어의 법칙은 인텔(Intel) 창업자 중 한 사람인 무어 (Moor)가 1965년에 일렉트로닉스 잡지의 기사에서 주장한 것인데 "컴퓨터 반도체칩의 성능은 18개월마다 2배로 증가하고 가격은 반으로 줄어든다"는 법칙이다. 무어의 법칙은 아래 그림과 다음 표에서 보여주듯이 2000년대 초반까지 컴퓨터 메모리와 저장장치에 잘 적용되어져 왔다. 이때까지 무어의 법칙이 시사하는 바는 디지털기기들이 점차 고성능화되고 저렴한 가격에 구입할 수 있어 대중화되어 디지털경제의 원동력이 되었다는 점이다. 그러나 최근 들어 계속될 것 같던 무어의 법칙도 이제 한계에 달한 것으로 보인다. 성능 향상을 위해 공정을 새로 만들 때마다 천문학적인 비용이 들어가고 물리적으로도 집적하기 힘든 수준까지 왔기 때문이다. 설사 가능하다고 해도 이제 컴퓨팅 시장의 중심이 PC에서 모바일로 전환하면서 성능 외에 전력 소모나 냉각 같은 이슈가 중요해진 것도 '무어의 법칙'에 집착할 필요가 없는 이유 중 하나이다. 무어의 법칙은 '아직' 부분적으로 유효하다. 그러나 무어의 법칙 이후 시대에 대한 논의가 더 활발하다. 실제로 병렬 컴퓨팅이라는 신개념이 등장했고, 기존 실리콘이 아닌 새로운 물질을 이용한 칩도 연구가 한창이다. '무어의 법칙'은 결국 깨지겠지만 기술 발전은 계속될 것이다.

년도	제품	가격
1980년	1GB 하드디스크	5억 원
2005년	80GB 하드디스크	15만 원
2010년	1TB 하드디스크	15만 원
2020년	1TB 하드디스크	5만 원

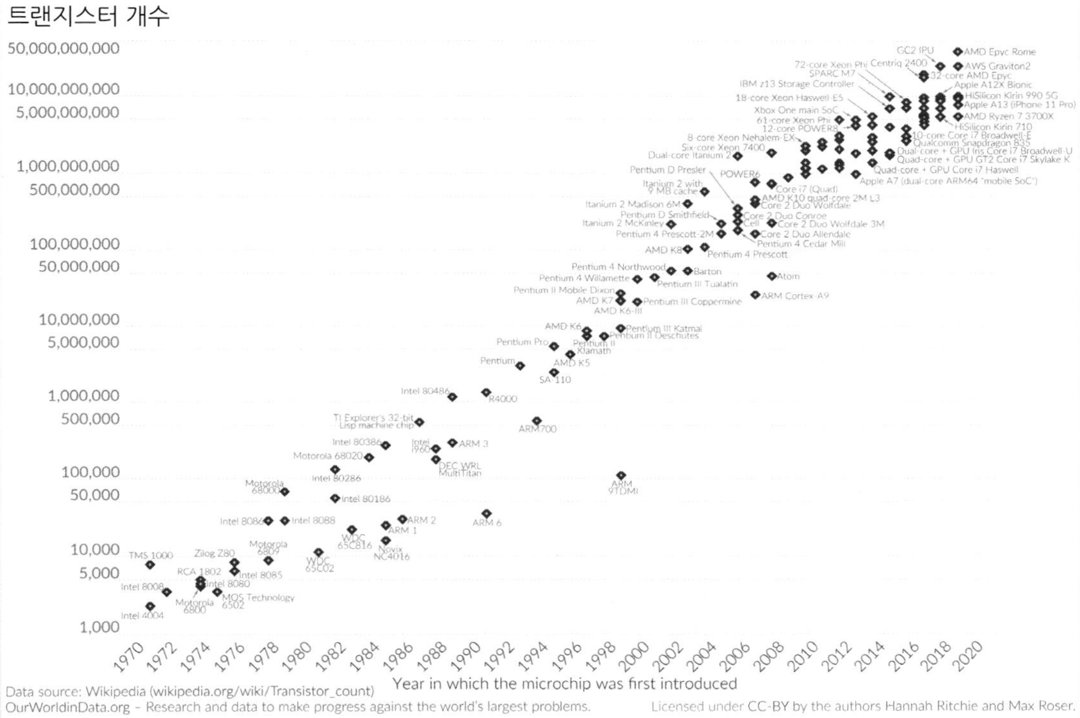
트랜지스터 개수
50,000,000,000
10,000,000,000
5,000,000,000
1,000,000,000
500,000,000
100,000,000
50,000,000
10,000,000
5,000,000
1,000,000
500,000
100,000
50,000
10,000
5,000
1,000
1970 1972 1974 1976 1978 1980 1982 1984 1986 1988 1990 1992 1994 1996 1998 2000 2002 2004 2006 2008 2010 2012 2014 2016 2018 2020
Year in which the microchip was first introduced
Data source: Wikipedia (wikipedia.org/wiki/Transistor_count)
OurWorldinData.org – Research and data to make progress against the world's largest problems.
Licensed under CC-BY by the authors Hannah Ritchie and Max Roser.

출처: ourdataworldindata.org

소프트웨어 기반 구조

컴퓨터 하드웨어는 정보시스템 인프라에서 중요한 비중을 차지하지만 소프트웨어가 함께 있을 때 비로소 제 역할을 발휘할 수 있다. 흔히 소프트웨어는 시스템 소프트웨어와 애플리케이션 소프트웨어의 두 종류로 나누어진다. 시스템 소프트웨어는 중앙처리장치, 통신 라인, 주변장치와 같은 컴퓨터 자원들을 제어하고 관리하는 프로그램들의 모음이다. 가령, 윈도우 10은 시스템 소프트웨어의 예에 속한다. 반면, 애플리케이션 소프트웨어란 이용자의 특정 과업을 지원할 목적으로 개발되는 프로그램을 뜻한다. 예를 들어, 메일을 보내거나 받을 수 있는 e-메일 프로그램, 문서를 작성할 수 있는 워드프로세싱 프로그램, 프레젠테이션 자료를 작성할 수 있는 그래픽 프로그램 등이 모두 애플리케이션 프로그램에 속한다. 시스템 소프트웨어와 애플리케이션 소프트웨어 간의 관계는 **그림 5-4**와 같이 표현할 수 있다. 이 요소들은 상호간에 흥미로운 의존 관계를 나타내고 있다. 즉, 이용자는 자신의 과업을 수행하기 위해 바로 안 쪽에 있는 애플리케이션 소프트웨어를 사용하게 되고, 애플리케이션 소프트웨어는 이용자의 요구를 이행하기 위해 시스템 소프트웨어의 기능을 사용해야 하며, 또한 시스템 소프트웨어는 애플리케이션 소프트웨어의 요청에 따라 하드웨어를 활용해야 하는 것이다. 이러한 맥락에서 본다면, 애플리케이션 소프트웨어는 시스템 소프트웨어에 의존하는 관계임을 발견할 수가 있다. 다시 말해, 시스템 소프트웨어 없이는 애플리케이션이 제 역할을 담당할 수 없다는 의미로 해석할 수 있다.

그림 5-4 ◆— 소프트웨어 유형간의 관계

시스템 소프트웨어는 애플리케이션 소프트웨어와 하드웨어를 이어주는 연결고리이다.

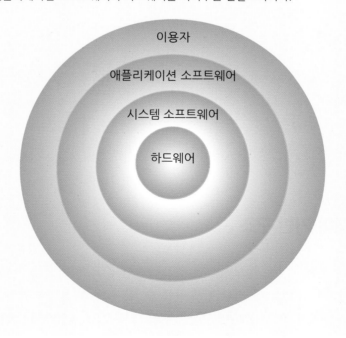

일반적으로 소프트웨어는 **그림 5-5**와 같이 분류할 수 있다. 이용자들이 흔히 목적을 달성하기 위해 필요로 하는 프로그램은 애플리케이션 소프트웨어로서 범용 프로그램과 전용 프로그램이 이에 속한다. 반면, 시스템 소프트웨어는 이들 애플리케이션 프로그램을 개발할 뿐 아니라 프로그램의 운영을 관리할 목적으로도 필요하다. 즉 시스템 소프트웨어를 통해 프로그램을 안정적으로 운영할 수 있는 환경이 제공될 수 있는 것이다.

애플리케이션 소프트웨어

애플리케이션 소프트웨어란 이용자의 업무를 지원할 목적으로 개발된 응용프로그램을 뜻하며, 크게 범용소프트웨어와 전용소프트웨어의 두 가지로 분류된다.

범용(general-purpose) 소프트웨어　컴퓨터의 모든 응용 분야에서 공통적으로 사용할 수 있는 도구적인 성격을 갖는 응용프로그램으로 여기에는 워드프로세서(예, MS Word, 아래아 한글), 스프레드시트(예, MS Excel), 데이터베이스 관리시스템(예, Oracle

---

그림 5-5 ─ 컴퓨터 소프트웨어의 분류

이용자들은 대부분 애플리케이션 프로그램에 관심이 많지만, 이러한 프로그램들을 운영하거나 관리하는 데는 시스템 프로그램이 필요하다.

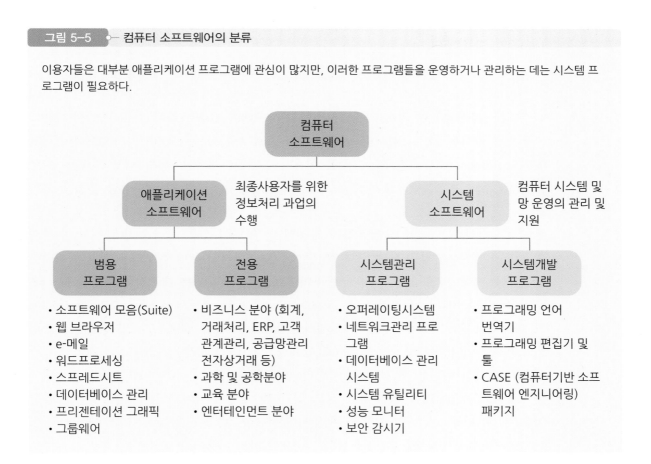

데이터 베이스, MS SQL, MySQL: 제5장 참조), 프레젠테이션/그래픽 소프트웨어(예, MS PowerPoint, 포토샵) 등이 있다. 이러한 소프트웨어들은 누구나 구매할 수 있도록 패키지(package)의 형태로 제공된다.

전용(application-specific) 소프트웨어　특정 분야에 사용할 목적으로 개발된 프로그램으로 여기에는 마케팅, 생산관리, 회계 등 비즈니스 분야(예, SAP사의 ERP 시스템, Salesforce사의 CRM 시스템)에서부터 교육, 과학, 의료분야에 이르기까지 다양한 응용프로그램이 있다.

시스템 소프트웨어

시스템 소프트웨어는 컴퓨터시스템의 다양한 부분들을 관리하며 애플리케이션 소프트웨어와 컴퓨터 하드웨어 사이의 연결고리 역할을 담당한다. 컴퓨터시스템의 작동을 관리함은 물론, 프로그램의 개발, 테스팅 및 디버깅을 위한 툴을 제공한다. 애플리케이션 소프트웨어가 이용자의 특정 목적을 위해 필요한 반면, 시스템 소프트웨어는 일상적인 용도로 사용되며 일부는 자동으로 실행되기 때문에 때로는 이용자가 시스템 소프트웨어의 존재를 잊고 지내기도 한다.

앞서 **그림 5-5**에서 살펴본 바와 같이, 시스템 소프트웨어는 시스템 관리프로그램과 시스템 개발 프로그램의 두 가지로 분류된다. 시스템 관리 프로그램은 이용자가 정보처리 과업을 수행하는데 있어 컴퓨터시스템의 하드웨어, 소프트웨어, 네트워크 및 데이터 자원을 관리하는 프로그램이다. 시스템관리 프로그램으로는 오퍼레이팅시스템이 대표적이다. 반면, 시스템개발 프로그램은 이용자가 애플리케이션 프로그램을 개발할 수 있도록 해 주는 프로그램으로서 프로그래밍 효율성을 높일 수 있는 다양한 툴들을 포함한다.

오퍼레이팅 시스템(OS)　컴퓨터를 사용해 본 경험이 있는 사람은 전원을 켜면 부팅(booting)이라는 과정을 통해 오퍼레이팅시스템이 먼저 컴퓨터 메모리에 읽혀 들어가야만 한다는 것을 알고 있을 것이다. 클라이언트 PC에 탑재되는 대표적 인운영체제는 MS 계열의 윈도우10과 애플계열의 Mac OS X(2020년 버전 빅설. Big Sur), 그리고 크롬 OS도 크롬북의 출시와 함께 꾸준히 그 세력을 확장하고 있다. 물론, 모바일 컴퓨팅 시스템인 스마트폰이나 테블릿도 안드로이드(Android)나 애플의 모바일 전용 오퍼레이팅 시스템을 사용하여 부팅을 한다. 반면 서버의 경우에는 85% 이상이 Unix나Linux 시스템을 운영체제로 사용하며 나머지 15% 정도만 윈도우계열의 서버가 차지하고있다. 가장 큰 이유는 Unix나 Linux는 여러사람들이 동시에 사용할 수 있는 다중사용자(multiuser) 시스템으로 적합하기 때문에 기업시스템의 기반으로 널리 이용되고 있다.

오퍼레이팅시스템이란 이와 같이 컴퓨터시스템의 작동을 시작하게 해주고, 기기의 운영을 지시하며, 입출력을 통제하는 프로그램들로 구성되어 있다. 따라서 오퍼레이팅 시스템 없이 컴퓨터는 아무런 일도 할 수 없게 된다. 오퍼레이팅시스템은 이렇게 시스템 자원의 관리, 시스템 활동의 감시 그리고 디스크와 파일관리와 같은 기능을 수행한다.

시스템자원의 관리에 포함되는 기능은 첫째는 CPU관리이다. CPU는 한꺼번에 하나의 일밖에 할 수 없기 때문에 여러가지 작업을 동시에 실행하는 멀티태스킹 OS의 경우 CPU가 여러 프로그램을 오가면서 일을 해야 한다. 이때 CPU 시간을 할당하는 데에 타임슬라이싱(time slicing) 방식이 많이 이용된다. 타임슬라이싱이란 CPU 처리시간을 일정한 시간단위에 의해 나누어 놓은 것을 말한다. 둘째는 메모리관리이다. 컴퓨터가 일을 하는 동안에는 주기억장치 내에 오퍼레이팅 시스템을 위시하여 응용프로그램, 처리대기 중인 데이터, 계산작업을 위한 공간 등 여러 종류의 항목들이 저장되는데, 이들을 관리하는 것이 오퍼레이팅 시스템기능의 하나이다. 세 번째는 입출력관리이다. 마우스나 키보드 등 입력장치로부터 동시에 데이터가 읽혀 올 수도 있고 또 CPU가 끝낸 작업을 모니터나 프린터에 내보내야 하는데, 오퍼레이팅시스템은 이러한 입력과 출력을 관리하는 기능을 수행한다.

시스템활동의 감시기능으로서 첫 번째는 시스템성과의 측정이 있다. 시스템의 성과는 여러 방법으로 측정되는데, 사용자의 입장에서 보면 응답시간(response time)이 가장 보편적인 측정수단이 된다. 응답시간은 사용자가 데이터를 입력한 후 컴퓨터가 응답할 때까지의 시간을 의미한다. 시스템성과를 측정하는 프로그램은 CPU 사용률(utilization)도 아울러 계산해 낸다. 두 번째는 시스템보안관리이다. 사용자ID와 패스워드에 의한 로그온 관리나 각 사용자별 권한부여 및 관리가 해당된다.

시스템 자원관리와 시스템 활동을 감시하는 기능 이외에도 대부분의 오퍼레이팅 시스템은 디스크와 파일관리기능을 가진다. 여기에는 디스크와 디스켓을 포매팅

▼ 윈도우 10의 화면 예시

▼ 애플 맥 OS X의 화면 예시

크롬북이 생각보다 마이크로소프트에 더 큰 위협인 이유

크롬북(Chromebook)을 기억하는가? 대형 작업을 위해 대형 운영체제를 사용할 필요 없이 인터넷 액세스만 되는 가벼운 것으로도 충분하다는 것을 입증하여 마이크로소프트의 시장 점유율을 빼앗으려 하던 작고 저렴한 노트북이다. 소프트웨어 1개보다 저렴한 가격으로 구매할 수 있는 장치이다. 마이크로소프트 오피스와 기타 대형 클라이언트 기반 소프트웨어 없이 무료 구글 문서(Google Docs)만으로도 충분하다는 것을 증명할 하드웨어였다. 하지만 그렇게 되지는 않았다. 윈도우 노트북이 승승장구하고 있으며 크롬북은 기업에서 거의 사용되지 않는다. 마이크로소프트 오피스는 여전히 오피스 스위트 세상을 지배하고 있다. 마이크로소프트는 걱정할 필요가 없지 않을까?

그렇지는 않다. 크롬북이 생각보다 마이크로소프트에게 더 큰 장기적인 위협이 될 조짐이 보이고 있다. 윈도우 노트북에서 크롬북으로 하룻밤 사이에 또는 수 년 만에 전향할 수는 없다. 하지만 장기적으로는 제대로 된 경쟁자가 될 수 있다. 이유는? 크롬북은 교육 분야에서 많이 판매되고 있다. 학교에서 맥(Mac)을 몰아냈다. 2년 전 처음으로 학교에서 크롬북 판매량이 맥을 초과했다. 학교는 구글에게 좋은 시장이지만 크롬북도 트로이 목마이다. 아이들과 10대들은 숙제 등에 활용하고 있다. 그리고 크롬북을 받으면서 구글의 G 스위트 앱에 무료로 가입한다. 아이들이 G 스위트(G Suite)와 크롬북을 무료로 사용하면서 성장하면 나이가 들어서도 사용할 가능성이 높아진다.

필자가 사는 매사추세츠의 캠브리지에서는 캠브리지 린지와 라틴 고등학교(Cambridge Rindge and Latin High School, CRLHS)가 아이들을 위해 컴퓨터를 구매할 수 있는 가정과 그렇지 못한 가정 사이의 디지털 격차를 줄이기 위해 재학 중인 2,000명 이상의 10대들에게 크롬북을 무료로 제공한다. 캠브리지공립학교(Cambridge Public Schools)의 교육 기술 부 책임자지나 라프턴은 PC나 맥 대신에 크롬북을 선택한 이유를 다음과 같이 밝혔다. "기술 측면에서 놀라운 장치이다. 7초 만에 부팅하기 때문에 수업 시간을 손해 보지 않는다. 그리고 구글 환경에서 사용되며 우리는 7년째 구글 포 에듀케이션(Google for Education) 학군을 유지하고 있기 때문에 우리가 선호하는 온라인 협업 및 생산성 툴이다." 캠브리지만이 아니다. 뉴욕타임스(The New York Times)의 2017년 기사에 따르면 "전국 초등 및 중등 학생의 절반 이상(3,000만 명 이상)이 지메일과 구글 문서 같은 구글 교육용 앱을 사용한다. … 그리고 구글이 지원하며 처음에 용도를 찾기 어려웠던 크롬북은 이제 미국

▲ 크롬북과 교육용 G스위트

의 학교에서 입지가 굳어졌다. 지금은 학교에 판매되는 모바일 기기의 절반 이상을 차지한다."

하지만 이렇게 말하는 사람이 있을지도 모른다. 맥이 수 년 동안 학교에서 인기를 끌었지만 애플이 마이크로소프트가 장착한 기업 시장에 진출하는데 도움이 되지 않았다. 사실이다. 하지만 이번에는 상황이 다르며 그 이유는 3가지이다. 하나는 가격이다. 맥은 PC보다 더 비싸지만 크롬북은 훨씬 저렴하다. 따라서 사람들이 자체 컴퓨터를 위해 크롬북을 구매하고 기업들이 이를 따를 가능성이 더 높다.

둘째, 기업들은 현재 이 BYOD 시대에 사용자의 기술을 따를 가능성이 훨씬 높다. 또한 G 스위트도 있다. 애플은 마이크로소프트 오피스와 경쟁할 오피스 스위트가 없었다. 학생들이 구글의 오피스 스위트에 익숙해지면 졸업 후에도 사용할 가능성이 높아진다. 타임지 기사에서는 이렇게 표현했다. "구글은 학교로 판매되는 수 백만 대의 크롬북을 위한 관리 서비스를 판매함으로써 장치당 30달러를 벌고 있다. 하지만 학생들이 어릴 때부터 자사의 제공물에 익숙해지도록 함으로써 구글은 훨씬 가치 있는 것을 얻고 있다."

학생들이 성장하면 구글은 모든 메일과 문서를 학교 계정에서 개인 계정으로 손쉽게 옮길 수 있도록 한다. 그리고 학교는 심지어 구글을 위해 영업을 하기도 한다. 타임지는 일부 학교들이 졸업생들에게 학교의 모든 문서를 개인 계정으로 옮기도록 요청한다고 보도했다. 해당 신문은 "콜로라도의 리틀턴(Littleton, Colo.)의 챗필트시니어고등학교(Chatfield Senior High School)는 졸업생들에게 '반드시' 학교 계정을 '개인용 지메일 계정'으로 전환하도록 요청하는 공지를 발송했다"고 밝혔다.

로이터(Reuters) 기사는 이렇게 덧붙였다. "지메일과 구글 문서를 사용하면서 성장한 젊은 성인 근로자들은 비즈니스 어답터일 수밖에 없다." 컨설팅 기업 SPR의 부사장 마크 사미는 기업용 마이크로소프트 소프트웨어를 설치하면서 로이터에 이렇게 말했다. "재학 당시 G 스위트만 사용했던 사람들이 있다." 이 모든 것들의 결론은? 기업 부문에서는 윈도우 하드웨어가 지속적으로 우세하다. 하지만 학생들이 근로자가 되면서 크롬북이 언젠가는 제대로 된 경쟁자가 될 것이다.

출처: IT Worlrd, 2018년 10월 8일

(formatting)한다든지, 디스크에 있는 파일을 삭제하거나 보조기억장치에 있는 파일을 다른 곳에 복사하는 기능을 포함한다.

시스템개발 프로그램 최근 컴퓨터 하드웨어 가격은 급속하게 떨어지고 성능은 좋아지는데 비하여, 소프트웨어 부문의 생산성은 크게 개선되지 않고 있어 소프트웨어위기론이 대두되고 있다. 이와 같은 상황에서 프로그래밍의 생산성을 높이기 위해 개발된 언어가 객체지향(object-oriented) 언어이다. 일반적인 프로그래밍에서는 컴퓨터가 해야 할 일을 순차적으로 작성하며 절차(procedure)에 중점을 두는 데 비해, 객체지향 프로그래밍에서는 객체(object)에 중점을 둔다. 객체란 절차와 데이터를 하나로 묶어 특정작업을 수행하도록 만들어진 것으로 프로그램 도중 특정작업이 필요할 때에는 그 작업에 해당하는 객체를 불러 해당 절차를 불러쓰고, 필요하면 상속(inheritance)을 통하여 기존의 객체를 재활용하면서 새로운 객체를 만들어 낼 수도 있다. 따라서 객체별 독립적인 프로그래밍이

스포트라이트 "동상이몽" 기업은 자바스크립트, 개발자는 파이썬

최근의 개발자 대상 설문 조사에 따르면, 기업의 수요가 많은 프로그래밍 언어는 자바스크립트, 자바, 파이썬, C++, C의 순이다. 하지만 개발자가 배우려는 언어는 파이썬, 구글 고, 코틀린의 순이다. IT 인력 채용 정보 사이트인 해커랭크(HackerRank)가 지난해 10월 개발자를 대상으로 실시간 설문 조사에 따르면, 기업주가 원하는 개발 언어와 개발자가 실제로 알고 있는 개발 언어 사이에는 격차가 없었다. 자바스크립트가 간발의 차이로 자바를 이겼다. 하지만 개발자가 선호하는 개발 언어는 달랐다. 개발자가 가장 배우고 싶어하는 언어는 이미 알려진 것처럼 파이썬인 것으로 나타났다.

해커랭크는 또 다음에 배울 언어가 무엇인지도 조사했는데, 개발자들의 응답은 구글 고, 파이썬, 스칼라, 코틀린, 루비 순이었다. 해커랭크는 선호하는 언어는 산업군에 따라 다르다고 설명했다. 예를 들어 자바는 수년 동안 금융 산업의 인기 언어인 반면, 하드웨어 개발 영역은 C가 잡고 있다.

자바스크립트 프레임워크에 대한 기업주와 개발자 간의 격차도 드러났다. 리액트(React) 자바스크립 UI 라이브러리가 가장 극명한 차이를 보였는데, 리액트 기술을 원하는 기업주는 37%인데 비해 관련 기술력을 갖춘 개발자는 19%에 불과했다. 격차가 가장 적은 프레임워크는 앵귤러(Angular)로 수요는 39%, 공급은 32%였다. 가장 인기 있는 Node.js는 38%, 30%로 무난한 편이었다.

이번 조사에는 3만 9,441명의 개발자와 7,000명의 기술 인력 채용 담당자가 참여했다. 이외에 흥미로운 조사 결과는 다음과 같다.

- 개발을 시작하는 연령이 낮아졌다. 설문에 응답한 개발자 중 1/4이 16세 이전에 첫 코드를 작성했다.
- 기업주가 가장 바라는 역량은 문제 해결 능력이며, 능숙한 언어, 디버깅, 시스템 설계가 뒤를 이었다.
- 67% 개발자가 컴퓨터 공학 학위가 있고, 74%는 최소한 부분적으로는 독학으로 프로그래밍을 배웠다.
- 개발자가 알고 있는 개발 언어는 평균 4개였지만, 대부분 그 이상을 원했다.

출처: IT World,2018년 1월 29일

용이하고, 재활용률이 높아지며, 프로그램이 좀더 정형화된 구조를 지니게 되어 개발의 생산성을 크게 높일 수 있게 된다. Java나 C++가 이런 객체지향 프로그래밍을 위한 대표적인 언어이다.

최근에는, 이용자들의 환경이 인터넷기반으로 전환되면서 웹사이트관련 프로그램을 효과적으로 개발하기 위한 노력이 이어졌다. 기존의 표준 웹언어인 HTML(HyperTex Markup Language)은 어떻게 텍스트를 편집하고, 테이블을 그리며, 이미지 등을 삽입할지 '보여주는것'(Visualization)에 목적을 두고 개발되었다. 그러다 보니, 데이터베이스와의 연결, 사용자가 제공하는 정보에 따른 동적인 웹페이지 구성 등이 취약하였다. 이를 보완하기 위해서 HTML과 연동이 가능한 PHP(Personal Hypertext Preprocessor), 자

바스크립트(Javascript) 등의 스크립트언어가 빠른 속도록 발전하였다. PHP는 원래 동적 웹페이지를 만들기 위해 설계되었으며 이를 구현하기 위해 PHP로 작성된 코드를 HTML 소스문서 안에 넣으면 PHP 처리기능이 있는 웹서버에서 해당코드를 인식하여 작성된 프로그램에 따라 데이터베이스와 연결이 되기도하며 원하는 웹페이지를 그 자리에서 동적으로 생성한다. 많은 서버측 오픈소스 소프트웨어는 PHP로 구현되었다.

웹페이지 안에서 객체를 조정하고 브라우저에서 제공하는 각종 API를 이용하기 위해 필수적인 자바스크립트는 현재 대부분의 브라우저에서 지원하면서 웹사이트 개발에 필수적인 언어로 부상했다. 초창기 웹에서는 사용자 입력 값을 전달받아 서버에 전송하기 위한 단순한 작업만을 담당하는데 사용되었던 자바스크립트는, 요즘에는 Node.js라는 서버 플랫폼의 작성 언어로 사용되고 있다. 즉, 자바스크립트는 클라이언트와 서버 양쪽 모두의 명실상부한 웹 애플리케이션 개발 언어로서 자리매김하고 있는 중이다.

네트워킹과 통신 기반 구조

컴퓨터 하드웨어와 소프트웨어들을 통합 구성하는 역할을 하는 네트워크와 통신은 중요한 IT 기반 요소 중 하나이다. 위에서 언급한 마이크로 소프트나 Unix, Linux 등의 운영시스템의 일부로서 네트워크를 위한 소프트웨어들이 대부분 포함된다. 이들 소프트웨어들은 기업 내부의 WAN(Wide Area Network)이나 LAN(Local Area Network), TCP/IP 등 인터넷을 위한 표준 프로토콜 등을 지원한다. 소프트웨어뿐만 아니라, 네트워크를 구성하기 위해서는 네트워크 카드, 허브, 라우터, 스위치, 무선 액세스포인트, 방화벽 등 여러 가지 관련 하드웨어들이 수반되어야 하며 이들을 생산하는 대표적인 회사들로는 시스코(Cisco), 루슨트(Lucent), 노텔(Nortel) 등이 있다. 또한 이런 여러 가지 하드웨어 기기들은 정보 통신 업체들이 제공하는 광케이블이나 전화선 등을 이용하여야 하며, 우리나라의 경우 SK 텔레콤, KT 등이 대표적인 회사이며 미국은 AT&T나 Verizon이 선도적인 회사이다. 특히, 최근 무선 이동통신의 발달로 기존의 CDMA, GSM 방식뿐 아니라, 와이브로(WiBro), 4G라 불리는 LTE(Long Term Evolution), 최근 상용화를 시작한 5G 등 새로운 네트워크와 통신 구조들이 급격히 확대되고 있다. 네트워크에 관련한 보다 자세한 내용은 제6장에서 다룬다.

5.3 최근 IT 기반 구조의 동향 및 미래

최근 IT 기반 구조의 동향은 점점 복잡해지는 경영환경에 보다 발 빠르게 대처할 수 있는 서비스 지향 아키텍처(Service Oriented Architecture), 오픈 소스 소프트웨어(open source software)의 대중화, 서버의 가상화(Virtualization), IT 융합(Convergence) 등으로 대표된다.

서비스 지향 아키텍처(Service Oriented Architecture: SOA)

서비스라는 용어는 말 그대로 IT 용어라고 보기보다는 비즈니스적인 용어로서 '특정한 기능을 하는 단위'를 지칭한다. 예를 들어, 온라인 쇼핑을 할 경우 '제품 정보를 조회'하거나 '대금 지불'을 하는 것과 같은 것을 서비스라고 할 수 있다. 어떤 사람은 '대금 지불'을 좀더 세부적으로 '대금 방식 조회', '대금 방식 선택', '본인 조회', '대금 입금'과 같이 더 작은 단위의 서비스로 나눌 수도 있을 것이다. 이와 같이 기존의 기반 구조에서 중심이 되던 서버, 클라이언트, 데이터베이스 등 하드웨어적인 IT 구성 요소들을 생각하기 이전에, 서비스 지향 아키텍처는 기업 비즈니스의 프로세스를 일정 단위의 서비스들로 분할 하는 데서 시작이 된다.

이와 같이 기업 내 서비스들이 일정한 단위로 해체가 되면, 분산되어 있는 서비스들 중 여러 시스템에서 공유할 수 있는 공통의 서비스들을 추출하고 이를 중심으로 시스템을 통합하는 작업이 필요하다. 가령, 생산 부서의 인사관리와 영업 부서의 인사관리 서비스가 분리 되어 있었다면, 이를 통합하여 공통의 서비스 지향 IT 기반 구조를 구상하게 된다. 이렇게 추출된 개개의 서비스들을 느슨한 결합 형태로 모듈화시켜 언제든지 불러 쓸 수 있는 구조로 만들어 주고 이를 공통의 서비스 저장소에 보관을 하게 된다. 그리고 필요에 따라 이런 서비스들을 하나씩 꺼내어 서로 끼어 맞추어 기업이 필요로 하는 새로운 상품과 프로세스를 만들어 내는 것이다.

우리가 흔히 가지고 놀았던, 래고블록을 상상하면 이해가 쉬울 것이다. 각각의 블록은 표준을 따라 만들어졌기에 서로 끼고 빼기가 쉽고, 빈 자리에 새로운 것을 꽂아서 변형을 주기도 쉽다. **그림 5-6**에서는 기업 내에서 공통으로 사용되는 전사적 자원관리 시스템을 서비스 지향 구조로 구현한 예를 보여 준다. '회계', '재무', '인사' 등의 서비스를 구현하는 독립적인 모듈들이 표준을 따라서 서로 연동되어진다. 만약 A사가 기존의 '판매' 서비스를 위한 모듈을 제공하였고, 이보다 나은 B사의 모듈로 대체하고자 한다면, 다른 서비스들에 영향을 주지 않고, 쉽게 해당 서비스만 대체가 가능하다. 또한 새로운 서비스를 위한 모듈의 추가도 용이해진다. 한마디로, 서비스지향 아키텍처는 "비즈니스 프로세스와 그것을 지원하는 IT 기반 구조를 안전하고 표준화된 컴포넌트-서비스로 통합하기 위한 프레임워크이며, 이들 서비스는 변화하는 비즈니스 우선순위를 해결하기 위해 재사용하고 결합된다."

기술적 구조 측면에서, 서비스 지향의 아키텍처는 실제 하드웨어와 저장 장치 등의 구성은 내부적으로만 관리될 뿐 외부로 노출되지 않게 된다. 주로 개개의 서비스는 '웹 서비스'를 통해 공급되어진다. 웹 서비스는 **그림 5-7**에서 보여주듯이 인터넷을 통하여 서비스를 제공한다. 웹 서비스는 기본적으로 서비스 공급자와 사용자간의 메시지 교환을 통해 이루어진다. 이러한 메시지 교환을 위해서 SOAP(Simple Object

그림 5-6 ◦― 서비스 지향 아키텍처

기업의 프로세스를 서비스 단위로 재구성함으로써 유연성을 향상 시킨다.

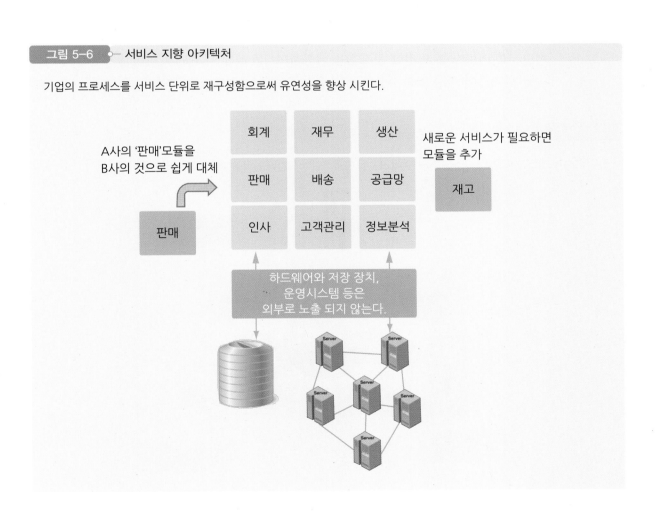

Access Protocol)이라는 통신 규약을 따르며 메시지 형식은 표준화된 XML(Extended Markup Language)을 사용한다. 웹 서비스를 이용하고자 하는 소비자와 웹 서비스 공급자는 웹 서비스 브로커를 통해 연결된다. 웹 서비스 브로커는 다양한 웹 서비스를 UDDI(Universal Description Discovery and Integration)라는 표준에 따라 상품 카탈로그처럼 레지스트리에 관리한다. 서비스 공급자는 자신의 서비스를 브로커에게 등록하기 위해 서비스 이름과 설명, 서비스를 이용하기 위한 변수 값 등을 WSDL(Web Service Description Language)라는 표준을 따라 명확하게 정의한다. 서비스 사용자도 자신이 원하는 서비스를 찾고자 할 때 마찬가지로 WSDL을 이용하여 브로커에게 질의를 하게 된다. 서비스 사용자가 원하는 서비스와 해당 공급자를 찾은 후에는 양자간 SOAP를 통해 통신을 하게 된다.

'웹 서비스'가 상용화되기 이전에도 모듈이나 컴포넌트를 이용한 서비스 지향 구조에 대한 관심이 높았으나 가장 문제시 되었던 점은 서로 다른 플랫폼 상에서 애플리케이션을 개발하였을 경우 서로간에 표준이 다르고 따라서 이들의 통합이 불가능하였다는 점이다. '웹 서비스'는 이러한 문제점을 극복하여, 전 세계 대부분의 서비스 모듈 개발자와 공급 벤더들이 공통으로 사용하는 글로벌 표준을 정립했다는 점에서 큰 의의를 지닌다.

그림 5-7 ◦─ 웹 서비스를 위한 기술 구조

웹 서비스는 서로 다른 서비스 제공자들 사이에 표준을 제공하여 서로간에 공유를 촉진시키는 역할을 한다.

즉, 웹이 플랫폼 표준이 되면서 하드웨어, 저장 장치, 운영시스템의 이질성은 더 이상 문제가 되지 않게 된 것이다. 최근에는 이러한 기업의 서비스들을 보다 잘게 쪼개어 구성하고 제공하는 마이크로서비스 아키텍처가 많이 이용되어지고 있으며 이러한 서비스는 기존의 웹 서비스보다 더욱 간단하게 어플리케이션 프로그래밍 인터페이스(API)를 이용하여 제공되어지고 있다. 예를 들어, 요즈음에는 쇼핑몰과 같은 웹 사이트에서, **그림 5-8**에서와 같이 자체 사용자 로그인 외에 이미 사용자들이 사용하고 있는 네이버, 페이스북, 구글, 카카오 등의 로그인 서비스를 제공된 API를 통해 손쉽게 통합 구현이 가능하다. 서비스 지향 아키텍처가 가지는 이러한 장점은 제9장에서

그림 5-8 로그인 마이크로 서비스

설명할 클라우드 컴퓨팅 서비스모델(IaaS, PaaS, SaaS)로 보다 다양하게 발전하고 있다.

그렇다면, 기업들은 지금까지 메인 프레임이나, 클라이언트/서버 등의 컴퓨터 하드웨어 중심의 기반 구조에서 서비스 지향의 새로운 구조로 전환하려는 목적은 무엇일까? 궁극적인 기업의 목적은 경쟁에서 살아남고 최대의 이익을 창출하며 성장을 도모하는 것이다. 그러기 위해서 오늘날 기업 환경에서 필요한 IT 기반 구조는 급변하는 비즈니스 요구에 대하여 민첩하고 유연하고(agility) 효과적으로 대응할 수 있어야 한다. 앞에서 서비스 지향 구조를 위해서 기업은 여러 부서나 해당 시스템에 분산되어 있던 비즈니스 서비스를 해체하고, 이 중 공통된 시스템을 추출하고 이를 통하여 공유가 가능한 공통 서비스를 만들어 나가야 한다고 했다. 따라서 기업 전체에 걸친 한 가지 서비스에 대한 정책변화가 필요할 때, 모듈화되어 있는 공통 서비스 하나를 대체함으로써 이를 반영할 수 있게 된다. 또한 새로운 부서나 시스템의 신설이 필요할 때도, 기존의 서비스 모듈들을 이용하여 신속하게 대처할 수 있게 된다.

오픈 소스 소프트웨어(open source software)

요즘 들어 소스 코드를 대중에게 공개하여 누구나 제한없이 공개된 코드를 사용할 수 있는 소프트웨어들이 인기를 끌고 있다. 이런 오픈 소스 소프트웨어들은 개인수준의 작은 애플리케이션부터 기업에서 응용될 수 있는 대규모에 이르기까지 다양하다 전 세계 개발자들이 프로젝트에 참여 하여 자유롭게 프로그램을 개발, 수정 유포하게 된다.

보통 웹 사이트에 프로젝트 단위로 관리가 되며 Opensourse.org 사이트가 유명하다.

가장 대표적인 오픈 소스 소프트웨어는 리눅스 오퍼레이팅 시스템일 것이다. 1991년 8월에 인터넷을 통해 소스가 공개되고 수많은 개발자들이 동참하여 지금까지 발전되어 왔으며, 많은 기업체에서 윈도우나 유닉스 시스템을 대체하는 운영시스템으로 사용하고 있다. 이외에도 데이터 베이스를 위한 MySQL, 웹 사이트 운영을 위한 웹 서버인 Apache 서버 등도 모두 오픈 소스 소프트웨어이다.

비교적 양질의 소프트웨어를 무료로 사용할 수 있다는 큰 장점이 있지만 소프트웨어에 문제가 생길 때 책임 소재가 불분명해지고 문제 해결방식을 찾기가 어려운 단점이 따르게 된다.

서버의 가상화(Server Virtualization)

물리적으로 한 대의 시스템에 있는 CPU, 기억장치, 입출력 장치 등의 자원을 여러 가상의 서버 인스턴스들로 분할해 사용할 수 있는 기술을 총칭한다. 가령, MS 윈도우 기반의 서버와 리눅스 기반 서버가 필요할 때, 예전에는 두 대의 컴퓨터가 필요했지만, 이제는 하나의 컴퓨터를 소프트웨어 측면에서 논리적으로 두 개의 운영시스템으로 분리하고 CPU, 기억장치, 입출력 장치를 서로 공유하게 된다. 이러한 가상화 기술을 기업 전체에 적용할 경우 서버를 구매하는데 들어가는 비용의 절감뿐 아니라, 각 서버들의 활용도 또한 높이 증가하게 된다. 예를 들어 기존의 서버들의 CPU 가동률이 20%였다면 이런 서버들을 5개의 가상서버로 구성하여 하나의 CPU를 공유함으로써 이론적으로는 가동률을 100%로 올릴 수 있게 될 것이다.

그림 5-9 ┝━ 서버 가상화 기술

웹 서비스는 서로 다른 서비스 제공자들 사이에 표준을 제공하여 서로간에 공유를 촉진시키는 역할을 한다.

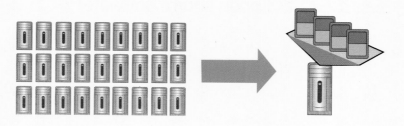

서버의 가상화는 요즘 각광받는 클라우드 컴퓨팅의 핵심 기술이기도 하다. 예를 들어, 가상화 전에는 물리적으로 1천 대의 서버 자원이 필요했다면 가상화 이후에는 물리적인 서버 80대만 있어도 된다고 한다. 최근, 개발과 테스트 분야에서 클라우드 컴퓨팅 서비스를 사용하는 LG CNS의 경우 물리적으로는 60대 가량의 x86 서버를 사용하고 있지만 이 물리적인 서버들의 가상화를 통해 마치 500여 대의 가상화된 서버를 활용하고 있다고 한다. 이에 대해서는 제9장 클라우드 컴퓨팅에서 좀 더 자세히 다룬다.

IT 융합(Convergence)

IT는 내부 기술의 진화와 발 맞추어 다양한 시장의 요구사항을 받아들여, 방송, 통신, 네트워크, 단말기 등 다른 기술 또는 산업과의 융합이라는 새로운 변화와 혁신의 중심이 되어가고 있다. 즉, IT는 기존 산업을 고도화 시키는 기반 구조로서의 역할을 수행하게 된다. 가장 쉽게 이해할 수 있는 예로 스마트폰을 생각할 수 있다. 기존의 전화로서의 역할만을 하던 핸드폰은 이제 IT 기술과 접목되어 일종의 휴대 컴퓨터 역할을 하고 있다. 요즘 유행하기 시작하는 스마트 TV도 마찬가지이다. 더 이상 공중파나 케이블

그림 5-10 ◦— 삼성의 스마트 TV

IT는 점차 다양한 산업 분야와 융합을 도모하고 있다.

방송을 보는 기기에서 이제는 TV를 통해 유튜브나 넷플릭스(Netflix) 등 인터넷 서비스를 사용할 수 있고, 다양한 콘텐츠들을 인터넷에서 골라보게 되며, 스마트폰과의 완벽한 호환을 추구하면서 스마트 TV를 위한 앱들도 쏟아져 나오게 될 것이다. 이미 삼성과 LG, 애플, 구글이 자신들의 스마트 TV를 대대적으로 광고하고 있다.

즉, IT 융합은 IT의 자체 고도화를 바탕으로 다른 분야의 기술개발과 산업발전을 견인하거나 새로운 산업을 창출하는 것으로, 이는 IT가 기존 산업시대의 철과 같은 역할을 수행하면서, 새로운 블루오션을 찾기 위한 출발을 시작하고 있다고 볼 수 있다.

 요약　　　　　　　　　　　　　S / U / M / M / A / R / Y

- IT 기반 구조는 기업 전체를 운영하는데 필요한 컴퓨터 하드웨어, 통신망 등의 물리적 장비와 이 위에서 운영되는 소프트웨어 애플리케이션과 데이터베이스, 그리고 이들을 효과적으로 이용하기 위한 교육이나 훈련 등의 서비스 일체를 의미한다.
- IT 기반 구조는 지난 수십 년간, 메인 프레임과 미니컴퓨터 기반 구조, 독립적 개인 PC 기반 구조, 클라이언트-서버 기반 구조, 인터넷 중심의 기반 구조로 빠르게 발전되어 왔으며, 최근에는 클라우드 컴퓨팅이 새로운 IT 기반 구조로 대두되고 있다.
- IT 기반 구조를 구성하는 요소는 크게 컴퓨터 하드웨어, 소프트웨어, 네트워크와 통신 기반 구조로 나누어 볼 수 있다.
- PC가 대중화되면서 컴퓨터에 들어가는 CPU는 급속한 성장을 해 왔다. 이러한 CPU의 발전은 "동일한 비용으로 컴퓨터 집적회로에 집적할 수 있는 트랜지스터의 수가 대략 2년마다 2배로 늘어날 것이다" 라는 무어의 법칙(Moor's Law)을 잘 따른다.
- 소프트웨어는 크게 애플리케이션 소프트웨어와 시스템 소프트웨어로 나누어지며, 애플리케이션 소프트웨어는 이용자의 요구를 이행하기 위해 시스템 소프트웨어의 기능을 사용해야 하며, 또한 시스템 소프트웨어는 애플리케이션 소프트웨어의 요청에 따라 하드웨어를 활용해야 하는 상호 의존 관계가 성립된다.
- 최근 시스템 개발은 객체 지향 프로그래밍과 인터넷 기반의 웹 프로그래밍이 중심이 되고 있으며 이를 위해 Java, C++, PHP 등의 프로그래밍 언어가 널리 사용되어지고 있다.
- 최근 IT 기반 구조는 서비스 지향 아키텍처, 오픈 소스 소프트웨어, 서버의 가상화, IT 융합 등으로 대표 되며 매우 빠르게 변화를 거듭하고 있다.

주요 용어

IT 기반 구조	메인 프레임	미니 컴퓨터	클라이언트/서버 기반 구조
클라우드 컴퓨팅	마이크로 프로세스(CPU)	듀얼 코어	쿼드 코어
무어의 법칙	블레이드 서버	CISC/RISC	애플리케이션 소프트웨어
시스템 소프트웨어	범용 소프트웨어	전용 소프트웨어	오퍼레이팅 시스템
시스템 개발 프로그램	통합 개발 환경(IDE)	서비스 지향 아키텍처	
오픈 소스 소프트웨어	서버의 가상화	IT 융합	

토의 문제

01 최근 들어 클라이언트/서버, 인터넷 중심의 인프라 구조가 대중화 되면서 점차 메인 프레임이 차지하는 비중이 줄어들고 있다. 그렇다면, 과연 이런 메인 프레임 구조로 이루어진 기존의 레거시(legacy) 시스템들은 조만간 완전히 사라지게 될까? 만약 메인 프레임이 그대로 남아 있게 될 경우 어떤 기능을 수행할 수 있을까?

02 요즘 들어 많은 회사들이 IT 관련 기반 구조를 유지하고 관리하는 것을 외부 아웃소싱을 통해서 처리하려고 한다. 이 경우 적합한 기반 구조는 어떤 것일까? 과거 내부에서 관리하던 IT 기반 구조에 비해 어떤 점이 좋고, 어떤 점이 나쁠까?

03 윈도우 기반의 운영시스템과 리눅스 운영시스템의 장단점을 비교해보면 어떤 것이 있을까?

04 요즘 들어 스마트폰에 탑재되는 오퍼레이팅 시스템들간의 경쟁이 치열해지고 있다. 어떤 오퍼레이팅 시스템들이 있으며 각각이 지니는 특징은 무엇일까?

05 당신이 200명의 직원을 가진 소프트웨어 개발 회사를 설립 운영한다면 하드웨어 기반 요소, 소프트웨어 기반요소, 네트워크 및 통신 기반요소를 구축하는데 필요한 요구사항 및 대략적인 예산은 어느 정도가 될 것인가? 이외에 추가적인 비용 요소들로 어떤 것이 있을까?

[1] Laudon, Kenneth C. and Jane P. Laudon. *Management Information Systems: Managing the Digital Firm* (*16th ed.*), Upper Saddle River, NJ: Pearson Education, 2019.

[2] Duff Mcdonald, "Case Study: Fast, Simple Open-Source IT," *CIO Insight*, November 10, 2006.

[3] Knowledge@Wharton, 2019, knowledge.wharton.upenn.edu.

여전히 규제가 부담이지만 한발 더 진화한 '금융클라우드'

지난 4월 19일, 'AWS 서밋 서울 2018' 행사에 발표자로 나선 박은애 AWS 매니저는 "영국 모바일 은행인 스타링 뱅크(Starling Bank)는 100% AWS 클라우드를 기반으로 운영된다"며 "모바일 계좌를 만드는 데 2분 밖에 걸리지 않고, 한 번의 클릭으로 카드 사용 및 일시 해제가 가능하다"고 소개했다. '스타링 뱅크'가 수백만 데이터 자원을 클라우드 방식으로 관리하게 됐을 뿐 아니라 보안측면에서도 만족할만한 효과를 봤다는 것.

이어 미국의 수수료 없는 주식 거래앱인 '로빈후드'의 사례를 들며, AWS 클라우드를 통해 서버 활용 민첩성을 높였을 뿐 아니라 고객 데이터를 암호화해 저장하는 등 보안측면에서도 만족할만한 해법을 찾았다고 강조했다. 박 매니저는 "로빈후드는 글로벌 진출 역량도 확보하게 됐으며, AWS 콘솔상에서 IT자원을 원하는 지역에 구축할 수 있게 됐다"고 설명했다.

이처럼 '스타링 뱅크', '로빈후드'의 클라우드 도입 사례는 국내 금융권에게 충분히 매력적이다. 가장 공격적인 '퍼블릭' 클라우드 모델을 제시하고 있는 AWS의 사례가 눈길을 끄는 것은 어쩌면 당연한 것이다. IT인프라의 확장에 대한 부담없이 보안까지 해결할 수 있는 모델, 금융회사 입장에선 가격만 맞는다면 망설일 이유가 없다.

그러나 이러한 해외 AWS 도입 사례를 국내 금융권 상황에 그대로 대입시키려는 순간, 분위기는 달라진다.

클라우드의 적용을 어느 선까지 받아들일 것인지, 또 전자금융감독규정과 비식별 데이터 가이드라인에 대한 상충되는 해석이 존재한다. 국내 금융회사가 클라우드 전략에 대한 의사결정을 하기에는 주변상황이 말끔하게 정돈되지 않은 형국. 현재 금융회사 전체 업무중에서 '퍼블릭 클라우드' 방식으로 전환시킬 수 있는 업무는 여전히 제한적이다.

금융위는 지난 3월 '금융분야 데이터활용 및 정보보호 종합방안'을 통해 EU가 올해 5월 GDPR 시행에서 규정한 '익명정보, 가명처리정보' 등 개념을 도입해 기존의 불명확했던 부분을 해소하겠다고 밝혔다. 일단 금융권 클라우드 확산에 대한 금융 당국의 정책 방향은 긍정적으로 평가된다.

현재로선 '중요 금융정보'를 비식별화했을 경우, 과감한 클라우드 적용이 가능하느냐가 핵심 관심사다.

국내 금융사중 신한금융그룹이 클라우드 도입에 상대적으로 적극적이다. 신한금융그룹 계열 신한은행은 지난 2016년 북미 법인을 시작으로, AWS를 통해 비중요업무 중심의 클라우드 전환을 적극적으로 시도하고 있다.

신한금융그룹은 클라우드에 대한 강한 필요성을 주장하고 있다. 신한은행의 서춘석 부행장(CIO 겸 디지털그룹장)은 지난해 하반기 <디지털데일리>와의 IT현안 질의 응답을 통해 "빅데이

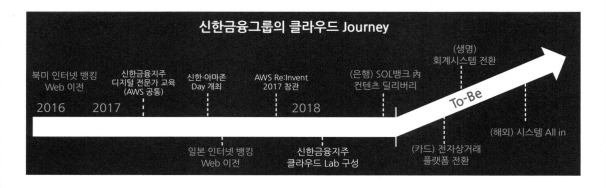

터, 머신러닝 등 디지털 기술 활용을 위한 새로운 인프라 구축 필요성이 끊임없이 증가하고 있다"며 "필요한 시스템 리소스를 무한정 늘려서 자체적으로 확보하기 어려운 상황"이라고 클라우드 도입의 불가피성을 밝힌 바 있다.

실제로 국내 금융권에선 현재의 인공지능(AI), 사물인터넷(IoT), 오픈소스 증대 등 급격한 기술적인 변화와 함께 주요 금융회사들의 글로벌 시장 진출 확대로 이를 지원하기 위한 IT 인프라의 구성과 지원 전략이 점차 큰 부담으로 다가오고 있다.

주요 은행들을 중심으로 글로벌뱅킹시스템 구축에 나서고 있지만 중장기적으로 IT비용절감 등 전략적 방향성을 감안한다면 지금부터라도 클라우드 방식을 적극적으로 검토해야 하는 상황이다. 실제로도 클라우드 도입 외에는 이를 대체할만한 뚜렷한 IT인프라의 확장 대안이 없는 상황이다.

물론 신한금융처럼 클라우드에 적극적인 회사도 있지만 대체로 아직까지는 국내 금융권의 반응은 조심스럽다.

반면 퍼블릭 클라우드 방식보다 개방성이 크게 낮은 '프라이빗'(Private) 또는 이를 절충한 '하이브리드'(Hybrid) 방식의 클라우드는 IT인프라의 효율적 운영 측면에서 지난해보다는 더욱 활발하게 도입 논의가 이어지고 있는 것으로 평가된다.

특히 국내에 소재한 외부 IT업체의 데이터센터를 활용한 '프라이빗', '하이브리드' 방식의 클라우드는 클라우드 그 자체보다는 기존보다 데이터센터 운영 비용 및 운영 효율성에 무게가 맞춰졌다. 일종의 진화된 개념의'데이터센터 운영 최적화'전략으로 인식된다.

클라우드 논의와는 별개로, '데이터센터 최적화'는 국내 금융권에서 불붙고 있는 디지털금융 경쟁의 확대, 그로 인한 IT인프라의 급격한 확장 필요성 등으로 인해 그 자체로 매우 중요한 이슈가 되고 있다. 실제로 주요 IT업체들도 이 지점을 중심으로 금융권 클라우드 시장 공략을 강화하고 있다. 지난해 12월14일 디지털데일리가 주최한 '2018년 전망, 금융IT이노베이션 컨퍼런스'에서 VM웨어코리아의 임관수 부장은 "금융회사가 효율적인 IT를 구현하기 위해선 클라우드 전략을 보다 적극적으로 적용할 필요가 있다"며 VM웨어가 제시하고 있는 '소프트웨어 정의 데이터센터(SDDC)' 기술을 통한 프라이빗 클라우드 구축방안을 소개했다.

임 부장은 "금융권에선 서버나 메모리 사용율이 다른 업계에 비해 높지 않다. 남아도는 자원을 좀 더 효율적으로 인프라 서비스로 관리하는 데 있어 클라우드 적용이 요구된다"며 "클라우드 인프라 스택의 전체 수명주기 관리를 자동화하고, 장비 반입 및 설치 등의 과정을 빠르고 간편하게 구현할 수 있도록 지원한다"는 점을 강조했다.

◆ 클라우드로의 긴 여정, U2L에서 출발

언젠가 법·제도적 부담에서 완전히 벗어나게 된다면 우리 금융권도 '퍼블릭' 클라우드 도입을 확대할 것으로 예상된다.

다만 이를 위해서는 또 하나의 기술적인 전제가 필요하다. 기존 유닉스 중심의 전산 플랫폼을 일단 x86을 비롯한 미드레인지급으로 다운사이징하는 것이다. 'U2L'(UNIX To Linux)을 실행에 옮겨야 한다. 주요 글로벌 클라우드 업체의 플랫폼이 'x86/Linux'(U2L)조합이기 때문이다. 은행과 같은 대형 금융회사가 클라우드를 염두에 두고 'U2L'로 전환하는 것은 현시점에서는 무리다. 국내 금융권은 '시스템의 안정성'에 대한 확신을 갖고 있지 않다. 물론 한국거래소(KRX), 카카오뱅크 등 'x86/Linux' 사례가 있기는 하지만 시장의 인식은 아직 조심스럽다. 신한은행, KEB하나은행 등 대형 은행들은 구체적인 시기를 못 박지는 않았지만 차세대시스템 프로젝트를 추진하게 된다면 'x86/Linux'를 검토하겠다고 밝히고 있다.

한편으론 'U2L' 전환에 따른 비용도 현재로선 불명확하다. 기존 5~6대의 하이엔드 서버에서 돌아가던 업무가 U2L을 통해 수십~수백 대의 x86를 비롯한 미드레인지급 서버로 전환됐을 때, 과연 효율적인 관리가 가능할 것인가에 대한 의문을 제기하고 있다. 미드레인지급 서버에 물려 있는 네트워크 및 스토리지 등 기타 이기종 전산자원들의 안정적인 운영 또한 중요한 관심사다.

결론적으로, 유닉스 기반의 전산시스템을 운용하고 있는 금융회사가 U2L 전환 후, 크라우드로 가려면 사실상 차세대시스템 프로젝트를 실행에 옮겨야하는 부담을 감수해야 한다. 마침 차세대시스템 개발 주기가 돌아온 금융회사 입장에선 큰 부담없는 결정이 되겠지만, 차세대시스템 오픈이 얼마되지 않는 금융회사들은 쉽게 결정하기 힘든 문제다.

U2L전환 비용이 어느정도가 될 것인지 현재로선 정확하게 측정이 쉽지 않지만 사실상 차세대시스템 프로젝트에 버금간다면 대형 금융사는 1,500억~2,000억원 수준의 개발 비용이 소요된다고 생각할 수 있다. 그러나 차세대시스템 개발이 아닌 리호스팅 개념의 하드웨어 중심의 플랫폼 교체라면 훨씬 비용이 줄어들 것으로 보인다.

물론 U2L 전환 비용부담이 U2L의 흐름 자체를 막지는 못할 것이라는 전망이 지배적이다. 최근 사물인터넷(IoT)이나 빅데이터 분석, 인공지능(AI)은 클라우드 환경에서 구동되고 있으며, 이는 대부분 리눅스 기반으로 돼 있기 때문이다. 급변하는 시장 환경에 대응하기 위해선 U2L은 필수인 셈이다.

양원석 한국 델 EMC 전무는 "더 이상 U2L이라는 용어 자체가 주목받지 않을 만큼, 엔터프라이즈 고객에게 리눅스 기반의 x86 시스템은 일반화됐다"며 "오히려 서버 프로세서의 향상이나 리눅스 진영에서의 생태계 확장에 따라 성능, 보안 측면에서 유닉스와 경쟁이 되지 않을 정도로 발전 속도가 빠르다"고 말했다. 특히 기술적으로 보면 '오픈소스 DB'의 사용 확대가 U2L 전환을 앞당기는 촉매제가 되고 있다. 기존 금융권에서 적용했던 대용량 DB를 대체할 오픈소스 기반의 DB의 종류와 수준이 향상되고, 사용범위가 확대되면서 U2L 전환에 따른 부담이 크게 해소됐다.

실제로 국내 인터넷전문은행인 카카오뱅크는 외부 연계시스템인 채널계에 오픈소스 DB인 'MySQL'을 사용하고 있다. 카카오뱅크의 주전산 시스템은 HPE의 슈퍼돔 X(x86 서버)와 레드햇 엔터프라이즈 리눅스(RHEL) 운영체제(OS)로 구성됐다. 따라서 지금 금융권 클라우드를 전망하려면 현실적으로 U2L에 대한 흐름을 먼저 분석하는 것이 필요해 보인다.

◆ 금융권 U2L 전환 논의 확산

세계적으로 하드웨어 플랫폼은 x86을 중심으로 급속한 변화가 이어지고 있다. 국내 상황도 마찬가지다. 2017년 국내 서버시장은 전년대비 29% 성장한 1조3497억원이다. 특히 x86 서버 시장은 전년 대비 46.8% 성장해 전체 시장의 83%인 1조1244억원에 이른다. 반면 메인프레임과 유닉스 등 반면 non-x86 서버 매출은 2253억원에 머무르며, 전년 대비 20%의 감소세를 기록했다.

이는 유닉스 서버를 사용하던 기업이 리눅스 기반의 x86 서버로 전환하는 U2L 트렌드에 따른 것으로 분석된다. IDC측은 "non-x86 서버의 비중이 높았던 금융권은 물론 제조업과 공공 분야에서도 구축 비용 절감을 위해 오픈소스를 활용한 U2L을 확대하며 x86으로 전환하는 추세가 가속화되고 있다"고 설명했다.

특히 현재 금융권이 주도하고 있는 '비(non)-x86' 서버 시장이 점차 U2L이 보편화되면서 더욱 위축될 것으로 전망했다. 지난 2014년 한국거래소(KRX)의 엑스추어플러스 프로젝트 이후 U2L 프로젝트가 본격화된 모양새다. 이후 신한금융투자는 증권사 코어시스템 최초 U2L 전환을 지난해 10월 완료했다. 특히 신한금융투자는 기존 애플리케이션의 재개발 없이 코어시스템의 플랫폼만 전환하는 U2L을 실시했다. 실제 U2L

전환 후 온라인 트랜잭션 응답시간이 최소 3배에서 10배가량 빨라졌고, 리눅스 개방형 플랫폼으로 보다 신속한 신기술 도입이 가능했다는 설명이다.

올해 초 삼성증권은 메인프레임에서 리눅스로 전환하는 M2L(Mainframe to Linux) 사업을 진행 완료했다. 일부 인프라에 IBM 유닉스(AIX) 기반 DB2 인프라가 남아있긴 하지만 상당수 시스템을 리눅스로 전환했다는 점에서 의미가 있다.

이에 따라 코스콤, LG CNS 등 금융IT 및 IT 서비스업체들도 U2L 사업을 본격화하고 있다. 자본시장 분야의 대표적인 IT업체인 코스콤은 3월 초 조직개편을 통해 금융권의 차세대시스템 전환 수요에 따라 U2L사업단을 신설했다. 이 사업단은 15여명 내외의 인원으로 구성됐으며 앞으로 U2L 시장에서의 비즈니스 기회 발굴에 나서고 있다. 그만큼 투자금융업계의 U2L시장 잠재력이 크다고 본 것이다.

리눅스 기반의 기반 시스템이 마련되면 이후 기업의 애플리케이션을 클라우드로 이전하는 것이 상대적으로 용이해질 것으로 판단된다. 대다수의 클라우드 인프라는 리눅스 OS와 x86의 조합으로 표준화돼 있다. SK(주) C&C의 경우, x86 기반 서버 환경으로 전환을 통한 운영환경 고도화를 위한 U2L 서비스를 자사 클라우드 플랫폼인 '클라우드 제트' 서비스를 통해 제공하고 있다.

◆ U2L, 클라우드… 미리 움직이는 금융사들

현대카드는 U2L을 시작으로 클라우드 도입을 본격화한 경우다. 현대카드는 지난 2015년 웹사이트 시스템을 리눅스로 전환하는 U2L 사업을 진행했다. 이후 아마존웹서비스(AWS)를 기반으로 빅데이터 분석 서비스를 내놓는 등 혁신을 본

격화했다.

실제 현대카드 김영민 실장(사진)은 지난 4월 열린 'AWS서밋 서울' 행사에서 "AWS와 협력해 빅데이터 분석 기술을 활용한 새로운 검색 서비스인 '피코(PICO)'를 출시했다"며 "약 20억 건에 달하는 실제 카드 결제 데이터를 분석해 해외 패션 사이트를 선정, 선정된 각 사이트의 방문 기록을 분석했으며 이를 피코에 적용했다"고 밝혔다.

또, AWS 상에 '플레이그라운드'를 만들어 아이디어 검증을 빠르게 하는 연구 플랫폼도 운영 중이다. 다만 피코는 비금융서비스로 국내 금융 클라우드 관련 컴플라이언스 대응을 위해 하이브리드 형태로 구현됐다. 금융데이터 분석은 현대카드 내부의 빅데이터 플랫폼으로, 외부 쇼핑몰 등 데이터는 AWS상에서 인공지능(AI)을 적용했다. 김 실장은 "현대카드는 700만 명 이상의 카드회원을 기반으로 데이터 자산을 가지고 있으며 이는 머신러닝과 데이터 AI 활용의 기반이 되고 있다"고 설명했다.

현대카드는 디지털 컴퍼니 전환을 위해 빅데이터 플랫폼을 구축하고 있으며 금융사와 금융 소비자 고객 사이의 데이터 파이프라인 역할을 기대하고 있다. 이를 위해 데이터를 수집, 적재하는 데이터레이크(Data Lake), 데이터 거버넌스 체계, AI기반 고객행동 분석 사이언스 역량을 키

우고 있다.

또 데이터 사이언스 결과를 정보로 가공하는 검색 플랫폼 제공 등을 추진 중이다. 이와 함께 현대카드는 애자일(Agile) 체계 도입과 함께 팀을 업무 산출물 기준으로 새롭게 구성했다. 데이터 인프라팀의 경우 회사가 보유한 데이터를 가공해 개발자들의 업무 환경에 최적화했고 데이터 스트림 프로세싱(Data Stream Processing)팀은 새로 생성되는 데이터를 실시간으로 개발 환경에 반영하는 일을 맡는다.

하나금융그룹은 '그룹 공용 클라우드 서비스'를 최근 런칭했다. 그룹 내 IT전문 계열사인 하나금융티아이가 구축 및 운영을 담당하며 청라의 그룹 통합데이터센터 내에 시스템을 구성했다. 다만 이 시스템은 x86 뿐만 아니라 유닉스 서버까지 하이브리드 형태로 구축됐다. 비정형 분석 시스템을 시작으로 신기술 관련 사업 개발 및 연구 개발 환경, 그룹 관계사 자체 개발 솔루션 등이 '그룹 공용 클라우드 서비스'에 탑재될 예정이다. 스타트업 및 핀테크 기업 등에도 클라우드 서비스 제공을 검토하는 등 대외 서비스로도 확대할 방침이다.

우정사업본부 우체국금융 역시 차세대시스템을 준비하면서 U2L을 추진한다. 앞서 우정사업본부는 지난해 '클라우드 · 빅데이터 기반 우체국금융 차세대시스템 설계 사업'을 위한 컨설팅 사업자로 삼성SDS와 EY한영 컨소시엄을 선정해 정보화전략계획(ISP) · 후선업무시스템(BPR) 수립에 나선 바 있다.

우체국금융은 이번 차세대시스템 사업을 통해 유닉스 서버로 구축된 기존 시스템을 x86서버 기반의 클라우드 인프라로 구축하는 것은 물론 빅데이터, AI, 스마트 컨택센터, 블록체인, 오픈API 등 신기술의 적용 및 활용방안 전략도 마

련한다. 사업 예산만 약 3,000억원으로 추산된다.

농협금융도 'NH 프라이빗 클라우드 플랫폼 구축' 사업을 발주하고 사업자 선정에 나선 상황이다. 클라우드 SW 도입, 클라우드 포털 구축, 스토리지 가상화 등을 주요 내용으로 예산은 약 20억원이 배정됐으며 올 연말 오픈을 목표로 한다. 이번 사업을 통해 농협금융그룹 계열사들이 활용할 수 있는 프라이빗 클라우드 플랫폼을 마련하고, 상용 클라우드 플랫폼 수준의 대쉬보드와 포털, 사용자 포털 등의 기능을 제공할 계획이다.

제안요청서에 x86기반 업무의 클라우드 전환 상세 계획 수립, 유닉스 기반 업무의 클라우드 전환 기준 및 가이드 수립 등이 포함돼 있는 만큼 하나금융그룹과 마찬가지로 x86과 유닉스 환경이 혼용될 예정이다. 추후 퍼블릭 클라우드 도입 및 하이브리드 클라우드 구성을 위한 체계도 마련할 계획이다.

농협금융은 프라이빗 클라우드 도입을 완료한 이후에는 퍼블릭 클라우드, 또 하이브리드 클라우드 도입을 위한 체계 마련에도 착수했다. 농협금융은 △클라우드 플랫폼 전환 방안 및 상세 계획 수립 △클라우드 확대를 위한 물리적/논리적 아키텍처 수립 △x86기반 업무의 클라우드 전환 상세 계획 수립 △유닉스 기반 업무의 클라우드 전환 기준 및 가이드 수립 △향후 클라우드 서비스 고도화(PaaS)를 위한 전략 및 방안 수립 등을 추진할 계획이다.

KB국민은행은 모바일 금융 메신저 서비스인 '리브똑똑(Liiv TalkTalk)' 구축에 AWS 클라우드를 채택했다. 리브똑똑은 보안에 초점을 맞춘 뱅킹 메신저 플랫폼이다. 보안 솔루션을 내부 탑재하고 있는 것은 물론, AWS 클라우드에 데이터가 저장되도록 함으로써 메신저 내용의 프라이버시 보호에 신경 썼다는 설명이다. 또한 주요 기능 중에 하나인 채팅 엔진에 APN(AWS Partner Network) 기술 파트너인 센드버드(SendBird)사의 메시징 솔루션을 적용해, 개발 기간을 단축하고 사용량 증가에 더욱 탄력적으로 대응할 수 있게 됐다고 전했다. 삼성전자의 삼성페이도 AWS 클라우드를 활용해 20여개국에 서비스하고 있으며, 현재 13조원의 결제 트랜잭션을 기록하고 있다.

◆ 국내 클라우드 정책 & 벤더 동향

한국클라우드산업협회에 따르면 2017년 한국 클라우드 시장 규모는 1조5,000억원이었다. 올해는 약 27% 가량 증가한 1조9,000억원으로 예상된다. 지난 2015년 9월 시행된 '클라우드 컴퓨팅 발전 및 이용자 보호의 관한 법률'에 따라 정부는 클라우드 산업 활성화에 적극적인 모습을 보이고 있다.

2016년 기준 국내 기업의 클라우드 도입율은 3.3%에 불과하다. 이에 따라 클라우드 주무부처인 과학기술정보통신부는 올 1월 클라우드 확산을 위한 민간합동 TF 'SW, 구름타고 세계로'를 구성하기도 했다. 조만간 TF에서 도출된 내용을 바탕으로 범부처 '제2차 클라우드 발전 기본계획(2019~2021)'을 마련해 정보통신전략위원회에 상정, 확정할 계획이다.

금융 분야를 선점하기 위한 클라우드 서비스 업체 간 경쟁도 치열해지고 있다. 금융 고객을 확보하면 상대적으로 다른 분야의 고객을 끌어들이기는 쉬워진다.

시장조사기관 시너지리서치그룹에 따르면 현재 글로벌 클라우드 서비스 1위는 AWS다 AWS의 클라우드 시장 점유율은 40%에 달한다. 퍼시픽크레스트증권 조사에 따르면 500만달러(약 55

억원) 매출 이상 중소기업 300개 가운데, 절반 이상이 AWS를 사용 중이다. 실제 AWS의 올 1분기(2018년 1월~3월) 매출은 전년 대비 49% 늘어난 54억4000만달러였으며, 영업이익은 아마존 전체 영업이익의 73%를 차지했다.

이 밖에 AWS를 이어 마이크로소프트(MS)와 구글, IBM, 알리바바 등이 클라우드 시장을 주도하고 있다. 클라우드 시장에서 2위를 기록 중인 MS는 퍼블릭 클라우드 서비스만 제공하는 AWS와 달리 'MS 애저스택'과 같은 프라이빗 클라우드 구축이 가능한 어플라이언스를 내놓으며 금융, 의료와 같이 컴플라이언스 이슈가 있는 분야를 노리고 있다.

금융권 고객을 다수 확보하고 있는 한국IBM은 하이브리드 클라우드를 강조하고 있다. 최근엔 'IBM 클라우드 프라이빗' 서비스를 출시하며 사내 IT 인프라를 그대로 유지하는 동시에 퍼블릭 클라우드의 장점을 제공한다고 홍보한다. 사내 IT 인프라에서 컨테이너, 마이크로서비스, 오픈소스 등의 클라우드 기술을 자유롭게 활용할 수 있도록 하며, 이렇게 개발된 신규 및 기존 애플리케이션을 퍼블릭 클라우드 환경으로 손쉽게 통합, 이전할 수 있는 것이 특징이다.

국내 기업들의 경쟁도 치열하다. KT는 지난해 6월 목동 IDC2센터에 금융 클라우드 시장을 겨냥한 금융보안데이터센터(FSDC: Financial Security Data Center)를 열었다. KT에 따르면 현재 약 50여개 기업이 이를 이용중인 것으로 전해진다.

KT는 FSDC가 '전자금융감독규정을 충족하는 금융기관 전용 데이터센터'라는 점을 강조하고 있다. 현행 전자금융감독규정(전산실, 외부주문관리, 시스템보호대책, 망 분리 등)을 충족하기 때문이라는 설명이다. 즉, 호스티드 프라이빗 클라우드(서비스 사업자의 퍼블릭 클라우드 플랫폼을 인프라로 사용해 기업이 내부 비즈니스 시스템을 구축) 개념으로 구축됐다.

그동안 개인정보보호법과 전자금융감독규정 때문에 쉽지않았던 문제를 KT가 물리적으로 독립된 데이터센터 모델을 제시함으로써 클라우드 시장의 문을 두드린 것으로 평가된다. 그러나 한편으론 기존 '프라이빗 클라우드' 개념을 데이터센터 아웃소싱서비스에 결합시킨 것으로, 그 이상의 의미를 부여하기 힘들다는 지적도 적지않다. 금융회사의 전산실을 KT 데이터센터로 수평 이동 시킨 것이라는 설명이다.

물론 이렇게 해도 법적인 문제는 없다. 앞서 지난 2016년 10월 개정된 전자금융감독규정 및 금융권 클라우드 서비스 이용 발표에 따라 금융회사가 단독으로 구성되는 전용 클라우드에는 중요 금융시스템도 수용 가능해졌다. 자체 데이터센터 구축이 힘들거나 IT비용 문제로 고민하는 금융사들에게는 KT FSDC가 현실적인 선택지가 될 수 있을 것으로 보인다.

KT는 고객 단위로 보안·네트워크·시스템이 분리된 형태의 FSDC 서비스를 제공하게 되며, 필요에 따라 컴퓨팅 자원을 늘리거나 줄이는 스케일링(자동 확장·축소) 기능도 지원한다. KT측은 FSDC 서비스가 기존 금융 기관뿐 아니라 핀테크 스타트업의 투자 및 운영 비용도 줄여주며 전자금융업 등록을 위한 행정 절차도 지원하고 있다. 아울러 침입방지시스템(IPS), 방화벽 등의 보안 장비 및 침해사고 대응을 위한 보안 관제서비스도 제공하고 있다.

네이버가 클라우드 시장 공략을 위해 출범시킨 네이버비즈니스플랫폼(NBP)도 공공, 금융, 의료 등 시장 확대를 위해 티맥스소프트 등과 손을 잡는 등 행보를 빨리하고 있다. 티맥스소프트는 자사 미들웨어인 '제우스'와 '웹투비' 등을 NBP가 제공하는 기업용 클라우드 서비스인 '네이버 클라우드 플랫폼' 서비스에 등록해 제공하고 있다.

NBP는 지난해 말, 클라우드 서비스인 '네이버 클라우드 플랫폼'에 하이브리드 클라우드 호스팅(Hybrid Cloud Hosting) 등 4개 상품을 새롭게 출시했다. 하이브리드 클라우드 호스팅은 고객이 원하는대로 자체 구성한 데이터센터와 클라우드 서비스를 통합·운영해 기존 IT 자산을 유지할 수 있는 서비스다. 클라우드 환경에서 해결이 어려웠던 시스템 보호 대책, 망분리 등 법률 준수가 필요한 IT 환경을 구축하거나 라이선스 문제를 해소해준다.

출처: 디지털데일리, 2018년 7월 10일

 사례연구 토의문제 C / A / S / E / S / T / U / D / Y

1. 본문에서 "디지털 기술 활용을 위한 새로운 인프라 구축 필요성이 끊임없이 증가하고 있다"며 "필요한 시스템 리소스를 무한정 늘려서 자체적으로 확보하기 어려운 상황"이라고 하였다. IT 인프라 비용을 (1)고정비용과 (2)운영비용을 합하여 계산한다고 할 때, 클라우드 도입 전후에 각각의 비용은 어떤 차이를 보여줄지 토의해보자.

2. 금융권에서 클라우드 도입이 상대적으로 어려운 이유에 대해서 토의해보자. 특히 국내 환경과 해외 환경의 차이는 무엇인지 조사해보자.

3. 본문에서 "대다수의 클라우드 인프라는 리눅스 OS와 x86의 조합으로 표준화돼 있다"고 하였다. 그 이유는 무엇이며, 금융권 클라우드 전환을 위해서 왜 U2L(UNIX To Linux)이나 M2L(Mainframe to Linux)이 필요한지 토론해보자.

4. 퍼블릭 클라우드와 프라이빗 클라우드의 차이점을 이 책 제9장을 참고로 조사해보자. 퍼블릭 클라우드와 프라이빗 클라우드 각각의 경우 금융권 클라우드로 활용하는데 어떤 문제점이 있는지 생각해보고, 하이브리드 클라우드의 필요성에 대해 토의해보자.

제 6 장

데이터 통신과 네트워크

학 습 목 표

　오늘날의 정보화 혁명은 컴퓨터의 발달만으로는 불가능하다. 컴퓨터와 컴퓨터를 잇는 고속도로가 없으면 컴퓨터가 할 수 있는 일은 크게 줄어들고 만다. 이와 같이 컴퓨터와 컴퓨터를 연결해주는 것이 정보 통신망이며 이 망을 이용하여 세계 어느 곳에 있는 컴퓨터와도 연결하여 필요한 정보를 얻을 수 있게 된다. 본 장에서는 정보통신에 대한 개념과 정보통신 장비, 소프트웨어 그리고 컴퓨터통신망인 LAN과 WAN 등에 대하여 살펴보기로 한다.

　본 장을 학습한 후 학생들은 아래의 질문에 대하여 각각 답할 수 있어야 할 것이다.

* 데이터통신이란 무엇이며 여기에 대한 관심이 증가하고 있는 이유는 무엇인가?
* 통신채널의 전송방식, 속도, 전송매체에는 어떤 것들이 있는가?
* 통신장비에는 어떤 것들이 있으며 그 기능은 무엇인가?
* 근거리통신망(LAN)은 어떤 때에 이용되며 LAN을 구축함으로써 무슨 효과를 기대할 수 있을까?
* 원거리통신망(WAN)은 어떤 목적으로 이용되며 어떻게 구축되는가?
* 가상사설망(VPN)은 어떤 목적으로 이용되며 어떻게 구축되는가?
* 통신 프로토콜은 무엇이며 어떤 종류가 있는가?

5G·LTE 트래픽, 2년만에 골든크로스

2019년 4월 5세대(5G) 이동통신이 상용화된 후 처음으로 5G 트래픽(데이터 전송량)이 4G(LTE) 이동통신 트래픽을 넘어섰다. 이른바 골든크로스다. 5G를 지원하는 단말이 다양해지면서 가입자 수가 늘어난 점, 최근 LG전자 5G 지원 단말이 급매로 처분된 점 등이 영향을 미쳤다는 평가가 나온다.

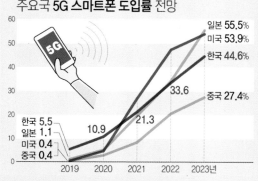

주요국 **5G 스마트폰 도입률** 전망

출처: 스트레터지 애널리틱스, 연합뉴스

3월 5G 트래픽 36만TB로 4G 넘어섰다 ··· "개인별 5G 트래픽은 4G 트래픽의 2.5배"

5일 과학기술정보통신부(과기정통부)와 이동통신 업계에 따르면 최근 5G 트래픽 양이 빠른 속도로 늘어난다. 3월엔 5G 상용화 2년 만에 처음으로 5G 트래픽 양이 LTE 이동통신 트래픽 양을 앞질렀다. 과기정통부의 무선데이터 트래픽 통계에 따르면 3월 기준 5G 트래픽은 36만8,025테라바이트(TB)를 기록했다. 2020년 12월 처음으로 월 사용 트래픽이 30TB를 넘긴 지 4개월 만에 40TB 가까운 증가세를 보인다. 반면 LTE 트래픽은 2020년 3월 최대치인 47만3,543TB를 기록한 후 시간이 지날수록 줄고 있다. 올해 3월 기준 트래픽은 36만3,301TB로 5G 트래픽보다도 낮은 수치를 보였다.

이같은 변화는 이동전화 단말기별 트래픽 현황에서도 드러났다. 3월 기준 5G 지원 스마트폰에서 발생하는 전체 트래픽은 36만8,000TB로 LTE 트래픽(35만4,539TB)보다 많았다. 5G 상용화 이후 처음으로 역전 현상이 발생했다. 개인별 트래픽도 5G는 2만6,660메가바이트(MB)로 LTE(9,221MB)보다 2.5배 많았다.

삼성 플래그십 출시로 연초 5G 트래픽 증가

이동통신 업계는 5G 트래픽이 LTE 트래픽을 넘어선 것과 관련해 5G 시대가 본격화했음을 알리는 의미라고 평가했다.

업계 관계자는 "지난해부터 5G 가입자가 계속해서 늘어나면서 트래픽도 증가 추세에 있다"며 "LTE 트래픽을 넘어선 만큼 본격적인 5G 시대를 맞았다"고 말했다.

과기정통부 통계에 따르면 5G 가입자 수는 3월 기준 1,447만6,018명을 기록했다. 전년 동월(588만1,177명) 대비 약 146% 늘었다. 전체 이동통신 가입자 중 5G 가입자 비중이 처음으로 20%를 넘어선 상황이다.

연초 5G 트래픽이 급증한 배경에는 단말기 제조사의 주력(플래그십) 모델 출시가 있다는 게 업계 설명이다. LG전자가 스마트폰 사업을 철수하면서 시장에 급매로 처리된 LG전자 5G 단말 역시 영향을 미쳤다.

또 다른 업계 관계자는 "5G 서비스는 플래그십 단말 영향이 크다"며 "지난해 4분기에 애플이 5G를 지원하는 첫 아이폰(아이폰12 시리즈)을 내놓은 데다 올해 1월엔 삼성전자가 5G 지원 모델인 갤럭시S21 시리즈를 선보이면서 5G 사용자 확대에 따른 트래픽 증가가 이어졌다"고 말했다.

이어 "LG전자가 (스마트폰 사업을 담당하는) MC사업본부를 철수하면서 LG 잔여 단말이 시중에 많이 나왔는데, 5G 지원 모델이 많았다"며 "각 업체가 재고 소진을 위해 영업을 강화하는 등 적극적인 사업을 펼치다 보니 해당 모델을 구입한 이들의 5G 데이터 사용 역시 트래픽을 늘렸을 수 있다"고 덧붙였다.

출처: IT 조선, 2021년 5월 6일

6.1 ▶ 데이터 통신과 네트워크의 기본 개념

데이터 통신이란?

데이터 통신(communication)이란 데이터나 정보를 네트워크(network)로 연결된 컴퓨터들간에 전송하는 것을 의미한다. 과거에는 어떻게 자료를 처리할 것인가와 같은 개개 컴퓨터의 처리 능력에 관심이 집중되었으나 최근에는 네트워크를 통한 통신에 대한 관심이 증가하고 있는데 그 이유는 다음과 같다.

첫째, 종래의 정보시스템은 하드웨어나 소프트웨어 같은 정보자원을 한 곳에 모아두고 처리하던 중앙집중형이었으나 최근에는 본사와 공장 간, 또는 본사와 지점 간에 자료를 나누어 처리하는 분산처리 방식으로 전환함에 따라 컴퓨터 간의 통신이 중요한 이슈로 등장하게 되었다.

둘째, 정보통신은 정보사회의 기반 구조로서 자원의 공유를 가능하게 하여 정보의 관리 및 처리비용을 줄여준다. 즉 통신망에 연결되어 있는 서버, 저장 장소, 프린터와 같은 주변 장치, 그리고 소프트웨어를 여러 컴퓨터가 공동으로 사용할 수 있기 때문에 정보자원의 효율적인 이용이 가능해진다.

셋째, 세계가 글로벌화 되어감에 따라 세계 어느 곳에 있는 컴퓨터와도 통신을 할 필요성이 제기되고 있다. 특히 인터넷과 같은 통신망의 사용자가 기하급수적으로 늘어나고 있으며 수많은 정보들이 제공되고 있어 이제는 무엇을 어떻게 하느냐인 노하우(knowhow)가 아니라, 필요로 하는 정보가 어디에 있는지를 아는 노웨어(knowwhere)가 중요한 시대가 되었다.

넷째, 통신기술의 발달로 통신장비와 관련 제품의 가격이 떨어지고 있어 통신의 이용이 훨씬 쉬워지고 있다.

다섯째, 통신기술의 이용이 늘어감에 따라 이메일, 인스턴트 메시징, 원격 화상 회의, 인터넷 쇼핑, 인터넷 뱅킹 등 우리들의 생활방식도 통신에 크게 의존하게 되었다.

통신의 대상이 되는 정보에는 음성, 데이터, 화상, 비디오 등이 있으며, 기업 내에서는 이런 정보를 전달하기 위하여, 공공 전화망에서부터, 근거리 통신망(LAN), 원거리 통신망(WAN), 무선 통신망 등 다양한 형태의 네트워크를 구성하고 있다. 이런 다양한 통신 네트워크들은 점차적으로 인터넷을 중심으로 하는 단일 네트워크 기반으로 변화하고 있다.

통신이 기업에 미치는 영향

통신의 급속한 발전은 기업 활동에 커다란 변혁을 초래하였다. 통신이 기업에 미친 영향을 요약해 보면 다음과 같다.

첫째, 통신의 발달로 기업의 거래 및 조정 비용이 획기적으로 줄게 되었다. 조직간에 네트워크적 결합을 가능케 하므로 통합조직을 다양한 규모와 형태로 분산시키게 되고, 생산과 관리측면에서 새로운 유연시스템이 가능해진다.

둘째, 수많은 정보의 수집과 처리가 통신기술의 발달에 힘입어 신속, 정확하게 이루어질 수 있게 되었으며, 이에 따라 시간적 장벽이 허물어 지고 필요한 정보의 신속한 분석으로 의사 결정과정에 획기적 개선이 이루어지고 있다.

셋째, 지리적으로 떨어진 기업활동 과정들을 통신, 네트워크 기술을 통해 상호 조정이 이루어지도록 함으로써 공간적 거리가 극복되고 있다. 그 결과 수많은 조직들에 의해 수행되는 다양한 작업들간의 조정과 통합이 유기적이고 신속하게 이루어지고 있다.

넷째, 기업뿐만 아니라 가정에까지 초고속 통신망이 깔리게 되면서, 음성, 영상, 데이터 콘텐츠를 대상으로 하는 새로운 비즈니스 모델들이 속출하고, 이를 보조하기 위한 통신 하드웨어 장치의 급속한 발전을 야기시켰다.

통신의 기본 구성 요소

통신은 크게 다음과 같이 5개의 기본 구성 요소로 이루어진다.

그림 6-1 네트워크 인터페이스 카드. 요즘 들어 유선뿐만 아니라 무선 네트워크에 연결하기 위한 네트워크 인터페이스 카드가 부쩍 늘어나고 있다. 특히 노트북용은 USB등을 이용하여 점차 소형화 되어 가고 있다.

컴퓨터 또는 단말기   PC, 서버, 통신 단말기 등 통신망에 연결하여 정보를 처리하는 기기이다. 요즘 들어서는 테이블릿이나 스마트폰, 심지어 자동차나 전자기기에 부착된 센서들도 통신을 담당하는 단말기의 역할을 하고 있다.

네트워크 인터페이스 카드   네트워크에 연결된 각각의 컴퓨터는 네트워크 인터페이스 카드(Network Interface Card: NIC)라고 불리는 장치가 필요하다. 그림 6-1에서 몇 가지 예를 보여 주고 있다. 보통 PC의 마더보드나 노트북에 장착되어 쓰인다.

통신 소프트웨어   통신을 하기 위해서는 네트워크 인터페이스 카드와 같은 하드웨어뿐만 아니라 통신을 제어하고 통제하는 소프트웨어가 필요하다. 보통 PC의 경우 오퍼레이팅 시스템에 포함되지만, 서버용 네트워크 운영체제가 따로 존재하기도 한다.

통신 채널   네트워크에서의 데이터는 통신 채널을 통해 이루어진다. 통신 채널은 유선과 무선 전송 매체로 구성된다.

통신 처리기   통신 채널을 구성하기 위해서는 컴퓨터 단말기 외에도 통신 업무를 담당하는 허브, 스위치, 라우터 등의 담당 기기가 각각의 역할을 수행하여야 한다.

다음 절에서는 이런 통신의 기본구성 요소들에 대하여 좀 더 자세히 알아보기로 한다.

6.2 ▶ 통신 채널을 통한 데이터 전송

통신 채널은 컴퓨터와 컴퓨터를 연결하는 물리적인 링크(link) 역할을 담당하는데 신호의 유형, 전송방식, 전송매체 등의 특성에 따라 여러 가지 형태로 나누어진다.

아날로그 데이터 전송 방식

아날로그와 디지털 신호   신호(signal)에는 아날로그(analog) 신호와 디지털(digital) 신호가 있다. 아날로그 신호는 시간의 흐름에 따라 연속적인 값이 바뀌는 전자웨이브(wave)에 의해 전송이 되는데, 음성신호가 여기에 속한다. 전화는 원래 음성신호를 전송하기 위하여 만들어졌다. 아날로그 신호를 표현하는 데에는 주파수(frequency)와 진폭(amplitude)의 개념이 이용되는데, 주파수는 웨이브 간의 거리를 말하고, 진폭은 웨이브의 높이를 말한다. 한편 디지털 신호는 0과 1의 값을 봉우리와 골짜기의 형태로 표현하여 신호를 전송하는 방법이다. 컴퓨터의 자료는 디지털의 형태로 처리된다. 디지털 전송은 아날로그에 비해 잡음이 적고 전송의 효율성 측면에서 우수하다.

모뎀을 이용한 아날로그 데이터 전송   모뎀(Modem)은 아날로그/디지털 변환기의 일종

그림 6-2 ●─ 아날로그 신호와 디지털 신호

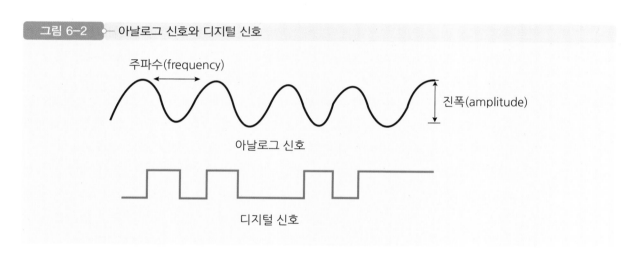

그림 6-3 ●─ 모뎀을 이용한 아날로그 데이터 전송 방식

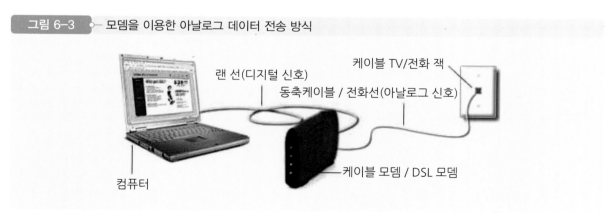

으로 컴퓨터의 디지털 신호를 아날로그 신호로 바꾸어(변조) 전송하고, 아날로그 신호를 받아 디지털 신호로 읽어낸다(복조). 좁은 의미에서는 개인용 컴퓨터와 전화선을 이어주는 주변장치이다. 하지만, 2000년대에 들어와서는 DSL용 모뎀이나 케이블 TV의 회선을 이용하는 모뎀이 개발되고, 이를 통해서 초고속 인터넷을 공급하게 되었다.

디지털 데이터 전송 방식

디지털 데이터를 별다른 변조나 복조 없이 디지털 전송 회선을 통해 그대로 전송하는 방식으로 전송 방향, 전송 모드, 전송 동기화에 따라 구분할 수 있다.

전송 방향에 따른 구분

단 방향 전송(simplex)　　송신장치에서 정보를 보낼 수 있고 정보를 받을 수는 없는 방식이다. 단 방향 통신의 예로는 라디오나 TV 방송이 이에 해당한다. 또한, 컴퓨터와 프린터간, 컴퓨터와 키보드 간 등을 예로 들 수 있다.

반 이중 전송(half-duplex)　　신호를 양쪽으로 보낼 수는 있으나 동시에 보낼 수는 없다. 예를 들어, 무전기는 상대편이 말하는 동안에는 들을 수밖에 없으며 상대편의 얘기가 끝나야 이쪽에서 말을 시작할 수가 있다. 뒤에서 다룰 근거리 통신망(LAN)이나 대부분의 인터넷망도 반 이중 전송방식이다. 하지만, 데이터 전송 방향을 바꾸는데 소요되는 시간이나 전송 속도가 빨라 이를 잘 모르는 경우가 많다.

전 이중 전송(full-duplex)　　양쪽에서 신호를 동시에 보낼 수 있는 방식으로 우리가 일상적으로 사용하는 전화회선이 여기에 해당된다. 전화회선에서는 양쪽이 동시에 얘기하면서 정보를 교환할 수 있다. 컴퓨터와 컴퓨터 간의 데이터 전송이나 대화식으로 만들어진 컴퓨터 응용프로그램들은 이와 같은 전 이중 전송방식을 이용한다.

전송 모드에 따른 구분

직렬 전송　　한 개의 전송선을 이용하여 한 문자를 이루는 각 비트들을 차례로 전송하는 방식이다. 한 개의 전송로를 사용하므로 전송 속도가 느리지만, 전송로 비용이 저렴하여 인터넷을 포함한 원거리 전송에 주로 사용된다.

병렬 전송　　여러 개의 전송선을 사용하여 한 문자를 이루는 각 비트들을 동시에 전송하는 방식이다. 따라서 전송 속도는 빠르지만, 전송로 비용이 상승하고 따라서 근거리 전송에 주로 사용된다.

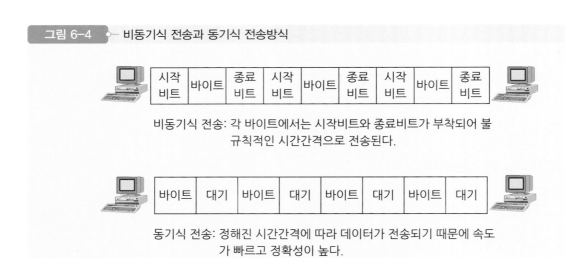

그림 6-4 ─● 비동기식 전송과 동기식 전송방식

비동기식 전송: 각 바이트에서는 시작비트와 종료비트가 부착되어 불
규칙적인 시간간격으로 전송된다.

동기식 전송: 정해진 시간간격에 따라 데이터가 전송되기 때문에 속도
가 빠르고 정확성이 높다.

전송 동기화에 따른 구분

전송 동기화에 따라 전송방식은 비동기식(asynchronous) 전송방식과 동기식(synchronus)
전송방식으로 나누어진다.

비동기식 전송방식(asynchronous)   한 번에 하나의 문자씩 전달하는 방식인데, 각 문
자마다 시작과 끝을 알리는 시작비트(start bit)와 종료비트(stop bit)가 이용된다. 이 방식
에서는 사용자가 데이터를 입력하는 시점과 같이 불규칙하게 각 문자의 전송이 이루어진
다. 비동기방식은 전송속도가 느리고 많은 양의 데이터를 보내는 데에는 부적합하나 구
현이 용이하다.

동기식 전송방식(synchronous)   보내는 쪽과 받는 쪽이 일정한 시간을 정하여 규칙적
으로 데이터를 묶음 단위로 전송하는 방식이다. 양쪽의 통신장비들은 서로 정해진 시간
에 맞추어 동기화되어 있어 각 문자마다 시작비트와 종료비트를 보낼 필요가 없어지게
된다. 따라서 동기식 전송은 비동기식 전송에 비해 속도도 훨씬 빠르고 정확하나 장비가
비싸고 구현이 복잡한 것이 단점이다.

⁜ 전송매체

전송매체는 통신채널을 형성하는 데 사용되는 물질로서 유선매체와 무선매체로 나
누어진다. 유선매체는 통신을 원하는 지점 사이에 회선을 설치하여 관리하는데, 여기

그림 6-5 ● UTP 5 케이블

동선의 끝에 RJ-45 컨넥터를 연결하여 UTP 네트워크 케이블을 구성한다.

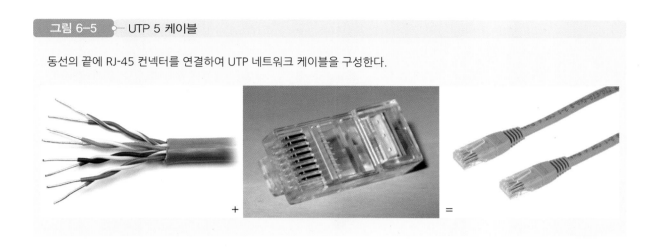

에는 동선(unshielded twisted pair: UTP), 동축케이블(coaxial cable) 그리고 광케이블 (fiber optics cable) 등이 이용된다. 무선통신은 전파와 같이 물리적인 회선을 사용하지 않고, 전파를 송수신하는 안테나를 필요로 한다. 근거리용인 블루투스와 적외선, 단 방향 마이크로웨이브(Wifi), 원거리용인 위성통신, 이동통신 등이 여기에 속한다.

동 선(UTP)

UTP는 언실디드 트위스티드 페어(Unshielded Twisted Pair)의 머리글자이다. 비차 폐(非遮蔽)쌍케이블, 비차폐연선이라고도 한다. 가장 일반적인 형태의 구리선으로, 일반 전화선이나 랜(LAN, 근거리통신망) 환경을 이어주는 신호선의 한 종류이다.

절연된 2개의 구리선을 서로 꼬아 만든 여러 개의 쌍케이블 외부를 플라스틱 피복으로 절연시킨 선이라는 뜻으로 이런 이름이 붙었다. 외관은 **그림 6-5**에서 보듯이, 전화선 과 비슷한 RJ-45 규격의 커넥터와 케이블로 이뤄져 있다. 내부의 선은 8가닥의 신호선이다. 케이블 외피를 벗기고 안을 들여다보면 두 가닥씩 꼬인 4쌍의 선이 보인다. 8가닥의 선 색깔이 모두 다르며 이 색깔에 따라 핀 번호가 규격으로 정해져 있다.

랜 케이블에는 일정한 간격으로 케이블의 종류가 무엇인지를 뜻하는 문자와 함께 CAT(카테고리)이란 단어가 함께 표기된다. 이것은 전송스팩을 요약한 말이다. 랜 케이블을 구입해야 할 때에 가장 중요하다. 아무리 빠른 네트워크가 들어와도 케이블이 받 쳐주지 못하면 빠른 전송속도를 사용할 수 없다.

구분	CAT.5E	CAT.6	CAT.6A	CAT.7	CAT.8
전송속도	1Gbps	1Gbps	10Gbps	10Gbps	40Gbps
디역폭	100MHz	250MHz	500MHz	600MHz	2000MHz
규격	1GBASE-T	1GBASE-TX	10GBASE-T	10GBASE-T	40GBASE-T

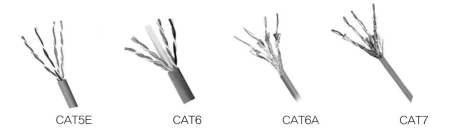

CAT5E   CAT6   CAT6A   CAT7

케이블은 외관상 별 차이가 없어 보이나, 표준방식에 따라 선을 꼬은법이나 절연 방식의 차이가 있다. 최근에는 CAT. 8 케이블도 등장하였는데, 전송 속도를 40Gbps까지 지원한다. 이를 위해 간섭을 줄이기 위한 차폐 기능이 특히 강화 되었다.

CAT8 케이블

동축케이블(coaxial cable)

동축케이블은 전송시 발생하는 잡음을 줄이기 위해 동선의 컨덕터(conductor)를 여러 겹으로 쌓아 외부전자파의 방해로부터 보호함으로써 데이터를 보다 빠른 속도로 전송할 수 있게 하였다. 동축 케이블의 데이터 전송속도는 100Mbps 에서 1Gbps 이다. 따라서 동축케이블은 동선에 비해 고품질의 전송을 할 수 있으나 가격이 비싼 매체이다.

 스포트라이트   데이터 전송속도를 표현하는 방법

전송매체에 따라 전송속도가 다른데, 전송속도는 대역폭(bandwidth)에 따라 결정이 된다. 즉 대역폭이 넓을수록 더 많은 통신채널들의 생성이 가능해 한꺼번에 더 많은 양의 데이터를 보낼 수 있게 된다. 데이터의 전송속도는 bps(bits per second)에 의해 결정되는데, bps는 1초당 전송되는 비트의 수를 의미한다. Mbps는 "megabits per second"(1초당 1,000,000 bits)의 약자이다. 예를 들어, 1.5Mbps 속도의 T1급 전용회선은 1초당 1백50만 비트 가량의 데이터를 전송할 수가 있으며, 이는 A4 용지 한 장에 국문 1,000자가 실린다고 가정할 때 1초당 A4 용지 백 장을 보낼 수 있는 전송용량을 의미한다.

동축케이블에는 베이스밴드(baseband)와 브로드밴드(broadband)가 있다. 브로드밴드 동축케이블은 한꺼번에 여러 개의 신호를 동시에 전송할 수 있으며 특히 데이터, 음성, 비디오 전송을 하나의 회선에 전송할 수 있는 장점이 있다. 동축케이블은 LAN, 케이블TV 등에서 이용되고 있다.

광섬유선(fiber optic cable)

광섬유선은 가장 최근에 나온 가장 빠른 전송매체이다. 전선을 사용하지 않고 사람 머리카락보다 더 가는 유리섬유를 이용하여 전기신호 대신 빛의 형태로 신호를 전송한다. 광섬유는 속도가 빠를 뿐 아니라 잡음방지 등에 매우 뛰어난 장점이 있다. 또한 보통 하나의 광섬유에 1,500개의 동선과 맞먹는 정보를 전송할 수 있다(보통 6Tbps 이상). 그러나 동선이나 동축케이블에 비해 비싸고 설치가 어려운 것이 흠이다. 따라서 광섬유선은 근거리통신망(LAN)과 같은 소규모 네트워크의 회선으로보다는 LAN들을 상호 연결하는 백본(backbone) 회선으로 더 널리 이용되고 있다.

적외선이나 블루투스를 이용한 근거리 무선 통신

비교적 단거리에 있는 두 기기를 연결하기 위해서는 적외선이나 블루투스를 사용한다. 적외선을 사용하는 대표적인 예는 RFID인데 요즘 들어서는 적외선보다는 블루투스를 활용하는 사례가 늘어가고 있다. 블루투스는 10미터 정도로 거리제한이 있는 단점이 있지만, 핸드폰과 헤드셋이나, 마우스 등 입력 기기와 컴퓨터 간의 연결 등에 활용되

▲ 블루투스로 홈 IoT를 구현하는 애플의 '홈킷'

고 있다. 2010년부터 출시된 블루투스 4.0은 100미터까지 사용가능 거리를 확장시켰다. 2013년 12월부터는 블루투스 4.1이 새로운 표준으로 사용되어지고 있다. 블루투스 4.1은 연결장치끼리 거리가 증가해 잠시 연결이 끊어지게 되면 되돌아올 시 자동으로 재연결이 되도록 개선되었으며, LTE와의 간섭현상을 줄였다. 블루투스 4.2는 이전 버전이 발표된 지 1년 만인 2014년 12월에 발표됐다. 블루투스 4.2는 새로운 인터넷 프로토콜 지원 프로파일(IPSP)이 추가되면서 사물인터넷(IoT)에 대한 대응이 더 긴밀해졌다. 블루투

스 4.2 표준에서는 확장된 데이터 길이를 사용해 더 빠르게 데이터 전송을 할 수 있으며, 저전력 IP(IPv6/6LoWPAN)와 블루투스 스마트 인터넷 게이트웨이(GATT) 같은 새로운 인터넷 접속 기능들을 포함한다. 가장 최신 기술인 블루투스 5는 2016년 12월 공식 발표됐다. 블루투스 5는 이전 버전 블루투스 4.2 대비 도달 범위는 4배 확대, 속도는 2배 향상, 브로드캐스트 용량은 무려 8배 향상되면서 사물인터넷(IoT), 드론, 비콘 등의 분야에서 가장 높은 성장이 기대되고 있다. 2019년 1월에 블루투스 5.1이 발표되었는데 방향 감지 기능이 추가되었으며, 2020년 1월에는 블루투스 5.2가 발표되어 이어버드 기

스포트라이트 블루투스 LE(BLE)

최근 사물 인터넷이 대중화되면서 많은 가정에서 스마트폰과 인터넷에 연결되는 스피커, 조명, CCTV 등을 사용하고 있습니다. 이런 사물 인터넷 제품을 고를 때 마주하게 되는 규격 용어 중 하나가 '블루투스 LE' 입니다.

블루투스 LE는 블루투스 저에너지(Blutooth Low Energy)의 약자로, 블루투스 4.0+LE로 표기하기도 하고, 블루투스 스마트(Bluetooth Smart) 혹은 BLE라고도 불립니다. 블루투스 SIG(Special Interest Group)가 관리하는 단거리 무선 네트워크인 블루투스의 한 종류로, 이름에서도 알 수 있듯 다른 블루투스 규격보다 전력 소비량이 적은 것이 특징입니다.

블루투스 LE는 블루투스 SIG가 기획해 개발한 것이 아닙니다. 블루투스 LE의 전신은 노키아가 2001년부터 개발을 시작해 2006년 10월에 정식 공개한 와이브리(Wibree)입니다. 2007년 노키아와 블루투스 SIG는 와이브리를 미래 블루투스 규격에 블루투스 LE라는 이름으로 포함하기로 합의했습니다. 그 결과 블루투스 SIG가 2010년 6월에 발표한 블루투스 4.0에 클래식 블루투스(Classic Bluetooth), 고속 블루투스(Bluetooth high speed)와 함께 블루투스 LE가 포함됐습니다.

블루투스 LE의 개념 자체는 다른 블루투스와 다를 바 없습니다. 2.4GHz 주파수를 사용해 근거리에 있는 디바이스와 데이터를 주고받고, 도달 범위도 100미터 수준으로 유사합니다. 하지만 연결을 사용하지 않을 때 절전 모드로 유지되고, 대기 상태에서 기기에 연결되기까지의 시간이 6ms 수준으로 일반 블루투스(100ms)보다 무척 짧습니다.

또한, 블루투스는 많은 데이터를 처리할 수 있지만 배터리 소모가 빠르고 가격이 높습니다. 블루투스 LE는 이와 반대로 대용량 데이터를 처리할 필요가 없는 애플리케이션에 활용되고, 배터리 하나로도 몇 년간 사용할 수 있어 비용도 저렴합니다.

블루투스 SIG는 블루투스 LE가 스포츠 및 피트니스 장비, 칫솔 및 혈압 보니터링 등 의료 장비, 키보드, 트랙패드, 마우스 등 PC 주변 장치 등 다양하게 활용할 수 있다고 보고 있습니다. 이미 지난 5년간 빠르게 성장해 2016년을 기준으로 블루투스 LE를 지원하는 디바이스가 5억 대 이상을 달성했고, 2021년에는 10억 대 이상에 달할 것으로 예상됩니다.

출처: IT World 용어풀이

능이 향상되었다.

무선주파수 식별(Radio Frequency Identification) 무선 주파수 식별(RFID)은 제품 추적, 출입 통제 시스템 및 기타 비접촉식 애플리케이션에 널리 사용되는 기술이다. RFID 태그는 재고 관리와 물류에 광범위하게 사용된다. 생산 라인이나 창고에서 물품의 위치와 이동을 모니터링하고 도난을 방지할 수 있다. 상점에서 물건을 구매하면 스캐너에 의해 제거되거나 중성화되는 태그가 이와 동일한 기술이다. 이 기술은 출입 카드, 전자 여권, 결제 시스템에서도 볼 수 있다. RFID는 태그와 리더에 있는 루프 안테나 사이의 전자기 유도를 사용한다. 태그는 리더를 통해 판독할 수 있는 데이터 스토어이다. 태그에는 다음과 같은 두 종류가 있다.

- **능동 태그**: 배터리를 내장해 무선 신호를 발생하므로 더 넓은 전송 범위를 지원하지만 그만큼 비용이 늘어나고 수명이 제한된다.
- **수동 태그**: 태그의 안테나에 의해 수집된 신호의 에너지를 사용하여 기기에 전력을 공급하므로 동작 범위는 제한되지만 태그의 가격이 훨씬 저렴하다.

RFID는 민간 조직이나 국가 기관이 제정한 다양한 표준들이 있을 뿐 아니라 시스템 역시 다양한 독자 시스템이 존재한다. 뿐만 아니라 사용되는 무선 주파수 대역도 모든 국가에서 똑같지 않다. 예컨대 유럽의 태그가 미국에서 작동하지 않을 수 있다. 또한 RFID 태그에 설계된 보안은 한정적이므로 태그가 부착된 제품을 운반하거나 착용하는 사람을 추적할 수 있다는 개인정보침해 우려도 있다.

근거리 통신(Near Field Communication) NFC 표준은 ISO 및 NFC 포럼을 포함한 다양한 산업 기구들에 의해 정의되고 권장된다. 이 표준은 RFID의 기반이 되는 기술을 확장한 것으로, 기기 간에 보다 유용한 통신을 가능하게 한다. 기기는 태그와 리더로 둘 다 동작할 수 있기 때문에 양방향, 피어-투-피어 통신이 가능하다. NFC는 RFID보다 더 강력한 보안을 제공하므로 비접촉식 결제와 출입 통제 기능에 보다 적합하다. NFC 기능은 현재 거의 모든 스마트폰 모델에 통합되어 비접촉식 결제와 단말기 간 정보 교환을 구현한다.

단방향 마이크로웨이브

마이크로웨이브(microwave)는 무선전송매체로서 라디오 전파처럼 대기공간을 통하여 한 마이크로웨이브 스테이션에서 다른 곳으로 데이터를 전송한다. 흔히 마이크로웨이브 중계탑이 약 50km 간격으로 설치되는데, 각 중계탑은 미약해진 신호를 받아 강화한 후 다음 중계탑으로 다시 송신하는 역할을 한다.

마이크로웨이브는 음성이나 데이터의 고속전송이 가능하여 전화회사나 컴퓨터 네트워크회사에서 장거리 전화와 장거리 데이터 전송에 많이 이용한다. 그러나 마이크로웨이브는 직선 상태에서만 전송이 가능하므로, 중간에 높은 빌딩이나 산이 있으면 전송이 불가능하다. 따라서 마이크로웨이브 안테나를 높은 빌딩의 옥상이나 산꼭대기에 설치하여 중간에 전파가 차단되지 않도록 하여야 한다.

우리가 흔히 사용하는 Wi-Fi(wireless fidelity)도 일종의 마이크로웨이브를 통한 통

🔊 스포트라이트 　　　　　　　　와이파이6E

데이터 통신비를 아끼겠다고 공공장소에서 와이파이를 켰지만, 느린  속도와 잦은 끊김이 답답해 꺼버린 경험이 한 번은 있다. 좁은 도로에 많은 차들이 꽉 차있으면 속도가 나지 않듯, 와이파이도 마찬가지다. 수용할 수 있는 용량이 한계에 다다르면서 제 역할을 하지 못한다. 이같은 답답함을 한번에 해결할 수 있는 '와이파이6E'가 주목받는 이유다.

와이파이6E는 2.4GHz, 5GHz 주파수를 사용하는 와이파이6에 6GHz 대역을 확장(Extension) 이용하는 무선랜 기술(IEEE 표준)이다. 와이파이6E는 지난해 10월, 우리나라가 미국 다음으로 6GHz 대역(5천925~7천125MHz)을 사용할 수 있도록 비면허 통신 용도

로 공급하면서 가능해졌다. 와이파이6E도 이론상으로는 1Gbps대 속도가 가능하다. 하지만 접속 기기가 많고 가용 주파수 폭이 좁다보니 이를 실현하는 데 한계가 컸다. 와이파이6E는 대역폭이 두 배 더 넓어져 더 많은 기기들을 수용할 수 있다. 지연 속도도 줄어든다.

정부는 와이파이6E 활성화를 위해 지하철에서 시범사업을 시작한다. 현재 지하철 역사에서는 최대 250mW 출력 이용이 가능하지만, 지하철 객차 내에서는 25mW로 출력이 제한된다. 실외 출력 제한은 주파수 간섭 문제를 방지하기 위한 것이다. 이에 대해 과기정통부는 시민들의 데이터 복지 차원에서 지하철 객차에 한정해 최대 250mW 출력을 허용토록 규제를 완화할 예정이라고 밝혔다. 향후 AP가 와이파이6E 적용 장비로 교체되면, 더욱 빠른 속도와 더욱 넓은 커버리지의 와이파이 서비스가 이뤄질 수 있어 시민들의 무랜선 이용 경험이 한층 쾌적해질 것으로 기대된다.

한편, 시장조사업체 IDC에 따르면 올해 전 세계에서 와이파이6E를 지원하는 기기는 스마트폰과 노트북에 이어 TV와 증강현실(VR) 기기 등으로 확장, 3억3천800만 대 수준에 이를 것으로 전망했다.

출처: 정보통신신문, 2021년 6월 25일, 아이뉴스24, 2021년 7월 4일

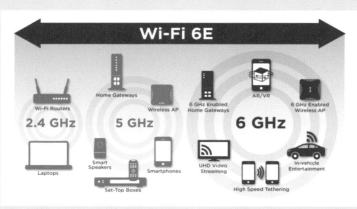

▲ 한 단계 진화한 와이파이6E는 주파수 6GHz이 추가돼 와이파이6보다 전송속도나 지연속도 측면에서 더 우수해 초고속, 초연결, 초저지연을 필요로 하는 콘텐츠 수용이 더 유리하다. [사진=브로드컴]

신방식이다. 엄밀히 말하면, Wi-Fi는 무선랜표준을 정하고 배포하는 조직의 이름이며 '802.11'이 무선랜기술에 사용되는 프로토콜의 명칭이다. 2.4GHz의 주파수대역을 사용해 최대11Mbps의 전송속도를 지원하는 802.11b가 등장하면서 본격적으로 시장에 보급되었다. 이어 802.11 무선랜규격은 802.11a(5GHz, 54Mbps)와 802.11g(2.4GHz, 54Mbps)를 거쳐 802.11n으로 발전했다. 802.11n은 2.4GHz와 5GHz 대역의 주파수를 모두 지원하면서 최대600Mbps의 전송속도를 지원한다. 2013년 이후 새로운 표준으로 자리잡고 있는 802.11ac는 '기가비트무선랜'이라고 일컬어지며 최대전송속도가 1.3Gbps 에달한다. 2012년 12월에 승인된 802.11ad는 60GHz 주파수에서 최대 6.7Gbps의 데이터 전송률을 제공할 수 있는 매우 빠른 표준이지만 그 대가로 전송 거리가 짧다.

와이파이 할로우(HaLow)라고도 하는 802.11ah는 1GHz 미만 주파수 대역(일반적으로 900MHz 대역)의 TV 대역을 제외한 비허가(license-exempt) 네트워크 운영을 정의한다. 2016년 9월 승인을 거쳐 2017년 5월 공표됐다. 미국의 경우 908~928MHz가 여기에 포함되지만 세부 주파수는 국가마다 다르다. 802.11ah의 목적은 최대 347Mbps의 데이터 전송 속도로 2.4GHz와 5GHz 영역의 일반적인 네트워크보다 더 먼 거리까지 와이파이 네트워크를 확장하는 것이었다. 또한 에너지 소비 절감에 도 초점을 두고 있어 많은 에너지를 사용하지 않으면서 원거리 통신이 필요한 사물 인터넷 기기에 적합하도록 개발되었다.

2018년 이후로 일반 소비자들이 와이파이 각각의 표준을 구분하기 어렵다는 점을 감안해, 복잡한 명칭대신 Wi-Fi 뒤에 숫자를 붙이는 것으로 표준명이 변경되었다. 이와 함께 기존의802.11n은 와이파이4로, 802.11ac 규격은 와이파이5로, 802.11ac를 와이파이6로 부르게 되었다. Wi-Fi 6E는 Wi-Fi 6의 새로운 확장 표준으로, 기존의 2.4GHz 대역과 5GHz 대역에 더해 6GHz 대역까지 사용하도록 한 것이다.

위성통신

인공위성(satellite)을 이용한 통신은 지상에서 마이크로웨이브 신호를 보내면 위성에서 이를 받아 증폭시켜 다시 지상에 보내는데, 여기에서 이용되는 마이크로웨이브 신호는 지상에서 이용되는 신호보다 주파수가 높다. 위성에 데이터를 보내고 받기 위하여 큰 접시모양의 안테나를 이용하는데, 이를 지구국이라고 한다.

인공위성은 지상에서 40,000km 정도 떨어진 거리를 궤도로 하여 회전하는데, 회전 속도를 지구의 회전속도와 같이 하여 항상 일정한 지점에 위치할 수 있게 한다. 사업장이 지역적으로 광범위하게 흩어져 있는 경우 정보를 송수신하는 데 사설 위성통신의 사용이 점차 늘어가고 있다. 만약 매일 전송하는 데이터의 양이 많지 않을 경우에는

VSAT(Very Small Aperture Terminal)라고 하는 작은 접시모양의 안테나를 이용하면 저렴한 가격으로 사설 위성통신을 이용할 수 있다. 이 안테나는 크기는 1~3미터밖에 안 되지만 초당 19,200비트 정도의 전송이 가능하다.

우리나라는 국제위성통신기구인 인텔새트(INTELSAT)의 위성을 이용하기 위하여 1970년 금산에 지구국이 세워졌고, 현재는 KT SAT가 서울을 위시하여 전국에 수십 개의 지구국을 보유하고 있다. 또한 1995년부터 꾸준히 무궁화위성을 발사하고 있으며, 기존의 무궁화위성 5 · 6호와 콘도샛(리스크를 줄이기 위해 복수 위성 사업자가 소유권을 나눠 가진 위성)인 '코리아샛 8호'를 포함, 2017년 5월에는 무궁화 위성 7호를 발사함으로써, 총 4기의 방송통신 위성을 보유하게 됐다. 이 위성들은 통신 및 방송의 복합적인 목적으로 이용하고 있다.

1990년대부터는 저궤도위성을 띄우는 시도가 있었다. 저궤도위성은 지상에서 500마일 정도 떨어진 거리를 궤도로 하여 돌기 때문에 설치하는 데 비용이 적게 들 뿐 아니라 지상의 통신장비들 성능이 높을 필요가 없다. 하지만 비 경제성으로으로 인한 실패가 잦았다. 가령, 마이크로소프트는 텔리데식(Teledesic) 프로젝트를 통해 840개 저궤도 위성으로 상향 100Mbps, 하향 720Mbps를 제공하는 이동통신 서비스를 선보였지만, 높은 투자비용 대비 크고 무거운 단말의 높은 가격과 서비스 커버리지 부족, 지상 이동통신망 대비 매력 부족으로 인한 초기 수요 불발로 역사의 뒤안길로 사라졌다. 마찬가지로, 이리디움은 1998년 66개 저궤도 위성으로 글로벌 위성전화 및 데이터 서비스를 시작했지만, 9개월만에 파산, 2001년 이리디움 통신사가 사업을 승계하게 된다. 현재 이리디움은 국방, 해상 및 항공, 에너지산업, 수송이나 산림업 등 틈새시장을 중심으로 위성 휴대단말에 의한 음성통화 및 데이터통신 서비스를 제공하고 있다.

그로부터 30년 후인 지금, 글로벌 테크 기업들은 기술 발전으로 달라진 저궤도 위성 통신 시장 선점을 위해 승부수를 띄우는 중이다. 테슬라의 엘론 머스크가 세운 미국 민간 우주탐사업체 '스페이스X'는 1만1,943개의 저궤도 위성을 띄워 지구상의 모든 지역에 빠짐 없이 인터넷을 제공하겠다는 스타링크 프로젝트를 진행해 왔고 조만간 서비스를 시작할 계획이다. 이 밖에, 원웹은 올해 말부터 음영지역 비율이 48%에 달하는 북위 60도 이상 북극 지역에 인터넷 서비스를 제공할 계획이다. 또한, 아마존은 저궤도 위성 통신 사업을 차세대 주요 통신 서비스 사업으로 인식하고 여러 사업을 추진 중이다. 2019년에는 3,236개의 인공위성을 활용한 저궤도 위성통신 사업인 카이퍼 프로젝트(Project Kuiper)를 발표했다.

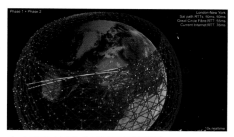

▲ 스페이스X의 스타링크 프로젝트

그림 6-6

개별 셀마다 안테나가 있는데, 이 안테나를 통해 셀룰러 전화 신호가 전송된다. 전송된 신호는 MTSO를 거쳐 유선 혹은 무선전화에 연결된다.

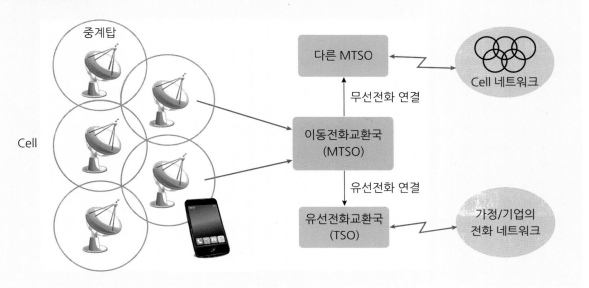

이동통신

이동통신은 셀룰러(cellular)통신방식을 이용한다. 여기에서는 지역을 셀(cell)이라고 하는 여러 개의 작은 구역으로 나누고 cell마다 중계기(transceiver)가 있어 발신요청이나 수신 요청을 처리한다. 셀룰러 통신이 어떻게 이용되는가를 **그림 6-6**에서 보여준다. 이동전화에서 전화를 걸면 그 위치에서 가장 가까운 셀의 안테나에서 이를 받아 이동전화 교환국(MTSO)으로 보낸다. MTSO에서는 보내려고 하는 목적지가 일반전화인 경우에는 일반전화 회선을 이용하여 보내고, 보내려고 하는 목적지가 이동전화일 때 그 이동전화에서 가장 가까운 셀로 보낸다. 이 셀에서는 안테나를 통해 수신한 내용을 바로 이동전화를 보내 통화가 이루어 진다. 셀룰러 통신은 음성과 데이트의 전송 모두 가능하다.

이동 통신은 그동안 1G, 2G, 3G, 4G, 5G(Generation: 세대)를 거쳐 발전해 오고 있다. 이렇게 세대를 구분하는 이유는 각 세대별로 단말간의 의사소통 방식의 표준이 다르기 때문이다.

1세대(1988년~1996년)　　차량 전화기에서 출발한 이동 통신은 처음에는 그림과 같이 무전기 크기의 커다란 휴대폰이었다. 1세대 휴대폰은 매우 고가의 제품으로 '아날로그 방

식'의 음성통화만 가능하고 데이터는 전송이 불가능 하였
다. 1세대 이동통신은 외부 방해신호에 대한 혼선이 생기
는 등의 문제가 있어 이를 보안한 '디지털방식'의 2세대 통
신표준을 만들게 된다.

2세대(1996년~2002년)   2세대 통신은 대중에게는
CDMA(Code Division Multiple Acess)라는 용어로 널리 알
려졌다. 2세대 통신기술은 크게 두 가지로 나누어진다. 첫
번째가 바로 이 CDMA 방식인데, 미국의 퀄컴이라는 회사
가 만든 표준방식으로 하나의 주파수에 코드를 부여하여 여
러 사람이 사용하게 만든 '코드분할 다중접속' 방식으로서
우리나라는 CDMA 방식을 따른다. 다른 하나는 GSM 방식
으로 흔히 유럽식 방식이라고 부른다. 협대역 시분할다중접
속(Time Division Multiple Access: TDMA)방식을 적용하여

유럽 17개국을 단일 통화권으로 묶었다. 2세대 부터는 디지털 방식의 데이터 통신이 가
능해지고, 문자 메시지를 사용할 수 있게 되었다.

3세대(2002년~2011년)   점차 이동통신 기기의 기
능이 다양해지고, 데이터 사용이 급격히 증가하면서 3
세대 이동 통신이 대두 되었다. 3G에서는 2G에 비해
보다 빠른 속도로 데이터를 전송할 수 있기 때문에 영
상통화, 인터넷 서핑, 다양한 앱 사용이 가능하다.

   3G방식도 미국식과 유럽식의 표준이 있었는데 정
부정책으로 인해 SKT와 KT는 유럽방식의 WCDMA를
LG는 미국 방식의 EVDO 리비전 A라는 표준을 사용하게 된다. 최근에 출시되는 단말기
를 보면 같은 제조사의 동일모델이라도 이동통신사에 따라 다른 두께와 스펙을 갖는 경
우가 있는데, 이렇게 같은 휴대폰이라도 이용하는 주파수와 방식이 다르기 때문에 다른
구성으로 출시되는 것이다.

4세대(2011년~2019년)   4G는 와이브로-에볼루션
(Wibro-Evolution, 와이맥스2), LTE, LTE-A, 광대역 LTE
가 다 여기에 포함되는 기술이다. 초기 LTE나 HSPA+
등은 국제표준기구의 4G에 대한 요구조건을 충족하
지 못하여 3.9세대였으나, 이후 4G로 통용되었다. 4G
에서는 음성, 화상전화, 멀티미디어, 인터넷, 음성메

표 6-1	이동통신진화과정			
세대	주요서비스	전송속도	HD급 영화(2GB) 다운로드에 걸리는 시간	국내상용화 시기
1G	음성	-	-	1984년
2G	음성, 문자, 저속인터넷	14.1~153.6Kbps	32시간	1996년
3G	음성·영상통화, 고속인터넷	2~14.4Mbps	19분	2003년
45(LTE)	HD음성·영상통화, 초고속인터넷	75Mbps~1Gbps	16초	2011년
5G	HD음성·영상통화, VR·AR, 자율주행차 등	20Gbps	1초	2018년

일, 인스턴트메시지 등의 모든 서비스가 단말기 하나로 가능하며, 빠른 속도가 가장 큰 특징이다. 정지 상태에서 1Gbps(1000Mbps), 60km 이상 고속 이동 시에는 100Mbps 이상의 속도를 제공한다. 이는 시속 120km로 달리는 자동차에서 700MB짜리 영화를 3분 만에 다운로드할 수 있는 속도로 3G보다 최대 전송속도는 10배, 이동 중에는 50배 빠르다.

LTE-A는 서로 떨어져 있는 2개의 주파수를 묶어서, 마치 두 주파수가 붙어있는 것처럼 넓게 사용할 수 있도록 한 것이다. 고속도로에 비유하면 도로를 1개 더 만든 것과 비슷한데, 이럴 경우 두 개의 도로를 넘나들며 고속도로를 달릴 수 있다. 반면, 광대역 LTE는 서로 인접한 두 개의 주파수를 붙여서 마치 하나의 주파수처럼 사용할 수 있도록 하였다. 즉, 기존에 있던 도로를 2배로 넓힌 '확장 도로'와 같다. 예를 들어 KT는 기존에 1.8GHz 대역(20MHz 폭)을 갖고 있었는데, 지난 2013년 주파수 경매에서 기존 주파수와 인접한 1.8GHz 대역(15MHz 폭)을 낙찰받으면서 광대역 LTE(15+20=35MHz 폭)를 시작하였다. 도로가 넓으면 교통 체증이 덜한 만큼 전송 속도도 기존의 LTE보다 빠르다. 이런 이유로 '황금 주파수'라는 별칭이 사용되었다. 2021년 이후 5G 스마트폰으로의 전환이 빠르게 진행되고 있다.

5세대(2019년~현재)　　　SK텔레콤, KT, LG유플러스 등 이동통신 3사는 기존에 이용하던 LTE(4G)를 능가하는 차세대 네트워크 기술인 5G를 2018년 12월에 세계 최초로 공동 상용화하였다. 아직 일반인은 서비스를 사용할 수 없지만, 2019년 3월을 5G 스마트폰 출시 시점으

로 예상하고 있다. 2021년 이후 5G 스마트폰으로의 전환이 빠르게 진행되고 있다.

5G 기술이 가진 주요 특징은 3가지이다. 첫 번째 특징은 현재 사용 중인 LTE보다 속

통신 지연 차이에 따른 자율주행차의 제동거리
(시속 100km 주행 시)

4G 지연시간 0.03~0.05초(30~50밀리초)
제동거리 81~135cm

5G 지연시간 0.01초(1밀리초)
제동거리 2.7cm

▲ 출처: SKT Insight

도가 20~50배 이상 더 빨라진다고 한다. 즉, 스마트폰에서 보고 있는 고화질 영상들을 단 몇 초 내에 내려받아 시청하는 속도가 되고 이러한 속도의 변화가 다양한 서비스의 변화를 유도할 것이라고 한다.

두 번째 특징은 초저지연성이다. 지연속도가 4G는 0.025초(25ms 이하)로 나타나고 있는데, 5G는 0.001초로 나타날 예정이다. 스마트폰에서 보낸 데이터가 기지국, 교환실, 서버 등을 거쳐서 다시 단말로 돌아오는 시간이 바로 이 지연시간이다. 5G의 특징 중 초저지연성은 다양한 산업을 변화시킬 예정이다. 자율주행 자동차가 도로에 설치된 센서들을 통해 다양한 정보를 실시간으로 전달받고, 가상 현실과 증강 현실 실감형 콘텐츠를 지연없이 즐길 수 있게 되는 것은 모두 5G의 초저지연성과 관련이 있게된다.

세 번째 특징은 5G 기술의 특징 중 하나인 더 많은 디바이스가 동시에 접속이 가능해진다는 것이다. 센서가 탑재된 디바이스가 더 많이 연결됨으로써 기존에 수집되지 않았던 수많은 정보가 모이게 될 것이다. 또한, 단말기 수용능력의 경우 LTE는 1제곱킬로미터당 최대 10만 대의 단말기를 수용할 수 있지만, 5G는 최대 100만 대까지 수용할 수 있다. 광화문 광장에 사람이 꽉 차더라도 끊김없이 무선 통신을 이용할 수 있다.

6.3 네트워크의 유형

컴퓨터 네트워크는 컴퓨터와 컴퓨터를 직접 연결함으로써 일반적인 전화 회선을 이용할 때보다 대역폭(bandwidth)을 늘려 대량의 데이터를 고속으로 전송할 수 있게 해준다. 네트워크는 지역의 범위에 따라 좁은 지역 안에서의 통신을 위한 근거리통신망(local area network: LAN)과 비교적 광범위한 지역을 커버하는 원거리통신망(wide area network: WAN)으로 나누어진다. 이외에 기업의 인트라넷 구성을 위해 공중망을 이용하는 가설 사설망(virtual private network: VPN)이 있다.

근거리통신망(LAN)

LAN의 특징

근거리통신망(LAN)은 사무실, 대학캠퍼스, 빌딩과 같은 지역적으로 제한된 공간 내에서의 통신 네트워크를 말한다. 통상 그 범위를 최고 500미터 반경 이내로 한다. LAN에는 PC들만을 연결하는 네트워크도 있는 반면, 컴퓨터, 단말기, 프린터 등 모든 종류의 하드웨어를 망으로 연결하는 네트워크도 있다. 이때 연결에 이용되는 매체로는 앞서 설명한 동선, 동축케이블, 광섬유선 등이 있으며, 이 중 광섬유선이 가장 속도가 빠르고 외부잡음으로부터 보호가 잘 되어 있으나, 선을 중간에 구부리기 힘들고 가격도 비싸기 때문에 일반적으로 **그림 6-5**에서 보여준 Cat 5라는 동선을 이용한다. LAN은 **그림 6-7**과 같이 여러 대의 컴퓨터, 서버 및 프린터를 하나로 연결하여 구성한다.

서버는 네트워크 내에 있는 컴퓨터 중 성능이 가장 좋고 하드디스크도 대형인 컴퓨터인데, 네트워크에 있는 컴퓨터 간의 통신을 제어한다. 이 서버에게 통신관계업무만 맡길 수도 있고, 네트워크가 작은 경우에는 통신관계업무 이외에 독자적인 응용 업무를

그림 6-7 ─● 단순화 시킨 LAN 구성도

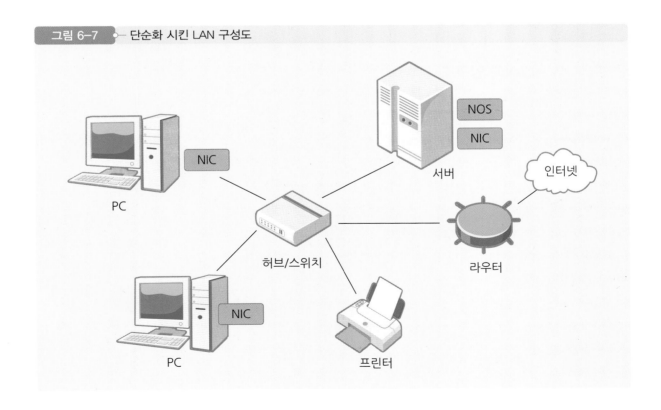

처리하게 할 수도 있다. 이때 서버가 통신네트워크를 운영하기 위해 필요한 소프트웨어가 네트워크 오퍼레이팅 시스템(network operating system: NOS)이다. 대표적인 NOS로는 노벨(Novell)사의 IntraNetware가 있고 마이크로 소프트(Microsoft)사의 윈도우 계열 서버군, IBM의 OS/2 서버 등이 있으며 Unix 계열의 모든 OS가 기본적으로 NOS의 기능을 가지고 있다.

LAN을 이용할 때 좋은 점은 하드웨어, 소프트웨어, 데이터와 같은 자원을 공유할 수 있다는 점이다. 예를 들면, 그림 6-7에서와 같이 고가의 레이저프린터를 구입하여 네트워크 안에 포함시키면, 네트워크에 연결되어 있는 모든 컴퓨터가 이 프린터를 동시에 이용할 수가 있다. 응용 서버 프로그램으로는 전자 우편(E-Mail) 서비스를 해주는 메일 서버, 데이터 베이스를 서버에서 관리해주는 DB 서버 프로그램 등이 있다

또 다른 예로, 자주 사용하는 소프트웨어는 서버의 하드디스크에 저장하여 두면 네트워크 내의 다수의 사용자가 사용할 수 있게 된다. 만약 이들이 사용할 소프트웨어를 구입할 경우 이를 사이트 라이센스(site license)라고 하는데, 각 컴퓨터에 대해 개별적으로 소프트웨어를 구입하는 것보다 공동으로 사이트 라이센스를 구입하는 것이 경제적으로도 훨씬 유리하다. LAN에서는 네트워크 내의 어떤 컴퓨터가 가지고 있는 데이터도 서로 공유할 수 있으며 공통으로 사용하는 데이터는 서버 한 곳에만 두고 관리할 수가 있다.

LAN의 망구조

네트워크를 연결하는 방법을 망구조(topology)라고 하는데, 여기에는 그림 6-8에서 보여주듯이 스타(star)형, 버스(bus)형, 그리고 링(ring)형이 있다. 일반적으로 이 세 가지 중 하나를 선택하거나 이들을 복합하여 사용한다.

스타형　　　스타(star)형은 중앙에 허브를 두고 이를 중심으로 서버, 단말기, PC들이 연결되어 별 모양을 이루는 망구조이다. 가장 많이 사용되는 LAN 구조이다. 그림 6-8의 (가)에서와 같이 서버 전용 컴퓨터가 네트워크에 포함되어 있을 경우 클라이언트/서버형이라고 부르며 서버가 중앙 집중적으로 네트워크를 관리한다. 반면, 스타형 중에서 서버 전용 컴퓨터를 설치하지 않고, 모든 컴퓨터가 서로 서버와 클라이언트로 작동하며 자원과 정보를 공유할 수 있으며 이를 '피어 투 피어(peer to peer)형'이라고 부른다. 전용 서버가 없어 손쉽게 구축이 가능한 반면 보안 능력이 취약하다.

버스형　　　버스형은 모든 노드들이 T자형의 하나의 케이블로 연결되어 있다. 양 끝에는 터미네이터를 설치 울림현상을 방지하여야 한다. 정보는 한 컴퓨터에서 다른 컴퓨터로 직접 전송된다. 이 구조의 장점은 네트워크 내에 노드를 추가시키거나 제거시키는 작업

그림 6-8 ── LAN의 망구조

형태에 따라 스타형, 링형, 버스형으로 구분된다.

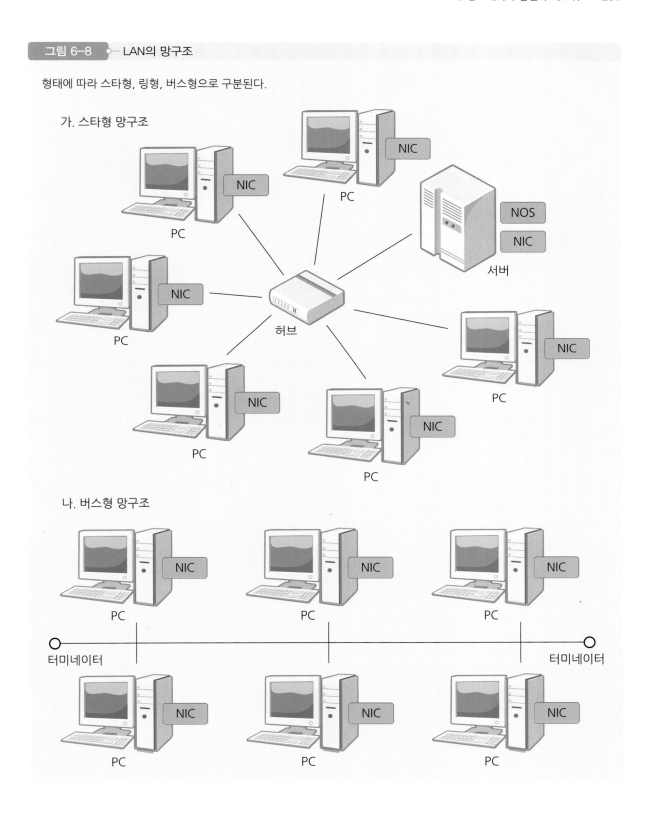

가. 스타형 망구조

나. 버스형 망구조

다. 링형 망구조

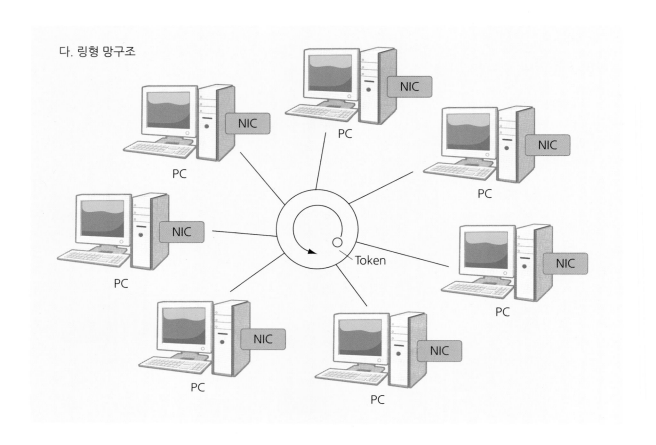

이 쉽다. 또한, 각 노드의 고장이 다른 부분에 전혀 영향을 미치지 않는다. 반면, 버스형 LAN은 PC의 수가 늘어나면 네트워크 속도가 저하되며 거리에 민감하여 거리가 멀어지면 중계기가 필요하다. 요즘에는 많이 쓰이지 않는 구조이다.

링형　　링(ring)형은 기본적으로는 버스 형과 같으나 버스 형처럼 종단에 터미네이터가 필요하지 않다. 메시지는 링을 따라 돌다가 찾고자 하는 컴퓨터에 도달하면 메시지를 전달한다. 링형 중 많이 이용되는 것이 토큰 링(token ring) 방식이다. 여기에서는 토큰이라고 하는 전자신호가 계속 돌고 있다가 만약 메시지를 보내고 싶은 컴퓨터가 있으면 이 토큰을 잡아 데이터에 부착시킨다. 데이터가 목적지에 도착하면 토큰을 다시 유휴상태로 만들어 다른 컴퓨터가 사용할 수 있도록 한다. 링형 구조의 문제점은 만약 하나의 컴퓨터라도 고장이 나면 데이터가 고장난 노드를 통과할 수 없어 모든 네트워크가 중단된다.

LAN을 구성하는 하드웨어 장치

앞서 설명한 서버와 클라이언트 컴퓨터, 네티워크 인터페이스 카드(NIC), 물리적인 매체들 이외에도 LAN을 구성하기 위해서는 통신 업무를 담당하는 허브, 스위치, 라우터 등의 하드웨어 장치들이 필요하다.

허브   허브(Hub)는 망 집선 장치라고도 하는데 동선(UTP) 케이블을 이용한 LAN 구성에 사용한다. 이 장치는 각각의 네트  워크에 연결된 컴퓨터로부터 오는 데이터와 신호들을 같이 연 결되어 있는 다른 컴퓨터들로 전달하는 것을 담당한다. 따라서 앞서 언급한 **그림 6-8**의 스타형망 LAN 구조는 이와 같은 허브 를 이용해 가능하게 된다. 또한, 네트워크를 연결하는 케이블은 거리 제한(최대 100 미터 이내)이 있기 때문에 감쇠된 신호를 증폭하여 케이블을 연장하는 역할도 역시 허브가 담당한다. 아래 스위치와 구분하기 위해 '더미 허브'라고 부르기도 한다.

스위치   스위치(switch)는 허브와 비슷한 역할을 하지만 좀 더 진보된 장치인데 '스위치 허브'라고 흔히 부른다. 즉, 위의 (더미)허브는 포트에 연결된 컴퓨터들을 구분하지 못하기 때문에 정보를 전달 할 경우 무작위로 모두에게 전달(이를 브로드케스트 한다고 한다)하게 되지만, 스위치(허브)는 연결된 장비들에 부여된 고유한 식별자(MAC 주소라고 부른다)를 내장 메모리에 기억하고, 정보가 전달될 목적지를 구분할 수 있어서 불필요한 데이터 전송을 막아준다. 예를 들어, 10Mbps의 허브에 5개의 컴퓨터가 연결되어 있다면 대략 2Mbps의 속도로 각 컴퓨터에 정보가 무작위로 전달될 것이지만, 스위치를 사용한다면 각 포트에서 포트로 향하는 독립적인 데이터 이동 통로가 구분되어 지므로, 각 연결은 10Mbps의 속도가 보장된다. 따라서 겉으로 보기에는 큰 차이가 없지만 스위치는 허브에 비해 가격이 더 비싸다.

라우터   라우터(router)는 두 개의 서로 다른 네트워크를 연결하여 데이터를 전송해 주기 위해 필요한 장치로서, 다른 네트워크로 들어가는 일종의 관문(gateway) 역할을 한다. 예를 들어, **그림 6-7**에서 보여준 것처럼 외부 인터넷과 회사내부의 네트워크(LAN)을 연결하기 위해서는 라우터가 필요하다. 라우터는 다른 라우터와 서로 통신을 하면서 라우팅 테이블이라고 하는 일종의 네트워크 지도를 만들고, 이것을 특정간격으로 실시간 업데이트 한다. 이 라우팅 테이블은 네트워크의 상태를 다른 라우터와 통신을 하며 확인하고, "어느 주소로 가려면 어디로 가는게 가장 빠를 것이다"라고 미리 행선지에 따른 최적의 지도를 만들어 놓는 것이다.

브리지   브리지(bridge)는 LAN 내부에서 사용되기 보다는, 유사한 성격의 LAN과 LAN 간을 연결하여 원거리 통신망(WAN)을 구성하는데 이용된다. 예를 들면 각 부서의 PC들이 부서 단위 별로 LAN으로 구성되어 있는 경우 한 부서의 LAN과 다른 부서의 LAN을 브리지를 이용하여 연결할 수 있다.

원거리통신망(WAN)

근거리통신망과 달리 원거리통신망(wide area network: WAN)은 둘 또는 그 이상의 LAN이 넓은 지역에 걸쳐 연결되어 있는 것을 말한다. 먼 거리로 데이터를 전송하려면 WAN을 사용하여야 하고, 이때에는 고속 전화 회선 또는 위성과 같은 무선 기술을 통하여 데이터를 전송하게 된다. WAN의 구성을 위해 전용회선(leased line)을 사용하면, 가입자의 송수신 양단간에 통신회사의 장비를 거쳐, 항상 사용할 수 있는 유일한 경로를 제공하게 된다. 전용회선의 요금은 사용할 시간이나 전송량에 관계없이 고정금액을 지불해야 하는데, 금액은 거리와 전송속도에 따라 결정된다. 전용회선은 이와 같이 전화회사가 제공하는 서비스를 이용할 수도 있고 자체에서 케이블을 깔아 구축할 수도 있다. 반드시 전용회선을 이용해야 하는 것은 아니다.

구성방식

WAN은 구성방식에 따라 회선교환방식(circuit switching)과 패킷교환방식(packet switching)으로 나누어진다.

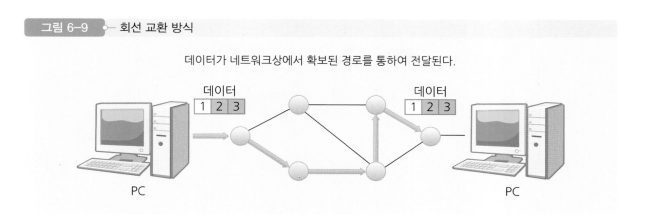

그림 6-9 ── 회선 교환 방식

데이터가 네트워크상에서 확보된 경로를 통하여 전달된다.

회선 교환방식   전화망에 사용되는 교환방식으로, 송수신전에 양단간에 먼저 통신경로를 확보한 후, 확보된 경로를 통하여 통신이 이루어지며, 통신이 종료될 때까지 이 통신로는 독점되는 방식이다. 즉, **그림 6-9**에서와 같이 회선교환 방식에서의 통신로는 송수신간에 마치 전용회선을 사용하는 것과 같으며 연속적인 데이터 전송이 가능하다. 이런 특성 때문에 데이터 양이 많고, 통신로 점유 시간이 긴 경우에 유리하다. 하지만, 수신 측에서 준비가 안되면 데이터 전송을 시작할 수 없다. 공중 교환 전화망(PSTN: Public Switched Telephone Network)이 여기에 해당된다.

패킷 교환방식   데이터를 패킷이라고 하는 단위의 작은 조각으로 나누어 서로 다른 경로를 통해 전송하고, 최종 목적지에서 도착한 개개의 패킷들을 재조립하여 복원하는 방법이다. 이러한 특징 상, 원래 군사용 음성통신의 도청 방지를 목적으로 개발된 것이다. 패킷교환은 송신 측에서 송신한 패킷이 망 내의 중계 교환기를 거치면서 최종 목적지까지 전송되는 과정에서, 각 중계교환기는 목적지 교환기가 패킷을 이상 없이 수신한 것이 확인될 때까지 기억장치에 해당 패킷을 일시 저장한다. 수신 완료가 확인된 패킷은 폐기하며, 이상이 있을 경우 재 전송한다. 패킷교환망은 이렇게 분할된 여러 패킷을 동시에 처리함으로써 회선 교환방식에 비해 이용률이 높고, 망의 독점사용으로 인한 회선 대기시간 같은 비효율성을 낮추게 되었다. 패킷교환 방식을 이용한 네트워크를 PSDN(packet switched data network)이라고도 부르며, 우리 나라의 경우에는 데이컴의 DNS(dacom net service)와 한국통신의 HINET-P가 여기에 해당된다. **그림 6-10**은 패킷 교환방식에서의 데이터 전송을 설명해 주고 있다.

　　X2.5 방식은 국제 규격의 패킷 교환 방식으로 1976년에 처음 권고안이 발표되었다. X2.5에서는 125 바이트 크기의 패킷이 전송되며 네트워크 내에서 오류감지, 재전송 등의 임무를 모두 수행하지만, 전송속도는 상대적으로 낮아 64Kbps에 불과하다.

그림 6-10 ●― 패킷 교환 방식

데이터가 출발지에서 작은 패킷으로 나뉘고 각각의 패킷은 서로 다른 경로를 통하여 목적지에 도달한 후 원래 데이터로 복원된다.

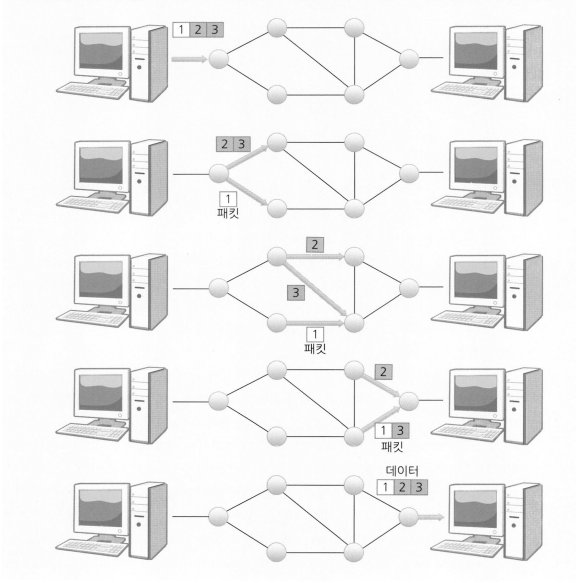

프레임 릴레이(frame relay)는 X2.5의 단점을 보완한 고속 패킷교환 네트워크 기술
이다. 이 방식은 프레임이라 불리는 가변 길이 단위에 데이터를 넣고 재전송과 같은 필
요한 오류 정정 기능은 단말 지점에 맡긴다. 이를 통해 전체 데이터 전송 속도를 향상

시켰다. 국제 프레임 릴레이 기술을 이용하는 기업들은 데이터, 음성, 화상 데이터를 1.544Mbps 이상의 속도로 그리고 최근에 와서는 45Mbps의 속도로 전송할 수 있다. 국제 프레임 릴레이 네트워크의 매력은 역시 비용이다. 해외로의 데이터 전송 비용이 기존의 전용선에 비해 절반 정도로 줄어든다. 프레임릴레이 네트워크로 국제전화를 하는 기업의 경우 프레임릴레이 서비스 비용만 지불하면 되므로 국제전화 비용부담도 크게 줄일 수 있다.

마지막으로 ATM(Asynchronous Transfer Mode)은 사설망과 공중망을 통해 음성, 화상, 데이터 등을 고속으로 전송하기 위해 만들어졌다. ATM은 데이터를 패킷과 유사한 셀(Cell)이라는 고정된 길이를 갖는 형태로 만들어 전송한다. 셀은 53바이트로 구성된 ATM의 데이터 전송 단위다. ATM은 회선교환과 패킷교환의 장점을 혼합한 셀교환 기술을 사용한다. 셀은 프레임과는 달리 고정길이를 갖고 있기 때문에 보다 효율적인 스위칭을 제공한다.

가상사설망(VPN)

가상사설망(Virtual Private Networks: VPN)의 등장 배경은 인터넷을 기반으로 한 기업 업무환경의 변화가 가장 큰 요인으로 꼽힌다. 즉, 인터넷의 발전으로 기업 업무의 범위가 하나의 건물 내의 네트워크에서, 본사와 지리적으로 떨어진 다수의 국내외 지사로 확장되었다. 이렇게 서로 떨어져 있는 거대한 네트워크의 구축을 기존 전용선으로 하는데는 무리가 따른다. 기존의 공중 네트워크는 상대적으로 보안이 취약하여 회사 내부의 중요한 문서나 데이터를 전달하기에는 부족한 점이 있었다. 이러한 이유로 등장한 것이 가상 사설망이다.

가상사설망은 기업에서 안전한 인트라넷 환경을 위해 공중망인 인터넷을 마치 가상의 사설망처럼 꾸며 사용하는 방식이다. 이와 같은 사설망 구성을 위해서 VPN은 터널링(tunneling)기법을 사용하여 데이터를 암호화 하고 전송 패킷들을 전송함으로써 제 3자의 접근을 막는다.

대부분의 VPN은 인터넷서비스업체(Internet Service Providers: ISP)에 의해 운영된다. VPN 서비스를 원하는 기업들이 운영하려면 VPN의 구성에 필요한 WAN 네트워크, 보안기능 제품 및 라우터를 갖추고 직접 관리해 주어야 하기 때문이다. 따라서 네트워크의 운영/관리 비용은 물론 필요인력의 절감을 위해 네트워크를 외부업체에 위탁관리(outsourcing)하는 것이 보편적이다. 예전에는 기업들이 전용선이나 프레임릴레이망

(frame-relay links)을 많이 이용했으나, 요즈음은 VPN으로 전환하는 기업이 증가하고 있으며, 특히 기업의 국제네트워크의 구축에 많이 활용된다.

6.4 ▶ 통신 프로토콜

통신을 하기 위해서는 보내는 쪽과 받는 쪽이 서로 약속된 절차와 규칙을 따라야 하는데, 이를 통신 프로토콜(protocol)이라고 한다. 따라서 프로토콜은 메시지의 종류, 형식, 통신 절차, 흐름 제어, 에러 제어 등 세부적인 사항들에 대해서 규약을 제공한다. 여기에서는 그 대표적인 예로, 국제표준화기구(International Organization for Standardization: ISO)에서 통신표준화를 위해 규정한 OSI(Open System Interconnection) 프로토콜과 인터넷을 위한 TCP/IP 프로토콜에 대해 살펴보자.

OSI 7 계층 모델

OSI 모델은 통신을 7개의 계층(layer)으로 나누어 각 계층마다의 정형화된 기능과 표준을 제시한다. 여기에서 OSI의 첫자인 'open'이라 함은 개방형을 의미하는데, 서로 다른 기종의 시스템이 동일한 표준을 채택하게 함으로써 네트워크 구조에 상관없이 개방형 통신을 할 수 있도록 한다는 뜻을 담고 있다. **그림 6-11**은 OSI 모형의 계층들을 나타내고 있다.

각각의 계층은 데이터를 전송하느냐 수신하느냐에 따라서 데이터를 아래쪽으로 전달하는지 위쪽으로 전달하는지의 전달 경로가 결정되며, 각각의 계층은 자신의 계층에서의 역할에 따른 작업에 의해서 데이터에 변형을 가하게 되고, 어떤 작업이 일어났는가에 대한 정보를 추가하여 데이터를 전달하게 된다.

1 계층: 물리 계층(Physical Layer)　　물리 층은 시스템간에 물리적 링크를 작동시키거나 유지하며 전기, 기계, 절차 그리고 기능적 측면의 문제들을 정의한다. 예를 들어, 네트워크 카드들이 사용하는 케이블 종류, 데이터 송수신 속도, 신호의 전기 전압 등을 정의한다. 물리 계층 역할을 담당하는 통신 기기로는 앞서 설명한 허브가 있다.

2 계층: 데이터 링크 층(Data link Layer)　　데이터 링크 층은 물리적 링크를 통한 신뢰

그림 6-11 ── OSI 7-계층 모형

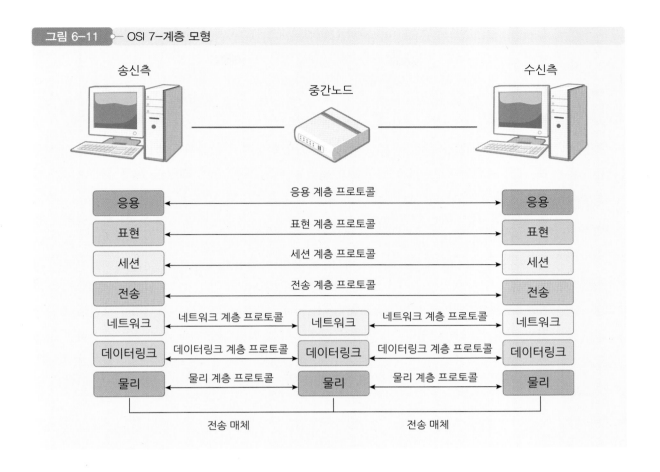

성 있는 데이터 전송을 제공한다. 이 계층은 물리적 어드레싱, 네트워크 토폴로지, 회선 사용 규칙, 오류 검출, 프레임 전달 그리고 흐름 제어 등에 관계한다. 목적지 주소는 발신지 컴퓨터와 목적지 컴퓨터가 동일한 네트워크 세그먼트 상에 존재할 경우에는 목적지 컴퓨터의 MAC주소(하드웨어마다 부여된 고유 주소)로 지정, 발신지 컴퓨터와 목적지 컴퓨터가 동일한 네트워크상에 존재하지 않는 경우에는 해당 네트워크의 라우터 MAC주소로 지정하여 아래 계층인 물리 계층으로 전달한다. 데이터 링크 계층에 해당하는 통신 기기로는 브리지가 있다.

3 계층: 네트워크 층(Network Layer)　　네트워크 층은 다른 장소에 위치한 두 시스템간에 연결성과 경로 선택을 제공한다. 라우팅 프로토콜이 서로 연결된 네트워크를 통한 최적 경로를 선택하며 네트워크 층의 프로토콜은 선택된 경로를 따라 정보를 보낸다. 이를 위해서 논리적인 주소, 즉 IP 주소를 이용한다. 네트워크 계층에 해당하는 통신 기기로는 라우터가 있다.

4 계층 : 트랜스포트 계층(Transport Layer)   트랜스포트 층은 데이터 전송 서비스를 제공하는 층이다. 즉 인터네트워크 상에서 얼마나 신뢰성 있는 데이터 전송이 이루어지는가 등의 문제에 트랜스포트 층이 관련되어 있다. 신뢰성 있는 서비스를 제공하기 위해 트랜스포트 층은 가상 회로의 구축, 유지 및 종료, 전송 오류 검출 및 복구 그리고 정보 흐름 제어의 절차를 제공한다.

5 계층: 세션 계층(Session Layer)   네트워크 상에서 컴퓨터들이 서로 통신을 할 경우에 양쪽 컴퓨터 간에 최초에 연결이 되도록 하고 통신 중에 연결이 끊어지지 않도록 상호간에 연결상태를 유지시켜주는 역할을 한다.

6 계층: 프리젠테이션 계층(Presentation Layer)   프리젠테이션 층은 한 시스템의 애플리케이션에서 보낸 정보를 다른 시스템의 애플리케이션 층이 읽을 수 있도록 하는 층이다. 가령 데이터가 텍스트 형식인지, mp3 음악 파일인지, jpg 등의 그림 데이터인지를 규정한다.

7 계층: 애플리케이션 계층(Application Layer)   애플리케이션 층은 OSI 모델에서 사용자와 가장 가까운 층이다. 이 계층은 OSI의 다른 어떤 계층에도 서비스를 제공하지 않는다는 점에서 다른 계층과 다르다. 메일을 보내려면 메일 프로그램, 인터넷 검색을 하려면 웹 브라우저를 사용하듯, 사용자 입장에서 네트워크를 이용할 수 있게 해주는 역할을 담당한다.

TCP/IP 모델

1960년대 말 미국의 DARPA(미국방성 고등연구소)에서 국방성의 컴퓨터들을 네트워크로 통합하기 위한 연구로 시작하였고, 1980년대에 들어서 현재 우리가 알고 있는 것과 같은 인터넷을 위한 TCP/IP의 모습으로 나타나게 되었다. TCP/IP는 하나의 프로토콜 이름을 지칭하는 것이 아니라 네트워크 통신을 위한 OSI 7계층의 각각의 역할을 담당하는 여러 가지 프로토콜을 총칭하는 대표 이름으로, 가장 중심이 되는 프로토콜이 TCP와 IP 이므로 TCP/IP로 부르게 된 것이다. TCP/IP는 **그림 6-12**에서 보여주듯이, OSI 7 Layer의 구조를 4개의 계층으로 구분하고, OSI 7 Layer의 각 계층이 하는 일은 TCP/IP에서도 동일하게 적용된다.

1 계층: 네트워크 접근 계층(Network Access Layer)   OSI 7 계층의 Data Link, Physical 계층의 역할을 담당한다.

2 계층: 인터넷 계층(Internet Layer)   OSI 7 계층의 Network 계층의 역할을 담당하

그림 6-12 ●— TCP/IP 모델과 OSI 모델의 비교

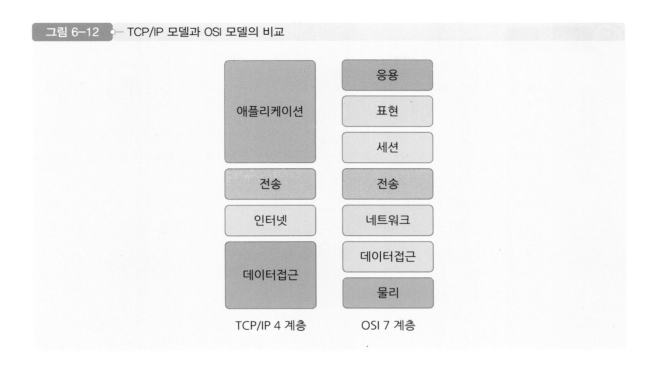

TCP/IP 4 계층   OSI 7 계층

는 프로토콜로 IP(Internet Protocol), ARP(Address Resolution Protocol), ICMP(Internet Control Message Protocol) 등이 있다.

3 계층: 전송 계층(Transport Layer)   OSI 7 계층의 전송 계층의 역할을 담당하는 프로토콜로 TCP(Transmission Control Protocol)와 UDP(User Datagram Protocol)가 있다.

4 계층: 애플리케이션 계층(Application Layer)   OSI 7 계층의 Application, Presentation, Session 계층의 역할을 담당하는 프로토콜로 FTP, Telnet, SMTP, DNS, DHCP 등이 있다.

- 통신에 필요한 기본요소에 컴퓨터 또는 단말기, 전송 및 수신장치, 통신채널 그리고 통신 소프트웨어 등이 있다.
- 전송매체에는 동선, 동축케이블, 광섬유선, 마이크로웨이브, 위성통신, 이동 통신 등이 있는데, 데이터를 먼 거리에 전송하기 위하여는 이상의 여러 전송매체를 결합하여 사용하게 된다.
- 컴퓨터 네트워크는 근거리통신망인 LAN과 원거리통신망인 WAN으로 나뉘어진다. LAN은 지역적으로 제한된 공간 내에서의 서버컴퓨터, 워크스테이션, 프린터 등을 연결하는 네트워크를 말하는데, 연결하는 방법에는 스타형, 버스형, 링형이 있다.
- WAN은 지역적으로 멀리 떨어진 지점 간의 통신을 위한 네트워크로서 전화회선, 마이크로웨이브, 통신위성 등이 이용된다.
- 통신을 하기 위해서는 보내는 쪽과 받는 쪽이 서로 약속된 절차와 규칙에 따라야 하는데, 이를 프로토콜(protocol)이라고 한다. 최근에는 TCP/IP가 널리 이용되고 있다. 국제표준화기구(ISO)에서는 통신프로토콜의 표준화를 위해 OSI모형을 제시하고 있다.

주요 용어

네트워크 인터페이스 카드	아날로그 신호	디지털 신호	모뎀
단 방향(simplex) 전송	반 이중(half-duplex) 전송	이중(full-duplex) 전송	직렬 전송
병렬 전송	비동기식 전송	동기식 전송	동선
동축케이블	광섬유선	블루투스	무선랜
위성통신	CDMA	GSM	LAN
WAN	스타형	버스형	링형
허브	스위치	라우터	브리지
회선교환방식	패킷교환방식	가상사설망	통신 프로토콜
OSI 7 계층 모델	TCP/IP 모델		

 토의 문제   E / X / E / R / C / I / S / E

01 컴퓨터통신의 기본 구성요소는 무엇인가?

02 LAN을 사용하면 어떤 경제적 효과가 있을까?

03 어떤 사람들은 기업에서 컴퓨터통신을 컴퓨터와 분리하여 생각할 수 없다고 주장한다. 어떻게 생각하는가?

04 "컴퓨터 통신은 기업에 추가적인 가치를 제공한다기보다는 먼 거리 간의 데이터 전송을 빨리 하기 위한 수단에 불과하다." 이 주장에 대해 동의하는가? 또 그 이유는?

05 프로토콜이란 무엇이며 최근 많이 사용되는 OCI 7 계층 모델과 TCP/IP 모델을 서로 비교 설명하시오.

참고 문헌   R / E / F / E / R / E / N / C / E

[1] "세계 최초 5G 상용화 시작", 김은영 기자, 사이언스타임즈, 2018년 12월 26일

[2] "ITWorld 용어풀이, 블루투스 LE(BLE)", ITWorld, 2018년 1월 18일

[3] "우리에게 다가온 5G, 인간의 인지속도를 넘어서다", 모바일의 오월동주, SKT Insight, 2017년 9월 14일

[4] "2~3배 빨라진 3G, LTE 어드밴스트 시대 - LTE보다 속도 2배 이상 빨라", 조선일보, 2011년 12월 2일

[5] Laudon, Kenneth C. and Jane P. Laudon. *Management Information Systems: Managing the Digital Firm* (*16th ed.*), Upper Saddle River, NJ: Pearson Education, 2019.

[6] Roche, Edward, *Telecommunications and Business Strategy*, Chicago: Dryden Press, 1991.

사물 인터넷(Internet of Things, IoT)과 데이터통신

사물 인터넷이란?

'카톡!' 소리가 들려서 보니 우리 집 세탁기가 보낸 메시지다. "주인님, 세제가 다 떨어져 가는데 마침 ○○마트에서 한정 수량 타임 세일을 합니다. 무료 배송이고요. 주문할까요?" 세탁기가 보낸 링크를 살펴보니 늘 쓰던 세제가 평소 구입 가격보다 30% 가까이 싸다. "응, 두 통만"이라고 답장을 보내니 잠시 뒤에 "주인님, ○○세제 2.5 리터들이 두 통을 주문했습니다"라는 메시지와 함께 카드회사에서 보낸 결제 확인 메시지가 뜬다. 우리가 경험해 보지 못했던 인터넷이 온다. 과학기술정보통신부의 무선 통신 서비스 가입자 통계에 따르면 2020년 12월 말 기준 국내 IoT 가입 회선 수는 10,051,062개로 처음으로 1,000만 개를 돌파했다. 1년 전 8,083,767개보다 1,967,295개(24.3%)가 증가했다. 1년간 IoT 가입자 증가폭이 휴대전화 가입자 증가폭의 1.6배에 달한 덕분에 전체 이동전화 가입자도 6천500만명을 돌파했다. 우리는 이제 세탁기뿐만 아니라 냉장고와 에어컨, 가스 보일러 등등 주변의 모든 기계장치

▲ 스마트 냉장고의 개념도. 냉장고가 사야할 식재료를 추천해주면 스마트폰 화면으로 보고 결제할 수 있다.

들이 인터넷에 연결되는 시대로 가고 있다. 스마트카와 스마트홈은 기본이고 웨어러블 컴퓨터도 급속도로 확산될 거라는 전망이다.

이를 테면 이런 상상도 가능하다. 보름 가까이 주차장에 세워둔 차가 문자 메시지를 보냈다. "주인님, 배터리가 방전 직전입니다. 잠깐 들르셔서 시동 좀 한 번 걸어주세요. 최종 방전까지 남은 시간은 48시간 정도입니다. 제가 있는 곳은 ○○아파트 주차장입니다. "회사에서 집에 있는 냉장고에 메시지를 보낼 수도 있다. "냉장고야, 맥주 몇 병?" "네. 주인님, 냉장고에 ○○ 맥주가 5명, ○○맥주가 3병 남아있습니다."

이처럼 공상과학 영화에서나 상상하던 일들이 일상이 된다. 차에 올라타서 내비게이션 목적지를 집으로 설정하는 순간, 차가 말을 건다. "집으로 가는 중입니다. 난방 장치를 가동하시겠습니까?" "응"이라고 대답하자 집에서는 스마트홈 시스템이 작동되고 도착 시간에 맞춰 미리 설정해 둔 온도 23℃, 습도 45%로 난방이 가동된다. "주인님, ○○마트에서 택배가 도착했으니 경비실에서 찾아가세요"라고 알려줄지도 모른다. 스마트폰과 거실의 TV가 연동이 된다면 아침 식사를 하면서 TV 화면으로 오늘의 일정을 확인할 수 있다. 출근 길 차 안에서 음성 명령으로 전자우편을 보내거나 전기요금 납부를 명령할 수도 있다. 잊고 있었다면 로봇 청소기에게 거실 청소를 지시할 수도 있다. 퇴근 길 운전 중에 당신 집 거실에 있는 TV가 말을 걸어올지도 모른다. "주인님 좋아하시는 '응답하라 1994' 21화가 곧 시

작하는데 녹화를 해둘까요?"

당신의 차가 이런 제안을 하더라도 놀라지 않는 게 좋다. "주인님, 기름이 며칠 남긴 했는데 오늘은 ○○ 주유소가 기름이 쌉니다. 국제 유가가 오르는 추세라서 지금 넣는 게 좋을 것 같습니다." 당신의 냉장고가 이런 잔소리를 할 수도 있다. "주인님, 요즘 야채를 너무 안 드시는 것 같습니다. 열흘 전에 구입한 파프리카를 오늘 드시는 게 어떨까요." 마트에서 구입한 식료품에 전자 태그가 붙어 있기 때문에 냉장고가 당신의 식사 습관을 당신보다 더 잘 안다.

현관문에 스마트 도어락을 설치하면 꼬마애가 학교에서 돌아오는 시간이 원격으로 체크된다. 초인종을 누르는 사람의 얼굴을 회사에서 들여다보고 대화도 할 수 있다. 네트워크형 폐쇄회로 카메라는 사생활 침해 논란이 끊이지 않지만 일상생활 깊숙이 파고들고 있다. 언제 어디서나 스마트폰만 열면 거실 카메라에 접속할 수 있다. 무인 경비 시스템도 네트워크로 연결돼 유리창이 깨지거나 연기가 감지될 경우 자동으로 경찰서나 소방서에 통보가 간다.

Welcome to a world through Glass.

웨어러블 컴퓨터도 급격히 확산되고 있다. 심장 박동 수를 체크해서 기록하는 스마트 워치는 위급 상황이 되면 당신의 주치의에게 당신의 위치와 휴대전화 연락처를 곧바로 전송한다. 평소에는 운동량을 체크하는 용도로 쓸 수 있다. 칼로리 소비량과 휴식 · 수면 시간 등을 계산해 자동으로 전송해주기 때문에 건강 상태를 상시적으로 모니터링할 수 있다. "이번 주에 운동이 많이 부족한데

요"라는 문자 메시지를 보내올지도 모른다.

최근 자동차 회사들의 화두는 스마트카다. 자동주차는 물론이고 자동운전까지 상당한 기술력을 확보한 상태라 당신이 엘리베이터를 타는 순간 주차장에서 나와 현관 앞에 대기하는 정도는 가까운 미래에 가능하지 않을까. 출근 준비를 마치고 "나 간다"고 외치는 것만으로도 집안의 모든 전원이 꺼지고 현관문 잠금이 해제되고 엘리베이터가 올라오고 차량대기까지 알아서 착착 진행된다. 스마트폰이 자동차의 두뇌가 되고 네트워크 노드가 된다.

증강현실의 세계는 더욱 현란하다. 구글이 만든 스마트 안경 구글글래스는 눈앞 2미터에 25인치 화면을 펼쳐 놓는다. "사진 촬영"이라고 말하면 보이는 그대로를 찍어주고 길 안내 명령을 내리면 눈앞에 내비게이션이 펼쳐진다. 길을 걸으면 주변 간판을 인식해서 메뉴판과 맛집 평가를 오버랩해서 보여준다. 안면인식 기술을 적용하면 오랜 만에 만난 거래처 사람의 이름을 머리 위에 자막으로 띄워주는 그런 기능이 추가될 수도 있다.

최근에는 양치질을 하루 몇 번이나 몇 분씩 했는지 자동 집계해주는 네트워크형 칫솔이나 집에서 기르는 고양이나 강아지의 위치를 파악하게 해주는 네트워크형 인식표, 날씨와 시간에 맞춰 자동으로 밝기가 조정되는 네트워크형 전구 같은 기발한 상품도 쏟아지고 있다. 잠자리에 들기 전에 침대 머리맡에 놓인 모니터에서 "오늘 양치질을 안 하셨는데요"라는 메시지를 발견하게 될 수도 있다.

블루투스가 장착된 '스마트 농구공'은 선수들의 기본 기술을 향상시키는 데 커다란 공헌을 하고 있다. 선수 개개인이 자신의 드리블 패턴, 숏의 각도 등을 스마트폰으로 체계적으로 관리할

수 있기 때문이다.

구글이 최근 실내 온도조절장치를 만드는 네스트라는 회사를 무려 32억 달러에 인수한 사건도 시사하는 바가 크다. 구글이 안드로이드 운영체제를 기반으로 잠금 장치와 도어 벨, 습도 모니터, 폐쇄회로 카메라 등을 통합한 스마트홈 시스템과 구글의 멀티 미디어 스트리밍 어댑터 크롬캐스트 등을 결합하는 큰 그림을 그리고 있다는 관측이 제기되고 있다. 집안의 모든 네트워크 장치들이 구글 네트워크로 통합될 거라는 전망이다.

인텔의 에디슨 프로젝트도 눈길을 끈다. 에디슨은 SD 카드 크기의 초박·초소형 컴퓨터에 와이파이와 블루투스 기능이 내장돼 있어 활용도가 높다. 아기 옷에 집어넣을 경우 체온이나 맥박 상태를 자동으로 엄마의 스마트폰으로 전송해 준다. 머그컵에 부착하면 온도를 표시해주거나 식기 전에 마시라는 알람 신호를 내보낼 수도 있다. 과거 퍼스널 컴퓨터 시장에서 먹혔던 인텔 인사이드 마케팅을 사물 인터넷 시장으로 확장하겠다는 전략이다.

이 밖에도 공공 주차장 바닥에 감지 센서를 설치해서 주차 공간 사용 유무를 스마트폰으로 확인할 수 있게 한다거나 쓰레기통에 인터넷을 연결해 수거 차량에 자동으로 통보하는 시스템을 갖추기도 하고 이산화질소와 일산화탄소의 양을 측정해 집계하는 등 도시 차원에서 사물 인터넷을 활용하는 사례도 늘어나고 있다. 가까운 미래에 수도 관리나 가스 검침 등도 네트워크로 통합될 것으로 보인다.

사물 인터넷(internet of thing)은 줄여서 IoT라고도 하고 M2M(Machine to machine)이라고도 한다. 최근에는 IoE(internet of everything, 만물 인터넷)라는 용어까지 등장했다. 유선 통신에서 무선 통신으로, 그리고 사람과 사물의 통신의 시대를 지나 이제는 사물과 사물이 통신하는 시대로 가고 있다.

사물 인터넷 시대의 통신

사물 인터넷시대를 앞두고 여러 통신 진영 간 기술 경쟁이 치열하게 전개되고 있다.

애플·구글뿐 아니라 삼성·LG도 자체 플랫폼에 적합한 통신 방식을 놓고 고심 중이며, 퀄컴·브로드컴·인텔 등 통신칩 업체는 IoT 기술에 최적화된 솔루션 개발에 안간힘을 쓰고 있다. 롱텀에벌루션(LTE)·와이파이(WiFi)·블루투스(Bluetooth) 등 주요 통신 방식 중 어떤 기술이 IoT 시대에 주류 기술로 자리잡을지 관심이 쏠리고 있다.

4세대 이동통신 LTE는 IoT 시대에도 중요한 역할을 담당할 것으로 예상된다. 북미·유럽 등 선진국뿐만 아니라 중국 등 신흥국도 최근 LTE를 채택하면서 글로벌 넘버원 표준으로 자리 잡았다. 외부에서 스마트폰이나 웨어러블 기기로 정보를 전송하려면 LTE 같은 원거리 통신 기술이 반드시 필요하다. LTE는 고속 이동할 때도 통신이 가능하다는 장점이 있다.

그러나 LTE는 이동통신사업자들이 주관하는 주파수 대역이며 유료라는 치명적 단점이 있다. 사물 간 이뤄지는 통신량은 실시간 제어가 어렵고, 예상치 못한 데이터량이 전송됐을 때 사용자가 피해를 볼 수 있다. 따라서 통신 사업자들의 정책적 방향이 IoT 시대 LTE 기술의 성공 변수다.

와이파이도 IoT 시대에 새삼 주목받는 기술이다. 와이파이는 장소에 관계없이 액세스 포인트만 있으면 누구나 사용할 수 있다. 기존 모바일 통신에 비해 월등히 높은 속도도 자랑한다. IoT 기술이 진화될수록 와이파이 사용량은 더욱 늘어날 것으로 예상된다. 최근 상용화에 성공한 와이파이6는 최대 10Gbps의 속도를 지원하며 1Gbps의 속도를 더 넓은 커버리지와 낮은 레이턴시로 구현할 수 있다.

블루투스(Bluetooth) · 지그비(Zigbee) 등 저전력 통신 기술도 IoT 시대에 역할이 커질 것으로 예상된다. 블루투스는 간단한 제어신호 전달을 목적으로 고안된 통신 기술이다. 500~1,000억 개로 추정되는 기기들이 연결되는 사물 인터넷이 현실화되기 위한 필수적인 요소는 저전력 무선연결이다. 올 한 해에만 블루투스기술이 탑재된 디바이스 약 25억 대가 판매될 것으로 예측

되며, 누적 출하 대수는 약 100억 대에 이를 것으로 예상된다. 소형화 · 저전력에 장점이 있지만, 대용량 데이터를 전달하지 못해 마스터 기기에 적용하기 어려운 한계가 있다.

지그비는 블루투스보다 간단한 구조의 칩으로 저전력 · 낮은 가격을 구현한 통신기술이다. 무선 키보드 · 마우스 · 무선 조명제어 · 무선 센서네트워크 등에 사용된다. 다만 음성 · 영상 신호보다는 텍스트 데이터 전송에 초점이 맞춰져 있다. 전송속도는 수백 kbps 수준에 불과하지만, 통신거리 확장성은 수백미터까지 가능하다.

출처: 사물통신(IoT) 시대 대세 통신 기술은? LTE · 와이파이 · 블루투스 등 주요 통신 기술간 경쟁 치열, etnews. com, 2014년 8월 25일; "사물 인터넷을 넘어 만물인터넷 시대… 온 집안을 하나의 네트워크로 콘트롤, 구글빅브라더 시대 오나", 미디어 오늘 2014년 1월 28일; 사물 인터넷이 열어갈 새로운 세상: 문화기술 및 콘텐츠 분야에서 IoT(Internet of Things) 적용 가능성, 한국 콘텐츠 진흥원, 2013년 12월; 사물간 인터넷을 능가하는 'Internet of Everything' 시대가 온다, 시스코, 2012년 12월 13일; 사물인터넷 가입자 800만명 돌파…이동전화 가입자 6천500만명대, The Sciences Times, 2019년 1월 2일; 사물인터넷 가입자 1000만 회선 돌파…차량 · 원격관제 두각, 이투데이 2021년 2월 15일

🔍 사례연구 토의문제   C / A / S / E / S / T / U / D / Y

1. 위에서 여러 가지 사물 인터넷을 이용한 다양한 사례를 소개하였다. 각 사례별로 어떤 통신 방식이 가장 효과적으로 이용될 수 있을지 제시하시오.

2. 사물 인터넷이 보다 확장되고, 실질적으로 이용되기 위해서는 가장 중요한 문제 중의 하나는 표준화이다. 선진국을 중심으로 전 세계에서 사물 인터넷 관련 연구가 활발히 진행되고 있지만 하드웨어와 소프트웨어 단계에서 아직 어떠한 표준화도 이루어지지 않고 있다. 특히 센서나 컨트롤디바이스 등의 특별한 필요를 충족시킬 만한 무선네트워크 표준은 없었다. 6.4 통신 프로토콜을 참조하여 사물 인터넷을 위한 표준프로토콜을 제안해 보시오.

3. 사물 인터넷을 응용하여 실생활에 도움을 줄 수 있는 새로운 분야를 구상해 보고 이를 위해서는 어떤 통신방식을 적용할지 구체적으로 설명하시오.

제 7 장

데이터 베이스 관리

차 례

학 습 목 표

오늘날 기업은 물론 정부기관 등 모든 조직에서 데이터베이스는 핵심적인 기술로 자리잡고 있다. 데이터를 자원으로 관리함으로써 조직의 주요 업무를 수행하는 데 있어 지렛대 역할을 수행하고 있기 때문이다. 본 장의 목적은 조직의 데이터를 자원으로 관리하는 데 필요한 기술적 기반을 경영자의 시각에서 조명해 보는 것이다.

본 장을 학습한 후 학생들은 다음과 같은 질문들에 답할 수 있어야 한다.

• 데이터베이스는 어떠한 요소들로 구성되는가?
• 데이터베이스 기술이 등장하기 이전과 이후의 데이터관리 기법상의 주요 차이점은 무엇인가?
• 개념적 데이터 모델을 설계하기 위하여 개체 개념도를 어떻게 이용하는가?
• 개념적 데이터 모델은 어떻게 논리적 모델로 전환할 수 있는가?
• 구조적 질의어를 이용하여 어떻게 정보를 저장, 삭제, 수정, 조회하는가?
• 데이터 웨어하우스, 데이터 마트, 데이터 마이닝은 어떻게 사용하는가?

라인(LINE)이 택한 NoSQL은 무엇일까?

메신저 앱 라인(LINE)의 인기가 뜨겁다. 2021년 라인·야후 재팬의 경영통합을 확실시 한 상황에서 라인의 성장전망은 더욱 밝아지고 있다. 2020년 말에는 라인 헬스케어로 병원 예약 진료를 할 수 있는 서비스를 출시해 이용자들의 편의를 제공하는 등 다양한 서비스에도 진출하는 모습을 보여주었다.

2020년 하반기 기준 일본에서만 월간 이용자 8,600만 명을 기록한 라인은 메신저 서비스로 시작해 일본, 대만, 태국 등의 동남아에서 가장 많이 사용되고 있다. 현재는 메신저뿐만 아니라 게임과 번역 등 다양한 영역으로 사업을 넓혀가고 있다.

라인의 메신저 아키텍처는 다른 메신저 앱 아키텍처와는 다르게 NoSQL을 기반으로 개발되어 있다고 한다. 네이버의 다른 회사들은 대부분 일반적인 SQL 방식, 즉 RDBMS 방식을 사용하여 데이터를 저장하고 관리한다.

카카오톡도 처음에는 NHN출신의 개발자들이 모여 만든 회사인데, 처음부터 RDBMS 방식을 사용했다. 네이버의 자회사인 라인은 다른 NHN의 서비스와 다른 데이터 베이스 언어를 사용하는 셈이다. 왜 그럴까?

그 전에 , 우선 SQL이란 무엇인지 알아보자.

SQL이란?

SQL(Structured Query Language)은 데이터베이스에 접근할 수 있는 데이터베이스 하부 언어를 말한다. 쉽게 말해서 내가 필요한 데이터에 대해 SQL 문장을 작성하고 실행하면, 데이터베이스에서 원하는 데이터를 추출하는 작업을 한다.

RDBMS와 NoSQL

데이터베이스란 특정 데이터의 집합을 의미한다. 기업은 많은 데이터를 읽기 쉽고 사용하기 편하게 정리하고자 한

다. 이렇게 데이터를 관리하는 시스템을 DBMS(DataBase Management System)라고 한다. DBMS는 크게 RDBMS(Relational DataBase Management System)와 NoSQL로 나누어 볼 수 있다.

RDBMS는 아주 오래전부터 사용되던 데이터베이스 관리 시스템이며, 관계형 데이터베이스 관리 시스템이라고 부른다. 대학에서 수강할 강좌를 검색하는 과정에서 수강 과목, 교수님, 수강 인원 등의 데이터를 필터링해, 엑셀 표 형태로 나타내주는 것을 RDBMS 활용 사례로 언급할 수 있다.

RDBMS는 오라클을 중심으로 1970년대부터 범용 데이터베이스의 자리를 차지하고 있으며, SQL을 통해 저장한 데이터를 효과적으로 읽고 쓸 수 있다. 대표적인 프로그램으로는 MySQL, 오라클, 액세스가 있다.

오랫동안 사용된 만큼 백업, 보안, 모니터링 등 데이터베이스와 연관된 생태계도 비교적 안정적이다. 기존의 여러 개발자는 이미 RDBMS에 친숙하며, 데이터베이스 수준에서 ACID(Atomic, Consistency, Isolation, Duarability)를 만족하는 상호작용을 할 수 있다. 일정한 테이블 형태로 데이터를 보관하기에 알아보기 쉽고 훨씬 직관적인 형태를 지니고 있다.

그렇다면 NoSQL이란 무엇일까? 쉽게 말해, 비관계형 데이터베이스 관리 시스템이다. NoSQL은 비관계형이기 때문에 정해진 테이블에 하나씩 데이터를 집어넣어 사용할 수 있으며, 다른 데이터 구조를 가져와 사용할 수도 있다. 그렇기 때문에 대규모의 데이터를 유연하게 처리할 수 있다. 또, 설계가 단순하고 데이터의 확장에 훨씬 유리하다.

비관계형 관리 시스템은 기존의 관계형 데이터베이스 시스템의 주요 특성을 보장하는 원자성(Atomic), 일관성(Consistency), 고립성(Isolation), 지속성(Duarability)과 같은 특성을 제공하지 않고, 뛰어난 확장성과 효율성 등의 특징을 갖는다. 즉, 고정적이고 정해져있는 테이블에 정보를 저장하는 특성이 아니라 자유롭게 데이터를 저장한다는 것이다.

RDBMS는 각 필드마다 특정 데이터의 위치가 일정하게

정해져 있다. 따라서 필드 순서를 바꾸거나 새로운 필드를 추가할 때, 표 전체를 수정해야 한다. 반면, NoSQL은 자유롭게 필드를 추가하고 수정, 삭제할 수 있다. 대표적인 NoSQL로는 카산드라(Cassandra), HBASE, MongoDB가 있다.

알아보기 쉽지만 형태는 제한적인 RDBMS vs 알아보기 어렵지만 형태는 유연한 NoSQL

일반 RDBMS 방식을 채택한 SQL 방식은 구조를 한 번 고정시키면, 데이터와 구조의 안정성은 보장된다. 일정한 형식을 유지해, 보기에도 편하고 훨씬 직관적이다. 하지만 데이터가 쌓일수록 데이터베이스 관리 시스템 자체가 커지는 구조를 갖고 있다. 이 때문에 시간이 지나면 훨씬 고성능의 데이터베이스 시스템을 필요로 하게 되고, 점점 관리가 어려워진다.

NoSQL은 대량의 데이터를 무한대로 추가하여 저장할 수 있으며, 가변성이 있는 데이터의 저장도 용이하다. 결과적으로 유지 보수에 적은 비용이 발생한다. 그러나 구조가 정해지지 않았기에 분별되지 못한 여러 데이터가 떠다니는 문제가 발생할 수도 있고, 알아보기 어려운 형태를 가진 데이터를 다뤄야 하는 것이 단점이 될 수 있겠다.

금융 업계처럼 보수적이거나 저장해야 하는 데이터들이 고정적인 경우 RDBMS를 사용하는 것이 더 좋다. 반대로 웹이나 다량의 데이터를 한꺼번에 처리해야하는 메신저는 NoSQL 방식이 더 유리하다고 볼 수 있다.

라인 개발팀은 최대한 빠른 서비스 오픈, 글로벌 서비스에 적합한 규모 확장성과 비용 효율성을 달성하기 위해 NoSQL을 도입했다고 밝혔다. 메시지 서비스 특성상 대규모 서비스는 각자 자사 기술에 최적화된 아키텍처를 채용하는 것이 맞고, 규모 확장에 따른 위험을 줄일 수 있기 때문이다. 메시지 서비스 사업은 범용성을 위해서라도 RDBMS를 채택하는 경우가 많은데, 라인은 NoSQL을 선택하면서 비용 절감 효과를 누렸다.

그렇다면, 국내 최대 메신저 서비스, 카카오톡은 어떨까? 카카오톡은 RDBMS 방식으로 수천 대에 이르는 오라클 MySQL을 이용하고 있으며 DELL, HP사의 서버도 같이 이용하고 있다.

그러나 사용자가 점점 많아지면서 카카오톡 내부에서 제공하는 서비스 사용량도 점점 증가한다는 문제가 발생하고 있다. 이러한 이유로 지금의 아키텍처로 서비스를 계속하는 데 무리가 있는 것이 아닌가라는 지적도 나오고 있다.

누적되는 데이터가 많아질수록 데이터베이스 관리에 비용이 많이 소요되고, 데이터베이스 연결 오류가 발생할 위험도 높아진다. 카카오톡 내부에서도 NoSQL 도입을 검토해보는 의견이 나오고 있지만, 쉽지 않은 것으로 알려져있다. 작업 수행이 완료된 쿼리가 삭제되어야 하는데, 쿼리들이 한 쪽에 쌓여 트래픽에 문제를 주는 상황이 발생할 수 있기 때문이다.

라인이 택한 NoSQL 방식의 데이터베이스 관리 시스템이 앞으로도 다양한 장점을 보여줄 수 있을지 기대가 되는 바이다.

출처 : 코딩월드뉴스(https://www.codingworldnews.com), 2021년 1월 5일

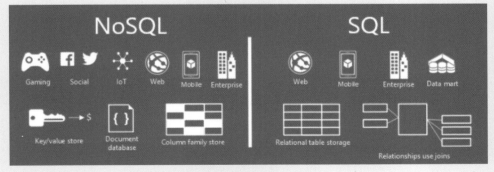

▲ 출처: Couchbase – https://blog.couchbase.com

7.1 ▶ 데이터 베이스 관리의 개념적 이해

데이터, 정보, 지식

데이터(Data), 정보(Information), 그리고 지식(Knowledge)의 세 가지 용어가 혼용되어 사용되는 경우가 많지만 서로 조금씩 다른 의미를 가지고 있다. 먼저 데이터는 가공되거나 통합되지 않은 사실 그 자체를 의미한다. 예를 들어 특정한 날 옷 가게를 방문한 고객의 수 자체는 '데이터'라 할 수 있다. 이런 데이터가 축적이 되고 가공을 거쳐 의미를 가지게 된 상태를 우리는 '정보'라고 말한다. 예를 들어 위의 옷을 파는 매장에서 지난 한 달간 평균 방문한 고객 수를 계산하고 이를 이용해 다음달 매장 확장을 위한 경영자의 의사결정에 활용한다면 평균 고객 수는 의미 있는 정보이다. 마지막으로 위 예에서와 같이 경영자가 의사 결정을 위해 어떤 정보를 요청해야 하는지, 또 이 정보가 무슨 의미를 내포하는지 이해하고 이를 의사결정에 반영할 수 있을 때, 경영자는 '지식'을 가지고 있다고 말한다. 이런 관계를 **그림 7-1**에서 보여주고 있다.

오늘날 기업들은 경영자들의 효과적인 의사결정을 위한 정보를 제공하는 핵심인 데이터 관리 능력이 없이는 경쟁에서 살아 남기 어렵다고 해도 과언이 아니다. 기업이 업무의 효율성을 높이기 위해 도입한 공급망 관리 시스템(Supply Chain Management

그림 7-1 ▶ 데이터, 정보, 지식의 관계

경영자는 의사 결정을 위해 적절한 데이터를 변환하여 필요한 정보를 요청할 줄 아는 지식이 필요하다.

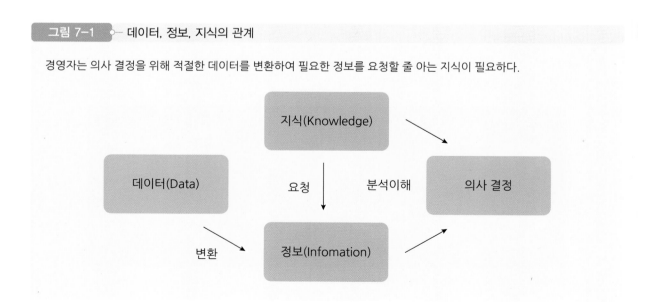

System, SCM), 고객 관계 관리 시스템(Customer Relationship Management, CRM), 전사적 자원 관리 시스템(Enterprise Resource Planning, ERP) 등의 공통된 역할은 기업 내 다양한 데이터를 가공, 처리 분석함으로써 의미 있는 정보로 변환 시키고 이를 통하여 경영자의 의사 결정에 도움을 주는 것이다. 이와 같은 개별 정보시스템들의 역할에 대해서는 제 10장에서 더 자세히 다룰 것이다.

파일 시스템을 이용한 데이터 관리

데이터베이스를 관리하기 위한 소프트웨어가 도입되기 전 기업은 전통적으로 데이터를 파일의 형태로 컴퓨터에 저장하고 필요에 따라 이를 사용하였다. 이런 파일 시스템은 **그림 7-2**에서와 같이 계층 구조를 이룬다.

먼저, '비트(bit)'는 더 이상 분리될 수 없는 가장 작은 컴퓨터 데이터의 단위로서 0이나 1을 의미한다. 이 비트들이 8개가 모이면 '바이트(byte)'를 형성한다. 바이트는 알파벳 하나를 저장하는 데 필요한 데이터 공간이다. 그림에서 알 수 있듯이, 자음 'ㅂ'은 10100001이라는 바이트에 의해 표현된다. 이를 흔히 아스키 코드라고 부른다. 이들 바이트가 모여서 '필드(field)'가 된다. 필드는 데이터가 어떤 사실을 나타내기 위해 필요로 하는 최소의 단위이다. 즉, '박소라'는 한 학생의 이름을 나타내는 필드 값이며 더 나뉘어 지면 그 고유의 의미를 잃게 되는 특성이 있다. 서로 관련 있는 필드들이 함께 모

그림 7-2 파일 시스템을 구성하는 데이터의 계층 구조

	학번	이름	전화번호	과목번호	과목명
파일	2011022	김철수	010-222-9999	201	경영정보시스템
	2011023	이상영	010-335-9988	322	데이터베이스
	2011024	박소라	010-123-5547	436	e비지니스
레코드	2011024	박소라	010-123-5547	436	e비지니스
필드		박소라			
바이트	10101000-ㅂ자의 아스키 코드				
비트	0이나 1				

이면 '레코드(record)'를 이루게 된다. **그림 7-2**에서는 수강 레코드를 나타내며 '박소라' 학생과 관련 있는 학번과 전화번호 필드와 현재 수강 신청을 한 과목 번호와 과목명 필드가 합쳐져서 '박소라 학생이 수강 신청한 과목에 대한 하나의 '레코드'를 구성한다. 이렇게 동일한 형식으로 구성된 레코드들이 모여 하나의 집합체를 이룰 때 이를 '파일'이라고 부른다. **그림 7-2**에서는 3개의 수강 신청 레코드가 모여 하나의 파일을 구성하고 있다.

파일은 서로 관련 있는 레코드들의 집합이므로, 특정 응용프로그램과 관련 있는 레코드들은 몇 개의 파일들로 나누어 관리할 수 있다. 즉, 파일 시스템에서는 응용 프로그램 별로 서로 다른 별도의 파일을 사용한다. **그림 7-3** 예시에서는 학생들의 수강 신청 관리를 위한 레코드들을 한 파일에 관리하였고, 마찬가지로 도서관에서 쓰이는 도서 대출관리를 위해서 또 다른 파일을 사용하고 있다. 기업 내에서 파일 시스템을 사용한다면 인사부서, 영업부서, 생산부서 등이 서로 다른 응용프로그램을 사용하기 마련이고 따라서 각부서는 서로 다른 파일을 사용할 것이다.

파일 중심 방식의 문제점

파일을 중심으로 데이터를 관리하는 방식은 비교적 단순하고 구현하기가 쉽지만, 몇 가지 심각한 문제를 드러내고 있다. **그림 7-3**에서 보여주듯이 수강 신청 관리 파일과 도서 대출 관리 파일은 개별적으로 서로 다른 응용프로그램을 통해 관리하지만, 이들 모두 공통적으로 학번, 이름, 전화번호 등 학생과 관련된 데이터를 포함한다. 즉, 파일 간에 데이터의 중복성(data redundancy)이 존재하므로 응용 프로그램 마다 동일한 데이터를 이중으로 관리해 주어야 하는 번거로움이 따르게 된다.

동일 데이터를 중복하여 관리할 경우 나타날 수 있는 가장 큰 문제는 동일한 정보에 대한 데이터 값이 서로 다를 수 있다는 점이다. 예를 들어, **그림 7-3**에서, '김철수' 학생의 전화번호가 '010-222-8725'에서 '010-222-9999'로 수정되어 이 사실이 수강 신청 관리 프로그램이 사용하는 파일에는 반영이 되었다고 하자. 하지만, 도서 대출 관리 파일과는 독립적이다 보니 이 사실이 반영이 안될 수 있고, 따라서 필요한 경우 학생에 대한 연락을 취할 수 없는 경우가 발생할 것이다. 이는 분산되고 중복되어 있는 파일시스템에 데이터의 일관성을 유지하기가 어렵다는 사실을 잘 보여 준다.

또한, 파일시스템은 데이터 파일마다 고유의 응용프로그램이 작성되어야 하므로, 응용프로그램이 데이터 파일에 의존하게 된다. 응용프로그램과 데이터 파일 간에 의존관

그림 7-3	─── 서로 다른 응용프로그램을 위한 파일들

각 응용시스템이 이용하는 파일들 간에 불필요하게 중복되는 데이터가 생겨난다.

	학번	이름	전화번호	과목번호	과목명
수강신청 관리를 위한 파일	2011022	김철수	010-222-9999	201	경영정보시스템
	2011023	이상영	010-335-9988	322	데이터베이스
	2011024	박소라	010-123-5547	436	e비지니스
	학번	이름	전화번호	도서번호	과목명
도서대출 관리를 위한 파일	2011022	김철수	010-222-8725	5521457	마케팅 전략
	2011023	이상영	010-335-9988	5523458	위키피디아 사용법

계가 존재할 경우, 데이터 파일의 구조에 변경이 있을 때마다 관련 응용프로그램도 따라서 변경되어야 한다. 가령, 도서 대출관리 응용프로그램에서 도서번호를 파일의 각 줄에서 25번째 열부터 32번째까지 열의 7자리 수를 읽어 오도록 짜여 있다면, 이후 필요에 의해 도서번호 필드를 10자리 수로 확장한다면 프로그램도 함께 수정되어야 한다. 단순히 데이터의 형식만 바꾸는 것만으로는 불충분하다. 이와 같은 파일 시스템이 가지는 문제점들에 대한 해결책으로서 등장한 것이 데이터베이스 관리 시스템이다.

데이터 베이스 관리 시스템(Database Management Systems, DBMS)

응용프로그램마다 독자적으로 고유의 데이터 파일을 관리하는 파일 시스템과 달리, 데이터베이스 방식에서는 데이터의 통합적 관리를 통해 조직의 구성원들이 보다 일관된 데이터를 효과적으로 공유할 수 있게 해준다. 그림 7-4에서 보여 주듯이, 기존의 파일들은 구조화된 테이블을 이용하여 '사용자 데이터'(User data)로서 관리하며, 테이블 이름이나 데이터의 형식 등 사용자 데이터에 대한 구조적 정보는 '메타데이터'(Metadata)로 분리하여 관리한다.

가령 그림 7-5에서, 학생 테이블의 '김철수' 학생에 대한 전화번호 '010-222-9999'는 사용자 데이터의 예이며, '학생'이라는 테이블 이름, '전화번호'라는 필드 이름, '15자리의

그림 7-4 ── 데이터베이스의 개념

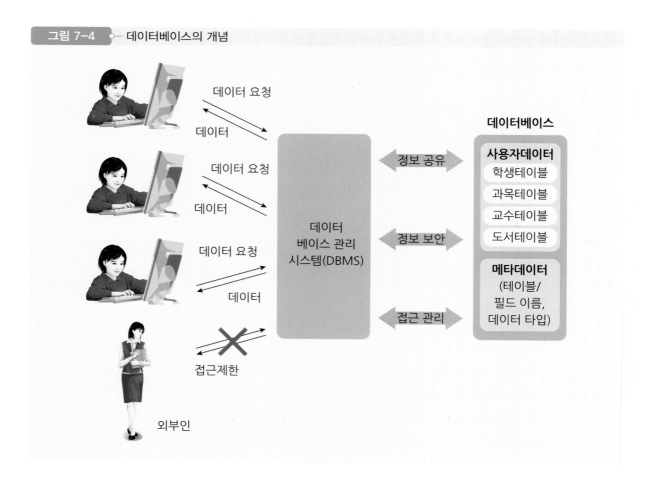

그림 7-5 ── 사용자데이터와 메타데이터

사용자데이터. 사용자가 이용하는 데이터

학 번	이 름	전화번호
2011022	김철수	010-222-9999
2011023	이상영	010-335-9988
2011024	박소라	010-123-5547

메타데이터. 데이터의 구조적 정의를 담당한다.

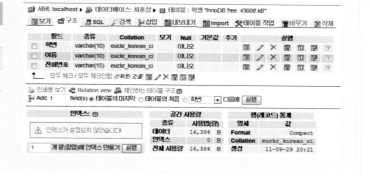

문자열(varchar)'이라는 전화번호의 형식 등은 메타데이터의 예가 된다. 즉, 메타데이터는 (사용자)데이터의(구조적)데이터라고 할 수 있다.

이와 같은 사용자 데이터와 메타데이터의 집합체인 데이터 베이스는 주로 다수의 사용자가 여러 가지 응용 프로그램을 통하여 공유하게 된다. **그림 7-4**에서 수강 신청 응용프로그램은 학생 테이블과 과목 테이블을 이용하여 학생들이 개설된 과목을 검색하고 수강신청을 하도록 한다. 도서 대출 응용 프로그램은, 동일한 학생 테이블을 공유하지만 이와 함께 도서 테이블을 같이 사용한다. 교수들도 동일한 데이터베이스를 수업정보 프로그램을 통해 접속함으로써 자신이 가르치는 수업 정보를 열람하고, 수강생 정보도 제공받을 수 있다. 또한, 외부인이 이 데이터베이스에 접속할 경우에는 접근을 금지시키고, 특정한 테이블에 대한 삭제 권한은 데이터베이스 관리자에게만 주어져야 할 것이다.

이와 같이 데이터베이스는 통합적 관리를 통해 조직의 구성원들이 보다 일관된 데이터를 효과적으로 공유할 수 있게 해주는 기능을 포함한 소프트웨어 프로그램이 필요하고, 데이터베이스와 이런 보조적인 프로그램들을 통틀어 데이터베이스 관리 시스템 (Database Management System: DBMS)라고 부른다. DBMS는 데이터베이스의 생성 및 관리는 물론 개별적인 응용프로그램들로 하여금 데이터에 접근하는 것을 가능하게 해주는 소프트웨어이다. 응용프로그램은 DBMS를 통해서만 데이터베이스의 관리 및 접근을 할 수 있으므로, DBMS는 응용프로그램과 데이터베이스 사이의 연결고리 역할을 수행한다고 볼 수 있다. 파일 시스템과 비교할 때, DBMS를 사용함으로써 얻는 주요 이점은 다음과 같다.

데이터의 공유 촉진 중앙의 데이터가 조직의 모든 구성원들 및 응용프로그램에 의해 공유될 수 있으며, 이로 인해 전산자원의 효율적 활용이 가능하다.

데이터 접근의 표준화 데이터베이스의 접근이 표준화된 방식에 의해 이루어지므로 모든 응용프로그램이 통일된 절차에 의해 데이터에 접근할 수 있다. 흔히, SQL(Structured Query Language)이라고 하는 표준화된 데이터 질의어로만 필요 정보를 추출할 수 있다. 이에 대한 자세한 설명은 다음 절에서 다룬다.

데이터 중복성의 제거 데이터의 저장 및 관리가 DBMS라고 하는 단일 창구를 통해 수행되므로 데이터의 중복성이 크게 줄어든다. 예를 들어, 수강 신청 프로그램과 수업 정보 프로그램은 동일한 수업 테이블을 사용한다. 따라서 저장매체의 공간도 보다 효율적으로 활용될 수 있다.

데이터 무결성의 향상 같은 정보를 여러 곳에 중복하여 저장하지 않고 중앙에서 관리함으로써, 같은 정보에 대하여 서로 다른 값을 가지는 경우가 줄어들어 데이터의 무결성이 개선된다.

데이터와 프로그램 간의 독립성 유지   DBMS를 사용하지 않을 경우, 데이터의 형식이나 위치 등 구조적 정의가 응용프로그램의 일부로 포함되기 마련이다. 따라서 데이터 구조의 변경은 응용프로 그램의 변경을 의미하였다. 하지만, DBMS를 이용함으로써, 응용프로그램은 데이터와 완전히 독립적이기 때문에 데이터의 형식이나 위치가 변경되어도 응용프로그램은 전혀 변경될 필요가 없다. 응용 프로그램은 원하는 데이터를 DBMS에 요청하고 DBMS는 해당 데이터를 다시 전달해주는 연결고리가 된다.

데이터의 보안 강화   중앙의 데이터베이스 접근에 있어 누구나 인증을 거치게 할 수 있기 때문에, 통합적으로 관리되는 데이터는 보안관리의 구현도 수월하다.

사용자 별 권한 관리   사용자 별로 서로 다른 권한(읽기, 쓰기, 지우기 등)을 부여하여, 합리적인 데이터 관리를 도모한다. 예를 들어 기업에서 종업원들의 임금 정보는 인사 관리자 이외에는 열람이 불가하도록 설정을 해야 할 것이다.

반면에, 전통적인 파일 중심의 방식과 비교할 때 다음과 같은 단점들을 지적할 수 있다.

시스템 복잡성   데이터베이스 및 DBMS프로그램이 매우 복잡하기 때문에 개념의 이해가 사용자에게는 쉽지 않다. 따라서 데이터베이스 설계자나 관리자와 같은 전문가가 시스템을 관리하여야 한다. 또한 체계적인 사용자 교육이 뒷받침되어야 한다.

비용 부담   업무환경이 복잡한 대기업일수록 DBMS 제품의 구입에 따른 비용이 상당히 클 수 있다. 동시에, 데이터베이스를 운영하고 관리할 전문요원들을 고용하기 위한 비용 부담이 따를 수 있다.

데이터 노출 범위의 확대   데이터 보안장치의 구현이 수월한 반면, 만일 데이터 보안이 침투당하게 되면 상당 부분의 데이터가 보안 위협에 노출된다. 또한 DBMS가 마비될 경우, 모든 응용프로그램들이 불능상태가 되는 문제가 존재한다.

하지만, 이런 단점은 앞서 언급한 DBMS가 가져다 주는 다양한 장점에 비해 매우 미미하다고 할 수 있다.

DBMS는 데이터간의 관계를 표현하는 모델링 방법에 따라 계층형 DBMS(hierarchical DBMS), 망형 DBMS(network DBMS), 관계형 DBMS(relational DBMS) 등으로 나누어진다. 이 중 계층형과 망형 DBMS는 1960년대부터 제시되어 왔으나 지금은 일부 기업을 제외 하고는 거의 사용되어 지지 않고 있다. 반면 E.F Codd가 1970년도에 개발한 데이터 모델을 바탕으로 한 관계형 DBMS는 오늘날 기업의 대부분의 데이터 베이스를 구성하고 있는 표준으로 자리를 잡았다. 이런 관계형 DBMS 중 많은 경우는 상용화 되어 있고, 마이크로 소프트사의 MS-SQL 이나 Access, IBM의 DB2, Oracle,

그림 7-6 ● MySQL DBMS

phpMyAdmin이라고 불리는 유저 인터페이스를 통해 웹 브라우저에서 모든 데이터베이스 관리 작업이 가능하게 되었다.

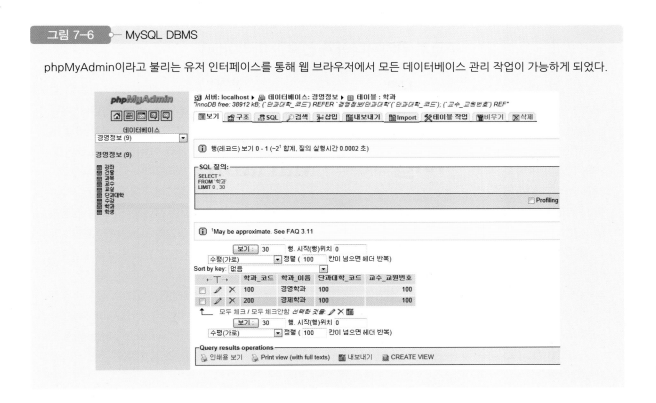

Informix, Sybase 등의 제품들이 있다. 특히 요즘 들어 가장 각광을 받고 있는 제품은 MySQL이라고 불리는 오픈 소스 소프트웨어로 뛰어난 기능을 보유하고 있으면서도 무료로 설치 및 사용이 가능하다. 또한 phpMyAdmin이라고 불리는 별개의 웹 기반의 소프트웨어를 이용할 경우 보다 편리한 유저 인터페이스를 제공 받을 수 있다. **그림 7-6**에서는 웹 브라우져 상에서 phpMyAdmin을 이용하여 MySQL 데이터베이스 시스템을 이용할 때의 예시 화면을 보여준다. 최근 빅데이터에 대한 관심이 높아지면서, 비관계형(NoSQL) 데이터베이스가 각광을 받고 있다. NoSQL 데이터베이스는 특히 비정형화된 문서, 그래프, 키 값, 인 메모리 검색 등의 데이터를 액세스 및 관리하기 위해 다양한 데이터 모델을 사용한다. 이러한 데이터베이스 유형은 큰 테이터 볼륨, 짧은 지연 시간과 유연한 데이터 모델이 필요한 애플리케이션에 최적화되었으며, 이는 기존의 관계형 데이터베이스에서 강조하던 데이터 일관성 제약 일부를 완화함으로써 이루어진다. NoSQL 데이터베이스에서는 정보가 보통 키-값의조합으로 구성되며, 테이블이 아닌 문서형태로 저장된다. 이 책에서는 비관계형 데이터베이스에 대한 자세한 설명은 생략하기로 한다.

B·u·s·i·n·e·s·s 기업정보화현장

구글과 위키피디아가 선택한 마리아DB

미국을 중심으로 탈 MySQL 움직임이 불고 있다.

사용자 참여형 온라인 백과사전인 위키피디아는 지난해 12월 관계형 데이터베이스 관리 시스템(RDBMS)를 MySQL에서 마리아DB로 교체했다. 리눅스 진영도 MySQL 대신 마리아DB를 지원하는 추세다.

마리아DB는 구글의 마음도 움직였다. 지난 해부터 위키피디아와 구글의 마리아DB 전환을 직접 도왔던 마리아DB재단 콜린찰스 수석 에반젤리스트 설명에 따르면, 구글은 지금까지 사용해왔던 MySQL을 모두 마리아DB로 바꾸는 작업을 진행중이다.

"오라클이 MySQL을 품에 안으면서 MySQL 분위기가 달라졌습니다. 버그 수정이나 기능 개선이 제대로 이뤄지지 않았지요. 더딘 MySQL 지원 정책에 구글은 올해 들어 마리아DB 10.x 버전을 시험 가동하며 내부 DBMS를 모두 마리아DB로 바꾸는 중입니다."

MySQL은 전 세계에서 가장 많이 쓰이는 오픈소스 RDBMS다. 썬마이크로시스템즈가 지난 2008년 10억 달러에 인수했다가, 이후 썬이오라클에 인수되면서 함께 넘어갔다.

콜린에반젤리스트는 오라클이 MySQL을 지휘하면서 문제가 시작됐다고 지적했다. 오라클은 오픈소스 MySQL의 기능을 폐쇄적으로 가져갔기 때문이다. 쓸 만한 확장기능이나 버그 개선 사항은 사용료를 지불해야만 쓸 수 있는 '엔터프라이즈용 MySQL'로 공개했다. MySQL이 예전같이 않다는 목소리가 개발자 커뮤니티 중심으로 터져나왔다.

"오라클은 MySQL을 인수한 후 버그 정책에 대해서 입을 닫았습니다. 테스트 사례도 공개하지 않았지요. 오픈소스 커뮤니티에 날린 코드가 제대로 해결됐는지, 실제로 버그가 고쳐졌는지 알 방법이 사라진 겁니다. 게다가 오라클은 해결한 버그 문제를 '오라클 버그 트래커 포 엔터프라이즈'란 솔루션으로 공개해 판매했습니다."

사실상 커뮤니티가 개발한 MySQL의 기능은 점점 떨어져갔다. 대신 오라클이 상업용으로 선보인 '엔터프라이즈용 MySQL'은 오라클 지원을 받으며 나날이 성장했다. 오픈소스인 MySQL의 정신이 희미해진 셈이다.

"오라클의 폐쇄적인 움직임에 오픈소스 정신을 강조하는 리눅스 진영이 가만히 있을 리 없었습니다. RHEL을 시작으로, 페도라, 오픈수세가 MySQL로부터 등을 돌렸습니다. 오라클이 '오라클리눅스'를 선보인 것도 무시할 순 없지요."

제대로 이뤄지지 않는 기술 지원에 리눅스 운영체제를 둘러싼 정치적인 이해관계가 얽히면서 일부 기업은 MySQL을 대신할 오픈소스 DBMS를 찾기 시작했다. 그러다 눈에 띈 게 마리아DB다.

마리아DB는 MySQL을 개발한 몬티와이드니우스란 개발자가 오라클의 MySQL 인수에 반발해 만든 오픈소스 RDBMS다. 마리아DB는 MySQL과 소스코드를 같이하므로 사용 방법과 구조가 MySQL과 동일하다.

"물론 MySQL을 대신할 RDBMS로 PostgreSQL도 있습니다. 그러나 PostgreSQL은 MySQL과 다른 DB 알고리즘을 사용합니다. 마리아DB는 MySQL과 99.99%의 바이너리 호환성을 제공하지요. 기존 MySQL을 무리 없이 손쉽게 마리아DB로 옮길 수 있습니다."

게다가 마리아DB는 MySQL에 비해 초당 쿼리처리 속도에서 최대 10% 빠르다. 쿼리 최적화, 서브쿼리 지원 부문에서는 MySQL보다 더 뛰어난 성능을 보인다. MySQL만큼 큰 규모의 오픈소스 지원 커뮤니티인 '마리아DB'에서 버그 리포트도 활발히 일어난다.

바로 위키피디아 MySQL 대신 마리아DB를 선택하는 이유다. 콜린에반젤리스트 설명에 따르면 위키피디아는 기술 호환성을 보장하면서 끊임없는 기술지원을 마리아DB 장점으로 꼽았다.

"기존에 위키피디아는 MySQL과 페이스북용 MySQL 패치, 구글용 MySQL 패치를 함께 사용했습니다. 오라클 기술 지원이 제대로 이뤄지지 않았던 탓에 각 소스를 내려받아 개발자가 일일이 수정해 DB를 운영했습니다. 시간과 비용이 많이 들어간 거죠."

위키피디아는 서버 300대를 개발자 1명이 운영하고 있는 구조다. 새로운 MySQL 기능이 나오거나 발견될 때마다 개발자는 고민했다. 각 오픈소스 진영에서 무료로 개발한 기능을 다시 위키피디아에 맞춰 수정해야 했기 때문이다.

"마리아DB는 커뮤니티에서 패치를 제공합니다. 마리아DB가 해당 패치를 어떻게 사용했는지 테스트 결과도 보여주고 품질 테스트(QA) 결과도 함께 제공합니다. 엑스트라DB랑 LRM 성능도 개선했습니다. 여기에 서포트릴리즈가 되기 때문에 기존에 있던 개발자가 나가더라도 문제 없이 기존 시스템을 관리할 수 있습니다."

매일 읽고 쓰는 데이터가 많은 위키피디아로썬 신경 써야 할 요소가 많은 MySQL보다 적게 신경써도 되는 마리아DB가 매력적으로 다가왔을 터다.

"사실 구글도 같은 이유에서 마리아DB를 단계적으로 도입하고 있습니다. 구글에서 매번 MySQL 패치를 만들기보다는 커뮤니티에서 만들어서 적극 활용하고 있는 마리아DB를 눈여겨보기 시작했지요."

구글은 특히 글로벌 트랜잭션 식별자(GTID) 기능에 관심을 보였다고 콜린에반젤리스트는 설명했다.

"GTID는 마스터와 슬레이브 서버 간 복제 진행 상황을 추적하고 비교하는 기능을 말합니다. 마스터 서버가 장애가 났을 때 훨씬 더 간단하게 복구할 수 있지요. 고가용성을 제공하는 서드파티 프레임워크에 의존할 필요가 없는 겁니다."

쉽게 얘기하면 GTID는 서버가 장애가 나서 다운됐어도 무리 없이 시스템을 운영할 수 있게 도와주는 기능이다. 주로 활용하는 마스터 서버에서 장애가 발생하면 슬레이브 서버가 마스터 서버로 승격되면서 데이터를 다른 서버들과 주고받는다. 데이터 백업이 자동으로 이뤄지면서 고가용성 서비스를 유지할 수 있게 돕는다는 얘기다.

"MySQL5.6에도 GTID 기능이 있습니다. 하지만 오라클에서 GTID를 쓰려면 오라클 DB를 재시작해야 한다는 문제가 있지요. 마리아DB 10.0x 버전은 그렇지 않습니다. 현재 나온 마리아DB 10.06 베타에서는 GTID가 원활하게 작동합니다."

미국만 마리아DB에 관심이 많은 것은 아니다. 국내에서도 마리아DB를 적극 도입해 활용하는 분위기다. 카카오톡은 지난해부터 메신저 애플리케이션에 MySQL 대신 마리아DB를 쓰기 시작했다. 콜린에반젤리스트는 "NHN과 SK브로드밴드, SK텔레콤 역시 마리아DB 도입을 검토 중"이라고 귀띔했다.

"짧은 시간 안에 마리아DB가 MySQL을 대체하지 않을까 기대합니다. 매출로 비교하면 상용 솔루션을 파는 MySQL과 마리아DB는 비교가 안 되겠죠. 하지만 설치 점유율을 따지면 마리아DB가 곧 MySQL을 따라잡을 것으로 생각합니다." 최근에는 리눅스 배포판에서 마이SQL이 퇴출되고 마리아DB로 대체되고, 아마존웹서비스 같은 퍼블릭 클라우드가 마리아DB를 지원하기 시작하면서, 개발자는 MYSQL보다 더 편리하게 마리아DB를 사용할 수 있게 됐다. 기존에 MYSQL을 쓰는 기업도 몇 년 내에 마리아DB로 바꿀 가능성이 크다. 마리아DB는 2021년 엔터프라이즈 버전에 대한 영업을 강화한다. 엔터프라이즈 버전은 기업이 필요로 하는 기능, 보안패치, 암호화기능 등을 기본으로 제공한다. 대표적으로 엑스팬드(Xpand)를 든다.

엑스팬드는 마리아DB 서버와 함께 사용되어 수십억 유저로부터 나오는 대규모 TPS를 손쉽게 처리할 수 있도록 설계된 분산형DB(Distributed SQL)다. 표준 SQL과 마이에스큐엘(MySQL) 프로토콜을 준수해 애플리케이션 변경이 필요없다. 대규모 트랜잭션 처리에 따른 데이터 정합성을 고민할 필요도 없다. DB 인스턴스를 추가하면 온라인 상에서 읽기 성능은 물론이며 쓰기 성능까지 자동으로 확장된다.

오픈소스가 공짜라는 인식은 여전하다. 비용 절감을 이유로 오픈소스를 사용하는 기업들이 상용DB에 비해 불편한 점이 있더라도 감수하기 마련이다. 그런 점에서 마리아DB 엔터프라이즈 버전은 장점과 동시에 여전히 상용DB에 비해 비용절감이 가능하다.

출처: "결국은 마리아DB가 MYSQL을 이긴다", CIO, 2018년 9월 6일
　　　"MYSQL이냐? 마리아DB냐?…개발자 선택은?", zdnet.co.kr 2014년 5월 25일
　　　코딩월드뉴스(https://www.codingworldnews.com), 2021년 1월 5일
　　　마리아 DB "쓰기 성능 장점 분산형 DB 엑스팬드, 국내 시장 공략," IT Chosun, 2021년 2월 22일

데이터베이스 설계의 중요성

　　데이터 베이스를 사용하는 것만으로는 효과적으로 데이터를 관리한다고 말하기는 어렵다. 위에서 언급한 학교 관리 시스템에 만약 **표 7-1**을 수강 신청 정보와 성적 관리를 위해 사용한다고 고려해 보자.

　　이 표는 어떤 구조적 결함을 가지고 있을까? 제일 쉽게 발견할 수 있는 문제점은, 파일 시스템에서 언급한 것과 같이 동일한 정보가 중복되어 있다는 것이다. 예를 들어 동일한 데이터베이스 수업을 수강하는 학생이 두 명이 있고 따라서 이와 관련된 과목 번호, 교실, 교실 정원 등의 정보가 중복되어 나타나고 있다. 학생의 경우도 마찬가지이다.

표 7-1　｜　수강신청과 성적관리용 테이블의 예

학 번	이 름	전화번호	과목번호	과목명	교실번호	교실정원	학 점
2011022	김철수	010-222-9999	201	경영정보 시스템	100	30	A
2011023	이상영	010-335-9988	322	데이터베이스	100	30	B
2011024	박소라	010-123-5547	436	e비지니스	200	25	B
2011338	독고탁	010-338-2222	322	데이터베이스	100	30	C
2011765	이엄지	010-564-9998	436	e비지니스	200	25	D
2011765	이엄지	010-564-9995	201	경영정보 시스템	100	30	B
2011777	이하늘	010-555-8741	448	경영정보사례	300	25	A

'이엄지' 학생의 경우 'e비즈니스'와 '경영 정보 시스템' 수업을 둘 다 수강하고 따라서 '이엄지' 학생에 대한 학생 관련 정보가 중복되어 기재되어 있다. 이런 데이터의 중복성 은 아래와 같은 여러 가지 문제점을 야기시킨다.

수정 변칙(update anomaly)　　데이터를 수정할 때 위에서 보여준 중복성 때문에 생기 는 문제를 말한다. 가령, 데이터 베이스 수업의 교실이 '100'에서 '200'으로 변경이 되었다 면, 이 변경된 정보를 둘째, 넷째 줄에 걸쳐 중복해서 수정을 해 주어야 한다. 또 다른 예 로, '이엄지' 학생의 전화번호가 '010-564-9995'에서 '010-564-9998'로 수정되었을 때, 위의 테이블에서와 같이 실수로 첫 번째 정보는 수정을 하고, 두 번째 정보는 제대로 수정을 안하고 남겨두는 경우가 빈번하게 생길 수 있다.

삭제 변칙(delete anomaly)　　서로 다른 정보들을 하나의 테이블에 보관함으로써 필요 한 정보가 원하지 않게 삭제되는 경우가 있다. 예를 들어, '300' 교실이 없어져서 테이블 에서 300 교실에 대한 정보를 삭제할 경우, 이와 함께 '이하늘' 학생에 대한 정보와 '경영 정보사례' 수업에 대한 정보를 모두 같이 잃어 버리게 된다. 이 정보들은 다른 곳에서 찾 을 수 없다.

삽입 변칙(insert anomaly)　　서로 다른 정보들을 하나의 테이블에 보관함으로써 새로 운 정보를 삽입 시 문제가 발생할 수도 있다. 하나의 테이블에서 각 레코드들은 반드시 고유한 기본키(Primary key) 값으로 구분된다. 간단히, 키(key)는 데이터 개체에 속한 속 성들 중에서 개별적인 레코드들을 서로 식별할 수 있는 속성이다. 특히 각 레코드를 고 유하게 정의할 수 있는 필드를 가리켜 '기본키'라고 부른다. 키에 대해서는 뒤에서 자세 히 언급하기로 한다. 위에서 제시한 테이블의 경우, 중복된 학생들이 있으므로 '학번' 필 드 하나가 기본키를 구성하지 못하고, 대신 '학번'과 '과목 번호'의 조합이 기본키의 역할 을 할 수 있다. 다시 말하면, 새로운 레코드를 위의 테이블에 삽입할 경우 반드시 '학번' 과 '과목번호' 모두가 주어져야만 한다. 그렇다면, 가령 새로운 신입생이 아직까지 수강 과목이 없는 경우(즉, 과목 번호가 없는 경우) 우리는 학생 정보만을 개별적으로 저장할 수 없게 된다. 이것은 '학생'과 '수업' 이라는 서로 다른 개체에 대한 정보를 하나의 테이 블에 집어 넣으면서 생기는 문제점이다.

　　요약하자면, 구조적 결함을 가진 데이터베이스는 중복성을 가져오고, 이에 따라 수 정, 삭제, 삽입 시 변칙이 발생하게 되며 데이터의 정확성, 무결성, 일관성 등을 보장할 수 없게 된다.

데이터 베이스 설계의 계층 구조와 데이터 모델들

위에서 언급한 구조적 결함을 가진 데이터 베이스를 사전에 방지하기 위해서, 정형화 되고 체계적인 데이터 설계 작업을 거쳐야 한다. 데이터 설계의 주된 목적은 데이터 사용자의 요구를 명확히 이해하고, 이를 바탕으로 어떤 정보들이 저장되어야 하는지 정의하고, 이를 문서화하여 분석가, 설계자, 애플리케이션 개발자 그리고 사용자간에 서로 원활한 의사 소통을 도모하는데 있다. 이런 관점에서 볼 때, 데이터 설계 작업은 집이나 건물을 짓기 위한 청사진을 그리는 작업과 다를 바 없다.

일련의 데이터 베이스의 설계를 통해 결과물로서 데이터 모델들이 생성된다. 데이터 모델은 실생활의 개체나 이벤트, 사실 등을(흔히 그림을 통하여) 추상화한 것이라 할 수 있고, 그 결과 이러한 복잡한 실제 정보환경을 보다 효과적으로 이해할 수 있게 해준다. 다양한 데이터 베이스 유형 중 여기서는 관계형 데이터베이스를 주로 살펴보게 된다. **그림 7-7**에서 보여주는 바와 같이 관계형 데이터 베이스의 설계는 크게 개념적 (Conceptual) 설계, 논리적(Logical) 설계, 물리적(Physical) 설계, 세 가지 단계를 거쳐야 한다. 각 단계 별로 개념적, 논리적, 물리적 데이터 모델들이 만들어지며 모델이 점차 구체화될수록 추상화 정도가 낮아지게 된다.

그림 7-7 ● 관계형 데이터베이스 설계

데이터 설계가 개념적, 논리적, 물리적으로 진행되면서 더욱 구체적인 모델이 제시되고 추상화 정도는 낮아지게 된다.

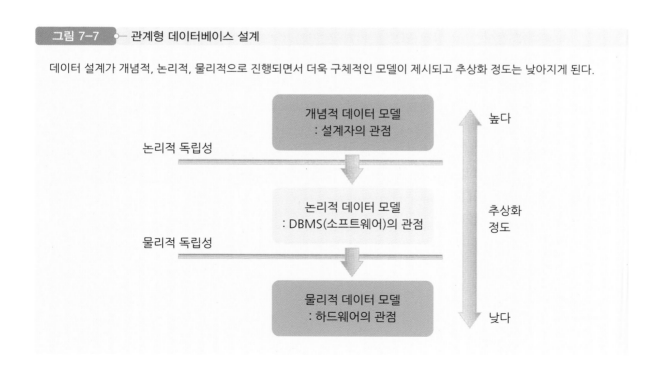

개념적 설계   개념적 설계를 위해서, 우선 사용자와의 인터뷰를 통한 요구 분석이 선행되어야 한다. 즉, 현재 기업내의 프로세스, 조직도, 업무 처리 지침들을 파악하고, 앞으로의 운영환경에서 어떤 데이터들이 사용될지 파악한다. 그 결과로서 기업 내 비즈니스 룰(rule)들을 문서화하여 정리하게 된다. 가령, 학교 시스템에서 "하나의 과목은 여러 개의 서로 다른 강좌로 개설되어질 수 있다," 그리고 "학생들은 매 학기 여러 강좌를 수강하고, 한 강좌에는 여러 명의 학생이 있다." 등은 이와 같은 비즈니스 룰의 예라고 하겠다.

정리된 비즈니스 룰들을 바탕으로 데이터베이스 설계자는 비즈니스 개체(Entity)들을 (예, 과목, 강좌, 학생 등)간에 존재하는 관계(Relationship)를 (예, 개설하다, 수강하다, 포함하다 등) 정의해 주게 되고, 이를 그림으로 나타내 준다. 이것을 개체관계도(Entity Relationship Diagram: ERD)라고 부르며 개념적 데이터 모델을 나타낸다. 이에 대해서는 다음 절에서 더 자세히 알아본다.

여기서 주의 할 점은, 개념적 모델(개체 관계도)을 작성하는 단계에서 설계자는 사용할 DBMS나 실제 물리적 서버 환경, 즉 소프트웨어와 하드웨어에 대해서는 전혀 걱정할 필요가 없다. 이를 개념적 모델이 가지는 논리적 독립성(logical independence)라고 부른다. 달리 말하자면, DBMS나 물리적 서버가 바뀌더라도 개체관계도는 전혀 영향을 받지 않는다.

논리적 설계   그 다음은 개념적 설계를 통해 얻어진 개체관계도를 바탕으로, 각 개체와 관계들을 DBMS의 테이블 구조 형태로 바꿔주는 작업이 이루어진다. 이렇게 변형된, DBMS 관점에서의 모델을 논리적 데이터 모델(logical data model)이라고 한다.

논리적 모델은 DBMS, 즉 소프트웨어를 염두에 두고 설계되지만 여전히 서버 등 하드웨어에 대해서 고려하지는 않는다. 따라서 물리적 독립성(physical independence)을 가지게 된다. 논리적 모델은 데이터베이스에 테이블들이 어떠한 구조로 저장되는가를 정의한 테이블 스키마라는 형태로 나타내지기도 하고, 테이블을 생성하는 SQL 문장 자체로 표현하기도 한다. 더 자세한 내용은 다음 절에서 다룬다.

물리적 설계   물리적 설계는 논리적 모형을 토대로 데이터가 디스크와 테이프 등 저장 매체에 어떻게 물리적으로 배열될 것인가를 구상한다. 가령 데이터 베이스 서버를 회사 내에 둘지, 아니면 데이터베이스 운영을 전문으로 하는 외부 기관에 맡길지 등 세부 사항을 설계한다. 가장 하위 레벨 설계이며, 보통 관계형 데이터베이스를 설계하는 과정에서는 그다지 큰 비중을 두지 않는다. 따라서 이에 대한 상세한 내용은 따로 다루지 않는다. 요즘 많은 관심을 받고 있는 클라우드 컴퓨팅을 이용한 데이터 관리에 대한 내용은 제 9장 클라우드 컴퓨팅에서 자세히 다루었다.

7.2 ▶ 개념적 데이터 모델

　　본 절에서는 위에서 언급한 개념적 데이터 모델(Conceptual Data Model)을 개체 관계도(ERD)를 중심으로 좀 더 자세히 알아보고자 한다.

개체 관계도의 기본 구성 요소

개체(Entity)　　개체는 우리가 데이터베이스에 의미를 가지고 저장하고자 하는 사람이나 사물, 혹은 개념을 추상화시킨 것이라 할 수 있다. 여기서 주의해야 할 점은 개체 자체는 구체적으로 특정한 인스턴스(instance)와는 구별된다는 점이다. 가령, '학생'이 개체라면, 학생 개체는 '김철수', '이상영', '박소라' 등 구체적인 인스턴스들을 포괄하고 있다고 본다. 개체 관계도에서 개체는 사각형으로 표시된다.

속성(Attribute)　　개체에 의미를 부여하기 위해서는, 개체가 가지는 특징을 기술하여야 하고, 이를 개체의 속성이라 한다. 예를 들어 학생이라는 개체는 '학번', '학생이름', '전화번호' 등을 그 속성으로 가지게 된다. 각 인스턴스들은 서로 다른 속성 값을 지니게 됨으로써 의미를 가진다. 속성은 반드시 값이 주어져야 하는 필수 속성과 빈칸으로 남겨질 수도 있는 선택 속성이 있다. 이들 속성 중, 개체의 각각의 인스턴스들을 유일하게 식별할 수 있게 해주는 속성값(들)을 **식별자**(identifier)라고 부른다. 가령 학생 개체의 경우 학번이 식별자의 역할을 하게 된다. 어떤 경우는 두 개 이상의 속성이 합쳐져 식별자를 구성하기도 한다. 이와 같은 식별자는 이후 논리적 모델에서 **기본키**(primary key: PK)로 전

그림 7-8 ▶ 학생 개체

학생 학번이 식별자이고 학생의 학번을 포함해서 성, 이름, 이메일은 학생 개체의 속성이다.

학 생	
PK	학생_학번
	학생_성 학생_이름 학생_이메일

표 7-2	관계를 나타내는 표기 기법	

표식	카디낼러티(최소, 최대)	설 명
⤝	(0,N)	없거나 다수. 多 쪽이 선택 참여 관계(optional many)
⤛	(1,N)	하나이거나 그 이상. 多 쪽이 필수 참여 관계(mandatory many)
⊣⊢	(1,1)	오직 하나. 일 쪽이 필수 참여 관계(mandatory one)
⊶	(0,1)	없거나 하나. 일 쪽이 선택 참여 관계(optional one)

환된다. 키는 개념적 모델에 쓰이는 용어는 아니지만, 여러 모델링 소프트웨어에서 식별자와 기본키를 혼용해서 사용하는 경우가 많다. 이 책에서는 MS Visio를 사용하여 개체 관계도를 그리고 있으며, 이런 이유로 **그림 7-8**의 학번 속성 왼쪽에 PK가 표시 되어 있고, 이는 식별자를 의미 한다.

관계(Relationship)　　　관계를 통해서 개체들간의 연관성을 표시한다. 일반적으로, 두 개체 간에는 카디낼러티(cardinality)에 따라 특정 관계가 존재하는데, 카디낼러티는 한 쪽 개체의 한 인스턴스가 다른 쪽 개체의 몇 개의 인스턴스들과 관계를 가지냐에 따라 결정된다. 카디낼러티는 괄호안에 최소, 최대의 관계수를 써서 표시한다. 가령(1, 4)라면 최소 1, 최대 4개의 인스턴스와 관계를 가진다는 의미이다. 일반적으로는, 일대일(1:1), 일대多(1:M), 多대多(M:N)의 세 가지 유형이 나타나게 된다. 이와 더불어 '일' 과 '多' 각 관계는 적어도 하나의 인스턴스와는 반드시 관계가 존재하는 필수참여(mandatory participation)와 그렇지 않은 선택참여(optional participation) 두 종류가 있다. 이와 같은 관계의 유형들을 나타내기 위해서 개체 관계도에서는 까마귀 발 표기 방식(Crows's foot symbol)이 널리 사용된다. 사선은 '일(1)'을, 까마귀 발은 多수를, 원형 고리는 '없음(0)'을 나타낸다. 이와 같은 기호들을 조합하면 **표 7-2**와 같은 다양한 관계를 표시 할 수 있다.

　1:1 관계의 예로서는 **그림 7-9**의 첫번째 관계에서 보여주는 교수와 학과간에 학과장 관계를 그 예로 들 수 있다. 하나의 관계는 반드시 양방향성을 가지고 있다는 것을 유의할 필요가 있다. 즉,

- 학과를 하나 선택한 경우, 반드시 한 명의 학과장이 지정되어 있다. (1,1)
- 교수 한 명을 선택한 경우, 학과장인 교수는 한 학과를 대표하지만, 그렇지 않은 교수는 책임지고 있는 학과가 없다. (0,1)

　일대多(1:M) 의 예로서, 학과와 교수간의 또 다른 관계로서 소속 관계를 생각할 수 있다. 이 경우에는 **그림 7-9**의 두 번째 관계에서 보여주듯이,

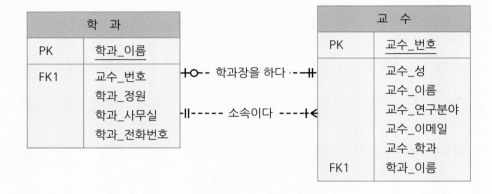

그림 7-9 ─ 학과와 교수의 관계

학과는 한 명의 교수를 학과장으로 지정하며, 한 학과 내에 다수의 교수가 포함된다. 교수 중에는 학과장이 아닌 사람도 있으며, 각 교수는 반드시 하나의 학과에 소속되어야 한다.

- 한 학과에는 적어도 한 명 이상의 교수가 속해 있다. (1,N)
- 한 명의 교수는 반드시 한 학과에 소속되어야 한다. (1,1)

多대多(M:N)의 예로, 학생과 수업간의 수강 신청 관계를 **그림 7-10**에서 보여주고 있다. 즉,

- 학생은 여러 개의 강좌를 수강할 수 있다. 휴학생의 경우 수강하는 강좌가 없을 수도 있다. (0,N)
- 하나의 강좌는 적어도 한 명 이상의 학생이 수강한다. (1,N)

교차 개체(Associative entity)

위에서 언급한 마지막 두 개체간 多대多의 관계는 개념적으로는 설정이 가능하지만, 논리적인 모델로 변환 시 외부키 설정과 연관되어 문제가 생긴다. 다시 말해, 학생 한 명이 여러 개의 강좌를 수강하지만, 특정 학생 행에서 강좌번호 열이 하나뿐이라면, 여기에 하나 이상의 과목정보를 담을 수가 없다. 마찬가지로 한 강좌를 듣는 학생이 다수이지만, 하나의 과목 행에 수강 학생 학번 열이 하나뿐이고 여기에 다수의 학번을 함께 기재할 수 없는 문제가 생긴다. 즉, **그림 7-10**의 개체관계도는 논리형 모델로 전환이 불가하다. 이런 문제점을 해결하기 위해서는 중간에 교차 개체(associative entity)를 사용

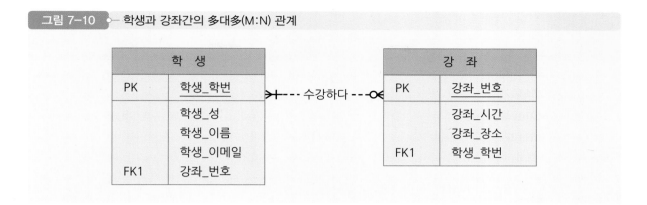

그림 7-10 ─ 학생과 강좌간의 多대多(M:N) 관계

하여 多대多의 관계를 두 개의 일대多 관계로 변환시켜 주게 된다.

그림 7-11에서는, 수강이라는 교차 개체가 삽입되었고, 수강 개체는 학생 학번과 강좌 번호의 조합으로 하나의 수강 신청 인스턴스를 나타내게 된다. 예를 들어, '학번 2011022 김철수' 학생과 '학번 2011023 이상영' 학생은 학생 개체의 서로 다른 두 개의 인스턴스이다. 또, 강좌 번호 '201-001 경영정보 시스템'과 '과목 번호 436-001 e비즈니스' 는 서로 다른 두 개의 강좌 인스턴스이다. 만약 김철수 학생과 이상영 학생 모두 경영정보 시스템과 e비지니스 강좌를 동시에 수강한다면, 이러한 수강 정보는 표 7-3에서 보여주듯이 학번과 강좌 번호의 조합을 이루어 4개의 수강 인스턴스들을 만들어 주게 되는 것이다.

수강 테이블의 각 인스턴스들을 식별하기 위해서는 학생 학번과 강좌번호가 조합을 이루어야 함을 쉽게 알 수 있을 것이다. 그림 7-11은 기존의 多대多 관계를 다음과 같은 두 개의 일대多 관계로 바꿔준다.

• 학생은 여러 개의 수강 정보 (즉, 어떤 특정 학생이 어떤 특정 강좌를 신청하였는

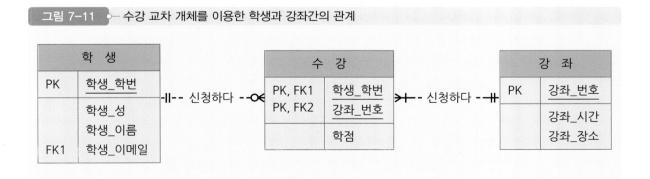

그림 7-11 ─ 수강 교차 개체를 이용한 학생과 강좌간의 관계

표 7-3 ○— 수강 테이블의 예

학생 학번	강좌번호	학 점
2011022	201-001	A
2011022	436-001	A
2011023	201-001	B
2011023	436-001	C

지)를 가지고 있다. 예를 들어 2011022 학번을 가진 학생은 두 개의 수강신청을 하였다.

- 하나의 수강 정보는 그에 해당하는 오직 한 명의 학생이 있다. 예를 들어 두 번째 수강 인스턴스는 2011022 학번을 가진 학생을 위한 것이다.
- 하나의 수강 정보는 그에 해당하는 오직 하나의 강좌가 있다. 예를 들어 두 번째 수강 인트턴스는 436-001 강좌를 위한 것이다.
- 하나의 강좌는 하나 이상의 수강 정보를 구성한다. 예를 들어 436-001 강좌에 해당하는 수강 인스턴스들은 두 번째와 네 번째 인스턴스이다.

7.3 논리적 데이터 모델

개념적 모델을 논리적 모델로 전환하기

개념적 데이터 모델이 완성된 후에는 DBMS, 즉 소프트웨어를 고려한 논리적 데이터 모델(Logical Data Model)로 변형시키는 작업을 하여야 한다. 이를 설명하기 위해 아래와 같은 대학교 정보 시스템에 이용되는 개념적 데이터 모델을 가정해 보자.

개별 개체의 변형을 위한 규칙

- 각각의 개체(entity) 는 하나의 테이블로 변형된다.
- 개체의 이름은 테이블 이름이 된다.
- 개체의 속성(attribute)은 테이블의 열(column)로 변형된다.

- 개체의 식별자(identifier)는 테이블의 기본키로 변형된다.

1대多 관계의 변형을 위한 규칙

- 다(多)쪽 개체에 하나의 열이 추가되며, 이 열은 일(一)쪽 개체의 기본키와 같은
  속성을 가지고 연결된다.
- 이 추가된 열은 외부키(foreign key: FK)라고 부른다.

예를 들어 **그림 7-13**에서 기본키와 외부키 간의 관계를 건물과 교실의 1대多 관계를

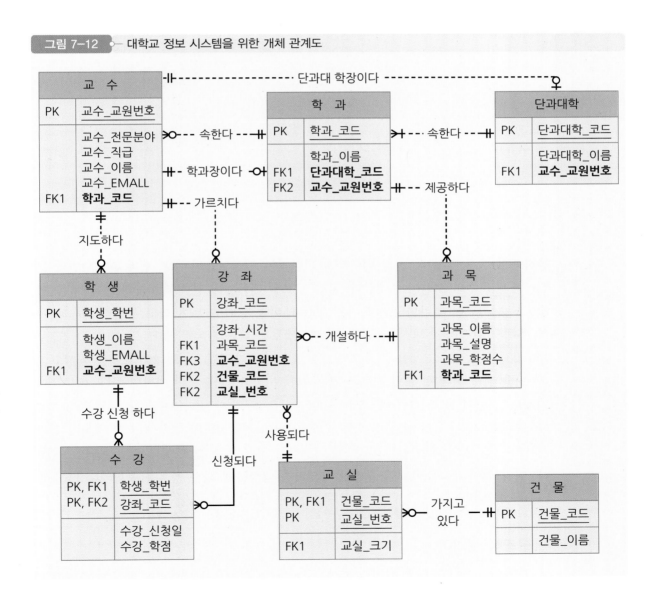

그림 7-12 ⊶ 대학교 정보 시스템을 위한 개체 관계도

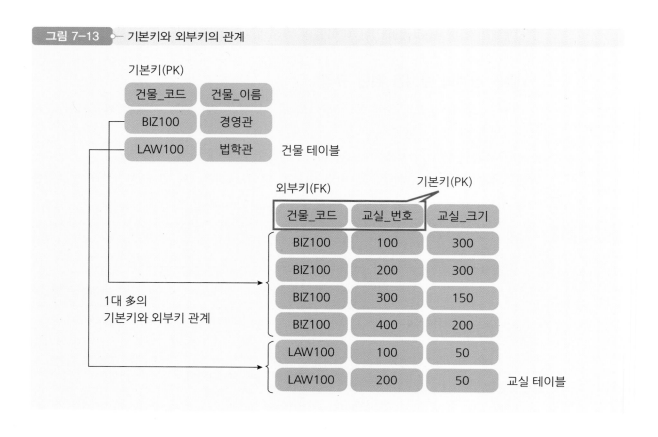

그림 7-13 기본키와 외부키의 관계

통하여 보여주고 있다. 건물 테이블의 기본키는 건물코드인 것을 쉽게 알 수 있다. 각 건물마다 다수의 교실이 존재한다. 따라서 교실 테이블에 건물 테이블의 기본키 컬럼인 건물코드 컬럼이 추가되었으며 이를 교실 테이블의 외부키(FK)라고 부른다. 이 외부키를 통해서 교실이 속해 있는 건물에 대한 정보를 나타내주게 된다. 즉, BIZ100 건물은 100, 200, 300, 400 교실을 가지고 있으며, LAW100 건물을 100과 200 교실을 가지고 있다. 또한 위의 예에서, 교실 번호는 건물마다 중복되어 사용되어 지기도 한다. 예를 들어 BIZ100 건물과 LAW100 건물 모두 100 교실을 가질 수 있다. 이와 같은 경우, 교실테이블의 기본키는 교실 번호 하나로는 불충분하며 건물코드와 교실 번호의 조합이 된다. 기본키는 각 열의 데이터를 고유하게 식별하는 하나 또는 그 이상의 컬럼값들의 조합이다. 이와 같이 두 개 이상의 컬럼이 기본키를 생성하게 되는 경우를 조합키(composite key)라고 부른다.

구조적 질의어

개념적 데이터 모형이 완성된 후에는 DBMS의 시각으로 데이터를 설계해 주어야 한다. 즉, 소프트웨어를 고려한 논리적 데이터 모형을 구조적 질의어(Structured Query Lanaguage: SQL)라고 부르는 언어를 이용해서 표현해 주게 된다. 구조적 질의어는 크게 세가지 종류로 구분된다.

데이터 정의어(Data Definition Language: DDL)   데이터베이스를 구조적으로 정의하는데 이용되며, 테이블 생성, 변형, 삭제, 제한설정 등을 할 수 있다.

   예: CREATE TABLE, ALTER TABLE, DROP TABLE

데이터 조작어(Data Manapulation Language: DML)   사용자 데이터를 저장, 변경, 질의하는데 사용되는 명령어이다.

   예: INSERT, DELETE, UPDATE, SELECT

데이터 통제어(Data Control Language: DCL)   데이터베이스를 통제하는데 이용되며, 주로 데이터 베이스 관리자의 사용자에 대한 권한 설정을 위한 명령어이다.

   예: GRANT/PROVOKE PRIVILEGE

이 중 논리적 데이터 모델은 데이터 정의어 중 하나인 CREATE TABLE 문장을 이용하여 설계한다.

구조적 질의어를 이용하여 테이블 구조 정의하기

테이블 생성을 위한 구조적 질의어는 데이터 정의어(DDL)로서 다음의 구문을 따른다. 꺽쇠([ ])안의 내용은 선택 사항을 나타낸다. 하나의 SQL 문장은 ";"로 끝이 난다.

```
CREATE TABLE 테이블_이름(
열_이름1 데이터_타입 [제약조건][,
열_이름2데이터_타입 [제약조건]][,
PRIMARY KEY [기본키_이름](열_이름1   [,열_이름2]),
FOREIGN KEY [외부키_이름](열_이름1   [,열_이름2])REFERENCES 테이블_이름][,
CONSTRAINT 제약조건 ]);
```

위 구문에 포함되는 중요한 제약 조건들은 다음과 같다.

개체 무결성 규칙(Entity integrity rule)   PK 제약 조건이라고도 하며, 기본키의 값은 빈칸(null)일 수 없으며, 하나의 테이블에 있는 개개의 행은 기본키에 의해 고유하게 식별되어야만 한다. 이를 나타내 주는 구문은 예를 들어 건물 테이블의 경우,

```
PRIMARY KEY(건물_코드)
```

와 같이 열 이름을 지정해 준다.

참조 무결성 규칙(Referential integrity rule)   FK 제약 조건이라고도 하며, 한쪽 테이블의 외부키는 반드시 일치하는 연관된 테이블의 기본키 값을 가져야 한다. 예를 들어 위 교실 테이블의 외부키 값들은 일치하는 건물 코드 값들이 건물 테이블의 기본키로 존재 하여야만 한다. 만약 일치 하지 못하는 외부키가 있을 경우 DBMS는 오류 메시지를 보여주고, 이러한 데이터를 삽입하지 못하도록 막아준다. 예를 들어 교실 테이블의 경우,

> FOREIGN KEY(건물_코드) REFERENCES 건물(건물_코드)

와 같이 교실 테이블의 건물_코드 열이 건물 테이블의 건물_코드를 참조하고 있음을 지정해 준다.

NOT NULL 제약 조건   열에 빈(null) 값을 저장하지 못하도록 한다.

UNIQUE 제약 조건   열에 있는 값들이 각자 고유한 값을 가져야 한다.

DEFAULT 제약 조건   새로운 행이 삽입 될 때 기본 값을 저장할 수 있다. 가령 핸드폰의 기본 국번을 '010'으로 기본값을 설정할 수 있다.

테이블 생성시 각 열의 데이터 형식을 지정하게 된다. 표 7-4에서 몇 가지 많이 쓰이는 데이터 타입을 나열하였다.

논리적 모델을 작성하기 전 선행되어야 할 또 하나의 작업으로 '데이터 사전(data dictionary)'의 작성이 포함된다. 데이터 사전은 어떠한 형식이라도 상관 없으나, 각 데이터 요소의 데이터 형식, 의미, 용도, 책임자, 권한, 보안 등 다양한 정보가 기록된다.

표 7-4 ●─ DBMS에서 허용되는 대표적인 데이터 형식

숫자	integer	4 Byte 부호 있는 정수
	smallint	2 Byte 부호 있는 정수
	float	4 Byte 소수점 있는 실수
	decimal(p,q)	소수점 있는 실수로 총 p개의 숫자로 된 길이를 가지고 소수점 이하 q개의 숫자를 가진다.
문자	char(n)	n개의 고정 문자열
	varchar(n)	최대 n개의 문자까지 저장하는 가변 문자열
	text	65,535개의 문자까지 저장하는 비교적 긴 가변 문자열
날짜/시간	date	yyyymmdd 형식의 날짜
	time	hhmmss 형식의 시간
	datetime	YYYY-MM-DD HH:MM:SS 형식의 날짜와 시간

7.4 ▶ SQL을 사용한 데이터 조작

지금까지 어떤 식으로 데이터 베이스를 설계하고, 이를 통하여 보다 나은 테이블 구조를 생성하는지에 대하여 배웠다. 이렇게 생성된 테이블에 구조적 질의의(SQL)를 이용하여 실제 데이터를 삽입하고, 수정하며, 또한 여러 가지 조건을 이용하여 조회를 할 수 있다. 앞서서, 구조적 질의어는 크게 데이터 정의어(DDL), 데이터 조작어(DML), 데이터 관리어(DCL)로 나누어 진다고 하였다. 이 장에서는 특히 아래 **그림 7-14**에 주어진 테이블들을 이용하여 데이터 조작에 대하여 배워보자.

그림 7-14 ▶── 수강 신청 데이터의 예

학 생		
학번	학생명	전화번호
2011022	김철수	010-222-9999
2011023	이상영	010-335-9988
2011024	박소라	010-123-5547
2011338	독고탁	010-338-2222
2011765	이엄지	010-564-9998
2011777	이하늘	010-555-8741

과 목		
과목번호	과목명	교실번호
201	경영정보 시스템	100
322	데이터베이스	100
436	e비지니스	200
448	경영정보사례	300

수 강		
학번	학생명	전화번호
2011022	201	A
2011023	322	B
2011024	436	B
2011338	332	C
2011765	436	D
2011765	201	B
2011777	448	A

교 실	
학번	전화번호
100	30
200	25
300	25

데이터의 삽입, 삭제, 수정

첫째, 새로운 데이터를 테이블에 삽입하기 위해서는 다음과 같이 INSERT 문장을 써 준다.

```
INSERT INTO 테이블_이름[(열_이름1, 열_이름2,..열_이름N)]
VALUES (값1, 값2, … , 값N);
```

열 이름은 선택사항이다. 하지만, 열 이름을 생략할 경우 모든 열에 대하여 값이 주어져야 한다. 예를 들어, **그림 7-14**의 학생 테이블에 첫 번째 데이터를 학생 테이블에 학번, 학생명, 전화번호열 데이터를 삽입한다면 아래와 같은 문장을 DBMS에서 실행시켜 주면 된다.

```
INSERT INTO 학생 (학번, 학생명, 전화번호)
VALUES (2011022, '김철수', '010-222-9999');
```

여기서 문자열 데이터의 경우에는 외 따옴표로 묶어주어야 한다. 만약 새로운 학생 ('이성수')이 삽입되어야 하고 전화번호가 주어지지 않았다고 하면, 전체 데이터 값이 존재하지 않으므로 아래와 같이 해당 열 이름을 순서를 고려하여 명시해 주어야 한다.

```
INSERT INTO 학생 (학번, 학생명)
VALUES (2011022, '이성수');
```

둘째, 주어진 데이터를 삭제할 때는 DELETE 문장을 이용한다.

```
DELETE FROM 테이블_이름
[WHERE 조건문];
```

보통 테이블의 모든 데이터를 삭제하는 경우보다는 일정한 조건을 만족하는 데이터를 삭제한다. 예를 들어 위에서 새로 만든 '이성수' 학생의 데이터를 삭제하고자 한다면 다음 문장을 써주면 된다.

```
DELETE FROM 학생
WHERE 학생명 = '이성수';
```

여기서 한 가지 주의할 점은, DELETE 문장과 유사하게 DROP TABLE 이란 문장이 있다. DROP TABLE은 테이블 자체를 DBMS에서 제거하는데 쓰이는 데이터 정의어 (DDL)에 해당한다. 즉, 조건이 없는

```
DELETE FROM 학생;
```

문장은 학생 테이블의 모든 행을 삭제하지만 학생 테이블 자체는 그대로 유지한다. 하지만,

```
DROP TABLE 학생;
```

문장은 학생 테이블 자체를 데이터와 함께 모두 삭제하게 되는 것이다.

마지막으로 데이터의 수정을 위해서는 UPDATE 문장을 써준다.

```
UPDATE 테이블_이름
SET 열_이름1 = 새로운_값1 [, 열_이름2 = 새로운_값2]
[WHERE 조건문];
```

예를 들어, 위 **그림 7-14**의 수강 테이블에 학번 '2011338' 학생이 들은 과목번호 '322'에 대한 학점을 'B'로 수정하고자 한다면, 다음과 같은 질의어를 이용한다.

```
UPDATE 수강
 SET 학점 = 'B'
 WHERE 학번 = 2011338 AND 과목번호 = 322;
```

데이터의 조회

데이터의 조회를 위해서는 SELECT 문장이 여러 가지 조건과 조합을 이루어 사용된다.

```
SELECT 열_이름1 [,열_이름2,…,열 이름N]
FROM 테이블_이름1 [,테이블_이름2,…,테이블_이름N]
[WHERE 조건문];
```

예를 들어 '과목번호' 201의 과목명과 해당 교실을 알고 싶다면 아래의 질의어를 이용할 수 있다.

```
SELECT 과목명, 교실번호
FROM 과목
WHERE 과목번호 = 201;
```

결과값은 아래와 같다.

과목명	교실번호
경영정보 시스템	100

만약, 과목명, 교실번호와 더불어 교실정원까지 보여주고 싶다면, SELECT 문장은 복잡해 진다. 먼저, 과목 테이블과 함께 교실 테이블이 동시에 이용되어야 한다. 이해를 돕기 위하여, 가령 아래와 같은 SELECT 문장을 시도해 볼 수 있을 것이다. 여기서 * 는 모든 열을 의미하며, 단순히 두개의 테이블을 FROM 다음에 나열해 주었다.

```
SELECT *
FROM 과목, 교실
```

결과값은 아래와 같이 된다.

과목번호	과목명	교실번호	교실 번호	교실정원
201	경영정보 시스템	100	100	30
201	경영정보 시스템	100	200	25
201	경영정보 시스템	100	300	25
322	데이터베이스	100	100	30
322	데이터베이스	100	200	25
322	데이터베이스	100	300	25
436	e비지니스	200	100	30
436	e비지니스	200	200	25
436	e비지니스	200	300	25
448	경영정보사례	300	100	30
448	경영정보사례	300	200	25
448	경영정보사례	300	300	25

이 결과값은 과목 테이블의 4개의 행과, 교실 테이블의 3개의 행간의 모든 가능한 조합($4 \times 3 = 12$)을 하나의 결과 테이블에 보여주는 것에 지나지 않는다. 이 경우, 과목 테이블의 교실번호(외부키)가 교실 테이블의 교실번호(기본키)를 일치 시켜주는 작업이 필요하며 이를 연결(Join)이라고 일컫는다. 연결 문장은 일종의 조건문으로서 아래와 같이 표현할 수 있다.

```
SELECT *
FROM 과목, 교실
WHERE 과목.교실번호 = 교실.교실번호;
```

'과목. 교실번호'는 과목 테이블의 교실번호 열을 의미하며 마찬가지로 '교실.교실번호'는 교실 테이블의 교실 번호를 의미한다. 결과값은 아래와 같이 일치하는 교실 번호의 조합만 남게 되고, 우리가 원하는 값에 좀 더 가까워 질 것이다. 두 가지 이상의 테이블을 이용할 때는 이와 같이 기본키과 외부키간의 연결이 매우 중요한 역할을 하게 된다.

과목번호	과목명	교실번호	교실 번호	교실정원
201	경영정보 시스템	100	100	30
322	데이터베이스	100	100	30
436	e비지니스	200	200	25
448	경영정보사례	300	300	25

마지막으로, 우리가 원하는 행과 열만 보여주고자 한다면, 아래와 같은 문장을 써주면 된다.

```
SELECT 과목명, 과목.교실번호, 교실정원
FROM 과목, 교실
WHERE 과목.교실번호 = 교실.교실번호 AND 과목번호 = 201;
```

여기서, SELECT 뒤의 열 리스트에서 교실번호의 경우 앞에 테이블 이름을 지정하여 과목.교실번호로 표시해 준 점에 유의하여야 한다. 과목과 교실 테이블 모두에서 '교실번호'라는 열 이름이 사용되었기 때문에 테이블 이름을 지정해 주지 않을 경우 DBMS는 이런 열 이름에 대하여 모호함(ambignous)이라는 오류 메시지를 나타낸다. 따라서 테이블을 지정해 '과목. 교실번호'라고 구체적으로 지칭 해주어야 한다. 물론 위 예의 경우는 '과목.교실번호' 는 '교실.교실 번호'와 일치 하는 조건이 있기 때문에 과목 테이블 대신 교실 테이블로 지정해 주어도 무관하다. 결과 값은 아래와 같다.

과목번호	과목명	교실번호	교실정원
201	경영정보 시스템	100	30

비슷한 예로, 학번 2011765인 학생의 이름, 수강중인 과목명, 성적을 알고 싶다고 한

다면, 아래 질의문에서 알 수 있듯이 3개의 테이블(과목, 학생, 수강)을 동시에 사용하여야 한다. 따라서 연결 조건은 과목과 수강 테이블 사이에 과목번호를 통해서, 그리고 학생과 수강 테이블 사이에 학번을 통해서 2개가 필요하다.

```
SELECT 학생명, 과목명, 성적
FROM 과목, 수강, 학생
WHERE 과목.과목번호 = 수강.과목번호
AND 학생.학번 = 수강.학번
AND 학생.학번 = 2011765;
```

결과 값은 아래와 같다.

학생명	과목명	성적
이엄지	경영정보 시스템	B
이엄지	e비지니스	D

7.5 ▶ 데이터 웨어하우스, 데이터 마트, 데이터 마이닝

앞서서 설명한 데이터 베이스 관리의 일차적인 목표는 데이터의 효율적인 관리를 통하여 일상적인 업무 처리를 지원하는 것이었다. 최근 들어 기업들 간에 단순한 데이터의 관리가 아닌, 데이터의 효율적인 분석을 통하여 관리자의 의사 결정을 지원하고 새로운 비즈니스 기회를 모색하기 위한 전략적인 방안이 제시되고 있다. 이와 관련하여, 급속히 확산되기 시작한 기술들로 데이터 웨어하우스, 데이터 마트, 데이터 마이닝 세 가지를 들 수 있다.

데이터 웨어하우스

오늘날 많은 기업들이 분산처리 환경에서 데이터를 관리하게 됨에 따라 지역적으로 분리된 데이터가 제각기 서로 다른 환경에서 서로 다른 방식으로 관리되게 된다. 이러한 상황에서는 데이터의 상호 호환이 어려워지고 데이터의 공유도 효과적으로 이루어지기를 기대할 수 없다. 따라서 기업 전사적인 관점에서 다양한 데이터베이스들을 통합함으로써 데이터 분석을 가능하게 해주는 기술이 곧 데이터 웨어하우스(data warehouse)이다. **그림 7-15**에서 알 수 있듯이, 기존의 운영시스템을 통해 축적된 데이터들을 때에 따라서는 외부에서 구입된 데이터와 결합시키고 또한 이들 데이터에 대해 일관성이 생기도록 여과시키고 다듬어 줌으로써 비즈니스 분석에 보다 적합한 새로운 데이터베이스를 만들어 낼 수가 있다. 데이터 웨어하우스의 개념에 관해서는 추후 제12장의 경영의사결정 및 지식업무의 지원 부분에서 더 자세히 다루기로 한다.

데이터 웨어하우스를 전략적으로 잘 활용한 예를 미국의 BOA(Bank Of America)은행에서 찾아 볼 수 있다. 3천 6백만 명의 고객 정보를 가지고 있는 BOA는 데이터 웨어하우스를 활용해 수익성 증가를 위한 다각적인 노력을 보이고 있다. 예를 들어 BOA는 모든 고객 가운데 7년 이상 거래하고 있으며, 10세에서 20세 사이의 자녀를 둔 고객 중에서 차량 등 구입과 관련해 지불을 연체한 적이 없는 고객을 추려냈다. 그 결과 약 1백만 명의 대상자를 얻을 수 있었다. 다양한 질문을 통해 얻어낸 데이터로 '학자금대출'이란 특별한 상품의 판매에 나선 것이다. 바로 고객 우대차원에서 낮은 금리로 자녀들

그림 7-15 ━● 데이터 웨어하우스의 개념도

데이터 웨어하우스 그 자체는 이질적이고도 관련있는 데이터들의 모음에 불과하다고 할 수 있으며, 데이터마이닝이나 OLAP(온라인 분석처리) 도구 등을 통해 데이터 분석을 할 때 비로소 의사결정을 위해 유용한 정보를 얻을 수 있다.

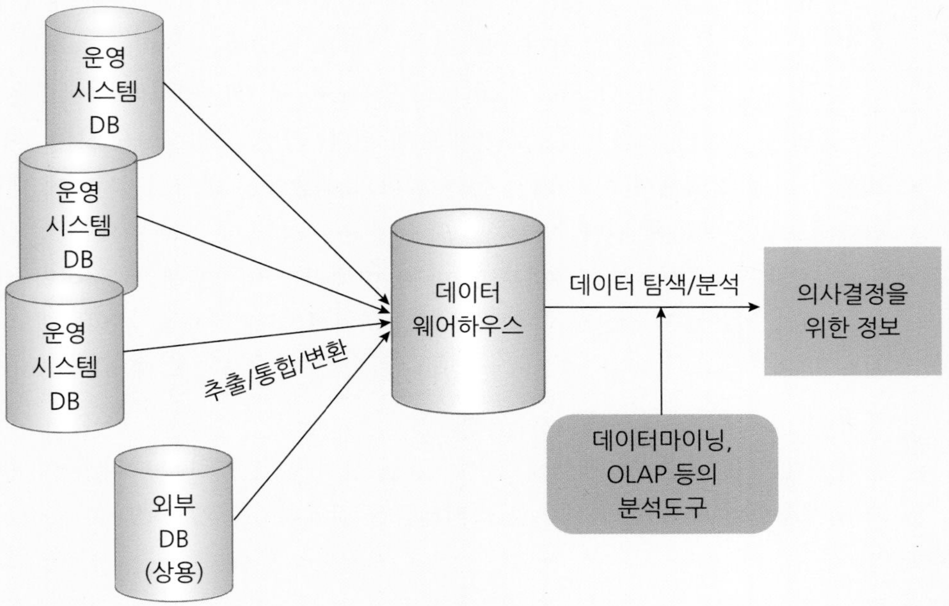

을 위한 학자금 융자를 하는 것이다. 설령 자녀가 대학에 진학을 하지 않더라도 취직을 하고 대개 분가를 하는 사례가 많기 때문에 대출은 역시 매력적인 상품인 셈이다. BOA 는 데이터 웨어하우스를 활용해 미리 고객요구를 파악해 위험을 줄이고 고객에게 인기 를 누릴 수 있는 상품을 개발했으며, 이는 결과적으로 은행은 은행대로 돈을 벌고 고객 도 반기게 되는 일석이조의 효과를 거둔 것이다.

데이터 마트

데이터 마트(data mart)는 데이터 웨어하우스의 하위개념으로 이해할 수 있다. 즉, 데 이터 웨어하우스가 기업 전사적인 차원에서 구축되는 반면, 데이터 마트는 기업의 부서 에 데이터 웨어하우스 개념을 적용시켜 구축하게 된다. 따라서 데이터 마트는 회사 전 체의 모든 데이터를 한 데이터베이스에 집결시켜 저장하기보다는 재무, 재고, 인사 등과 같은 특정 분야에 국한시켜 데이터를 통합하는 것이 특징이다.

데이터 마이닝

데이터 웨어하우스가 일단 구축되면 데이터 마이닝 기법을 통해 데이터를 분석하고 또한 그 분석 결과에 기초하여 비즈니스 기회를 탐색하는 것이 가능하다. 가장 대표적 인 분석 기법은 '올랩'(Online Analytical Processing: OLAP)이라고 불리는 분석 기법이 다. 올랩은 데이터를 다차원으로 바라보게 된다. 가령, **그림 7-16**에서 보여주듯이, 어떤 제품이 어떤 지역에서 어떤 기간 동안 얼마의 매출액을 발생시켰는지에 대한 정보 등을 입체적으로 분석하게 된다.

오늘날 홀 마크 카드, K-마트, 월마트, 아메리칸 익스프레스 등 여러 기업들이 대용 량의 고속 컴퓨터를 이용하여 신속하게 소비자의 구매 패턴을 규명해내고 적절한 대응 책을 마련하고자 노력을 경주하고 있다. 한 유통업체에서는 데이터 마이닝 분석 조사 결과 미 중부의 한 소비자가 오후 5시에 1회용 기저귀 제품을 살 경우 그와 함께 가장 흔히 구입하는 제품은 6개들이 캔맥주라는 사실을 발견했다. 따라서 이 유통업체는 기 저귀 제품코너 바로 옆에 맥주와 스낵제품을 진열하기로 결정했다.

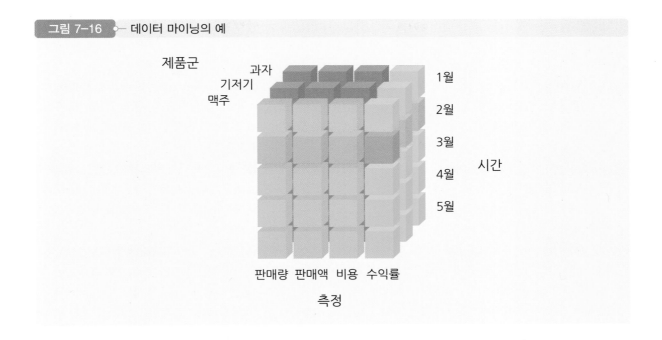

그림 7-16 ●── 데이터 마이닝의 예

B·u·s·i·n·e·s·s 기업정보화현장

유전체 빅데이터 마이닝 기술 기반의 신약 개발

최근 10년간 많은 스타트업들이 기존의 약물 데이터베이스에서 기존과 다른, 새로운 용도로 사용할 수 있는 약물을 효율적으로 찾기 위해 노력하고 있다.

수 십년 동안 신약 개발자들은 '하나의 약물, 하나의 타깃'이라는 패러다임을 실현하기 위해 노력해 왔다. 다시 말해 특정 질병을 치료하기 위해 단일 단백질 또는 단일 생물학적 타겟을 정해 오랜 신약 개발을 진행하는 것이다. 이러한 방법은 비용이 매우 많이 필요한 시스템이다. 기존 보고에 따르면 특정 신약이 개발돼 판매가 되기까지 약 10년 정도의 기간과 약 3조 원 정도의 비용이 소요된다고 하며, 임상시험에 진입하더라도 신약 중 약 12% 미만이 미국 식품의약국(FDA)에 승인이 된다고 한다.

하지만 질병은 결함이 있는 단백질을 하나가 아닌 종종 여러 개 이상의 단백질이 복합적으로 관련돼 있다. 최근 들어 몇몇 신약개발 연구자들은 이러한 개념을 받아들여 약물 개발 전략을 새롭게 전환하는 그룹도 나오기 시작했다.

이중 가장 대표적인 방법은 공개된 유전체 데이터베이스를 가지고 인공지능 기술을 활용해 데이터 마이닝 하는 것이다. 즉, 공개된 유전자 발현(전사체; Transcriptome) 데이터베이스를 활용해 정상 세포·조직과 비교, 특정 질환과 관련된 세포·조직에서는 특정 유전자 발현 패턴이 어떻게 변화하는지를 분석하고, 특정 질환 세포·조직에서의 발현 패턴을 정상 세포·조직의 패턴으로 전환하기 위해 필요한 화합물을 대규모 화합물 라이브러리에서 스크리닝해 신약개발 성공률을 높여 가겠다는 전략인 것이다. 이미 이러한 유전자

발현 데이터는 유전체 기술의 급격한 발전으로 최근 20년 사이에 엄청난 연구가 이뤄졌고, 그 데이터의 대부분이 모두 공개돼 있다.

그리고 최근에는 전사체 데이터베이스를 활용한 인공지능 기술을 통해 신약을 개발하는 시도를 하는 스타트업들이 많이 생겨나고 있고, 특정 화합물이 기존에 알려진 것과는 다른 타겟과 다른 질환에서 더 효능을 가질 수 있음을 밝혀가는 중이다.

이러한 접근은 처음부터 화합물을 만들지 않고도 치료제를 효율적으로 개발할 수 있다는 장점을 가지고 있어 노바티스(Novartis)와 글락소스미스클라인(GlaxoSmithKline)과 같은 여러 대형 글로벌 제약 회사들도 이러한 형태로 빅데이터 분석을 적용해 기존 약물에 대한 새로운 용도를 밝혀내는 시도를 하고 있다. 전산 알고리즘과 공개된 데이터베이스를 통해 우리가 과거에는 발견하지 못했던 새로운 타겟과 적응증을 확인함으로써 약물 개발 비용을 절감할 수 있다는 부분에서 장점이 매우 크다고 할 수 있다.

특히 정상, 질환 세포/조직에서 다양한 약물이 적용돼 축적된 수십 만개의 전사체 프로파일링 데이터가 NCBI GEO(Gene Expression Omnibus), SRA(Sequence Read Archive), TCGA(The Cancer Genome Atlas)에 공개돼 있으며 전 세계 기업들과 연구자들은 이를 활용한 약물 개발을 위해 데이터 마이닝을 진행하고 있다.

일반적으로 항암제 개발에 있어 실패하는 큰 이유 중 하나는 초기 실험 단계에서 세포주 또는 동물 모델을 이용한 실험에서 잘 반응했던 항암제가 실제로 인체에서는 잘 반응하지 않는 다는 것이다.

하지만 인공지능·딥러닝 또는 유전체 분석 기술을 활용하면, 공개된 전사체 또는 오믹스 데이터베이스를 이용해 타깃하는 암 종의 세포주에서 유래된 전사체 발현이 공개된 데이터베이스 내에 있는 수백~수천 건의 타깃 암 종 또는 다른 암 종에서 유래된 전사체 프로파일링 데이터와 얼마나 유사한 지 또는 얼마나 많이 다른지 빠르게 확인할 수 있다.

이를 통해 개발하고 있는 항암제를 특정 세포주에서 실험하는 것에 대한 한계를 비교적 정확하게 설정할 수가 있으며, 이를 기반으로 다른 전임상 모델을 사용하거나 개발하는데 크게 도움이 된다. 그리고 임상 시험 시 약물에 반응하는 환자 그룹과 그렇지 않은 환자 그룹을 분류할 수 있는 특정 바이오 마커를 발굴해 비교함으로써 질병 타입을 세부적으로 나눠 환자를 치료 시 효과적으로 적용할 수 있다.

더불어 약물 개발에 빅데이터 기술을 적용하는 것의 가장 큰 장점은 신약 개발 초기단계부터 차별화가 없어서 상품가치가 없는 후보 화합물들을 모두 제외시키거나 임상시험 시 실패 가능성이 큰 파이프라인들을 초기 임상시험 단계에서 빠르게 실패 유무를 확인함으로써 전체 신약개발의 시간과 비용을 절감 할 수 있다는 점이다.

하지만 이런 다양한 장점에도 불구하고 다양한 이슈들도 존재하므로 빅데이터 마이닝을 통해 확인된 신약 후보들이 FDA에 승인을 받은 사례는 아직 없는 상황이다. 그래서 전사체·오믹스 빅데이터 마이닝을 통한 접근법이 정말 기존의 약물 개발에 비해 효율적이며 차별화가 있는지에 대한 평가가 아직까지 진행중이다.

또 빅데이터 분석을 통해 발견한 치료제를 용도 변경해 사용할 경우 지적재산권 문제가 발생할 수 있는 점도 큰 걸림돌이다. 보통은 글로벌 제약회사가 이 화합물에 대한 라이센스를 가지고 있어 그들을 설득해 이 화합물에 대한 다른 타겟과 질환에 적용하는 라이센스를 취득하기는 쉬운 일이 아니다. 그래서 보통 이런 빅데이터를 통해 신약을 개발하는 회사들은 지적재산권 침해를 피하기 위해 인공지능을 활용해 그 화합물을 다시 설계함으로써 오리지널과 다른 화합물을 얻어 해결하는 방법을 취하고 있다.

그리고 다양한 세포주 및 동물 모델에서 공개 전사체·오믹스 데이터 기반으로 한 빅데이터 마이닝을 통해 유전자 발현이 질병에 어떻게 영향을 미치는지에 관한 충분한 데이터를 확보했다고는 하지만, 약물 용도 변경을 통해 재발견된 화합물을 적용한 임상시험 환자에게서 얻어진 데이터는 턱없이 부족하거나 전무한 경우가 많다. 이로 인해 데이터를 확보하기 위한 임상시험은 필수이며 분명히 초기 신약 개발 비용을 줄여 주는 효과에도 불구하고 약물 임상시험 단계에서는 기존과 비슷하게 엄청난 비용이 들어가게 되므로 신중히 고려해야 할 필요가 있다.

하지만 이런 상황에서도 빅데이터 기반의 신약개발 스타트업들은 계속 늘어나고 있으며, 여러 대형 글로벌 제약 회사들도 이 방법을 적용해 접근하고 있으므로 조만간 좋은 성과가 들려 오길 기대해본다.

출처: 메디게이트뉴스, 2018년 10월 11일

요약

S / U / M / M / A / R / Y

- 기업 활동을 위해 데이터는 가공되고 이를 통해 의미있는 정보가 추출된다. 기업 경영인은 필요한 정보가 무엇인지를 알고 효율적인 의사 결정을 위해 이를 요청할 줄 아는 지식을 가지고 있어야만 한다.
- 전통적인 파일 중심의 방식에서는 응용프로그램마다 독자적인 파일들을 관리함에 따라 파일 공유가 가능하지 않고 중복으로 인한 정보의 불일치가 생길 수 있다.
- 데이터베이스 관리시스템(DBMS)이라는 소프트웨어를 통해 데이터가 통합 관리됨으로써 데이터의 공유, 데이터 접근의 표준화, 중복성 제거, 무결성 향상, 프로그램과의 독립성 유지, 보안 강화, 권한 관리 등이 가능하게 되었다. .
- 데이터베이스는 개념적 모델, 논리적 모델, 물리적 모델의 계층 구조를 가지고 설계된다.
- 개념적 데이터 모델은 개체 관계도를 통하여 나타내진다. 즉, 정리된 비즈니스 룰들을 바탕으로 데이터베이스 설계자는 비즈니스 개체들간에 존재하는 관계를 그림으로 나타내 준다.
- 논리적 데이터 모델은 개념적 설계를 통해 얻어진 개체관계도를 바탕으로, 각 개체와 관계들을 DBMS의 테이블 구조 형태로 바꿔주는 작업이다.
- 물리적 데이터 모델은 논리적 데이터 모델에 기초하여 데이터가 디스크와 테이프 등 저장매체에 어떻게 물리적으로 배열될 것인가를 결정해 주게 된다.
- 구조적 질의어 (SQL)를 이용하여 실제 테이블을 생성하고, 데이터를 삽입하고, 수정하며, 또한 여러 가지 조건을 이용하여 조회를 할 수 있다. 구조적 질의어는 크게 데이터 정의

(Data Definition Language: DDL), 데이터 조작어(Dataq Manupulation Lanaguage: DML), 데이터 관리어(Data Control Language: DCL)로 나누어 진다.

- 데이터 웨어하우스, 데이터 마트, 데이터 마이닝 등의 분석기술들이 기업의 의사결정을 위해 적극적으로 사용되어지고 있다.

토의 문제   E / X / E / R / C / I / S / E

01   오늘날 데이터베이스 기술이 기업에서 담당하는 주요 역할은 무엇인가? 그러한 역할을 수행하는 데이터베이스 기술에 일상적인 업무를 의존하는 기업의 대표적인 예를 세 개 이상 들어보자.

02   자동차 렌트카 회사에서 고객 및 차량 관련 데이터를 관리하기 위한 시스템을 구축하고자 한다. 관련된 비즈니스 룰을 나열해 보고 여기에 해당하는 개체 관계도를 그려보자.

03   데이터베이스의 규모가 점차 커지면서 데이터의 오류가 증가하고 데이터의 일관성이 떨어짐으로 인해 데이터의 무결성을 유지하기가 어려워질 수 있다. 데이터베이스의 무결성을 유지하기 위한 방법으로는 어떠한 것이 있는지 알아보자.

04   데이터 웨어하우스가 일반적인 데이터베이스와 어떻게 다른지 설명하라. 또한 데이터 웨어하우스 기술의 적용으로 어느 기업이나 좋은 도입성과를 기대할 수 있는가? 그렇지 않다면 어떠한 기업들이 데이터 웨어하우스를 구축하는 것이 바람직한지 설명하라.

참고 문헌   R / E / F / E / R / E / N / C / E

[1] "탈 오라클 공세 AWS "오라클 DB 버그로 12시간 장애, 최악의 날", 한진주,아시아경제, 2018년11월 30일

[2] "결국은 마리아DB가 마이SQL을 이긴다", Matt Asay, CIO, 2018년 9월 6일

[3] "마이SQL이냐? 마리아DB냐?…개발자 선택은?", 임유경, zdnet.co.kr 2014년 5월 25일

[4] "유전체 빅데이터 마이닝 기술 기반의 신약 개발", 김태형,메디게이트뉴스, 2018년 10월 11일

[5] 공개 SW로 만든 국민 모바일 메신저 '카카오톡', 공개 SW 도입사례, 공개 SW 역량프라자, 정보통신산업 진흥원, 2014. 3. 15.

[6] 구글과 위키피디아가 선택한 마리아 DB, zdnet.co.kr 2014. 5. 25.

[7] 빅데이터, DBMS 시장변화촉진본격화, 데이터넷(http://www.datanet.co.kr), 2014. 1. 17.

[8] Peter Rob, Carlos Coronel. Database Systems: Design, Implementation, and Management, (13th ed.), Course Technology, 2018.

[9] Ramez Elmasri, Shamkant Navathe, Fundamentals of Database Systems (7th ed.), Addison Wesley, 2015.

사례 연구

오픈소스 데이터베이스를 이용하는 기업들

오픈소스 소프트웨어는 소프트웨어 저작권자가 해당 소스코드를 공개해 이를 사용, 복제, 수정, 배포할 수 있는 권한을 부여한 소프트웨어를 말한다. 오픈소스 소프트웨어의 소스코드 공개는 기업의 기술력 홍보 및 글로벌 사용자 및 고객 확보를 위한 수단이 될 수도 있다.

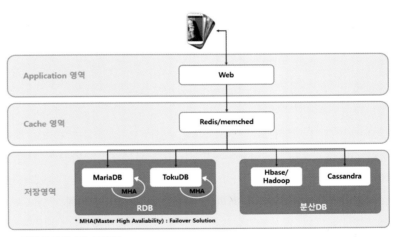

▲ 카카오톡의 DB 구성도.

미니 사례 1. 카카오톡 – 빠른 DB 처리의 비결, 오픈소스 DB 솔루션

스마트폰이 보급과 함께 빠르게 성장한 앱이 있다. 바로 '카카오톡'이다. 스마트폰이 처음 보급되던 시기, 카카오톡을 하기 위해 스마트폰을 구입한다고 하는 사용자도 있을 정도였다. 이제는 국민의 일상 속에 깊숙이 자리 잡았다고 해도 과언이 아니다. 이러한 카카오의 성공가두의 밑단에는 바로 오픈소스 DB의 적극적인 도입과 활용이 한 몫을 했다. 1억 명이 넘는 사용자를 보유한 카카오톡은 방대한 양의 메시지가 오간다. 텍스트를 비롯해 사진, 음성, 동영상 등 그 형태도 다양하다. 정형, 비정형 데이터가 난무하고 있다. 이러한 다양한 형태의 데이터들을 처리하기 위해 하나의 DB가 아닌 다양한 DB 솔루션을 도입해 적재적소에 활용하고 있다. 카카오 인프라실 DB엔지니어링 팀 이성선 팀장은 "유료 DB는 가급적 지양하고 있다"며, "빠른 데이터 처리를 위해 도움이 될 수 있다고 판단되는 솔루션은 다 사용하고 있다"고 설명했다.

현재 카카오에서 사용하고 있는 DB 솔루션은 MySQL을 비롯해 MariaDB, TokuDB, 맥캐쉬, 카산드라 등이다. 우선 카카오톡은 메신저 애플리케이션 출시 초기 MySQL을 DB로 사용했다. 그러나 카카오톡은 작년부터 MySQL을 MariaDB로 교체하는 작업을 시작했다. MySQL에서 제공하지 않는 기능들을 MariaDB에서는 제공하기 때문이다.

이성선 팀장은 "전면적인 교체라기보다는 두 DB의 단점을 서로가 보완해 준다고 보면 된다"며 "MySQL에서 제공하지 않는 기능을 MariaDB에서 제공하고 MariaDB에서 제공하지 않는 기능을 또 MySQL에서 제공해 주기에 두 DB를 함께 사용해 나가고 있다"고 설명했다. 카카오톡은 또 TokuDB, 멤캐시드, 카산드라 등의 DB 솔루션 등도 도입해 적극적으로 활용해 나가고 있다. 대용량 DB에 적합한 TokuDB는 로그(Log)를 쌓는 데 활용하고 있다.

이 외에도 빅데이터의 처리와 분산DB 사용을 위한 NoSQL '카산드라', 데이터 요청을 캐시에서 직접 서비스할 수 있고 데이터베이스에 연결된 디스크 스토리지에 대한 접근을 줄이기 위한 '멤캐시드'를 활용하고 있다. 이와 같이 카카오톡은 각 서비스 요소에 맞는 오픈소스 DB를 적재적소에 적절히 활용해 나가고 있다.

미니사례 2. DB 도입으로 교통사고 줄인다

주요 고속도로에서 끔찍한 차 사고가 발생했을 때 겪게 되는 심각한 문제 중 하나는 사고차량이 처리되기 전까지는 일대가 한동안 극심한 혼잡현상에 빠지게 된다는 점이다. 현장을 지나는 차들이 갑자기 속도를 줄이는 과정에서 추가 사고의 위험이 있다. 특히 수많은 자동차들이 사고현장을 쳐다보느라 차량 정체가 더욱 심해지는데, 이를 가리켜 목을 길게 뺀다는 의미의 rubber-necking이라고 부른다. 이러한 문제를 해소하기 위해, 메릴랜드 대학교의 공학 학생들과 교수가 이에 대한 해법을 제시하기로 했다. 이들은 워싱턴 D.C. 지역에 소재한 다수의 교통기관들이 서로 간에 신속하게 커뮤니케이션을 할 수 있는 시스템을 구축했다. 오픈소스 데이터베이스인 PostgreSQL 및 전자지도 시스템을 통해 개별 기관들의 정보를 표준화함으로써 정보교환이 가능해지도록 했다.

이 시스템의 궁극적인 목표는 이 기관들이 서로의 데이터를 실시간으로 관찰함으로써 신속하게 사고현장을 수습처리하기 위한 의사결정을 내리고 운전자들은 앞만 보고 계속 운전을 진행할 수 있도록 하게 하는데 있다. 이 프로젝트는 190만 달러의 연방지원기금을 통해 진행된다.

지금까지는 모든 교통기관들이 자신들의 방식대로 개별적으로 고속도로 통행관리의 기능을 수행해 왔었다고 메릴랜드 대학교의 교통기술연구소 센터장인 마이클 팩 교수는 말한다. 그와 45명 학생들이 이 프로젝트에 참여하고 있다.

워싱턴 D.C. 지역에는 여러 개의 지방정부 센터들 이외에도, 버지니아, 메릴랜드, D.C., 워싱턴 수도권을 포함해 네 군데의 주요 교통센터들이 있다. 이들 센터 모두가 자체적인 컴퓨터시스템이 갖춰져 있으며, 차량들의 속도 및 통행량을 측정하기 위해 CCTV 및 도로 센서를 이용한 교통사고 감시방법을 적용하고 있다. 만일 교통사고가 꽤 큰 규모라고 생각할 경우, 인근 관할구역의 기관에 전화를 걸어 사고 소식을 전달하지만, 일반적으로 제대로 전달되지 않는 때도 종종 존재했다고 팩 교수는 말한다.

따라서 팩 교수와 그의 연구팀은 오픈소스 데이터베이스 및 미네소타대학교가 제공하는 오픈소스 지도제작서비스를 이용해 각 기관의 데이터베이스에서 모든 정보를 취합하고 사용 용이한 양식으로 변환한 다음, 각 기관에 다시 보내 이들이 서로의 교통정보를 실시간으로 볼 수 있도록 했다. 만일 사고가 버지니아주 경계선과 가까운 메릴랜드주 지역내에서 발생했다면, 메릴랜드의 데이터가 시스템에 입력되기 때문에, 버지니아는 사고관련 정보를 즉시 통보받게 된다.

교통기관들이 자유로이 사용할 수 있는 웹기반의 시스템을 팩 교수의 팀이 구축했다 하더라도, 이 기관들은 원할 경우 데이터를 자신들의 시스템에 다시 통합시킬 수도 있다. 이러한 선택의 여지를 주는 이유는 이 기관들이 또 다른 시스템을 구축해서 거기에다 모니터를 여러 개씩 연결하도록 하지 않기 위해서이다. 단순히 모든 데이터를 기존의 시스템에 다시 불러들여 내부 목적에 맞게 사용할 수가 있다.

교통경고시스템은 몇몇 기관들에 의해 한 달 동안 프로토타입 형태로 사용되어오고 있다. 팩 교수는 시스템에 작은 수정을 가하면서 첫 결과를 측정할 계획이다. 아직 모든 것이 100% 완벽하게 돌아가지는 않지만, 데이터베이스가 오픈소스기 때문에 코드를 매만지며 수정하기도 더 쉬운 것이 장점이라고 그는 말한다. 상호대화적이며 사용자 친화적인 시스템을 완성하는 것이 팩 교수 팀의 꿈이다.

미니사례 3. 보안시스템에 내장된 DB

미국 매사추세츠주 웰레슬리에 소재한 S2 시큐리티사는 네트워크 기반의 물리적 보안솔루션 개발에 있어 꾸준히 앞서가는 기업이다. 이들 시스템은 접근통제(문 자동열림), 경보감시, 온도감시, 비디오 및 인터콤 등 주요 보안 기능들을 제공한다. S2의 첫 제품인 S2 넷박스는 문자 그대로 "박스에 담긴 보안관리시스템"으로서, IP기반의 네트워크상이라면 어디서든 단순한 브라우저 인터페이스를 이용해 물리적 보안 니즈를 관리할 수 있는 시스템이다.

사용자들이 보통 가지고 있는 보안시스템은 고가 시스템과 저가 시스템 모두 문제가 있었다. 저가 시스템의 경우 유연성이 부족했고, 고가 시스템은 기능이 불필요하게 많았고 가격이 너무 비싼 것이 흠이었다. S2 넷박스는 이러한 기존 제품들의 문제를 바꾸어놓았다. 처음부터 비용대비 효과가 우수한 완전한 솔루션으로 개발된 넷박스는 소규모 사무실은 물론 복잡한 보안 기능이 필요한 대형 시설물을 효과적으로 다룰 수 있다.

이 솔루션의 핵심은 S2에 내장된 리눅스 기반의 네트워크 제어장치 및 관련 네트워크 모듈들이다. 네트워크 제어장치는 웹 브라우저 이외에는 별 다른 소프트웨어가 필요없다. 이 장치는 부착된 애플리케이션 모듈들을 자동으로 인식한다. S2 제품라인은 네트워크 전자기기 아키텍쳐를 이용하고 있어 단일 장소에서 사용하기에도 비용효과성이 있을 뿐더러, 초대형의 광역 보안 네트워크에서도 이용될 수 있을만큼 사용폭이 넓다.

S2 솔루션은 데이터베이스의 모든 기능을 제품 안에 내장하고 있어, 다른 경쟁사 제품에 비해 더 비용대비 효과성이 높다. S2의 최고경영자 존 모스에 의하면, 시스템 내에 내장시킬 데이터베이스를 선정하는데 세 가지의 요인을 고려했는데, 비용, 크기 및 기능이 바로 그 것이라고 했다. 오픈소스 DB인 MySQL을 선택하게 된 주된

이유는 비용이었다고 그는 말한다. 보안제품 안에 내장시킬 수 있는 데이터베이스로서 기능이 풍부하면서도 가격도 저렴한 것이 필요했던 것이다.

데이터베이스는 그 규모가 작은 것이 필요했는데 그 이유는 데이터베이스를 메모리에서만 구동시켜야 했기 때문이었다. 네트워크 제어기 안에는 이동이 가능한 저장장치가 없었던 것이다. 비록 사이즈는 작지만, 모든 기능들이 제공되어야 함은 물론 ODBC 표준을 따르는 데이터베이스가 필요했다.

데이터베이스 소프트웨어로 처음에는 오라클과 마이크로소프트 SQL을 고려했지만, 이 둘 중 어느 것도 사이즈가 작아야 하는 조건을 충족시킬 수가 없었다. MySQL만이 이 세 가지 기준을 모두 통과할 수 있는 유일한 선택이었다. 그러나 S2는 오픈소스 소프트웨어를 이용한 경험이 없었다. 그럼에도 불구하고, 개발 팀은 리눅스와 MySQL을 이용하는 것이 좋다고 생각했다. 오픈소스 방식을 이용할 경우, 하드웨어나 소프트웨어를 한 회사 제품으로 줄곧 쓸 필요 없이 플랫폼 유연성은 더 높은 반면 고성능 툴들을 이용할 수 있는 기회가 주어진다. S2 넷박스의 개발은 초기 설계단계에서 제품 발송단계에 이르기까지 모두 15개월만이 소요됐다. 완전한 보고서추출 및 데이터조회 기능이 갖춰진 하드웨어 및 소프트웨어 솔루션을 설계 및 개발하는데 소요된 시간 치고는 매우 압축된 일정이었다.

S2 넷박스가 제공하는 강력한 보고서추출 기능은 제품에 차별성을 더 해주는 요소이다. 독자적인 영문기반의 보고서추출 언어가 정보조회의 복잡한 과정을 초보자에게 조차도 용이하게 만들어 준다. 보고서들은 사용이 용이한 브라우저 인터페이스를 통해 작성할 수가 있다. 넷박스는 이메일에 의해 자동으로 보고서를 특정 사용자에게 전달할 수도 있어, 넷박스 사용자는 어느 곳에 있는 장소에 관계 없이 시설물에서의 기록 내역들에 대해 원격으로도 확인할 수가 있다.

MySQL ODBC 드라이버를 이용하면, S2 넷박스를 크리스탈 리포트와 같은 다른 제3자 툴과 연동을 시킴으로써 더욱 커스토마이즈된 보고서를 작성할 수가 있다. 비록 이러한 유형의 기능은 일반적으로 데이터집약적인 기능이 크게 요구되지는 않는다 하더라도, 데이터 테이블이 수십만 개의 레코드를 가진 규모까지 점차 커질 수가 있다.

모스 회장은 "대형 보안시스템의 경우, 다수의 S2 넷박스 기기들을 중앙식 데이터관리시스템에 연결해서 구성할 수 있다"고 말한다. MySQL은 이와 같이 규모와 관계없이 유연하게 데이터보안 니즈를 지원할 수가 있다는 것이다. MySQL을 넷박스와 접목시킴으로써 기대할 수 있는 주요 데이터베이스 기능은 다음과 같다.

- 온라인 데이터베이스를 통해 직원 명단, 방문자 명단, 보안 신상데이터 및 차량 정보 등을 관리함
- 보안관련 처리사항들의 내역 기록
- 이름, 카드 혹은 차량 태그로 데이터베이스를 실시간 조회
- 시스템 내부의 플래시 롬(ROM) 및 네트워크에 부착된 저장장치(선택사항)로 데이터베이스를 정기적으로 백업

오픈소스 데이터베이스의 밝은 면과 어두운 면

위의 세 미니 사례가 말해 주듯이, 오픈소스는 오늘날 성공적인 기업 데이터베이스 플랫폼으로 기업들 사이에 빠르게 확산되어 가는 추세이다. 상당 수 기업들이 오픈소스 데이터베이스

를 이미 도입했거나 도입을 검토하는 단계에 있다. 라이센스를 요구하는 독자적 소프트웨어가 아직도 기업의 IT현장에서 중요한 비중을 차지하고 있지만, 오픈소스 옹호자들은 오픈소스 소프트웨어가 애플리케이션을 더 신속하고, 더 저렴하고, 더 유연하게 개발할 수 있게 해주며, 또 자신들의 기업이 오픈소스 소프트웨어의 발전에 기여하는 사람들의 커뮤니티로부터 혜택을 누리고 있다고 말한다.

그러나 오픈소스는 소프트웨어 비용과 공급사 의존성을 줄이고 애플리케이션 개발의 유연성 및 품질을 향상시킬 수 있는 가능성이 존재한다고 하지만, 위험요소들도 있다. 상업화된 오픈소스 소프트웨어는 흔히 제품지원 인력 및 능력이 제한된 신규벤처기업들에 의해 공급되며, 구현을 하는데 있어 풍부한 지식이 있는 내부 인력이나 제3자 기업의 도움이 별도로 필요하다. 또 공급사로부터 지원서비스를 받아야 하는 경우, 유료이므로 적지 않은 비용부담이 발생할 수 있다.

뿐만 아니라, 오픈소스 소프트웨어를 기존의 독자적 시스템(가령, 오라클, 마이크로소프트 등)과 통합시킬 때 호환성 문제가 발생한다고 지적하고 있다. 그 밖에 공급사 지원 부재, 교육제공 능력, 지원의 비용이나 품질 등이 주된 문제로 부상한다고 지적했다. 또한 기존의 독자적 시스템에 친숙해 있는 사용자들이 오픈소스 시스템으로의 전환에 대해 저항을 하는 문제에 대해서도 대응을 할 수 있어야 한다.

결론적으로, 여러 기업에서 오픈소스를 사용한다는 것은 새로운 문화적 변화를 뜻한다. 정보를 기업의 내부 및 외부의 다른 이들과 공유하게 되며, 소프트웨어를 개발하며 이용하는 비용, 방법 등 많은 변화가 수반되기 때문이다. 기업의 경영자는 다양한 문화적 요인들은 물론 기회 및 위협 요인, 그리고 긍정적 및 부정적 요인들을 폭넓게 고려해 신중하게 오픈소스 환경으로의 전환 여부 및 시기를 결정해야 할 것이다.

출처: 공개 SW 활용 가이드라인 나왔다, ZDNet Korea, 2018 년, 4월 27일
공개 SW로 만든 국민 모바일 메신저 '카카오톡', 공개 SW 도입사례, 공개 SW 역량프라자, 정보통신 산업진흥원, 2014년 3월 15일.
James Niccolai, "Sony Online opts for open-source database over Oracle," Computerworld, March 20, 2006; C.G. Lynch, "Open Source Helps Stop Traffic Accidents," www.cio.com, August 02, 2007; MySQL, "S2 Security Corporation Develops Breakthrough Security Appliance with Embedded MySQL," www.mysql.com, 2008년 1월 20일 참조; John Cox, "Open source database improvements grow," Network World, 2004년 3월 15일 참조

사례연구 토의문제

1. 첫 미니사례에서 데이터 요청을 캐시에서 직접 서비스하는 데이터베이스(인메모리 DB) 와 하드 디스크를 이용하는 데이터베이스(스토리지 DB)를 모두 사용하고 있다. 두가지 유형의 장점과 단점에 대해서 설명해 보시오.

2. 두 번째 미니사례는 고속도로의 교통감시시스템에 관해 기술하고 있다. 이 교통관리시 스템이 도입됨으로 인해 기대되는 효과는 무엇인가? 또 이러한 효과를 내는데 있어 데 이터베이스가 하는 역할은 구체적으로 무엇인지 알아보자.

3. 세 번째 미니사례에서 S2 넷박스라는 보안관리시스템에 내장된 데이터베이스는 어떤 정보를 기록할 목적으로 사용되는가? 또 단순히 CC 카메라를 통해 화상으로만 감시를 하는 전통적 시스템과는 효과 면에서 어떤 점이 다르다고 할 수 있는가?

4. 위의 세 미니사례에 묘사된 기업들은 기존의 독자적 데이터베이스 대신 오픈소스 데이 터베이스를 선택했다. 그렇다면 모든 기업들이 오픈소스 데이터베이스를 서둘러 도입 해야 하는가? 기업의 오픈소스 데이터베이스 도입전략에 관해 토의해 보자.

제 8 장

IT 보안관리

차 례

학 습 목 표

　흔히 컴퓨터 기술은 방대한 데이터의 신속 정확한 처리를 통해 조직의 생산성을 향상시키고, 나아가서는 매출증대를 가능하게 하는 수단으로 알려져 있다. 그러나 이러한 자동화 기술도 때에 따라서는 컴퓨터 범죄 혹은 자연재해로 인해 정상적인 기능을 발휘하지 못하게 되는 경우가 발생한다. 특히, 은행이나 항공사와 같이 일상적인 업무를 정보기술에 전적으로 의존하는 기업에서는 이러한 시스템 마비로 말미암아 엄청난 피해를 보게 되기도 한다.

　본 장에서는 컴퓨터의 기업 활용에 위협이 될 수 있는 요소들에 대해 알아 보고, 이들을 예방 혹은 회피할 수 있는 방안들을 살펴보기로 한다.

　본 장을 학습한 후 학생들은 다음의 질문 사항들에 대해 답할 수 있어야 한다.

● 기업에서 정보시스템 통제와 보안은 왜 필요한가?
● 정보시스템 보안을 소홀히 할 경우 기업은 어떠한 위험 요소들에 직면할 수 있는가? 또한 이들 위험요소의 결과로서 어떠한 피해가 발생할 수 있는가?
● 컴퓨터 범죄에 속하는 행위에는 어떠한 유형들이 있는가?
● 컴퓨터 범죄 및 자연재해 등의 보안위협 요소들로부터 정보시스템 자원을 보호하기 위해 요구되는 대책은 무엇인가?

다크웹에 공개된 현대·기아차 내부정보

최근 국내 대기업의 내부정보가 해킹되어 다크웹 등에 노출되는 사건이 연이어 발생하면서 기업들의 고민이 커지고 있다. 다크웹이란 암호화된 네트워크에 존재하며 특수한 경로로만 접근이 가능한 특정 부류의 웹사이트를 뜻한다. 흔히 마약 및 무기 거래, 해킹, 불법 포르노, 성 착취 등 사이버 범죄가 발생하는 사이트로 알려져 있다.

2021년 2월, 현대자동차그룹과 기아자동차의 미국 및 아랍에미리트(UAE) 법인의 기업정보로 추정되는 자료들이 다크웹과 온라인에 고스란히 노출됐고, 2020년 12월에는 이랜드그룹을 해킹했다고 주장하는 클롭(CLOP) 랜섬웨어 해커조직이 고객 카드정보를 다크웹에 올렸다.

해커조직들이 가격협상 불발을 이유로 다크웹 등에 노출한 자료들은 매우 중요한 기업정보다. 도플페이머 랜섬웨어 해커조직은 "이 회사들은 정보 유출 사실을 감추려 했다. 끝까지 돈을 내지 않았기에 모든 정보를 공유한다"며 해킹한 자료들을 올렸다. 현대자동차그룹 UAE 법인을 공격했다고 주장한 고스트섹(Ghostsec)은 SQL인젝션 공격으로 해킹했다며 트위터에 해킹한 자료의 일부를 공개했다.

〈보안뉴스〉가 직접 확인한 결과 도플페이머 랜섬웨어 조직에서 공개한 자료는 주로 계약서 및 고객 연락처, 회계자료 등이었으며, 고스트섹이 공개한 자료는 현대자동차 UAE법인 홈페이지의 운영자(Super Admin) 계정정보(이메일, ID, 패스워드)와 고객으로 추정되는 약 3만 명의 이름과 전화번호, 이메일 등이었다. 물론 실제 고객정보인지는 알 수 없다.

클롭 랜섬웨어 조직은 이랜드그룹의 네트워크 서버를 해킹한 후, 다크웹에 이랜드그룹 오프라인 매장(NC백화점, 뉴코아아울렛 등)에서 탈취했다고 주장하는 고객 카드정보 약 100만 건을 공개했다. 이 역시 이랜드그룹은 실제 고객의 카드정보인지는 확인해주지 않았다.

이렇듯 랜섬웨어 해커조직들은 기업을 공격한 뒤 랜섬웨어를 이용해 내부정보를 암호화하거나 탈취하며, 두 가지 방법을 모두 사용하기도 한다. 그리고 이렇게 얻은 정보를 외부에 유출하겠다며 입막음 조건으로 다시 금품을 요구한다. 일부 기업들은 비용을 지불하고 암호화된 정보를 복호화하거나 외부에 유출되지 않도록 하기도 하지만, 일부 기업은 협상에 임하지 않는다. 앞선 두 사례는 협상이 이어지지 않자 해커조직에서 해킹으로 유출한 내부 정보를 다크웹에 공개한 사건이다.

해커조직과의 협상에는 절대 응하지 않는게 원칙이지만, 중요한 내부정보가 유출되면 입게 될 피해 역시 막대하기 때문에 기업들은 고민이 커질 수밖에 없다. 더욱 큰 문제는 이렇게 한 번 노출된 내부정보는 수습할 방법이 없다는 사실이다. 공권력이 미치지 않는 다크웹의 경우 기업의 내부정보가 노출될 경우 막을 방법이 없으며, 다크웹 특성상 이용자들이 공개된 자료를 다운받아 다른 곳에 퍼트리기 때문에 마땅한 대응책이 없다. 최근 관심을 받고 있는 다크웹 추적·분석 전문기업들도 기업의 내부정보가 다크웹에 있는지만 확인할 수 있을 뿐 삭제하거나 사후 대응할 수 있는 방법은 없다고 말한다. 경찰이나 인터폴이 다크웹 전문기업들과 협력해 랜섬

웨어 해커조직들을 검거하는 방법이 사실상 유일한 대책이지만, 추적이나 검거가 어렵고, 매우 오랜 시간이 걸리기 때문에 기업들이 기대를 걸기는 쉽지 않다.

이와 관련 다크웹 분야 전문가는 "한 번 노출된 자료는 대응할 방법이 없다"면서, "모니터링 등을 통해 온라인상에 기업의 주요정보가 유출되지 않았는지를 살펴보고, 만에 하나라도 유출사고가 발생했을 경우 어떤 정보인지 확인하는 것이 중요하다"고 설명했다. 이어 그는 "외부에서 공격을 받은 것인지, 실수로 노출된 정보가 올라간 것인지를 확인하는 것도 중요하지만, 이미 노출된 비밀번호를 바꾸고 카드번호가 노출된 신용카드는 분실신고하거나 새로 발급받는 등 발빠른 대처를 통해 추가적인 피해를 막을 수 있어야 한다"고 덧붙였다.

이에 보안전문가들은 애초에 보안사고가 발생하지 않도록 보안을 강화하는 한편, CEO의 강력한 의지를 중심으로 기업의 보안문화가 정착되어야 한다고 강조한다. 특히, 현대자동차그룹의 사례에서 보듯 해외 법인이나 협력업체 등을 통해 본사의 내부자료가 유출되는 경우도 있는 만큼 해외 법인과 협력사에 대한 보안관리와 보안교육이 한층 강화돼야 한다는 지적도 나온다.

한국산업보안연구학회 회장을 역임한 이창무 중앙대 보안대학원장은 "많은 CEO들이 보안을 투자 측면에서만 보면서, 기업에 보안문화가 형성되지 않는 것이 문제"라면서, "형식적인 보안, 법으로 강제된 보안만 하다보면 나중에 문제가 발생할 수 있다"고 말했다. 아울러 이 교수는 "보안은 경영의 핵심 중 하나인 리스크 관리 측면에서 봐야하는데, 아직까지 우리나라 기업들은 이러한 부분이 약하다"고 지적했다. 덧붙여 "기업의 CEO나 오너들이 보안에 신경 써야 직원들도 보안의식이 생기고, 그렇게 기업의 보안문화가 정착될 수 있다. 보안문화가 정착돼야 보안 리스크가 줄어들고, 설사 사건이 발생하더라도 피해를 줄일 수 있다"고 강조했다.

출처: 보안뉴스, 2021년 3월 17일

8.1 정보시스템 보안의 개념적 배경

🔗 정보시스템 보안의 개념 및 필요성

오늘날 많은 기업들이 일상업무를 정보기술에 크게 의존하고 있다. 이들 기업이 사용하고 있는 시스템들은 전략적 중요성이 실로 높으므로 하루만 작동 중단이 되어도 업무중단으로 인해 큰 손실을 가져올 수가 있다. 시스템의 작동 중단은 테러리스트들의 의도적인 침입에 의해서 발생하기도 하지만, 종종 뜻하지 않은 자연의 재해에 의해서 얼마든지 초래될 수가 있다. 그리고 개념사례에서 볼 수 있듯이 기업의 민감한 정보가 악의적 의도를 가진 해커에 의해 웹사이트에 공개됨으로써 기업이 뜻하지 않은 피해를 입기도 한다.

또한 정부기관, 군기관, 기업, 금융기관, 병원 등 수많은 기관들은 직원, 고객, 제품, 연구개발 및 재무상태와 관련한 방대한 분량의 민감한 정보를 보유하고 있다. 이러한 정보 대부분이 오늘날 컴퓨터를 이용해 수집, 처리 및 저장되며, 네트워크를 통해 다른 컴퓨터로 전송되고 있다. 만일 기업의 고객이나 자금이나 신제품과 관련한 민감한 정보가 경쟁사의 손으로 흘러갈 경우, 보안의 침해가 발생해 매출이 감소하거나 법정소송으로 발전할 수도 있고, 아니면 기업의 파산으로까지 이어질 수가 있다. 민감한 정보를 보호하는 것은 우선적으로는 비즈니스 요구사항이지만, 동시에 윤리적 및 법적 요구사항이기도 하다. 또 개인 관점에서 보면, 정보시스템 보안은 프라이버시에도 중요한 영향이 있다. 개인정보가 유출되면, 개인정보를 불법적으로 이용해 다양한 2차 범죄를 저지를 수도 있기 때문이다.

이러한 맥락에서, 정보시스템의 안정적인 운영을 위해 필요한 장치가 무엇이며, 시스템의 작동 중단시 어떠한 조치를 취할 필요가 있는지 이해하는 것이 중요하다. 따라서 기업은 이러한 위험요소들로부터 데이터 및 정보시스템을 최대한 보호할 수 있도록 정보시스템을 관리하여야 하는데, 이를 정보시스템 보안이라 일컫는다. **정보시스템 보안**은 비승인된 접근, 사용, 공개, 변조, 조사, 기록 혹은 훼손행위로부터 시스템을 보호하는데 초점을 둔다. 또한 정보시스템 보안을 실행하기 위한 수단으로서 정보시스템 통제가 요구된다. 즉, 정보시스템 통제를 통해 정보시스템 보안 기능이 제공되는 것이다.

시스템 취약점

그림 8-1에서 알 수 있듯이, 기업에서 정보시스템 보안의 침해 사고는 **시스템 취약점**이 존재하기 때문에 발생한다. 컴퓨터 보안에서 취약점이란 공격자가 시스템 정보보안 체계를 무력화시키기 위해 이용할 수 있는 허점이다. 오늘날 다음과 같은 요인들 때문에 조직의 정보 자산의 취약점이 증가하는 추세에 있다.

- 오늘날 비즈니스 환경에서 사용자 간 상호 연동 및 무선 네트워크화 추세가 점차 증가
- 보다 저렴한 소형 컴퓨터 및 저장 매체의 보편화
- 컴퓨터 해킹을 하는데 필요한 기술의 획득이 용이해짐
- 국제적 해킹전문 조직의 사이버 범죄가 증가함 (예: 북한, 중국 등)
- 관리가 되지 않는 장치를 직원이 이용하는 상황이 증가함

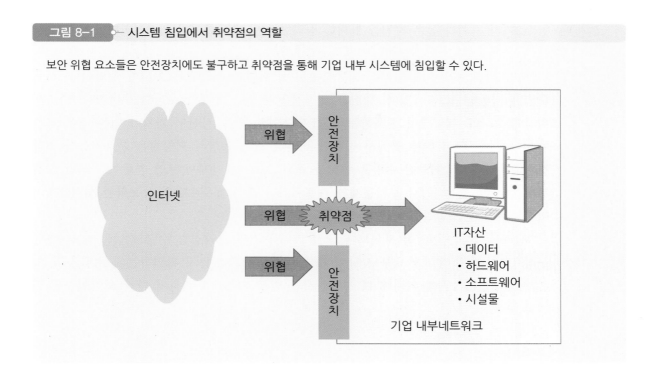

그림 8-1 ●── 시스템 침입에서 취약점의 역할

보안 위협 요소들은 안전장치에도 불구하고 취약점을 통해 기업 내부 시스템에 침입할 수 있다.

취약점은 세 가지 요소가 모두 존재해야 비로소 시스템 침해로 이어질 수 있는데, 시스템 결함, 결함에의 공격자 접근, 공격자의 결함운용 능력이 그 것이다. 공격자는 시스템 접속에 필요한 툴이나 기법을 가지고 취약한 곳들을 공격하게 된다.

취약점 관리는 취약점들을 발견하고, 분류하고, 수리하고, 약화시키는 활동이다. 취약점 관리는 일반적으로 컴퓨터시스템 내의 소프트웨어 취약점들을 대상으로 한다. 취약점 관리를 위해 주기적으로 취약점 분석이 필요하다. **취약점 분석**(vulnerability assessment)이란 시스템 내의 취약점들을 찾아내고, 계량화 해서, 우선순위를 매기는 프로세스이다. 정보의 기밀성, 무결성 혹은 가용성이 취약해질 수 있는 가능성을 발견하고 규명하는 것이 취약점 분석의 목적이다. 기업의 정보시스템은 물론, 에너지 공급 시스템, 상수공급 시스템, 교통 시스템, 그리고 통신 시스템에서도 취약점 분석이 중요하게 요구된다. 취약점 분석은 다음 단계에 따라 수행된다.

1. 시스템에 존재하는 정보 자원들(가령, 데이터, 하드웨어, 소프트웨어 등)의 목록을 작성한다.
2. 이들 자원의 계량적 가치 및 중요성에 따라 순위를 부여한다.
3. 개별 자원에 대한 취약점 혹은 잠재적 위협을 규명한다.

4. 가장 가치가 높은 자원들에 대한 심각한 취약점을 줄이거나 제거한다.

보안 위험은 일종의 취약점으로 분류된다. 위험과 취약점은 유사한 개념이나, 서로 구별해 사용할 필요가 있다. 위험은 실질적인 손실을 초래할 우려가 수반한다. 따라서 위험이 없이도 취약점이 존재하는데, 가령 침해를 받은 자산이 가치가 없는 경우가 그 예에 속한다. 이미 다른 곳에서 공격한 전례가 있는 유형의 취약점은 운용가능한 취약점으로 분류된다. 취약점 수명은 설치 완료된 소프트웨어에서 보안 결함이 나타난 시점부터 접근이 제거되거나 보안문제가 해결되거나 혹은 침투수단이 불능화된 시점에까지 이르는 시간을 포함한다.

IT 보안감사는 취약점 분석보다 훨씬 더 포괄적인 보안점검 수단으로서, 정보시스템 구성요소들에 대해 보안요구 사항이 제대로 준수되고 있는지 확인하는데 초점을 둔다. 흔히 외부전문기관에 의뢰해 IT 보안감사를 받게 되며, 그 결과에 따라 보안인증을 획득할 수 있다.

취약점의 원인

방대한 양의 데이터가 컴퓨터에 저장되어 있을 경우, 그 데이터는 오프라인 형태로 보관되는 경우에 비해 더 다양한 위협요인들에 노출되기 마련이다. 통신 네트워크를 통해 정보시스템들이 상호 연결되어 있으므로, 이들 시스템에 존재하는 데이터에 승인 없이 접근하거나 데이터를 남용할 가능성이 있다. 또한 단일 지점에 국한되지 않고 내부 네트워크에 접속 가능한 지점들을 통해 여러 경로로 접근할 수가 있으므로, 보안침해 위험이 클 수 있다.

시스템 취약점이 발생하는 근본적인 원인은 다음과 같은 요인들로 나누어 살펴볼 수 있다.

- **복잡성:** 대형의 복잡한 시스템은 결함 및 비의도적 접근경로가 존재할 가능성도 높다.
- **친근성:** 잘 알려진 익숙한 프로그램, OS 및 하드웨어를 이용하면, 공격자가 결함을 역이용하는데 필요한 지식 및 툴을 발견할 가능성 역시 높아진다.
- **접속성:** 물리적 연결, 연결 단자, 규약, 서비스 등이 늘면 늘수록, 취약성 역시 높아진다.
- **암호관리 결함:** 흔히 사용자들은 기억 및 입력이 용이한 약한 암호를 이용하는데 이는 취약한 보안을 부르는 행위이다. 사용자의 암호는 자신이 이용중인 프로그램이

소재한 컴퓨터에 저장이 되므로 프로그램이 암호를 결국에는 찾아낼 수가 있다. 또한 일부 사용자는 한번 만든 암호를 여러 프로그램은 물론 여러 웹사이트 사이에 반복해 사용하기도 하는데, 이 역시 보안을 위태롭게 할 수 있다.

- **근본적인 OS 설계결함:** OS 설계자는 사용자 및 프로그램 관리에 관한 차선 정책을 선택한다. 예를 들면, 항시 접근허용(default permit)과 같은 기능을 가진 OS들은 어느 프로그램이나 어느 사용자에게도 컴퓨터 전체에 대한 접근권한을 허용한다. 이러한 OS 차원의 결함은 바이러스 및 기타 악성코드가 관리자를 대신해 명령을 실행하도록 허용하는 결과를 가져올 수 있다.

B·u·s·i·n·e·s·s 기업정보화현장

실수로 300배 잘못 지급된 특별 보너스

어느날 월급통장에 3800만 원이라는 거금이 입금됐다. 회사가 준 특별 보너스였다. 봉급이 적다며 투덜대던 직원들은 "우리 회사 최고"를 외치며 돈 쓸 궁리를 했다. 몇몇은 빚부터 갚았다. 어떤 이는 카지노로 달려가 '손맛'을 봤다. 하지만 기쁨은 오래가지

않았다. 직원 실수로 책정된 보너스의 300배가 잘못 지급된 게 드러났기 때문이다.

11월 12일(현지 시간) 영국 매체 'BBC'는 벨기에 뉴스 사이트 '쉬드앵포'를 인용해 벨기에 남부 도시 샤를루아의 철강회사 '티-마르시넬(Thy-Marcinelle)'에 근무하는 230명의 근로자 중 일부 직원이 최근 월급 통장에 보너스 명목으로 3만 유로(약 3800만 원)를 지급받은 사연을 전했다. 이들 중 월급이 1600유로(약 204만 원)에 불과한 몇몇은 한 달 임금의 20배 가까운 보너스를 한꺼번에 받은 셈이다. 보도에 따르면 뜻하지 않은 돈을 받은 직원들 중 일부는 곧장 빚을 갚거나 카지노에 달려가는 등 돈을 썼다.

그러나 해당 회사 측에서 원래 지급할 보너스는 직원 당 100유로(약 13만 원)였다. 회계 담당자의 실수로 1인당 3만 유로가 지급되자 회사는 곧바로 직원들에게 잘못 입금된 돈을 돌려달라고 요청했다. 보너스를 잘못 지급한 직원이 몇명인지는 확인되지 않았다.

이름을 밝히지 않은 한 직원은 "큰돈이 들어온 통장을 보고 깜짝 놀랐다"라면서 "그러나 실수라는 것이 명백해 보였기 때문에 나는 돈에 손대지 않았다"고 말했다. 그러면서 "문제는 이미 돈을 사용한 일부 직원이다"라며 "이들은 카지노에 가서 돈을 날리거나 빚을 갚아버려 돌려줄 수 없는 상황에 놓였다"라고 전했다.

현지 노동법 전문 변호사 에티엔 피레 씨는 "근로자들이 3만 유로에 대한 권리가 있다고 생각할 수도 있지만 이들은 잘못 지급된 보너스를 회사 측에 모두 반환해야한다"라면서 "그러나 돈을 일시에 반환하지 못할 상황이라면 지불 지연을 요청할 수 있다"고 설명했다.

출처: 동아일보, 2018년 11월 13일

- **인터넷 웹사이트 브라우징**: 일부 인터넷 웹사이트는 자동으로 컴퓨터시스템에 설치할 수 있는 스파이웨어나 애드웨어를 보유하는 경우가 있다. 이들 웹사이트를 방문한 후 컴퓨터시스템이 감염되어, 개인정보가 수집되어 제3자에게로 유출될 수 있다.

- **소프트웨어 오류**: 프로그래머가 소프트웨어 프로그램 내에 운용가능한 오류를 자신도 모르게 남겨놓을 수가 있다. 소프트웨어 오류는 공격자가 애플리케이션을 자신의 의도대로 악용할 수 있는 기회를 제공한다.

- **비점검된 사용자 입력데이터**: 모든 사용자 입력데이터가 안전하다고 프로그램이 가정할 수가 있다. 사용자 입력데이터의 유효성을 점검하지 않는 프로그램은 뜻밖의 결과를 초래해 개인이나 조직에 적지않은 피해를 줄 수가 있다.

보안 취약점의 유형

취약점은 영향을 받는 자산의 종류에 따라 하드웨어, 소프트웨어, 네트워크, 인력, 사이트, 조직 등 여러 가지로 나뉜다.

하드웨어 취약점   컴퓨터 주변의 습도, 먼지 또는 온도를 적절히 관리하지 않을 때 발생한다. 시스템에 대한 보호가 미흡할 경우 작동이 멈추거나 시스템이 다운되는 결과로 이어질 수 있다. 따라서 환풍기 및 에어컨을 이용해 컴퓨터가 소재한 곳의 대기를 최적화시키는 것이 중요하다.

소프트웨어 취약점   가장 흔하게 정보시스템 보안을 위협하는 취약점으로서 OS나 애플리케이션 소프트웨어의 결함으로 인해 발생한다. 가령, DBMS 소프트웨어의 결함 때문에 고객 데이터를 웹상에서 비승인된 사용자들이 볼 수 있다면, OS 결함을 통해 동일 데이터가 노출되는 것이나 마찬가지로 심각한 결과를 초래할 수 있다. 특히, 인터넷 상에서 발생하는 시스템 침해 중 60%가 웹 애플리케이션에 대한 공격으로 발생한다. 그러므로 이러한 시스템 침해의 근본적인 원인을 제공하는 소프트웨어 결함을 제거하기 위해서는 소프트웨어 개발과정에서 철저하게 테스팅을 수행하여야 한다.

네트워크 취약점   네트워크의 성능에 부정적인 영향을 미치는 취약점으로서 내부 취약점과 외부 취약점으로 나뉜다. 보호수준이 미흡한 통신회선으로 네트워크를 구성한다든지, 혹은 트래픽이 네트워크 용량을 초과하는 네트워크 병목현상이 발생할 때 내부 취약점이 존재한다. 반면, 외부 취약점은 외부 침입자의 공격에 의해 발생하며, DoS 및 DDoS가 그 대표적인 예라고 할 수 있다(DoS 및 DDoS는 뒤의 해킹행위 부분에서 더 상세히 다루기로 한다). 특히 무선 LAN을 통해 암호화되지 않은 메시지를 전송할 경우 침입자가 민감한 데이터를 절취하거나 변조할 우려가 있다. 네트워크 취약점이 존재할 경우 네트워크가 느려지거나 때에 따라서는 네트워크가 불능화될 수도 있어, 네트워크 감시 소프트웨어를 이용해 취약점을 관리할 필요가 있다.

그 밖의 취약점들에 대해서도 주목할 필요가 있다. 인력 취약점은 부적절한 인력선발 프로세스나 인력의 부족한 보안인식이 그 예에 속한다. 사이트 취약점의 경우, 홍수의 영향권 내 지역, 불안정한 전력공급 등으로 나뉜다. 또 조직차원의 취약점은 정규적인 시스템 감사의 부족, 재난복구계획의 부재, 보안의 미흡 등과 같이 조직차원에서 보안대책이 부재할 때 존재하는 취약점이다.

백도어

컴퓨터시스템에서 **백도어**(backdoor)란 정상적인 인증절차를 건너뛰며 탐지되지 않고도 컴퓨터에 원격 접근해 시스템을 침해하는 방법을 뜻한다. 백도어는 시스템 설계자나 관리자에 의해 고의로 남겨진 시스템의 보안 헛점으로 응용 프로그램이나 운영체제에 삽입된 프로그램 코드이다. 이러한 보안 헛점을 남겨두는 이유가 항상 악의적인 것은 아니다. 경우에 따라서는 현장 서비스 기술자나 시스템 공급자의 유지보수 프로그래머가 사용할 목적으로 특수 계

▲ 유닉스의 창시자 켄톰슨(앉음)은 초기의 유닉스 버전에 백도어가 존재했음을 시사했다.

정을 허용하는 코드를 운영체제나 응용프로그램에 넣어서 쓸 수 있다. 이러한 백도어는 디버깅 시 개발자에게 인증 및 셋업시간 등을 단축하기 위한 뒷문으로 사용된다. 하지만 이러한 백도어가 비양심적인 프로그래머가 비인가된 접근을 시도하거나 개발이 완료된 후 삭제되지 않은 백도어가 다른 사용자에 의해 발견될 경우 대단히 위험할 수도 있다. 1983년 켄톰슨(Ken Thompson)은 ACM학회의 강연에서 초기의 유닉스 버전에는 백도어가 존재하고 뛰어난 해커라면 이를 공격할 수도 있다고 말했다. 이러한 방법으로 'login' 프로그램이 재 컴파일되어 특정 패스워드가 입력되었을 경우 접근을 허락하도록 하는 코드가 숨겨져 있을 수도 있다. 그 결과 시스템에 계정이 있든지 없든지 간에 시스템으로의 접근이 허용될 수 있다.

B·u·s·i·n·e·s·s
기업정보화현장

북, VPN 뚫고 '백도어' 설치

북한으로 추정되는 해킹 조직이 국내 가상사설망(VPN) 1위 업체의 취약점을 활용해서 침해 기관과 기업에 '백도어'를 설치했다는 보안업체의 분석 결과가 나왔다. 북한 해킹 조직은 백도어 서버를 침해 조직 내부망에 설치, 국가 차원의 보안 점검 없이는 전체 피해 규모를 파악조차 할 수 없는 상황이다.

7일 보안 인텔리전스업체 팀티파이브에 따르면 북한 해킹 조직 '김수키'는 최근 한국원자력연구원, 한국항공우주산업(KAI) 등 국내 주요 기관 해킹 시 VPN의 취약점 활용에서 나아가 내부망에 백도어를 설치한 것으로 드러났다. 알려진 VPN의 취약점 외에 백도어 설치를 위한 두 가지 실행 파일이 추가로 발견됐으며, 아직 국내에 유통되고 있는 것으로 나타났다.

팀티파이브 측은 김수키가 일회성 정보 탈취가 아니라 향후 공격을 위한 전진기지를 구축한 것으로 보고 있다. 팀티파이브는 분석 보고서에서 "(공격자가) 새로운 백도어와 VPN 기술을 구사한 점, 일반 VPN 시스템을 활용해 정보를 탈취한 점을 고려할 때 가까운 미래에 대규모 공격이 펼쳐질 가능성이 있다"고 경고했다. 실제로 일부 침해 기관에 설치된 백도어는 현재까지 활성화된 상태다. 백도어는 공격자에게 내부망 진입 통로를 열어줄 뿐만 아니라 원격 삭제도 가능하다. 공격자가 원격으로 내부망을 자유롭게 오갈 수 있는 데다 필요 시 흔적을 지울 수 있다는 의미다.

공격자는 명령제어(C2) 서버를 침해 조직 내부망에 설치하는 과감함과 정교함도 보였다. 내부망에 C2 서버를 두면 인가된 이용자에 의한 정당한 로그로 식별되기 때문에 정보 유출 등 공격이 어디까지 진행됐는지 파악하지 못한다. 외부 공격자에 의한 무단 접속 내역을 인터넷프로토콜(IP) 접속 기록으로 판단할 수 없기 때문이다.

팀티파이브는 원자력연을 비롯한 국내 항공·우주 분야 해킹 공격 배후를 북한 해킹 조직으로 지목했다. 팀티파이브는 김수키를 '클라우드드래곤'이라는 명칭으로 부르고 있다. 김수키는 보안업체에 따라 '탈륨'으로 칭하기도 한다.

국내 VPN 시장점유율 1위 업체인 ○사는 현재 홈페이지 운영을 중단했다. 보안업계는 ○사가 북한 해킹 조직의 집중 공격을 받고 있는 것으로 추정하고 있다. 원자력연과 KAI 해킹은 ○사의 VPN이 최초 진입 경로가 됐다. ○사 VPN을 쓰는 국내 기관과 기업은 400여 개사인 것으로 알려졌다. ○사 관계자는 "해킹 대응에 관한 부분은 답변할 수 없다"고 말했다.

해외에서 솔라윈즈·카세야 사태 등으로 불거진 공급망 공격이 국내에서도 본격화하는 모습을 띠고 있다. 솔라윈즈는 세계 1위 네트워크 관리 소프트웨어(SW)이다. 러시아 해킹 조직은 백도어를 유포하기 위한 플랫폼으로 이 SW를 악용했다. 카세야는 미국 보안 관리 솔루션으로, 약 1,500곳의 랜섬웨어 감염 발판이 됐다.

공급망 공격에 관한 대책은 사실상 전무한 실정이다. ○사 VPN을 쓰는 기관과 기업 대상으로 백도어 설치 유무를 전격 조사해야 할 필요성이 제기된다. 보안 전문가는 "원자력연 해킹 사고로 불거진 VPN의 취약점 공격은 전형적인 공급망 공격에 해당된다"면서 "국가 차원의 전면적인 보안 점검이 시급하다"고 강조했다. 국가정보원은 VPN 취약점 침해사고와 관련해 별도 조사를 벌이는지에 대해 "선제적으로 조치하고 있다"는 답변을 내놨다. 이보다 앞서 국정원은 지난 4월 국가사이버위협정보공유시스템(NCTI)을 통해 진료정보침해대응센터(의료ISAC) 등 국내 주요 단체에 VPN 취약점을 패치하라고 권고한 바 있다.

출처: 전자신문, 2021년 7월 7일

8.2 ▶ 정보시스템 보안의 주요 위협요인

　최근 언론보도를 통해 끊임없이 소개되고 있는 개인정보 유출 등 보안피해 사례들은 기업 정보시스템이 다양한 위협요소들에 의해 침해를 당할 수 있음을 여실히 보여주고 있다. 앞서 살펴본 취약점들이 이러한 위협요인에 노출될 경우 심각한 시스템 침해로 이어질 가능성을 배제할 수 없다. 이러한 관점에서 볼 때, 경영관리자들은 시스템의 안정성에 장애를 줄 수 있는 요인들이 어떠한 것이 있는지 이해하는 것이 중요하며 이러한 이해를 바탕으로 효과적인 대응을 위해 필요한 시각을 얻을 수 있다.

　정보시스템 보안을 위협할 수 있는 요소들은 천재지변 및 인재사고, 비의도적 행위, 그리고 의도적 행위의 세 가지로 압축·분류할 수 있다.

❖ 천재지변 및 인재사고

　천재지변 및 기타 피할 수 없는 사고로 인해 시스템 보안이 위협을 받을 수 있다. 지진, 폭우, 대홍수, 회오리바람과 같은 천재지변은 물론, 화재, 정전사고, 냉방장치 불량, 하드웨어 기술적 결함 등의 인재사고가 발생할 경우, 정보시스템의 보안에 심각한 침해를 초래할 수 있다.

▲ 2021년 여름 유럽지역에서 발생한 폭우로 물적 및 인적 피해가 크게 발생했다. 홍수는 보안의 주요 위협요인들 중 하나이다.

　이러한 재해가 발생하면 컴퓨터 기기나 통신회선이 회손됨은 물론 데이터 자체도 손실될 수 있다. 또한 컴퓨터 프로그램과 데이터 파일이 복구되는 동안 정상적인 시스템 가동이 지속될 수 없기 때문에 조직이 입는 피해는 클 수 있다. 2001년 미국에서 발생한 월드트레이드 센터 폭파사건이 이를 잘 입증해 주고 있다.

비의도적 행위

컴퓨터는 조직의 업무를 지원하기 위한 수단으로 널리 사용되고 있지만, 또한 컴퓨터로 인해 오류가 발생함으로써 조직의 업무에 큰 장애를 일으킬 수 있는 여지를 지니고 있다. 이러한 컴퓨터의 오류는 근본적으로 인간의 오류에 기인한다.

인간의 오류

인간의 오류는 프로그램 설계, 프로그래밍, 데이터 입력, 프로그램 오작동, 컴퓨터 조작, 하드웨어 등 다양한 부분에서 발생할 수 있다. 인간의 착오로 인해 발생하는 시스템 오류는 조직의 시스템 보안과 관련한 많은 문제들을 발생시키는 원인이 되고 있다. 필자도 본 저서를 집필하던 중 한 조교가 원고파일 하나를 모르고 삭제해 버리는 일을 당하고 말았다. 사전에 파일 백업을 해 두지 못했으나 다행히도 출력물이 있어 복구는 할 수 있었다.

제3자 침입행위의 비의도적 방조

직원 자신은 시스템 보안을 위태롭게 할 의도는 없다 할지라도, 공격자가 시스템 침입을 위해 필요한 정보를 요구할 때 침입의도를 모른 채 해당 정보를 제공하거나 침입에 필요한 기타 행위를 돕게 될 수가 있다. 이를 가리켜 **사회공학**(social engineering)이라 부르는데, 사회공학이란 사람과 사람사이에 존재하는 기본적인 신뢰를 바탕으로 특정행위를 하도록 만들거나 민감한 정보를 취득하는 행위를 뜻한다. 이를테면, 사회공학이란 공격자가 시스템 접근 권한이 있는 직원에게 접근해 자신을 속이고 사용자명과 비밀번호를 빼내는 것이 좋은 예라고 할 수 있다. 사회공학 행위에 휘말린 직원이 자신이 속은 줄도 모르고 공격자에게 시스템 접근 정보를 제공한다면, 그로 말미암아 정보시스템 보안이 심각한 위협을 받을 수 있다. 최근 들어 전화를 걸거나 이메일을 보내 신분을 속이고 돈을 갈취하거나 개인정보를 받아내는 피싱 피해사례가 빈번하게 발생하고 있는데, 피싱도 대표적인 사회공학 기법 중의 하나이다.

▲ 사회공학이란 사람들 간의 기본적 신뢰를 악용해 특정행위를 하도록 만들거나 민감한 정보를 취득하는 행위이다.

의도적 행위

인터넷 및 통신 기술이 급속히 발전함에 따라 해킹 등 컴퓨터와 관련한 새로운 범죄가 나타나고 있다. 컴퓨터로 네트워크를 통해 다른 컴퓨터에 접속하여 정보 자원을 침범하는 해킹(hacking) 행위에 관한 보도를 우리는 신문지상을 통해 종종 접해왔다. 즉, 컴퓨터 기술은 범죄를 일으키기 위한 수단으로 사용되는 동시에, 그 자체가 또한 범죄의 대상이 되기도 하는 것이다. 접속할 권한을 지닌 사람이 정당한 목적으로 정보자원을 접속하는 것은 전혀 문제될 것이 없지만, 권한이 없는 사람이 불법적으로 접속하는 것은 컴퓨터 범죄에 해당한다. 컴퓨터와 관련한 범죄도 다양한 모습으로 변천되어 왔다. 일반인들에게 컴퓨터 보급이 흔치 않았던 1970년대부터 1990년대 초까지만 해도 컴퓨터 범죄의 대부분은 은행이나 금융기관에서 단말기를 통한 데이터 조작이나 데이터 부정입력이 주를 이루었다. 그러나 1990년대 초부터 컴퓨터 보급이 확산되고 PC통신 및 인터넷 이용이 급증하면서 데이터유출 및 해킹 사례가 눈에 띄게 높아지고 있다. 이 가운데 해킹은 주로 10~20대 청소년 층에서 많이 발생했고, 특히 인터넷 등을 통해 외국의 해킹기술이 유포되면서 그 피해도 단순침입 정도가 아니라 중요데이터 유출, 삭제, 시스템 마비 등 심각한 수준인 것으로 알려지고 있다. 뿐만 아니라, 외부인의 침입 못지않게 조직 내부인에 의한 의도적 침입시도도 빈번하게 발생하고 있다.

기업정보시스템의 보안에 위협이 될 수 있는 인간의 의도적 행위는 크게 해킹행위, 악의적 소프트웨어, 신분 도용의 세 가지로 요약할 수 있다.

해킹 행위

해킹의 가장 큰 비중을 차지하는 데이터 조작에는 비승인된 접속/사용, 변조 및 삭제의 세 가지 유형이 포함된다. 뿐만 아니라, 특정 사이트를 불능화시키는 서비스 거부공격도 해킹에 해당한다. 이들을 아래에서 각각 살펴보기로 한다.

비승인된 접속 및 사용　컴퓨터 자원을 불법적으로 접속하

▲ 최근 국내에서 빈번하게 발생하는 산업스파이 사례도 비승인된 접속 및 사용에 해당하는 해킹 행위이다.

거나 사용하는 행위는 정부기관이나 군 조직에 있어 중요한 관심사가 되고 있다. 적절한 보안장치가 부재할 경우, 정보가 외부로 유출될 수 있으며, 그로 인해 피해가 발생할 수 있다. 러시아 스파이가 미 국방성 컴퓨터네트워크에 불법적으로 침입하여 군사기밀을 빼내는 사례가 이에 해당된다고 할 수 있다. 또한, 국내에서는 어느 백화점 점원이 자신의 이익을 위해 고객들의 신용카드 정보를 불법적으로 외부인에게 유출시켜 고객에게 피해를 끼친 일도 있었다. 또한 국내 기업의 전직 임직원이 중국의 기업에 하이테크 기술을 빼돌리는 이른바 산업스파이(industrial espionage) 사례도 매우 빈번하게 발생하고 있다. 비승인된 변조　　데이터는 기업의 중요한 자산이다. 따라서 데이터를 어떠한 목적으로 든 불법적으로 변조(extortion)하는 것은 범죄행위에 해당한다. 과거에는 전직 은행직원

그림 8-2 ● 분산 서비스 거부(DDOS) 공격의 개념도

공격자가 마스터 좀비에 공격명령을 내리면, 마스터 좀비의 지시를 받은 수많은 노예 좀비들이 목표서버에 대한 집중공격을 가하게 된다.

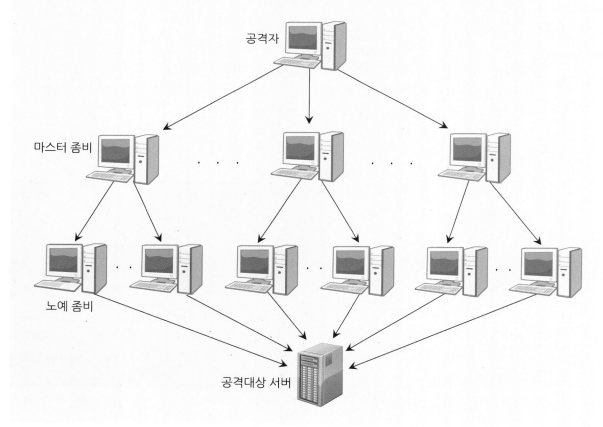

이 은행의 컴퓨터시스템에 접속하여 자금을 횡령할 목적으로 데이터를 변조하는 범죄가 적지 않게 발생했다. 이와 같이, 인간이 직접 변조하는 경우도 있지만, 때에 따라서는 컴퓨터 바이러스를 통해 데이터를 변조함으로써 오류를 발생시키는 경우도 있다. 이와 같이 불법적으로 데이터를 바꾸는 행위와 달리, 조직의 대외적 이미지를 훼손하기 위해 웹사이트를 변조하는 사이버밴덜리즘(cybervandalism)도 있다. 가령, 미국의 백악관 웹사이트의 메인 웹페이지가 한 때 중국 해커집단에 의해 포르노 사진으로 교체되어 일시적이나마 미국의 체면이 손상된 경우도 있었다.

비승인된 삭제   원한이나 기타 나쁜 감정을 갖고 있는 상대에게 보복을 할 목적으로 데이터를 삭제함으로써 피해를 입히는 범죄도 간간이 발생한다. 미국 조지아주 애틀란타시에 소재한 어느 기업에서는 컴퓨터전문가인 부하직원이 인사조치에 불만을 갖고 상사에게 복수할 생각으로 이 회사의 고객 데이터를 백업데이터까지 모두 삭제하기에 이르렀다. 회사는 수십만 달러의 큰 피해를 입었지만, 외부 보안전문기업에 의뢰하여 추적 조사한 결과 그 직원의 소행이라는 사실이 드러나 범인은 결국 실형을 선고받게 되었다.

서비스 거부 공격   해커들이 네트워크 서버나 웹 서버를 가상적인 트래픽을 발생시켜 서버가 마비됨으로써 접속이 불능화되는 해킹 공격을 가리켜 **서비스 거부**(denial of service: DoS)라고 한다. 무수하게 많은 거짓 데이터조회 요청을 서버에 도착하면, 비록 데이터가 파괴되지는 않는다 하더라도 서버는 이용자들의 정상적인 접속 및 서비스 요청을 처리하지 못하고 다운되므로 이용자들의 불편을 가져올 수 있다. 요즘 우리나라에서도 수 차례 발생한 적 있는 **분산 서비스거부**(distributed denial of service: DDoS) 공격은 여러 대의 컴퓨터를 이용해 여러 지점에서 동시다발적으로 네트워크를 불능화시키는 해킹 행위다. **그림 8-2**에서와 같이, DDoS 공격자들은 악의적 소프트웨어에 의해 감염된 수천 대의 좀비 PC를 PC 소유주가 알지 못하게 이용해 서비스 거부 공격에 이용한다. 감염된 컴퓨터는 좀비 PC, 즉 노예 PC가 되어 상위의 마스터 컴퓨터의 지시에 따라 공격을 수행하게 된다.

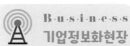

**B·u·s·i·n·e·s·s
기업정보화현장**

코로나發 해킹으로 기업 피해액 크게 증가하다

코로나19로 기업 데이터 유출 피해 비용이 17년 만에 최고를 기록했다. 미처 준비할 새 없이 재택근무가 늘고 기업들 클라우드 전환이 속도를 내면서 '보안 사고'가 급증한 것이 원인이다.

IBM시큐리티는 포네몬 연구소와 함께 전 세계 기업과 조직 500여 곳 실제 데이터 유출 사례를 심층 분석한 결과, 최근 1년여간 데이터 유출 피해를 입은 전 세계 기업들은 사고당 평균 424만달러(약 49억원) 손실을 입었

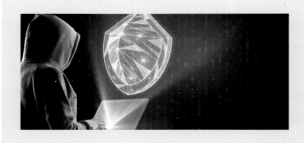

다. 조사 대상 중 한국 기업은 총 27곳으로, 이들은 데이터 유출 사고로 평균 약 41억원의 손실을 봤다.

한국 기업 피해를 보면 데이터 유출 사고 때 건당 피해 금액이 가장 큰 산업은 금융, 서비스, 정보기술(IT) 순이었다. 특히 10건 중 2건은 사용자 인증 정보를 도용해 공격한 것으로 나타났다. 다른 요인으로는 클라우드 구성 오류를 타고 침입하거나, 허위 문자와 이메일을 통한 피싱이 뒤를 이었다. 한국 기업들의 데이터 유출 사고 시 피해가 가장 컸던 최초 공격 방법은 '비즈니스 이메일 유출'로 피해액은 평균 약 67억원에 달했다. 그다음은 사회공학적 해킹(보이스피싱) 약 52억원, 피싱(허위 문자, 이메일 클릭) 약 49억원 순으로 나타났다.

보고서는 최근 다른 조사에 참여한 한국인 사용자 10명 중 9명이 여러 계정에서 같은 암호를 사용한다고 답변했다며 주의가 필요하다고 당부했다. 한 곳만 유출되어도 줄줄이 피해를 입을 수 있기 때문이다.

기업 차원에서는 어떤 이용자도 신뢰하지 않고 꼼꼼하게 검증하는 '제로 트러스트' 접근 방식을 도입할 필요가 있다. 이번 조사 결과 제로 트러스트 시스템을 갖춘 기업들 평균 데이터 유출 피해액은 약 26억원인 반면, 제로 트러스트 접근 방식을 아직 시작하지 않았다고 답

변한 기업들 피해액은 약 50억원으로 약 두 배에 달했다.

IBM 관계자는 "한국 기업들이 '보안 자동화'를 도입하고 있다는 점은 긍정적"이라며 "보안 자동화를 부분적으로(38%) 또는 완전하게(25%) 도입했다고 답변한 기업이 63%로 보안 자동화 도입 비율이 높아지고 있는 것으로 나타났다"고 분석했다.

한국뿐 아니라 세계적으로 코로나19 기간 업무 방식이 급하게 바뀌면서 기업들이 보안 사고를 통제하기 더욱 어려워졌고, 보안 사고 관련 비용도 전년 대비 약 10% 증가한 것으로 조사됐다. 가장 큰 원인은 '원격 근무'였다. 원격 근무가 데이터 유출 사고의 요인이 된 경우 피해 금액은 100만달러 이상으로 불어났다. 원격 근무가 원인이 아닌 정보 유출 사고 피해액은 평균 389만달러였는데, 원격 근무로 인한 피해 금액은 496만달러에 달했다.

IBM은 특히 코로나19 시국을 틈 타 의료 업계 보안 사고가 급증했다고 밝혔다. 의료 업계 유출 사고 피해액은 사고당 923만달러로 전년 대비 200만달러나 늘었다. 코로나19 기간 운영상 변화가 컸던 소매와 서비스, 소비자 제조·유통 분야 피해 금액도 급증했다.

어떻게 하면 데이터 유출을 막고 피해액을 최소화할 수 있을까. IBM은 인공지능(AI) 활용과 보안 취약점 분석, 암호화 도입 세 가지를 꼽았다. 조사에 따르면 이러한 도구를 사용하는 기업은 사용하지 않는 기업에 비해 125만~149만달러의 피해 금액을 절감했다. 클라우드 기반 데이터 유출 사고와 관련해서도 '하이브리드 클라우드' 시스템을 갖춘 기업(361만달러)은 퍼블릭 클라우드(480만달러)나 프라이빗 클라우드만 주로 사용하는 기업(455만달러)에 비해 피해 금액이 적었다.

크리스 매커디 IBM시큐리티 총괄 부사장은 "AI, 자동화, 제로 트러스트 접근 방식과 같은 현대적 보안 기술을 도입함으로써 사고 피해액을 더 줄일 수 있을 것"이라고 말했다.

출처: 매일경제신문, 2021년 8월 2일

악의적 소프트웨어

앞에서 논의된 세 가지 시스템 가해 유형은 인간에 의한 직접적인 데이터 가해에 속하는 컴퓨터 범죄라고 할 수 있다. 반면에, **표 8-1**은 **악성코드** 혹은 **말웨어**(malware)라고

표 8-1 말웨어 프로그램을 통한 시스템 가해 기법의 유형	
프로그램 기법	설 명
바이러스(Virus)	응용프로그램이나 데이터 파일에 첨부되어 사용자의 일상 작업 도중 은연중에 실행되는 프로그램이다.
웜(Worm)	파일을 변조하거나 삭제하지는 않지만, 관련 파일들을 계속 복제시켜 시스템을 마비시키는 프로그램이다.
트로이 목마(Trojan horse)	다른 프로그램 내에 숨어 있다가 사용자가 특정 작업을 하는 순간 시스템장애를 일으키는 프로그램이다.
스파이웨어	사용자의 동의없이 컴퓨터에 잠입해 인터넷이용과 관련한 개인적인 정보를 수집하는 컴퓨터소프트웨어이다.
애드웨어	애플리케이션 소프트웨어를 설치해 사용하는 동안 자동으로 광고물을 다운로드, 재생, 혹은 표시하는 소프트웨어이다.

출처: Turban, E., C. Pollard, G. Wood, *Information Technology for Management: On-Demand Strategies for Performance, Growth and Sustainability* (*11th ed.*), New York: John Wiley & Sons, Inc., 2018

그림 8-3 바이러스의 감염 경로

바이러스는 저장매체나 통신네트워크를 따라 이동함으로써 제3자의 컴퓨터에 쉽게 감염될 수 있다.

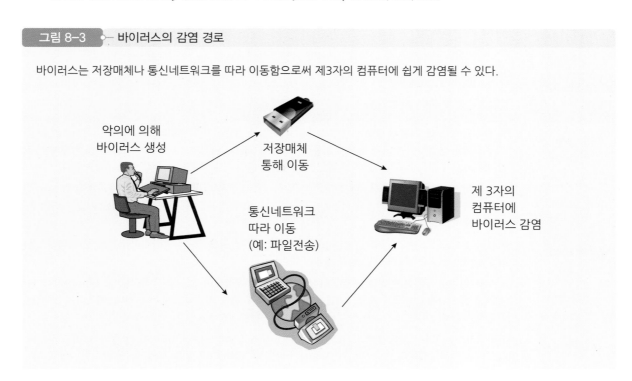

악의에 의해 바이러스 생성

저장매체 통해 이동

통신네트워크 따라 이동 (예: 파일전송)

제 3자의 컴퓨터에 바이러스 감염

도 불리는 컴퓨터 프로그램을 통한 시스템 가해 기법들을 설명하고 있다. 이 중 바이러스와 웜에 관해 살펴 보기로 한다.

컴퓨터 **바이러스**는 데이터를 삭제하거나 시스템 작동을 중단시키거나 혹은 시스템에 오류를 발생시키는 프로그램이다. **그림 8-3**에 나타나 있듯이, 주로 저장매체나 통신망을 통해 다른 프로그램에 첨부된 형태로 컴퓨터에서 컴퓨터로 이동한다. 일부 악의를 지닌 개인들에 의해 만들어지는 바이러스는 컴퓨터 사용자에게 피해를 입힐 수 있으므로 바이러스 작성/전파 행위도 범죄에 해당한다.

표 8-2는 바이러스의 유형들을 열거하고 있다. 오늘날 바이러스는 웹, e-메일, 파일 공유시스템 등과 같은 네트워크서비스를 활용하고 있어, 바이러스와 웜간의 경계선이 무너지고 있다. 일부 바이러스는 소프트웨어를 손상시키거나 파일을 삭제하거나 하드디스크를 다시 포맷시킴으로써 컴퓨터를 손상하도록 프로그램이 만들어져 있다. 반면, 다른 바이러스들은 아무런 손상을 입히지 않으나, 자체 파일을 복제시키며 문자, 화상 혹은 음성정보를 나타냄으로써 그 존재를 표현하기도 한다. 그러나 이러한 평범한 바이러스조차도 컴퓨터이용자에게는 문제를 발생시킬 수가 있다. 이러한 바이러스가 다른 정상적인 프로그램이 필요로 하는 컴퓨터메모리를 차지하기 때문이다. 결과적으로 이러한 바이러스때문에 이상 행동이 나타나고 시스템이 마비되는 상황에까지 이를 수가 있다. 또 바이러스 다수가 오류가 많으며, 이러한 바이러스 오류가 시스템충돌 및 데이터손실을 초래할 수가 있다.

표 8-2 ── **컴퓨터 바이러스의 유형**

바이러스 유형	설 명
애플리케이션 바이러스	파일 확장명이 .EXE 혹은 .COM인 실행 프로그램 파일을 감염시키는 바이러스이다. 이 바이러스에 감염된 프로그램을 실행시키면 그와 동시에 컴퓨터시스템도 또한 감염된다. 바이러스가 프로그램 파일에 첨부되면 파일크기가 변하므로 파일크기를 확인하는 방법을 통해 감염 여부를 판단하는 것도 가능하다.
이메일 바이러스	이메일 바이러스는 이메일 메시지에 첨부된 파일 형태로 이동하며, 피해자의 이메일 주소록에 있는 수많은 이용자들에게 그 자신을 메일로 자동전송함으로써 스스로 복제한다. 사용자가 감염된 메일을 여는 순간 바이러스가 실행된다.
시스템 바이러스	오퍼레이팅 시스템 프로그램이나 기타 시스템 파일에 감염을 일으키는 바이러스이다. 이러한 바이러스는 보통 컴퓨터의 부팅과 동시에 시스템을 감염시킨다.
로직 폭탄	또 하나의 바이러스 유형은 특정 날짜와 시각에 '터지도록' 예정되어 있는 로직 폭탄(logic bomb)이다. 당장 문제를 일으키지 않으므로 프로그램을 사용하지만 추후 전혀 예측하지 못한 시간에, 예측하지 못한 문제를 발생시킬 수 있다.
문서 바이러스	문서바이러스는 프로그램파일이나 시스템파일 대 신문서에 첨부되는 바이러스의 일종이다. 어떤 문서바이러스는 문서의 매크로에 숨어 있다가, 사용자가 파일을 저장하려고 할 때 파일저장을 방해할 수도 있다.

그림 8-4 바이러스 제거 프로그램의 예시

컴퓨터를 바이러스 위협으로부터 보호하기 위해서는 AVG(좌측)나 캐스퍼스키(우측)와 같은 안티 바이러스 프로그램을 이용해 정기적으로 시스템을 스캔하는 것이 중요하다.

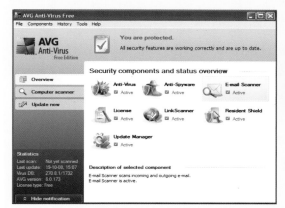

웜(worm)은 컴퓨터 네트워크와 보안 취약점을 이용해 자체 파일을 복제시키는 프로그램이다. 웜은 특정 보안취약점이 있는 컴퓨터를 찾기 위해 네트워크를 탐색하며, 취약점이 있는 컴퓨터에 자신을 계속 복제함으로써 컴퓨터 운영에 부정적 영향을 미칠 수 있다. 웜의 유명한 예로서 로버트모리스 사례를 들 수 있다. 지금은 MIT의 교수가 된 로버트모리스는 1980년대말 코넬대학원 컴퓨터공학과 재학시절 호기심에서 웜을 만들어 인터넷의 전신인 아파넷(ARPANET) 네트워크에 띄웠는데, 이로 인해 네트워크에 연결된 6,000여 컴퓨터가 하루 동안 장애를 일으킴에 따라 사용자들이 업무를 중단해야 하는 불편을 겪었다.

신분 도용

신분 도용(identity theft)이란 공격자가 의도적으로 자신을 다른 개인의 신분으로 가장해 시스템 접근을 획득하는 행위를 뜻한다. 신분 도용을 통해 시스템에 성공적으로 접근하게 되면, 메일이나 데이터베이스의 개인 정보를 빼내거나 타인 소유의 게임 아이템을 마치 자기 것인양 매도해 금전적인 이익을 챙기기도 한다. 신분 도용의 피해자는 공격자가 도용한 신분을 이용해 저지른 범법 행위에 대해 법적 책임을 물을 경우 의외로 피해를 입을 수 있다. 가령, 공격자가 어느 국방부 공무원의 신분으로 위장해 시스템에 접속한 후 군 기밀정보를 빼낸 사실이 드러난 경우, 범행을 하지도 않은 공무원이 처벌받을 수도 있다. 또 신분을 도용한 공격자에 의해 속임을 당한 조직이나 개인 역시 피해를 입기는 마찬가지다.

신분 도용이란 용어는 1964년 처음 등장했다. 실제로 신분을 훔치는 것은 현실적으로 가능하지 않으므로, 보다 정확한 표현은 신분 사기 혹은 신분 복제임에도 불구하고, 오늘날 신분 도용이 보편화되었다.

신분 도용은 다음 다섯 가지 유형으로 나누어 생각할 수 있다.

- 범행목적의 신분 도용(criminal identity theft): 자신이 저지른 범죄의 추궁을 피하기 위해 제3자로 위장함(범죄책임 회피 목적)
- 재무적 신분 도용(financial identity theft): 제3자의 신분을 가장해 신용, 상품 및 서비스를 획득(재무적 이익획득 목적)
- 신분 복제(identity cloning): 일상생활에서 제3자의 정보로 자신의 신분을 가장함

B·u·s·i·n·e·s·s
기업정보화현장

코로나 숨기려고 신분 도용한 남성

코로나19(신종 코로나바이러스 감염증)에 걸린 인도네시아 남성이 여장을 하고 아내의 신분증을 이용해 국내선에 탔다가 적발됐다. CNN, 일간 콤파스 등은 지난 18일 자카르타발 북말루쿠주 뜨르나테행 시티링크 여객기에서 코로나19에 걸린 사실을 숨기고 아내 신분을 도용한 남성이 승무원에게 적발됐다고 보도했다.

이 남성은 코로나19 감염으로 비행기 탑승이 어려워지자 아내의 신분증과 백신접종증명서, 유전자증폭(PCR) 음성 확인서를 도용해 공항 검열을 통과했다. 눈을 제외한 얼굴은 니캅으로 가렸으며, 몸 전체를 덮는 옷으로 체형도 가려 여성처럼 보이도록 했다.

이후 그는 여객기 화장실에서 남성 티셔츠로 갈아입고 나오다 승무원에 붙잡혔다. 승무원은 니캅 대신 남성복을 입고 나오는 남성을 수상히 여겨 경찰에 관련 사실을 통보했다. 신고를 받은 경찰은 여객기가 착륙하자마자 해당 남성을 체포하고 코로나19 검사를 시행했다. 검사 결과는 양성. 경찰은 피의자가 코로나19에 걸린 만큼, 우선 그를 뜨르나테시에 있는 자택으로 이송해 격리한 후 수사를 이어갈 방침이다.

▲ 자신이 코로나에 감염된 사실을 숨기려고 신분을 도용해 비행기에 탑승한 남성이 적발됐다.

인도네시아 정부는 지난달부터 코로나 확진자가 급증하자 이달 3일부터 여객선 탑승 시 1차 이상 백신접종증명서와 48시간 이내 PCR 음성 확인서를 제출하도록 의무화했다. 국제선 탑승 규제도 강화해 현재 12세 이상 외국인이 인도네시아에 입국하려면 백신접종을 완료한 증명서와 PCR 음성 확인서가 있어야 한다.

출처: 한경 닷컴, 2021년 7월 23일

• 의료 신분 도용(medical identity theft): 제3자의 신분을 이용해 진료서비스나 약품을 획득함

8.3 ▶ 보안침해사고의 조사 및 관리

기업의 IT자산은 평소 보안시스템을 통해 보호하여야 하는 반면, 일단 침해사고가 발생하면 신속하게 그 원인 및 공격경로에 대해 조사가 이루어져야 한다. 또한, 보안침해 사고를 사전에 효과적으로 예방할 수 있기 위해서는 정기적으로 보안침해의 위험을 진단함으로써 취약점을 규명해 내고 그에 대한 보완조치를 취할 수가 있다. 본 절에서는 보안침해사고의 조사기법으로서 디지털 포렌식을 살펴보고, 또 조직의 보안위험진단을 위한 위험평가에 대해 알아보기로 한다.

디지털 포렌식

오늘날 정보기술의 발전과 함께 범죄를 추적하는 기술 또한 큰 변화를 맞고 있다. 컴퓨터와 통신 장치를 이용하는 과정에서 메모리, 데이터 파일 및 로그파일에 방대한 양의 상세한 디지털 기록이 남는다. 데스크탑 및 노트북 컴퓨터 뿐만 아니라, 스마트폰, 태블릿 PC, PDA 등 시스템에 접속가능한 장치들은 모두 접속시각, 사용 시간 등 세부 기록을 남기게 된다. 뿐만 아니라 파일 및 메시지를 전송할 때 송신 및 수신과 관련한 데이터가 자동으로 생성된다. 비록 사용자는 이에 대해 관심이 없거나 모른다 하더라도, 시스템에서는 데이터의 생성, 변경, 삭제, 통신 등과 관련해 '디지털' 흔적이 남게 된다. 따라서 추후 범죄가 발생하거나 특정 사용자의 의심스러운 행동에 대한 조사가 필요할 경우, 이 디지털 흔적을 추적해 전자 증거를 수집하고 그 결과에 기초해 보다 과학적이고 합리적인 수사를 수행할 수 있는데 이를 가리켜 디지털 포렌식이라고 부른다. 금융 비리 등 사건이 발생했을 때, 혐의가 있는 개인 혹은 조직의 사무실로부터 컴퓨터 등 기기들을 압수하는 것도 디지털 포렌식 수사를 할 목적으로 하는 것이다. 본래 디지털 포렌식이란 용어는 컴퓨터 포렌식과 동의어로 사용이 되었으나, 디지털 데이터를 저장할 수 있는 모든 매체들을 포함하는 의미로 확대되었다.

▲ 디지털포렌식 수사에 이용되는 장비들 예시(좌측부터, 휴대폰/PDA 데이터 추출기, 휴대폰 스크린 촬영용 카메라, 하드디스크 복구용 장비)

조사는 네 가지 중 하나로 분류된다. 가장 흔한 것은 **포렌식 분석**으로서 형사법원에서 용의자에 대한 가설적 주장을 지지하거나 반박할 목적으로 증거를 복구하는 것을 뜻한다. 이와 밀접한 관련이 있는 **정보 수집**이란 다른 용의자 혹은 범죄를 규명하기 위해 자료를 확보하는 것을 의미한다. **이디스커버리**(eDiscovery)는 민사소송과 관련한 일종의 조사이다. 끝으로 **침입 조사**는 비승인된 네트워크 침입의 성격 및 정도에 대한 전문가 조사이다. 조사의 분야에 따라, 컴퓨터 포렌식, 네트워크 포렌식, 데이터베이스 포렌식 그리고 모바일 매체 포렌식의 네 가지로 분류된다.

디지털 포렌식 프로세스는 디지털 매체의 압수, 획득 및 분석의 단계로 진행되며 법원이나 기관에서 이용할 수 있는 증거수집 보고서를 작성하여야 한다.

 B·u·s·i·n·e·s·s 기업정보화현장 ## 디지털 포렌식을 의뢰하는 시민들

\# 최근 A씨는 돌아가신 아버지의 유언장 파일을 들고 민간 포렌식 업체를 찾았다. 아무래도 유언장 조작이 의심됐지만 사진이 변형됐다는 증거를 찾지 못했다. 포렌식 업체는 날짜를 수정하고 일부러 흔적이 남지 않게 블루투스로 파일을 주고받은 기록을 찾아내 유언장 조작을 입증했다.

\# B씨는 스스로 목숨을 끊은 동생의 휴대전화 잠금을 풀어달라고 민간 포렌식 업체에 의뢰했다. 부검 끝에 경찰은 자살로 수사를 종결했지만, B씨는 받아들일 수 없었다. 유족들은 당시 정황을 파악할 수 있도록 죽기 전 주고받은 문자, 카카오톡 메시지 등을 확인하기 위해 포렌식을 선택했다.

민·형사소송 증거 찾으려 포렌식업체 찾는 사람들

디지털 포렌식은 검찰·경찰에서 증거를 확보하기 위해 활용하는 수사 기법으로 알고 있지만, 요즘은 민간 포렌식 업체도 성행하고 있다. 과거에는 기업에서 사내 감사나 정보 유출을 조사하기 위해 PC를 맡기는 경우가 많았지만, 최근엔 민·형사 소송에서 자신의 주장을 입증하기 위해 개인이 포렌식 업체를 찾는 경우도 많아졌기 때문이다. 업계에 따르면 민사 소송에서 변호사를 선임하지 않고 '나 홀로 소송'을 하는 경우가 약 70%를 차지한다. 증거 능력을 인정받기 위해선 공인된 프로그램을 사용해 분석해야 하고, '해시값'이라는 고유한 함수를 통해 파일이 위변조되지 않았음을 입증해야 한다.

잠겨버린 스마트폰은 보안을 뚫고 내부 데이터를 수집해 분석하고, 침수·화재 등 사고로 휴대전화가 고장 났을 경우 메모리를 분리해 데이터를 추출한다. 휴대전화를 복구하기 위해선 신분증·통신사 가입증명서로 본인 확인을 해야 하고, 사망한 가족의 휴대전화를 들여다보기 위해선 가족관계증명서와 사망진단서를 제출해야 한다.

지난 25일 연간 7,000여건의 PC·휴대전화를 분석하는 서울 서초구의 포렌식 복구 전문 업체 '케이포렌식'을 찾았다. PC와 모니터 수십 대가 놓인 사무실엔 복구를 기다리는 휴대전화와 하드디스크들이 널려 있었고, 화이트보드엔 의뢰받은 사건의 흐름도가 어지럽게 그려져 있었다. 최규종 대표는 "요즘 많이 보도되는 성추행·성폭력 사건부터 외도나 이혼·상속 분쟁, 기업 정보 유출 등 우리가 살아가면서 접하는 수많은 사건이 포렌식과 연결돼 이곳으로 흘러들어 온다"면서 "특정 시간대의 통화 기록 하나로 재판 결과가 뒤집히기도 하고 사람 목숨이 왔다 갔다 하는 경우도 많다"고 했다.

최근 이 업체를 찾은 한 대학생은 고액 아르바이트라는 유혹에 넘어가 보이스피싱 업체가 시키는 대로 앱을 깔았다가 공범 혐의로 경찰 조사를 받게 됐다. 정보 보안을 이유로 대화 내용을 지우라는 말에 주고받은 대화 기록도 다 지워 무죄를 증명할 방법이 없자 답답한 마음에

업체를 찾았다. 최 대표는 "요즘은 비트코인으로 돈을 벌었다며 100억이 찍힌 통장을 보여주고서 고수익을 보장하며 사람을 꾀는 '코인 사기'도 많다"면서 "데이터를 복구해 주고받은 대화나 사용한 앱에서의 활동 기록 등을 파악해 당시 정황을 최대한 입증할 수 있게 도와준다"고 했다. "우리끼리는 '포렌식 상담'이라고 얘기해요. 포렌식을 한다고 모든 사실이 밝혀지진 않지만, 시간대별로 사실관계를 파악해 충분히 자신의 입장을 소명할 수 있도록 상담해주는 거죠."

복구 비용은 분석 대상의 종류와 상태에 따라 다르지만, 보통 휴대전화 사진은 20만원, 문자메시지나 통화 기록은 20만~40만원, 기업 정보 유출 관련 PC 검사는 100만원까지도 든다.

데이트폭력·보이스피싱 관련 사건 의뢰 늘어나

데이트 폭력이나 성추행·성폭력이 사회 이슈가 되면서 관련 사건 의뢰도 늘었다. 헤어진 지 몇 년 된 여자친구가 자신을 성폭행으로 고소해 당시 나눴던 대화를 복구하고 싶다거나, 친구의 사진을 도용하고 성희롱 글을 게시한 가해자가 과거 피해자와 나눴던 대화를 살펴보고 싶어하는 식이다.

소송뿐만 아니라 억울한 죽음을 밝히는 역할도 한다. 전국에 10여 센터를 둔 또 다른 업체 SDR에선 "최근엔 사망한 가족의 휴대전화의 잠금 설정을 풀어달라며 오시는 분들도 많다"면서 "갑자기 돌아가실 경우 채무 관계

를 확인하기 위해 맡기기도 하고, 자살 유가족의 경우 도대체 왜 극단적 선택을 했는지 알고 싶어서 의뢰하시기도 한다"고 했다. 단순히 문자나 카카오톡 대화로 파악하기 어려운 경우엔 메모장에 남긴 기록이나 GPS를 통한 시간대별 동선까지 추적하기도 한다.

포렌식 업체를 함께 찾는 부부들도 꽤 된다. 한쪽이 상대방의 외도를 의심할 경우, 결백을 증명하기 위해 부부가 같이 와서 휴대전화를 맡긴다. SDR 이학주 대표는 "보안을 뚫는 기술이 개발되지 않았을 때는 복구 기간이 오래 걸리기도 한다"면서 "남편이 아내를 의심해 이혼 소송을 제기한 건이 있었는데, 1년 만에 아내의 휴대전화가 열리면서 의심을 없애고 이혼을 막은 사례도 있었다"고 했다.

애플·삼성 등 스마트폰 제조사에서 갈수록 보안을 강화하면서 디지털 포렌식도 점점 어려워지고 있다. 제조사에서 보안 기술을 개발하면 포렌식 업체들은 보안 취약점을 찾기 위해 달려든다. 이 대표는 "막는 자와 뚫는 자의 싸움"이라면서 "스마트폰 제조사들이 마케팅을 위해 보안을 지나치게 강조하면서 수사관들 입장에선 범죄 증거를 찾기 점점 어려워지고 있다"고 했다.

개인의 디지털 기록을 낱낱이 들여다볼 수 있기 때문에 개인 정보 침해를 우려하는 목소리도 있다. 가수 정준영이 성관계 동영상을 촬영·유포한 일명 '황금폰'도 복구를 맡겼던 사설 포렌식 업체가 유출처로 지목됐다. 최규종 케이포렌식 대표는 "민간 포렌식 수요는 점점 커지는데, 개인 정보 보호나 복구 권한 위임 규정이 마련돼 있지 않아 업체마다 각자 나름의 규정을 만들어 지키고 있다"면서 "다양한 분야에서 쓰일 수 있는 만큼 법 제도 정비가 필요하다"고 했다.

출처: 조선일보, 2021년 5월 29일

🔗 위험 평가

기업이 정보 자산에 대해 보안체계를 구축하기에 앞서, 어느 자산들이 보호가 필요하며 이들 자산이 취약한 정도를 파악하여야 한다. 위험평가는 특정 프로세스에 대해 적절한 보호조치를 취하지 않을 경우 기업에 미치는 위험의 수준을 결정한다. 구체적으로 정보자산의 가치, 취약점 발생지점, 문제발생 예상빈도, 그리고 침해 가능성이 결정되어야 한다.

위험평가 및 보안 비용 및 효익을 계량화하기 위한 기법과 관련한 한 가지 문제점은 기업이 정보시스템에 발생하는 위험의 정확한 확률을 알 수가 없다는 점이다. 따라서 그러한 위협요인의 영향을 정확히 계량화하기가 어렵다. 그럼에도 불구하고, 경영진은 직간접적 보안비용을 예측하고 예산을 작성하며 또 제어할 것을 요구한다. 보안평가의 최종 산출물은 보안 전체 비용을 최소화하고 시스템 보호능력을 극대화하기 위한 계획이다.

국제 표준기구인 ISO에서 권장한 정보보안관리 지침에서는 위험평가(risk assessment)

과정에서 다양한 요소들에 대해 점검을 실시하도록 하고 있다. 이들을 살펴보면, 보안 정책, 정보보안 조직, 자산관리, 인적자원에 대한 보안, 물리적 및 환경적 보안, 커뮤니케이션 및 운영의 관리, 접근 제어, 정보시스템 구매, 개발 및 유지보수, 정보보안 침해 사건 관리, 비즈니스 연속성 관리 및 규정 준수를 포함한다.

B·u·s·i·n·e·s·s 기업정보화현장

보안위험때문에 화웨이 포비아 전 세계로 확산

프랑스 1위 이동통신사 오렌지의 스테판 리처드 CEO는 14일(현지시간) "우리는 5G망을 구축함에 있어, 화웨이를 부를 것 같지 않다"고 말했다. 이어 "우리는 전통적인 파트너들과 함께 할 계획"이라며 "그들은 노키아와 에릭슨이다"라고 했다.

화웨이 5G 통신장비는 들이지 않겠다는 것이다. 통상 장비 선정은 이통사가 한다. 사실 프랑스 정부의 경우 화웨이 장비 도입에 대해 반대하지 않는다는 발언을 하기도 했다. 브뤼노 르 메르 재정경제부 장관은 최근 중국 국무원 부총리인 후춘화를 만난 자리에서 "화웨이는 프랑스에서 중요한 역할을 하는 기업"이라며 "그들의 투자를 환영한다"고 밝혔다.

독일도 신중한 입장이다. 도이치텔레콤은 최근 성명을 통해 5G 구축에 앞서, 중국산 장비를 도입하는 것에 대해 "매우 신중하게" 논의 중이라고 했다. 여러 장비사를 채택하는 멀티 밴더 전략을 고수하고 있지만 "조달 전략을 재평가하고 있다"는 것이다. 도이치텔레콤은 노키아, 에릭슨, 시스코, 화웨이 장비를 써왔다.

유럽연합은 경계 상태다. 안드루스 안시프 유럽(EU) 집행위원회 부위원장은 화웨이 등 중국 기술기업의 "보안과 산업에 대한 리스크를 의식해야 한다"고 경고했다. 또 중국 정부의 요청에 따라 중국 업체가 암호화 된 통신망 백도어에 접근할 수 있음을 걱정해야 한다"고 강조했다.

아시아에서는 입장이 갈린다. 일단 우리나라는 화웨이 5G 장비를 들였다. LG 유플러스가 LTE와 장비 연동을 위해 화웨이 장비를 도입했다. 화웨이 입장에서는 세계 시장에 5G장비를 보급하기 위한 전초기지를 한국에 세우게 됐다. 하지만 화웨이의 다음 공략지가 될 일본은 신중한 입장을 보이고 있다. 교토통신에 따르면 일본 총무성은 내년 3월 이동통신사에 5G용 주파수 할당하기에 앞서, 중국업체 제품을 배재하는 새로운 심사기준 지침을 낼 예정이다. 또 일본 정부는 IT제품·서비스 조달시 안전보장상 위험성 여부를 고려하기로 했다. 이통사들도 4G 제품을 다른 회사 제품으로 바꾸기로 하는 등 정부의 움직임을 따라가고 있다.

이외에도 대만, 호주, 뉴질랜드 등 국가들이 화웨이 장비를 도입하지 않기로 했다. 보안 논란을 제기한 미국은 3, 4위 이통사 간 합병을 승인하는 조건에도 '화웨이 장비 배제'를 넣은 것으로 알려졌다. 화웨이는 '화웨이 포비아'가 지속적으로 확산되는 것에 대해 "현재 포춘 500대 기업 및 170여개 이상 국가의 고객과 소비자들이 사용 중이며, 사이버 보안에 대한 문제 제기를 받은 적이 단 한 번도 없다"는 입장을 밝혔다.

다만 최근 화웨이코리아는 각 국 정부의 화웨이 도입 반대 보도가 나오면 실제 현장은 상황이 다르다는 보도 참고자료를 내고 있다. "일본 정부 및 주요 이통사들 모두 화웨이를 배제한다고 발언한 바 없다"는 식의 내용을 담고 있다.

화웨이 포비아가 확산되고 있는 것은 1차적으로 거의 모든 주요 국가에 화웨이 장비가 도입돼 있다는 점을 들 수 있다. 화웨이의 LTE장비 세계 시장 점유율은 28%에 달한다. 세계 1위다. 정부 입장에서는 자국 망에 도입된 장비에 대한 보안 논란이 일고 있으니 국민을 안심시키기 위해 입장을 낼 수 밖에 없는 것이다. 특히 5G망은 자율주행, 원격진료 등 다양한 기기와 연결된다. 만약 백도어를 통해 통신망을 해킹할 수 있다면 국가 내 모든 정보가 넘어갈 수도 있는 것이다.

국가마다 입장이 다를 수 있는 것은 외교적 역학관계가 각각 다르기 때문이다. 일본 입장에서는 미국과 중국의 무역전쟁이 이어지는 현 시점에서, 화웨이 장비 도입 배제 의사를 밝히면서 노선을 확실하게 보여줬다. 반면 우리나라와 같은 중국의 인접국의 경우 "통신장비 선정은 이통사의 몫"이라는 식의 답을 내놓고 있다. 이통사가 알아서 보안을 점검할 일이라는 것이다.

출처: 아시아경제, 2018년 12월 16일

8.4 ▶ 정보시스템 보안대책 및 통제

앞서 정보시스템에 위협이 될 수 있는 요인으로서 자연재해, 인간의 오류, 컴퓨터 범죄 등을 살펴 보았다. 이러한 위협요인에 대응하기 위해서는 보안대책의 수립이 필연적이다.

정보시스템 사용과정에서 발생할 수 있는 사고에 대해서는 사전에 예방하는 노력이 절실히 요구된다. 그러나 일단 사고가 발생한 후에는 최단시간 내에 복구하여 그 피해를 최소화하는 데 전력을 기울여야 한다. 따라서 정보시스템 보안대책은 사전 예방 측면과 사후 복구 측면에 초점을 두어 수립할 필요가 있다. 아래에서는 네 가지 부문의 보안대책을 살펴보기로 한다.

정보시스템 보안대책

제도적 보안대책

제도적 보안대책은 정보시스템의 안정성(stability), 신뢰성(reliability), 가용성(availability)을 확보하기 위해 정보시스템 환경의 기본사항에 대한 보호책을 사규, 규정 등의 제도적 장치를 통해 마련하는 대책이다.

이와 함께, 기업은 시스템 운영의 안전관리 방안도 마련해야 한다. 시스템 운영을 위한 조직 및 역할 분담, 문서의 관리, 건물 관리 등의 절차들을 수립할 필요가 있다. 특히, 시스템 운영에 있어 역할 분담이 제대로 이루어지지 않음으로 인해 발생하는 시스템 오작동 사고가 종종 있으므로 관련 규정이 명문화되어야 한다.

기술적 보안대책

기술적 보안은 다시 시스템을 구성하는 하드웨어/소프트웨어, 데이터, 네트워크 보안으로 나뉘어진다.

하드웨어 및 소프트웨어 보안　　컴퓨터 하드웨어 및 소프트웨어에 대한 보안은 근래에 와서 노트북 컴퓨터의 이용이 확대되고 인터넷상에서의 바이러스 및 해킹 위협이 증대됨에 따라 중요한 보안분야로 부상하기 시작했다. 서버컴퓨터에도 정교한 보안이 구현되어 있어야 함은 물론, 사용자 쪽의 컴퓨터에도 안전관리의 노력이 요구된다. 도난이나 파손 등의 사고에 대비해 사용자 자신들의 각별한 주의가 요망된다.

데이터 보안　　기업에서 데이터는 불법적인 노출, 조작 혹은 파괴의 대상이 될 수 있기 때문에 이러한 위협요인으로부터 데이터 자원을 보호하기 위한 노력이 필요하다. 특히 산업스파이에 의한 하이테크 기술의 유출이나 조직 구성원에 의한 민감한 개인정보의 외부유출이 우려되는 상황에서는 데이터보안 대책이 매우 중요하다. 일반적으로 데이터베이스에 대한 접근통제를 통해 데이터 보안을 유지할 수 있다. 뒤의 사례연구에 소개되는 런던 경찰의 경우, 휴대저장 장치에 데이터를 몰래 저장하는 행위를 제한하기 위해 모든 컴퓨터의 USB 포트가 차단된 것도 데이터 보안대책에 속하는 것임을 알 수 있다.

네트워크 보안　　근래 들어 정보통신기술의 발달로 인해 많은 업무가 분산처리시스템에 의해 수행되고, 인터넷과 연계하여 조직업무를 수행하는 기업이 늘게 됨에 따라, 네트워크 보안이 중요한 이슈로 떠오르고 있다. 네트워크 보안을 위해 조직은 다음의 요건을 갖추어야 한다.

① 가용성(availability): 데이터 및 시스템 자원은 접근이 승인된 사용자에게는 효과

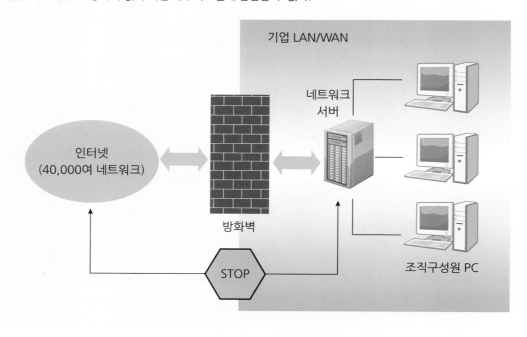

그림 8-5 ● 방화벽의 개념도

외부인은 어느 누구도 방화벽 없이 기업 내부시스템에 침입할 수 없다.

적으로 사용할 수 있도록 적절히 제공되어야 한다.

② 무결성(integrity): 네트워크를 통해 전송 또는 처리되는 정보는 정확성, 안전성 및 일관성을 유지하여야 한다. 이를 위해서는 오직 승인된 사람만이 데이터를 변경, 삭제 또는 생성하여야 한다.

③ 기밀성(secrecy): 시스템에 대한 불법접근을 통제하고 데이터가 승인받지 않은 사람에게 노출되지 않도록 해야 한다.

조직의 전산시스템이 인터넷과 연결되어 있는 경우에는 외부의 불법적인 침입을 막기 위해 방화벽이 구축되어야 한다. 방화벽(firewall)이란 **그림 8-5**에 나타나 있듯이 네트워크의 외부망과 접속할 때 외부의 불법 사용자의 침입을 차단하기 위한 정책 및 이를 지원하는 소프트웨어 및 하드웨어를 총칭하는 개념이다.

물리적 보안대책

기업 전산센터 내에 외부인의 무분별한 출입으로 말미암아 시스템의 정상적인 운영이 중단되는 사고가 발생할 수 있으므로, 정보시스템에 대한 접근을 통제함으로써 물리적인 피해를 막는 대책이 필요하다. 전산센터의 시설물 설치 및 관리, 천재지변이나 화재 등 자연재해 예방대책, 재난복구 계획, 출입관리 등이 물리적 보안의 주요 대상이 된다.

전산센터의 물리적 보안을 유지하기 위해서는 사고발생을 예방하기 위한 대책을 계획하고 실행함과 동시에 비상사태시 정보시스템을 보호하기 위한 절차도 수립되어야 한다. 아래에서는 재해사고를 예방하기 위한 수단으로서의 고장방지시스템을 살펴보고, 재해 발생시 필요한 복구계획에 대해 알아보기로 한다.

고장방지시스템　　자연재해로 인한 피해를 예방하기 위한 가장 좋은 방법은 사전에 이를 방지하는 것이다. 최근 들어 컴퓨터 하드웨어 제조업체들에 의해 소개되고 있는 고장방지시스템(fault-tolerant system)은 바로 그러한 목적을 위해 존재한다고 할 수 있다. 가령, 무정전 전원장치(uninterrupted power supply: UPS)는 전원 공급이 중단되더라도 전지를 통해 일정 시간 동안 비상전원을 공급하여 데이터의 손실을 막을 수 있다. 또한, 디스크미러링(disk mirroring) 기능은 동일한 데이터를 한 개 이상의 하드디스크에 동시 저장시키는 기법이다. 특정 하드디스크에 고장이 발생하더라도 다른 하드디스크는 정상적으로 작동할 수 있으므로 데이터는 보존이 가능하다.

▲ 무정전 전원장치는 일종의 전지로서 정전이 되더라도 전력을 일시적으로 공급할 수 있다.

재해복구 계획　　비록 정교한 예방대책이 준비되어 있다 하더라도, 재해를 미처 피하지 못하는 경우가 종종 발생한다. 재해 복구계획은 화재나 수해나 테러행위가 발생했을 때 어떠한 조치를 밟아야 하는지 명시하는 포괄적인 계획이다. 재해복구 계획에서는 유사시 어떠한 파일을 이동시켜야 하며 누가 어떠한 책임을 담당해야 하는가에 대해서 상세히 기록되어야 한다. 재해

▲ CJ 대한통운이 각종 재해로 인한 택배 전산시스템 중단에 대비하기 위해 구축한 택배 전산 재해복구센터

복구의 가장 핵심적인 부분은 시스템을 복구하기 위해 백업(backup)된 데이터 및 프로그

램을 새 시스템에 재구축하는 작업이다.

일반적으로, 기업들은 자체의 복구시설을 유지하기보다는 외부 복구전문업체에 복구를 의뢰하는 경우가 대부분이다. 9.11 테러발생시 신속한 데이터복구에 성공한 메릴린 치사는 자체의 복구시설이 준비된 경우지만, 여타 기업들은 외부 전문업체의 복구시설을 이용하여 정상적인 시스템환경을 재구축할 수 있었다.

인적자원의 보안대책

조직에서도 시스템 피해에 대한 대응방안을 마련해야 하는 반면, 사용자 자신들도 의식적으로 시스템 보안을 위협하는 요소로부터 시스템을 보호하는 노력이 필요하다. 시스템 운영자나 사용자 자신들의 보안의식은 정보시스템의 보안기능을 유지하는 데 필수적인 요소이다. 컴퓨터 범죄의 80% 이상이 조직 내부자의 소행으로 나타나 있는 것은, 대부분의 보안사고가 인적자원 관리가 허술하거나 보안의식이 소홀한 데서 발단이 된다고 볼 수 있다. 따라서 내부의 운영요원이나 사용자에 대한 지속적인 보안마인드 교육을 통해 인적자원에 대한 보안기능의 유지에도 관심을 기울여야 할 것이다.

정보시스템 통제

컴퓨터 시스템을 해악요소로부터 보호하기 위해 기업은 통제를 설치할 수 있다. 통제에는 여러 가지 유형이 있으나 크게 일반적 통제와 애플리케이션 통제로 구분된다. 일반적 통제는 특정 애플리케이션과는 별개로 시스템을 보호하는 것을 목적으로 한다. 하드웨어를 보호하고 데이터 센터의 접근을 통제하는 것이 그 예이다. 반면, 애플리케이션 통제는 특정 애플리케이션을 보호하기 위한 목적으로 설치된다.

일반적 통제

일반적 통제는 그 목적에 따라 물리적, 접근, 데이터, 통신, 관리 등 여러 가지 유형으로 분류된다. 이들을 아래에서 살펴보기로 한다.

물리적 통제   물리적 통제(physical controls)는 컴퓨터 시설 및 자원을 보호하는 것을 목적으로 한다. 물리적 보안의 대상에는 컴퓨터, 데이터 센터, 소프트웨어, 매뉴얼, 네트워크 등이 포함된다. 물리적 통제의 예는 다음과 같다.

- 데이터 센터의 적절한 설계(홍수나 화재로부터의 보호)
- 전자계(電磁界)로부터의 보호

• 비상 전원차단 스위치 및 백업 전지

접근 통제 접근 통제(access controls)는 사용자가 불법적으로 컴퓨터 시스템에 접근하는 것을 제한하는 것을 의미한다. 시스템에 접근을 하기 위해서는 우선 접근 인가(authorization)를 부여받아야 하고, 접근시마다 본인 여부를 확인하는 절차를 거치게 된다. 대부분의 서버에 접속할 때 사용자가 입력하는 '암호'혹은 생체측정기기(biometrics)를 통

▲ 미 육군에서 도입해 활용중인 지문인식 시스템

해 자동으로 인식되는 사용자의 '지문'이나 '홍체'가 접근통제의 좋은 예이다. 사용자가 접근인가를 받은 본인인지 확인하기 위해 일반적으로 다음과 같은 정보를 사용한다.

- 사용자 자신만이 아는 것(예: 암호)
- 사용자 자신만이 소지하고 있는 것(예: 자기카드, IC카드 등)
- 사용자 자신만이 제시할 수 있는 것(예: 서명, 음성, 지문, 홍체 등)

데이터 보안 통제 데이터 보안 통제(data security controls)란 불법적인 유출, 변조 및 파괴로부터 혹은 자연재해로 인한 유출로부터 데이터를 보호하는 것을 의미한다. 데이터 보안 기능은 두 가지 기본 원칙에 기초하여 구현된다. 최소 권한의 원칙은 사용자가 특정 과업을 수행하는 데 필요한 정보만 제공함으로써 보안 리스크를 줄이는 것을 목적으로 한다. 두번째는 최소 노출의 원칙으로서 권한을 지닌 사용자가 정보를 접근한 경우, 이를 반드시 필요로 하는 자에게만 노출되도록 하게 하는 원칙이다.

통신 통제 외부의 위협요소로부터 통신 네트워크를 보호하기 위해 통신 통제(communications controls)가 필요하다. 통신접근 통제시스템과 암호코딩 기법이 보편적인 예이다. 통신접근 통제시스템은 전화선상의 불법적인 접속을 차단하는 것을 주 목적으로 하며, 암호코딩 기법은 데이터 전송시 데이터의 해독 혹은 변조 행위를 방지하는 통제이다.

관리 통제 관리 통제(administrative controls)는 컴퓨터 보안을 강화하기 위해 필요하다. 앞서 논의된 통제들이 기술적인 성격을 띠는 반면, 관리 통제는 업무수행 지침을 하달하고 이러한 지침의 실행을 확인하는 데 초점을 둔다. 이들 관리 통제는 보안 기능을 개선하고 오류를 줄이는 목적으로 설치된다.

애플리케이션 통제

일반적 통제는 컴퓨터 및 통신 시설과 데이터를 보호하기 위해 필요하므로 특정 애플리케이션의 내용물과는 관계가 없다. 그러므로 애플리케이션 내에서 다루어지는 정보의 정확성을 유지하기 위해서는 애플리케이션 통제가 필요하다. 흔히, 애플리케이션 통제는 소프트웨어 자체 내에 구현된다. 아래에서는 입력, 처리, 출력의 세 가지 통제에 대해 알아보기로 한다.

입력 통제   입력 통제(input controls)는 데이터의 입력시 데이터가 정확성, 완전성, 일관성을 유지하도록 하는 데 주안점을 둔다. 가령, 사용자가 입력한 수치가 가능한 수치 범위를 벗어났거나 수치 대신 문자를 입력했을 경우 이를 사용자에게 알리고 재입력을 요구할 필요가 있다.

처리 통제   처리 통제(processing controls)의 주요 목적은 데이터의 처리시 데이터가 완전하고 유효하고 정확한지 확인하고 프로그램이 제대로 실행되었는지 확인하기 위함이다. 데이터의 순서나 누락, 동일작업의 중복 처리, 처리된 거래 횟수 등이 처리 통제의 예에 해당한다.

처리 통제가 적절하게 설치되지 않음으로 인해 발생하는 문제들은 우리 주위에서 얼마든지 볼 수 있다. 세무서 전산시스템의 오작동으로 인해 개인 혹은 업체에게 부당한 과세를 한다든지, 구청에서 컴퓨터의 오류로 해당 납세자에 대한 과세가 누락되어 세입이 실제보다 훨씬 적어지는 경우도 발생할 수 있다.

출력 통제   애플리케이션 프로그램의 처리 결과가 정확하고, 유효하고, 완전하고, 일관적인지 확인하기 위해 출력 통제(output controls)가 요구된다. 오류가 발견된 경우에는 그 원인을 발견함과 동시에 문제를 해결할 수 있어야 한다.

요약 S / U / M / M / A / R / Y

- 오늘날 일상업무를 정보기술에 의존하는 기업들은, 그들의 정보시스템 자원이 자연재해나 인간의 침입 등 다양한 보안 위협요인에 노출될 수 있으므로, 정보시스템 보안은 정보화 시대의 중요한 이슈로 점차 부상하고 있다.

- 시스템 취약점이란 공격자가 시스템 정보보안체계를 무력화시키기 위해 이용할 수 있는 허점이다. 따라서 기업 정보시스템의 보안 침해사고는 시스템 취약점이 존재하기 때문에 발생한다.

- 정보시스템 보안의 위협은 기업의 내부나 외부에서 인간이나 비인간에 의해 의도적 혹은 비의도적인 목적으로 나타날 수 있으므로, 기업은 이에 대해 조심스럽게 대책을 마련하여야 한다. 흔히, 보안의 위협요인은 천재지변 및 인재사고, 비의도적 행위 그리고 의도적 행위의 세 가지로 크게 분류된다.

- 컴퓨터 범죄는 데이터 조작과 프로그램 방식의 두 가지로 나뉘어지며, 데이터 조작은 불법적인 접속, 변조 및 삭제로 그리고 프로그램 방식은 바이러스 및 웜 등으로 다시 세분된다. 웜과 같이, 데이터 손실을 초래하지 않더라도 시스템을 마비시키는 행위도 컴퓨터 범죄에 해당한다.

- 시스템상에서 데이터의 생성, 변경, 삭제, 통신 등과 관련해 남는 '디지털' 흔적이 남게 되는데, 추후 필요시 이 디지털 흔적을 추적해 전자증거를 수집하고 그 결과에 기초해 보다 과학적이고 합리적인 수사를 수행할 수 있는 기법을 가리켜 디지털포렌식이라고 부른다.

- 위험평가에서는 어느 자산들이 보호가 필요하며 이들 자산이 취약한 정보를 파악 및 명기하여야 한다. 구체적으로, 위험평가를 통해 정보자산의 가치, 취약점 발생지점, 문제발생 예상빈도 그리고 침해 가능성이 결정되어야 한다.

- 정보시스템 보안대책을 수립하는 데 있어 제도적, 기술적, 물리적, 인적 자원의 측면이 고려되어야 한다. 이 중에서도 기술적 및 물리적 대책의 수립은 정교한 계획이 요구된다.

- 업은 컴퓨터 시스템을 해악요소로부터 보호하기 위해 통제를 설치할 수 있다. 정보시스템 통제에는 시스템의 전반적인 요소를 보호하는 데 목적을 둔 일반적 통제와 특정 애플리케이션을 보호하기 위한 애플리케이션 통제가 있다.

 **토의 문제**

01 오늘날 정보시스템 통제와 보안 이슈는 기업의 경영관리자들에게 왜 주요 관심사로 인식되고 있는가?

02 바이러스는 그 종류와 성격과 사용목적을 막론하고 모두 범죄에 속한다고 할 수 있는가? 그렇지 않다면 예를 들어 자신의 주장을 정당화해 보자.

03 오늘날 정보시스템 감사는 전통적인 회계감사나 재무감사와 어떠한 관계에 있는가? 또한 차이점은 무엇인가?

04 바이러스를 만들어 유포시키는 해커들에 대해서는 일반 여론의 시선이 따가운 반면, 해킹을 함으로 인해 시스템의 헛점을 찾아 보안을 강화시키는 계기로 삼을 수 있으므로, 해커의 공로도 인정해야 한다고 말하는 이들도 있다. 이에 대해서는 어떻게 설명

할 수 있는가?

 **참고 문헌**

[1] Broad, William J., John Markoff, and David E. Sanger, "Israeli Test on Worm Called Crucial in Iran Nuclear Delay," *New York Times*, Jan. 15, 2011.

[2] Glave, James. "Swedish Crackers Taunt Mac Fans,"*Wired News*, www.wired.com, 2021. 8. 26 참조.

[3] Gross, Tom. "Israeli Boy, 14 Hacks Saddam Off The Internet," Infowar.com, 2021. 8. 17 참조.

[4] Laudon, Kenneth C. and Jane Laudon. *Management Information Systems: Managing the Digital Firm* (*17th ed.*), Upper Saddle River, NJ: Pearson Education, 2021.

[5] Loch, K. D., Houston H. Carr, and Merrill E. Warkentin, "Threats to Information Systems: Today's Reality, Yesterday's Understanding," *MIS Quarterly*, June 1992.

[6] Marakas, George and James O'Brien, *Introduction to Information Systems* (*10th ed.*), McGraw-Hill, New York: 2012.

[7] OWASP Foundation, "Top 10 Web Vulnerabilities," Open Web Application Security Project, www.owasp.org, 2021. 8. 22 참조.

[8] Srisukkasem, Anoma. "Central Bank Moves Against Hackers," Infowar.com, 2021. 8. 19 참조.

[9] Turban, E., C. Pollard, and G. Wood, *Information Technology for Management: On-Demand Strategies for Performance, Growth and Sustainability* (*11th ed.*), John Wiley & Sons: New York, 2018.

[10] Woolf, Marie. "Cabinet Calls In GCHQ To Foil hackers," Infowar.com, 2021. 8. 24 참조.

이동중의 민감한 정보를 보호하는 런던 경찰

런던시 경찰에게는, 정보유출이 삶과 죽음의 문제이다. 경관에 의해 이송되는 민감한 데이터를 잘못 두기라도 하는 날에는 생명을 그 대가로 치를 수도 있다. 바로 이런 이유 때문에 런던시 경찰은 전자적인 데이터 누출이 절대 가능하지 못하도록 보호장치를 도입했다.

또한 런던시 경찰은 홈오피스 임팩트(Home Office IMPACT) 프로그램을 실시하고 있다. 이는 영국 경찰이 범죄를 예방하고 시민들에게 보다 안전한 거주환경을 제공하기 위해 경찰대 간에 정보를 관리 및 공유할 수 있는 능력을 향상시키기 위한 목적으로 추진하는 프로그램이다.

조직의 전자 경계선의 보호

런던시 경찰은 내부 네트워크에서 뿐만 아니라 네트워크 외부로부터도 정보를 보호할 수 있도록 모범이 될 수 있는 IT 관리정책을 개발해야 했다. 지난 5년 동안, 경찰조직의 전자 경계선을 보호하고 내부 정보의 무결성을 지키기 위한 대대적인 조치를 감행했다. 포괄적인 IT 보안정책 이외에도, 전자적 데이터누출이 발생할 수 있는 잠재적 지점들을 모두 발견하고 체계적으로 이들을 보완 조치했다. 비승인된 데이터 전송에 대한 안전장치를 구축함은 물론, "엄지빨기"(thumbsucking)를 예방하기 위한 조치를 취했다. "엄지빨기"란 데이터를 USB 플래시드라이브와 같은 휴대저장장치에 몰래 저장하는 것을 뜻한다. 이 조치를 실행에 옮기기 위해, 모든 컴퓨터의 USB 포트가 차단됐다.

그러나 런던시 경찰은 완전한 시스템단절은 오히려 문제를 불러일으킬 소지가 있다고 판단했다. 경관 및 행정직원들이 수사 및 일상업무를 수행할 때 그리고 인접도시의 경찰력과 범죄정보를 교환할 때에는, 데이터를 물리적으로 이전시켜야 하는 필요가 있다. 따라서 디지털 정보를 반입하거나 반출하기 원하는 사람이 따라야 하는 안전절차를 수립 및 구현했다. 예를 들면, 개인 휴대저장장치를 권한이 부여된 경관이나 민간인에게만 발급함으로써 안전도를 높일 수 있도록 했다.

USB 포트

전자적 데이터누출의 위협은 런던시 경찰이 2005년 윈도우 2000기반의 네트워크로 업그레이드 하면서 표면에 드러나기 시작했다. 그 이전에는 USB포트가 기존의 윈도우 NT 4.0 오퍼레이팅 시스템 환경에서 인식조차 되지 않았으며 BIOS 수준에서 불능화됐기 때문에 데이터의 불법 복사는 별 이슈가 되지 못했다. 그러나 런던시 경찰 정보관리처장인 게리 브레일스포드는 시스템의 업그레이드를 진행하면서 새로이 직면하게 될 문제들을 잘 알고 있었다.

다양한 방안들을 검토한 끝에, 브레일스포드는 장치자물쇠(DeviceLock)로 모든 USB포트를 잠가두기로 결정했다. 장치자물쇠란 USB장치 수준의 접근을 통제할 뿐 아니라 접근이 허용된 USB 장치와 컴퓨터 사이에 복사된 정보를 모두 기록하는 혁신적인 솔루션이다.

보안정책을 강화하기 위해, 런던시 경찰규정에는 경관 및 민간인이 위험평가서를 제대로 제출한 경우에 한해서만 휴대저장장치를 발급해줄 수 있다고 명시되어 있다. 이 규정은 1.44MB 플로피 디스크에서부터 수 백 GB의 용량을 지닌 휴대 하드드라이브에 이르기까지 모든 휴대저장매체에 적용된다.

이러한 포괄적인 보안대책은 경찰 네트워크 내에서 휴대저장장치를 철저하게 통제하는 것을 주된 목적으로 삼고 있다. 그러나 브레일스포드는 이번 대책에서 한 가지가 누락되어 있음을 발견했다. 민감한 비보호된 데이터가 경찰기관의 4중 벽 밖을 나가있는 동안 분실되거나 도난을 당한다면, 그 결과는 되돌이킬 수 없는 심각한 상황이 될 것이다. 정보누출은 경찰기능에 심오한 손상을 초래할 수 있다. 시스템의 범죄관련 기밀정보가 자칫 대중에게 노출되는 경우, 인간의 생명을 잃을 수 있는 위험이 있다.

이 문제를 해결하기 위해, 런던시 경찰은 비밀번호 방식 혹은 생체인식 방식에 의한 보호기능을 갖춘 USB장치를 대량 구매해서, 시험에 들어갔다. 장치들 대부분이 런던시 경찰의 니즈를 충족시키기에는 미흡했다. 이들 장치는 물리적으로 매우 견고하지 못하며 소프트웨어가 암호화 기능을 위해 지나치게 사용자 부담을 안겨주고 있는 것으로 알려졌다.

해독이 불가한 스텔스 MXP

엄격한 테스팅 절차를 무난히 통과한 승자는 MXI 시큐리티사의 스텔스 MXP 장치였다. 이 장치는 견고한 케이스로 보호가 되며 USB 포트가 이용하기 편리하게 설계되어 있어 가장 눈길을 끌었다고 한다. 그 동안 검토했던 수많은 다른 장치들은 시험운영 단계에서 물리적으로 손상되어 반품해야 했다. 또한 스텔스 MXP는 생체인식 방식 및 비밀번호 방식의 인증기능을 제공하며, 안전한 데이터 저장은 물론 디지털 신원확인 수단으로서 이상적인 것으로 알려져 있다.

곧 런던시 경찰은 스텔스 MXP의 파일럿 프로그램을 시작하기로 결정하고, 테스트 팀에게 해당 장치 10개를 발급했다. 우선적으로 메모리 사이즈가 가장 작은 장치부터 테스트에 들어갔다. 정보관리 관점에서 볼 때, 이들 장치에 저장해 휴대할 수 있는 데이터 양을 제한하는 것이 더 안전하기 때문이다. 기본적으로, 이들 장치는 하드 드라이브와 같이 대용량의 데이터를 저장하기 보다는 몇몇 문서나 이미지들을 간단히 옮기기 위한 전달매체의 용도로 활용되어야 한다고 판단했다.

테스트 팀은 스텔스 MXP장치를 경찰내부의 하이텍 범죄단위에 전달하고, 장치를 직접 해독해 볼 것을 부탁했다. 이 분야 전문가들인 그들

▲ USB저장장치인 Stealth MXP 제품

도 전혀 해독할 수가 없었다고 전해왔다. 런던시 경찰은 스텔스 MXP를 민감한 디지털 데이터를 이송하기 위한 공식제품으로 채택하기로 결정했다. 이 장치는 요청만 하면 어느 경관에게나 제공된다.

정보보안장치의 보급

현재 100개 이상의 장치가 현장에 보급돼 계급 상하에 관계없이 사복 및 제복 경관들과 또한 최고경영진을 포함한 민간 행정직요원들에 의해 사용되고 있다. 런던시 경찰내부에서는, 아직까지 장치가 분실된 사례가 존재하지 않으며, 견고한 케이스를 통해 마모로부터도 보호가 되고 있다. 모든 장치들이 런던시 경찰내의 비밀감독자에 의해 추적되고 있다. 이 비밀감독자의 역할은 스텔스 MXP 장치를 발급하는 동시에, 사용자가 자신의 장치에 저장하는 자료를 감리하는 것이다.

사용자는 분실했을 경우 필히 이를 보고하여야 하며, 사람들이 이 장치에 어떤 자료를 저장하는지 감시함으로써 경찰내부 정보의 보안성을 최대한 높일 수 있다고 브레일스포드는 말한다. 경찰내부의 이용자들이 이들 장치를 일반 저장용이 아닌 데이터 이동용으로 필히 사용할 때 비로소 정보누출의 위험을 최소화할 수가 있다.

그 동안 타도시 경찰 및 법원 등 외부에서 정보를 수집하던 현장의 경관들은 이제 스텔스 MXP 장치를 이용해 이러한 정보를 보다 안전하게 세 군데의 런던시 경찰서로 이송시킬 수 있다. 경찰은 또한 하드드라이브 방식의 아웃백커 MXP 장치를 이용하고 있다. 이 장치도 역시 생체인식에 의한 인증기능을 제공하지만 더 큰 데이터 저장용량이 장점이다. 이 장치는 특수 업무를 위해 이용된다. 가령, 최근에도 여러 기관이 함께 참여하는 테러대응 훈련을 위해 이 장치를 이용한 바 있다.

스텔스 MXP가 런던시 경찰에 전면 도입된 후, 데이터 이전능력이 한 단계 진일보했다. 런던시 경찰의 IT 보안전략과 관련한 모든 파일들을 동일한 장치를 통해 이송시킨다는 브레일스포드 처장은 이 장치가 대중에게 분실된다 하더라도 그 안에 저장된 데이터는 보안을 유지하므로, 염려할 것이 없다고 한다. 어떤 상황에서 분실되든 관계없이 정보가 안전할 것이라는 확신이 있다고 그는 말한다.

런던시 경찰의 정보관리 처장으로서, 브레일스포드는 또한 런던시 경찰 이외의 타도시 경찰들에게도 활용가치가 높다는 점을 강조했다. 현장에서 매일같이 이용되는 휴대저장장치는 편리할 뿐만 아니라, 고도로 민감한 데이터가 우발적으로 분실되는 것을 예방하는 역할을 하고 있는 것이다. 경관 한 사람이 안전치 못한 USB 플래시 드라이브를 분실했다고 할 때, 만일 절대 누출되어서는 안 되는 기밀정보가 그 안에 들었다면, 그 분실사고의 파장은 너무 클 것이다. 브레일스포드는 경찰내부의 데이터가 영국 국민 전체에게 매우 중요한 의미를 지니고 있다면서, 단 한번의 분실사고로 수 백만 달러가 손실되거나 한 사람의 귀한 생명을 잃을 수 있다고 강조한다. 그러한 끔찍한 위험을 피할 수 있다는 것 자체가 가장 큰 투자 대비 수익이라는 말로 그는 도입한 휴대저장장치의 효과에 관한 결론을 내렸다.

출처: http://www.cio.com.au/article/214742/under_your_thumb/, 2021. 8. 10 참조; http://content.met.police.uk, 2021. 8. 10 참조

사례연구 토의문제

1. 사례본문을 통해 나타난 런던시 경찰은 어떠한 문제에 대한 대응방안으로서 보안대책을 수립하게 되었는지 구체적인 배경에 대해 논하시오.

2. 런던시 경찰은 민감한 데이터누출을 예방하기 위해 초기에는 장치자물쇠(devicelock)의 도입을 고려했다가 이후 USB장치를 도입하는 방향으로 대책을 수정했다. 초기 대책을 수정한 근본적인 이유는 무엇인지, 그리고 이 두 가지 대안은 장단점 면에서 서로 어떻게 다른지 토의해 보자.

3. 여러분이나 혹은 주변의 친구가 현재 이용하는 USB 메모리장치는 사례본문에서 언급하고 있는 스텔스 MXP와 어떤 점이 유사하며 또 어떤 점이 서로 다른지에 대해 각각 설명하시오.

4. 런던시 경찰은 스텔스 MXP 저장장치를 도입함으로써 초기에 인식했던 문제점을 모두 해결했다고 판단되는가? 만일 그렇지 않다면, 해결되지 않은 문제점에 대해 어떠한 추가적인 보안대책이 필요하다고 생각하는지 해결방안을 제시하시오.

제 9 장

클라우드 컴퓨팅

차 례

학 습 목 표

　클라우드 컴퓨팅은 인터넷기술을 활용하여 가상화된 IT자원을 서비스로 제공하는 방식으로 사용자는 소프트웨어, 스토리지, 서버, 네트워크 등 다양한 IT 자원을 필요한 만큼 빌려서 사용하고 사용한 만큼 비용을 지불하게 된다. 미국 경제 주간지 Fortune은 "클라우드 컴퓨팅의 발달로 PC는 사망선고를 당하게 될 것이다. 하지만, 디지털라이프는 더욱 풍족해질 것이다."라는 말로 클라우드 컴퓨팅 시대를 예고했다. 본 장에서는 이런 클라우드 컴퓨팅의 개념, 다양한 서비스 및 배포 방식, 경제적 효과 및 도입 시 고려사항들에 대해서 살펴보기로 한다.

　본 장을 학습한 후 학생들은 아래의 질문에 대하여 답할 수 있어야 할 것이다.

● 클라우드 컴퓨팅의 개념과 5가지 대표적인 특징은 무엇인가?
● 클라우드 컴퓨팅이 제공하는 소프트웨어 서비스, 플랫폼 서비스, 인프라스트럭쳐 서비스의 차이점은 무엇인가?
● 공공 클라우드와 사설 클라우드의 특징 및 장단점은 무엇인가? 또, 커뮤니티, 하이브리드 클라우드는 무엇을 의미하는가?
● 클라우드가 가져다 주는 가장 큰 장점은 무엇인가?
● 클라우드 컴퓨팅을 도입 시 고려할 요소들은 무엇인가?
● 클라우드 컴퓨팅은 앞으로 어떤 발전 가망성이 있는가?

디지털 뉴딜發 판커진 공공 클라우드 시장…국내 ICT 업계 총공세

디지털 뉴딜 정책으로 공공기관 IT인프라를 클라우드로 전환하는 흐름이 급물살을 타고 있는 가운데, 이 시장을 잡기 위한 국내 대형 클라우드 컴퓨팅 회사들 행보가 점점 공격모드로 바뀌고 있다.

KT, 네이버, 카카오 등 대기업들이 클라우드 사업에 쏟아붓는 실탄을 늘리고 있고 국내 업체들간 자본 제휴 등 사업 협력도 강화되는 추세여서 글로벌 업체들이 들었다 놨다 했던 국내 클라우드 컴퓨팅 시장의 판세 변화로 이어질 수 있을지 주목된다.

격전지로 부상한 공공 클라우드

공공 클라우드는 이런저런 보안 인증을 필요로 하다 보니 해외 클라우드 회사들이 파고들기가 만만치 않다. 국내 업체들이 경쟁을 벌이는 판세다. 지난해까지만 해도 공공 클라우드 시장은 사업성 측면에선 겉보기와 달리 건질 게 그렇게 많지는 않다는 평가를 받았는데, 올해 들어 정부가 디지털 뉴딜을 화두로 던지고, 클라우드를 전진배치하면서 분위기가 확 달라졌다.

디지털 뉴딜의 양대 키워드인 인공지능(AI)과 데이터를 지원할 핵심 인프라로 클라우드가 부상함에 따라 공공 시장은 클라우드 시장 전체 구도에도 영향을 미치는 변수로 부상했다.

디지털 뉴딜을 위한 정부 클라우드 정책은 크게 2가지로 요약된다. 하나는 공공 클라우드 플래그십 프로젝트고 다른 하나는 행정, 공공기관 정보시스템 클라우드 전면 전환 사업이다.

이중 행정, 공공기관 정보시스템 클라우드 전면 전환은 18만여 대 정도로 추정되는 정부와 지자체 시스템들을 민간 기업 클라우드나 정부 산하 공공 클라우드센터로 전환하도록 지원하는 것이 골자다. 올해는 정보화전략계획수립(ISP) 위주로 진행되며 소요되는 예산은 25억원이다. 이후 6년간 총 1조6,000억원 규모의 예산이 투입돼 본격적인 전환 사업이 진행된다. 만만치 않은 규모다.

관련 업계에 따르면 현재 공공 클라우드 전환 사업은 국가정보자원관리원(전 정부통합전산센터)과 민간 회사들이 시장을 분할하는 구도로 판세가 짜여지는 모습이다. 정부 기관 인프라 관리를 주업무로 하는 국가정보자원관리원도 나름 공공기관 인프라 클라우드 전환을 위해 속도를 내고 있는 것으로 알려진다. 모 클라우드 업체 한 관계자는 "현재 시점에선 민간 회사들이 50% 정도 시장을 가져가고 있는 것 같다"고

클라우드 산업 생태계 조성	세계적 수준 AI 반도체 개발	5G 융합 및 투자 활성화
▶ 공공부문 클라우드 전면 전환 • 공공부문의 민간 클라우드 도입지원 (컨설팅, 선도사업 등) ▶ 플래그십 프로젝트: ~'25년 25개 분야 (20.추경, 250억원, 5개 분야 50종) • 제조, 물류, 헬스케어, 비대면 등 전략 분야 ▶ 중소기업 클라우드 도입 바우처 지원 : ~'25년 4,030건 (20.추경, 80억원, 400건)	▶ 대규모 R&D 투자 본격화 • 고성능·저전력 NPU* 반도체(10종) 개발('20~'24년) 　*Neural Processing Unit: 인간 뇌의 신경망을 모방하여 대규모 연산을 동시에 처리할 수 있는 프로세서 • 메모리·연산 기능 통합 반도체 (PIM: Processing in memory) 개발 ('21~, 예타 추진 중) ▶ AI 반도체 조기 상용화 및 시장 창출 • 제품 국산화를 위한 상용화 R&D('20~) 및 실증('21~)	▶ XR(VR·AR) 융합 프로젝트: ~'25년 2,550억원('20.추경 100억원) • 생산성 혁신 및 공공서비스 개선을 위해 12개 프로젝트 추진(제조, 유통, 물류, 건축, 교육훈련, 의료 등) ▶ 5G 인프라 민간투자 확대 인센티브 마련 • 5G망 조기구축을 위한 등록면허세 감면·투자 세액공제 등 세제 지원 추진

▲ 디지털뉴딜은 클라우드에 대한 공격적인 투자도 포함하고 있다. [자료: 과학기술정보통신부]

전했다.

정부 산하 조직과 시장을 나눠먹어야 하는 판세임에도 공공 시장을 향한 국내 클라우드 회사들의 공세에는 점점 힘이 실리는 분위기다. 디지털 뉴딜을 겨냥한 포석이다. 최근에는 특히 KT, 네이버 자회사 네이버 비즈니스 플랫폼(KT), 카카오 자회사인 카카오 엔터프라이즈 등 나름 브랜드 파워를 가진 대기업들의 행보가 눈에 띈다.

KT는 3세대 클라우드를 앞세워 디지털 뉴딜에 적극 참여하겠다는 뜻을 공개적으로 강조하고 있다. NBP는 타사 대비 경쟁력 있는 가격을 제시하며 고객 기반 확대를 위해 최근 가장 공격적인 행보를 보이는 국내 클라우드 플랫폼 회사로 부상했다. 클라우드 업체 관계자들을 만나면 요즘 NBP가 대단히 공격적이다"라는 얘기를 심심치 않게 들을 수 있다.

공공 클라우드 시장에선 카카오의 행보가 관전포인트가 될 것 같다. 카카오 산하 카카오엔터프라이즈는 서비스형 플랫폼(PaaS)와 서비스형 소프트웨어(SaaS)에 초점이 맞춰진 카카오아이클라우드를 하반기 공개한다. 회사측은 공공 시장을 전략적 요충지 중 하나로 보고 있다. 이를 위해 카카오엔터라이즈는 기존 기업용 솔루션 업체들에서 공공 대상 사업 및 마케팅 경험이 있는 이들을 적극적으로 영입하고 있는 것으로 전해진다.

출처: 디지털투데이 (DigitalToday), 2020년 8월 23일

9.1 클라우드 컴퓨팅의 개념과 특징

클라우드 컴퓨팅이란?

2006년 9월 당시 구글(Google) 직원인 크리스토프 비시글리아가 CEO인 에릭슈미츠와의 회의에서 처음으로 제안한 이 개념은 기업이나 개인이 필요에 따라 정보기술을 인터넷을 통하여 서비스 형태로 제공받는 것을 말한다. 클라우드(Cloud)라는 명칭은 우리가 흔히 IT 아키텍쳐 구성도에서 인터넷을 구름으로 표현하던 것에서 유래한다. 따라서 **그림 9-1**에서와 같이 사용자는 인터넷에 연결된 서비스 제공자의 '클라우드 데이터 센터'(Cloud Data Center: CDC)에 접속하여, 애플리케이션, 스토리지, OS, 보안등 필요한 IT 자원을 원하는 시점에 필요한 만큼만 골라서 사용하게 된다. 한마디로, 클라우드 컴퓨팅은 '빌려 쓰고, 자신이 사용한 만큼만 대가를 지불'하는 컴퓨팅 환경이라 할 수 있다.

기술적인 측면에서 클라우드 컴퓨팅이라는 개념은 완전히 새로운 기술이라기보다는 기존의 그리드 컴퓨팅, 분산 컴퓨팅, 유틸리티 컴퓨팅, 웹 서비스, 서버 및 스토리지의 가상화 기술과 공개 소프트웨어 등의 복잡한 기반기술을 하나로 융합하여 만들어진 컴

그림 9-1 ●━ 클라우드 컴퓨팅의 개념

사용자는 인터넷을 통해 스토리지, 서버, 소프트웨어 등 다양한 서비스를 원하는 만큼만 빌려서 사용하고, 사용한 만큼만 비용을 지불한다.

퓨팅 환경이라고 할 수 있다. 하지만 이런 복잡한 인프라 구조는 대부분 구름 뒤에 숨겨지게 되며, 사용자는 이러한 인프라 구조에 대한 전문 지식이 없이도 자기가 원하는 기능을 서비스의 형태로 제공받는다.

예를 들어, 우리가 흔히 쓰는 마이크로소프트사의 워드, 엑셀, 파워포인트 등의 오피스 도구들을 생각해 보자. 지금까지는 마이크로소프트 오피스 프로그램을 사용하기 위

 스포트라이트

그리드 컴퓨팅(Grid Computing)과 유틸리티 컴퓨팅(Utility Computing)

그리드 컴퓨팅이란, 높은 컴퓨팅 리소스를 필요로 하는 작업의 수행을 위해서 인터넷상에 분산되어 있는 다양한 시스템과 자원들을 공유하여 가상의 슈퍼 컴퓨터와 같이 활용하는 방식을 말한다. 클라우드 컴퓨팅도 다양한 자원을 연결하여 사용한다는 점에서 유사하나

서비스 제공자의 대규모 데이터 센터에 범용 컴퓨터들이 집적되어 있는 점이 차이점이라 할 수 있다.

유틸리티 컴퓨팅은 컴퓨팅 자원을 가스나 전기처럼 구매하거나 소유하지 않고 필요할 때마다 유틸리티로 사용하고 사용량에 따라 과금하는 모형을 말한다.

그림 9-2 ━● 마이크로소프트사의 오피스온라인

소프트웨어를 따로 설치하지 않아도, 웹 브라우저 상에서 모든 문서 작업을 수행 할 수 있다.

해서 CD/DVD 형태의 패키지를 구매하거나 설치프로그램을 다운로드 받아서 사용자가 직접 설치하는 방식이었다. 하지만, **그림 9-2**에서 보여 주듯이 최근 마이크로소프트사는 오피스온라인(Office Online)이라는 이름으로 웹 브라우저 상에서 기존의 워드작업을 언제 어디서나 실행 할 수 있는 환경을 구축하였다. 또한 작업을 마친 문서는 내 컴퓨터에 저장되지 않고 마이크로 소프트 사가 제공하는 원드라이브(OneDrive)라는 가상 스토리지에 저장된다. 따라서 오프스온라인은 소프트웨어와 스토리지가 클라우드 서비스로 제공되는 대표적인 예라고 할 수 있다.

클라우드 컴퓨팅의 특징

기술적인 측면에서 클라우드 컴퓨팅이라는 개념은 완전히 새로운 기술이라기 보다는 기존의 그리드 컴퓨팅, 분산 컴퓨팅, 유틸리티 컴퓨팅, 웹 서비스, 서버 및 스토리지의 가상화 기술 등의 복잡한 기반기술을 하나로 융합하여 만들어진 컴퓨팅 환경이라고 할 수 있다. 클라우드 컴퓨팅이 가지는 대표적인 특징은 표준 기술 국제기구(National Institute of Standards and Technology: NIST)에 따르면 아래와 같이 크게 다섯 가지 항목으로 요약된다.

자원의 공유

클라우드 컴퓨팅 제공자는 컴퓨팅 자원의 풀(pool)을 형성하고, 다수의 고객들이 이를 공유하고 필요한 만큼 나누어 쓰게 된다. 이를 위해서 클라우드 서비스 제공 업자는 수천, 수만 개의 서로 다른 범용 서버를 한 자리에 모아 둔 물리적 장소인 '데이터 센터'를 운영함으로써, 규모의 경제를 통한 자원의 공유를 극대화 시킬 수 있게 된다. 이를 위해 두 가지 핵심기술이 필요한데, 하나는 흩어진 자원을 모아주는 그리드/분산 컴퓨팅 기술이고 다른 하나는 모아진 자원을 효과적으로 배분시켜 줄 수 있는 가상화 기술이다.

먼저, 그리드/분산 컴퓨팅 기술은 높은 컴퓨팅 리소스를 필요로 하는 작업의 수행을 위해서 인터넷상에 분산되어 있는 다양한 시스템과 자원들을 공유하여 가상의 슈퍼컴퓨터와 같이 활용하는 방식을 의미한다. 클라우드 컴퓨팅도 다양한 자원을 연결하여 사용하는 점에서 유사하나 서비스 제공자의 대규모 데이터 센터에 범용 컴퓨터들이 집적되어 있다는 점이 차이가 난다. 이렇게 모아진 자원을 공유하기 위해서는 **그림 9-3**에서 보여주는 서버 및 스토리지의 가상화(virtualization) 기술이 이용된다. 가상화 기술은 하나의 서버에는 하나의 운영체계를 설치해야 한다는 통상적인 방식과 달리 하나의 서버 위에 가상화 소프트웨어를 설치해 줌으로써, 다시 그 위에 2개 이상의 서로 다른 운영

그림 9-3 ── 서버의 가상화

하나의 물리적 서버에 서로 다른 운영시스템을 가진 여러 개의 가상서버가 존재한다.

메모리의 용량, 하드 디스크의 용량, 방화벽 설정 여부, 운영체제의 종류 등을 메뉴형식으로 선택할 수 있다. 이런 면에서는 실제로 서버 하드웨어를 사는 것과 유사하다고 할 수 있다. 하지만, 이와 같은 사양이 결정되면 이를 바탕으로 운영체제의 설치, 설정, 최종 사용 준비에 들어가는 시간은 길어야 5분에 지나지 않는다.

플랫폼이나 소프트웨어를 직접 서비스 받는 경우와 비교하면, 서버를 운영하는 복잡한 환경을 사용자가 직접 관리해야 하는 어려움이 있으나, 반대로 사용자는 주어진 서버에서 자신이 원하는 소프트웨어를 자유롭게 설치 및 조작할 수 있으므로 유연성 및 제어권이 가장 강력하다고 볼 수 있다.

주로 사용자는 각각의 가상 서버 인스턴스들을 사용한 시간, 데이터의 이동을 위해 제공받은 네트워크 서비스, 사용한 저장공간의 GB 단위의 크기 등에 따라 차별화된 요금을 지불하게 된다. 또한 향후 더 이상 서비스가 필요하지 않으면 언제든지 사용을 중지 할 수 있고, 더 이상 요금이 부과되지 않게 된다. **그림 9-4**에서 보여주고 있는 아마존의 Elastic Compute Cloud(EC2)가 IaaS형태의 가장 대표적 서비스이며, 국내의 경우 KT의 유클라우드 서버(Ucloud server)라는 상품이 있으며, 호스트웨이(www.hostway.

그림 9-4 ➤ 아마존의 EC2 서비스

원격으로 AMI(Amazon Machine Image)라고 불리는 가상의 서버 인스턴스들을 관리하기 위한 화면이다.

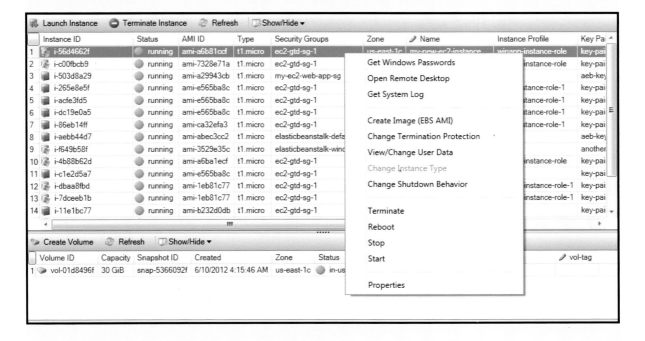

co.kr)의 플랙스 클라우드 서버(FlexCloud server)도 이와 유사하다.

플랫폼 서비스(PaaS)

중간 레벨의 서비스로, 주 사용자는 애플리케이션 개발자들이다. 이들은 애플리케이션을 개발, 실행할 수 있는 플랫폼을 제공받게 되며, Iaas와 같이 서버의 운영 체계 자체를 제어하지는 않는다. 기존에는 소프트웨어를 개발하기 위해서는 개발 프로그램이나 개발 환경을 직접 구축하여야만 하였다. 하지만 플랫폼 서비스를 이용하면 개발 환경을 위한 투자 비용이 매우 저렴해질 뿐만 아니라, 표준을 따르는 개발언어로 쉽게 소프트웨어를 개발할 수 있게 된다. 그뿐만 아니라, 많은 경우 이미 만들어져 있는 모듈화된 프로그램들을 조합하여 보다 빠르게 새로운 소프트웨어를 만들 수 있게 된다.

가령, 구글이 제공하는 앱 엔진(App Engine)을 그 예로 들 수 있다. 구글앱은 개발자들이 바로 사용할 수 있는 개발 환경을 이미 잘 알려진 파이썬(Python)과 자바(Java) 두 개의 프로그래밍 언어를 기반으로 제공한다. 또한, 구글의 로그인 서비스, 이메일 서비스, 지도 서비스 등 공유가 가능한 개발 모듈을 앱 엔진이 제공하는 플랫폼을 통해 손쉽게 자신의 애플리케이션에 통합할 수 있다. 이처럼, 이미 만들어진 비교적 작은 규모의 모듈 형태 프로그램들을 조합해서 새로운 애플리케이션을 만들어 내는 개발방식을 '메쉬업(mash-up)'이라고 부른다.

이와 유사하게 세일즈 포스 플랫폼(Sales force platform)에서는 아래에 예로 든 Salesforce.com에서 제공되는 기본 소프트웨어 서비스에 통합될 수 있는 모듈형태의 연동, 확장 가능한 프로그램을 개발할 수 있는 플랫폼 환경을 제공한다. 또 다른 예로, 윈도우의 Azure는 클라우드 상에서 비주얼 스튜디오라고 불리는 소프트웨어 개발 도구와, .NET 프로그래밍 라이브러리, SQL 데이터 베이스와 IIS라 불리는 웹 서버 등을 하나의 개발 환경 패키지 형태로 제공하고 있다. 따라서 개발자들은 고가의 서버장비를 구매할 필요 없이, 웹 브라우저를 통해 Azure 클라우드에 접속하고, 아무런 어려움 없이 소프트웨어 개발을 할 수 있게 되었다. 이러한 플랫폼 서비스는 특히 뛰어난 개발자들은 있지만 고가의 개발 환경에 투자할만한 여력을 갖추지 못한 중소기업들과 벤처 기업들을 육성할 수 있는 좋은 방안이 될 것이다.

소프트웨어 서비스(SaaS)

소프트웨어 자체를 다수의 사용자의 요청에 따라 제공하는 웹 기반의 애플리케이션 서비스를 지칭한다. 일반 사용자 측면에서는 위에서 언급한 MS의 웹 앱(Web App)을 통한 워드, 엑셀, 파워포인트 등의 개인용 소프트웨어 제공 서비스를 그 예로 들 수 있다. 이와 유사하게 구글(Google)도 '구글문서도구'라고 불리는 웹 기반의 서비스를 제공하고 있다. 이런 웹 기반 소프트웨어 서비스는 웹을 통해 제공되므로 직장, 집에서나 이동 중 휴대기기에서도 생산성을 발휘할 수 있다. 또 한 가지 중요한 장점은, 웹에서 작업하고 저장된 문서, 스프레드시트, 프리젠테이션 등은 여러 사용자가 동시 협업을 통하여 수정할 수 있고 항상 최신 버전을 유지할 수 있다는 것이다.

기업측면에서, 고객 관계 관리 시스템(Customer Relationship Management, CRM)이나 전사적 자원 관리 시스템(Enterprise Resource Planning, ERP)과 같은 소프트웨어 애플리케이션들이 클라우드 공급자에 의해 자체적으로 호스팅되어 인터넷을 통해 고객들에게 제공된다. 대표적인 예로는 고객 관리 시스템을 제공하는 Salesforce.com이 있다. **그림 9-5**는 Salesforce.com의 고객사가 제공받는 대쉬보드 서비스의 예시 화면을

그림 9-5 ─ Salesforce.com이 제공하는 대쉬보드 서비스화면의 예

기업에서 사용하는 소프트웨어도 더 이상 개개의 컴퓨터에 설치하지 않고, 웹 브라우저를 통해 인터넷으로 제공받게 되었다.

보여준다. 고객사는 예전에는 내부적으로 저장하던 고객정보와 세이즈 관련 정보들을 Salesforce.com에 넘겨주고, 이를 바탕으로 하는 Salesforce.com의 다양한 고객 분석과 영업관리에 관련한 애플리케이션을 웹 브라우저를 통해 인터넷으로 제공받게 된다. 기존처럼 프로그램 패키지를 대량으로 구매하지 않아도 되니 초기 비용을 획기적으로 줄일 수 있고, 또한 프로그램 오류나 장애에 대해 신경 쓸 필요가 없으니 관리도 한결 수월해진다. 무엇보다 모든 정보가 클라우드 서버에 저장되므로 언제 어디서든 인터넷을 통해 이에 접근할 수 있다.

소프트웨어를 직접 서비스 받음으로써, 사용자는 복잡한 서버 환경에 대한 전문 지식 없이 손쉽게 원하는 애플리케이션을 웹 브라우저를 통해 사용하는 편리함이 주어지지만, 반대로 인프라 서비스나 플랫폼 서비스와 비교하면, 사용자의 서비스에 대한 유연성 및 제어권이 가장 약하다고 볼 수 있다.

소프트웨어는 플랫폼과 인프라스트럭처 없이 운영될 수 없다. 따라서 클라우드 제공자의 입장에서 볼 때, SaaS 사용자 수가 급증할 경우 이로 인해 SaaS 공급자들은 단계적으로 PaaS 협력사와 IaaS 협력사의 플랫폼과 인프라스트럭처에 의존하게 되고 이로 인해 PaaS 및 IaaS클라우드 업체들도 더불어 성장하게 될 것이다.

9.3 ▶ 클라우드 컴퓨팅 배포 모델

위에서 언급한 다양한 종류의 클라우드 서비스를 소비자에게 효율적으로 공급하기 위한 배포 모델은 크게 공공 클라우드, 사설 클라우드, 하이브리드 클라우드, 그리고 커뮤니티 클라우드 4가지로 구분되어진다.

공공 클라우드(Public Cloud)

공공 클라우드는 아마존, 구글, 애플, MS, Salesforce.com 과 같은 대규모 클라우드 제공업체가 공유 가능한 컴퓨팅 자원을 다양한 불특정 사용자에게 원하는 만큼 제공하는 클라우드 서비스 배포 형태를 말한다. 국내에서도 KT, SK와 LG 등이 유사한 서비스를 제공하고 있다.

그림 9-6 ◦━ 클라우드 컴퓨팅의 특징과 서비스, 배포 모델

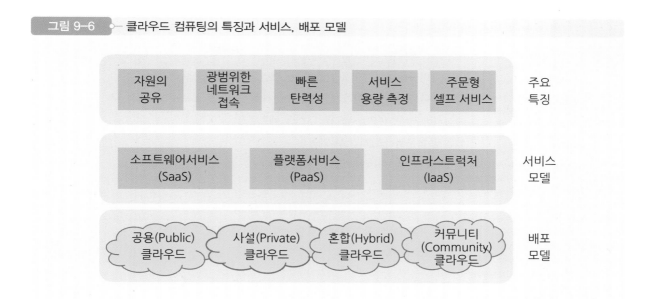

그림 9-7 ◦━ 공공 클라우드 서비스를 위한 대규모 데이터 센터

강원도 춘천에 위치한 네이버 데이터센터

구글의 데이터 센터 내부 모습

공공 클라우드는 보통 거대한 규모의 데이터 센터를 운영함으로써 가장 큰 규모의 경제효과를 누릴 수 있다. 공공클라우드를 통해서는 IaaS, PaaS, SaaS 모든 형태의 서비스가 제공된다. 다음 **표 9-2**에서는 국내 KT사가 제공하는 공공 클라우드의 서비스 내용을 보여준다.

| 표 9-2 | KT의 공공 클라우드 서비스 |

	서비스내용
ucloud	고객 데이터를 실시간 자동 백업해주는 개인형 클라우드 스토리지
ucloud office	업무용 데이터를 안전하게 보관(Backup)해주는 기업형 소규모 스토리지
ucloud server	가상서버 서비스(CPU, 메모리, 디스크, 네트워크)
ucloud backup	백업 및 복구서비스(백업SW 제공)
ucloud storage	데이터 저장/검색을 위한 대용량 스토리지
ucloud DB	데이터베이스 서비스
ucloud VDI	클라우드서버에 가상 desktop을 생성하여 제공
ucloud CDN	콘텐츠 서비스 사업자의 콘텐츠를 다수의 사용자들에게 고속 전달

사설 클라우드(Private Cloud)

기업들이 기존의 내부 IT 운영의 효율성과 관련 자원의 활용도를 높이기 위해 가상화와 자원의 공유 등 클라우드 컴퓨팅의 핵심적 기술을 '내부적'으로 활용하는 것을 말한다. 이러한 서비스가 가능하기 위해서는 자신이 데이터 센터를 독자적으로 운영하여야 하기 때문에 대부분 IT 자회사를 가진 대기업들이 활용한다. 많은 경우, 공공 클라우드에 비해 사설 클라우드를 선택하는 이유는 기업이 이미 대용량 서버와 네트워크 장비 등 IT 자원에 상당한 투자를 하였을 경우 이를 포기할 수 없기 때문이다.

또한, 표준화되지 않은 특화된 환경 속에서만 운영되는 기업 고유의 오래된 레거시(legacy) 시스템이 많을 경우 공공클라우드로의 이전은 어려워진다. 공공클라우드는 많은 수의 이용자가 동시에 사용하기 때문에 보편적으로 사용되는 표준화된 서비스가 아닌 경우 도입이 힘들기 때문이다. 이 외에도 개인 신용정보 등이 관련된 서비스는 공공클라우드 이전 시 보안이나 법적인 제한이 가해지는 경우도 있다.

이와 같은 사설 클라우드를 이용하는 대표적인 예로 금융 관련 기업들을 들 수 있다. 은행이나 투자 회사 등이 다루는 고객이나 기업의 정보는 대부분 외부로 노출되면 큰 파장을 가져 올 수 있는 민감한 정보들이 많다. 따라서 많은 경우 당장에 공공 클라우드를 이용하기보다는 사설 클라우드를 선호하는 경향이다. 사설 클라우드는 이와 같이 보안 관리나 법적 규제와 상충되지 않는 장점이 있지만, 이를 위해서는 충분한 내부 사용자가 있어야만 자원의 공유가 효과적으로 이루어질 수 있으며, 규모의 경제 면에서는 공공 클라우드에 비해 비용 감소 효과는 떨어지게 된다.

하이브리드 클라우드(Hybrid Cloud)

공공 클라우드와 사설 클라우드의 조합을 의미하는데 기업 내 중요한 정보와 처리는 사설 클라우드를 운영하고, 그 외 백 오피스 업무 등 상대적으로 중요하지 않는 정보와 처리는 공공 클라우드에 위탁하는 방식을 말한다. 한편, 평상시에는 사설 클라우드를 이용하다 성수기 온라인 쇼핑몰과 같이 한시적으로 공공클라우드를 통해 서비스를 확장하는 모델도 사용되는데 특히 이런 경우를 클라우드버스팅(Cloud Busting)이라고 부른다.

또한 사설클라우드 성격의 공공클라우드인 '가상 사설 클라우드'(Virtual Private Cloud, VPC)가 새로운 해법으로 대두되고 있다. 즉 데이터 센터는 기업 외부 공공 클라우드로 존재하지만, 기업과 클라우드 제공업체 간에 가상 사설 네크워크(Virtual Private Network, VPN)를 수립하여 마치 사설클라우드와 같은 효과를 누릴 수 있다. 비용도 그리 비싸지 않은데, 공공클라우드 비용에 VPN 접속에 대한 추가 요금만 지불하면 되어 많은 중소기업이 도입을 고려하고 있다.

커뮤니티 클라우드(Community Cloud)

커뮤니티 클라우드는 동일하거나 유사한 관심 업무, 공통의 법적 보안적 요구사항 등이 요구되는 기관들로 구성된 커뮤니티 기반의 클라우드를 말한다. 커뮤니티에 속한 사용자들 사이에 데이터의 상호 교환이 용이하고 공통된 애플리케이션의 활용 또한 용이하다. 최근 아마존은 정부 기관 종사자들을 위한 '정부 클라우드(Government Cloud)' 서비스를 새로 시작하였고 이미 미국 국토 안보부는 기업용 콘텐츠 공급, 아이디 검증, 인증 등의 서비스에클라우드를 도입한 상태다. 또 다른 예로, 금융 기관들로 구성된 커뮤니티 클라우드가 있다. 국내의 경우 우리 금융 그룹은 그룹 계열사들이 퇴직연금신탁 등 몇 가지 업무는 가상화를 통해 전 그룹 계열사가 하나의 시스템을 공동으로 쓰고 있다.

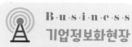

"선택 아닌 필수" 하이브리드 클라우드를 시작하는 방법

누구라도 하룻밤에 퍼블릭 클라우드로 옮겨갈 수는 없다. 하이브리드 클라우드가 기업에 매우 중요한 개념인 이유이다. 하이브리드 클라우드란 서버 팜과 VM웨어나 오라클 등에 대한 대규모 투자를 유지하면서 일부 워크로드만 퍼블릭 클라우드로 재배치한다는 개념이다. 퍼블릭 클라우드와 같은 기술을 여럿 사용해 프라이빗 클라우드를 구축한다. 그렇지만 어떤 애플리케이션은 프라이빗으로도 퍼블릭으로도 옮기지 않는다.

하이브리드 클라우드 환경에서 기업은 인프라를 자체적으로 운영하고 테넌시나 프로비저닝, 확장 등에서 클라우드의 기능 일부를 가져다 사용하고, 이후에 준비가 되면 퍼블릭이나 프라이빗 클라우드로 애플리케이션을 재배치할 수 있다. 실제로 일부 데이터나 서비스는 규제나 보안, 대역폭, 비용 등의 이유로 퍼블릭 클라우드로 보낼 수 없을지도 모른다.

또한, 하이브리드 클라우드의 점진적인 특성이 진정한 이점이 되는데, IT 부서가 클라우드를 조심스럽게 시험해 보고 필요하면 되돌릴 수도 있기 때문이다.

프라이빗이든 퍼블릭이든 클라우드를 시작하려면, 핵심 서비스를 이용할 수 있어야 하고, 무엇을 먼저 옮기고 어떤 것은 남겨둘 것인지를 정할 실현 가능한 전략이 있어야 한다.

하이브리드 클라우드에서 필요한 핵심 서비스

하이브리드 클라우드 전략이 제대로 작동하기 위해서는 온프레미스 데이터센터와 퍼블릭 클라우드 양쪽 모두에 세 가지 종류의 핵심 인프라 서비스가 있어야 한다.

1. 보안과 ID. 사용자를 인증하고 로컬과 클라우드 모두의 애플리케이션을 사용할 수 있는 권한을 부여할 방안이 있어야 한다. 특히 각 애플리케이션이 각각의 보안 환경을 만들어내지 않도록 중앙에서 관리할 수 있어야 한다.

2. 검색. 두 곳 모두에서 무엇인가를 찾아야 한다. 또한, 두 환경에 걸쳐서 무언가를 찾을 수 있는 검색 솔루션도 필요하다. 이때 중요한 것은 보안을 존중하는 것으로, 방화벽 뒤편의 데이터가 인터넷으로 나가면 안되기 때문이다. 참고로 필자는 검색 솔루션 전문업체 루시드웍스에서 일한다.

3. 코어 데이터. 물론 클라우드에도 데이터베이스가 있다. 하지만 모든 것이 RDBMS에 있지는 않다. 없으면 어떤 비즈니스 애플리케이션도 제대로 동작할 수 없는 핵심 기업 데이터 또한 애플리케이션이나 다른 저장소에 있다. 이런 데이터 일부는 이제 어떤 식으로든 클라우드에 있는데, 세일즈포스 같은 애플리케이션이 대표적이다. 하지만 그 외에도 클라우드에 두어야 할 데이터가 있다.

퍼블릭 클라우드로 옮겨야 하는 것

일반적으로 애플리케이션은 업데이트하기 전에는 클라우드로 옮기지 않는다. 이는 어떤 식으로든 이들 애플리케이션에 투자해야 한다는 의미이다. 업데이트가 이루어진 다음에 어떤 것을 클라우드로 옮길 것인지를 결정하려면, 다음 질문에 답해보기 바란다.

1. 비용이 얼마나 드는가? 애플리케이션을 클라우드로 이전하면 장비나 관리 비용을 절감할 수도 있다. 하지만 클라우드가 항상 더 저렴하다는 것은 잘못된 미신이다. 만약 해당 애플리케이션이 엄청난 CPU 성능을 필요로 하고 막대한 양의 데

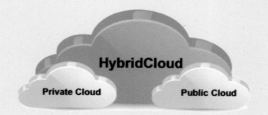

이터를 내놓으면서 24/7 동안 비교적 적은 사용자가 이용하고, 여기에 더해 업데이트할 일도 없고 확장도 절대로 하지 않는다면, 클라우드가 더 저렴한 시나리오는 생각하기 어렵다.

2. 애플리케이션의 아키텍처는? 현대적인 웹 기술을 기반으로 구축한 애플리케이션은 구식 아키텍처의 애플리케이션보다 이전하기가 더 쉽다. 구식 아키텍처를 클라우드를 염두에 두지 않았고, 그렇기 때문에 구식 애플리케이션을 클라우드에서 구동하려면 밑바닥부터 다시 작성해야 한다.

3. 지원 팀이 있는가? 만약 개발팀과 인프라 팀이 이전을 지원하지 않는다면, 매우 어려운 장애물이 있는 것이고, 실패할 가능성이 아주 크다.

4. 규제 문제는 없는가? 만약 규제를 준수해야 하거나 다양한 인증이 필요하다면, 클라우드 인프라를 이를 제공하는지 확실히 해야 한다. 이런 요구 사항이 클라우드에서는 아주 복잡한 문제가 될 수 있다. 애플리케이션이나 데이터를 특정 국가에 두는 것이 허용되는가? 클라우드 서비스 업체가 제대로 된 자격이 있는가? 클라우드에 배치된 애플리케이션이 이런 요구사항을 만족하는가?

5. 의존성 문제는 없는가? 애플리케이션의 모든 의존성이 클라우드에서도 그대로인가?

6. 데이터를 어떻게 찾을 수 있는가? 만약 데이터를 클라우드로 이전한다면, 누군가 이 데이터를 찾을 수 있는가? 이를 어떻게 공개할 것인가? 어떻게 찾고 어떻게 내부 데이터로 보강할 것인가?

한편, 이런 고려 사항은 프라이빗 클라우드로 이전할 때도 똑같이 적용된다. 어떤 경우, 규제 준수나 애플리케이션 의존성 문제는 프라이빗 클라우드로 이전하면 좀 더 쉽게 해결할 수도 있다. 하지만 프라이빗 클라우드 인프라는 기업이 자체적으로 보호하고 관리하고 운영하고 진화시켜야 한다. 어쨌든 자체 데이터센터이다.

전용 인프라에 그대로 남겨둘 것

어떤 애플리케이션은 그냥 클라우드나 하이브리드로 이전하지 않는다. 장기적으로는 새로운 애플리케이션을 찾는 방안을 생각해 볼 수 있겠지만, 단기적으로 다음과 같은 애플리케이션은 온프레미스에 원래대로 두고자 할 것이다.

- 극히 안정적이고 정적인 애플리케이션. 업데이트하지 않으면서 계속 사용하고 매우 안정적인 애플리케이션이 있다면, 긁어 부스럼을 만들 필요는 없다.

- 웹 방식이 아닌 애플리케이션. 1990년대 초반에 작성된 분산 컴퓨팅 환경의 괴물이라 모든 것이 고정된 주소를 갖는다면? 아마도 4GL 데스크톱 애플리케이션으로 터미널 서비스가 필요할 것이다. 웹 이전 시대, 클라우드 이전 아키텍처와 기술을 사용하는 어떤 애플리케이션도 클라우드로 이전하기 어렵다. 확장도 어렵다. 다른 후보자를 찾아보기 바란다.

- 높은 의존성. 만약 해당 애플리케이션이 아직 클라우드를 지원하지 않는 수많은 요소에 의존하고 있다면, 나중으로 미루기 바란다.

하이브리드, 클라우드시장 대세로 각광

반대 개념으로 여겨져 왔던 퍼블릭 클라우드와 온프레미스 환경의 접목은 가속화될 전망이다. IT 비용관리 솔루션 제공업체 '플렉세라(Flexera)'의 보고서에 따르면 직원 1,000명 이상 대기업 고객 중 87%가 하이브리드

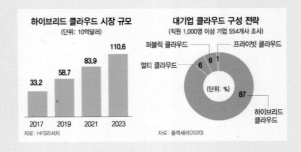

하이브리드 클라우드 시장 규모
(단위: 10억달러)

2017	2019	2021	2023
33.2	58.7	83.9	110.6

자료: HFS리서치

대기업 클라우드 구성 전략
(직원 1,000명 이상 기업 554개사 조사)

퍼블릭 클라우드 6
멀티 클라우드 6
프라이빗 클라우드 1
하이브리드 클라우드 87

(단위: %)

자료: 플렉세라(2020)

클라우드 전략을 따르고 있었다. 한 클라우드 업계 관계자는 "적지 않은 국내 기업이 사내 규제, 데이터 주권, 보안 등 우려로 퍼블릭 클라우드 도입을 주저하고 있다"며 "하이브리드 클라우드 솔루션은 특히 금융권이나 공공분야 클라우드 전환의 대안이 될 수 있다"고 말했다.

출처: IT World, 2017년 12월 4일
서울경제신문, 2020년 7월 25일

9.4 클라우드 컴퓨팅의 경제적 효과

앞서서 클라우드 컴퓨팅의 개념과 서비스, 배포 모델 등 기술적인 측면을 알아보았다. 이 절에서는 이러한 기술적 장점을 이용함으로써 클라우드 컴퓨팅이 가져 올 수 있는 경제적인 효과에 대해서 알아보자.

낭비되는 자원과 모자란 자원의 감소

기업들은 오랜 기간 기업 내부의 하드웨어와 소프트웨어 등 IT 자원에 막대한 투자를 이어왔다. 이런 투자에 대한 성과에 대하여 생산성 분석 등을 위한 노력이 이어졌고, 초기 설비 투자 비용에 비해 상대적으로 얻을 수 있는 경제적 이익은 미미하다는 우려가 이어져 왔다. 그렇다면 이런 기존의 IT 자원에 대한 투자와 활용 방식의 관점에서, 클라우드 컴퓨팅이 가져다 줄 수 있는 경제적 이점은 무엇인지 살펴볼 필요가 있다.

기업들은 최근 수십 년에 걸쳐 대용량 서버를 비롯하여, 공급사슬 관리 시스템, 고객 관리 시스템, 전사적 자원 관리 시스템 등 복잡한 시스템을 회사 내부에 설치하고, 이에 대한 관리를 기업 자체에서 수행하였다. 이런 내부 IT에 대한 투자 패턴은 **그림 9-8**의 좌측 그래프에서 보여주듯이, IT 자원에 대한 수요를 미리 예측하고 증가할 수요에 대처할 수 있는 대규모의 선행 투자를 주기적으로 해왔으며, 이에 따라서 큰 자본 비용(Capital Expenses, CAPEX)이 필요하게 되었다.

그림 9-8의 우측 그래프에서 보여준 바와 같이 실제 수요가 예측한 수요에 못 미칠 경우, 많은 컴퓨팅 자원이 낭비되는 결과를 초래하게 되었고, 반대로 예상치 못한 높은 수요가 발생시에는 오히려 컴퓨팅 자원이 고갈되는 이중고를 겪어야만 하였다. 이를 해

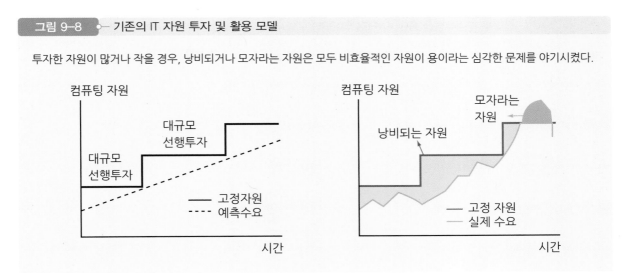

그림 9-8 ─ 기존의 IT 자원 투자 및 활용 모델

투자한 자원이 많거나 작을 경우, 낭비되거나 모자라는 자원은 모두 비효율적인 자원이 용이라는 심각한 문제를 야기시켰다.

출처: Simone Brunozzi 발표자료, 아마존 웹서비스 싱가포르 지사

결하기 위한 방안으로 IT를 외부 전문 업체에 아웃소싱(Outsourcing)을 주는 경우가 많아졌지만, 외주 업체와 일년 이상의 장기 계약 등을 통해 하드웨어와 소프트웨어를 임대하는 형식이 되고, 이에 따라 고정 비용 절감과 유동적인 IT 자원 관리 측면에서 한계가 지적되었다.

클라우드 컴퓨팅은 IT 아웃소싱의 한 단계 더 발전한 형태라 할 수 있다. 즉, 사용자는 자기가 필요한 만큼만 빌려 쓰고, 그에 대한 비용을 지불한다는 방식하에 고정 자본비용(CAPEX)의 대부분을 운영비용(Operational Expenses, OPEX)으로 전환시켜주는 효과를 가져오게 되었다. 그림 9-9은 이런 효과를 그래프로 보여주고 있다.

이러한 자본비용의 운영비용으로의 전환은 기업의 재무에도 변화를 가져온다. 손익계산서에서 IT 자원은 더 이상 감가상각이 포함된 자본비용이 아닌 유지 비용으로 취급될 것이며, 대차대조표 상에서도 하드웨어와 소프트웨어가 장기 자본 자산으로 차지하는 비용이 현저하게 줄게 될 것이다. 그 뿐만 아니라, 기업은 매달 사용료를 지급하는 방식 하에 현금 흐름의 유동성이 좋아지고, 기존의 아웃소싱 등에 적용되던 장기 계약 방식에 따르는 재무위험 또한 줄어들게 된다.

이렇듯 클라우드 컴퓨팅을 통해서 기업은 기존의 낭비되는 자원과 모자란 자원을 획기적으로 줄이고 확보된 자원은 자신의 핵심제품과 서비스 분야에 투자하게 됨으로써, 다른 기업들에 비해 경쟁 우위를 확보할 수 있게 될 것이다.

그림 9-9 ● 클라우드 컴퓨팅을 통한 CAPEX 의 OPEX로의 전환

클라우드 컴퓨팅은 기업의 대규모 투자를 줄이고, 수요에 입각한 운영비 중심의 비용구조를 가능하게 해준다.

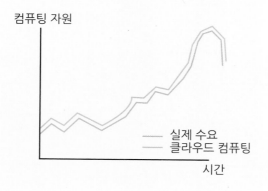

출처: Simone Brunozzi 발표자료, 아마존 웹서비스 싱가포르 지사

IT 벤처 기업의 활성화

새로운 IT 벤처 기업들은 클라우드 컴퓨팅을 통해 낮아진 진입 장벽의 이점을 누릴 수 있고, 이를 통해 새로운 혁신을 추구할 수 있게 된다. 예전에는 IT 관련 기업들은 하드웨어에 대한 투자가 선행되고 개발 환경을 확보해야만 새로운 애플리케이션을 구축할 수 있었다. 클라우드 컴퓨팅은 이런 대기업 중심의 구조적 한계점을 극복하고, 언제든지 새로운 구상만 있으면 손쉽게 애플리케이션을 클라우드상에서 개발하고 테스트까지 할 수 있는 개발 환경을 값싸게 제공해 준다. 앞서서 이런 플랫폼 서비스(PaaS)에 대하여 언급하였다.

이뿐만 아니라, 보통 새로운 애플리케이션이 개발이 되면, 이를 테스트하기 위해서는 실제 상황과 유사한 시나리오를 재현하여야 하고 따라서 많은 수의 서버가 필요하게 된다. 클라우드 컴퓨팅의 가상화 기술은 이런 테스트를 하는 경우에도 큰 효과를 발휘한다. 즉 따로 서버를 구매하지 않고도 인프라스트럭처 서비스(IaaS)를 통하여 테스트 기간 동안만 필요한 수만큼의 가상 서버를 빌려쓰면 된다.

개발된 애플리케이션의 실제운영 과정에서도 필요에 따라 가상 서버의 개수를 늘리거나 줄일 수 있고, 만약 결과적으로 성공하지 못한 애플리케이션에 대한 부담도 짧은 기간 동안의 운영비로 국한되어 위험 요소가 현저히 줄게 되었다. 하지만 한편으로는, 클라우드 컴퓨팅으로 인하여 더 많은 벤처 기업들이 시장에 참여하게 되고, 이로 인한

불필요한 내부 경쟁이 심화될 수도 있을 것이다.

중소기업의 클라우드 컴퓨팅

벤처 기업들과 유사하게 IT 관련 중소기업들은 충분하지 않은 투자 비용을 가지고도 새로운 애플리케이션을 개발할 수 있게 되었다. 또한 일반 중소 기업의 경우, 예전에는 고가의 서버와 소프트웨어 패키지, 그리고 애플리케이션을 운용할 줄 아는 전문 인력이 있어야만 가능했던 업계 최고의 값비싼 애플리케이션을 도입하여 사용하는 것이 가능해졌다.

가령 앞서 예로 들었던 소프트웨어 서비스(SaaS) 클라우드의 대표업체인 Salesforce.com의 경우 예전에는 소프트웨어를 직접 설치해주고 유지하다 보니 그 비용이 비싸서 중소기업의 경우 도입이 어려웠지만 지금은 매달 사용료를 지불하면 웹상에서 손쉽게 이용이 가능하다. 뿐만 아니라, 주로 대기업을 고객으로 소프트웨어 라이선스를 판매하고 이를 유지 보수하는 대규모 프로젝트를 통해 수익을 올리던 오라클 등 IT 컨설팅 업체들도, 최근 자신들이 가지고 있는 다양한 소프트웨어를 웹 환경에서 중소기업들에게도 클라우드 서비스로 제공하기 시작했다.

대기업의 클라우드 컴퓨팅

대기업들은 벤처 기업이나 중소 기업들에 비해 자금의 여유가 있고, 따라서 상대적으로 클라우드 컴퓨팅으로의 전환에 소극적인 태도를 취하기 쉽다. 또한, 이미 많은 자본을 자신의 데이터 센터에 투자를 한 경우, 이를 버리고 공공 클라우드를 이용한다는 것이 오히려 경제적으로 손실을 초래하는 경우가 생길 수 있다. 따라서 앞서 말한 바와 같이 대기업들은 먼저 내부적으로 클라우드 컴퓨팅 기술에 기반한 사설 클라우드를 거쳐 점차적으로 범위를 공공 클라우드 컴퓨팅으로 확장해 나가는 경향을 보이게 된다.

결론적으로, 클라우드 컴퓨팅은 기업의 제한된 IT 자원을 보다 유동적이고 효과적으로 활용함으로써, 불필요한 기회 비용을 절감하고 기업의 전략적인 업무에 집중할 수 있게 해주는 원동력을 제공하고 생산성을 높이게 될 것이다.

위에서 언급한 바와 같이 클라우드 컴퓨팅이 가져오는 경제적 효과는 많은 기업들에게 매력적으로 다가올 것이다. 하지만, 기업의 업무 성격에 따라 모든 경우 클라우드 컴퓨팅이 최선의 방안이라고 말하기는 힘들다. 여기서는 언제 클라우드 컴퓨팅이 가장 효과적이고, 그렇지 않은 경우는 언제인지 알아본다.

9.5 ▶ 클라우드 컴퓨팅 도입 시 고려하여야 할 사항들

클라우드 컴퓨팅이 효과적인 경우

클라우드의 장점은 여러 분야에서 두각을 나타내고 있지만 특히 아래와 같은 경우 더욱 적합하다고 볼 수 있다.

단기간 필요한 서비스   클라우드 컴퓨팅은 특히 한정된 짧은 기간 동안만 필요한 애플리케이션의 배포에 적합하다. 이 경우, 애플리케이션을 운영할 하드웨어 장비를 살 필요가 없어지며 단기간의 운영비만 필요하게 된다. 가령 신제품 개발을 위한 6개월 가량의 사전 시장 조사가 필요하다고 하자. 이를 위해서 고객들의 취향과 선호도 등을 설문하는 데 필요한 설문 조사를 위한 소프트웨어가 필요하다면 이는 클라우드를 이용할 경우 매우 효과적이라 할 수 있다.

규모 및 부하의 변화가 큰 서비스   사용되는 서버나 저장 공간의 규모나 부하가 시간에 따라 크게 변하는 IT 서비스에 적합할 것이다. 가령 주식 거래 소프트웨어는 주식 시장이 열리고 닫히는 시간대에 가장 많은 이용자가 몰리게 되고 이외의 시간대에는 그다지 부하가 심하지 않다. 일반적으로 클라우드 서비스를 이용하지 않을 경우, 최대 부하에 상응하는 컴퓨팅 자원이 확보되어야 한다. 하지만 이보다 훨씬 작은 거래량을 처리하게 되는 대부분의 시간에 불필요한 컴퓨팅 자원을 낭비하게 된다. 클라우드 컴퓨팅은 동적으로 필요한 자원을 늘이고 줄여줌으로써 이런 한계를 극복해 줄 수 있을 거라 기대된다.

비슷한 예로, **그림 9-10**에서는 미국의 대표적인 상점인 월마트(Walmart.com)와 아마존(Amazon.com)의 지난 1년 동안의 방문자 수를 보여준다. 그래프상에서 나타난 바와 같이 다른 달에 비해 크리스마스가 끼어 있는 연말에 거의 두 배에 가까운 갑작스러운 방문자 수의 증가가 있음을 알 수 있다. 이처럼, 계절에 민감하고 주기성을 많이 타는 온라인 쇼핑 웹사이트 등도 빠른 탄력성을 장점으로 내세우는 클라우드 컴퓨팅이 효과적일 것이다.

비전략적, 범용 애플리케이션   클라우드는 기업의 핵심분야 보다는 비전략적이고 조직

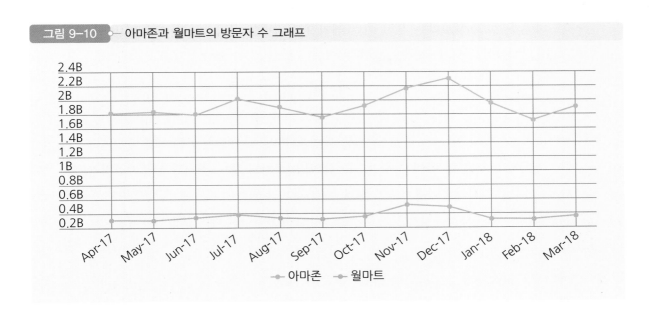

그림 9-10 ━●━ 아마존과 월마트의 방문자 수 그래프

적 가치가 비교적 낮은 애플리케이션에 적합하다. 가령 백업 데이터 베이스 저장장소가 대표적인 예가 될 수 있다. 아마존의 S3와 같은 서비스는 이 분야에 특화되어 있고, 따라서 개개의 기업보다 훨씬 효율적이며 경제적인 방식으로 백업 서비스를 제공한다. 이렇게 함으로써 기업은 자신의 핵심 전략 분야에 더 많은 자원을 배분할 수 있게 된다. 또한 비슷한 이유로 기업의 전략적 기능이 아닌, 인적 자원관리, 회계, 자료처리 등과 같은 백오피스(back office) 기능은 클라우드 컴퓨팅을 활용할 수 있는 좋은 후보자라 할 수 있다.

클라우드 컴퓨팅 도입을 조심해야 하는 경우

아래와 같은 경우 클라우드 컴퓨팅을 무턱대고 적용시키기 보다는 한번 더 대안을 고려해 보고 어느 방안이 최선인지를 따져 보아야 할 것이다.

레거시(legacy) 시스템　　　기업 내부에서 오랫동안 사용해온 레거시 시스템의 경우 클라우드로의 전환시 주의를 요한다. 클라우드 컴퓨팅은 우리가 가장 흔히 사용하는 Linux나 Windows 등 범용 서버들이 데이터 센터에 집적되어 있고, 기업 내에서 오랫동안 사용해 왔던 개개 기업만의 특이한 서버 환경과는 차이가 나기 마련이다. 이런 경우 기존 레거시 시스템을 아무런 준비과정 없이 무턱대고 클라우드 환경으로 전환하는 데에는 무리가 따른다. 그러기 보다는 우선 이런 레거시 시스템을 클라우드 환경에 맞는 웹 기반의 애플리케이션으로 디자인부터 새로 고려해야 할 것이다.

실시간 시스템   실시간이나 생사를 다투는 중요한 업무에 클라우드를 적용하는 데는 아직 기술적 한계가 있다. 클라우드 컴퓨팅은 말 그대로 멀리 떨어진 곳에서 제공되는 서비스이다. 물론, 중복 배치나, 부하 조정 등을 통하여 오류를 최소화하고 안정된 서비스를 제공하기 마련이다. 하지만, 인터넷이라는 네트워크를 통해서 서비스가 전달되기 때문에 100퍼센트 완벽한 서비스를 한 치의 오차도 없이 실시간으로 제공하기에는 한계가 있다. 예를 들어, 병원에서 수술 중에 필요한 환자의 정보를 실시간으로 보여주는 시스템의 경우 클라우드 컴퓨팅을 쓰는 데는 아직 무리가 있을 수 있다.

보안 및 프라이버시   환자 정보, 신용 정보, 기업의 기밀 등 민감한 데이터가 포함될 경우 클라우드 컴퓨팅을 적용하기가 어려울 수 있다. 우리나라의 경우에도 개인 정보보호법이 2011년 9월 30일부터 시행되었으며, 특히 의료정보 보호가 강화되었다. 가령 클라우드 컴퓨팅에서 명령어로 지운 데이터들은 실제로 디스크상에 남아 있을 수 있고 이에 따른 문제가 야기될 수도 있다. 이외에도 회원 정보들을 많이 보유한 한 기업이 이 정보를 분석하기 위해 막대한 내부 IT 투자를 하지 않고, 외부의 클라우드 컴퓨팅 인프라를 활용해도 되는 것인지 명확하지 않다. 마찬가지로, 국외에 있는 클라우드 인프라 활용에는 별 문제가 없는 것인지, 특정 기업이 외부 클라우드 컴퓨팅 리소스를 활용해 사업을 했는데 이 때 회계 부정 문제가 발생하면 외부 클라우드 컴퓨팅 업체는 얼마 기간 동안 관련 데이터를 백업해 놨다가, 어떤 절차를 통해 언제 정부의 요구에 따라야 하는지 등등 상당히 복잡한 법적 문제가 우선 해결되어야 할 것이다.

클라우드 컴퓨팅을 위해 해결해야 할 문제점

클라우드 컴퓨팅 서비스가 앞으로 더욱 발전하기 위해서는 몇 가지 해결해야 할 문제점들이 있다. 첫째는 서비스 안정성이고 둘째는 데이터 센터에 저장된 정보의 보안과 신뢰성, 셋째는 표준화 등을 들 수 있다.

서비스 안정성   현재는 개인 고객을 중심으로 클라우드 서비스가 제공되지만, 점차 기업 고객을 대상으로 확대하고 있는 양상이다. 기업 시장은 플랫폼의 유연성과 안정성을 만족시킬 수 있는 기술력이 가장 우선이 된다. 가령, 클라우드 서비스 특성상 갑작스런 서비스 중단이나 사고로 인한 정보분실 등은 기업고객에게 큰 손해를 안길 수 있다. 서비스가 끊기는 일 없이 안정성을 보장할 수 있는 기술력의 향상이 보장되어야 할 것이다.

정보의 보안과 신뢰성　　클라우드 컴퓨팅이 보안이나 신뢰성 측면에서 치명적인 결함을 지닌 기술이라는 지적도 있다. 즉, 모든 데이터를 데이터 센터에 모아서 저장해 놓은 것이, 데이터 손실이나 왜곡에 대한 위험뿐만 아니라 범죄의 수단으로 악용될 수도 있다고 본다. 이에 대한 철저한 관리 및 보완 기술들이 개발되어야 할 것이다.

표준화　　표준화는 매우 중요한 문제로, 대부분 클라우드 컴퓨팅 서비스 회사들은 자체 플랫폼으로 서비스를 제공하고 있으나, 향후 이 부분은 큰 쟁점으로 떠오를 것이다. 즉, 클라우드 컴퓨팅의 가장 큰 문제점 중 하나는 플랫폼간 상호호환이 되지 않는 점이다. 개발자가 특정 클라우드 플랫폼을 기반으로 응용프로그램을 개발하게 되면, 그 프로그램은 여타 클라우드 플랫폼에서 동작하지 않게 된다. 또 다른 문제점은 데이터 이동성이다. 특정 클라우드 플랫폼에서 다른 클라우드 플랫폼으로 서비스와 데이터를 이동하고자 할 경우에 문제가 발생하고, 특정 클라우드 플랫폼에 종속적으로 서비스가 제공될 수 밖에 없다는 점이 문제이다. 따라서 향후 클라우드 컴퓨팅 서비스가 확대되고 재생산되기 위해서는 표준화가 반드시 이뤄져야 할 것이다. 클라우드 컴퓨팅의 가장 큰 장점은 규모의 경제로 모두가 공통 표준을 따름으로써 공유를 활성화하고 이를 통해 자원을 더 싸게, 더 효율적으로 이용하는 것이다. 따라서 표준을 정하고 이를 홍보하는 기업이 기업용 클라우드 컴퓨팅 서비스 시장의 진정한 승자가 될 것이다.

 **주요 용어**　　　　　　　　　　　　　K / E / Y / W / O / R / D

클라우드 컴퓨팅	커뮤니티 클라우드(Community Cloud)
그리드 컴퓨팅	유틸리티 컴퓨팅
클라우드 데이터 센터	서버 가상화
인프라스트럭처 서비스(IaaS)	주문형 셀프 서비스
소프트웨어 서비스(SaaS)	공공 클라우드(Public Cloud)
플랫폼 서비스(PaaS)	표준화
사설 클라우드(Private Cloud)	

토의 문제

01 클라우드 컴퓨팅을 제공하는 국내 업체들은 누가 있으며, 그들이 보유하고 있는 데이터 센터들의 규모와 위치 등은 어떻게 되는가?

02 최근 금융권에서는 차세대 시스템 사업의 일환으로 서버 가상화가 한참 진행 중에 있다고 한다. 이들 대부분은 기존 기업 내 시스템에 적용하는 일종의 사설 클라우드로의 전환을 의미한다. 장기적으로 이러한 사설 클라우드는 과연 공공 클라우드로의 전환이 용이할까?

03 사설 클라우드와 공공 클라우드의 장단점은 어떻게 비교할 수 있을까?

04 20명 정도의 개발자를 가진 벤쳐 소프트웨어 개발회사가 효과적으로 클라우드 컴퓨팅을 활용할 수 있는 방안에는 어떤 것이 있을까?

05 최근 일본에서 대지진이 발생한 이후, 주변 국가로 IT 시설을 이전하려는 움직임이 있다고 한다. 우리나라의 IT 기업들은 어떻게 대처하면 좋을까? 적합한 클라우드 서비스 및 배포 모델은 어떤 것이 좋을까?

참고 문헌

[1] Jothy Rosenberg & Arthur Mateos, "The Cloud at Your Service", Manning Publications; November 22, 2010.

[2] John Rhoton, *Cloud Computing Explained: Implementation Handbook for Enterprise* (*2nd ed.*)s, Recursive Press; May 3, 2010.

[3] Laudon, Kenneth C. and Jane P. Laudon. *Management Information Systems: Managing the Digital Firm* (*16th ed.*), Upper Saddle River, NJ: Pearson Education, 2019.

[4] AWS for Solutions Architects: Design your cloud infrastructure by implementing DevOps, containers, and Amazon Web Services, Alberto Artasanchez, Packt Publishing, 2021.

넷플릭스의 클라우드 서비스

넷플릭스는 1억 3,000만 명에서 비디오 스트리밍을 제공하기까지 인프라를 어떻게 구축해왔을까? 넷플릭스의 선임 엔지니어 데이브 한이 설명한다.

지난 20여 년 동안 넷플릭스는 직원 수 30명 남짓의 DVD 렌탈 웹사이트에서, 5,000여 편의 쇼를 상영하고 1억 3,000만 명의 회원 수를 보유한 글로벌 스트리밍 서비스 기업으로 거듭났다. 매출 또한 연 110억 달러 정도로 성장했다. 그동안 넷플릭스는 엔터테인먼트 산업을 혁신적으로 바꿔 왔다. 지난해 CES, Consumer Electronics Show)에서 넷플릭스 CEO 리드 헤이스팅스는 전 세계 130여 국가에 넷플릭스 서비스를 출범시킨다고 밝히며, "오늘 여기 계신 여러분들은 글로벌 TV 네트워크의 탄생을 지켜 본 목격자들이다"라고 말했다.

넷플릭스 클라우드 오퍼레이션 및 안정성 팀의 시니어 엔지니어 데이브 한은 최근 런던의 IT 서포트 쇼(IT Support Show)에서, 이 모든 것은 넷플릭스가 기존의 IT 오퍼레이션을 근본적으로 혁신했기에 가능했던 일이라고 전했다. 한에 따르면 이 모든 여정은 넷플릭스가 자사 데이터센터에서 퍼블릭 클라우드로 이전하기로 결정하면서부터 시작되었다.

마이크로서비스를 이용한 이전

2008년, 자사 데이터센터에 관계형 데이터베이스를 구동 중이던 넷플릭스는 재앙 같은 일을 경험했다. 데이터센터 문제로 전체 서비스가 다운되고 3일 동안이나 DVD 배송이 중단됐던 것이다. 넷플릭스에 주어진 선택지는 2가지였다. 넷플릭스를 월드 클래스 데이터센터 오퍼레이션 기업으로 혁신하거나, 아니면 퍼블릭 클라우드로 서비스를 이전하는 것이다.

당시 넷플릭스는 무척 빠르게 성장하는 기업이었다. 그때 당시에도 수천 편의 영상과, 수백만 명의 고객들이 어마어마한 양의 데이터를 생성해 내고 있었다. 자체적인 데이터센터를 통해 이처럼 하늘 높은 줄 모르고 증가하는 볼륨을 감당하기에는 무리라는 판단이 들었다. 클라우드로 이전할 경우 수천 개 이상의 가상 서버를 추가하고, 수 분 이내로 페타바이트 단위의 스토리지를 담을 수 있었다. 누가 봐도 클라우드로의 이전이 합리적인 선택이었다. 얼마 지나지 않아 넷플릭스는 아마존 웹 서비스의 대표 고객이 되었다. AWS를 선택한 이유는 확장성과 다양한 서비스 및 기능을 제공했기 때문이었다. 하지만 클라우드로의 이전을 위해 기존 인프라스트럭처를 완전히 새롭게 설계해야 했다. 일체형으로 된 기업 시스템을 완전히 들어내어 그대로 AWS 클라우드로 이전할 수도 있겠지만, 그렇게 해 봐야 데이터센터에 존재하던 문제점들을 그대로 클라우드로 가져가는 것에 불과했다. 결국 넷플릭스는 대신 넷플릭스 테크놀로지를 AWS에서 재구현하는 쪽을 선택했다. 넷플릭스의 오퍼레이션 방식을 근본적으로 바꾸기로 한 것이다.

"소프트웨어도 다른 모든 것들과 마찬가지다. 주변 환경에 맞게 설계를 잘 할수록 더 자주, 그리고 더 규칙적으로 당신이 명령하는 일을 잘 수행한다. 이것이 우리가 마이크로서비스로 이전하기로 결정한 이유이다"라고 한은 설명했다. 서비스의 다양한 측면을 다수의 소규모 서비스로 쪼개는 마이크로서비스는 인프라스트럭처를 더욱 민첩하게 만든다. 각각의 마이크로서비스는 서비스의 작동 기전을 잘 이해하고, 시스템과 상호작용 할 수 있는 소규모 팀들이 운영하게 된다. 이러한 방식은 당시만 해도 상당히 획기적인 접근이었다. 마이크로서비스는 보다 명확하고 구체적인 통찰력을 제공하여 서비스를 변경하기가 더 쉬우며, 결국 더 간결하고 빠른 배치를 가능케 한다. 또한 각 서비스를 고립시켜 퍼포먼스 프로파일 및 패턴, 그리고 마이크로서비스의 보안을 보다 명확하게 파악할 수 있어 문제를 야기하는 서비스만 골라서 제거할 수 있다.

퍼블릭 클라우드로의 이전이 항상 순조로웠던 것은 아니었다. 지난 2012년 6월 29일부터 30일에 미국 동부 지역에 시속 112~128km에 이르는 강풍이 불어닥치면서 정전이 발생했다. 미국 동부를 휩쓴 태풍은 200만 명 이상의 피해자를 냈으며, 노스버지니아에 위치한 애시번 아마존웹서비스(AWS) 메인 데이터센터도 정전을 피할 순 없었다. 피해를 입은 아마존의 데이터센터는 약 30분 동안 전력 공급이 중단됐지만, 실제로 고객 사이트는 아마존이 가상머신 인스턴스를 복구하느라 더 오래 지속됐다. 또한 이런 대규모 데이터센터는 보조 발전기를 갖추고 있기 마련이지만, 어떤 이유에서인지 작동하지 않았다. 해당 데이터센터의 아마존 EC2의 서비스를 이용하던 인스타그램, 넷플릭스, 핀터레스트 등의 대표적인 웹서비스는 10여 시간 넘게 중단됐다. 이 중 가장 큰 피해자를 꼽으라면 단연코 스트리밍 서비스를 제공하던 넷플릭스다. AWS가 멈추면 넷플

릭스의 서비스가 멈추는 상황으로 연결되기 때문이다. 이 사태는 자연재해가 디지털 클라우드에 어떤 영향을 미치는지, 그리고 디지털 인프라가 아직은 자연 재해로부터 자유롭지 못하다는 것을 다시 한 번 확인시켜 줬다.

AWS는 2012년 12월 14일 또 다시 문제를 일으켰다. 이번에는 사람의 실수가 원인이었다. 이날 발생한 AWS 장애는 아마존 클라우드 데이터센터 서버의 트래픽 조절을 맡고 있는 탄력적 로드 밸런싱(Elastic Load Balancing: ELB) 기술의 문제로 밝혀졌다. ELB는 외부 곳곳에서 들어오는 접속 트래픽을 가상서버에 고르게 분배하는 역할을 한다. AWS는 이 사건에 대해 당시 버지니아 데이터센터 관리자가 실수로 ELB 상태 데이터 생성에 대한 작업을 삭제해 장애가 일어났다고 설명했다. 각종 자동화 도구를 활용해 정책 기반의 인프라 운영을 자신해온 AWS로선 수치스러운 일이었다. AWS는 이에 백업된 스냅샷 데이터를 이용해 복구에 착수했지만 완전한 정상화까지 20시간 이상을 소요했다. 제대로 작동하는 로드밸런싱과 그렇지 않은 지점을 찾아내는 작업과 백업데이터에 신규 데이터를 병합하는 작업 등이 필요했다. 이는 대부분 수작업으로 이뤄졌다. 휴먼 에러에 대한 부분은 메인프레임 시절부터 해결되지 않은 난제다. 99.9999%의 안정성을 보장하는 메인프레임조차 사람의 실수로 장애를 겪는다. 이 사건에 대해 전문가들은 인프라 관리의 자동화를 강화해야 한다고 지적했다. 사전에 장애 조짐을 탐지하고, 적절한 조치를 정책에 기반해 자동으로 취할 수 있도록 하는 기술적 보완작업이 중요하다는 것이다. 민감한 작업에 사람이 직접 개입하는 수준을 최소화해야 실수로 인한 인프라 장애를 줄일 수 있다는 설명이다.

6월의 장애 때와 마찬가지로 ELB 장애로 인

해 넷플릭스의 동영상 스트리밍 서비스 중 모바일 기기 이용이 불가능한 현상이 나타났다. 넷플릭스는 아마존의 ELB 수백개를 기기 종류별로 그룹으로 묶어 사용해 왔다. 따라서 다행히도 PC를 이용하는 스트리밍은 장애를 일으키지 않았고, 콘솔과 모바일 기기에서만 장애를 겪었다.

공공 클라우드와 사설 클라우드

데이터센터 장애가 일어날 때마다 AWS는 '곧 해결하겠다'로 대처했다. AWS 엔지니어들이 나서서 데이터센터가 다시 가동되면, AWS 클라우드를 이용하는 기업은 다시 서비스를 재개하는 일이 반복됐다. 이쯤 되니 기업 사이에서는 AWS를 믿고 사용할 수 있을까 하는 의문부터 클라우드 컴퓨팅에 대한 안정성 논란까지 고개를 들었다. AWS 서비스 중단 후 기가옴을 비롯한 외신에서도 일제히 AWS 데이터센터의 안정성을 문제삼았고 자체 사설 데이터센터를 구축하고 서비스를 해야 한다는 의견도 나왔다. 또한, 징가 등 AWS를 사용하던 기업들은 이미 자체 데이터센터를 짓기 시작했다는 내용을 전하며, 안정성 문제가 계속되면 언젠가는 웹서비스 업체들이 AWS를 탈출해 조만간 자체 데이터센터를 지을지도 모른다고 얘견하기 시작했다. 블룸버그는 "지어진 지 6년된 노후화된 데이터센터로 아마존이 2012년 15억달러에 이르는 매출을 기록했다"라며 "뭔가 대책이 필요하다"라고 전했다. 아마존으로서는 구글이 직접 경쟁 IaaS 서비스인 GCE(Google Compute Engine)을 발표하고, 마이크로소프트 등 다른 경쟁사들도 계속해서 공공 클라우드 컴퓨팅 시장에서 영향력을 넓히고 있는 가운데, 자사 서비스에 대한 언론의 질타가 치명적으로 다가왔다. 아마존은 곧장 자사 블로그를 통한 공개 사과(http://aws.amazon.com/

ko/message/680587/)에 나섰다. 테라 랜달 AWS 대변인은 "자사 장애로 인해 불편을 끼친 점에 대해 매우 유감스럽게 생각한다"라며 "앞으로는 이런 일이 다시는 발생하지 않도록 주의를 기울이겠다"라고 말했다. 구체적으로 어떻게 개선하겠다는 내용은 없지만 자사 문제를 공식적으로 인정하고, 더 나은 서비스를 만들기 위해 노력하겠다고 밝힌 셈이다.

넷플릭스의 결정

넷플릭스도 잇따른 AWS의 장애를 겪으며 자체 사설 클라우드를 구축하는 쪽으로 고민했을지도 모른다. 인스타그램이나 핀터레스트와 달리 넷플릭스는 EC2가 중단될 때마다 좀 더 복잡한 상황을 마주했기 때문이다. 인스타그램과 핀터레스트 등의 서비스 중단은 웹사이트 접속이 원활하지 않다거나 하는 식의 소비자 불편을 야기하는 선에서 끝났지만, 넷플릭스는 수익과 바로 연결된다. 일정 비용을 내면, 일정 기간 동안 동영상을 서비스하는 특징 때문이다. 실제로 넷플릭스는 장애가 3시간 넘게 지속된 점에 미안하다며 자사 서비스를 이용하는 고객들에게 사과 공지문을 띄웠다. "우린 전체 회원들이 중단 없는 서비스를 제공받을 수 있도록, 가용성을 매우 중요하게 생각하고 있습니다."

하지만 넷플릭스의 대응은 AWS를 비난하기보다는 전 세계적인 클라우드 서비스 운영의 어려움을 드러낸 것이라면서, 공공 클라우드에 대해 낙관적이며 장애 경험을 통해 앞 인프라를 개선하도록 노력하겠다는 입장을 밝혔다. 넷플릭스는 장애 발생 후 고가용성과 안정성을 유지할 수 있는 방안을 찾고, 왜 서비스가 중단됐는지 철저한 조사에 나섰다. 그 결과 장애가 난 서버에서 정보를 호출하지 않아야 하는데 계속해서 호출

정보를 교환하며 빠르게 서비스 개선을 이뤄나갔다. "클라우드 장애를 비난하는 건 쉬운 방법입니다. 하지만 몇년 동안 클라우드를 써보면서, 서비스 전체 가용성이 증가한다는 사실을 발견했습니다. 장애의 원인을 발견해 서비스 중단을 완화시킬 수 있는 방법을 찾는 게 우선입니다."

이후, 넷플릭스는 2012년 10월 일어났던 AWS 버지니아 데이터센터 장애 당시에는 서비스 중단을 피해갔다. AWS의 가용성존을 적절히 활용한 덕이었다. 넷플릭스는 또한 AWS의 ELB를 보완하는 자체적인 로드밸런싱 기술도 개발해 오픈소스로 공개하기도 했다. 아마존이란 기업 입장에서 넷플릭스는 비디오 스트리밍 콘텐츠 사업의 경쟁자지만, 자회사인 AWS 입장에서 넷플릭스는 너무나 고마운 존재다. 넷플릭스는 AWS의 우량 고객이면서, 가장 잘 활용하는 고객이다. 넷플릭스는 AWS 인프라의 다수를 이용할 뿐 아니라, AWS의 여러 서비스들을 조합해 최적화하는데 탁월한 역량을 자랑한다. 넷플릭스가 AWS 인프라를 안정적으로 관리하기 위해 자체 개발한 툴은 최고의 우수성을 인정받는다. EC2, S3, EBS, ELB 등 따로따로 떨어져 있는 AWS의 서비스들을 필요에 맞게 조합하는 작업은 어려운 일이다. 넷플릭스는 조합의 방법을 몸소 제공한다.

AWS는 넷플릭스 사례를 감추지 않고 적극적으로 알리며 넷플릭스도 자신의 기술이 공유되는 것을 꺼려하지 않는다. 2014년 넷플릭스는 자사의 클라우드를 안전하게 유지해주는 보안 툴을 다른 서비스들에도 똑같이 적용할 수 있도록 소스를 공개했다. 넷플릭스는 자사 클라우드 보안을 모니터링하고자 내부에서 개발한 툴인 시큐리티 멍키(Security Monkey)를 배포하는 등 AWS를 대규모로 이용하면서 습득한 교훈을 공유하는 전

하는 문제를 발견했다. 전력 장애로 인해 더 이상 작동하지 않는 서버를 이용하려고 정보를 보내는 과정에서 부하가 발생했고, 그 결과 20분 만에 전력이 복구돼도 서비스 장애가 발생한 이유임을 알아낸 것이다.

이 사건 당시 화제를 모은 넷플릭스의 클라우드 구루 아드리안 코크로프트는 클라우드 인프라의 복잡성을 정확히 제어하는게 얼마나 어려운 일인지 토로하기도 했다. 아드리안 코크로프트는 자신의 블로그를 통해 지난 크리스마스 장애 당시의 기술적 현황을 실시간으로 알렸다. 그는 ELB 장애가 각 디바이스에 영향을 미치는 부분을 정확히 지적했으며, 장애 포인트를 정확히 추적해 넷플릭스의 인프라 관리 역량을 보여줬다. 그는 앞으로 "클라우드의 복잡성 해소에 나설 계획"이라며 "이는 흥미로우면서 해결하기 어려운 문제"라고 밝혔다. 그는 이어 "시스템이 광범위한 지역에 걸쳐 복제돼야 하고, 지역 사이의 트래픽을 스위칭하는 시스템도 필요하다"라며 "확실히 믿을 수 있고, 트래픽 과부하를 충분히 견뎌야 할 것이다"라고 덧붙였다.

아마존과 넷플릭스의 협력

넷플릭스는 찾은 문제를 바탕으로 AWS측과

통을 이어나갔다. 시큐리티 멍키의 오픈소스 버전 공개는 넷플릭스의 다른 툴들을 공개하는 것으로 이어졌다. 넷플릭스는 카오스 멍키(Chaos Monkey)라는 내부 결함 테스팅 툴, 사용하지 않는 인스턴스를 검색하고 이를 종료해 버리는 재니터 멍키(Janitor Monkey), 의도적으로 시스템 복구 프로세스를 테스트하기 위해 시스템 지연 상황을 연출하는 레이턴시 멍키(Latency Monkey) 등 30개 이상의 다른 툴들도 공개했다.

이처럼, 넷플릭스 사례는 기업에게 AWS 이용시 참고서처럼 활용된다. 넷플릭스란 우수한 참고서를 가진 만큼 신규 사용자는 AWS 활용 역량을 단기간에 확보할 수 있다.

클라우드의 장점

넷플릭스가 클라우드로의 이전을 완전히 끝내기까지는 7년이란 시간이 걸렸다. 2016년에는 마지막 데이터센터까지도 문을 닫았다. 기존 데이터센터를 대신하여 이제는 클라우드 인프라스트럭처가 고객 정보에서 추천 알고리즘에 이르기까지, 넷플릭스의 모든 컴퓨팅 및 스토리지 니즈를 담당하고 있다.

클라우드로의 이전은 넷플릭스의 확장성과 서비스 가용성, 그리고 무엇보다 새로운 콘텐츠, 기능, 인터페이스 및 인터랙션을 출시하는 속도를 증가시켰다. 또한 엔지니어들을 해방시켜 다른 업무에 보다 자유롭게 시간을 쓸 수 있게 했다. 또 스트리밍의 비용을 줄이고 가용성을 비약적으로 증가하였으며, AWS의 경험과 전문성을 더했다.

"또 하나의 장점은 비용 모형이 무척 훌륭하다는 것이다. 사용한 것에 대해서만 비용을 지불하면 된다. 덕분에 우리는 많은 실험을 해 볼 수 있다"고 한은 말했다. 이처럼 유연한 비용 모형 덕분에 넷플릭스는 여러 새로운 기능들을 자유롭게 테스트 해보고, 기존의 기능을 변화, 개선시키려는 시도도 부담 없이 할 수 있게 됐다. 예컨대 개별화 된 콘텐츠 추천 기능도 그 중 하나이다. "이러한 추천 알고리즘은 규모가 매우 크고, 많은 컴퓨팅 작업을 필요로 한다. 그런데 새 알고리즘이 나왔을 때 이를 테스트해보기 위해 기존 알고리즘을 비활성화시키지 않아도 돼서 편리하다"고 그는 설명했다.

한은 이어 "이제는 새로운 기계를 수십, 수백, 아니 수천 대를 구동하고, 데이터를 분석하여 개선된 부분을 확인하려 할 때에도 실제로 사용한 부분에 대해서만 비용을 지불하면 된다. 클라우드는 여러 가지 기능을 시도함에 있어 믿기 어려울 정도의 자유를 선사한다"라고 덧붙였다.

한편, 넷플릭스가 2022년 클라우드 게임 서비스 시장에 뛰어들 예정이라고 외신이 블룸버그 통신을 인용해 2021년 7월 15일 보도했다. 이 보도에 따르면 넷플릭스는 비디오 게임을 서비스에 추가하기 위해 게임업체인 일렉트로닉 아츠(EA)와 페이스북을 거친 마이크 버듀를 게임 개발 부분 부사장으로 영입했다. 넷플릭스는 게임 개발 관련 직원 모집 광고를 시작했으며 수개월 안에 비디오게임 전담팀을 구성하고 2022년 내에 스트리밍 플랫폼에서 비디오게임을 제공할 것으로 알려졌다. 새로운 서비스는 넷플릭스 가입자에게 제공되는 TV 프로그램 및 영화와 나란히 표시된다. 이와 같은 새로운 게임 서비스에 대한 시도도 클라우드를 통한 탄력적 대응을 통해서만 가능할 수 있을 것이다.

출처: "7년 걸쳐 AWS로 이전…넷플릭스 엔지니어가 설명하는 클라우드 여정", CIO 2018년 9월 12일; "아마존-넷플릭스, 클라우드 장애의 교훈", ZDNET 2013.1.4; "AWS 넷플릭스, 미안해" Bloter.Net 2013.1.1; "넷플릭스, 그래도 우린 클라우드로 간다", Bloter.Net 2012.7.10; "넷플릭스, 아마존 클라우드 보안 강화하고자 소스 공개", 2014.07.02, IDG; 케이벤치(Kbench.com), 2021년 7월 15일

사례연구 토의문제

1. 넷플릭스사의 경우 아마존의 AWS를 이용하게 된 이유를 사설 클라우드와 공공 클라우드의 장점과 단점을 비교하면서 설명하시오.

2. 공공 클라우드의 경우 사례에서 보여주듯이, 자연재해나 사람의 실수로 인한 장애에서 완전히 자유롭지 못하다. 공공 클라우드의 "안정성"을 높이기 위한 방안으로 어떠한 것이 있을지 조사하고 이에 대해 논하시오.

3. 아마존의 클라우드는 웹서비스에 기반을 둔 애플리케이션 프로그래밍 인터페이스(API)를 이용해 원격조정이 가능하다. 사용자에게 제공하는 API의 종류에 대해 찾아보고 각각의 API가 수행할 수 있는 동작이 어떤 것인지 설명하시오.

4. 국내 공공 클라우는 상대적으로 느리게 발전하고 있다. 어떤 문제가 있고 이를 해결할 수 있는 방안에 대해 알아보자.

제 3 부

정보기술의 기업응용

　　정보기술은 아무리 그 성능이 뛰어나고 혁신적이라고 하더라도 기업의 업무 및 문제해결에 응용될 때 비로소 그 가치를 인정할 수 있다. 다시 말해 정보기술을 기업경영과 잘 접목시키는 것이 정보기술의 효과적인 활용을 위해 경영관리자에게 요구되는 주요 과제라는 의미이다. 오늘날 정보기술은 기업의 일상적인 거래데이터 처리는 물론 경영의사결정 및 지식업무의 처리에 이르기까지 다양한 부문에 활발하게 적용되고 있다.

　　제3부는 이러한 다양한 비즈니스 활동에 정보기술이 구체적으로 어떻게 응용되고 있는지 알아보고 기업이 이들 정보시스템의 적용으로부터 기대할 수 있는 효과는 무엇인지 알아보는데 주안점을 둔다.

　　제10장에서는 기업이 조직 내 부서간, 공급자, 그리고 고객에 이르는 방대한 프로세스와 데이터들을 통합적으로 관리하기 위해, 전사적 자원관리 시스템, 공급망 관리 시스템, 고객 관리 시스템을 어떻게 유기적으로 구축하고 이를 활용하는지 학습한다.

　　제11장에서는 인터넷 및 기타 정보통신기술이 오늘날 기업들의 비즈니스 수행 방식을 어떻게 변화시키고 있는지에 대해 학습한다. 우선, 인터넷 기술인프라에 대해 알아보고, 기업이 이러한 기술인프라를 이용함으로써 제품 및 서비스의 판매는 물론 전반적인 가치활동들을 수행하는 방식이 어떻게 달라졌는지에 대해 학습한다.

　　제12장에서는 기업의 경영의사결정 및 지식업무를 지원하는데 정보기술이 어떤 역할을 담당할 수 있는지 알아본다. 비즈니스 의사결정분석을 지원할 수 있는 시스템으로서 의사결정지원시스템(DSS)과 비즈니스 인텔리전스 시스템, 그리고 지식근로자들의 정보창출 및 관리 활동을 지원해 주는 시스템으로서 전자문서관리시스템, 그룹웨어 및 지식관리시스템에 관해 학습한다.

　　제13장은 오늘날 세계가 하나의 지구촌이 되어 가는 추세 속에서 정보기술이 기업의 글로벌 경영을 어떻게 지원할 수 있는지를 살펴본다. 글로벌 경영환경의 특성에 기초하여 글로벌 정보시스템에 대한 필요성을 이해하고 글로벌 정보시스템의 구축 및 관리와 관련한 주요 이슈들을 다룬다.

　　제14장은 최근 각광받는 빅데이터에 대해 살펴본다. 빅데이터는 무엇인지 정의하고, 기존의 비즈니스 데이터와 비교할 때 어떤 특징을 가지며, 이를 어떻게 활용할 수 있는지 다양한 분야를 소개한다. 그리고 향후 빅데이터가 가져올 미래는 어떤 것인지에 대한 전망을 제시한다.

제 3 부

제10장

데이터 및 프로세스의 전사적 통합관리

학 습 목 표

　전통적으로 기업들은 조직의 기능별로 정보시스템을 개발하여 업무능률을 향상하기 위한 노력을 추진하여 왔다. 최근 들어서 기업의 개별 정보시스템들이 전사적 자원관리 시스템을 통해 통합이 이루어지고 있으며, 시장이 글로벌화 되면서, 공급업체, 생산업체, 유통업체, 고객에 이르는 물류의 복잡한 흐름을 효과적으로 관리하는 공급망 관리 시스템의 중요성이 더욱 커져 간다. 이뿐만 아니라, 기업의 지속적인 경쟁력은 고객과의 긴밀한 관계에서 나온다는 중요성이 인식되면서, 고객 관리 시스템의 역할도 증대되고 있다. 한 마디로, 오늘날 기업은 조직 내 부서간, 공급자, 그리고 고객에 이르는 방대한 프로세스와 데이터들을 통합적으로 관리하는 유기적인 시스템을 구축함으로써 글로벌 경쟁에서 살아남기 위한 돌파구를 모색하고 있다.

　본 장을 학습한 후 학생들은 아래의 사항들에 대해 각각 답할 수 있어야 한다

• 오늘날 데이터와 프로세스의 통합 관리가 중요해진 배경은 무엇인가?
• 전사적 자원 관리 시스템이란 무엇이며, 도입할 때 기업에 어떤 효과를 가져다 줄 수 있는가?
• 공급망 관리 시스템이란 무엇이며, 도입할 때 기업에 어떤 효과를 가져다 줄 수 있는가?
• 고객 관계 관리 시스템이란 무엇이며, 도입할 때 기업에 어떤 효과를 가져다 줄 수 있는가?

개념사례

자라와 유니클로의 공통점은? 성공 브랜드를 위한 핵심 전략, 공급망관리(SCM: Supply Chain Management)

공급망 관리란 무엇일까?

자라(Zara)와 유니클로(Uniqlo)의 공통점은 무엇일까? 많은 사람들의 머릿속에 가장 먼저 떠오르는 것은 의류 브랜드라는 것이다. 두 브랜드의 창업자인 '야나이 다다시'와 '아만시오 오르테'가 일본과 유럽에서 가장 큰 부자로 손꼽힌다는 것도 잘 알려진 사실이다. 하지만 두 브랜드의 공통점은 이것만이 아니다. 유니클로와 자라는 모두 뛰어난 공급망 관리로 유명한 회사라는 것이다.

그러면, 두 브랜드가 가장 영향력 있는 의류 브랜드로 성장할 수 있었던 이유와 공급망 관리는 어떤 연관 관계가 있을까? 유니클로와 자라의 사례를 통해 공급망 관리의 중요성을 살펴보자.

공급망 관리 개념의 기원은 아마도 '가치사슬(Value chain)'의 개념까지 거슬러 올라갈 수 있을 것이다. 가치사슬은 하버드대의 마이클 포터 교수가 1985년에 출간한 '경쟁 전략(Competitive Advantage)'에서 제시한 개념인데, 가치사슬은 고객에게 가치를 주는 기업의 활동들(activities)이 연결된 과정(process)이라고 개략적으로 정의할 수 있다. 포터 교수는 가치사슬 내에 포함된 일련의 기업 활동을 본원적 활동(Primary Activities)과 보조적 활동(Support Activities)으로 분류하고 이러한 활동을 기업이 어떻게 수행할지 결정하는 것은 기업의 경쟁 전략을 도출할 수 있는 기준이 된다고 하였다.

이처럼, 마이클 포터가 1980년대에 제시한 가치사슬은 한 기업의 내부적 활동에 초점을 둔 개념이다. 공급망은 이러한 가치사슬 개념을 확장한 것이라 할 수 있다. 즉, 공급망은 원자재에서 최종 제품의 판매 과정에서 가치를 창출하는 많은 기업의 협력적 활동을 포괄하는 것이다. 가치사슬 개념의 확장은 정보기술의 발달과 세계화라는 시대 조류의 영향이 크다. 이러한 변화에 따라 기업들의 가치사슬 내의 활동을 전 세계로 아웃소싱(outsourcing)하고 있으며, 그 결과 기업이 경쟁에서 이기기 위해서는 내부 활동의 효율적인 운영뿐 아니라 공급망 전체를 잘 경영해야 하는 시대가 된 것이다. 이처럼 공급망 전체를 잘 관리하는 일련의 활동을 '공급망 관리(SCM)'라고 한다.

공급망 관리의 방식보다 중요한 것은 재고관리

앞서 언급했듯, 유니클로와 자라는 모두 뛰어난 공급망 관리가 구축된 브랜드이다. 하지만 두 기업이 동일한 방식의 공급망 관리 방식을 취하는 것은 아니다. 오히려 정 반대라고

▲ 자라의 매장(좌)과 유니클로의 매장(우)

하는 것이 맞는 표현일 수 있다. 매장 풍경에서도 두 기업의 차이는 확연하게 드러난다.

두 기업이 공급망 관리가 어떻게 다른지를 알아보기 전에, 두 기업의 공급망 관리 방식이 다름에도 불구하고 둘 다 뛰어나다고 하는 이유는 무엇일까? 우선, 두 브랜드 모두 품질이 좋은 제품을 낮은 가격에 판매하면서 이익을 창출하는 비용 경쟁력을 갖추고 있다는 것이다. 또한, 자신의 제품을 팔릴만한 장소에 팔릴 시간에 비치해 놓는 뛰어난 재고관리 능력을 갖추고 있다.

일반적으로 의류 판매 가격은 원가보다 훨씬 높게 책정된다. 그 이유는 재고가 남을 때의 비용에 비해 재고가 부족해서 판매를 못 할 때의 기회 손실이 더 크기 때문이다. 충분히 재고를 보유하면 이러한 문제를 해결할 수 있다고 생각할 수 있겠지만 의류는 모델과 사이즈가 다양하고 소비자의 취향도 변화가 심하다. 게다가 매장 판매나 창고의 공간에도 제한이 있기 때문에 재고를 충분히 갖추기는 쉽지 않기 때문에 그리 단순한 문제가 아니다. 그래서 의류 시장에서는 시즌마다 잘 팔리는 제품은 재고가 없어 못 팔면서도, 안 팔리는 제품은 할인을 해서라도 처분해야 한다.

재고가 남는 것은 가격 할인 이외의 문제도 일으키게 되는데, 재고로 남은 제품이 매장의 공간을 차지해서 판매 하락의 원인이 될 수 있는 것이며, 브랜드 이미지에도 부정적인 영향을 미친다. 결국, 중요한 것은 잘 팔리는 제품의 재고를 충분히 확보하고, 안 팔리는 제품의 재고를 최소화하는 것이 중요한 것이다.

차별화된 공급망 관리의 사례: 자라와 유니클로

자라와 유니클로는 정반대의 공급망 관리 방식을 취하고 있지만, 궁극적으로는 뛰어난 재고 관리 능력을 갖추고 있다고 하였다. 그러면, 각각의 브랜드가 어떠한 방식으로 재고 관리를 하는지 살펴보자.

먼저 자라의 공급망의 경우 다품종 소량 생산의 스피드 있는 실행에 역점을 둔다. 정보시스템을 적극 활용해 어떤 지역에서 어떤 스타일의 제품이 잘 팔리는지를 재빨리 간파하고, 최대한 빠른 시간 내에 비슷한 스타일의 제품을 디자인하고 생산해서 매장까지 갖다 놓는 것에 집중한다. 이를 위해 가치망 내의 활동을 아웃소싱하기보다는 직접 수행하고, 물류도 항공편을 활용한다. 또, 시즌에 한 두 번 신상품을 입고하는 일반적인 의류 브랜드와는 달리 1주일에 두 번씩 신상품을 입고하는 식으로 보충 주기도 빠르게 진행하고 있다. 패션에 민감한 고객층을 주 타깃으로 하는 자라의 전략과 잘 조율된 공급망 관리이다.

유니클로의 경우에는 소품종 대량 생산의 효율적인 실행을 강조한다. 자라와는 반대로 단일 품종을 대량 생산하고 가치망 내의 활동을 아웃소싱함으로써 비용을 최대한 줄인다. 대신 수요의 변동성이 크지 않은 베이직 아이템 위주로 제품을 판매하여 느린 공급망 실행속도의 단점을 보완한다. 또한, 유니클로 제품에는 의도적으로 유니클로라는 레이블을 겉으로 드러나지 않게 하여 청소년부터 노인층까지 폭넓은 고객층을 공략한다. 대량 수요를 꾸준하게 유지하기 위한 전략적인 선택인 것이다. 매장도 대형화하고 매장 내에 재고도 많이 보유함으로써 판매 시기를 최소화한다. 그리고 유니클로는 자사 브랜드만의 특수 기능성 소재를 연구하고 개발하기도 하는데, 가격에 민감하지만, 품질을 중요시하는 일반 대중을 주요 타깃으로 하는 전략과 잘 조율된 공급망 관리 방식인 것이다.

'공급(Supply)'이라는 단어가 시사하듯이 지금까지 공급망 관리는 전통적으로 제조, 물류, 구매, 정보시스템 등에 초점을 두고 연구되었다. 하지만 자라와 유니클로의 사례가 시사하듯 공급망 관리는 점차 판매, 서비스 쪽으로 개념을 확장하는 추세이다. 최근에는, 손꼽히는 공급망 관리를 구축한 국내의 전자기업도 미국과 유럽의 유통 업체에 자사의 공급망 관리와 정보 분석 능력을 바탕으로 매장 관리 컨설팅 서비스를 제공하고 좋은 반응을 얻었으며 이를 통해 협력 관계를 강화할 수 있었다고 한다. 비단 이러한 사례를 열거하지 않더라도, 공급망 관리의 중요성은 지속적으로 높아질 것이다.

출처: IT Trend 2014년 9월 22일, LG CNS
중앙일보, 이광형의 퍼스펙티브, "4차산업혁명, 유니클로·자라처럼 하면 성공한다", 2018년 3월 19일
"5 Minute Big Data Case Study: Zara", Adam Nathan, 2017년 7월 11일

10.1 전사적 자원 관리시스템

새로운 디지털경영 환경에서 찾아볼 수 있는 특징 중 가장 대표적인 것은 기업의 업무 프로세스가 전사적 자원 관리시스템(Enterprise Resource Planning: ERP)을 통해 통합적으로 지원된다는 점이다. 기업의 다양한 부문의 업무를 통합적으로 지원함으로써 업무 부문간 유기적인 연동을 통해 데이터의 효과적인 공유는 물론 조직 유연성의 향상에도 기여하고 있다. 나아가 **그림 10-1**에서 보여주듯이, ERP 시스템은 기업 내부 시스템들과 공급망 관리(SCM) 및 고객 관계 관리(CRM) 시스템과 서로 연동하여 확장할 수 있는 연결 고리를 제공함으로써, 기업의 통합 관리 체계를 구축하는 핵심이 된다.

ERP 시스템의 등장 배경

기업들은 세계적인 경쟁 속에서 살아남기 위해 각기 생산성, 품질, 소비자 만족도 향상 등 다양한 측면에서 자신들의 경쟁력을 향상시키기 위해 노력해 왔다. 특히 컴퓨터와 전산시스템의 발전으로 기업은 더 효율적인 정보 흐름과 업무가 가능해지게 되었다. 기간 업무에 대한 전산화는 전통적으로 제조 및 생산, 판매 및 마케팅, 재무 및 회계, 인적 자원 관리 마케팅, 생산 등 비즈니스 기능별로 업무를 분석하고 각종 개발 도구를 이용해 독립적인 정보시스템들을 주문 개발하고 이를 이용해 왔다.

따라서 각각의 개별 시스템들이 해당 분야의 데이터를 관리하기 때문에, 이들 시스템에 존재하는 정보는 부서단위 중심으로 관리되었고, 시스템들 간에 정보가 원만하게 흐를 수가 없었으며, 비즈니스 프로세스들도 부서간에 서로 단절될 수 밖에 없었다. 또한, 데이터가 비즈니스 기능 중심으로 구성됨으로 인해 경영관리자들은 기업의 전반적인 운영 현황을 한 눈에 알아보기 위해 필요한 데이터를 추출하는 데도 어려움이 컸던 것이 사실이다.

고객의 주문을 예로 들어보자. 고객이 주문을 하게 되면, 주문내용이 한 부서에서 다른 부서로 이동하게 되며, 주문관련 데이터는 이동도중 서로 다른 부서의 컴퓨터에 입력되기도 한다. 주문 데이터가 부서들을 따라 이동하다 보면 중간에 지연이 되기도 하고 또 주문이 도중에 증발해 버리는 현상이 발생하기도 한다. 주문시점에서 판매직원이 해당 제품의 재고현황을 알기 힘들었고, 고객은 자신이 주문한 제품의 처리여부에 대한 추적이 현실적으로 불가능한 경우가 대부분이었다.

그림 10-1 ○── 기업의 통합 관리를 위한 3대 시스템

부서간 통합을 위한 '전사적 자원 관리시스템', 공급자, 기업, 고객으로 이어지는 물류의 원활한 흐름을 위한 '공급망 관리 시스템',
그리고 기업과 고객의 긴밀한 관계 유지를 위한 '고객 관계 관리 시스템'이 기업의 데이터와 프로세스의 통합을 가능하게 해준다.

공급망 관리 시스템(SCM)

공급자

고객

고객 관리 시스템(CRM)

기업

전사적 자원 관리 시스템(ERP)

     기업들은 이와 같이 조직내부의 데이터와 프로세스의 통합에 큰 어려움을 겪었고,
나아가 이러한 내부적인 불협화음 속에 일상적으로 손발을 맞춰야 하는 외부의 고객이
나 공급사, 협력사와는 더욱 호흡을 맞추기가 힘들었다. 이러한 상황에서는 불필요한 인
력낭비가 발생하고 고객요구에 대응하는 시간이 지연될 수 밖에 없으므로 고객의 불만
은 커지게 되고, 회사 경쟁력은 상대적으로 다른 회사들에 비해 뒤처질 수밖에 없었다.

    이런 대내외적 상황변화로 인해 상용화된 애플리케이션 패키지를 기업의 기간 시스
템으로 사용함으로써 기업내 각 업무의 통합을 추구하는 노력이 시작되었다. 이러한 노
력은 **그림 10-2**에서 보여주듯이, 1970년대의 MRP(Material Requirement Planning)와
1980년대의 MRP II(Manufacturing Resource Planning)를 거쳐 마침내 ERP 시스템으로
나타나게 되었다.

MRP   1960년대 제품을 구성하는 모든 요소 즉, 원자재, 반조립품, 완제품 등에 대한
자재 수급 계획과 생산관리를 통합시킨 최초의 체계적인 제조정보 관리 기술이다. MRP
시스템은 기준정보를 근거로 어떤 물건이 언제, 어느 곳에서 필요한지를 예측하고, 모든

제조활동과 관리활동이 그 같은 계획에 근거하여 움직이기 때문에 기업 자원의 비능률적인 활용이나 낭비를 제거할 수 있게 하였다. 그러나 초기의 MRP 시스템은 확고한 개념의 미정립, 컴퓨터와 통신 기술의 부족, 데이터 베이스 기술의 미흡 등으로 시스템을 구현시키기에는 여러 가지로 부족한 점이 많았다.

MRP II   1980년대에 이르러 소품종 대량생산의 제조환경이 다품종 소량생산의 형태로 전이되기 시작되었으며, 고객 지향의 업무체계가 각광받기 시작하면서, 수주관리, 판매관리 등의 기능이 보다 중요하게 되었고 재무관리의 중요성이 대두되기 시작하였다. 그리고 컴퓨터 기술의 발달로 데이터 베이스나 통신 네트워크가 중요한 기술로 등장하게 되었고, 이것은 MRP에 큰 변화를 끼치게 된다. 기존 MRP의 문제점을 개선하면서 재무관리 등 중요 기능을 새로이 포함시킨 시스템으로 확장되었다. 즉 생산현장의 실제 데이터와 제조자원의 용량 제한을 고려하고, 자동화된 공정 데이터의 수집, 수주관리, 재무관리, 판매주문관리 등의 기능이 추가되어 실현 가능한 생산계획을 제시하면서 제조활동을 더 안정된 분위기에서 가장 효율적으로 관리할 수 있는 MRP II가 등장하였다.

생산관리의 입장에서 본다면, MRP는 제조자원이 한정되어 있다는 사실을 간과한 시스템이다. MRP II는 "제조자원이 한정되어 있다는 상황"을 생산계획의 수립에 반영할 수 있도록 개선한 시스템이다. 그리고 원가관리, 회계, 재고관리, 수주관리 등의 기능이 추가되거나 대폭 개선됨으로써 생산, 판매, 물류라는 3부분의 연계를 가능하게 하였다.

ERP   1990년대에 들어 컴퓨터 기술의 발전이 더욱 가속화되면서, 기업들은 MRP, MRP II를 넘어서는 요구를 하게 되었다. 즉 고객, 하청회사 등 상하위 공급체계와 설계,

그림 10-2 ◆━ 기업 시스템의 변천 과정

생산 활동에 초점을 맞춘 MRP 시스템이 점차 그 영역을 전사적으로 확대해 나가면서 ERP 시스템이 등장하였다.

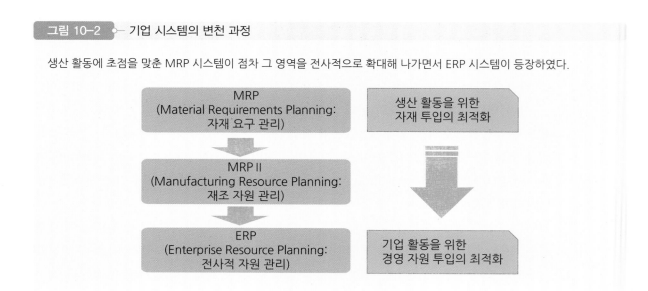

영업, 원가회계 등 회사내 연관부서의 업무를 동시에 고려하지 않고서는 올바른 의사결정을 내릴 수 없다는 인식을 하게 되었다. ERP는 생산 및 생산관리 업무는 물론 설계, 재무, 회계, 영업, 인사 등의 순수관리 부문과 경영지원 기능을 포함하고 있다. 흔히, ERP를 제조 시스템에 계속 있어왔던 경향들의 논리적 확장이라고 보는 견해도 있다.

ERP 시스템은 도입 초기에는 전방의 제품판매 프로세스(front-office)보다는 후방의 생산, 주문처리 업무(back-office)를 지원해 왔기 때문에 흔히 백오피스 소프트웨어라고 불렸다. 하지만 2000년대에 들어서면서 ERP는 기술적으로는 기존의 클라이언트/서버 환경에서 웹 환경 중심으로 재편성되면서 기업 내부 처리 외에 판매, 고객 관리, 공급자, 외부 협력사와의 소통과 정보교류 등 그 영역을 넓혀가고 있다. 다음 절에서 다룰 SCM과 CRM도 포괄적 의미에서는 ERP 시스템으로 포함하기도 한다.

대표적인 ERP 시스템 제공업체로는 SAP, Oracle(PeopleSoft 와 합병), SSA 글로벌 (Baan과 합병), 마이크로 소프트(Great Plains) 등이 있다. 국내 업체로는 비젠트로사의 uniERP, 더존 디지털 웨어사의 Neo 시리즈 등이 있다.

ERP 시스템의 기능

통합 비즈니스 프로세스

ERP시스템이란 완전히 새로운 시스템이라기 보다는 위에서 언급한 기업 전반의 비즈니스 프로세스들 및 관련 데이터의 통합을 위한 상용 소프트웨어 패키지다. 비즈니스 프로세스란 제품이나 서비스를 제공하기 위해 업무를 구성하고 조정하는 방식을 의미한다. 따라서 **그림 10-3**에서 보여 주듯이, ERP 시스템은 재무 및 회계, 인적 자본관리, 제조 및 생산, 판매 및 마케팅 등 다양한 비즈니스 프로세스들을 지원하는 소프트웨어 모듈들이 상호 유기적으로 연결되어 만들어진다. 또한, 일반적으로 ERP 시스템은 기업의 레거시(legacy) 시스템을 대체하게 된다. 레거시 시스템은 주로 메인프레임 컴퓨터로 구축한 낙후된 거래처리 시스템으로, 이것을 대체하거나 재설계하여 현대적인 ERP 기반 구조로 통합된다.

ERP 시스템을 제공하는 업체에 따라 구성하는 프로세스 요소들에 차이가 있지만, 대부분 **그림 10-3**에 보여준 기본 요소들을 공통으로 지니게 된다. 대부분 ERP 소프트웨어들은 유연하게 각 프로세스가 모듈구조로 설계되어 있어 필요 시, 일부 모듈만 우선 설치하고 추후 필요에 따라 추가적인 모듈을 설치할 수 있어야 한다.

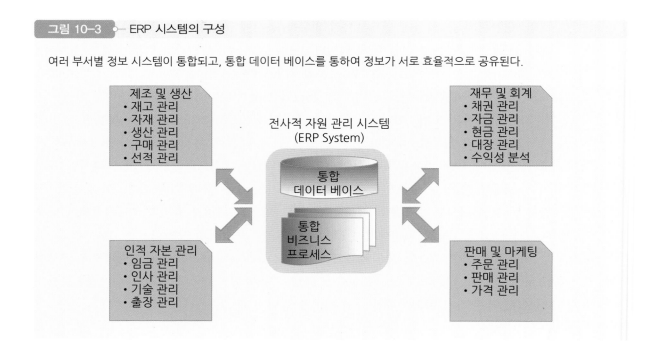

그림 10-3 ●─ ERP 시스템의 구성

여러 부서별 정보 시스템이 통합되고, 통합 데이터 베이스를 통하여 정보가 서로 효율적으로 공유된다.

통합 데이터 베이스

기업들은 ERP 시스템을 구축함으로써 이러한 기업의 모든 비즈니스 프로세스들을 통합할 뿐만 아니라, 전사적 차원에서 통합 데이터 베이스를 관리한다. 그 결과, 기업의 서로 다른 부서 간에 또 비즈니스 프로세스 간에 정보가 유기적으로 연결된 프로세스를 거쳐 자유로이 흐를 수 있고, 개별 시스템들에 존재하던 정보 조각들이 이제는 전사차원의 정보로 통합되어 사내 여러 분야의 비즈니스 프로세스들에 의해 공유된다. 궁극적으로, 경영관리자들은 이러한 통합 관리 시스템을 통해 비용과 수익성 등 여러 가지 경영분석도 전사적으로 수행할 수 있게 되고 효율적인 의사 결정을 내릴 수 있게 된다.

업무 처리 매뉴얼과 표준 제공

ERP 패키지의 비즈니스 프로세스는 오랜 경험을 통하여 얻어진 첨단 경영 기법의 도입을 통해 구현된 표준 업무 프로세스이기 때문에 이의 도입을 통해 자동적으로 기업의 업무 재설계(Business Process Reengineering: BPR)를 해 주는 기능을 한다.

스포트라이트   국내 ERP 시장, 외산 대신 '더존 ERP'

국내 전사적 자원 관리(ERP) 시장에서 외산 제품에 대한 국내 기업의 윈백(Win back: 경쟁사 시스템을 자사의 제품군으로 바꿔 넣는 것) 사례가 눈에 띄게 늘어나면서 시장의 지각변동이 예고되고 있다.

20일 시장조사업체 IDC가 2016년 조사한 국내 ERP 시장 점유율 자료에 따르면 SAP, 오라클(Oracle), 마이크로소프트(Microsoft) 등 외산 ERP 기업들이 확보한 시장 점유율이 전체의 절반을 넘어서고 있다. 이런 가운데 더존비즈온은 SAP에 이어 시장 점유율 18.5%로 2위를 기록하면서 국산 ERP의 자존심을 지켜내고 있다.

외산 ERP는 높은 점유율에도 상대적으로 높은 유지보수 비용과 일부 업체의 라이선스 오딧(사용 실태 조사) 문제 등으로 인해 시장 불만은 계속 고조되는 상황이다. 또한, 더존비즈온이 최근 외산 ERP에 대한 윈백 소식을 연이어 전하면서 시장에서는 외산 ERP에 대응할 수 있는 유일한 국산 ERP로서 더존비즈온의 경쟁력을 인정하는 분위기다.

더존 ERP의 기술력이 글로벌 수준의 궤도에 오른 데다 운영과 비용 측면에서도 외산과 비교할 수 없을 정도로 월등한 강점을 보이는 등 기업 현장에서 요구하는 기술-운영-비용의 삼박자가 잘 맞아떨어졌다는 분석이다.

실제로 최근 3년 동안 더존비즈온은 외산 ERP를 사용하던 기업 60곳 이상을 대거 윈백하는데 성공했다. 단순 계산으로도 1년에 20곳 이상을 윈백한 셈으로 지금까지 시장 유례를 찾아볼 수 없는 폭발적인 상승세다.

대표적 사례로는 올 초 시스템 구축을 완료한 코스콤을 들 수 있다. 코스콤은 기존 외산 ERP 도입 후 시간이 경과하면서 운영비용 증가, 시스템 간 연계성 부족, 데이터 분산 등의 문제를 안고 있었다. 새로운 비즈니스 환경에 필요한 신규 요구사항을 시스템에 제대로

적용하는 것에도 한계가 발생했다. 이에, 데이터 기반의 경영 체계를 마련하고 수작업 업무를 제거하는 동시에 시스템 연계, 연동 처리를 기반으로 업무 생산성 향상과 편의성을 제고하고자 더존 ERP시스템으로 재구축을 추진했다.

더존 ERP의 강점은 무엇보다도 뛰어난 기능과 확장성 등 우수한 기술력을 들 수 있다. 기업 현황에 맞춰 다양한 모듈과 기능을 제공하는 것은 물론, 원하는 기능과 사용방식을 선택해 시스템을 구성하고 필요에 따라 확장 또는 변경할 수도 있다. 업종과 규모, 중점적으로 관리하고자 하는 영역에 따라 ERP를 구성해 낭비 없이 효율적으로 모든 업무와 자원을 관리할 수 있다.

또한, 운영 비용 측면에서 외산 ERP가 따라 올 수 없을 정도의 월등한 우위를 보이고 있다. 초기 구축비용부터 시스템 관리와 유지보수에 이르기까지 기업의 IT 비용을 대폭 절감할 수 있다. ERP 사용을 위한 필수 IT 자원을 하나로 통합해 더욱 편리하게 관리할 수 있으며, 변화하는 경영환경에 민첩하게 대응하고 정확한 의사결정이 가능하도록 다양한 경영지표를 제공하고 있어 기업의 정보를 체계적으로 파악하고 관리할 수도 있다.

유지보수 역시 사용자 관점에서 최고 수준의 지원을 아끼지 않는다. 특히, 기업이 상황에 맞춰 원하는 기능을 쉽고 빠르게 개발하고 필요한 리포트도 직접 제작할 수 있도록 제공하는 전용 유지보수 툴은 더존 ERP만의 특장점으로 손꼽힌다. 통합개발환경을 통해 어려운 프로그래밍 언어를 사용하지 않고도 ERP 메뉴를 쉽게 개발할 수 있도록 해 고객사로부터 수많은 찬사를 받고 있다.

더존비즈온 관계자는 "더존 ERP는 기업 내부 시스템 전반을 개선해 업무 생산성 향상, 효율성 확보, 프로세스 개선 등을 꾀하며 기업의 핵심 업무도구로서 각광을 받고 있다."며, "최근 외산 ERP에 대한 윈백을 통해 시장에서 더존 ERP의 경쟁력이 점차 인정받는 분위기"

라고 말했다.

한편 2021년, 더존비즈온은 '아마란스 10'이라는 차세대 ERP 시스템을 출시할 예정이다. 기능은 단순한 ERP에 그치지 않는다. 그룹웨어, 문서관리 기능 등을 모두 합쳤다. ERP를 '디지털 비즈니스 플랫폼'으로 재탄생시켰다는 설명이다. 스마트 회계·인사, 통합 커뮤니케이션 등을 시작으로 영업, 구매, 자재, 생산 등 업무 편의를 돕는 기능을 연내 선보일 예정이다.

ERP와 그룹웨어는 더존비즈온의 주력 사업분야다. ERP는 13만 개의 기업고객, 그룹웨어는 45만 명의 실사용자를 보유하고 있다. 더존비즈온은 이런 노하우를 아마란스 10에 집결시켰다. 개발에만 3년의 시간을 들였다. 출시 전부터 공공기관, 병원, 중소기업 등 다양한 분야에서 100억원 상당의 사전계약을 체결했다. 육군본부와 계약을 성사시키며 정보기술(IT) 솔루션이 갖춰야 할 보안성도 입증했다는 평가다. 더존비즈온은 기업고객의 디지털 전환 가속화를 적극 지원한다는 계획이다. 코로나19로 촉발된 비대면 업무 환경 등 변화하는 비즈니스를 아마란스 10에 담겠다는 목표다.

출처: 뉴스토마토, 2017년 11월 20일
한국경제, 2021년 7월 14일

ERP 시스템의 특징

ERP 시스템이 가지는 대표적인 6가지 특징은 아래와 같다.

광역성   ERP 시스템은 어느 특정 업무나 특정 부서를 목표로 개발된 것이 아니기 때문에 범용적으로 기업의 모든 업무에 적용이 가능하도록 개발되었다. 따라서 기업업무의 모든 영역에 대해 전략적이고 효율적인 조직 운용 및 관리를 위한 전사적인 시스템을 형성한다.

통합성   ERP 시스템은 논리적 연관관계가 있는 업무끼리의 완벽한 연결을 통해 위에서 언급한 재무 및 회계, 인적 자본관리, 제조 및 생산, 판매 및 마케팅의 전 모듈이 완벽하게 통합되도록 설계되어 있다. 모든 자료는 오로지 한 번의 입력을 통해 작업의 중복과 자료의 불일치를 없애고 일상적 작업을 최적화하고 통합화시켜 불필요한 노동력을 줄여준다.

유연성   ERP 시스템은 편리한 사용자 정의 방식의 지원을 통하여, 개개의 기업과 개별적인 사용자가 업종 고유의 요구사항을 맞춤화(configuration) 시킬 수 있도록 설계되어 있다. 예를 들어 SAP의 ERP시스템은 3,000개가 넘는 테이블을 이용해 맞춤화 작업을 하

표 10-1	ERP 시스템 도입 목적
정보환경 구축의 측면	시스템 표준화를 통한 데이터의 일관성 유지
	개방형 정보시스템 구성으로 자율성, 유연성 극대화
	웹 기반 기술 등을 이용한 사용하기 쉬운 정보환경 제공
	데이터의 중복 및 오류배제
	필요정보의 공유
경영 성과의 측면	재고관리 능력의 향상
	재무 및 회계, 인적 자본관리, 제조 및 생산, 판매 및 마케팅에 이르는 정보 흐름의 일원화
	계획 생산체제의 구축 및 생산 실적 관리

며, 만약 자체 소프트웨어의 제작을 통해 기존 시스템을 보완해야 하는 경우에도 파라메터 지정만으로 손쉽게 적용할 수 있도록 구성되어 있다.

개방성   기본적으로 ERP 시스템은 국제적으로 인정된 표준에 맞게 설계되도록 하고 있지만 사용자의 상황에 따라 시스템이 설치될 하드웨어 및 데이터베이스 플랫폼 등을 결정할 수 있도록 한다.

국제성   ERP 시스템은 점차 글로벌화되는 기업 환경 속에 다국적 기업이 사용할 것을 예상하여 다양한 언어를 지원하도록 설계되어 있다. 또한 화폐 및 조세관련사항에 있어서도 국가별 요구 사항에 따라 다르게 운영될 수 있도록 지원한다.

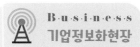
B·u·s·i·n·e·s·s
기업정보화현장

ERP 시장, 코로나로 클라우드 전환 가속 연평균 17.4% 급성장 전망

국내 ERP 소프트웨어 시장이 클라우드 전환을 통해 도약의 전기를 맞고 있다. ERP는 전사적자원관리(enterprise resource planning)의 약어로 회사의 재무, 공급망, 운영, 보고, 제조, 인적 자원 활동 등 비즈니스 프로세스를 통합 관리하는 소프트웨어다. 국내 ERP 시장은 1990년대부터 본격적으로 도입돼 현재 대다수 대기업이 ERP를 사용하고 있다. 시장이 성숙기에 접어든 만큼 국내 ERP 시장 성장률은 평균 6%대에 머물러 있다.

그러나 국내 ERP 시장에서도 새로운 성장 동력이 나타나고 있다. 기존 설치, 구축 중심 ERP 시장에서도 클라우드 도입이 빠르게 확산되고 있기 때문이다. ERP를 클라우드 SaaS(서비스형 소프트웨어) 형태로 제공하면 기업이 서버 관리와 유지 보수에 필요한 인력과 자원을 절감할 수 있고, 장소에 구애받지 않고 노트북 스마트폰에서도 업무를 처리할 수 있어 업무 효율성이 높아진다. 또한 기업이 원하는 기능만을 선택해 사용할 수 있어 구축 시간과 비용 면에서도 유리하다.

이런 이유로 기존 구축형 클라우드를 사용하던 대기업들도 클라우드형 ERP로의 전환을 속속 추진하고 있으며, 중소기업과 스타트업들도 클라우드 ERP를 적극 도입하고 있다. 아직 국내 중소기업의 ERP 보급률이 60% 수준에 머무르는 가장 큰 이유가 ERP 도입에 따른 구축

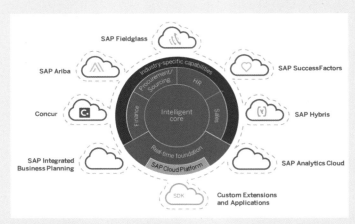

▲ SAP사의 클라우드 기반 ERP

속화하고 있다. 코로나19로 재택근무 수요가 크게 높아진 상황에서 기존 구축형 ERP로는 유연한 업무 환경을 제공하기 어렵기 때문이다. 이에 따라 장소에 구애받지 않고 업무를 할 수 있는 클라우드형 ERP의 장점이 부각되면서 많은 기업이 클라우드 전환을 검토하고 있다. 코로나19에 따른 경기 위축으로 올해 신규 정보기술(IT) 서비스 투자를 줄이고 있어 즉각적인 시장 성장은 아직 관찰되고 있지 않다. 그러나 내년 코로나19 백신이 보급돼 경기가 정상화되면 기업들이 미뤄왔던 IT 투자를 재개하며 ERP 시장도 빠른 회복세를 보일 것으로 예상된다.

정부의 다양한 중소기업 지원 정책도 ERP 시장 성장을 촉진시키고 있다. 정부는 제조업 스마트화 전략하에 중소·중견 제조기업을 대상으로 스마트 공장 구축에 자금을 지원하고 있다. 기업당 최대 1억~1억5,000만원까지 사업비의 50%를 지원함으로써 2022년까지 3만 개의 스마트 공장을 구축한다는 목표다. 예산도 매년 증액하고 있는데, 2020년에는 지난해 대비 40% 증가한 약 5,000억원이 투입될 예정이다.

비 및 관리 부담이라는 점을 고려하면, 클라우드형 ERP 보급은 중소기업의 ERP 보급률을 한 단계 끌어올릴 것으로 예상된다.

글로벌 ERP 시장에서도 클라우드 전환은 이미 대세다. SAP, 오라클 등 글로벌 대형 ERP업체들도 SaaS형 신규 클라우드 ERP 제품을 출시하며 기업에 클라우드 전환을 촉구하고 있다. 시장조사기관 마켓&마켓은 글로벌 클라우드 ERP 시장이 2020년 453억달러에서 2025년 1011억달러로 연평균 17.4%의 가파른 성장을 할 것으로 전망하고 있다. 이미 한 자릿수로 성장이 둔화된 글로벌 ERP 시장에서도 클라우드 ERP는 새로운 성장 동력으로 기대되고 있다.

코로나19 사태도 ERP 시장의 클라우드 전환을 가

출처: 한국경제신문, 2020년 12월 23일

ERP 시스템의 도입 효과

많은 기업들이 ERP 시스템에 대하여 막연한 필요성은 인식하지만, 구체적으로 어떠한 목표를 위해 ERP 시스템을 도입해야 하는지에 대해서는 신중하게 고려하는 경우가 흔치 않다. 기업이 ERP 도입을 해야 하는 주요 목적은 크게 정보환경 구축의 측면과 경영 성과의 측면으로 나누어 생각할 수 있다.

　　정보 환경 구축 면에서 주된 목적은 회사 내 모든 업무를 ERP 시스템을 활용하여 동시에 통합 처리하고 실시간으로 업무에 필요한 정보를 주고받을 수 있는 IT 기반의 환경 구축에 있다. 또한, 사용하기 편리한 정보 환경을 제공받게 되고 데이터의 중복 및 오류를 없애는 대신 필요한 정보는 공유된다.

　　경영 성과 측면에서 ERP 시스템의 도입은 계획적인 생산 체제의 구축을 가능하게 만들고 재고 관리 능력을 향상시키는 등 생산 실적 관리가 편리해 진다. 또한 시스템의 표준화를 통해 정보의 흐름이 일원화될 뿐 아니라, 선진 업무 프로세스 도입을 통한 생산성 향상과 의사 결정을 위한 정보의 신속한 제공 등의 장점이 많은 기업들이 ERP시스템을 구현하는 목적으로 파악되고 있다. 구체적으로 다음과 같이 요약할 수 있다.

재고관리 능력의 향상　　적절한 ERP 시스템의 도입으로 제조 프로세스의 투명성이 향상됨에 따라, 제품을 만드는데 이용되는 원재료의 재고를 줄일 수가 있으며, 제품인도 일정 계획을 보다 정확하게 수립할 수 있게 되어 창고에 저장된 완성품 재고량을 줄일 수 있게 된다.

업무의 일원화, 효율화　　시스템의 표준화를 통해 정보의 흐름이 일원화 될뿐 아니라 시스템 성능의 최적화를 통해 이중 작업을 방지하게 된다. 기업은 비용을 절감하고 생산성을 높이며 인력 수도 줄일 수 있다.

계획 생산체제의 구축 및 생산 실적 관리　　생산 계획 소요 시간이 단축되고, 필요한 자재 및 인력 부족 시 조기 경보 체제의 구축이 가능하다. 기업의 전반적인 성과를 파악하고자 할 때, 사업 단위별 실적 관리가 용이해진다.

ERP 시스템 도입 시 고려할 사항

　　ERP 시스템의 도입은 실제로 많은 기업들이 기대 했던 것만큼의 긍정적인 효과를 보고 있지 못한 것이 사실이다. 오히려 ERP 시스템의 구축에 들어가는 비용이 크다 보니 결과적으로 기업 성과에 마이너스 효과를 가져 오는 경우를 쉽게 목격 할 수 있다.

　　ERP 시스템 도입을 통해 최대한의 가치를 얻으려면, 업무를 담당하는 사람들로 하여금 시스템에 명시된 업무수행 방식을 받아들이게 하여야 한다. ERP를 이용하게 될 서로 다른 부서의 구성원들이 ERP 시스템이 제시하는 표준업무수행 방식이 기존의 방식보다 더 낫다고 하는 점을 인정하지 않는다면, 이들은 시스템 사용을 저항하든가 혹은 IT부서에 ERP 시스템의 표준 프로세스를 기존의 업무방식에 맞게 변경해 달라고 요청할 것이다.

여기서 ERP 시스템 도입이 실패하는 가장 큰 이유가 있다. 즉, 이러한 경우 IT 부서는 ERP 시스템의 기존 모듈을 일부 변형시켜 맞춤형 시스템으로 보완함으로써 기존의 프로세스들이 문제없이 수행될 수 있도록 한다. 하지만, 상용화되고 있는 대부분의 ERP 시스템들은 앞서 언급한 바와 같이 수년간 축적된 경험을 바탕으로 기업의 최우수 사례를 기반으로 한 최적화되고 표준화된 애플리케이션 패키지이다. 따라서 맞춤화 작업을 많이 하면 할수록 기업은 원하고자 했던 프로세스의 통합과 혁신에서 더 멀어지게 되며, 시스템 자체도 불안해져 추후 소프트웨어의 유지보수가 더욱 어려워진다. 오히려 시스템의 변경은 최소화하고, ERP 시스템에 부합하도록 기업의 프로세스들을 재정비함으로써 성공적인 ERP 시스템 도입이 이루어 질 수 있다.

하지만, 소프트웨어의 맞춤화 작업보다 사람들의 일 습관을 바꾸는 것이 더 쉬울 것이라는 생각은 매우 위험한 가정이다. 절대 그렇지 않다. 사람은 변화를 싫어하기 마련이다. 바로 이러한 이유 때문에 ERP 시스템을 구현하는 것이 쉽지 않은 것이다. 성공적인 ERP 시스템 도입은, 시스템 구축으로 끝나는 것이 아니고, 기업 구성원 모두가 혁신과 변화를 추구한다는 확고한 의지와 구축방법론에 의한 체계적인 프로젝트 진행, 지속적인 교육 및 만족도 평가를 통한 변화에의 적극적인 참여가 필요하다.

10.2 공급망 관리 시스템

요즈음 와서 제조업체 및 유통업체를 중심으로 큰 관심을 끌고 있는 정보기술은 공급망 관리(supply chain management: SCM)이다. 공급망 관리는 원자재의 조달로부터 제품의 생산과정을 거쳐, 유통망을 통해 고객이 원하는 제품이 고객의 손에 전달되기까지의 모든 과정을 효과적으로 관리한다. 기업 환경이 글로벌화됨에 따라 해외에서의 원자재 수입, 아웃소싱을 이용한 생산 등이 보편화되고, 기업의 공급망은 나날이 복잡해지고 있다. 특히, 최근 발생된 글로벌 경제 위기, 유가 인상, 환율의 변동 등 외적 비용 상승 요인들은 기업으로 하여금 외부로 관리 역량을 확장하는 공급망 관리의 중요성을 한층 부각시키고 있다. 이 절에서는 이러한 기업의 생존전략으로 떠오른 공급망 관리의 전반적인 내용과 중요성을 살펴보자.

공급망의 개념

그림 10-4에서 볼 수 있듯이, 공급망은 공급업체, 제조업체, 유통업체, 소매업체, 고객이 서로 복잡하게 연결되어 구성된다. 때로는 공급업체(1단계 공급업체)는 다시 자신의 공급업체(2단계 공급업체)를, 나아가 제3, 제4의 공급업체를 가지기도 한다. 자재는 원자재를 거쳐 최종 제품과 서비스로의 변환을 거치며 공급업체로부터 고객에게 흘러들어가며, 이에 따라 자금은 고객으로부터 공급업체 쪽으로 흘러들어간다. 물론 고객의 반품 상황을 고려한다면 자금과 자재의 흐름 방향은 반대가 될 수도 있을 것이다.

공급망 관리란, 이러한 공급망의 주체들이 서로 협력하여 자재, 자금, 그리고 정보를 통합하여 관리함으로써, 물류의 최적화를 달성하고, 궁극적으로는 최소의 비용을 들여, 최대의 고객만족을 이끌어 내기 위한 경영전략이다. 따라서 공급망관리는 기업이 제품 생산을 위한 원재료 수급에서 최종 고객에게 제품을 전달하기까지 공급망상에서의 모든 행위들(구매/조달, 제조, 유통, 판매, 재고 관리)을 정보 기술을 활용해서 통합함으로써, 재화 및 원재료 흐름을 계획하고 관리하며, 제품 공급주기를 단축시키고, 재고수준을 낮추어 주며, 비용을 절감시켜 주고, 고객서비스 및 만족도를 향상시키는데 초점을 둔다.

그림 10-4 ━ 공급망 관리의 개념

공급망 관리란 기업이 제품 생산을 위해 원재료 구입에서 고객에게 제품을 전달하기까지 공급망에서 일어나는 모든 행위들을 정보 기술을 이용해서 관리함으로써, 재고를 최적화하고 소요시간을 감축하여 양질의 제품과 서비스를 제공하는 것이다.

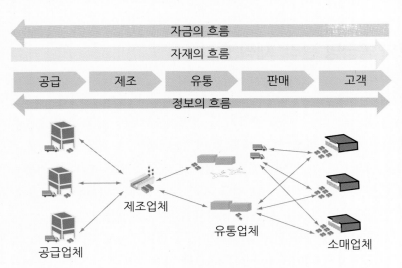

공급망 관리의 개념은 갑자기 한순간에 등장한 것은 아니고, 1970년대부터 북미 기업들이 물류(logistics)의 총 비용을 줄여 채산성을 높일 수 있다고 인식하며 실질적인 경영 계획과 관리 활동을 하기 시작하였다. 이러한 총비용 관리의 개념이 1980년대에 들어서서 기업 전체의 물류 프로세스를 효율화하여 단편적인 비용 절감이 아닌 전체 물류 비용의 최적화를 추구하는 개념으로 확장, 발전하였다.

1990년대에 들어서는 기업은 국제화 개방화에 따른 글로벌 기업 환경 속에서 더욱 경쟁이 치열해졌다. 이러한 상황에서는 기업은 고객이 원하는 제품을 얼마만큼 빠르고 정확하게 제공하느냐에 따라 기업의 승패가 좌우된다. 즉, 제품 납기 시간(lead time)을 줄이고, 고객의 요구에 따른 기업의 유연성이 중요한 요소로 부각된 것이다. 또한, 제품의 수명주기가 단축되는 추세에다 마진이 점차 줄어들고 있고 고객의 기대 수준은 갈수록 높아졌다.

이처럼 치열해지는 시장 환경에서 경쟁력을 키우기 위해 노력하던 중, 기업들은 부가가치의 60~70%가 제조 밖의 공급망에서 발생하고 업종에 따라 10~14%의 물류 비용이 소요되는 것을 파악하게 되었다. 이후 기업들은 본격적으로 자사의 물류 효율 최적화뿐만 아니라 공급망내의 참여 기업간의 물류 프로세스 통합 관리에 초점을 둔 공급망 관리의 개념을 기업 경영에 도입하기 시작했다. 또한 정보기술의 발전으로 1990년대부터 ERP, MRP와 같은 기업 내 자원 관리 솔루션 도입이 확산되면서 사내 외 정보의 통합 개념으로의 공급망 관리 솔루션 또한 주목받게 되었다. 이후, 인터넷의 빠른 보급과 관련 정보 기술의 발달로 인해 공급자, 제조사, 판매자, 고객 간의 협업을 강화한 공급망 관리 솔루션들이 개발되고 있다.

정보와 공급망 관리: 채찍 효과

제품에 대한 최종 소비자의 수요에 조그만 변동이 생기면, 그 변동은 소매상, 도매상, 완제품 제조업자, 부품 공급자 등 공급망을 따라 위로 올라갈수록 그 변동폭이 크게 확대되는 현상이 발생한다. 예를 들어, 소매상이 도매상에게 10을 주문하면 도매상은 만약을 위해 12를 제조업체에게 주문하고 제조업체는 또 다시 자재업체에게 만약을 대비해 15를 주문하는 현상으로 결국 전체 공급망에는 과다한 재고를 보유하게 되고 불필요한 인력과 시설투자로 자원을 낭비하게 되는 현상을 말한다.

이처럼 공급망에서 최종 소비자로부터 멀어질수록 수요와 재고의 불안정성이 확대되는 현상을 채찍효과(Bullwhip Effect)라 한다. 이 같은 이름이 붙여진 이유는 수요변동의 단계적 증폭 현상이 마치 긴 채찍을 휘두를 때 손잡이 부문에 작은 힘만 가해도 끝부분에서는 큰 파동이 생기는 것과 유사한 패턴을 보이기 때문이다.

1971년부터 1995년까지의 미국 자동차 산업 및 자동차 장비 산업을 분석한 Anderson의 실증 분석은 채찍효과에 관한 흥미로운 자료를 제시하고 있다. 즉 25년간 GDP는 일반적으로 2~3%의 범위에서 변동했는데, 자동차 산업의 매출은 최대 25% 내에서 등락을 보였고, 장비 산업은 최대 75%나 변화했다. 흥미로운 점은 매출, 즉 실제 수요보다 제품 주문의 변동폭이 훨씬 크다는 점이다. 장비 산업의 경우 주문은 매출보다 2배 이상 큰 폭으로 증가 또는 감소하는 모습을 보였다.

채찍효과의 발생원인

공급망에서 채찍효과가 발생하는 원인은 무엇보다도 수요예측상의 문제점들 때문이다. 기업은 제품 수요예측, 생산규모 계획, 재고 조정 등 다양한 경영기획 활동에 있어 고객들의 제품 주문량을 중요한 정보로 활용한다. 그러나 제품 주문량은 현재의 실제 수요를 정확하게 반영한다고 말하기 힘들다. 주문은 미래의 예측 수요 및 안전 재고의 합이기 때문이다.

그림 10-5 ── 채찍 효과(Bullwhip Effect)

고객의 수요 변동은 공급망을 따라 위로 올라갈수록 그 변동폭이 크게 확대된다. 이를 방지하기 위해 적절한 공급망 관리 시스템의 도입이 필요하다.

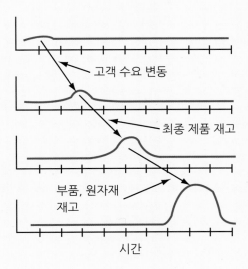

나아가 공급망에서의 정보지체와 배달지체도 채찍효과를 강화시키는 경향이 있다. 수요변화의 인식과 대응, 그리고 공급선상의 재고 수준 조정에 상당한 시간이 걸리기 때문이다. 최종 소비재 시장에서 발생하는 수요 변화의 중요성에 대한 오판 또한 원인이 되기도 한다.

 스포트라이트   ## Bullwhip Effect에 어떻게 대응할 것인가?

채찍효과에 대처하고 그 영향력을 줄이기 위해 각 기업들은 일련의 노력을 기울여 왔다. 채찍효과에 대처할 수 있는 몇 가지 방안은 다음과 같다.

첫째, 공급망 전반의 중복 수요 예측을 가급적 피한다.

소매업체나 유통업체의 수요 데이터를 제조업체에서 실시간에 공유함으로써 공급망 전반의 각 파트너들의 개별 수요예측을 최대한 줄이도록 한다. 이미 많은 기업들이 90년대 초, 중반을 거치면서 EDI 시스템 등을 통해 공급망 상의 일관되고 집중화된 수요예측을 하려고 노력하고 있다. 심지어는 좀더 공격적으로 공급자 관리 재고(Vendor Managed Inventory, VMI)와 같은 방법으로 오히려 제조업체들이 유통 업체들의 수요 관리에 적극적으로 참여하려는 경우도 많아지고 있다. Dell이나 Apple 같은 몇몇 기업들은 중간 유통을 줄이고 제조업체가 직접 고객들과의 접점에 나섬으로써 채찍효과를 줄이려는 노력을 하고 있다.

둘째, 대량의 배치 주문을 줄인다.

한번의 많은 주문을 줄이고 소량, 다빈도 주문 형태로 전환한다. 그리고 소매상들이 주기적으로 일정한 주문을 하도록 유도한다. 이는 EDI나 정보 시스템을 통해서 충분히 협업이 가능하다. 주로 소매상들이 대량 주문을 하는 이유 중의 하나는 운송비용이다. 한번에 대량 주문을 함으로써 운송비용을 줄일 수 있기 때문이다. 이를 해결하기 위해서는 제조업체에서는 같은 제품을 대량으로 운반하기보다는 다른 제품을 트럭에 혼적

하는 복합운송 형태를 통해서도 적은 비용에 같은 효과를 노릴 수 있다. 이 밖에 3자 물류 업체를 활용하는 것도 한 대안이 될 것이다.

셋째, 가격 변동폭을 줄인다.

제조업체와 유통업체가 협력하여 일관된 가격정책을 가져간다. 일례로 P&G, Kraft 등의 기업에서는 상시 저가 정책(EDLP: Every Day Low Price)을 통해 소비자의 수요 변동폭을 감소시키고 있다. 주기적인 가격판촉을 동반한 변동적인 정책보다는 오히려 안정되게 일정한 패턴으로 제품을 공급함으로써 더 안정된 수요형태를 유도할 수 있다.

넷째, 공급 부족 등의 상황 등을 최소화한다.

공급 부족 현상 시 고객의 주문에 의한 배분보다는 과거 수요정보를 바탕으로 배분한다. GM에서는 이미 이 방법을 통해서 효과를 보고 있고, Texas Instruments나 HP 등도 이러한 방법들을 채택하고 있다. 제조업체들은 파트너들에게 명확하게 생산의 제약 사항을 알려주고 고객들이 제조 부분의 상황을 이해하도록 만들어야 한다. 그리고 어느 정도 강력하고 일관된 정책 유지도 필요하다고 볼 수 있다.

이 외에도 리드타임 단축, 공급망 간의 강력한 파트너십을 통해서도 채찍효과를 줄일 수 있다.

출처: The Bullwhip Effect in Supply Chains, Sloan Management Review

특히 공급망의 층화(tiering) 현상이 진행되는 경우 채찍효과는 증폭된다. 층화현상이란 1980~90년대 자동차 산업에서처럼 최종재 제조기업이 공급망 관리의 효율화를 위해 다수 공급자를 소수 핵심 공급자로 압축시키면서, 과거의 수평적 공급사슬이 1차, 2차, 3차 공급자 등 계층적인 형태로 재편되는 것을 의미한다. 층화 현상은 공급망 단계를 증가시켜 채찍효과를 더욱 현저하게 만든다.

채찍효과의 대응방안

공급사슬에서 채찍효과를 완벽하게 제거하는 것은 불가능하지만, 적절한 대응을 통해 상당 부분 경감시킬 수 있다. 무엇보다 중요한 것은 공급망 구성원들 간에 정확한 정보를 서로 공유할 때 수요 및 공급의 불확실성이 줄어들게 된다. 이를 위해서 공급망 관리 시스템을 통한 데이터와 프로세스의 통합이 반드시 따라야 할 것이다. 이와 같은 통합 관리를 통하여 부품 및 자재 공급자가 재조업체의 재고 조정에 직접 관여하는 방식이 가능해지고, 공급자, 구매자간의 실시간 정보공유를 통해 수요정보의 왜곡이 최소화될 것이다.

SCM 시스템의 기능

공급망 관리를 위해서는 이를 위해 필요한 기능을 구현한 시스템의 구축이 필요하다. SCM 시스템을 제공하는 대표적인 회사들로는 SAP, 오라클, JDA Software 등이 있으며, 최근에는 대부분의 공급망 관리시스템들이 클라우드상에서 서비스를 제공함으로써(SaaS: Software as a Service), 공급망 업체들간의 실시간 정보 공유와 데이터의 분석 기능이 더욱 용이해졌다. 공급망 관리시스템이 가지는 공통된 기능들은 크게 공급망을 계획하는 기능과 공급망을 실행하는 기능으로 나누어진다.

공급망 계획 기능 (Supply Chain Planning)   고객의 수요를 예측하고, 이를 바탕으로 생산 및 조달 계획을 수립하고, 원재료에 대한 재고 수준을 파악하여 적절한 주문 계획까지 수립하게 된다. 주로 주별 계획 이상의 계획을 수립하는 기능이다. 만약 고객의 수요나 생산 일정에 차질이 발생하여 기존 계획의 변동이 생길 경우, 변동사항은 공급업체들에게 즉시 통보가 이루어져야 하고, 이를 고려한 새로운 계획 수립이 용이해야 한다. 특히 공급사와 제조업체의 협력적인 관계가 강조되면서, 협력적 예측 보충 시스템(Collaborative Planning, Forecasting & Replenishment, CPFR) 및 공급사 재고 관리 (Vendor Managed Inventory: VMI) 등이 중요한데, 이를 위해서는 업체간 동일한 공급망

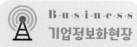 오라클사 공급망 관리시스템의 공급망 계획 기능(좌)과 공급망 실행 기능(우).

클라우드 시스템을 이용하여 언제 어디서나 접근이 용이하다.

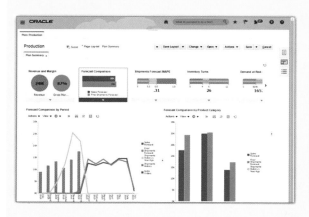
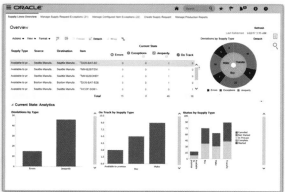

시스템을 이용한 통합과 표준화가 요구된다.

공급망 실행 기능 (Supply Chain Execution)　　공급망 내부의 실제 원료나 제품의 이동, 자금의 흐름을 제어하게 된다. 주로 일 별 이하의 스케줄을 따라 실시간으로 생산 및 배송 상태, 재고 수준과 관련된 데이터를 제공하고 유통 관리의 일환으로 고객도 주문한 제품의 상태를 쉽게 파악할 수 있게 해 준다. 바코드와 RFID 등을 사용해서 물류 실행 업무를 효율화 하며, 또한 제품의 반환과 관련된 역 배송에 대한 관리도 담당한다. 또한 위탁제조를 할 경우 생산 진행 상황에 대한 위탁제조업체의 업데이트를 실시간으로 파악할 수도 있다. 이와 더불어 자금 흐름과 관련된 문서 및 메시지의 관리기능을 포함한다.

Business 기업정보화현장　글로벌 공급사슬 병목 심화…업계 부담 상승·인플레 우려

신종 코로나바이러스 감염증(코로나19) 대유행 사태에서 글로벌 경제가 반등할 것으로 기대되는 와중에 반도체와 플라스틱, 해운 등 여러 분야에서 공급사슬 (supply chain) 병목현상이 심화하고 있다. 이는 소재 및 부품 부족 현상으로 이어지게 되고 결국 공급측면에서의 인플레이션을 촉발시킬 가능성이 높다는 지적이다.

23일 업계 및 외신 등에 따르면 글로벌 공급사슬 곳곳에서 사고와 코로나19 문제 등으로 인해 부품 및 소재 수급에서 어려움이 심화하고 있다.

반도체의 경우 대만 TSMC의 공급 축소로 병목현상이 나타난 가운데 지난 19일 일본의 차량용 반도체생산업체인 르네사스에서 화재가 발생, 설상가상의 사태가 벌어지고 있다. 피해를 입은 공장에서 생산되는 반도체의 3분의 2가 자동차용이고 정상화하려면 최소 1개월

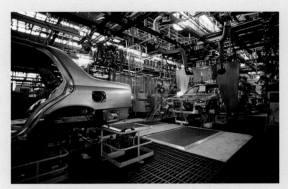

▲ 반도체와 플라스틱 원료, 해운 등 여러 분야에서 공급사슬 병목현상이 나타나고 있다. 출처=게티이미지뱅크

이상이 걸릴 것이라고 로이터가 회사 관계자의 말을 인용, 보도했다.

이로써 현대·기아차를 포함한 글로벌 자동차메이커들은 자동차용 반도체 부족에 따라 감산을 할 수밖에 없는 상황에 몰리게 됐다. 특히 도요타와 혼다 등 일본 자동차메이커들은 직격탄을 맞았다.

우리나라 자동차메이커들도 비상이 걸려 반도체 확보에 총력을 기울이는 분위기다.

반도체 만이 아니라 미국 텍사스 지역 정전사태로 촉발된 플라스틱 공급 중단 사태도 글로벌 공급사슬의 병목현상을 초래하고 있다.

이들 공장에서는 폴리에틸렌과 폴리프로필렌 등 플라스틱 원료를 생산하고 있는데, 주로 자동차부품과 컴퓨터 부품용으로 사용되고 있다.

이로 인해 국제 원자재 정보서비스업체인 ICIS에 따르면 최근 폴리프로필렌 가격은 지난 2019~2020년 평균가격에 비해 두 배 이상 급등하기도 했다.

뿐만 아니라 글로벌 공급사슬의 최말단 부위라고 할 수 있는 해운까지 문제가 발생하고 있다. 중국이 최근 항구 3곳에서 백신을 맞지 않았다는 이유로 외국 선박 선원들의 하선을 금지하는 조치를 취해 글로벌 무역 전반에 파장을 불러일으키고 있다고 파이낸셜타임스가 전했다.

국제해운회의소(ICS: International Chamber of Shipping)는 이와 관련, 전 세계 선원 170만명 중 90만명이 개발도상국 출신이어서 2024년까지 백신을 맞을 수 없는 상황이라고 밝힌 것으로 전해졌다.

가이 플래튼 ICS 사무총장은 이와 관련, "코로나19에다 백신 문제까지 가중되고 있어 선원들 건강이 큰 위협을 받고 있고, 이 때문에 해운을 통한 글로벌 물류가 지연되거나 중단될 수 있다"고 경고했다.

이처럼 원료 및 부품 가치사슬은 물론 물류망까지 난맥상을 보인다면 완제품 가격 급등이 초래될 것으로 우려된다.

반도체가격의 상승은 자동차만이 아니라 스마트폰과 가전제품 등 여러 분야에서 공급 감소로 이어져 인플레 요인이 될 전망이다.

플라스틱 원료가 되는 소재가격 상승은 자동차분야만이 아니라 주택자재와 각종 완제품가격 오름세를 촉발할 수 있다.

글로벌 가치사슬의 병목현상으로 인해 업계가 리스크 관리에 적극 대응해야 할 시점이지만, 전반적인 물가 오름세도 우려되는 상황이 되고 있다.

출처: 세계비즈, 2021년 3월 23일

SCM 시스템의 도입 효과

공급망관리 시스템의 도입은 공급망 전체에 걸쳐 이윤을 향상시키고, 기업의 경쟁우위를 확보할 수 있는 다양한 기회를 제공한다.

정보의 실시간 공유와 효율적 생산관리

공급망을 구성하는 업체들이 동일한 시스템으로 연결됨으로써, 이들 업체들간에는 고객의 수요, 재고, 운송 현황 등의 정보를 서로 실시간 공유할 수 있게 된다. 공급망 관리 시스템을 가장 성공적으로 도입한 기업 중 손꼽히는 델 컴퓨터는 공급망 관리 시스템 도입 후 고객, 델, 부품 공급사 간의 정보 연계가 실시간으로 이루어지게 됨으로써, 재고량이 공급망관리 적용 전의 8주분에서 적용 후 12~15일 분으로 줄어들게 되었다고 한다. 또한 미국의 페덱스사는 실시간 화물 위치 추적 서비스와 운송장 및 상업 송장 등의 국제 무역에 필요한 문서를 처리하는 인터넷 기반의 배송관리 프로그램을 구축하였다. 페덱스의 기업 고객들은 이 시스템의 혜택을 받아 자사의 공장, 창고 혹은 페덱스에서 제공하는 창고에 있는 재고들을 적절하게 분배하여 물류비용을 최고 20~30% 절감 할 수 있었고, 빠른 배송으로 고객 만족도가 높아져 더욱 경쟁력을 갖추게 되었다.

정보의 실시간 공유는, 수요정보에 바탕을 둔 합리적인 생산계획의 수립을 가능하게 하며, 주문, 조달의 불확실성을 제거할 수 있다. 공급망 관리를 성공적으로 구축한 시스코사는 전체 매출의 90%(약 144억 달러상당)가 웹을 통해 발생하고 있는 대표적인 e-비즈니스 기업이다. 이 회사는 전체 제품생산량의 75%를 자빌, 솔렉트론 등의 협력업체에 외주 의뢰하고, 이들과의 관계유지는 100% 온라인으로 하고 있다. 제조 협력사들은 고객의 주문을 받아 제품을 생산하고, 주문제품의 76%는 시스코의 개입없이 곧바로 고객에게 발송된다. 이러한 주문과 조달의 일원화로, 주문제품의 97%가 고객에게 약속된 날짜에 배달되고 있다고 한다.

중복업무 제거와 비용절감

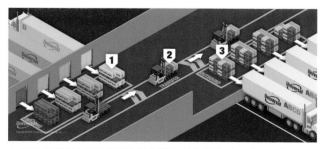

▲ 물류센터에서 크로스도킹 시스템을 사용하여 입고된 물품을 바로 분류하여 배송할 수 있다.

공급망 관리 시스템의 도입은 업체간 중복 업무를 제거하고, 이를 통해 수송배송 역량증가, 재고의 감소, 작업 지연 시간 단축 등을 기대할 수 있다. 이러한 효과를 단적으로 보여주는 예가 크로스도킹 시스템이다. 크로스 도킹은 물류센터로 입고되는 상품을 창고에 보관하는 것이 아니라, 곧바로 적절한 분류과정을 거쳐 소매점포 등의 배송지점으로 배송하는 물류시스템을 의미한다.

따라서 보관이나 피킹 작업을 최소화할 수 있고 이를 통해 재고 및 물류비용의 상당한 감소를 기대할 수 있다. 대신 이를 위해서는 입고 및 출고를 위한 모든 작업의 긴밀한 동기화가 필요한데, 가령 같은 목적지로 가는 제품들을 통합하기 위해, 제품의 종류와 목적지를 미리 알고 차량에 적절하게 할당하는 기능이 공급망관리 시스템을 통해 구축되어야 한다. 크로스도킹을 도입한 업체는 운송비의 절감뿐 아니라 소비자로 가는 제품의 속도를 향상시켜 만족도가 높은 것으로 나타나고 있다.

공급망 가시성 향상(Supply Chain Visibility)

공급망 관리 시스템은 공급망을 모니터링 함으로써 공급망 전반에 걸친 비용, 성과 및 서비스 측면에서 현재 운영상태의 이상 유무를 파악하고 개선사항을 도출하며, 문제가 있을시 사전에 예방하는 기능을 제공한다. 예를 들어, 주문이행 성공률, 제품납기 소요기간, 생산 주기 등을 분석하여 지속적인 성과측정을 하게 된다. 지속적 성과분석을 통한 장기적 관점의 공급망계획 수립은 기업의 경쟁력 강화는 물론 고객만족도 향상으로 이어진다.

10.3 고객 관계 관리 시스템

앞서 ERP 시스템과 SCM 시스템을 이용하여 기업은 내/외부비용 구조의 최적화를 이루어 경쟁력확보를 이루어 낼 수 있음을 알 수 있었다. 하지만, 오늘날 e-비즈니스와 전자상거래 등이 확대됨에 따라, 제품 및 서비스정보에 대한 고객의 지식이 확대되고, 이에 따른 고객의 기대 수준 및 고객 이탈률이 증가함으로써 점차 고객 중심적인 경쟁 환경으로 시장의 지각 변동이 일어나고 있다. 이런 기업 환경 속에 기존의 비용절감 경영에 한계를 인식한 기업들은 고객 중심적 기업 구조, 다양한 고객 접점 채널 확보, 수익성 높은 기존 고객의 유지, 확대 등에 주력하는 새로운 경영 전략 수립을 위하여 고심하고 있다. 고객 관계 관리(customer relationship management: CRM) 시스템은 바로 이러한 기업의 고객 지향 비즈니스를 목적으로 사용되는 시스템이다.

CRM의 개념

CRM은 가트너 그룹의 정의를 따르면, "수익성 높은 고객과의 관계를 창출하고 지원함으로써 매출을 최적화하고 고객기반을 확충하는 전략"이다. 좀더 구체적으로 정의하자면, "기업 전반에 걸쳐 고객 데이터와 기업 내외부의 고객 관련 데이터를 하나의 데이터 베이스에 통합하여, 이를 분석 후 그 결과를 다양한 고객 접점에 배분함으로써, 기업이 고객과 상호 작용하는데 활용하도록 하는 경영 프로세스"를 일컫는다.

기업의 가치는 고객과의 상호작용으로 발생되는 가치의 합이다. 따라서 그 가치의 합은 신규 고객을 유치하거나, 수익성 있는 고객을 유지, 개발함으로써 더욱 증가시킬 수 있다. 새로운 고객의 확보를 위하여, 기업은 고객의 요구사항을 파악하고 다양한 채널을 통하여 기업과 소통할 수 있는 장을 열어주어야 한다. 특히, 고객 획득 단계에서는 가능한 고객 접점(온-오프라인 포함)을 통합하고 확장하며, 잠재고객에 관한 데이터를 관리함으로써 고객의 데이터 웨어하우스를 구축하여야 한다. 또한, 불특정 다수가 아닌, 고객 선호도 분석을 통한 차별화된 마케팅 전략이 기반이 되어야 할 것이다.

한편, 신규 고객 유치와 더불어 기존 고객의 유지에도 더욱 힘을 기울여야 한다. 상위 20%의 고객이 기업 전체 매출의 80%를 차지한다는 파레토 법칙은 이미 널리 알려지고 인식되어 왔다. 그뿐만 아니라, 신규 고객 1명을 확보하는데 들어가는 비용은 기존 고객 1명을 유지하는데 들어가는 비용의 6배 내지 10배에 이른다고 한다. 대부분의 기업들은 그럼에도 불구하고 매년 10% 정도의 고객 이탈이 발생하여 고객 만족 분야의 기반을 읽어가고 있다. CRM은 한번에 끝나는 것이 아니고, '한번 고객은 평생고객'이라는 모토가 실현될 수 있도록 개인화된 고객 서비스를 평생에 걸쳐 제공해야 한다.

CRM 시스템의 기능

고객 관계의 효과적인 관리를 위해서 CRM 시스템은 **그림 10-7**에서 보여주듯이, 영업 자동화, 고객 서비스와 지원, 마케팅 캠페인 관리 및 분석의 3가지 업무 영역별로 다양한 기능을 보유하게 된다. 이들 업무는 기존의 전화, 팩스, 개인적인 대면 접촉뿐만 아니라 이메일, 웹 사이트, 소셜네트워크 등을 통한 다양한 고객 접점 관리와 서비스 제공(multi-channel service delivery)을 통해 이루어진다.

영업 자동화(Sales force automation: SFA)   SFA는 개인의 감각과 경험에 의존하던 영업 프로세스를 고객의 최초 접촉부터 거래의 성사에 이르기까지 일련의 프로세스로 정비

그림 10-7 ● 고객 관계 관리 시스템

고객 접점 관리의 기반 위에 영업자동화, 고객서비스와 지원, 마케팅 캠페인 관리를 수행하게 된다.

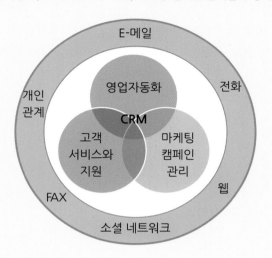

하고, 영업사원의 역량을 강화시켜 줄 수 있도록 원활한 정보공유를 이루어, 궁극적으로 영업생산성 증대와 고객 만족을 달성하게 한다.

일반적으로 영업 프로세스는 영업 기획(sales plan) → 영업 리드 창출(sales lead) → 영업 활동(sales action) → 영업 관리(sales management)의 단계로 이루어지며 각 단계별 프로세스를 지원하기 위해 SFA는 다음 기능을 갖추게 된다.

- **통합 고객 거래 정보 조회**: 고객의 거래 정보, 등급, 접촉 이력 등 모든 정보를 조회 가능하여야 하며, 다양한 고객 접점을 통한 즉시 연락이 가능하여야 한다.
- **영업 기획 관리**: 고객별 영업 계획, 고객 맞춤 상품 기획, 연동 상품 기획 등이 포함된다.
- **영업 활동 관리**: 스케줄 관리, 영업 활동별 상세 내역 관리, 경쟁사와의 비교 평가 자료 제공 등이 포함된다.
- **목표 및 실적 관리**: 영업 조직의 목표에 대한 실적 조회, 신규 목표 수립, 시뮬레이션 기능이 포함된다.
- **영업 보고서 관리**: 영업 관련 활동 내역과 실적에 따른 보고서를 자동 생성하여 업무처리의 효율화를 가져 온다.

고객 서비스와 지원　　사후 고객 관리를 위한 일련의 업무를 지원하며, 특히 콜 센터의 역할이 중요시 되고 있다. 최근 리서치 기관의 조사에 따르면 콜 센터가 기업의 성과에 미치는 영향을 조사한 결과 82%의 고객이 콜 센터에서의 좋은 경험으로 해당 기업과 거래를 계속 유지하겠다고 답변하였으며, 기업의 서비스 결함을 지적하는 44%의 고객이 그 원인을 콜 센터에서의 나쁜 경험이었다고 답변하였다. 따라서 CRM의 지능형 콜센터로서의 역할이 매우 중요하며 아래와 같은 기능을 포함한다.

- **원스탑 고객 정보 지원:** 고객이 연락을 해 왔을 때, 한눈에 고객 관련 정보, 고객의 속성, 상담 이력 등을 하나의 화면에서 확인할 수 있도록 한다.
- **효율적인 콜 관리 시스템:** 통화시간, 통화연결 확률, 연결대기시간 등의 데이터를 실시간으로 분석하는 예측 다이얼, 이를 통한 상담원 운영 관리의 자동화를 이루게 된다.
- **다양한 고객 접점 채널의 통합:** 이메일, 팩스, 웹, 전화 등 다양한 채널을 통해 접촉한 고객의 정보를 실시간으로 통합함으로써, 고객이 불필요하게 이미 제공한 정보를 반복하는 것을 방지한다.

마케팅 캠페인 관리   마케팅 캠페인은 기업의 측정 가능한 특정 목표를 달성하기 위해서 정해진 기간 동안 단일 또는 복수의 오퍼(Offer) 제공을 통해 하나의 목표 고객군에게 하나의 단일한 가치를 제안하기 위한 구체적인 마케팅 활동이라고 정의된다. 따라서 효율적인 마케팅 캠페인을 위해서는 다음과 같은 기능이 필요하다.

- **고객 정보 데이터 웨어하우스:** 고객의 정보를 하나의 데이터 베이스에 종합하여 분석이 가능한 형태로 유지한다.
- **고객군 선택을 위한 데이터 마이닝:** 데이터 웨어하우스에 축적된 정보를 바탕으로 여러 조건을 대입하여 데이터 마이닝을 수행함으로써 마케팅 캠페인에 가장 적절한 고객군을 선택하여 고객 접근계획을 수립한다.
- **다양한 캠페인 시뮬레이션:** 추가 판매, 교차 판매, 이탈 방지, 신규 고객 유치 등 다양한 캠페인을 시뮬레이션 해보고 캠페인 효과를 예측할 수 있다. 이런 시뮬레이션 결과를 바탕으로 마케팅 전략 수립 및 성과 극대화를 이룰 수 있다.

CRM 시스템의 도입 효과

앞서 강조한 바와 같이 CRM의 도입 목적은 고객 요구를 예측하고 지속적이며 수익성 높은 고객 관계를 구축하는데 필요한 통찰력 및 분석 능력을 제공하는데 있다. 성공적인 고객 관리 시스템은 효율적인 목표 마케팅을 통한 신규 고객 확보를 이루어 결과적으로 매출 증대를 기대할 수 있다. 또한 직접 마케팅의 응답률 향상과 교차 판매 및 상향 판매 확대를 이룩하게 될 것이다. 기존 고객을 대상으로는, 고객 충성도 및 유지도 증대시키고, 우량 고객의 이탈 방지를 사전에 방지하여 고객의 집중 관리가 가능해지며, 재판매 등을 통한 고객 가치의 증대를 가져 오게 된다. 비용 측면에서, 자동화를 통한 비용 절감, 적절한 고객군 수립을 통한 직접 마케팅 및 미디어 비용 절감, 영업 프로세스의 표준화 및 간소화가 가능해진다. 또한, 고객 중심의 동향 파악, 새로운 고객 요구 파악, 미래의 요구를 충족시킬 수 있는 제품의 설계 및 제공을 위한 개발 자원의 동적인 할당이 이루어질 수 있다.

물론, 성공적인 고객 관리를 위해서는 CRM 시스템을 통한 고객 관련 프로세스와 데이터의 통합적인 정비가 필요하지만, 가장 중요한 요소는 이를 운영하는 기업 구성원들의 역량이다. "콜 센터는 90%가 사람이고 10%만이 프로세스와 시스템이다"라고 전문가들의 지적을 명심할 필요가 있다.

B·u·s·i·n·e·s·s 기업정보화현장　　**세일즈포스닷컴**

19년 전 소프트웨어(SW)를 빌려 쓴다는 생각을 할 수 있었던 사람이 얼마나 있었을까. 세일즈포스닷컴(세일즈포스)은 누구도 생각하지 못했던 방법을 제시했다. SW를 구매해 직접 설치하는 대신 일정 비용을 내고 빌려 쓰는 서비스형 소프트웨어(Software As a Service, SaaS) 시장 포문을 열었다. 기존 SW 기업이 생각하지 못한 방법을 소비자에게 제시, 비용을 절감하고 편의성을 높였다. 세일즈포스닷컴이 해마다 혁신기업 상위권에 랭크되는 이유는 회사 자체뿐만 아니라 고객에게 혁신을 전파하기 때문이다.

회사는 1998년 '세일즈포스(Salesforce)' 이름처럼 영업하는 사람들을 위한 SW를 개발했다. 고객 정보를 분석·통합해 지원하는 고객 관계 관리(CRM)제품을 제공한다. 당시 오라클, SAP 등 대형 SW기업이 CRM 시장을 장악했다. 후발주자이자 신생기업인 세일즈포스 등장에 놀랄 이는 아무도 없었다. 세일즈포스는 설립 13년 만인 2012년, 최강자 SAP를 제치고 세계 CRM 시장 점유율 1위로 올라섰다. 전통 방식의 패키지 SW가 아닌 클라우드 방식인 SaaS 기업이 SW업계 1위를 기록하면서 충격

▲ Salesforce.com 클라우드 어플리케이션

파를 던졌다.

세일즈포스 경쟁력은 신속성과 단순함, 편리함에 있다. 클라우드 방식(SaaS) CRM은 고객에게 새로운 혁신을 안겨줬다. 기존 설치형 CRM은 설치기간이 평균 12개월 소요됐다. 세일즈포스 CRM은 평균 3개월이면 가능하다. 절약한 시간만큼 기업은 혁신을 앞당긴다. 클라우드 상에서 모든 기능이 제공되고 기술을 지원한다. 때문에 기업은 정보기술(IT) 전문가가 없어도 서비스를 쉽고 빠

르게 도입한다. 전통적 SW 제품을 도입 사용할 때 겪었던 고가의 유지보수 비용, 불편한 업그레이드 등에서 벗어난다. 비싼 가격 때문에 CRM 도입을 꺼렸던 중소기업에 저렴한 가격으로 제품을 제공, 경쟁력을 부여했다.

회사는 끊임없이 성장했다. 해마다 20% 이상 성장세를 기록, 지난해 84억달러(약 8조9,000억원) 매출을 올렸다. 인수합병(M&A)도 회사 성장에 한몫했다. 세일즈포스는 2006년부터 38개 기업을 M&A했다. 연 평균 3.8개 기업을 인수한 셈이다. 지난해 전자상거래 플랫폼 업체 디맨드웨어를 28억달러(약 2조9,900억원)에 인수하며 또 한 번 몸집을 키웠다. 링크드인, 트위터 등 대형 인수전에 참여하며 회사 존재감을 드러냈다. 구글, 페이스북, 제너럴일렉트릭(GE) 등 세계적 기업이 세일즈포스 고객이다.

일반인이 접하기 어려운 제품을 판매하는 회사가 어떻게 수년간 포브스 혁신 기업 선두자리를 지켰을까. 세일즈포스 혁신 중심에는 창업자이자 최고경영자(CEO)인 마크 베니오프가 있다.

베니오프는 스스로 신화를 만들었다. 15세 나이에 게임 SW를 만들어 차량을 구입하고 대학 입학금을 충당할 정도의 수익을 남겼다. 대학 졸업 후 세계 굴지 SW기업 오라클에 입사, 1년 만에 '올해의 오라클 최고 신입사원'에 뽑혔다. 성과를 인정받아 입사 3년만인 26세에 마케팅 부문 부사장으로 초고속 승진했다. 오라클 역대 최연소 부사장이었다. 아직도 이 기록은 깨지지 않고 있다. 베니오프는 1999년 오라클을 퇴사하며 "기업용 패키지 SW 시대는 끝났다"고 공언했다. 당시 대부분 베니오프가 무모한 도전을 시작했다고 생각했다. 베니오프는 창업 10년 만에 오라클 CRM 매출을 앞서면서 클라우드 진가를 입증했다.

베니오프가 새로운 시장을 개척하고 기업 내 혁신 바람을 불러일으켰던 배경에는 그의 멘토 스티브 잡스가 있다. 베니오프는 대학시절 애플에서 인턴으로 일하며 잡스와 인연을 맺었다. 베니오프는 세일즈포스 창업을 준비하던 시기 잡스를 찾아가 조언을 구했다. 잡스는 그에게 '2년 안에 10배 성장'과 '애플리케이션 경제 창조'를 강조했다. 베니오프가 세일즈포스를 단순 클라우드 기업이 아니라 플랫폼 기업으로 만들겠다고 결심한 단초가 됐다. 그는 한 달 이용료 65달러에 SW를 빌려주는 파격 가격정책을 만들어 사업을 시작했다. '소프트웨어는 끝났다'는 캠페인을 벌이며 고객을 사로잡아 잡스 조언처럼 사업 초반에 초고속 성장을 만들었다.

베니오프 혁신은 기업에만 머물지 않는다. 그는 자본의 1%와 제품의 1%를 사회에 환원하고 전 직원이 업무시간 1%를 자원봉사 활동에 사용한다는 '1/1/1 모델'을 만들었다. 구글을 비롯해 세계 IT기업이 이 대열에 합류하면서 기부 열풍을 만들었다. 그는 "직원 노력에 의미를 부여하는 공동철학을 만들면 이들을 단합하고 집중하게 만든다"고 말했다. 세일즈포스는 매년 '가장 일하기 좋은 기업' 상위권을 기록 중이다.

세일즈포스 혁신은 현재진행형이다. 클라우드 시대, 세일즈포스 성장을 누구도 의심치 않는다. 업계 1위 사업자에 머물지 않고 끊임없이 시장을 개척한다. SAP 주 무대인 유럽을 비롯해 아시아 시장 공략을 강화한다. 최근 구글과 파트너십을 발표, 구글G메일, 구글시트 등에서 세일즈포스 제품 연동력을 높인다. 한편 최근에는, 고객관계관리(CRM) 솔루션에서 인공지능(AI) 접목이 활발해지는 추세다. CRM 서비스는 과거 영업조직을 위한 고객 정보 관리 수준에 머물렀다. 최근엔 정보기술(IT) 솔루션 업체들의 경쟁을 바탕으로 다양한 기능을 제공하고 있다.

세일즈포스의 '아인슈타인'은 AI 기반 CRM 어시스턴트다. 영업 활동에 있어 지역별, 고객별 매출 데이터를 실시간으로 분석한다. 실제 달성 가능한 목표치를 AI가 제시한다는 것이 특징이다. 새로운 거래들을 빠르게 포착해, 성사된 거래와 실패한 거래를 비교하고 이를 시각화해주는 기능도 갖췄다.

아인슈타인은 CRM 서비스 이용 직군을 넓혔다. 트렌드 분석 결과와 예측 모델이 중요한 영업직뿐만 아니라 마케팅과 커머스 종사자를 위한 정보도 제공한다. 개인 맞춤형 광고 서비스를 제공하거나 추천 상품을 AI가 보여주는 형태다. 아디다스, 코카콜라 등 글로벌 업체들이 이를 도입해 생산성을 30% 이상 끌어올렸다는 설명이다.

출처: 전자신문, "주목할 해외사례-세일즈포스닷컴" 2018년 1월 1일; 한국경제, 2021년 7월 12일

요약

- 기업 내에서 독립적으로 존재하던 기능·분야별 정보시스템들은 최근 들어 기능 및 부서들간의 장벽이 허물어지면서 MRP와 MRP II를 거쳐 하나의 전사적 자원 관리(ERP) 시스템으로 통합되고 있다.

- ERP 시스템은 재무 및 회계, 인적 자본관리, 제조 및 생산, 판매 및 마케팅 등 다양한 비즈니스 프로세스들을 지원하는 소프트웨어 모듈들이 상호 유기적으로 연결되어 만들어지며 ERP 시스템이 가지는 특징은 광역성, 통합성, 유연성, 개방성, 국제성 등이 있다.

- ERP 시스템을 도입함으로써 기업은 재고 관리 능력이 향상되고, 업무의 일원화, 효율화를 가져올 수 있으며, 계획 생산 체제의 구축 및 생산 실적 관리가 가능해진다.

- 공급망 관리란, 공급자, 재조업자, 소비자, 유통업자 등 공급망의 주체들이 서로 협력하여 자재, 자금, 그리고 정보를 통합하여 관리함으로써, 물류의 최적화를 달성하고, 궁극적으로는 최소의 비용을 들여, 최대의 고객만족을 이끌어 내기 위한 경영전략이다.

- 공급망에서 최종 소비자로부터 멀어질수록 수요와 재고의 불안정성이 확대되는 현상을 채찍효과(Bullwhip Effect)라고 부르며, SCM 도입은 공급자, 구매자간의 실시간 정보공유를 통해 수요정보의 왜곡을 최소화시킨다.

- SCM 시스템은 크게 공급망을 계획하는 기능과 공급망을 실행하는 기능, 공급망의 가시성을 높여주는 기능을 한다.

- SCM의 도입 효과는 물류 비용 감소, 고객 만족도 향상, 자금 흐름의 효율성 향상 등이 있다.

- 고객 관계 관리란 기업 전반에 걸쳐 고객 데이터와 기업 내외부의 고객 관련 데이터를 하나의 데이터 베이스에 통합 분석함으로써 기업이 고객과 상호 작용하는데 활용하고, 이를 통해 새로운 고객 창출과 수익성 있는 고객을 유지, 개발하는 기법이다.

- CRM 시스템은 고객 접점 관리의 기반 위에 영업자동화, 고객서비스와 지원, 마케팅 캠페

인 관리를 수행하게 된다.

- 성공적인 CRM 시스템의 도입은 효율적인 목표 마케팅을 통한 신규 고객 확보를 이루어 결과적으로 매출 증대를 기대할 수 있으며, 고객 충성도 및 유지도 증대시키고, 우량 고객의 이탈 방지를 사전에 방지하여 고객의 집중 관리가 가능해지며, 재판매 등을 통한 고객 가치의 증대를 가져 오게 된다.

주요 용어   K / E / Y / W / O / R / D

전사적 자원 관리 시스템(ERP)	MRP	공급망 관리시스템(SCM)
공급망 계획	공급망 실행	RFID
채찍효과	고객관리(CRM) 시스템	마케팅 캠페인 관리
영업 자동화(SFA)	MRP Ⅱ	데이터웨어하우스
데이터마이닝	공급망 가시성	

토의 문제   E / X / E / R / C / I / S / E

01 기업 내 프로세스들을 가치 사슬에 따라 나열하고, 이 장에서 배운 ERP, SCM, CRM 시스템이 어떤 프로세스에 어떤 가치를 만들어 낼 수 있을지 토의해 보자.

02 판매 및 마케팅, 제조 및 생산, 재무 및 회계, 인적 자본 관리의 네 기능 분야들은 서로 간에 어떤 상호의존성이 존재하는지 알아보자. 구체적인 비즈니스 프로세스를 예로 들면서 이들 기능분야 간의 의존관계를 설명하시오. ERP시스템의 도입은 이런 의존 관계에 어떤 영향을 미치겠는가?

03 서로 관련이 없는 기능분야별 정보시스템들을 ERP로 교체하고자 할 때, 이용자들의 큰 저항에 부딪힐 수 있다. 이용자들의 저항을 극복하고 새 시스템을 수락할 수 있게 하기 위해 어떠한 방법이 적용할 수 있는지 토의해 보자.

04 포터가 제시한 기업이 선택하는 기본 3가지 전략 '비용 절감', '차별화', '집중화' 중 SCM은 어떤 전략과 가장 밀접한 관련이 있을까? 단기적, 장기적 관점에서 SCM이 서로 다른 전략에 영향을 줄 수 있는지 토의해 보자.

05 요즘 들어, 클라우드 컴퓨팅을 이용하여 기업의 정보 시스템을 웹 상에서 제공하는 경우가 많아지고 있다. 그 중에서 Salesforce.com은 대표적인 CRM 클라우드 서비스 제

공 업체 중 하나이다. Salesforce.com의 웹사이트를 둘러보고, 기존의 패키지 형태의 CRM과 비교하여 장점과 단점은 무엇일지 토의해 보자.

참고 문헌

1. "4차산업혁명, 유니클로 · 자라처럼 하면 성공한다", 이광형의 퍼스펙티브, 중앙일보, 2018년 3월 19일

2. "5 Minute Big Data Case Study: Zara", Adam Nathan, LinkedIn, 2017년 7월 11일

3. "국내 ERP 시장, 외산 대신 '더존 ERP'", 강명연, 뉴스토마토, 2017년 11월 20일

4. "클라우드 ERP, 이제 때가 됐다", 백지영, 디지털 데일리, 2017년 5월 17일

5. "The Bullwhip Effect in Supply Chains", Hau L. Lee, V. Padmanabhan and Seungjin Whang, MIT Sloan Management Review, 1997

6. "한미약품, 스마트공장 RFID 물류혁신 협력도매업체에 소개", 김태순, 테크홀릭, 2018년 12월 10일

7. "식품 공급망 전체를 조망하겠다'… 월마트의 블록체인 · IoT 프로젝트", Tamlin Magee, CIO Korea, 2017년 2월 22일

8. Laudon, Kenneth C. and Jane P. Laudon. Management Information Systems: Managing the Digital Firm (16th ed.), Upper Saddle River, NJ: Pearson Education, 2019.

9. Sunil Chopra, "Supply Chain Management: Strategy, Planning, and Operation", 7th edition, Pearson, 2018

월마트의 블록체인을 이용한 공급망 관리

유통시장에 블록체인 열풍이 불고 있다. 공공거래 장부라고 불리는 블록체인은 지난해부터 전 세계를 강타한 정보통신(IT) 기술 중 하나다. 블록체인이란 네트워크에 참여하는 사람들은 누구나 볼 수 있는 장부에 거래 내역을

▲ 월마트는 대형 소비재 매장이면서, 약국을 포함하고 있다.

투명하게 기록·검증·보관하는 기술로 데이터 조작과 해킹을 막는다는 장점이 있다. 4차 산업혁명의 핵심 기술로 불리지만, 상당수 일반인들은 블록체인을 비트코인 등 가상화폐에 적용된 기술로만 알고 있다. 하지만 글로벌 유통업체들은 블록체인을 활용해 소비자 신뢰 확보에 나서고 있다. 특히 농식품 분야에서 블록체인이 적극 이용되고 있다. 아래에서는 월마트의 블록체인을 이용한 공급망 관리 사례를 살펴보자.

월마트의 블록체인 도입 목적

흔히 할인점의 대명사로도 통하는 '월마트(Walmart)'는 미국 아칸소주에 본사를 둔 세계 최대 규모의 유통 업체이다. 1962년 창립자 샘 월튼(Sam Walton)이 아칸소주에서 작은 잡화점을 연것에서부터 시작된 이후 미국 50개주 전역은 물론 전 세계적으로 유통망을 뻗치고 있는 월마트는, 현재 미국을 포함한 전 세계 27개국에 걸쳐 220만명의 종업원을 거느리고 1만여 개의 매장을 운영하고 있다. 월마트에서 취급하는 상품은 식료품부터 건강 용품에 이르기까지 거의 모든 종류의 생활소비재인데, 특히 식품류가 전체 매출액의 50% 이상을 점유할 정도로 큰 비중을 차지하고 있는 것이 특징이라 할 수 있다.

월마트는 2017년부터 IBM과의 파트너십을 통해 식료품 공급망에 블록체인을 도입하기 시작했다.

월마트의 식품 안전 부문 프랭크 이아니스 상무는 블록체인 시스템의 도입 목적에 대해 공급망 전반의 추적 역량, 투명성을 제고하는 것이라 설명했다. 월마트는 이 프로젝트를 통해 식품 공급망의 효율성을 개선하고 보다 신선한 식품을 전달할 수 있도록 돕는 기술활용법을 모색해 왔다. 프로젝트의 주요 목적 중 하나는 식품안전을 보장하는 것이다. 그러나 이아니스는 자신들의 목표는 여기에 국한되지 않으며, 유통망의 모든이들에게 가치를 전달하는 것이라고 강조했다. 다만 이를 위해서는 산업 차원의 협업이 선행적으로 요구된다. 유통망 내부에 확인되지 않은 상품이 오갈 경우, 추적이 불가능하기 때문이다. 이아니스는 "핵심은 식품이 어떻게 농장에서 고객의 식탁까지 흘러가는지를 추적하는 데 있다. 그간 많은 기업들이 이것에 대한 시각을 확보하는데 노력을 기울여왔다. 관련 시도 역시 곳곳에서 이뤄져 왔지만, 아직까지는 일관되고 표준적인

방법론은 부재하는 것이 현실이다"라고 말했다. 이아니스는 "미국의 식품 유통망을 온전히 조망하려면 한발짝 위에서, 한 걸음 뒤에서 바라보는 시각이 요구된다. 오늘날의 현대 식품 시스템을 생각하면 지나치게 복잡한 과정으로 보일 수도 있지만, 실제로 이를 통해 얻을 수 있는 효익이 상당하다"며 다음과 같이 설명했다. "예를 들어 식품 유통을 위해서는 특정 농부와 관계를 맺고, 그가 생산한 작물은 식품처리 설비에 전달하며, 이후 유통 센터로 옮겨가는 과정을 거친다. 식품 유통망은 수많은 단계를 통해 구성된다. 문제는 식품 시스템의 각 단계 마다 이처럼 '한 발짝 위에서, 한 걸음 뒤에서' 조망하려 할지라도 유통망 전체를 종합적으로 조망하는데 한계가 있다는 사실이다. 그간 업계는 개별적인, 서로 다른 방법론을 이용해 유통망을 다뤄왔으며, 더욱이 여전히 종이에 의존하는 작업 과정이 남아 있다. 이로 인해 속도와 정확도, 조망성의 측면에서도 한계가 많았다." 월마트는 IoT 센터와 블록체인을 활용해 보다 신속하고 신뢰도 높은, 그리고 보다 전체론적 시각으로 상품 추적 과정을 처리할 수 있길 기대하고 있다. 이아니스는 다음과 같이 말했다. "솔루션 도입이 가져올 잠재 효익은 상당하다. 일례로 식품 안전의 측면에서 보자면, 우리가 유통하는, 이를테면 시금치 제품과 관련한 이슈가 발생했다 가정해보자. 소비자 가운데 일부가 식품 섭취 후 이상증세를 호소했고, 보건 당국 차원에서 문제에 대한 지적이 이뤄졌다. 이 경우 해당 상품이 경유해온 유통망의 모든 관계자는 자신의 무죄가 입증되기 전까지 책임을 공유해야 한다. 그러나 이런 사고는 대개 특정 공급자, 특정 생산 라인 한 곳의 문제로 발생하는 경우가 대부분이다. 이 특정 지점을 보다 신속하게 확인하고 조치 역시 해당 지점에 집중하게 된

다면, 문제 해결뿐 아니라 유통망의 무고한 관계자들 역시 보다 빨리 죄의식에서 해방시켜줄 수 있는 것이다."

한편 추적 데이터 포인트 가운데 하나로 월마트와 IBM은 농장 위치(혹은 로트 번호, 수확일)를 포함시켰다. 또 이들 기업이 지칭하는 투명도 속성이란 그 의미가 조금 다르다. 월마트에서 투명도 속성이란 식품이 지속 가능한 방식으로 성장되었는지, 자연적으로 탄생했는지, 혹 농약 사용이 이뤄졌는지 등의 여부를 의미한다. 월마트는 이러한 지점들 모두를 연결해 전체적인 그림을 그리고자 한다. 이아니스는 "식품 시스템 전반에 대한 이런 시도를 통해 인텔리전스를 확보하고, 보다 장기적으로는 식품 시스템을 최적화된 방식으로 관리하는 것이 가능할 것이라 기대한다. 우리의 프로젝트는 농장에서 식탁까지 최적의 식품 흐름을 구현하며 고객의 식경험, 그리고 고객의 삶에 가치를 전달할 것이다"라고 말했다. 그는 "딸기의 경우 수확 직후부터 그 색이 변한다. 즉 최대한 신속하게 고객에게 전달돼야 하는 식품인 것이다. 공급망의 효율성이 우리가 더 좋은 딸기를 맛볼 수 있는 열쇠다"라고 예를 덧붙였다. 이아니스는 "이러한 솔루션이 온전히 기능하려면 충분한 협업이 필요하다는 것이 우리의 시각이다. 우리의 식품 시스템은 상당히 복잡한 시스템이고, 거기에 참여하는 관계자의 규모 역시 크다. 식품 투명성을 위

한 블록체인 솔루션에 협업을 강조하는 이유도 여기 있다. 우리는 여기에 식품 생산 영역의 보다 많은 이들이 참여하길 바라고 있다" 라고 이야기했다.

현재 월마트는 이 프로젝트를 통해 개발된, 블록체인 기반 식품 추적 플랫폼 '푸드 트러스트'를 식품 공급과 유통 과정에서 적극 활용하고 있다.

▲ 중국의 월마트

사례 1: 미국 월마트의 망고 원산지 추적 시스템

미국 월마트에서는 망고 원산지 추적에 블록체인을 활용했다. 기술 도입 이전에는 추적을 위해 6일 이상 걸렸으나 도입 이후 22초로 획기적으로 단축했다. 아래 그림에서 보듯이, 여기에 사물인터넷(IoT)과 빅데이터 등 여러 첨단 기술이 접목되면서 원산지 추적은 물론 상세한 유통 경로와 제품 입·출하 내역, 공급량·재고량 확인 등까지 즉각 확인할 수 있다.

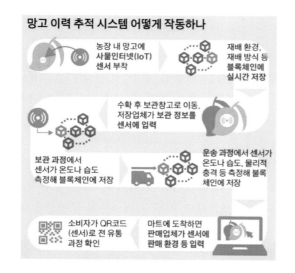

사례 2: 중국 월마트의 돼지고기 이력 추적 시스템

중국 월마트는 2019년 블록체인기반 공급망을 활용해 돼지고기 이력 추적 시스템을 개발했다. 전 세계 돼지고기 소비량 중 중국이 절반을 차지할 정도로 중국인들의 돼지고기 사랑은 유명하다. 하지만 중국에서는 저품질의 고기를 공급·판매하는 등 사기 사건이 연이어 발생해 소비자들이 불안에 떨었다. 월마트와 IBM은 이를 극복하고자 돼지고기 유통정보를 투명하게 공유하고, 고객이 신뢰할 수 있는 식품안전망을 구축하기 위해 블록체인을 적용한 돼지고기 이력 추적 시스템을 만들었다.

농장과 가공업체는 거래 내역과 함께 식품위해요소중점관리제(HACCP) 등 주요 정보를 블록체인망에 입력한다. 식품에 관련 내용을 담은 QR코드를 부착해 물류창고로 보낸다. 물류창고는 유통판매점에 보내기 위한 재포장 작업을 하면서 부정한 대체물이나 위조품 혼입을 막기 위한 검정작업을 하고, 거래 내역을 블록체인에 입력한다. 유통업체와 월마트는 제품 출처 정보를 실시간 확인한다. 감독기관은 공급망 전반의 규제 준수를 점검하고, 공급망 관리 인증·감사 기록을 생성한다.'

이 같은 과정을 통해 농장 주인과 도축·가공업체, 물류창고, 유통업체, 월마트·감독기관 모두 유통 과정의 참여자가 된다. 소비자는 모바일 애플리케이션 서버의 블록체인 네트워크에 접속해 필요한 정보를 얻을 수 있다. 중국 월마트처럼 식품공급망에 블록체인을 활용하면 유통 사기 등의 문제점을 최소화할 수 있다.

월마트는 중국 진출 23년 이래 블록체인을 통해 새로운 식품 안전 및 품질 관리가 가능해졌다는 취지다. 월마트는 식품 안전을 위해 자체적으로 엄격한 요구를 하고 있으며 식품의 저장, 가공 판매에 이르는 관리 표준을 갖고 있다는 입장이다. 이와 관련해 중국에서 다양한 디지털 방편을 통해 관리 효율을 높일 계획이다.

사례 3: 의약품 출처 추적 시스템

한편, 월마트는 의약품 출처를 추적하기 위한 블록체인 컨소시엄 '메디레저'에 합류했다. 월마트는 이번 메디레저 컨소시엄 합류로, 이제 식품을 넘어 의약품까지 블록체인 기술을 활용하게 됐다.

월마트의 연례보고서에 따르면, 약국과 일반 의약품을 포함하는 '헬스 앤 웰니스' 카테고리에서의 매출이 약 350억달러(약 41조원)로 월마트 미국 매출의 10%를 차지하는 것으로 나타났다.

메디레저에는 글로벌 최대 제약회사인 화이자를 비롯해 제약업계의 3대 도매업체인 맥케슨, 아메리소스버진, 카디널헬스가 합류해 있다.

메디레저는 이더리움 패리티 클라이언트의 수정된 버전을 사용하며, 권한 증명(PoA) 합의 메커니즘을 사용한다. 메디레저는 처음엔 재판매된 의약품에 대한 검증만을 목표로 했지만, 이제는 상호운용이 가능한 데이터 보장 및 일련번호 패키징 작업 등 모든 제약제품 추적으로 범위를 확장했다. 포브스는 미국 식품의약국(FDA)이 2023년까지 처방 의약품 추적과 검증을 위한 디지털화된 시스템을 의무화했기 때문에 메디레저의 블록체인 시스템은 더욱 탄력을 받을 것으로 전망했다.

출처: 월마트, 중국서 블록체인으로 식품 추적, ZDNet Korea, 2019년 6월 28일; 월마트, 블록체인으로 의약품도 추적한다, ZDNet Korea, 2019년 6월 4일; 매일경제, 2018년 12월 13일; CIO Korea, Tamlin Magee, 2017년 2월 22일

🔍 사례연구 토의문제 C / A / S / E / S / T / U / D / Y

1. 블럭체인 솔루션을 사용함으로써 SCM 시스템에 어떤 변화를 가져 올 수 있을지 설명해 보시오.

2. Wal-Mart는 공급업체들에게 사물인터넷을 위한 센서 부착을 반드시 하도록 요구하고 있다. 이런 센서의 부착을 공급업체의 비용을 들여 할 경우, 공급업체가 얻는 이점과 Wal-Mart가 취할 수 있는 이점을 비교해 보자. 공급업체가 과연 이 비용을 치러야 할까?

3. 식품 생산 영역의 공급망 관리가 다른 영역보다 더 어려운 이유를 생각해보고, 이를 보다 효과적으로 해결할 수 있는 방안에 대해 토론해 보자.

제11장

e-비즈니스와 e-커머스

　　인터넷은 오늘날 기업들의 비즈니스 수행방식을 근본적으로 변화시키고 있다. 인터넷을 제품판매의 추가적인 채널로 활용함은 물론 마케팅, 서비스, 인력채용 등 다양한 가치활동들을 인터넷을 통해 수행함으로써 대응속도 및 유연성을 극대화시키고 있는 추세이다. 기업의 경영관리자로서 인터넷 및 관련 기술이 기업에게 어떠한 활용가치를 제공하며 이들 기술을 어떻게 창의적으로 활용해서 기업의 경쟁우위를 창출할 수 있는지를 탐색하는 것이 중요하다.

　　본 장을 학습한 후 학생들은 다음의 질문사항들에 대해 각각 답할 수 있어야 한다.

- 인터넷 기술은 기업의 내부 비즈니스 프로세스의 관리에 어떠한 영향을 미치고 있는가?
- e-비즈니스 및 e-커머스는 각각 무엇을 의미하는가? 또 이들 간에 어떠한 개념적 관계가 존재하는가?
- e-커머스는 전통적 커머스와 비교할 때 어떻게 다르며 또 장단점은 무엇인가?
- e-커머스가 개인에게 그리고 기업에게 각각 제공하는 효과는 무엇인가?
- B2C 커머스와 B2B 커머스는 각각 어떠한 방향으로 발전하고 있는가?
- 인터넷 기반의 e-커머스 환경에서 사용할 수 있는 전자지불시스템으로는 어떤 것들이 있는가?

11번가에서도 아마존 직구 가능해진다

이달 말부터 11번가에서 아마존 직구(직접구매) 상품을 구매할 수 있다. 주문 후 열흘이 지나야 받을 수 있던 배송 기간이 4~5일 수준으로 짧아질 전망이다. 세계 최대 전자상거래업체와 손잡은 11번가가 직구를 발판으로 네이버·쿠팡 '2강 체제'로 굳어지는 국내 이커머스 업계 판도를 흔들지 주목된다.

11번가 모회사 에스케이텔레콤(SKT)은 11일 오후 열린 2분기 실적 컨퍼런스콜에서 "에스케이티 구독 서비스와 연계해 차별화된 쇼핑 편의성을 제공하는 아마존 글로벌 스토어의 8월말 오픈이 차질없도록 준비하고 있다"고 밝혔다. 지난해 11월 아마존이 11번가와 사업협력 추진 계획을 발표한 지 약 10개월 만에 두 회사의 협력 서비스가 처음 공개되는 것이다. 다만 이날 회사 쪽은 구체적인 서비스 내용은 설명하지 않았다.

〈한겨레〉 취재 결과, 11번가는 플랫폼 내 새로 만드는 '아마존 글로벌 스토어'에서 미국 아마존에 올라온 상품 약

▲ 2020년 국내 이커머스 시장 점유율　　　(자료: 교보증권)

3,900만개를 판매할 예정이다. 내년에는 영국·독일 등 유럽에서 서비스하는 아마존 상품도 11번가 플랫폼에서 판매한다.

가장 눈에 띄는 경쟁력은 배송 기간이다. 현재 국내 소비자가 미국 아마존에서 상품을 구매할 경우 배송 기간은 대략 10~14일 정도이다. 하지만 앞으로 11번가를 통해 구매하면 이 기간이 5~6일로 절반 남짓 줄어든다. 아마존이 미국 로스앤젤레스(LA) 인근에 11번가를 통한 주문 처리를 위한 전용 물류창고를 구축했기 때문이다. 소비자로선 해외 직구 때마다 맞닥뜨려야 하는 언어장벽도 사라진다.

그간 11번가는 돌파구가 절실하다는 평가를 받아왔다. 후발주자인 네이버(17%)와 쿠팡(14%)에 밀려 시장 점유율(거래액 기준)이 6%에 머물 정도로 궁지에 몰린 상황이었던 탓이다. 이날 발표된 2분기 영업손실도 한해 전보다 90억원 불어난 140억원으로 집계됐다. 경쟁이 치열해지며 영업비용이 크게 늘어난 탓이다.

이번 아마존과의 제휴 서비스는 이런 상황을 반전시킬 수 있는 카드로 보인다. 이번 서비스로 국내 소비자의 해외직구 거래 상당량을 가져올 여지가 커서다. 통계청이 집계한 국내 해외직구 거래액은 약 4조원(2020년 기준)으로, 이중 미국 직구 거래 비중은 40% 남짓인 1조6천억원 정도다. 미국 전자상거래 시장에서 아마존 점유율이 40% 수준인 점을 염두에 두면 1조6천억원 중 상당액을 11번가가 끌어올 수 있다는 분석이 가능하다.

일단 11번가는 올 하반기 2,500억원, 내년엔 1조원이 넘을 것으로 자체 추산 중이다. 11번가 연간 거래액이 10~11조원 수준인 것을 고려하면 단시간내 10%를 끌어올릴 수 있다고 자체 판단하고 있는 셈이다.

(단위: 원)

2조
9717억　　2018년

3조
6360억　　2019년

4조
677억　　2020년

2조
5336억　　2021년
1~6월

▲ 온라인쇼핑 해외직구 규모　　　　　(자료: 통계청)

이와 함께 에스케이티는 조만간 월 9,900원 유료 멤버십 서비스 '우주'를 내놓을 예정이다. 이 서비스에 가입하면 아마존 무료배송 혜택을 받을 수 있다. 아마존 직구 서비스를 뒷받침하면서 동시에 이익도 끌어올리려는 포석인 셈이다. 유료 멤버십에는 음원 스트리밍 서비스 '플로'(FLO)도 묶을 방침이다.

유승우 에스케이(SK)증권 연구원은 "그간 차별화 포인트가 없던 11번가에 아마존 스토어 도입으로 고령층 등 해외직구에 허들이 있던 사람들까지 유입된다면 예상보다 훨씬 큰 성장세를 보일 수 있을 것으로 보인다"고 말했다.

출처: 한겨레신문, 2021년 8월 12일

11.1 인터넷 기술 인프라

인류 문명의 역사는 네트워크를 만들고 이를 넓혀나가는 역사이기도 하다. 도시와 도시 간에 인간과 재화를 실어 나르는 자연적인 강의 네트워크에서부터 19세기에는 대륙과 대륙을 잇는 철도 및 운하의 네트워크와 또 20세기 들어서는 전화 및 무선기술과 같은 커뮤니케이션 네트워크에 이르기까지 네트워크를 중심으로 문명이 발전해 왔다고 해도 과언이 아니다.

이제 최근에 와서는 인터넷이라고 하는 방대한 규모의 네트워크가 등장해서 우리의 삶 가운데 개인들을 서로 연결해주며 생활의 방식을 변화시키고 있다. 앞의 개념사례에 소개된 월마트도 인터넷기반의 시장에서 빠르게 성장하는 아마존의 온라인 위상에 대응하기 위해 온라인 전략을 전개하려는 것을 알 수 있다. 단순하게는 인터넷을 하나의 기술 정도로 볼 수도 있다. 그러나 인터넷이 우리의 경제·사회·문화에 초래하는 변화 관점에서 지니는 의미를 이해하는 것도 중요하다. 아래에서는 인터넷 기술 인프라에 관한 배경 및 개념들을 살펴보고 또 인터넷이 비즈니스 활동을 위해 어떻게 활용되고 있

▲ 운하에서부터 전화와 무선통신 네트워크에 이르기까지 인류 역사의 문명은 네트워크를 중심으로 발전해 왔다.

는지 알아보기로 한다.

인터넷의 개념적 이해

인터넷의 개념 및 역할

인터넷(Internet)은 네트워크들을 상호 연동한다는 의미를 지닌 'Internetwork'의 줄임말이다. 전 세계에 흩어져 있는 수 만여 개의 컴퓨터 네트워크들을 상호 연결하는 네트워크로서 흔히 네트(Net)라고도 불린다. 인터넷은 기업과 정부기관과 교육기관의 컴퓨팅 자원들을 상호 연결해 주며, 끝없는 정보의 바다와도 같은 공간으로 인식되고 있다.

인터넷이 의미하는 바는 개인과 기업에 대해 각각 다르다. 우선 개인 관점에서 보면 인터넷은 생활에 필요한 정보를 얻을 수 있는 새로운 매체를 의미한다. 매우 오래 전에는 개인이 정보를 접할 수 있는 방법은 서신이나 구두에 의한 수단뿐이었다. 또 매스미디어(mass media) 시대가 열리면서 불특정 다수에게 단 방향으로 정보가 전달되는 인쇄매체(신문, 잡지 등) 및 방송매체가 주된 정보전달 수단으로 부각되기 시작했다. 그러다가 정보화 시대에 접어들면서부터는 이들 매체 외에도 인터넷이 개인에게 정보를 전해주는 추가적인 채널로 부상한 것이다.

반면, 인터넷은 기업에 대해 두 가지 특별한 의미를 지닌다. 첫째, 인터넷 기술은 기업내부 프로세스를 효율화하고 조직의 속도 및 유연성을 증대시키기 위한 목적으로 사용될 수 있다. 개별화 마케팅, 고객서비스, 인력채용 등 기업의 주된 활동들을 위해 유용한 가치를 제공할 수 있어 e-비즈니스 추세를 더욱 가속화시키고 있다. 둘째, 인터넷은 기업이 개인 혹은 다른 기업과 낮은 비용으로 연결이 가능하도록 함으로써 기업에게 상거래를 수행할 수 있는 새로운 공간을 제공한다. 즉, 소매업체의 경우 기존의 오프라인 매장 이외에도 제품을 판매할 수 있는 추가적인 판매채널을 제공하므로 매출을 확대할 수 있는 기회를 제공한다. 이는 e-커머스와 관련된 개념으로 본 장의 뒷부분에 상세하게 다루기로 한다.

인터넷의 유래

인터넷은 미소 냉전 상태에서 미국 국방부의 통신 통제센터의 파괴로 인한 통신마비에 대비하기 위해 분산통신망에 근거한 새로운 통신망을 개발하면서 시작되었다. 1969년 미국 국방부 산하 첨단 연구 프로젝트(ARPA)와 스탠포드, UCLA, 유타, 캘리포니아 등의 대학이 개발한 통신망을 연결한 **아파넷**(ARPANET)이 탄생하였다. 아파넷은 초기에 주로 국방연구 프로젝트에 관련한 소수 연구소들에 국한되어 한정적으로 이용이 되었으나, 차츰 외부 연구소 및 대학들도 연결됨에 따라 연구 용도의 망으로 확장되기 시작했다.

1985년에는 미 과학재단(National Science Foundation: NSF)의 재정지원을 받아 NSFNET가 구축되면서 교육 및 연구 기능을 지원하는 학술망으로 발전하였다. 그러다가 1991년 NSF가 드디어 인터넷의 상용화를 발표하게 되었으나 실제로 인터넷 기반의 상거래가 폭발적인 성장을 시작한 것은 그 후 인터넷을 그래픽 환경에서 용이하게 이용할 수 있는 웹브라우저가 등장하고 나서부터이다. 1992년 일리노이 대학의 NCSA(미 수퍼컴퓨팅 연구센터)가 개발한 **Mosaic**란 연구목적의 웹브라우저를 개발하였지만, 이를 토대로 1994년 Netscape사에서 Navigator 소프트웨어를 내놓으면서 비로소 인터넷은 오늘날 인간의 생활에 심오한 영향을 미치는 요인으로 자리잡게 된다.

TCP/IP와 상호접속성

컴퓨터가 기업에 도입되기 시작한 1950년대 이래로 기업들의 컴퓨터 환경은 서로 섞일 수 없는 물과 기름과도 같은 것이었다. 기업들은 각기 독자적인 컴퓨터시스템(proprietary systems)을 구축하여 운영하여 왔기 때문에 상호 호환이 거의 되지 않았다.

▲ 모든 PC들이 인터넷에 연결될 수 있는 것은 TCP/IP라는 통신규약
에 의해 상호접속성이 제공되기 때문이다.

가령, 어느 기업이 IBM의 메인프레임 컴퓨터를 구입할 경우, 그 이후 구입하는 컴퓨터, 주변기기 및 통신시스템 등은 모두 IBM 방식을 따르는 제품만을 구입해야만 사내에서는 이들 기기 간의 호환성을 유지할 수가 있다. 만일 백화점인 A사에서는 IBM 컴퓨터환경인데, 이 백화점에 제품을 공급하여 주는 B사에서는 DEC 컴퓨터환경이라면, 서로 접속이 되지 않으며 또 재고와 관련한 데이터도 교환할 수가 없다. 이러한 문제에 대한 해결책으로 등장한 것이 곧 TCP/IP이다.

TCP/IP(Transmission Control Protocol/Internet Protocol)란 하드웨어 및 통신기기 제조업체들이 함께 모여 만든 통신규약으로서 메이커가 서로 다른 이기종(異機種) 기기 간에도 호환이 될 수 있도록 하기 위한 수단이 되고 있다. 글로벌 인터넷 환경에서는 Windows 계열의 PC, 애플 매킨토시, 리눅스 컴퓨터 등 데스크탑 컴퓨터는 물론 유닉스 서버 및 무선 휴대용 PDA에 이르기까지 다양한 기종의 컴퓨터들이 함께 존재한다. TCP/IP는 이러한 이질적인 컴퓨터 환경에서 컴퓨터들간에 상호접속성(interconnectivity)을 제공할 수 있는 핵심 도구라는 점에서 그 중요성이 매우 크게 인식되고 있다. 즉, 세계 어느 곳에 있는 어떤 컴퓨터라 하더라도 TCP/IP 통신규약을 따르는 기기라면 언제든지 인터넷 망에 접속할 수가 있다는 의미이다.

인터넷의 특성

인터넷은 다음과 같은 네 가지 특성이 기존의 다른 통신 네트워크와 다른 점이라고 할 수 있다.

첫째, 인터넷은 전 세계의 컴퓨터를 상호 연결하고 있는 **개방/분산 네트워크**이다. 즉, 통신표준을 사용하는 통신망으로 연결된 서로 다른 기종의 컴퓨터가 자료를 상호 교환할 수 있다는 점에서 인터넷은 개방형이며, 하나의 호스트 컴퓨터에 집중되어 있는 PC 통신망과는 달리 전 세계의 여러 컴퓨터가 상호 연결되어 있다는 점에서 분산형 통신망이다.

둘째, 인터넷이 처음부터 화려한 **멀티미디어**를 전송할 수 있었던 것은 아니었다. 초기에는 인터넷이 문자정보의 전송만 가능했기 때문에 흥미로운 정보를 통해 효과적으로 커뮤니케이션 할 수 있는 방법이 없었지만, 웹(World Wide Web)이 등장한 이후로는 동화상, 정지화상, 음성 등 다양한 정보형태를 통해 전송이 가능해지면서 인터넷은 새로운 전기를 맞게 된 것이다.

셋째, 제1장에서도 언급되었듯이, 우리나라뿐 아니라 전 세계적으로 개인과 기업, 정부기관 및 기타 기관들을 상호 연결하는 **네트워크의 용량**이 최근 수년간 크게 확대됐다. 광케이블을 기반으로 한 초고속 전송회선이 활발하게 구축되고 또 전화선을 이용한 DSL 회선의 전송능력도 크게 향상됨에 따라, 오늘날 이용자들은 고해상도의 사진 및 동영상 자료도 별 불편 없이 전송할 수 있게 됐다.

끝으로, 인터넷은 **시공장벽의 붕괴**를 가능케 한다. 인터넷과 같은 통신인프라 기술이 우리 생활에 그토록 큰 파장을 불러오고 있는 주된 이유 중의 하나는 인터넷을 통해 지구촌의 모든 사람들이 하나가 될 수 있다는 점이다. 이는 인터넷이 지역적 장벽과 시간적 장벽을 모두 허물어 주기 때문에 가능하다. 비록 한국에 사는 우리가 지구 반대 편에 사는 유럽 사람들과 거리가 1만 킬로미터 이상 떨어져 있다 해도, 또 우리와 그들의 시간대가 정반대여서 서로 동시에 대화할 수 있는 기회를 찾기가 불가능하다 해도, 인터넷을 이용하면 그러한 시공의 장벽에 구애받지 않고 자유로이 대화가 가능하다.

인트라넷과 엑스트라넷

인트라넷이란

인트라넷(intranet)은 인터넷 기술을 기반으로 한 기업내부 네트워크이다. 쉽게 말해서, 기존의 사내 정보시스템을 통해 이용하던 기능을 인터넷 기술 기반으로 옮겨와 이제는 웹사이트를 통해 기업 업무를 처리하는 셈이다. 따라서 인트라넷은 일반 인터넷과 마찬가지로 어디서든지 IP주소에 의해 웹사

▲ 인트라넷은 인터넷 기술을 기반으로 한 기업 내부 네트워크로서 IP주소만 있으면 접속이 가능하다.

이트에 접속이 되지만, 조직 구성원들에게만 이용이 제한되며 이를 위해 로그인(log-in) 과정을 거치게 된다.

인트라넷은 흔히 조직 구성원들이 내부업무를 위해 서로 커뮤니케이션을 하고, 함께

팀웍에 의한 협업을 하기도 하며, 또 업무관리를 하는 툴로 활용된다. 오늘날 많은 기업들이 내부업무에 대해 e-비즈니스를 실현하기 위해 인트라넷을 이용하고 있다.

인트라넷은 다음과 같은 네 가지 장점을 지닌다. 우선, 기업들 대부분이 이미 인터넷 접속을 할 수 있는 기술적 토대가 구축되어 있으므로 인트라넷을 구축하는데 별도로 큰 비용이 소요되지 않는다. 둘째, 이용자 관점에서 보면 인트라넷이 친숙한 웹사이트에 기반을 두고 있으므로 인트라넷의 사용은 곧 기존 인터넷의 사용이나 다름없다. 따라서 추가적인 학습요구량이 적으므로 시스템에 대한 교육비용도 낮게 든다는 것이 특징이다. 끝으로, 인트라넷상에서는 정보를 멀티미디어 형태로 제공할 수 있어 이용자의 흥미를 유발시킬 수 있다.

엑스트라넷이란

위의 인트라넷이 인터넷 기술을 조직 내부에 적용시킨 네크워크라면, **엑스트라넷**(extranet)은 동일한 인터넷 기술을 조직 외부에 적용시킨 네트워크이다. 엑스트라넷이란 고객, 협력사, 제휴업체, 공급사 등에게 접속이 허용되도록 구축된 조직과 조직을 서로 잇는 조직간 정보네트워크이다. 위에서 소개한 인트라넷의 일부를 업무수행 목적으로 외부의 일부 기업에게 제한적으로 연결할 수 있도록 허용한 네트워크인 것이다.

따라서 기업내부망에 외부인들의 접속을 허용하게 되면 가장 위험의 소지가 있는 것이 시스템 보안의 문제이다. 외부의 위협요인으로부터 시스템 침입을 차단하기 위해 방화벽(firewall)을 설치하는 것이 필수적이다.

고객과 공급사 등 외부인은 인터넷으로 기업의 인트라넷에 로그인하여 허용된 데이터에 국한해서 정보를 조회할 수가 있으며 또 필요할 경우에는 조직내의 담당자와 커뮤니케이션을 할 수가 있다.

엑스트라넷은 조직간 정보시스템(interorganizational system)에 속하며, 기업간 전략적 제휴를 지원하는데 중요한 역할을 담당하는 통신 인프라의 요소이다.

🔗 인터넷 비즈니스 모델

비즈니스 모델이란 기업이 수익(revenue)을 내기 위해 비즈니스를 수행하는 방식을 의미하며, 때로는 수익 모델(revenue model)이라고 부르기도 한다. 비즈니스 모델은 기업이 가치사슬상에서 어느 위치에 있는가를 명시함으로써 매출을 발생시킬 수 있는 방법을 보여준다.

표 11-1 ● 인터넷 비즈니스 모델의 유형		
비즈니스 모델	설 명	예
온라인 소매	웹상에서만 제품을 판매하는 소매업체	아마존, 버추얼와인
온-오프 병행소매	전통적인 소매업체가 기존의 오프라인 상점과 웹사이트 상점을 병행해 제품 판매	반스앤노블, 롯데쇼핑
직판	제조업체가 생산한 제품을 중간유통과정을 거치지 않고 직접 웹을 통해 판매	델컴퓨터
e-마켓플레이스	웹상에서 판매자와 구매자가 함께 제품을 보며 B2B 거래를 할 수 있는 공간 제공: 시장조사에서 가격협상 및 제품발송에 이르기까지 거래프로세스와 관련한 서비스 제공	빌더스넷(건설), 켐라운드(화학), 푸드머스닷컴(식음료)
경매	판매자를 위한 경매 진행: 판매자에게서 거래가격에 비례하는 수수료를 받음; 순경매, 역경매 등 여러 형태가 존재함	이베이, 옥션
거래 중개	판매자와 구매자가 거래를 성사시키기 위해 필요한 서비스 제공(지불서비스, 정보서비스 등)	페이팔, 에스크로우, E*TRADE
정보 중개	제품과 관련한 특징, 가격, 공급사 등의 정보 제공을 통해 판매자와 구매자 간의 제품매매를 촉진함: 광고 혹은 판매자 소개에 의해 수입 발생	인스웹
검색 에이전트	구매자의 요청에 따라 제품이나 서비스의 가격 및 재고보유 여부를 자동으로 찾아낼 수 있는 소프트웨어 에이전트	마이사이몬, 야비스
콘텐츠 제공	음악, 사진, 동화상 등의 디지털 콘텐츠를 유무상으로 제공하고, 콘텐츠 전체 혹은 일부에 대해 유상판매를 하거나 광고배너 판매를 통해 수입 발생	전자신문, 아이뉴스24, 아이튠(음악), 코비스(사진)
포털	기본적으로 일종의 검색엔진에 해당하며, 흔히 뉴스, 엔터테인먼트 정보 등 부가가치를 높일 수 있는 다양한 콘텐츠나 서비스를 제공함	네이버, MSN, 야후, 알타비스타

비즈니스 모델은 보는 시각 및 관점에 따라 다를 수 있으나, **표 11-1**과 같이 10가지로 분류할 수 있다. 이들 이외에도 가상 커뮤니티, 온라인 서비스 제공 등 다른 모델들이 존재하지만, 여기서는 10가지로 국한하여 설명하기로 하고, 이들은 아래와 같이 소매, 중개, 콘텐츠서비스의 세 가지 카테고리로 나누어 살펴볼 수 있다.

소매 모델

최종소비자를 대상으로 온라인상에서 제품을 판매하는 사이트들이 소매 모델에 해당한다. 소매모델은 이러한 온라인 판매사이트를 운영하는 방식에 따라 온라인 소매, 온-오프 병행소매, 그리고 직판의 세 가지 형태로 나누어진다.

온라인 소매(e-tailer)는 완전히 온라인상으로만 존재하는 소매 상점으로서 쇼핑몰과 같은 닷컴 기업들이 이에 속한다. 이들 사이트에서는 끊임없는 혁신으로 양질의 고객서비스를 제공하는 것이 핵심 이슈로 인식되고 있다. 아마존의 경우 창업자 제프 베조스

(Jeff Bezos)의 리더십 아래 개인화, 관련상품 추천 등 다양한 창의적인 기법의 적용으로 온라인 소매 분야에서 선두를 달리고 있다.

온-오프 병행소매(click and mortar)는 전통적인 매장을 가지고 제품을 판매하는 오프라인 상점이 온라인 판매시스템을 구축해 두 가지 판매채널의 시너지 효과를 추구하는 모델이다. 전통기업(brick and mortar)과 온라인기업(click and click)의 병행 형태인 click and mortar에 해당한다.

직판(direct model)은 제조업체가 생산한 제품을 중간유통과정을 거치지 않고 직접 웹을 통해 판매함으로써 속도를 향상시키고 비용을 절감하는 비즈니스 모델이다. 델 컴퓨터가 처음 시작하였으나 IBM 등 다른 하이텍 제품 메이커들도 이를 도입하고 있는 추세이다.

중개 모델

비즈니스 거래에서 중개자(broker; intermediary)란 구매자와 판매자를 서로 소개해주고 거래를 촉진시켜 주는 역할을 수행한다. 흔히 중개자는 B2B, B2C 및 C2C 시장에서 각각 중개역할을 담당하며 성사된 거래에 대해 수수료를 부과한다.

e-마켓플레이스(e-marketplace)는 인터넷기술에 기반한 B2B 전자상거래 사이트이다. e-마켓플레이스는 웹사이트상에서 많은 구매자들과 많은 판매자들이 함께 모여 거래를 할 수 있는 공간을 제공한다. 흔히 특정 산업부문을 전문으로 하며 관련 콘텐츠를 제공하고, 시장조사에서 가격협상 및 제품발송에 이르기까지 거래프로세스와 관련한 서비스를 제공하는 것이 특징이다. e-마켓플레이스에 관해서는 뒤의 B2B e-커머스 부분에서 더 상세히 다루기로 한다.

경매 중개(auction broker)는 우리가 흔히 알고 있는 전통적인 경매를 인터넷 환경에 옮겨놓은 형태로 주로 골동품, 미술작품, 농산물 등 매매가격을 정하기가 애매한 상품을 판매하는데 적합한 거래형태이다. 판매자가 판매할 물품과 관련한 명세, 사진, 경매시작일, 경매종료일, 시작가 등의 정보를 등록하면, 해당기간 동안 관심있는 구매자들이 시작가 및 현재 최고가보다 더 높은 가격을 명시하며 입찰(bid)을 온라인상으로 제출한다. 경매가 종료되면 시스템이 제출된 입찰 중에서 가장 높은 가격의 입찰자에게 낙찰을 통보하며, 판매자와 구매자 간에 대금지불 및 물품발송 절차가 수행된다. 인터넷 경매에는 순경매, 역경매 등 다양한 형태가 존재한다.

거래 중개(transaction broker)는 판매자와 구매자가 온라인상에서 시간 및 노력을 절감하며 용이하게 거래를 수행할 수 있도록 거래에 필요한 서비스를 제공한다. 페이팔(PayPal)과 에스크로우(Escrow)는 거래 대금결제서비스를, 그리고 이트레이드(E*Trade)

는 온라인 주식매매를 위해 주식투자 결정에 도움이 되는 경제 및 기업재무 관련 정보 및 거래서비스를 제공하는 예에 속한다.

정보 중개(information broker) 사이트는 구매자들이 제품구매에 필요한 정보를 얻기 위해 방문할 수 있는 공간이다. 제품과 관련한 특징, 가격, 공급사 등의 정보 제공을 통해 판매자와 구매자 간의 제품매매를 촉진해 준다. 중개자는 광고를 게시하거나 혹은 구매자 소개에 대한 판매자 수수료를 부과함으로써 수입을 발생시킨다.

검색 에이전트(search agent)는 '로봇'이라고도 알려져 있는 소프트웨어 에이전트로서 쇼핑몰들에 대해 실시간으로 특정 제품이나 서비스의 가격을 탐색하거나 찾기 어려운 정보를 찾아내는 목적으로 이용된다. 검색 에이전트의 역할은 이용자가 수행해야 하는 웹상에서의 정보탐색 과업을 대신 수행해 줌으로써 이용자의 시간을 절감해주는 데 있다(그림 11-1 참조).

그림 11-1 ── 네이버닷컴의 가격비교 검색에이전트 샘플화면(www.naver.com)

인터넷에서 공기청정기 제품을 판매하는 쇼핑몰들이 조사된 가격순으로 나열되어 있다.

콘텐츠서비스 모델

이용자에게 관심대상이 될 수 있는 콘텐츠를 사이트에 구축하고 이를 이용자의 사이트 방문을 유도하기 위한 수단으로 삼는 사이트들이 콘텐츠서비스 모델에 속한다. 콘텐츠가 중심이 되므로 타겟 이용자들의 흥미를 끌만한 관심사항을 분석하고 이에 따라 콘텐츠를 적절히 구성하는 노력이 관건이다.

콘텐츠제공(content provider) 모델은 뉴스, 사진, 동화상, 음악, 게임, 강의모듈 등의 전문 콘텐츠를 웹사이트에 구비해 놓고 이를 필요로 하는 이용자에게 유무상으로 제공한다. 수익은 유상으로 콘텐츠를 판매하거나 광고를 게재함으로써 창출한다. 우리나라의 인터넷 신문들을 통해서도 알 수 있듯이, 웹사이트에서 제공하는 무형의 디지털 상품은 물리적 상품과 달리 유상으로 판매하는 것이 매우 어려우며, 콘텐츠의 유료화는 오늘날 디지털 콘텐츠를 판매하는 닷컴 기업들에게 주요 관건이 되고 있다.

포털(portal)은 일종의 검색엔진을 통해 인터넷에 존재하는 다양한 정보 자원으로 연결될 수 있는 단일 관문이며, 이용자들의 방문을 유도하기 위해 뉴스, 날씨, 오락 등 다양한 무상 콘텐츠를 지속적인 업데이트를 통해 제공한다. 우리에게 익숙하게 알려진 네이버, MSN, 야후가 모두 포털의 예에 속한다.

B·u·s·i·n·e·s·s 기업정보화현장   # 이비즈니스 물결에 대응못해 파산한 시어스

▲ 126년 역사를 지닌 미국 백화점 체인 시어스

지난 4일(현지시간) 오후 3시, 미국 로스앤젤레스(LA) 공항에서 차로 한 시간 가량을 달리자 대형 쇼핑몰 '빌리지 앳 오렌지(The Village at Orange)'가 모습을 드러냈다. 핵심 상권인 오렌지카운티에 위치한 이곳은 2년 전만 해도 부촌(富村) 어바인 주민들이 즐겨찾던 곳이다.

하지만 이날 찾은 빌리지 앳 오렌지 쇼핑몰은 입구부터 사람이 거의 없어 썰렁했다. 쇼핑몰 안의 JC페니 백화점 문은 굳게 닫혀있었다. 도넛매장 직원 클라이레 앨런씨는 "JC페니가 폐점한 후 1년 넘게 공실이 계속됐다"며 "바로 앞 점포라 찾아오는 손님도 없고 우리 매장 매출도 타격이 크다"고 했다.

이 쇼핑몰에 있는 또 다른 백화점 시어스도 개점 휴업 상태였다. 3층으로 이뤄진 시어스 백화점엔 손님이 거의 보이지 않았다. 직원이 쇼핑객보다 많았다. 매장에서 일하는 존 플러너씨는 "JC페니가 문닫고 나서 몰을 찾는 사람들 수가 확 줄었고, 그 영향으로 시어스에도 손님이 끊겼다"며 "직원들은 실직을 걱정하고 있다"고 말했다.

빌리지 앳 오렌지에서 25km 떨어진 실외형 쇼핑몰 '어바인 스펙트럼'도 사람이 거의 없어 분위기는 썰렁했다. 이곳에 있던 메이시스 백화점은 문을 닫고 없었다. 쇼핑몰 운영회사는 메이시스가 차지했던 대형 매장 자리를 5개로 쪼개 새로 분양하고 있었다. 그 중 한 자리에 패스트패션(SPA) H&M 점포가 새로 문을 열었으나, 나머지 공간은 텅 비어 있었다. H&M 바로 옆 자리엔 화장품 전문점 세포라가 내년에 들어설 예정이라는 현수막이 걸려 있었다. 쇼핑몰을 찾은 셀리 수잔씨는 "유행이 지난 옷을 비싸게 팔던 메이시스가 문을 닫고 그 자리에 싸고 스타일리쉬한 H&M이 들어와서 오히려 쇼핑하기 더 좋다"고 말했다.

아마존 공격에 생존기로 선 美 유통…작년 오프라인 6,400개 폐점

미국 최대 소매기업으로 한 시대를 풍미한 주요 백화점들이 파산하거나 점포 수를 줄이고 있다. 전국 오프라인 유통 매장 중 작년 한 해만 6,400여개가 폐점했다. 아마존이 주도하는 전자상거래 바람에 제때 올라타지 못한 전통 오프라인 업체들의 위기를 보여준다.

대표적인 업체가 미국 최초 백화점 '시어스(Sears)'다. 시어스는 최근 파산보호를 신청했다. 126년의 역사와 '유통 공룡'으로서의 명성을 자랑했던 시어스 파산은 미국에 큰 충격을 줬다. 캘리포니아주 어바인에 거주하는 박정은씨는 "경기가 호황인데 100년 넘은 회사가 어떻게 무너질 수 있느냐며 우려하는 미국인이 많다"면서 "시어스 파산은 미국인들에게 상당히 충격적"이라고 했다.

시어스는 1886년 리처드 시어스가 우편망을 통해

▲ 시어스 백화점이 온라인 경쟁에서 살아남지 못해 역사의 뒤안길로 사라지게 됐다.

시계와 보석을 파는 것으로 시작해 세계적 유통기업으로 자랐다. 우편망을 통한 쇼핑을 처음 시도한 점은 지금의 아마존과 닮았다. 시어스는 1906년 주식을 상장하고 1945년까지 연 10억달러(약 1조원)의 매출을 올렸다. 시어스백화점과 대형마트인 K마트 등 3,700여개 매장과 30만명의 직원을 거느렸다. 1955년 '포천 500지수' 도입 당시에는 보잉, 제너럴모터스(GM) 등과 어깨를 나란히 했다. 1973년에는 당시 세계 최고 높이(108층·442m) 건물인 '시어스 타워'(현 윌리스 타워)를 세우는 등 미국 최대 유통업체로 군림했다.

하지만 100년 성공신화도 무너지는 건 한순간이었다. 월마트 등 대형 할인매장에 손님을 빼앗기면서 2010년 이후 줄곧 적자에 시달렸다. 작년 초부터 1,250개 매장 중 400여곳을 폐점했고 올 7월에는 본사가 있는 시카고의 마지막 점포 문을 닫았다. 앞으로 최소 150개 매장을 추가로 더 폐점할 예정이다. 시어스 주가는 올해만 85% 넘게 추락했다.

출처: 조선일보, 2018년 11월 8월

11.2 e-비즈니스의 현상과 추세

지난 몇 해 동안 e-비즈니스란 용어는 우리 주변에서 언론 및 방송매체, 그리고 세미나 및 경영신간 서적을 통해 매우 흔히 들을 수 있는 버즈워드(buzz word)가 되어 버렸다. 이러한 e-비즈니스 용어에 대한 폭넓은 관심에도 불구하고, 많은 이들이 e-비즈니스 개념에 대해 서로 다른 이해를 하고 있으며, 또 e-비즈니스, u-비즈니스, m-커머스, t-커머스 등 유사 용어들이 범람하다 보니 개념적 혼동이 더 가중되고 있는 실정이다.

소프트웨어 메이커인 오라클사는 소프트웨어 제조업체로서 두 가지 목표를 가지고 e-비즈니스를 추진하고 있다. 첫째는 회사의 주요 비즈니스 프로세스들을 통합하고 또 이들을 웹기반 인트라넷으로 전환시킴으로써 비용절감 효과를 꾀하는 것이고, 둘째는 소프트웨어의 온라인 판매를 유도하여 매출 증대를 실현하려는 것이다. 따라서 인터넷 기술을 통해 내부 비즈니스 프로세스의 효율화를 꾀하는 동시에 인터넷을 주요 지렛대로 활용하여 새로운 비즈니스 기회를 창출하는 것이 이 회사 e-비즈니스 전략의 핵심이라고 할 수 있다. 이와 같이 오늘날 닷컴 기업들에게는 물론이고 오라클과 같은 제조 중심의 오프라인 기업에게도 e-비즈니스는 기업의 비즈니스를 수행하는 방식을 변화시킴으로써 기업을 날렵하고도 유연한 조직으로 변형(transform)시키는 데 크게 기여하고 있다. 아래에서는 이러한 e-비즈니스를 기업들이 실현하는 데 인터넷 기술이 어떻게 활용되는지 알아보기로 한다.

e-비즈니스와 e-커머스

디지털 기업의 현상들을 얘기할 때 e-비즈니스와 e-커머스는 거의 함께 따라 다니는 용어이다. 그러다 보니 그 개념들이 혼재되어 있어 두 용어가 서로 유사어로 사용되고 있는 실정이다. e-커머스는 전자매체를 기반으로 한 상거래를 의미한다. 반면, e-비즈니스는 인터넷 및 기타 네트워크 그리고 정보기술을 이용해 e-커머스, 기업내부 커뮤니케이션 및 협업, 그리고 웹기반의 비즈니스 프로세스를 지원하는 것을 의미한다.

이 두 개념 간의 차이점을 보다 명확히 이해하기 위해서 앞의 2장에서도 설명되었던 마이클 포터의 가치사슬분석 모델과 연관시켜 두 용어의 개념을 살펴볼 필요가 있다. 그림 11-2에서 볼 수 있듯이, e-비즈니스는 기업의 모든 가치활동들을 지원하기 위해 인터넷 기술을 활용하는 것이다. 이에 비해 e-커머스는 인터넷 기술의 활용 범위가 마케

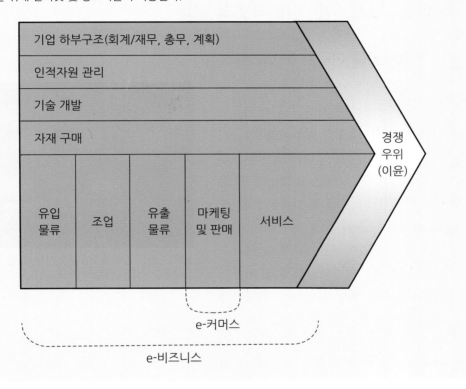

그림 11-2 ● e-커머스와 e-비즈니스 간의 관계

e-비즈니스는 마케팅 및 판매활동에 초점이 맞춰지는 e-커머스를 포괄하는 광범한 개념으로 기업 전반에 걸친 가치활동들의 효율화를 위해 인터넷 및 정보기술이 적용된다.

팅 및 판매 기능에 국한되는 개념이다. 따라서 e-비즈니스는 e-커머스를 포괄하는 광범한 개념으로 이해할 필요가 있다.

이러한 개념상의 차이점은 존재하지만, e-비즈니스와 e-커머스는 매우 밀접한 관계에 있다. 가령, 고객이 제품을 주문하도록 적극 유도하기 위해서는, 고객을 대상으로 한 CRM(고객관계관리) 애플리케이션을 통해 효과적인 마케팅 활동이 필요하다. 또 일단 고객 주문이 접수된 다음 고객에게 만족스러운 서비스를 제공하기 위해서는, ERP(전사적자원관리) 및 SCM(공급망관리) 등 전사적 애플리케이션을 활용해 주문된 제품에 대한 대금청구서를 고객에게 전송하고, 재고를 확인해 주문제품을 발송하며, 또 주문과 관련한 고객의 문의사항에 대해 효율적으로 대응할 수 있어야 한다. 또한 e-비즈니스는 효과적으로 e-커머스 활동을 지원하는 것 이외에도, 인터넷 및 기타 정보통신 기술을 이용해 기업의 기존 비즈니스 모델을 혁신하고 전통적 기업을 디지털 기업으로 변신시키는

데 기여할 수 있어야 한다.

e-비즈니스를 위한 인트라넷의 활용

인트라넷을 이용한 e-비즈니스

기업의 전통적인 클라이언트-서버 컴퓨터환경에서는 서로 호환이 잘 안 되는 사내의 이기종 컴퓨터들을 관리 하는 데 적지 않은 노력이 요구되었던 것이 사실이다. 그러나 요즈음의 웹 클 라이언트-서버 환경의 컴퓨터들은 모 두 인터넷을 통해 상호 연동되어 있어 위치에 관계없이 사이트 주소 하나로 단일 네트워크에 접속이 쉽게 이루어 진다. 웹 환경에서는 사용자 인터페이 스도 동일하여 서로 상이한 시스템들

▲ 최근 들어 해외 출장중인 기업직원들은 회사 인트라넷시 스템을 이용해 호텔안에서도 출장 관련 진행상황을 신속 하게 보고하며 업무를 수행할 수가 있다.

을 함께 통합 하기가 수월하다. 또 기업들은 회사 인트라넷을 회사내부의 거래처리시스 템에 연결해서 직원들은 친숙한 웹 인터페이스를 통해 회사의 일상적인 운영업무를 원 만하게 처리해 나갈 수가 있다.

기업들은 인트라넷을 이용해서 보다 대응능력을 높일 수가 있다. 웹페이지 형태로 구축된 회사의 내부 애플리케이션은 문자, 음성, 동화상 등 다양한 매체를 활용해 상호 대화적인 시스템으로 발전시킬 수 있다. 인트라넷의 주된 용도는 얼마든지 자주 업데이 트할 수 있는 온라인 정보 창고를 구축하는 데 있다. 제품 카탈로그, 전화번호부, 직원 복지정보는 변경사항이 있을 때마다 즉시 수정을 해 주어야 한다. 필요에 따라 수시로 온라인상의 정보를 관리할 수 있는 인트라넷은, 업데이트하기가 까다롭고 제작주기가 긴 기존의 인쇄물에 비해 더 빠르게 변화에 대응할 수 있는 기회를 제공한다. 뿐만 아니 라, 인트라넷은 인쇄물의 제작 및 유통비용을 제거해 주며 또 항상 최신정보를 유지할 수 있는 장점이 존재한다.

그림 11-3 ● ─ 조직기능 지원을 위한 인트라넷 시스템 예시

인트라넷에 의해 조직기능 시스템들이 상호 연동이 되어있어 위치에 관계없이 웹환경에서 이들 조직기능과 관련한 업무를 편리하게 수행할 수가 있다.

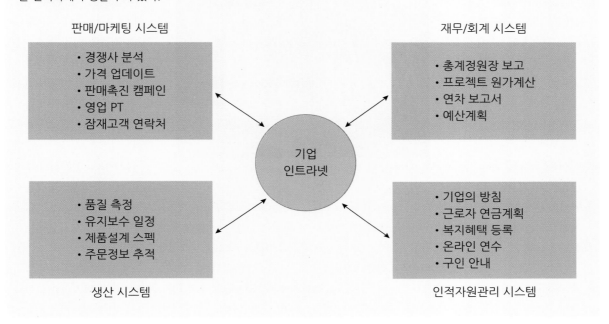

조직기능 지원을 위한 인트라넷 시스템

인트라넷은 비단 조직의 정보자원을 효율적으로 공유하는 용도로만 사용되는 것이 아니다. 조직의 주요 비즈니스 기능들을 지원하기 위해 인트라넷 시스템을 구축하고 있는 추세이다. 그림 11-3에서처럼 중앙의 기업 인트라넷이 판매/마케팅, 제조, 재무/회계, 인적자원관리 등 각 기능분야의 인트라넷 시스템들을 상호 연동시켜 주기 때문에 통합적인 환경에서 보다 많은 비즈니스 프로세스들을 전자적으로 처리할 수가 있다.

이커머스, 새벽배송 경쟁 격화

▲ 마켓컬리의 배송 트럭

"동트는 새벽 시장을 잡아라." '위드 코로나 시대' 유통업계에 내려진 '특명'이다. 비대면 소비가 일상으로 자리하며 '즉시배송'을 뜻하는 퀵커머스 시장까지 급성장하는 가운데 익일배송, 그 중에서도 신선식품 등을 주문 다음날 집 앞으로 가져다 주는 '새벽배송'은 경쟁력 강화를 위한 필수 요소가 됐다. 유통업계에 따르면 2018년 4,000억 원 규모였던 새벽배송 시장은 지난해 2조 원까지 2년간 5배가량 커졌다.

더욱이 최근 코로나19 재확산에 따라 시작된 '4단계 거리두기'는 새벽배송 수요 증가로 이어지고 있다. 마켓컬리는 거리두기 강화가 시작된 12일부터 20일까지 새벽배송 주문량이 거리두기 강화 이전 같은 기간(3~11일)보다 12% 늘었다고 21일 밝혔다. 세부 카테고리별로는 채소류가 6%, 간편식이 12% 증가했으며, 비식품에서는 주방용품이 8% 증가했다.

새벽배송 시장을 노리는 업체들의 '공공의 적'은 쿠팡이다. 전국 각지에 물류센터를 보유한 쿠팡은 업계에

서 유일하게 전국 단위 새벽배송(로켓와우)이 가능하다. 뉴욕 증시 상장 이후 1조 원을 물류센터 건립에 투자한다는 뜻을 밝힘에 따라 쿠팡의 전국 단위 배송망은 한층 촘촘해질 것으로 예상된다.

'새벽배송 전문기업'을 표방하는 오아시스마켓은 이번주부터 주 7일 새벽배송 서비스를 도입한다고 21일 밝혔다. 그간 월요일부터 토요일까지 주 6일 운영하던 새벽배송 서비스를 주 7일로 확대한다는 것.

주 7일 새벽배송 서비스는 기존 새벽배송 가능 지역 전체에 도입되며 주문 마감 시간은 다른 요일과 동일하다. 지역에 따라 토요일 오후 11시 혹은 일부 지역의 경우 오후 9시까지 주문을 완료하면 일요일 오전 7시 이전에 주문한 상품을 받아볼 수 있다. 다른 요일도 동일하게 진행된다.

오아시스마켓은 지역별로 차이가 나는 주문 마감 시간도 빠르면 연내 오후 11시로 일원화해 새벽배송 서비스에 불편함을 최소화한다는 계획이다.

오아시스마켓은 새벽배송 주 7일 확대와 함께 서비스 지역도 넓히고 있다. 5월 경기도 평택, 안성, 오산 등 경기 남부 지역에 이어 최근 충청남도 아산시, 천안시, 충청북도 청주시를 새벽배송 가능 지역으로 편입했다. 세종과 대전에도 연내 새벽배송 서비스를 시작할 방침이다. 내년에는 제주를 제외한 전국 주요 도시로 새벽배송 권역을 확대할 계획이다.

SSG닷컴도 지난 12일부터 대전광역시와 청주시, 천안시, 세종특별자치시, 아산시 등 충청권을 대표하는 주요 도시를 중심으로 새벽배송을 시작했다. 이로써 SSG

닷컴은 새벽배송 시장에 진출한 지 만 2년 만에 충청권까지 외연을 넓히게 됐다.

수도권 이외 지역에서 새벽배송을 실시하는 건 이번이 처음이다. 향후 고객 반응을 살펴 점진적인 권역 확대도 모색할 것이라고 회사 측은 설명했다. 배송 지역은 기존 SSG닷컴에서 주문하고 이마트에서 출발하는 '쓱배송(주간배송)' 권역과 동일하다. 이마트 '대전터미널점'과 '둔산점'을 비롯해 '청주점', '천안서북점', '펜타포트점', '세종점', '아산점' 등 8개 점포에서 배송하는 대부분의 권역에서 새벽배송도 이용할 수 있다.

SSG닷컴은 이번 충청권 새벽배송을 위해 충청북도 청주에 별도 콜드체인 물류센터를 구축했다. 김포에 위치한 온라인 스토어(최첨단 자동화 물류센터) '네오(NE.O)'에서 고객 주문 내역에 따라 상품을 이동시키면, 청주에 있는 물류센터에서 분류작업을 거쳐 충청권역 고객에게 새벽배송하는 형태다.

최근 2,254억 원 규모 투자 유치를 마무리한 컬리 역시 샛별배송 서비스 지역 확대에 투자한다는 방침을 세웠다. 컬리는 서울 등 수도권에만 제공되던 샛별배송을 지난 5월 충청권까지 확대한 데 이어 하반기에는 남부권까지 확대한다는 계획이다.

컬리 관계자는 "부산 등 남부 광역시 중심으로 서비스 확대를 구상 중"이라며 "물류센터 추가 설립보다는 현재 충청권 운영방식처럼 CJ대한통운과 협업을 통해 진행할 계획"이라고 설명했다.

출처: 이투데이, 2021년 7월 21일

11.3 e-커머스의 현상과 추세

인터넷 기술은 초기에는 연구, 이후에 교육, 그리고 근래에 와서는 상거래를 위해 각각 활발하게 응용되어 왔다. 이들 응용분야 중 가장 영향이 컸던 분야는 '상거래'를 의미하는 커머스(commerce) 분야로서 인터넷을 기반으로 한 e-커머스는 인터넷이 상업적 목적을 위해 사용되기 시작한 1990년대 초 이후 빠른 속도로 지속적인 성장을 거듭하여 왔다.

e-커머스는 단순히 온라인상에서 제품을 사고파는 것이 아니다. 인터넷을 통해 형성되는 글로벌 시장의 고객들이 구매하는 제품 및 서비스를 세계 전역의 비즈니스 파트너들의 지원을 받아 개발, 마케팅, 판매, 배달, 서비스 및 대금지불하는 전체적인 온라인 프로세스를 다룰 수 있어야 한다. 이러한 온라인 프로세스를 성공적으로 실현하기 위해서는 인터넷은 물론 엑스트라넷 및 인트라넷 등 네트워크 자원의 창의적인 활용이 필요하다. 예를 들면, 월드와이드웹 환경에서 e-커머스 사이트를 통해 고객과의 상호대화적인 마케팅, 주문, 지불 및 고객 지원 프로세스들을 수행할 수 있어야 하고, 엑스트라넷

망을 통해 고객 및 공급사들과 함께 재고 데이터베이스를 공유할 수 있어야 하며, 또 인트라넷 망을 통해 판매 및 고객서비스 요원들이 CRM 시스템을 접근할 수 있어야 한다.

이러한 e-커머스의 트렌드를 이해하기 위해, 우선 e-커머스의 기초적인 개념을 살펴보고 나서 e-커머스의 유형 및 효과에 대해 알아본 다음, 끝으로 지불시스템 및 보안에 관해 다루기로 한다.

e-커머스의 개념적 기초

e-커머스의 유래 및 정의

국내에서 일반적으로 전자상거래라고 지칭되는 e-커머스라는 용어는 본래 'electronic commerce'의 줄임 말로서 '93년 미국의 Lawrence Livermore National Laboratory에서 미 국방부의 프로젝트를 수행하면서 처음 사용된 이후, '93년 미국 연방정부가 조달행정 업무의 효율화에 Electronic Commerce를 표방하면서 확산되었다고 볼 수 있다.

일반적으로 광의의 e-커머스는 상품과 서비스의 거래절차에 전자적인 매체를 활용하는 것으로 볼 수 있다. 하지만 상거래에 전자적인 매체를 이용하기 시작한 것은 이미 그 역사가 짧지 않다. Telex는 '40년대부터 사용되기 시작하였으며, '70년대 중반에는 운송분야에서 EDI(electronic data interchange)가, 금융분야에서 EFT(electronic fund transfer)가 사용되기 시작하였다. '80년대 초반부터는 조직간 정보시스템(interorganizational information system: IOS)이라는 개념과 함께 조직간의 상거래에 전자적인 매체의 활용이 활발하게 논의되기 시작되었고, '90년대 초반 인터넷이 상거래에 이용되기 시작되면서 e-커머스라는 개념이 대두되기 시작하였다.

e-커머스는 상품이나 정보를 네트워크를 통해 제공하고 소비자로부터의 주문도 디지털 정보로 네트워크를 통해 받고, 불특정 다수의 사람이 네트워크 상에서 상거래의 주체가 된다는 점이 가장 큰 특징이다. e-커머스는 인터넷이라는 범세계적인 컴퓨터 네트워크와 웹을 기반으로 급속하게 확산되고 있다. 웹의 등장은 인터넷상에서의 e-커머스를 구체화하는데 큰 기여를 했다. 즉, 소비자들에게 시각적, 청각적 데이터에 쉽게 접근할 수 있도록 함으로써 상업적으로 이를 이용하려는 조직들에게 인터넷상에 기업홍보, 상품홍보, 제품판매 등의 창구를 마련해준 것이다.

이러한 맥락에서 e-커머스에 대한 개념을 보다 구체화하면 "e-커머스는 인터넷 및 기타 통신 네트워크를 통해 제품 및 서비스를 사고 파는 행위"로 정의될 수 있다. 오늘날과 같은 무한 경쟁의 정보화시대에서 e-커머스는 글로벌 경영을 하고자 하는 기업에게 새로운 전략적 기회를 제공하고 있다. 즉, e-커머스는 비즈니스 절차의 중간 단계를 제거하고 생산자와 소비자의 관계를 가깝게 만들어 새로운 제품 및 서비스의 제공, 비용절감 및 고객만족의 증대는 물론 산업을 재구성하게 하여 분권화 된 '가상기업'을 가능케 하는 역할을 수행할 것이다. 그러므로 e-커머스는 비즈니스의 새로운 패러다임이라고 할 수 있다.

전자시장의 출현

e-커머스의 중요한 역할 중의 하나는 **전자시장**(electronic markets)의 성장을 촉진시키는 것이다. 전통적인 시장과 비교할 때 전자시장은 몇 가지 큰 차이점을 나타낸다.

전자시장은 쇼핑의 대상이 지역적인 장벽에 의해 제한될 필요가 없으며 소비자들은 글로벌 규모로 구매할 제품을 탐색할 수 있다. 가령, 동대문 시장과 같은 전통적인 시장의 경우 고객의 쇼핑대상이 해당 장소 혹은 인근 지역에 한정이 되므로 보다 많은 상점들을 둘러볼 수가 없는 반면, 인터넷 공간에서 쇼핑을 하게 되면 수많은 온라인 상점들에 대해 정보를 수집해서 이를 토대로 합리적인 구매를 할 수가 있다. 이를 다른 말로 표현하면 전통적인 시장에서는 접근할 수 있는 시장이 좁은 데 반해, 전자시장에서는 무한하게 큰 시장의 접근이 가능하다는 의미이다. 따라서 전통적인 시장에서 몇몇 안되는 판매자와 구매자가 함께 모여 상행위를 하는 것과는 달리, 인터넷 공간에서는 보다 많은 판매주체와 구매주체들이 함께 모여 보다 큰 시장을 형성하므로 '완전경쟁'이 가능해지며 또 이로 인해 가격도 최소수준에서 결정되게 된다.

델 컴퓨터사는 제조한 컴퓨터제품을 최종소비자에게 직접 판매하는 직판모델(direct model)로 유명하다. 델 컴퓨터는 제조업체이지만 유통업체나 대리점과 같은 판매채널상의 중개자들(intermediaries)을 건너뜀으로써 최종소비자의 주문사양대로 신속하게 제작된 컴퓨터를 저렴한 가격으로 공급할 수 있는 것이다. 이는 인터넷이 소비자와 생산자

▲ 델 컴퓨터사는 직판모델을 기반으로 온라인으로 주문된 PC 제품을 즉시 제작해 배송한다.

를 서로 중개해 주는 역할을 대신 담당하기 때문인데, 이와 같이 상거래의 중간단계 혹은 중개자를 제거하는 것을 가리켜 **비중개화**(disintermediation)라고 한다. 인터넷의 비중개화 역할로 인해 소비자와 생산자가 전자시장에서 직접 만나 직거래를 할 수가 있게 되었으며, 또 이러한 직거래는 거래비용의 감소를 촉진해 소비자에게는 보다 저렴한 가격을 그리고 생산자에게는 보다 많은 이윤을 제공하는 것이 가능해졌다.

비즈니스 세계에서 거래비용(transaction costs)은 거래를 위해 구매자 및 판매자를 탐색하고, 제품에 관한 정보를 수집하며, 거래조건을 협상하고, 거래계약서를 작성하고 계약을 체결하며, 또 상품을 운송하는 제반의 비용들을 종합적으로 일컫는 용어이다. 인터넷에서 정보를 탐색 및 수집하고 또 비즈니스 거래를 전자적으로 처리함으로 말미암아 정보탐색비(search costs) 및 내부 간접비(overhead costs)가 절감되어 거래비용이 현저하게 줄어들 수가 있다. 특히, 위에서 지적한 바와 같이 채널 중개자가 제거됨으로 인해 제조업체들은 판매채널의 중개비용을 크게 절감할 수 있게 되었고 이는 거래비용의 감소에 크게 기여하였다.

전자시장의 주된 특징 중의 하나는 수요와 공급의 요인들이 가격에 더 잘 반영된다는 점이다. 글로벌 규모로 쇼핑을 할 수 있으므로 구매자는 신속하게 서로 다른 상점들에 대해 제품 가격 및 관련 정보를 비교함으로써 합리적인 구매의사결정을 할 수 있다. 이를 판매자 관점에서 보면, 경쟁사보다 가격이 더 높으면 매출이 부진할 수 밖에 없다는 의미이므로, 이를 아는 판매자들은 서로 가격경쟁을 하게 되어 시장의 가격인하가 촉진될 것이다.

🔹 e-커머스의 유형

e-커머스는 거래의 형태상 정보통신 네트워크를 이용한 재화나 용역의 매매를 의미한다. 표 11-2에서와 같이, e-커머스를 거래주체에 따라 소비자대상(business to consumer), 기업간(business to business), 그리고 소비자간(consumer to consumer)의 세 가지 거래형태로 구분할 수 있다. 이 중 우리 경제에 가장 큰 영향을 미치고 있는 소비자대상의 e-커머스 및 기업간 e-커머스, 그리고 최근 들어 소셜 미디어의 확산으로 빠른 상승세를 이어가고 있는 소셜 커머스에 대해 알아보기로 한다.

소비자 대상의 e-커머스

기업과 소비자간에 이루어지는 B2C(business-to-consumer) e-커머스는 인터넷기반의

표 11-2	인터넷 비즈니스 모델의 유형	
e-커머스 유형	주요 특징	예
B2C(소비자대상)	• 멀티미디어 카탈로그를 갖춘 가상 상점에서 소비자 대상으로 제품판매 • 상호대화적 주문처리 • 안전결제기능 • 온라인 고객서비스	amazon.com interpark.com samsungmall.com flower.co.kr
B2B(기업간)	• e-마켓플레이스에서 판매자와 구매자가 모여 거래 수행 • 기업간 직거래 장터 • 인터넷/엑스트라넷을 통해 고객/공급사와 데이터 교환	b2bauction.co.kr(축산물) buildersnet.co.kr(건설) electropia.co.kr(전자부품) fatex.com(의류)
C2C(소비자간)	• 주로 경매사이트를 통해 소비자 간에 거래 수행 • 경매물품은 사전에 뉴스사이트나 e-커머스 포털사이트에 공지	ebay.com auction.co.kr

상거래가 시작된 후 시장규모가 빠른 속도로 성장을 계속했다. 그만큼 인터넷이 소비자의 경제활동에 미치는 영향이 크기 때문이다.

웹기반의 소매　　오프라인 소매에서는 점포의 위치가 어디인가에 따라 고객들의 발길이 뜸할 수도 있고 혹은 문전성시를 이룰 수도 있다. 따라서 비용을 더 들여서라도 좋은 위치에 점포를 얻기 위해 노력하는 모습을 종종 볼 수 있다. 그러나 웹 상점이 전통적 상점과 다른 점 중의 하나는 사이버 공간에서는 이러한 위치가 완전히 의미를 잃게 된다는 사실이다. 고객들의 상점 재방문을 좌우하는 요인들이 전통적 상점과는 전혀 다르기 때문에 이들 요인을 중심으로 사이트를 관리해 나가는 것이 웹기반 소매에 있어서 성공의 관건이다. 고객들의 사이트 재방문에 중요한 영향을 미치는 요인들 몇 가지를 살펴보기로 한다.

웹페이지에 접속할 때 메인화면의 로딩이 4초를 넘기면 고객은 떠나고 만다는 말이 있다. 시스템의 성능이 느리거나 이용 중에 접속이 끊기는 경험을 한 고객은 사이트에 대해 부정적인 인식을 갖게 되어 재방문을 피할 수 밖에 없다. 또 문의사항을 이메일이나 게시판을 통해 전달했는 데 이에 대한 답변이 늦어진다면 이 또한 불만을 갖게 하는 원인이 된다. 웹에서는 고객이 거래하던 상점을 다른 상점으로 전환하는 데 따른 비용이 매우 적기 때문에, 사소한 서운함이나 불만이 있어도 고객은 떠나게 마련이다.

유사한 관심을 가진 온라인 고객들이 함께 모여 자신의 구매경험에 관한 정보를 교환할 수 있는 공간을 제공하는 온라인 소매점들이 늘고 있다. 이들은 판매자와는 다른 구매자의 시각에서 제품구매와 관련되는 여러 가지 유용한 정보를 주고받음으로써 사이트의 가치를 느끼게 되고 또 고객충성도도 높아진다. 온라인 쇼핑을 즐기는 여러 이

▲ 가격할인 이벤트는 소비자의 구매를 유도함으로써 온라인 상점의 매출증대에 기여할 수 있다.

용자들이 특정 사이트에서 제품을 구매하기 전에 사이트상에 제공되는 가상 커뮤니티에 들어가 해당 제품에 대해 다른 이용자들이 제공한 커멘트를 참고하여 최종 구매결정을 한다.

사이버 공간에서 소비자들은 가격에 매우 민감하며, 또 온라인 쇼핑사이트들 간에 가격을 비교하는 데도 매우 익숙해져 있다. 따라서 구매를 유도하기 위한 수단으로서 가격할인 쿠폰 등 인센티브 프로그램을 적절히 활용하는 것이 매우 중요하다. 또 온라인과 오프라인을 연계한 인센티브를 제공하는 것도 유용한 방법이 될 수 있다. 예를 들어 국내의 어느 레스토랑에서는 웹사이트상에 올려진 쿠폰을 출력해서 행사기간 중에 가져오면 특별히 할인된 가격에 음식서비스를 제공한다고 한다.

인터넷 기반의 상거래 서비스는 대금결제도 온라인상으로 해결되는 것을 전제로 하여 제공된다. 그런데 인터넷은 누구나 접속할 수 있는 개방형 통신환경이기 때문에 고객이 전송하는 결제관련 정보가 외부에 노출될 수도 있다. 이러한 시스템의 보안 이슈 이외에도, 고객주문의 정확한 이행능력은 e-커머스 사이트의 신뢰도(trust)에 영향을 미칠 수 있다. 만일 제 때 제품이 배달되지 않는 일이 반복된다면 고객들이 방문을 멈출 수 있다.

개인화와 개별화 마케팅   고객 관점에서 볼 때, 인터넷 쇼핑이 전통적 쇼핑에 비해 한 가지 미흡한 점이 있다면 개별고객의 필요 및 관심에 맞도록 상품안내를 할 만한 판매사원이 없다는 사실일 것이다. 그런데 이러한 결점을 보완할 수 있는 방법이 있는데 **개인화**(personalization)가 바로 그 것이다. 이용자의 쇼핑 경험을 개인화시키게 되면 재방문을 할 가능성이 높아진다.

그림 11-4는 아마존 닷컴의 개인화 화면을 예시하고 있다. 아마존 닷컴을 비롯하여 여러 온라인 소매점에서는 고객의 과거 구매기록이나 유사한 패턴의 기록을 가진 다른 구매자의 구매기록을 근거로 하여 이처럼 개인화를 실현함으로써 개별화 마케팅(individualized marketing)을 실시하고 있다. 인쇄매체나 방송매체에 절대적으로 의존하던 기존의 마케팅은 매스 마케팅(mass marketing)으로서 불특정 다수에게 일방적으로 획일적인 상품정보를 보내주는 방식이다. 이러한 전통적 마케팅 기법은 개별 고객 고유의 니즈에 초점을 맞출 수가 없기 때문에 콜라나 라면과 같은 대중 상품에나 적합하다. 그러나 웹 환경은 상호대화적인 방식으로 고객의 니즈를 충족시킬 수가 있어 저렴한 비

그림 11-4 ━ 개인화 화면의 예시(www.amazon.com)

과거의 제품구매 기록을 근거로 고객이 관심가질만한 제품들을 추천하고 있다.

용으로 1:1 마케팅을 효과적으로 실현할 수가 있으며, 또 '개인화'도 그러한 상호대화적 마케팅 기법을 지원할 수 있는 중요한 방법이라고 할 수 있다.

기업 간 e-커머스

'90년대 중반부터 웹이 확산이 되면서 B2C e-커머스가 크게 양적 및 질적 성장을 해 온 것은 사실이지만, 기업 간에 이루어지는 B2B(business-to-business) e-커머스는 훨씬 이전부터 진행되어 왔다. 또 B2B e-커머스는 거래금액이 상대적으로 더 크기 때문에, B2C e-커머스보다 훨씬 더 큰 시장규모를 나타내고 있다.

전통적인 B2B e-커머스 환경　전략정보시스템의 고전적인 사례로 우리에게 잘 알려져 있는 AHSC(American Hospital Supply Corporation)사도 이미 70년대 초반부터 공중 전화망을 이용해 병원들과의 B2B e-커머스를 시작했다. 또한 미국의 빅 3 자동차 메이커 중의 하나인 제너럴 모터스(General Motors: GM)도 80년대 초반부터 수천여 부품 공급사들과의 e-커머스를 통해 공급망의 효율적인 관리를 해 왔다. 물론 GM이 구축한 B2B

B·u·s·i·n·e·s·s 기업정보화현장

숙박 B2B 플랫폼, 구글 호텔에 입점

숙박 B2B 플랫폼 온다가 구글이 지원하는 숙소 검색 및 예약 서비스 '구글 호텔'에 입점했다고 22일 밝혔다. 최초 2,500여 개 숙소가 오픈되며, 온다 플랫폼을 쓰는 숙소들은 추후 자율적으로 입점 신청이 가능하다. 지금까지 국내외 규모급 OTA, 포털, 이커머스 등과 협업하며 숙박 업계에서 탄탄한 신뢰를 쌓아온 온다는 글로벌 거대 판매 채널인 '구글 호텔'에 입점함으로써 파트너 숙박업체들에게 더 많은 기회를 제공할 수 있게 됐다.

'구글 호텔'은 구글의 방대한 빅데이터와 기술로 이루어진 숙소 검색 서비스다. 다른 숙소 예약 사이트들의 정보를 모아서 보여주는 '메타사이트' 형태로, 구글 맵과의 자연스러운 연동을 통해 전 세계 숙소 위치와 최적의 루트를 제공한다. 직관적인 유저 인터페이스 덕분에 처음 쓰는 사람도 큰 어려움이 없이 바로 서비스를 이용할 수 있다.

특히, 선택한 일자의 객실 가격을 한 번에 모두 보여주기 때문에 최저가 예약이 수월하고, 호텔 시설부터 이용자 리뷰, OTA별 예약 가격까지 빅데이터 기반의 다양한 필터 검색 기능이 탑재되어 보다 섬세한 검색이 가능하다.

또한, 구글에서 검색 후 결제 페이지에서 자체 사이트로 고객을 이어주기 때문에 온다의 파트너 숙박 업체들은 유입되는 고객들을 대상으로 D2C (Direct to Customer) 비즈니스 구조를 만들 수 있게 됐다. 구글 호텔에서 온다를 통한 자체 사이트 예약은 테스트를 거쳐 3분기 내로 서비스될 예정이다.

D2C 커뮤니케이션이 활성화될 경우 OTA를 거치지

▲ 온다는 구글 호텔을 판매채널로 삼아 파트너 숙소들을 구글에 직접 노출하고 판매기회를 확대하고 있다.

않아 비즈니스 자유도가 높아져 예약, 마케팅, 프로모션, 고객 관리 등 기업이 선택할 수 있는 전략이 자유롭고 풍부해진다. 이는 곧 합리적인 가격과 콘텐츠 경쟁력으로 이어지게 되고 결국 고객들에게 보다 나은 양질의 숙박 환경과 혜택을 제공할 수 있게 되는 것이다. 온다는 일반 숙소에서도 구글호텔의 홍보 효과, 고객유입효과를 극대화할 수 있도록 검색엔진최적화(SEO), 온라인 고객 응대, SNS 마케팅 등 전문적인 컨설팅 서비스를 제공할 예정이다.

오현석 온다 대표는 "숙소부터 항공, 액티비티까지 여행 업계에서 막강한 영향력을 키워가고 있는 구글과 함께하며 파트너들에게 더 나은 서비스 경험을 제공할 수 있게 돼 기쁘게 생각한다"라며 "온다 파트너들이 구글에서도 자연스럽게 고객들을 만날 수 있는 최적의 환경을 구축하기 위해 노력하겠다"고 말했다.

출처: ZDnet 코리아, 2021년 7월 22일

e-커머스 시스템은 인터넷에 기반한 것은 아니었지만, 통신회사가 제공하는 부가가치망(value-added network: VAN)을 기반으로 GM사와 부품 공급사들을 상호 잇는 조직 간 정보시스템이었다.

전통적인 B2B e-커머스 시스템의 주요 특징 중의 하나는 EDI(Electronic Data Interchange) 표준에 따라 조직 간에 거래관련 문서를 교환한다는 점이다. 거래관련 문서의 서식이 기업마다 서로 달라 거래 문서를 교환하기가 어려워지자 이에 대한 해결책으로 등장한 것이 EDI라고 하는 서식 표준이다. 예를 들어, 구매주문서나 대금청구서와 같은 전자 문서를 EDI 서식표준에 따라 작성하게 되면 컴퓨터 네트워크를 따라 기업들 간에 이들 거래관련 문서를 자유로이 교환할 수가 있다. 세계적으로 통용되는 대표적인 EDI 표준에는 북미에서 주로 이용되는 X12와 유럽 및 아시아 지역에서 널리 이용되는 EDIFACT가 있다. EDI 시스템은 주로 유통업자, 제조업자, 보험회사와 같은 서류발생량이 많은 조직에서 서류의 작성 및 전달 비용을 줄이고 거래 프로세스의 속도를 높이기 위한 목적으로 널리 사용되어 왔다. 국내에서는 무역업무의 지원을 위해 무역회사와 은

그림 11-5 ● 네트 마켓플레이스의 개념

네트 마켓플레이스는 판매자와 구매자를 상호 연동해 주는 B2B e-커머스 시스템이다.

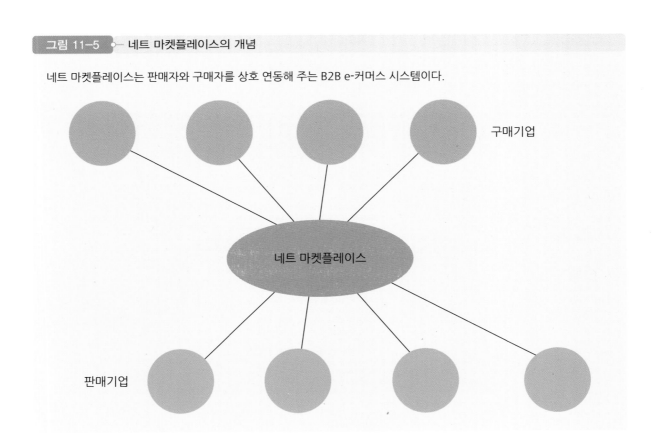

행과 세관을 상호 연결하는 KTNET(Korea Trade Network)가 대표적인 EDI 네트워크로 알려져 있다.

네트 마켓플레이스   최근 들어 웹사이트의 이용이 확산되면서 B2B e-커머스의 주요 플랫폼으로 자리잡기 시작한 것이 네트 마켓플레이스(Net marketplace)이다. 네트 마켓 플레이스는 e-허브(e-hub) 혹은 네트 거래소(Net exchange)라고 불리기도 하는데, **그림 11-5**에서 볼 수 있듯이 기업 판매자들과 기업 구매자들을 웹상에서 서로 연동하여 제품 이나 서비스를 매매할 수 있도록 하는 중개자이다. 네트 마켓플레이스 웹사이트에서는 제품에 대한 전자 카탈로그 및 구매 자동서비스가 제공되며, 거래 성사시 부과되는 수수 료에 의해 수입이 발생한다. 또, 오프라인 시장보다 저렴한 가격으로 제품구매를 할 기회 를 제공하기 때문에, 기업들이 사이버 공간에서 거래를 하도록 유도하는 동기유발 요인 이 강하게 작용한다.

그림 11-6에서와 같이, 흔히 네트 마켓플레이스는 그 역할에 따라 수평적 마켓플레 이스와 수직적 마켓플레이스의 두 가지로 분류된다. 수평적 마켓플레이스는 산업에 관

그림 11-6 ─●── 수평적 마켓플레이스와 수직적 마켓플레이스

수평적 마켓플레이스가 유지보수, 물류와 같은 비즈니스 기능(혹은 프로세스)을 전문으로 하는 반면, 수직적 마켓플레이 스는 가스, 식품과 같은 특정 산업부문을 전문으로 한다.

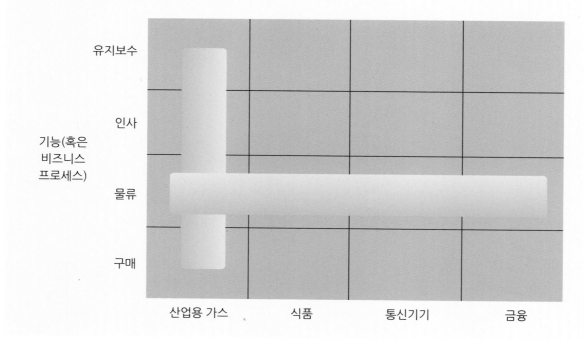

계없이 특정 비즈니스 프로세스나 기능을 전문으로 하는 중개자이며, 사이트상에 해당
비즈니스 프로세스나 기능과 관련된 콘텐츠를 제공함으로써 구매자와 판매자의 방문을
유도한다. 그 예로서 해외에는 Employease.com(직원복지)가 있으며, 국내에는 MRO.
co.kr(유지보수)가 있다. 반면, 수직적 마켓플레이스는 특정 산업부문에 주력하는 시장
중개자이다. 수직적 마켓플레이스는 주로 구매 프로세스를 자동화하거나 호스팅하는 서
비스로 출발해서, 차츰 특정 산업과 관련되는 콘텐츠로 사이트 가치를 창출하는 것이
특징이다. 수직적 마켓플레이스로 잘 알려진 예로는 미국의 빅 3 자동차 메이커가 공동
으로 구축해 2000년 2월 발표한 코비신트(Covisint)를 들 수 있다. 코비신트 사이트에서
는 6만여 부품공급사들이 참여하며 연간 약 2,500억 달러의 구매거래가 발생하는 것으
로 알려지고 있다.

공급망 관리   공급망 관리(supply chain management: SCM) 시스템은 조직 내부의
통합보다는 조직과 조직 간의 업무 통합을 다루는 시스템이다. 여기서 공급망(supply
chain)이라고 함은 원재료를 구매하고 원재료를 중간제품 혹은 완제품으로 변환하며, 완
제품을 고객에게 배송하기 위한 조직 및 비즈니스 프로세스 망으로 정의할 수 있다. 이
공급망을 따라 원재료와 제품과 정보가 흐르게 되며, 공급망은 최초 공급사에서부터 중

그림 11-7 ── SCM 소프트웨어를 통한 프로세스 통합

인터넷 환경에서 SCM 소프트웨어는 공급망 수명주기에 포함되는 프로세스들을 효율적으로 통합함으로써 공급망을 혁신할 수 있다.

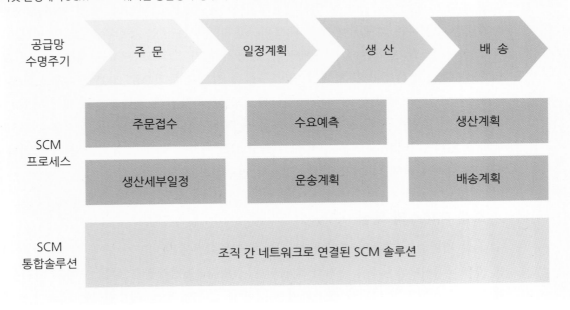

간의 생산 및 물류 단계를 거쳐 최종 소비자에게 이르기까지 전반적인 과정에서의 재화 및 원재료의 흐름을 지원해 준다(**그림 11-7** 참조).

SCM은 기업이 이러한 공급망상의 흐름을 계획하고 제어하며, 또 공급사들과의 관계를 관리하도록 해 주는 소프트웨어이다. SCM시스템은 공급사, 제조사, 도매상 및 고객의 물류프로세스들을 통합해서 제품의 출시기간을 단축시켜 주고, 재고량을 줄여주며, 전반적인 비용을 절감시키고 또 고객서비스 및 만족도를 향상시켜 준다.

SCM 소프트웨어의 주요 목표는 비용절감, 효율성 증대, 그리고 공급망 주기의 단축이다. SCM 소프트웨어는 공급망 프로세스에 관련된 기업들 간의 업무조정관리를 개선하는 데 도움이 된다. SCM의 도입으로 인해 비즈니스 파트너들 간의 제품배송 망이 크게 향상될 수가 있는 것이다. SCM 시스템의 궁극적인 목표는 고객의 요구 및 비즈니스 파트너들의 니즈를 충족시키는 데 있어 보다 더 민첩한 대응능력을 확보하는 것이다.

소셜 커머스

2000년대에 접어들면서 인터넷을 기반으로 한 소셜네트워킹사이트(SNS), 블로그 등 소셜 미디어가 인터넷 이용자들 간에 널리 이용되는 추세가 급증함에 따라 이들 소셜 미디어에 기초한 상거래, 즉 소셜 커머스가 등장하였다. **소셜 커머스**란 사회적 상호작용 및 사용자 참여를 지원하는 온라인 매체인 이른바 소셜 미디어를 이용해 제품 및 서비스의 온라인 매매를 수행하는 전자상거래의 한 유형으로 정의된다. 소셜 커머스는 전자상거래를 수행하는 과정에서 소셜 네트워크를 이용하는 것을 뜻한다고 할 수 있다.

소셜커머스란 용어는 공용 선택목록, 사용자 평가, 그리고 온라인 제품정보 및 조언의 공유 등과 같은 온라인 공동 쇼핑 도구들을 지칭할 목적으로 2005년 야후(Yahoo!)에 의해 처음으로 소개됐다. 잠재 구매자들은 공동 전자상거래 툴들을 이용해 신뢰있는 개인들로부터 조언을 구하고, 관심있는 제품 및 서비스를 발견하고, 이들을 온라인으로 구매하고 있다. 이러한 조언을 전파하는 소셜 네트워크는 특정 소매점의 신뢰를 기타 소매점의 신뢰에 비해 더 제고시키는 것으로 연구결과 밝혀졌다.

소셜 커머스의 특징

소셜 커머스가 기존의 상거래와 다른 주된 차이점은 소비자가 구매 의사결정을 하는 데 있어 소셜 네트워크의 영향을 받는다는 점이다. 소비자들은 상품 구매시 가까운 관계에 있는 사람들의 의견을 참고하려는 경향이 강하며, 소셜 네트워크는 이러한 소비자들의 니즈를 효과적으로 충족시킬 수 있는 도구 역할을 하고 있다.

기존 온라인 상거래에서도 많은 사람들이 함께 집단을 형성해 공동구매가 가능했던 것이 사실이다. 그러나 소셜 커머스에서는 소비자의 인맥과 입소문을 활용하여 일정 규모 이상의 사람이 모이면 할인된 가격으로 상품을 구매할 수 있다(김윤화, 2011). 따라서 소셜 커머스에서는 소비자는 할인된 가격으로 상품을 구매하기 위하여 트위터, 페이스북 등 자신의 소셜네트워크를 이용하여 더 많은 구매자를 끌어모으는 역할을 하게 된다.

국내외 소셜 커머스 기업 현황

세계적으로 소셜 커머스로 가장 주목할 만한 성공을 거둔 기업은 **그루폰**(Groupon) 이다. 그루폰은 2008년 11월 회사가 입주한 건물 1층 피자가게의 반값 할인쿠폰을 판매 하면서 부터 사업을 시작했다. 포브스가 2010년 '세계에서 가장 성장이 빠른 기업'으로 선정할 만큼 빠르게 성장하고 있는 회사이다. 그루폰은 도시별로 하루에 단 하나의 서

그림 11-8 ● 그루폰의 상품소개 페이지 예시

소셜커머스업체로 가장 잘 알려진 그루폰은 소비자가 입력한 우편번호와 성별에 따라 해당지역 인근의 맞춤식 관광 패키지 상품을 할인된 가격에 구매할 수 있는 기회를 제공한다.

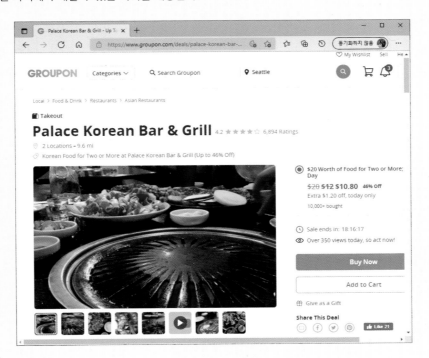

비스를 50% 이상의 파격적인 할인 가격에 판매한다. 이용자는 무조건 할인된 가격에 구매할 수 있는 것은 아니며, 사전에 설정된 일정 규모의 인원(100명, 200명 등)에 도달해야만 구매할 수 있으며, 만일 20시간 내에 설정된 인원에 도달하지 못하면 결제는 자동으로 취소된다. 그래서 이용자가 자신이 혜택을 얻기 위해 자발적으로 페이스북, 트위터 등의 소셜 미디어를 통해 해당 구매기회를 알리게 된다.

그루폰의 소셜 커머스 비즈니스 모델은 진입 장벽이 낮아 미국에서만도 경쟁사가 거의 수백 개에 이르고 있다. 그중 그루폰의 강력한 경쟁사로는 아마존의 대규모 투자를 받고 있는 리빙소셜 이외에도, 전 세계에 8억 명의 이용자를 보유한 페이스북, 그리고 Google Offers 서비스를 선보인 구글 등이 있다.

국내에서는 티켓몬스터, 쿠팡, 딜즈온, 위폰, 위메이크프라이스 등 수많은 소셜 커머스 업체들이 2010년 이후 등장했다. 국내 기업들은 대부분 그루폰사에서 채택하고 있는 공동구매(group-buy) 형태의 비즈니스 모델을 기반으로 서비스를 제공하고 있다. 국내 소셜 커머스 시장은 단기간 내에 소비자들의 큰 관심을 모으며 빠르게 성장하고 있는 반면, 소비자 불만이 증가하는 등 해결되어야 할 과제들도 산적해 있다.

국내 소셜 커머스의 문제점

최근 소셜 커머스가 온라인 소비자들의 큰 관심을 모으며 성장을 거듭함에 따라, 그 역기능 또한 빠르게 증가하고 있다. 우선 과열경쟁 속에서 적자를 피하기 위해 대량 판매에 치중하게 됨에 따라 소비자에 대한 서비스 수준이 미흡하다. 예를 들어, 소셜 커머스 사이트를 통해 할인받아 구매한 소비자가 정가를 지불한 소비자에 비해 매장에서 낮은 수준의 서비스를 받는다거나, 충동적으로 구매한 경우 구매 당일이 지나면 환불해주지 않는다거나 하는 소비자불만 사례가 종종 발생하고 있다.

둘째, 낮은 진입장벽으로 부적격한 업체들이 난립하고 있어, 상품의 품질관리가 제대로 이행되지 못하는 실정이다. 따라서 무분별하게 상품을 공급하는 업체가 적지 않을 뿐 아니라, 소비자들은 구입한 쿠폰을 사용하기도 전에 판매한 회사가 문을 닫는 경우도 종종 발생하고 있다.

끝으로, 국내 소셜 커머스 업체들은 고비용 구조 속에서 이익을 내기 어려운 문제를 안고 있다. 예를 들면, 서비스 운영 및 관리에 따른 인건비 이외에도, 고객유치를 위해 지나치게 높은 광고비용을 지출하다 보니, 적자로 파산하는 회사들도 늘고 있는 추세이다. 소셜 미디어를 활용하기보다는 무리하게 광고에만 의존해 소비자들을 모으는 소셜 커머스 과열현상 때문에 발생한 문제라고 할 수 있다.

e-커머스의 효과 및 영향

e-커머스의 효과

인류역사에서 e-커머스만큼 다양한 효과를 제공하는 발명도 찾아보기 어렵다. e-커머스 기술의 글로벌 보편성, 낮은 비용, 수많은 사람들에의 접근성, 상호대화적 속성, 시간과 공간의 장벽의 해소 등 장점이 매우 많다. 이제 이 효과들을 기업 관점과 개인 관점의 두 가지로 나누어 살펴보기로 한다.

기업 관점　　일반적으로 B2B e-커머스의 모체는 EDI라고 할 수 있으며, EDI는 상거래 절차에 발생하는 정형화된 문서를 조직간에 전자적으로 교환함으로써, 재입력 배제를 통한 오류의 방지, 시간과 비용의 절감 등 조직의 효율성 증진을 목적으로 사용되기 시작하였다. EDI기반의 e-커머스는 주문 및 결제와 관련한 문서의 작성 및 전달 비용을 크게 절감시켜 주고 있다. 뿐만 아니라 재고량도 줄어들어 제품을 창고에 저장하는 비용도 감소하는 효과를 제공한다. 또한 온라인 소매점(digital storefront)의 경우에는 전통적 매장에서 요구되는 물리적 공간 및 판매인력이 필요 없어 점포운영비가 크게 줄어들게 된다. 그리고 생산자가 소비자와 직거래를 하는 경우에는 중개자가 사라짐으로 인해 중간 유통비용이 줄어들어 이윤 증대에 도움이 된다.

고객주문의 접수에서부터 제품의 발송까지 전체적인 절차를 e-커머스 기술을 통해 자동화함으로써 업무처리시간(cycle time)을 단축시켜 주기 때문에 고객은 주문한 제품을 보다 빠르게 받을 수가 있다. 또한 고객의 문의사항이나 불만사항에 대한 대응에 대해서도 전화와 같은 기존 채널 이외에도 웹이나 이메일을 이용해 수시로 커뮤니케이션함으로써 고객대응 속도의 향상을 기대할 수 있다.

오프라인 상점의 경우에는 쇼핑을 위해 물리적 이동이 불가피하므로 상점에 손쉽게 방문할 수 있는 지역에 사는 사람들이 주 고객이 되겠지만, 사이버 공간상에서는 잠재 고객들의 범위가 현지에 국한되는 것이 아니라 글로벌 규모로 확대되기 때문에 온라인 상점으로서는 매출증대의 효과를 기대할 수 있다. 또 오프라인 상점으로서 온라인 판매 기능을 추가한 온-오프 병행 상점의 경우에는 판매채널이 추가됨에 따라 온라인 및 오프라인 고객에 의해 판매가 크게 늘어날 수 있다.

인터넷 공간에서는 대기업이나 중소기업이나 대등한 관계에서 공정하게 경쟁할 수가 있다. 흔히 오프라인 쇼핑에서는 기업의 브랜드이미지뿐만 아니라 매장의 위치, 규모, 인테리어 등 많은 물리적인 요소들이 고객의 방문을 크게 좌우하기 때문에 중소규모의 재래매장은 고객들의 발길이 뜸한 실정이다. 그러나 사이버공간상에서 소비자들은 기업의 인지도 및 외형규모보다는 웹사이트상에 수록된 상품 및 가격정보에 의해 더 민감하게 반응한다. 따라서 중소기업도 창의적인 e-커머스 전략을 가지고 소비자의 니즈에 가깝게 다가간다면 대기업과 당당하게 경쟁할 수가 있다.

개인 관점   e-커머스를 통해 쇼핑을 하는 소비자들은 인터넷의 전자시장에 존재하는 수많은 공급자와 수많은 제품을 대상으로 원하는 제품을 선택할 수가 있어 소비자로서는 제품 선택의 폭이 크게 확대되는 효과를 기대할 수가 있다. 특히 재래 상점은 점포의 물리적 공간에 의해 판매 가능한 상품의 수가 제한되는 문제가 존재하지만, 웹기반 소매점에서는 수만 내지 수십만 가지의 상품에 대해서도 온라인 카탈로그를 구축해 판매할 수 있기 때문에 훨씬 큰 제품 선택의 폭을 제공한다.

앞서 전자시장의 개념을 소개하면서 언급하였듯이, 소비자들은 인터넷 공간에서 많은 제품들을 비교해 가면서 쇼핑할 수가 있어 재래시장에 비해 더 저렴한 가격에 제품을 구매할 수가 있다. 뿐만 아니라 요즘에 와서는 www.nextag.com 이나 www.yahoo.com과

그림 11-9 ● 온라인 카탈로그 예시(www.amazon.com)

오프라인 상점에 비해 온라인 상점에서는 온라인 카탈로그를 토대로 선택의 폭이 넓은 쇼핑을 상대적으로 더 저렴한 가격에 즐길 수 있기 때문에 점차 온라인 거래가 증가하고 있는 추세이다.

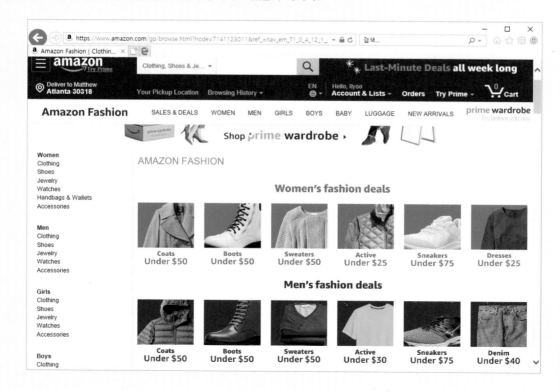

같은 검색 에이전트를 이용하면 특정제품에 대한 쇼핑몰들의 가격을 실시간으로 조사해서 가격 순서로 나열해 주기 때문에 낮은 가격의 제품을 찾기가 보다 용이해졌다.

전통적인 매장에서는 하루 중 정해진 시간에만 제품을 판매하므로, 직장 근무로 인해 쇼핑할 시간을 찾기 어려운 고객에게는 e-커머스만큼 편리한 쇼핑 방법이 없다. 모든 온라인 쇼핑몰들이 1년 365일, 1일 24시간 운영되고 있어 시간과 장소에 구애받지 않고 편리하게 쇼핑을 즐길 수가 있다.

지식기반 경제에 미치는 영향

e-커머스의 발전은 기업, 소비자 등 경제주체간 상호작용을 용이하게 하고, 지식자본의 중요성을 제고하여, 지식기반경제로의 이행에 촉매제 역할을 한다. 이제까지의 새로운 경제체제로의 변환은 기존의 축적된 경제적 잉여를 활용하려는 노력과 신기술이 결합되면서 발생하는데, 철제도구의 사용이 농경사회의 정착을 가져왔고, 증기기관과 공장제 생산조직이 결합되어 발생한 산업혁명을 통해 산업사회가 도래하였다. 같은 맥락에서 정보통신기술을 기반으로 한 e-커머스의 발전은 세계화된 경제환경 속에서 정보와 지식의 부가가치를 극대화하여 새로운 경제체제로의 변환을 초래할 것으로 예상된다.

e-커머스는 인터넷 및 전자적 네트워크를 통해, 전 세계 시장을 대상으로 제품과 서비스의 구매 및 판매를 가능케 하는 것으로 보다 확대된 시장을 보다 낮은 비용으로 접근할 수 있는 기회를 사업자에게 제공한다. 즉, 정보통신기술을 기반으로 한 e-커머스의 발전은 가치사슬(value chain)상의 모든 구성원들간의 상호작용을 용이하게 하고, 기존에 비해 고객의 권한을 강화함으로써 시장구조와 기업구조의 근본적인 변화를 초래하고 있다.

나아가 e-커머스에 의한 부가가치의 창출은 정보의 효과적인 활용에 기인하는 만큼 지식자본의 중요성이 더욱 제고될 것이다. 지적 자본은 경제·정치·문화 각 분야에서 부가가치 창출에 활용 가능한 지식의 총체를 일컫는 것으로 국가 경쟁력의 원천으로 작용한다. 그러므로 지속적인 성장을 보이는 국가와 기업은 지적 자본을 가장 효과적으로 활용하고 있으며, 정보와 지식의 생성, 유포 및 이용이 부가가치를 창출하는 가장 핵심적인 요소로 작용하는 경제체제로의 전환을 주도하고 있다. 결국 e-커머스의 발전은, 경쟁기업에 비해 정보와 지식의 활용과 축적면에서 우월한 기업이 성공하고, 지적 자본을 효과적으로 활용하는 국가를 경쟁력 있게 하여, 현 경제체제를 산업기반경제에서 지식기반경제로 이행하게 하는 촉매제 역할을 수행할 것이다. 즉, 현재 진행되는 경제적 변혁은 전세계 기업간 무한경쟁의 글로벌화(globalization)와 경제적 부가가치 창출력의 비중이 물적 자본에서 지적자본으로 이동하는 지식기반경제(knowledge based economy)로의 이행이다. e-커머스는 이러한 경제적 변혁의 중심에 위치하여 앞으로 우리 경제가 나아갈 방향에 지대한 영향을 미칠 것이다.

전자지불시스템과 시스템 보안

전자지불시스템

전자지불은 인터넷과 같은 개방형 네트워크 상에서 고객이 물건 또는 정보를 구매한 대가로 금액을 지불하는 것을 말하는데 여기에는 신용카드형, 전자현금형, 전자수표형, 스마트카드형, 온라인입금형 및 개인간 결제형이 있다.

e-커머스에서 가장 널리 이용되고 있는 **신용카드형** 지불방식은 기존의 실세계에서 신용카드로 지불을 하는 것과 거의 같은 절차로 이루어진다. 그러나 기존의 신용카드에 보안기능을 추가하여 안전한 거래를 하도록 한 점이 다르다. 대표적인 예는 S.E.T.(secure elec-tronic transaction) 카드로서 이는 VISA

▲ 신용카드는 가장 널리 이용되는 e-커머스 결제수단이다.

와 MasterCard 두 회사가 공동으로 개발한 차세대 신용카드 표준이다. S.E.T 카드는 모든 신용카드 거래 데이터를 디지털 정보의 형태로 전송하며 거래데이터에 디지털 서명(digital signature)를 첨부한다.

전자수표형은 은행에 신용계좌를 갖고 있는 사용자로서 제한되며, 발행자와 인수자의 신원에 대한 인증이 반드시 이루어져야 하는 단점이 있다. 그러나 전자수표는 금액이 큰 액수의 거래나 기업 간 상거래의 지불수단으로 적합하다. 또 전자수표가 아래 소개되는 전자현금과 한 가지 다른 점은 전자현금이 거래시점에서 즉시 결제가 이루어지는 반면, 전자수표는 구매자가 지정하는 추후의 일자에 결제가 된다는 점이다.

전자현금형은 거래당사자 간에 바로 전송될 수 있어 수취인이 지불인의 신원을 파악하거나 신용등급을 파악하는 절차가 필요 없을 뿐만 아니라 정산과정을 거칠 필요가 없다. 따라서 거래의 익명성을 제공할 뿐만 아니라 복제나 이중사용의 방지를 가능하게 한다. 그러나 물품구입에 따른 전자현금 지불과정에 전송이 끊어지거나 잘못된 지불파일이 전달될 경우 이미 지불되거나 손실된 전자현금을 다시 회수할 수 없다는 단점이 있다. 그리고 바이러스나 하드디스크의 오류로 전자현금이 유실되었을 경우에도 물론 다시 복구할 수 없다.

스마트카드형은 전자적으로 자금가치를 보유할 뿐만 아니라 네트워크를 통하여 원격지 송금을 할 수 있어 현금이 갖고 있는 결점을 보완하는 기능을 실현하고 있다. 또한 서로 다른 통화가 내장된 전자지갑을 통하여 다통화 사용이 가능하며 화폐정보를 IC카드에 보관

▲ 한 레스토랑의 고객이 스마트카드를 이용하여 자동으로 음식값을 계산하고 있다.

함으로서 컴퓨터 하드디스크에 보관하는 것보다 안전성 측면에서 뛰어나다. 또한 온라인 상의 인터넷상거래뿐만 아니라 오프라인 상태에서도 이용 가능하며 취급이 간단할 뿐만 아니라 유통비용도 저렴하다. 신용보증이 필요 없기 때문에 어린이도 소액의 구매에 자유롭게 사용이 가능하고, 스마트 카드를 받는 상점 측에서는 현금과 잔돈을 취급하지 않기 때문에 관리가 용이하고 시간이 절약되는 장점이 있다.

국내에서 신용카드 다음으로 가장 흔하게 이용되는 **온라인입금형**은 매우 편리한 대금결제 수단으로 인식되고 있다. 입금할 은행계좌번호와 금액만 알면, 인터넷뱅킹을 통해 쉽게 대금결제가 이루어질 수 있다. 온라인입금은 우리나라의 경우 금융결제원이 은행 간 자금이체를 통합관리하고 있어 널리 이용되지만, 미국이나 유럽 등 다른 나라에서는 금융기관들 간에 시스템 및 제도가 달라 온라인입금이 보편적인 지불수단으로 이용되지 않고 있다.

가장 최근에 새로이 등장한 **개인간 결제형**(peer-to-peer payment system)은 신용카드로 결제를 할 경우 이를 받는 개인 혹은 업체가 신용카드 결제를 처리할 시스템이 없더라도 자금이 이체될 수 있어 흔히 개인 간의 대금결제를 위해 널리 이용되기 시작한 지불시스템이다. 대표적인 사례가 **그림 11-10**에 예시된 **페이팔**(PayPal)인데, 우선 돈을 보내는 사람이 자신의 신용카드를 이용해 페이팔 웹사이트(www.paypal.com)상에서 해당 결제금액에 대해 계좌를 개설하여야 한다. 그 다음 이 결제거래의 상대자가 웹사이트를 방문해 은행계좌 입금 혹은 다른 방법을 지정해 지불대금을 수령하면 된다. 이 방법은 본래 이베이에서 개인들 간의 경매거래에서 많이 이용되다가 최근에는 다른 e-커머스 사이트로 이용이 확산되고 있는 추세이다.

그림 11-10 ── 페이팔(PayPal)의 홈페이지

페이팔 계정에 가입한 후 기존의 신용카드들을 등록해 자유로이 카드기반의 페이팔 결제를 수행할 수 있다.

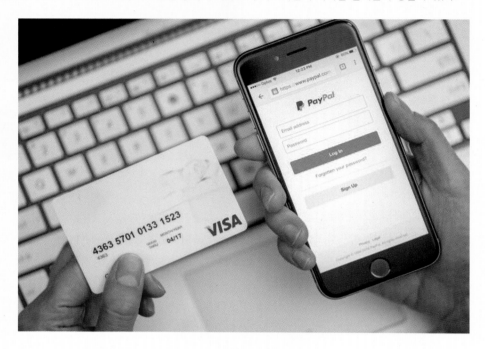

시스템 보안

e-커머스 시스템을 구현하기 위해서는 기밀성(confidentiality), 무결성(integrity), 상호인증(authentication), 부인봉쇄(non-repudiation) 등의 보안요소와 전자지불을 위한 특별한 기능인 익명성(anonymity), 복제방지 등의 요건이 만족되어야 한다. 기밀성은 거래의 내용이 제3자에게 노출되지 않도록 하는 기능이다. 무결성은 거래 내용의 변조나 승인되지 않은 거래의 생성을 방지하기 위한 기능이다. 부인봉쇄는 이미 성립된 거래에 대한 부당한 번복을 방지하기 위한 기능으로 송신부인 봉쇄와 수신부인 봉쇄로 구분된다.

또한 암호화 방식으로는 대칭키 또는 비밀키 암호화방식(symmetric or secret key cryptography)과 공개키 암호화방식(public key cryptography)이 있다. 비밀키 암호화방식은 송수신자 둘 다가 비밀키를 알고 있어서 송신자가 비밀키를 사용하여 메시지를 암호화하고, 수신자는 같은 비밀키를 사용하여 메시지를 복호화한다. 공개키 암호화방식은 공개키(public key)와 비밀키(private key)라는 한 쌍의 키가 사용된다. 즉, 공개키는

공개하여 많은 사람들이 알 수 있도록 하고, 비밀키는 본인만이 알고 다른 사람은 알 수 없도록 비밀을 유지한다. 그러므로 모든 통신에서 공개키만이 사용되고 비밀키는 전송되거나 공유되지 않기 때문에 송수신자는 비밀키가 통신 채널상에서 도청되거나 폭로될 위험을 느끼지 않게 된다. 인터넷상거래 지불시스템에서는 이 둘의 장단점을 결합한 복합 암호방식이 많이 이용되고 있다.

전자인증

전자인증은 전자거래나 전자신청에 있어서 거래 또는 신청의 상대방을 확인함과 동시에 관계된 전자정보의 작성자가 직접 관련된 회사 또는 본인인지, 회사인 경우 전자정보의 작성자가 그 회사의 대표권한을 가진 자인지 등에 대해서 증명권한을 가진 인증기관이 증명하는 것이다. 인증기관 CA(Certificate Authority)는 한 사람의 공개키를 자신의 개인키로 암호화함으로써 그 사람의 공개키를 인증한다. 인증기관은 인증하기 전에 그 사람을 실제로 확인한 후 그 사람이 제시한 공개키를 인증한다. 인증기관의 개인키로 암호화한 공개키를 전자인증서(digital certificate)라 한다. 이 전자인증서를 받은 사람은 인증기관의 공개키로 전자인증서를 풀어서 나온 공개키를 상대방의 공개키라고 믿을 수 있다. 이 확인을 위한 전제조건은, 그 인증기관의 공개키는 미리 널리 유포되어 모두 알고 있어야 하며, 그 공개키는 누군가에 의해 조작되어 있지 않아야 한다. 인증기관은 웹을 통한 e-커머스에서 신뢰를 형성하는 중요한 역할을 수행한다.

요약

- 본래 국방연구의 지원을 위해 탄생한 아파넷(ARPANET)은 이후 인터넷으로 발전되어 오늘날 개인의 경제 및 문화활동은 물론 기업의 비즈니스 프로세스를 혁신하는 핵심 도구로 부상하고 있다.

- 인트라넷은 기업의 구성원들 간의 커뮤니케이션, 협업 및 비즈니스 프로세스 지원을 지원하기 위한 툴로 활용되는 반면, 엑스트라넷은 기업을 고객, 공급사 및 협력사와 연동하여 기업간 업무의 원만한 조정관리를 하기 위한 목적으로 이용된다. 인트라넷 및 엑스트라넷 모두 인터넷 기술에 기반한 것으로서 대응속도 및 유연성을 높이는데 기여하는 네트워크들이다.

- 비즈니스모델이란 기업이 수입을 내기 위해 비즈니스를 수행하는 방식을 의미하며, 기업이 가치사슬상에서 어느 위치에 있는가를 명시함으로써 매출을 발생시킬 수 있는 방법을 보여준다. 비즈니스 모델은 크게 소매, 중개, 콘텐츠서비스의 세 가지로 분류될 수 있다.

- e-비즈니스는 기업의 모든 가치활동들을 지원하기 위해 인터넷 기술을 활용하는 것인데 반해, e-커머스는 인터넷 기술의 활용 범위가 마케팅 및 판매 기능에 국한되는 개념이다. 따라서 e-비즈니스는 e-커머스를 포괄하는 광범한 개념으로 이해할 필요가 있다. 또 e-비즈니스를 수행하는데 있어 인트라넷 기술이 매우 중요한 역할을 담당한다.

- e-커머스는 인터넷과 같은 전자매체를 통하여 제품과 서비스를 사고 파는 상행위로 정의할 수 있으며, 기본적으로 B2B(기업간), B2C(소비자대상) 및 C2C(소비자간)의 세 가지로 분류할 수 있다.

- E-커머스의 중요한 역할 중의 하나는 전자시장의 성장을 촉진하는 것이며, 전자시장은 전통적 시장과 비교할 때 글로벌 규모의 쇼핑, 채널 중개자의 제거, 거래비용의 감소, 가격의 저하 등의 특성을 지닌다.

- B2C e-커머스의 꽃이라고 할 수 있는 온라인 소매에서 개인화는 고객의 재방문을 촉진할 수 있는 주된 성공요인 중의 하나라고 할 수 있다. 개인화는 고객 고유의 니즈에 부합하도록 콘텐츠를 구성함으로써 보다 상호대화적이고 또 보다 개별적인 마케팅을 수행할 수 있는 방법이다.

- B2B e-커머스는 전통적으로 EDI기반의 부가가치망(VAN)을 토대로 수행되어 왔으며, 최근에 와서는 '네트 마켓플레이스'라는 온라인 중개자를 통해 여러 구매자와 여러 판매자가 함께 만나 직접 거래를 하는 사이트들이 크게 늘고 있는 추세이다.

- B2B e-커머스에 있어 공급망을 효율적으로 관리하기 위한 중요한 기술은 공급망관리

(supply chain management: SCM)이다. 이 기술을 통해 재고비용을 절감하고 발주시점부터 제품인도시점까지의 주기시간(cycle time)을 크게 단축할 수 있어 제조업체나 유통업체의 비즈니스 프로세스의 개선을 위해 매우 중요한 기술이라고 할 수 있다.

- 소셜 커머스는 온라인상에서 소셜미디어를 이용해 제품이나 서비스를 매매하는 새로운 형태의 전자상거래로 흔히 소비자들에게 파격적인 가격으로 상품을 구매할 기회를 제공한다.

토의 문제
E / X / E / R / C / I / S / E

01 인터넷 기술은 기업의 내부 비즈니스 프로세스 및 외부기업과의 프로세스 관리에 어떠한 영향을 미치고 있는가?

02 e-비즈니스와 e-커머스가 서로 어떻게 다른지 그림을 통해 설명해 보시오. 또 이들 간의 공통점은 무엇이고 또 차이점은 무엇인가?

03 e-커머스는 전통적 커머스에 비교할 때 각각 어떤 장점들과 단점들이 존재하는지 토의해 보자.

04 e-커머스가 개인에게 그리고 기업에게 각각 어떤 효과를 제공할 수 있는지 예를 들어가며 설명해 보자.

05 B2C e-커머스를 위해 개인화 기법을 적용하는 것이 중요하다고 본문은 지적하고 있다. 만일 은행에서 인터넷뱅킹 시스템을 위해 개인화 기법을 적용한다면 어떠한 방법으로 적용할 수 있을까?

06 B2B 네트 마켓플레이스의 두 가지 유형으로 수평적 마켓플레이스와 수직적 마켓플레이스가 있다. 국내에서는 이들 각 유형에 속하는 예들로 어떤 것들이 있는지 알아보자.

참고 문헌
R / E / F / E / R / E / N / C / E

[1] 김윤화, "소셜커머스 시장현황 및 정책이슈,"『방송통신정책』, 제23권 11호, 2011. 6.

[2] 차훈상 · 유소은 · 홍일유 · 김태하,『e-비즈니스와 e-커머스』, 법문사, 2017.

[3] 홍일유,『디지털 시대의 이비즈니스와 이커머스』, 법문사, 2017.

[4] Coltman, Tim, Timothy M. Devinney, Alopi S. Latukefu, and David D. Midgley, "Keeping E-Business in Perspective," *Communications of the ACM*, Vol.46, No.8, August 2002.

[5] Devaraj, Sarv, Ming Fan, and Rajiv Kohli, "Antecedents of B2C Channel Satisfaction and Preference: Validating E-Commerce Metrics," *Information Systems Research*, Vol.13, No.3, September 2002.

[6] Evans, Philip and Thomas S. Wurster, "Getting Real about Virtual Commerce," *Harvard Business Review*, November-December 1999.

[7] Hoffman, Donna L., Thomas P. Novak, and Patrali Chatterjee, "Commercial Scenarios for the Web : Opportunities and Challenges," *Journal of Computer-Mediated Communication*, V01.1, No. 3, December 1995.

[8] Laudon, Kenneth C. and Carol G. Traver, E-Commerce 2015: *Business, Technology, Society*(*15th ed.*), Boston: Addison-Wesley, 2018.

[9] Laudon, Kenneth C. and Jane Laudon, *Management Information Systems: Managing the Digital Firm*(*14th ed.*), Upper Saddle River, NJ: Pearson Education, 2018.

[10] Rappa, Michael, Managing the Digital Enterprise, http://www.digitalenterprise.org, 2019. 2. 20 참조.

[11] Rayport, J.F. and J. Sviokla, "Managing in the Marketplace," *Harvard Business Review*, November-December 1994.

[12] Sarkar, Mitra B., Brian Butler and Charles Steinfield, "Intermediaries and Cybermediaries: A Continuing Role for Mediating Players in the Electronic Marketplace," *Journal of Computer-Mediated Communication*, 1996.

[13] Thomas W. Malone, Jonne Yates, and Robert I. Benjamin: "*Electronic Markets and Electronic Hierarchies, Communications of the ACM*," June, 1987, Vol. 30, No. 6

[14] Torkzadeh, Gholamreza, and Gurpreet Dhillon, "Measuring Factors that Influence the Success of Internet Commerce," *Information Systems Research*, Vol.13, No.2, June 2002.

[15] Turban, E., D. King, J. Lee, T. Liang, and D. Turban, *Electronic Commerce 2018: A Managerial and Social Networks Perspective* (*9th ed.*), Upper Saddle River, NJ: Prentice-Hall, 2017.

공유경제 기업은 대부분 성공할까?

'공유경제'에서 창안한 몇몇 유명 스타트업들이 사용자들로부터 빠르게 인기를 얻고 있다. 에어비앤비처럼 아파트나 집을 빌려줄 수 있게 돕는 서비스도 있고 우버 테크놀로지처럼 자동차를 같이 탈 수 있게 돕는 서비스도 있다. 에어비앤비와 우버는 둘 다 수십억 달러의 가치가 있다. 투자자들이 이 부문을 유망하게 보고 있다는 증거다. 점점 더 많은 기업가들이 이 비즈니스 모델을 채택하고 있는 큰 이유기도 하다.

초보 기업가를 돕는 보스턴 소재 프로그램 '매스챌린지'에서는 2013년 참가자 중 약 9%가 소비자 혹은 기업들과 알려지지 않은 제품 및 서비스를 연결시켜주는 회사를 준비하고 있었다. 2010년에 이런 사업을 준비하는 참가자는 약 5%였다. 캘리포니아주 마운틴뷰의 스타트업 엑셀러레이터 '와이 컴비네이터'의 샘 알트만은 "우리는 공유경제가 뜰 것이라 생각하고 있고 여기에 더 투자를 할 것"이라고 말했다. 와이 컴비네이터는 에어비앤비의 초기 투자자이기도 하다.

그러나 2012년 이후 적어도 수십 개의 공유경제 스타트업들이 실패했다. "비행기 여행을 위한 우버"라고 자신을 홍보한 플로리다의 '블랙젯', "과외 교사를 위한 에어비앤비"라고 홍보했던 뉴욕의 '튜터스프리'도 그 목록에 포함된다. 대부분은 수요공급의 임계량 확보에 어려움을 겪거나 예상보다 높은 운영비 등으로 고전하다 자금 부족에 시달렸다. 2011년 튜터스프리를 세웠다가 2013년 8월 문을 닫은 공동창립자 아론 해리스는 "필요한 만큼 빠르게 성장하기 위한 일

▲ 공유경제의 대표적 모델로 부상한 우버 서비스

정 수준의 수요를 꾸준히 만들어내기가 불가능했다"고 설명했다.

블랙젯 투자자였던 퍼스트 라운드 캐피탈의 하워드 모건 공동창립자는 "6개월마다 고객을 다시 찾아야 한다면 고객들이 회사를 잊어버린다"며 "전용기를 타는 것은 매일 하는 일이 아니다. 정말 부자라면 자기 비행기를 갖고 있을 것"이라고 말했다. 그는 이것과 비교해 최근 자신이 하루 동안 3번이나 우버의 자동차 공유 서비스를 이용했다고 덧붙였다.

카풀 스타트업 라이드조이를 예로 생각해 보자. 창립자 세 명 중 한 명인 캘빈 왕은 창립 첫 번째 해였던 2011년에 사용자가 한 달에 약 30%씩 늘었으며, 2만5,000명 이상의 승객과 운전자들이 등록했고, 탑승이 완료된 횟수는 1만 번으로 추정됐다고 말한다. 프리스타일 캐피탈 등의 초기 투자자들로부터 130만 달러를 모금했던 라이드조이는 2013년 봄쯤에는 무료 카풀과 극심

한 경쟁을 해야 했다. 대학 웹사이트에 있는 카풀 게시판이 경쟁 상대였다.

몇몇 승객들은 중개자 역할을 한 라이드조이를 피하기 시작했다. 많은 승객들이 라이드조이 웹사이트나 모바일 앱에서 신용카드로 결제하면서 거래 수수료 10%를 지불하는 대신 운전자들에게 직접 현금을 건넸다. 사용자 2만5,000명이 있다고 해도 사업을 유지하기에는 충분치 않았다. 왕은 "절대로 재고를 충분히 갖출 수 없다"고 말했다.

라이드조이는 2013년 여름 사업을 접은 후 자금의 약 절반을 투자자들에게 돌려줬다고 왕이 밝혔다. 뉴욕 브루클린에서 활동하는 기업가이자 라이드조이의 투자자였던 알렉시스 오하니안은 "그저 시기나 실행 방법이 빗나간 것일 수 있다"고 말했다. 그는 샌프란시스코에서 단거리 카풀 서비스를 제공하는 2살짜리 기업 '리프트'가 7억 달러 이상으로 평가되면서 성공을 거두고 있는 것을 언급했다. "시장이 정말 원했던 것은 단거리 카풀이었던 것 같다."

한 가지 단점은 공유 사업이 만들어내는 수익의 상당 부분이 방, 주차 공간, 자동차 등 '공유 자산'의 소유주에게로 직접 돌아가기 때문에 이것의 기반이 되는 사업은 지속적인 현금 부족에 시달릴 수밖에 없다는 사실이다.

럭셔리 자동차 공유 사업 '하이기어'를 창립한 알리 모이즈는 "단위 경제가 매우 형편없을 수 있다"고 말한다. 하이기어는 일일 125달러에서 600달러 사이의 비용으로 서비스 이용자들이 메르세데스, BMW, 아우디, 애스턴 마틴 등의 고급 차량을 운전할 수 있도록 해 준다. 하이기어는 영업 4개월만에 매출 100만 달러를 올렸고 럭셔리 자동차 소유주 400명 이상이 서비스에 등록했다. 하지만 하이기어가 수수료로 받은 요금은 30%에 지나지 않았다. 이는 평균적으로 1건당 90달러 정도에 해당하는 금액이었고 나머지 70%는 차주에게로 돌아갔다. 또, 하이기어가 유료 고객 1명을 얻기 위해서는 온라인 광고에 300달러 가량을 지출해야 했다. 모이즈는 "럭셔리 차 100대를 산 뒤 기존 렌트카 서비스처럼 렌트를 하는 것이 비용이 덜 들었을 것"이라고 말한다.

2011년 12월, 한 범죄 조직이 훔친 신용카드와 가짜 신분을 이용해 하이기어의 보안 검사를 우회하고 총 40만 달러의 가치가 있는 차 4대를 훔쳤다. 모이즈는 높은 보안 및 보험 비용을 감당하는 대신 사업을 접었다.

네이버로우(Neighborrow.com)는 사람들이 진공청소기, 망치, 믹서 등의 가정용품을 빌려줄 수 있게 돕는다. 하지만 뉴욕에 살고 있는 창립자 아담 버크는 "전동 드릴이 없으면 죽고 마는 비상 상황에 놓일 일은 절대 없다"고 결론지었다. 그는 네이버로우를 5년간 운영한 뒤 2011년 문을 닫았다.

성공한 공유 스타트업 기업가들 몇몇은 고객 서비스에 비용을 많이 지출해야 한다는 것을 깨달았다고 말한다. 로스앤젤레스에서 반려동물 소유주와 반려동물 돌보미를 연결시켜주는 2년 된 스타트업 '도그베케이(DogVacay.com)'는 운영 예산 중 약 절반을 직원 52명 중 30명이 일주일 내내 24시간 동안 고객 지원을 하는 데에 지출한다. 도그베케이는 벤치마크, 안드레센 호로비츠 등의 투자자들로부터 2,200만 달러를 모금했다. 돌보미들은 스스로 요금을 책정한다. 평균적으로 하루에 한 마리를 돌보는 데에 30달러 정도다. 도그베케이는 그중 15%를 가져간다.

아론 허숀 도그베케이 공동창립자는 "우리는 리크루터를 고용해 일자리를 찾고 있지 않은 사

▲ 반려동물 돌보미와 견주를 연결시켜주는 도그베케이 사이트

람들까지 직원으로 채용한다"고 말했다. 은퇴한 수의학 기술자나 동물과 함께 일해 본 경험이 있는 사람들이 그 대상이다. 이들은 밤낮 언제든지 고객들의 질문에 답할 수 있어야 한다. 예를 들어 자신이 돌보고 있는 개가 아이들이 열 수 없게 만든 잠금장치 2개를 열어버린 뒤 요리된 칠면조 머리를 먹어버렸을 때 어떻게 해야하는지 등의 질문이다. 이것은 최근 미시간주 칼라마주 부근에 사는 어느 돌보미의 집에서 실제로 일어난 일이다.

도그베케이는 돌보미의 반려동물을 포함해 돌보미의 집에 있는 모든 반려동물에 대해 동물병원 비용 2만5,000달러를 보장하는 300만 달러 규모의 보상책임보험을 들었다. 허숀은 이 보험이 유용했다고 말한다. 몇 달 전에는 워싱턴DC 부근의 어느 돌보미 집에 머물던 4개월짜리 버니즈 마운틴 독 한 마리가 양말 두 컬레와 사각 팬티 하나를 삼킨 뒤 탈이 났다. 이 강아지의 수술비로 6,000달러가 들었다.

규제 문제가 있을 수도 있다. 도시에 따라 사람들이 낯선 사람에게 아파트를 빌려주는 것을 막거나 돈을 받고 차를 태워주는 행위를 금지하는 법이 있을 수 있다. 우버 서비스는 뉴올리언스, 마이애미, 포틀랜드, 오리건에서 금지돼 있다. 우버와 에어비앤비는 호텔 경영인, 택시기사, 오프라인 소매점 등 전통적 산업단체로부터 나오는 반대 목소리에 직면하고 있다.

레인 카셀만 우버 대변인은 "기존 교통수단 제공업자들의 요구에 따라 더 비싸고, 느리고, 신뢰성이 떨어지는 교통수단을 보호하기 위해 반소비자적 규제를 도입한 도시들이 있다"며 "이 산업은 진화 중이며 우리는 전 세계 정부 및 지역사회와 협력하고 있다. 우버 플랫폼이 경쟁, 경제, 안전면에서 여러 이익을 가져다 준다는 사실을 이들에게 알리기 위한 것"이라고 덧붙였다.

에어비앤비에는 전 세계 정부 관리들에게 에어비앤비의 작동 원리를 알리고 그들의 질문에 대한 답변 제공을 전담하는 직원이 다섯 명 정도 있다고 데이비드 한트만 에어비앤비 세계 공공정책 책임자가 밝혔다. 에어비앤비가 운영되고 있는 3만5,000개 도시 중 샌프란시스코, 뉴욕, 바르셀로나 세 곳만이 이 서비스에 대해 심각한 우려를 나타내고 있으며 에어비앤비는 이를 해결하기 위해 해당 지역 관리들과 협력 중이라고 그는 덧붙였다.

출처: Geoff Mulgan, "The social economy and the fourth industrial revolution," Stanford Social Innovation Review, Apr 28, 2021; Needleman, Sarah E. and Loten, Angus, "'공유경제' 스타트업이 뜬다?," 월스트리트저널, 2014년 12월 1일; Korea Times, 2019년 6월 10일

사례연구 토의문제

C / A / S / E / S / T / U / D / Y

1. 공유경제(shared economy)의 개념 및 주요 특징이 무엇인지 인터넷 검색을 통해 알아 보자.

2. 인터넷 자료검색을 통해 에어비앤비(www.airbnb.com)와 우버(www.uber.com)가 각각 수십억 달러의 가치를 지니게 된 비결이 무엇인지 조사해 보자. 또 이들 기업이 각각 동종업종의 경쟁사들과 비즈니스 모델면에서 어떻게 다른지 설명하시오.

3. 사례본문에 소개된 스타트업(startups)들이 소비자들의 비상한 관심을 모으게 된 배경은 무엇인가? 즉 소비자 관점에서 이들 업체가 제공하는 매력 포인트에 대해 알아보자.

4. 사례본문에 의하면, 공유경제 스타트업들의 성공을 가로막는 주된 애로사항들은 무엇인지 알아보자.

5. 공유경제 스타트업들은 법이나 규제의 벽에 부딪칠 수 있다고 사례는 언급하고 있다. 공유경제 스타트업들이 이러한 장벽요인들에 직면하게 되는 이유는 무엇일까? 또 이들 스타트업들이 어떻게 법이나 규제의 장벽요인들을 극복할 수 있는지 생각해 보자.

제12장

경영의사결정 및 지식업무의 지원

　컴퓨터 기술은 전통적으로 기업의 정형화된 업무를 지원해 주기 위한 수단으로 활용되어 왔다. 그러나 정보기술이 발전을 거듭하면서 그 응용대상 업무의 초점이 데이터처리 위주에서 의사결정문제처리 위주로 옮겨가기 시작했다. 이와 더불어, 정보기술이 기업에 적용된 또 하나의 분야는 지식관련 업무이다. 산업화 사회에서 정보화 사회로 진입하게 됨에 따라 조직 내에서 지식업무를 담당하는 지식근로자의 역할이 더욱 중요해졌으며 이로 인해 지식업무를 지원하기 위한 정보기술의 필요성이 대두되었다. 본장에서는 정보기술이 어떻게 경영 의사결정 및 지식업무를 지원할 수 있는지 알아보기로 한다.

　본 장을 학습한 후 학생들은 아래의 질문사항들에 대해 각각 답할 수 있어야 한다.

• 정보기술이 경영관리자의 의사결정에 있어 중요한 이유는 무엇인가?
• 오늘날 경영관리자의 업무를 지원할 수 있는 정보기술로는 어떠한 것들이 있는가?
• 기업에서 의사결정지원 시스템의 주된 역할은 각각 무엇인가?
• 지식업무를 지원할 수 있는 정보시스템으로는 어떤 것이 있는가?
• 그룹웨어와 지식관리시스템 간의 관계를 어떻게 설명할 수 있는가?

개념사례

BI 기반의 데이터 시각화 포털 구축한 교보생명

교보생명이 '데이터 시각화 포털'을 구축해 디지털 전환을 앞당긴다. 쉽고 빠른 데이터 분석을 통해 일하는 방식부터 디지털화하겠다는 복안이다. 교보생명은 데이터 관리분석 시스템인 'BI(Business Intelligence)' 시각화 포털'을 구축해 업무 전반에 활용한다고 30일 밝혔다. 비즈니스 인텔리전스(Business Intelligence)는 기업이 보유한 수많은 데이터를 정리하고 분석해 의사결정을 도와주는 일련의 기술을 의미한다.

교보생명은 'BI 시각화 포털'을 통해 대량의 데이터를 분석해 유의미한 정보를 효율적으로 도출하고, 이를 차트나 그래프 등으로 시각화해 누구나 이해하고 활용하기 쉽게 했다.

교보생명의 'BI 시각화 포털'은 일하는 방식부터 변화해야 한다는 '디지털 트랜스포메이션' 전략하에서 추진됐다. 교보생명의 디지털 트랜스포메이션은 일하는 방식을 근본적으로 혁신함으로써, 디지털 기반의 상품서비스 혁신을 모색하고 업무 프로세스 효율화하는 것이 핵심이다.

임직원들은 BI 시각화 포털에서 그래프·차트화된 데이터를 통해 인사이트를 도출할 수 있다. 대시보드를 활용해 필요한 데이터를 자유롭게 분석·활용하고, 지속가능한 경영을 위한 경영현황을 시각화된 자료로 빠르게 파악할 수 있다.

이를 통해 데이터를 실제 사용하는 현업이 중심이 된 데이터 분석 문화를 확산하고, 전문 통계 분석을 활용한 결과물의 신뢰도도 향상될 것으로 예상된다. 신속하고 정확한 비즈니스 의사결정은 물론, 업무 효율성 제고도 기대되는 부분이다.

권창기 교보생명 DT(디지털전환) 지원실장은 "BI 시각화 포털에서는 임직원 누구나 다양한 기능을 활용해 다량의 데이터를 분석·활용할 수 있고, 이렇게 도출된 결과를 여러 사람이 다양한 각도에서 활용할 수 있어 편의성과 효율성이 크게 높아질 것"이라며 "향후 임직원 교육 등을 통해 포털의 활용도를 더욱 높여나갈 예정"이라고 말했다.

출처: 뉴데일리 경제, 2021년 7월 30일

▲ 교보생명이 구축한 BI 시각화 포털

12.1 경영의사결정의 지원

경영관리자를 위한 정보기술

개념사례에 소개된 스타벅스는 날로 심화되는 경쟁환경 가운데 고객 요구사항을 더 성공적으로 충족시키기 위해 매장 운영데이터를 창의적으로 활용으로써 비즈니스 혁신을 구현할 수 있었다. 이와 같이, 비즈니스 환경이 더욱 복잡해지고 변화의 속도가 빨라지면서 신속한 경영의사결정을 하는 데 있어 정보기술은 없어서는 안될 중요한 도구 역할을 하고 있다. 그렇다면 관리자가 정보기술을 필요로 하는 이유는 무엇인가? 또한 관리자의 활동을 지원하기 위한 정보기술로는 어떠한 것이 있는가? 이 두 가지 질문에 대한 답을 아래에서 찾아보고자 한다.

관리자가 정보기술을 필요로 하는 이유

경영 의사결정을 하는 데는 정보가 필요하다. 정보의 수집, 분석 및 처리는 합리적 의사결정을 위한 필연적 과제이다. 그러나 수작업에 의해 정보를 처리하면서 의사결정을 하는 데에는 다음과 같은 어려움이 따르게 된다.

- 기술혁신, 의사소통 개선, 글로벌 시장의 등장 등으로 고려해야 하는 대안의 수가 증가하고 있다.
- 제한된 시간 내에 의사결정을 해야 하는 경우가 많은데 수작업에 의해서는 필요한 정보를 신속하게 처리할 수 없다.
- 의사결정 환경이 전에 비해 변동도 많고 불확실성도 높으므로, 결정을 잘 하기 위해서는 복잡한 분석을 자주 해야 할 필요가 있다.

정보기술은 이러한 문제점들에 대한 해결 방안이 될 수 있으며, 의사결정의 정확성은 물론 효율성을 개선함으로써 궁극적으로는 경영 성과에도 중요한 영향을 미치게 된다.

관리자를 위한 정보기술

기업 경영관리자의 의사결정 분석업무를 지원할 수 있는 대표적인 정보시스템으로서 두 가지를 들 수 있다. 첫째, **의사결정지원시스템**은 투자수익률 분석, 손익분기점 분석 등과 같이 계량적 분석을 요하는 의사결정에 사용된다. 둘째, **비즈니스 인텔리전스 시**

▲ 오늘날 관리자에게 있어 정보기술은 없어서는 안될 필수적인 요소이다.

스템은 기업 비즈니스데이터의 탐색, 추출 및 분석을 통해 일상적인 운영현황을 감시하고 감지된 변화에 민첩하게 대응하는 능력을 제공한다. 경영의사결정을 지원할 수 있는 정보기술 범주에 제1장에서 언급된 바 있는 중역정보시스템(executive information systems)도 포함될 수 있지만, 기존의 중역정보시스템은 최근 등장한 비즈니스 인텔리전스 시스템에 의해 대체되고 있는 추세이다. 따라서 본 절에서는 의사결정지원시스템과 비즈니스 인텔리전스 시스템을 각각 살펴보기로 한다.

의사결정지원시스템

의사결정지원시스템의 개념

의사결정지원시스템(decision support systems: DSS)이란 관리자의 의사결정을 지원해 주는 시스템을 뜻한다. 중요한 것은 경영자를 교체하기보다는 지원하는 역할을 수행한다는 사실이다. DSS는 단지 데이터나 모델을 제공함으로써 의사결정 프로세스를 촉진시킬 뿐이지 실제로 지혜, 통찰력 등을 적용하여 판단하는 것은 의사결정자의 몫이다.

DSS개념은 1970년대 초 스캇-모턴(Scott-Morton)에 의해 경영의사결정 시스템(management decision systems)이라는 이름으로 탄생하게 되었다. 스프레이그와 칼슨(R. Sprague & E. Carlson, 1982)은 DSS를 "관리자로 하여금 데이터와 분석모형을 써서 반구조적 및 비구조적 문제를 대화식으로 해결할 수 있도록 지원해 주는 컴퓨터 기반의 시스템"이라고 정의하고 있다. DSS가 제공하는 중요한 요소는 기업 내외의 데이터와 계량적 데이터의 가공을 위한 분석모형으로 이들은 의사결정에 중요한 역할을 한다.

이러한 관점에서, DSS는 조직 내의 여타 정보시스템과는 다른 기능을 수행하지만 종종 이들 시스템과 밀접한 관계를 가질 수 있다. 한 예로, 세븐 일레븐 재팬(Seven Eleven Japan)사는 POS 시스템을 통해 수집되는 제품재고 DB의 자료를 DSS를 이용해 제품별, 지역별, 고객별로 분석함으로써 회사경쟁력 강화를 위한 마케팅전략을 수립하고 있다. 즉, POS 시스템과 DSS를 한 환경으로 통합함으로써 데이터를 시스템 간에 공유하는 효과를 기대할 수 있는 것이다.

DSS의 역할: 효율성 vs 효과성　　DSS의 역할과 관련하여 다음과 같은 질문을 우리 자신에게 던져볼 필요가 있다. DSS는 과연 효율성(efficiency)과 효과성(effectiveness) 중 어느 쪽에 초점이 맞춰지는가? 그 동안 기업에서 활용됐던 DSS를 보면 대부분이 효율성보다는 효과성에 더 큰 의미가 주어진 것이 사실이다. 시스템의 **효율성**이란 업무 과정에 투입되는 자원(시간, 비용 등)의 양에 비해 얻어진 결과물(생산량, 매출, 이익 등)의 양이 얼마나 되는가에 의해 결정된다. 효율적인 시스템은 적은 자원을 투입하여 큰 결과물을 산출한다. 이에 반해, 시스템의 **효과성**이란 설정된 목적을 어느 정도 성취했는지의 여부에 의해 결정되기 때문에 시스템에 있어 효율성은 적으나 효과성은 크게 나오는 것이 가능한 것이다.

킨과 스캇-모턴(P. Keen & M. Scott-Morton, 1978)은 시스템의 효율성과 효과성 간의 차이를 설명하기 위해 다음과 같은 예를 들고 있다. A라는 기업 내에 효율성이 매우 높은 컴퓨터시스템이 있어 다른 어느 기업의 시스템보다도 더 많은 양의 경영 보고서를 생성해 낸다고 하자. 컴퓨터의 가동률이 높고, 투입물도 신속하게 처리되며, 산출물도 조속하게 제공된다. 그러나 이러한 과정을 통해 생성된 보고서를 관리자가 별 필요나 유용성을 느끼지 못해 읽지 않고 창고에 쌓아두거나 휴지통에 버린다면, 이러한 시스템의 효율성과 효과성은 각각 어떠하다고 평가할 수 있을까? 효율은 상당히 높으나 효과는 지극히 낮다고 할 수 있을 것이다.

이러한 시각에서 볼 때, DSS의 경우 효율성은 큰 의미가 없다. 우리는 시스템이 조직 의사결정업무에 있어 적은 자원을 투입하면서도 방대한 계량 분석을 실행하고 많은 정보를 생성해 내는 데는 큰 관심이 없다. 단, DSS를 써서 단순히 의사결정 비용이나 시간을 절감하기보다는 기업의 목표를 달성하고 경영 성과를 증대시킬 수 있는 방안을 찾아내는 데 더 큰 의미가 있다고 할 수 있다.

의사결정지원시스템의 주요 특징 및 기능

불시의 문제 지원   기업 내의 모든 문제들이 예상한 대로 발생하는 것은 아니다. 일상 업무야 특별한 어려움 없이 정해진 업무 방식에 따라 처리하면 되지만, 경영관리자가 담당하는 업무에는 불시에 찾아오는 문제(ad hoc problems)들이 허다하게 존재한다. 가령, 일상적인 의사결정 문제의 예로는 생산계획을 들 수 있으며 불시적 문제의 예로는 신규 사업의 타당성 분석을 들 수가 있다. DSS는 일상적인 의사결정 문제뿐 아니라 불시의 문제들도 지원할 수 있다는 것이 특징이다.

반구조적 문제 지원   고리와 스캇-모턴(Gorry & Scott-Morton, 1971)이 제시한 경영정보시스템 분석틀에 의하면, 기업의 의사결정문제 유형 중 DSS로 처리하기에 가장 합당한 것은 반구조적 문제(semi-structured problems)이다. DSS는 주로 모델링 및 계량적 분석 능력에 치중하므로 단순반복 업무 위주의 구조적 문제를 위해서는 적합하지가 않다. 또한 일부 비구조적 문제를 해결하는 데 있어 계산능력을 요하는 부분에 제한적으로나마 DSS를 적용할 수 있지만 주로 반구조적 문제가 DSS의 지원대상이 된다.

데이터 열람 및 모델 실행　　DSS의 구성요소에는 데이터베이스와 모델베이스가 포함된다고 앞서도 언급되었었다. DSS의 가장 중요한 기능은 데이터 및 분석 모델을 제공하는 것이라고 해도 과언이 아니다. DSS는 의사결정자가 필요 데이터를 자유로이 열람하고 문제와 관련한 모델을 데이터 분석에 원만하게 적용할 수 있게 해 줌으로써 최적의 문제해결 방안에 도달할 수 있도록 지원한다.

민감도 분석　　DSS를 써서 할 수 있는 정량적 분석 중 가장 강력하다고 할 수 있는 기능은 민감도 분석(sensitivity analysis)이다. **민감도 분석**이란 입력변수와 결과변수로 구성된 등식 모형에서 한두 개의 변수에 대한 변화로 인해 나머지 변수들이 어떠한 영향을 받는지 살펴보는 것을 말한다. 예를 들어 연이율, 원금, 상환기간, 월 상환액 등의 변수로 이루어진 융자 모형에서 연이율을 12%에서 14%까지 0.2%씩 증가시킬 경우 그로 인해 월 상환액이 각각 어떻게 민감하게 달라지는지 정밀히 분석할 수가 있다. 민감도 분석은 불확실한 의사결정 상황을 보다 동적으로 분석하고 이에 대한 대응 방안을 마련하는 데 유용하다.

시나리오 분석　　**시나리오 분석**(what-if analysis)은 결정된 해결 방안과 관련하여 일부 변수의 변화가 여타 변수에 미치는 영향을 분석함으로써 불확실한 미래의 상황에 대한 가정을 테스트하는 데 사용된다. 시나리오 분석에서는 모형에서 테스트하고자 하는 입력변수 값을 지정해 주고 그에 따른 결과변수 값을 산출해 내는 데 초점을 둔다. 가령, 위의 융자 모형의 예에서 만일 연이율은 7.5%, 원금은 1,500만원, 상환기간은 3년으로 하는 융자를 신청하기로 잠정 결정되었을 경우, 연이율이 7.5%에서 8%로 상승한다는 시나리오 하에서 결과가 어떻게 바뀔지 분석할 수 있다. 시나리오 분석이 유용하게 적용될 수 있는 다른 예는 "광고예산이 만일 10% 증가할 경우 시장점유는 어떻게 변하겠는가?" 혹은 "생산인력의 노동임금이 전체적으로 5% 인상될 경우 영업이익은 얼마가 되겠는가?" 등이다. 시나리오 분석으로 불확실한 가정들을 두루 테스트함으로써 잠정 결정한 해결 방안의 내용을 다소 조정하는 것이 가능하다.

▲ 의사결정지원시스템은 다양한 수리적 모형을 통해 계량 분석이 가능하므로 증권회사에서도 널리 활용된다.

목표변수 역추적　　일반적으로 모형은 입력변수 수치가 주어질 때 결과변수가 어떠한 수치를 갖는지 살펴보는 것을 목적으로 적용하지만, 이번에는 역으로 결과변수 값이 주어질 때 입력변수가 어떠한 값을 가져야 하는지 역으로 추적해야 할 경우가 있다. 가령, 내년도 영업이익이 1억원 수준이 되기 위해서는 제품 가격을 얼마로 책정해야 하는지 알고자 할 때, 결과 변수인 영업 이익을 1억원으로 놓고 목표 변수인 제품 가격

▲ 노트북 컴퓨터는 외근영업직원이 DSS를 통해 금융 상품을 영업하는 데 효과적이다.

을 역추적한다. 또한 위의 융자 모형의 예에서 월 상환액이 정확하게 30만원이 되게 하려면 원금이 얼마가 되어야 하는지 알기 위해서도 **목표변수 역추적**(goal-seeking) 기능이 필요하다.

의사결정지원시스템 응용의 예

기업 내에서 DSS의 적용 범위는 스케줄링, 라우팅(노선 정하기)에서 평가에 이르기까지 매우 광범하다. 이들 중 대표적인 예를 들어보면 아래와 같다.

금융회사의 영업직원이 고객을 방문하여 개인연금신탁과 같은 금융상품을 판매하기 위한 수단으로 DSS를 사용할 수 있다. 영업직원은 고객의 가정이나 직장 방문시 DSS가 설치된 노트북 컴퓨터를 휴대한다. 고객에게 기본적인 상품 소개를 한 뒤 DSS를 이용하여 고객의 필요에 부합하는 몇 가지 대안을 마련한다. 컴퓨터상에서 대안별로 특정 수익률과 월 불입액을 입력하고 각 대안에 대한 총 이자액이 어떻게 산출되는지 확인할 수 있다. 그런 다음, 분석결과에 기초하여 고객 자신이 희망하는 개인연금상품을 선택, 구매할 수 있다. 이러한 분석도구 없이는 금융상품의 판매가 주먹구구식에 의존할 수밖에 없다는 사실을 감안할 때 그 유용성은 적지 않다는 것을 알 수 있다.

DSS는 소비재 판매회사에서 마케팅 계획의 목적으로도 사용될 수 있다. 기업의 데이터베이스에는 내부 매출자료와 더불어 시장조사회사로부터 구매해 온 데이터베이스도 포함되어 있다고 가정하자. 또한 외부 데이터베이스에는 해당 산업 내 모든 브랜드의 매출내역, 광고매체의 현황, 브랜드별 슈퍼마켓 시장점유율 등의 자료가 포함되어 있다. DSS 내의 모델은 광고의 효율성, 고객의 제품특징 인식도, 경쟁사 전략 등을 분석하는 능력을 갖추고 있다. 이 회사의 마케팅 관리자는 이러한 시스템을 이용하여 마케팅 계획을 평가하고 필요시 마케팅 계획을 조정하는 것이 가능하다.

B·u·s·i·n·e·s·s
기업정보화현장

컴퓨터기술을 통한 호화 유람선의 경영합리화

호화 유람선 회사가 방대한 데이터를 수단으로 하여 미래의 수익성이 좋은 경로를 발굴하고 있다. 로얄 카리비안(Royal Caribbean)사는 의사결정지원시스템을 이용해서 3년간 모은 데이터의 분석을 토대로 재고 관리, 선박 배치 및 수익 극대화를 위한 의사결정을 합리적으로 수행하고 있다.

세계 유람선 시장의 약 25%를 점유하고 있는 이 회사는 2011년 기준으로 57,200명의 직원을 고용하며 20여척의 대형 호화유람선을 운영하고 있으며, 연 매출 73억 달러에 이익이 6억 2천 달러에 달한다. 이 회사의 경영 수익성을 유지하기 위해서는 요금, 수용능력 및 수요의 추세를 신속하게 분석하고 예측하는 능력이 절대적으로 필요하다고 회사 내 기술전문가인 찰즈 유뱅크씨는 말한다. 체계적인 데이터분석으로 수백만 달러의 수입이 새로이 생길 수도 있다고 한다. 과거에는 이 회사의 임원 및 판매분석가들이 항해여정, 요금, 승객정보 및 선박별 수용인원 등에 관한 과거 데이터를 수작업으로 추려내야만 했다. 이러한 방대한 데이터를 세밀하게 분석해야만 주요 운영업무를 착오없이 다룰 수 있는 능력이 생기기 때문이다. 임원들은 현재 데이터를 과거 정보와 비교함으로써 유람선 요금을 책정하고 유람 항해를 언제 어떠한 방법으로 판촉하여야 할 것인지 결정하고 있다. "유람선 항해는 수익성이 좋은 사업이다. 수요가 전보다 높으므로 가격도 어느 정도 올리는 것이 가능하다. 아니면 그와 정반대 상황도 가능하여 때에 따라서는 수요를 창출시키는 노력도 전개할 수 있다"고 로얄 카리비안사의 수입관리시스템 관리자인 빌 마틴씨는 말한다. 그러나 필요로 하는 정보를 얻는 것은 꽤 성가신 일이었다. 분석가들마다 자신의 책상 위에 10인치 높이의 보고서를 쌓아놓고 데이터 분석을 해야 했다.

그러나 로얄 카리비안사는 이러한 데이터 분석작업을 가속화하기 위해 수익분석용 의사결정지원시스템을

▲ 급성장하는 로얄 카리비안사는 의사결정지원시스템을 이용해 유람선의 수익관리를 최적화하고 있다.

구축하여 활용해 오고 있다. 100기가바이트 용량의 오라클 데이터베이스를 선 마이크로시스템의 울트라 500 서버에 탑재하여 운영되는 이 시스템은 OLAP(online analytical processing)와 같은 분석 모형을 지원하고 있다. 이 시스템은 수 대의 IBM AS/400 서버로부터 과거 데이터를 공급받아 과거 및 현재 데이터를 비교한 결과에 따라 추세를 분석한다. 그리고는 향후 추세에 대한 예측, what-if 시나리오 그리고 그래픽 자료를 생성하여 임원들이 검토할 수 있도록 하고 있다.

최근 들어 로얄 카리비안사는 눈부신 글로벌 성장에 따른 방대한 비즈니스 데이터를 효율적으로 분석할 목적으로 오라클사의 BI(business intelligence) 솔루션을 도입하였다. 회사의 주요 비즈니스 데이터의 신속한 접근을 통해 의사결정 프로세스의 속도가 빨라짐으로써 급속한 변화에 신속하게 대응할 수 있게 되었다.

출처: Pekka Ruponen, "Decision support systems for determining stability on damaged passenger ships," www.napa.fi, March 31, 2020; www.marketwre.com, 2021년 8월 20일 참조

미국의 주요 항공사인 아메리칸 에어라인(American Airlines)에서는 Analytical Information Management System(AIMS)이라 불리는 DSS를 개발하였는데, 이 DSS는 항공 노선 및 티켓의 가격을 최적 수준으로 결정하기 위한 목적의 시스템으로서 아메리컨 에어라인사는 물론 타항공사에서도 사용하고 있다. AIMS는 항공기 활용 수준, 좌석 활용 수준 등에 관한 자료를 분석하여 항공사 시장점유, 매출 및 이익을 예측하는데 이용된다. 따라서 항공사 경영진은 이 시스템을 이용하여 항공기 배정, 항공노선 조정, 가격 책정 등의 의사결정을 하고 있다.

DSS의 최근 트렌드

최근 정보기술이 인터넷 및 기타 통신기술과의 접목에 힘입어 비즈니스 활동에 폭넓은 영향을 미치게 됨에 따라 DSS도 새로운 방향으로 발전을 해나가고 있는 추세이다. 특히 복잡한 공급망 관리를 위한 DSS가 등장하고, 또 인터넷 웹환경과 의사결정지원 기술이 결합된 웹기반의 고객 DSS가 점차 관심을 모으고 있다. 아래에서는 이들 주요 트렌드를 조명하고 DSS의 발전방향에 관해 알아 보기로 한다.

공급망 최적화를 위한 DSS　　기업 공급망의 효율적 관리는 계량적인 분석이 요구되는 복잡한 과업이다. 공급망에 관한 의사결정은 원재료 및 부품의 구매 및 운송에서부터 제품의 생산 그리고 생산된 제품의 유통 및 고객인도에 이르기까지 광범한 기업활동에 대해 이루어지게 된다. 공급망관리(supply chain management)시스템은 재고, 공급사 생산 현황, 원재료 및 완제품의 물류현황 등에 관한 데이터를 지닌다. DSS가 이 데이터를 토대로 하여 관리자들이 복잡한 공급망을 점검하고 수많은 대안들 중 가장 효율적이고 효과적인 결과를 가져올 수 있는 방법을 찾아낼 수 있도록 지원한다. 고객 주문 처리의 속도 및 정확성을 증대시키는 동시에 전반적인 비용을 줄이는 것이 공급망관리 DSS의 궁극적인 목표라고 할 수 있다.

이를 테면 IBM이 재고수준을 줄이면서도 고객요구에 신속하게 대응하기 위해 공급망상에 충분한 재고를 유지할 목적으로 자산관리툴(AMT: Asset Management Tool)이라고 불리는 공급망 최적화 및 시뮬레이션 툴을 개발한 것을 예로 들 수 있다. IBM사의 PSG(Personal Systems Group) 사업부는 AMT를 이용해 공급망 비용을 줄이고 또 개인컴퓨터 시장에서 규모경제화, 가격하락, 이윤감소 등의 문제에 대처하였다. 그 결과로 PSG 사업부는 재고비용을 50% 이상 줄였다. 또 제품가격의 감소로 인해 도매업체에게 지급되는 금액을 7억 5천만 달러 이상 절감시켰다. 그리고 부품구매에서 제품판매에 이르는 주기시간이 4~6주 줄어들어 총 제품원가가 5~7% 가량 줄어들었다.

웹기반의 고객 DSS   전자상거래가 빠른 속도로 성장하면서 여러 기업들이 인터넷상의 정보자원 및 웹 기능을 이용해 상호작용성 및 개인화를 실현하고 있다. 웹사이트의 편리한 인터페이스 및 멀티미디어 전송능력이 DSS의 복잡한 계량적 분석능력과 결합되어 고객들에게 다양한 데이터베이스 접근은 물론 전자상거래 서비스의 이용에 필요한 합리적인 의사결정도 가능하게 하고 있다.

대표적인 예로서 제너럴 일렉트릭(GE) 플라스틱스사가 플라스틱 산업의 자재 개발자들을 위해 개발한 웹기반의 온라인 엔지니어링 툴을 들 수 있다. 이 웹사이트의 방문자들은 플라스틱 자재를 선택하고, 생산원가를 추산하며, 제품스펙 정보를 검색하고, 온라인 연수훈련을 받기도 한다.

또 한 예로 피델리티 투자은행을 살펴보기로 한다. 피델리티 웹사이트에는 상호대화적인 온라인 의사결정지원 툴이 제공되고 있어 고객들이 투자절감 계획을 세우고 분산투자 의사결정을 내리는데 도움을 주고 있다. 이 툴에는 수많은 'what-if' 시나리오를 가지고 다양한 상황에 대한 실험을 할 수 있어 보다 합리적인 결정에 이를 수가 있다.

🔊 스포트라이트　　　OLAP(온라인분석처리)

의사결정 문제가 비교적 단순한 경우에는, 데이터를 DSS에 수작업으로 입력해 넣을 수가 있다. 반면, 문제가 복잡하거나 데이터 양이 방대할 경우에는, 데이터베이스나 데이터 파일에서 자동으로 필요한 데이터를 이동시킬 필요가 있다. 경영관리자에게 있어 데이터 입력 및 분석 프로세스를 단순화하는 것이 매우 중요하다. 가령, 관리자가 지난 달과 달리 이번 달에는 어떤 추세가 나타나고 있는지 알아보기 위해 매출데이터를 분석하기 원한다고 가정하자. 이 관리자는 단지 필요로 하는 분석의 속성 및 기간만 밝히면 되고, 나머지는 DSS가 모두 알아서 처리한다. 이용자의 분석과업을 단순화시키는 프로세스를 가리켜 온라인 분석처리라고 한다.

OLAP(online analytical processing)이란 관리자나 분석가가 방대한 양의 통합 데이터를 여러 관점에서 상호 대화식으로 검토하고 조작할 수 있게 해 주는 의사결정분석 기법이다. 다양한 관점으로 표현된 수많은 데이터 조각들 간의 복잡한 관계를 분석함으로써 패턴

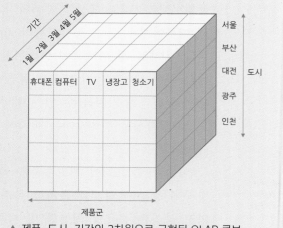

▲ 제품, 도시, 기간의 3차원으로 구현된 OLAP 큐브

이나 추세나 예외상황을 발견해 내는 것이 OLAP의 주요 목적이다.

OLAP 분석기법의 핵심요소는 OLAP 큐브이다. 큐브는 군집 데이터에 대한 질의를 촉진시킬 수 있도록

조직된 데이터이다. 예를 들어, 기업이 재무 데이터를 제품별로, 기간별로, 혹은 도시별로 집계해 분석할 수 있는데, OLAP 큐브를 이용하면 이러한 관점별 분석이 용이하게 이루어질 수 있다(그림 참조).

데이터 웨어하우스와의 비교를 통해 OLAP의 개념을 이해할 수 있다. OLAP과 데이터 웨어하우스는 상호 보완관계이다. 데이터 웨어하우스는 데이터를 저장하고 관리한다. 반면에, OLAP는 데이터 웨어하우스에 저장된 다양한 출처의 데이터를 분석하여 전략적인 정보로 변환한다. OLAP는 데이터의 다차원적인 관점에 기초하여 기본적인 열람과 조회에서부터 계산, 시계열, 복잡한 모델링까지의 능력을 가진다. 다차원적이라고 함은 데이터 축이 여러 개라는 의미이며, 축은 기간, 제품, 수량, 혹은 지역 등과 같은 비즈니스 관련요인을 나타낸다.

데이터 웨어하우징 시스템이 '누가', '무엇을'이라는 질문에 대답할 수 있는 반면, '어떻게 될까?'(what-if), '왜?'(why)라는 질문의 답은 OLAP를 통해서만 얻을 수 있는 것이다. OLAP는 미래의 상황에 대하여 의사결정이 가능하게 한다. OLAP 기법을 이용해 '밀가루 값이 20% 올라가고 운송비가 100원/km 내려가면 빵값은 얼마가 되는가?'와 같은 분석이 합리적으로 이루어 질 수 있다.

출처: en.wikipedia.org, 2021년 8월 17일 참조

비즈니스 인텔리전스 시스템

BI의 등장 배경

IBM의 연구원인 한스 룬(Hans Lunn)은 자신의 1958년 논문에서 비즈니스 인텔리전스(business intelligence: BI)란 용어를 처음 사용했다. 그는 인텔리전스를 "원하는 목표를 달성하는데 필요한 지침을 얻을 수 있도록, 주어진 팩트들 간의 상호관계를 이해하는 능력"이라고 정의하였다. 오늘날 BI는 1960년대 등장해 1980년대 중반까지 존재해온 의사결정지원시스템에서 진화하였다는 인식이 일반적이다. 의사결정 분석 및 계획수립과정을 지원하기 위해 개발된 의사결정지원시스템에 기초하여, 1980년대 말부터 데이터웨어하우스, OLAP, 비즈니스 인텔리전스 등과 같은 분석기법 및 기술이 개발되었다.

1989년 하워드 드레스너(Howard Dresner)는 팩트 기반의 지원시스템을 이용해 비즈니스 의사결정을 개선할 수 있는 개념 및 방법을 지칭하는 포괄적 용어로서 비즈니스 인텔리전스라는 용어를 사용할 것을 제안하였다. 그 후 이 용어는 실제로 1990년대 말이 되서야 널리 사용되기 시작했다.

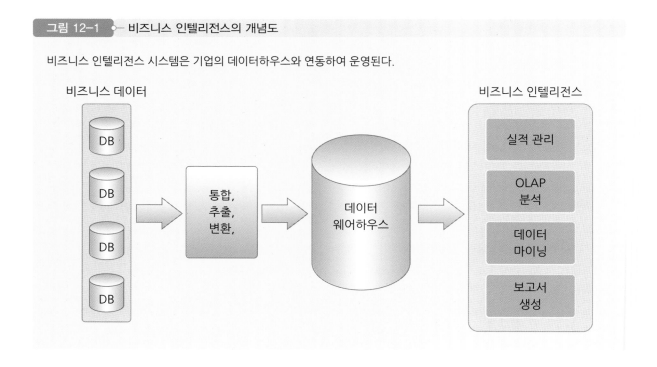

그림 12-1 ○ 비즈니스 인텔리전스의 개념도

비즈니스 인텔리전스 시스템은 기업의 데이터하우스와 연동하여 운영된다.

BI의 개념

BI는 사실 새로운 개념이 아니다. 오래전부터 데이터웨어하우스(DW)나 온라인분석처리(OLAP) 솔루션 업계에서 산발적으로 사용해왔다. 이로 인해 간혹 의사결정지원 시스템과 동의어로, 또 때에 따라서는 분석용 시스템이나 데이터웨어하우징 등과 동의어로 사용하는 등 그 의미가 모호한 것이 사실이다.

세계적인 시장조사업체인 가트너는 BI에 대해 "여러 곳에 산재된 데이터를 수집하고 체계적이고 일목요연하게 정리함으로써 사용자가 필요로 하는 정보를 적기에 정확하게 제공할 수 있는 환경"이라고 정의하고 있다. BI는 원하는 비즈니스 데이터(가령, 제품별 혹은 부서별 매출내역)를 찾아내고, 추출하며, 분석하는데 이용되는 컴퓨터 기반의 기법이다. BI 기술은 비즈니스 운영과 관련하여 과거, 현재 및 예측 정보를 제공하며, 비즈니스 실적관리, OLAP분석, 데이터 마이닝, 보고서 생성 등이 그 주요 기능에 속한다.

BI 대시보드

BI 소프트웨어의 주요 구성요소들 중의 하나인 **대시보드**는 기업의 주요 계량척도 및 성과지표의 현황을 일목요연하게 보여주는 데이터 시각화 툴이다. **그림 12-2**에서 볼 수

그림 12-2 ○─ BI 대시보드의 예시

BI 대시보드는 기업의 주요 성과지표 현황을 일목요연하게 보여주는 데이터 시각화 툴이다.

있듯이, 대시보드는 매출, 원가, 이익 등 수치들은 물론 다양한 부문의 위험수준을 모두 한 화면에 정리해 압축적으로 보여준다. 따라서 이러한 정보는 경영관리자들의 신속한 의사결정에 긴요하게 이용될 수 있다.

대시보드에 나타나는 정보 및 화면구성은 사용자의 니즈에 따라 커스토마이즈 될 수 있다. 또 다양한 출처들로부터 실시간 데이터를 가져오거나 MS Excel과 같은 비즈니스 애플리케이션과 접목해 맞춤 정보를 구성할 수가 있다. 오라클, SAS, 마이크로소프트 등이 BI 대시보드 제품의 대표적 공급사로 알려져 있다.

종종 BI 대시보드는 성과표(performance scorecard)와 혼동이 되기도 한다. 둘 간의 주된 차이는 BI 대시보드가 마치 자동차 대시보드처럼 어느 한 시점에서의 운영 상태를 나타낸다는 점이다. 반면, 성과표는 특정 비즈니스 목표의 달성 정도를 보여준다. 대시보드와 성과표의 기능은 점차 융합화되는 추세에 있다. 대시보드와 성과표를 모두 결합한 소프트웨어 제품은 간혹 스코어보드(scoreboard)라고 불린다.

BI시스템의 이용이 적합한 기업들

▲ T.G.I. 프라이데이사는 BI 소프트웨어를 이용해 의사결정을 최적화 함으로써 비즈니스운영의 효율성을 극대화하고 있다.

하디스, 웬디스, T.G.I. 프라이데이 등과 같은 레스토랑 체인 기업들은 BI소프트웨어를 광범하게 사용하고 있다. 이들은 BI를 이용해 어느 신규상품을 메뉴에 추가하고 어느 상품을 뺄 것인지, 또 실적이 저조한 매장 중 어느 것을 폐쇄하여야 하는지 등과 같은 전략적 의사결정을 수행한다. 뿐만 아니라, 이들 기업은 식재료 공급사들과의 계약을 연장하고 또 비효율적인 비즈니스 프로세스를 향상시키기 위한 기회를 탐색하는 등의 전술적 의사결정에도 BI를 이용한다. 한 예로, T.G.I. 프라이데이사는 IBM사의 BI 소프트웨어를 이용해 계약서상의 식자재 단가와 이들 식자재 공급사의 실제 부과가격 간의 차이를 찾아냄으로써 한 해 20만 달러를 절감한 것으로 나타났다.

레스토랑 체인회사들은 일상적인 비즈니스 운영이 업무의 큰 부분을 차지하며 BI가 이들 회사의 효율적인 비즈니스 운영에 핵심적 역할을 담당하기 때문에 만족할만한 도입효과를 얻고 있다. 레스토랑 체인기업들 이외에도 비즈니스 운영현황을 날마다 감시하고 감지된 변화에 유연하게 대응하여야 하는 기업들은 BI시스템의 도입으로부터 긍정적인 효과를 기대할 수 있다.

BI시스템의 조직내 역할

기업은 최고경영자에서부터 말단 실무자에 이르기까지 다양한 능력을 갖춘 사람들이 동일한 기업목표를 향해 각자의 역할을 수행하는 유기체라고 볼 수 있다. 개별 구성원들에게 권한위양이 제대로 이루어지지 않은 조직에서는 최종 의사결정이 최고경영자의 몫이기 때문에 환경변화에 따른 모든 판단이 최고경영층에 집중되어 있다. 이런 조직은 정형화된 업무처리의 효율성은 기할 수 있지만 창의적인 사고에 기반을 둔 민첩한 대응을 하는데는 한계가 있다. 기업에 지능을 부여하는 BI는 조직구성원 모두가 각기 맡은 역할을 수행하는데 있어 창의력을 갖출수 있도록 함으로써 기업의 신속한 의사결정을 가능하게 한다. 경영진은 물론 현업관리자, 사용자 등 다양한 수준의 업무책임자들이 적시에 의사결정을 내리고 실행할 수 있도록 지원하는 의사결정지원시스템인 것이다.

이러한 관점에서 볼 때, BI는 현대 기업의 의사결정에 중요한 영향을 미치는 시스템이라고 볼 수 있다. BI시스템이 전통적인 의사결정지원시스템과 다른 점은 단순히 한 두 사람의 의사결정이 아니라 조직구성원들 전체가 각자의 담당분야에서 의사결정 능력을 발휘할 수 있도록

▲ BI시스템은 기업이 창의력을 바탕으로 신속한 비즈니스 의사결정을 가능하게 한다.

지원한다는 점이다. 따라서 BI는 모든 조직구성원의 지적 수준을 모두 높여주는 관리도구의 역할을 수행할 수 있어야 한다. 그리고 이러한 역할을 성공적으로 수행할 수 있기 위해서는 조직구성원 모두에게 정보접근 능력을 높여주고 다양한 관점에서 문제의 원인을 분석할 수 있도록 시스템을 구축할 필요가 있다. 궁극적으로 BI시스템을 도입하는 조직은 개별 사용자의 역할에 주목하는 것이 중요하기 때문이다.

최근에 와서 BI 기술은 물론 CIO의 BI 구현방식이 진보함에 따라, BI시스템이 의사결정을 지원하는데 머무르지 않고 조직을 변화시킬 수 있는 도구로 이용될 수 있다는 인식이 증가하고 있다. BI를 이용해 비즈니스 프로세스를 성공적으로 개선하는 CIO는 단순히 기본적인 보고서 생성기능만을 이용하는데 초점을 두는 CIO에 비해 훨씬 더 중요하게 조직에 기여할 수 있다.

12.2 지식업무의 지원

지식업무 지원을 위한 정보기술

무서류사무실 시대의 개막

전통적인 사무실 환경을 머리에 떠올리게 되면 주로 전화, 주판, 서류 캐비넷, 장부 등을 연상하게 된다. 이러한 사무실 환경은 그 동안 전동 타자기, 계산기, 복사기, 텔렉스 전송기, 팩시밀리 등이 출현하면서 사무실 업무의 수행 방식을 상당수준 개선은 시켰으나 혁신은 가져오지 못했다. 그러다가 데스크탑 컴퓨터의 영향으로 인해 사무실 업

▲ 전통적인 사무실 환경에서는 주로 전화나 필기도구에 의존해 업무를 수행했다.

무는 혁신 수준의 큰 전환을 맞게 되었다.

초기에는 사무실 업무에 별 영향을 미치지 못하던 컴퓨터 기술이 사무실 혁신 도구로 자리잡게 된 것은 인텔의 마이크로 프로세서를 기반으로 한 PC가 쏟아져 나오기 시작한 1980년대 들어서면서 부터이다. 성능이 크게 향상된 PC의 값이 매우 저렴하게 공급되고, 이러한 새로운 하드웨어 환경을 중심으로 워드프로세서 등 수많은 사무 생산성 소프트웨어들이 시장에 소개되었다. 따라서 새로운 PC기반의 사무자동화 툴이 등장하면서 오늘날 사무업무 처리방식은 근본적으로 변화되기 시작했다. 전화를 전자우편이 대체하고, 타자기 대신 워드프로세서가 들어서며, 철제 서류 캐비넷을 전자 서류 캐비넷이 대체하는 이른바 무서류 사무실(paperless office) 시대가 문을 연 것이다.

그러나 이러한 새로운 기술의 출현에도 불구하고 오늘의 사무실은 이상적인 무서류 사무실을 구현하지 못하고 있는 실정이다. 사용자의 적극적인 활용 의지의 부족, 현업에서 요구되는 시스템 기능의 미비 및 기타 사유로 인해 무서류 사무실 개념은 현실보다는 이상에 머무르고 있다. 그러나 사무실 업무의 생산성을 높여주는 다양한 기술이 소개되고 이를 적극적으로 도입하는 기업들이 점차 증가하고 있어 이상적인 사무실 개념은 머지않아 실현될 전망이다.

정보화 사회와 지식 근로자

컴퓨터의 발전과 더불어 우리 사회에 나타나고 있는 주요 변화 중의 하나는 패러다임이 산업화 사회에서 정보화 사회로 전환되었다는 점이다. 산업화 사회에서는 경제 구성원들 다수가 제조업에 종사했던 반면 정보화 사회에서는 지식 또는 정보와 관련된 제품 또는 서비스를 제공하는 산업에 종사하는 자가 더 큰 비율을 차지하는 것이 특징이다. 이러한 지식업무(knowledge work)를 수행하는 **지식 근로자**(knowledge workers)들은 주로 전문인들로서 재무분석가, 엔지니어, 회계사, 과학자, 건축가, 의사, 컨설턴트, 경영관리자 등과 같이 제품이나 서비스를 설계하거나 혹은 조직을 위해 새로운 지식을 생성하는 역할을 담당하는 사람들을 의미한다.

이들 지식 근로자들은 주로 사무실 환경에서 지식

▲ 제품개발 엔지니어나 재무분석가와 같이 정보를 분석하거나 창조하는 전문인은 모두 지식근로자이다.

관련 업무를 수행한다. 따라서 이들의 사무실 업무를 촉진하기 위해 새로운 정보기술에 대한 필요성이 대두되게 되었다.

지식업무의 지원을 위한 정보기술

지식업무를 지원할 수 있는 정보기술은 사무실의 지식 근로자에 의한 정보의 처리, 생성, 보급 및 관리 활동을 지원함으로써 사무업무 효율성을 제고함과 동시에 기업의 주요 동력이 되는 지식의 창출, 수집, 전파 및 활용을 촉진할 수 있어야 한다. 이는 비단 지식 근로자들 뿐만 아니라 비서와 같은 일반 사무직 근로자도 지원한다.

1980년대까지만 하더라도 대부분의 사무자동화 기술은 일상적인 업무를 수행하는 비서나 사무원만의 생산성을 증진시키는 수단으로 인식이 되어 왔다. 그 당시로서는 획기적인 기술로 여겨졌던 워드 프로세싱, 팩스, 전자 우편 등이 사무자동화 시스템을 대표했으며, 이는 사무원들의 업무에 큰 변화를 가져오기에 충분한 기술이었다. 그러나 1980년대 후반과 1990년대 초로 접어들면서 사무자동화 기술의 발전이 폭넓게 이루어지게 됨에 따라 지식업무를 지원할 수 있는 정보기술은 단순히 일상적 서류작성 및 워크플로우 기능만 지원하는 수준을 넘어 창의력을 요구하는 지식근로자의 활동도 지원하는 새로운 기술로 자리잡게 된 것이다.

아래에서는 조직내 지식업무를 지원하는 정보기술로서 (1) 비즈니스 정보의 생성, 보급 및 관리를 위한 전자문서관리시스템, (2) 팀원간의 문제해결 및 협업을 위한 그룹웨어, 그리고 (3) 지식의 창출, 공유 및 활용을 지원하는 지식관리시스템의 세 가지에 대해 각각 그 개념 및 역할을 살펴보기로 한다.

전자문서관리시스템

전자문서관리시스템의 개념

기업에서 관리자나 사무원이 담당하는 사무 업무의 상당 부분이 서류 또는 문서를 작성하거나 관리하는 일과 관련이 있다. 거래처에 보낼 서신 문안을 작성하고, 경영진에게 제출할 보고서를 작성하며, 고객들에게 발송할 제품홍보 안내서를 기안하는 등 다양한 문서의 작성으로 많은 시간을 보내게 된다. 그뿐 아니라 이들 문서들을 서류함에 효율적으로 보관하고 관리함으로써 필요할 때 신속하게 문서를 찾아 볼 수 있는 능력이 예전에 비해 더욱 요구되고 있다. 그러한 관점에서 볼 때, 문서는 의사소통을 위한 수단으로서 뿐만 아니라 정보의 보관 수단으로서도 중요한 의미를 지니는 조직의 보편적 정보 단위라고 말할 수 있다. **전자문서관리시스템**(electronic document management system: EDMS)이란 조직내외에서 생성하는 디지털 문서들을 발생부터 소멸까지 통합적으로 관리해주는 문서관리 소프트웨어이다. EDMS를 통해 워크그룹간의 정보 공유가 가능하다.

전자문서관리시스템의 유형

전자문서관리시스템은 문서의 성격에 따라 관리문서처리와 거래문서처리의 두 가지 유형으로 구분된다. 아래에서 이들을 각각 살펴본다.

관리문서처리

사무실 업무의 상당 부분이 관리업무를 위한 문서(administrative documents)의 처리이다. 가령 편지를 작성하고, 정보를 전달하고, 보고서를 작성하는 것이 관리업무의 예라고 할 수 있다. 이 부류의 응용프로그램들은 본질적으로 사무업무의 생산성을 제고하

그림 12-3 ─○─ DTP 소프트웨어 화면의 예시(QuarkXPress)

생성하려는 문서가 텍스트뿐 아니라 이미지, 그래픽, 표 등 요소가 복잡하게 포함되는 경우에는 DTP(desktop publishing) 소프트웨어를 이용할 수 있다.

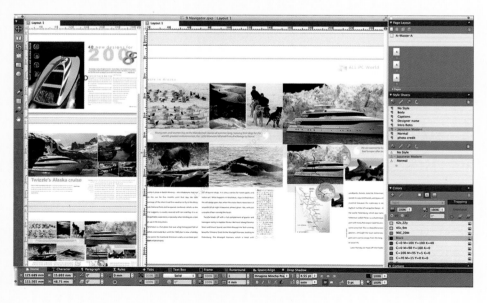

는 것을 목적으로 하며 사무요원은 물론 경영관리자 및 전문인도 그 사용자가 될 수 있다. 관리문서처리에 속하는 대표적 응용 소프트웨어로는 워드프로세싱, 스프레드시트, 그래픽의 세 가지 유형이 있다. 앞서 제5장에서 소프트웨어의 유형으로서 이들을 이미 살펴보았으므로, 여기서는 전자문서관리 관점에서 간략히 살펴보기로 한다.

워드프로세싱   전자문서관리시스템 중 가장 오래되었으면서도 가장 보편적으로 이용되고 있는 것이 워드프로세싱이다. 워드프로세싱에서는 문자로 이루어진 문서를 작성하고 관리하는 것을 주목적으로 한다. 문자의 형태를 취하는 문서의 예로는 편지, 제품 안내문, 양식, 보고서 등이 있다. 기존에는 워드프로세싱 대신 타자기에 의존해야 했음을 고려할 때, 워드프로세싱이 문서 관리의 생산성 및 효율성에 미친 영향은 실로 크다고 하지 않을 수 없다. 작성할 문서의 원고가 완성되지 않은 상태에서도 기본적인 자료나 아이디어를 바탕으로 문서를 입력할 수 있으며, 추후 추가적인 내용을 보완하거나 일정 기간에 걸쳐 문서를 작성해 나갈 수 있는 것이 대표적인 장점이다.

스프레드시트   경영진에게 보고되는 매출관련 보고서를 보면 문자 정보 이외에 수량 정보가 표의 형태로 삽입되는 경우가 종종 있다. 경영성과는 흔히 수량 정보를 통해 평가되기 때문에 판매 수량 및 금액 등을 나타내는 계량적 자료는 경영관리자에게 필수적인 분석 자료로 인식되어 왔다. 이러한 계량적 성격의 문서를 작성하기 위한 도구로서 스프레드시트 프로그램이 이용된다. 스프레드시트 프로그램은 계량적 정보를 입력하여 관리할 수가 있으며, 필요에 따라 복잡한 계산도 수행할 수 있으므로, 매출 자료를 집계하고 대차대조표나 손익계산서 등 다양한 재무제표를 작성함은 물론, 투자 등의 의사결정을 위한 분석 도구로서도 이용이 되고 있다. 이렇게 작성된 스프레드시트 문서는 워드프로세싱 문서 내에 쉽게 삽입할 수 있어 경영 보고서 작성에 필수적인 요소이다. 스프레드시트 프로그램은 의사결정 분석을 위한 도구로 활용할 수 있다는 점에서 일종의 의사결정지원시스템으로도 볼 수 있지만, 여기서는 기업의 계량적 정보를 기록하고 전달하기 위한 수단으로서 스프레드시트가 지니는 역할을 이해하는 것이 필요하다.

그래픽/프리젠테이션   프리젠테이션 및 기타 그래픽 소프트웨어도 스프레드시트 프로그램 못지않게 문서 작성에 긴요한 도구이다. 스프레드시트 프로그램이 계량적 정보를 표의 형태로 제공하는데 반해 그래픽 소프트웨어는 문서 내용의 이해를 촉진시킬 수 있는 그림 정보를 제공한다고 할 수 있다. 그래픽 소프트웨어의 한 유형인 프리젠테이션 소프트웨어는 다른 사람에게 자신의 아이디어나 특정 개념을 요점 중심으로 일목요연하게 설명할 수 있는 문서를 작성하는 목적으로 사용되며, 대표적인 예로는 파워포인트(Microsoft Powerpoint)나 퍼슈에이젼(Adobe Persuasion)이 있다. 일반적으로 그래픽 소프트웨어에서는 원이나 사각형이나 직선이나 자유선을 기본 그래픽 객체로 삼기 때문에 이들 객체를 그린 후에도 자유로이 위치, 크기, 모양 등을 개별적으로 변경시킬 수 있으므로 예시(illustration) 목적의 그림을 작성하는데 널리 사용된다. 이들 그래픽 소프트웨어로 작성된 예시 그림이나 그래픽 소프트웨어와 더불어 제공되는 클립아트(clip art) 그림은 워드프로세싱 문서 내에 손쉽게 삽입될 수 있으므로 문서의 내용에 시각적 효과를 더하는데 효과적이다.

거래문서처리

기업에서는 경영관리를 목적으로 하는 문서 이외에도, 거래업무에 의해 생성되는 문서들도 있는데, 이러한 거래문서들(transaction documents)은 업무의 흐름에 따라 조직의 한 부서에서 다른 부서로 순환되는 것이 특징이다. 또한 이들은 거래처리시스템에서와 같이 입력 처리된 데이터를 중심으로 자동 생성되기보다는 별도로 작성해야 하는 문서들로서 송장, 제품 주문서, 서비스 요청서, 예산 계획서, 진행 보고서 등이 그 예에 속한다. 이 문서들의 흐름을 관리하기 위해 워크플로우시스템이 이용되며 문서들을 스캔해 이미지 형태로 보관 및 관리할 목적으로 문서이미징 시스템이 이용된다.

워크플로우   비즈니스 프로세스 관점에서 워크플로우(workflow)는 작업 절차를 통한 정보 또는 업무의 이동을 의미하며, 작업 흐름이라고도 부른다. 더 자세히 말해, 워크플로우는 작업 절차의 운영적 측면이다. 업무들이 어떻게 구성되고, 누가 수행하며, 순서가 어떻게 되며, 어떻게 동기화를 시킬지, 업무를 지원하기 위한 정보가 어떻게 흐르는지 그리고 업무가 어떻게 추적되는지이다.

워크플로우 시스템은 최종 결과를 만들어내기 위한 일련의 조직내 과업들을 관리 및 정의해 주는 컴퓨터 시스템으로 정의할 수 있다. 워크플로우 시스템은 사용자가 서로 다른 유형의 직무나 프로세스에 대해 고유한 워크플로우를 정의할 수 있도록 해 준다. 예를 들면, 제조회사의 경우 제품설계 문서가 설계자에게서 기술총괄 관리자에게로 이동하고 그 다음은 생산 엔지니어에게로 전달된다. 워크플로우의 각 단계에서 한 개인이나 워크그룹이 특정 과업을 맡아 관리한다. 일단 과업이 완료되면, 워크플로우 소프트웨어는 다음 과업의 담당자들에게 통보해 프로세스의 해당 단계를 실행하는데 필요한 데이터를 수령하도록 안내하는 역할을 한다. 또한 워크플로우 시스템은 중복적인 과업을 자동으로 수행하며 미완료된 과업이 완료될 수 있도록 안내한다.

워크플로우 시스템은 기존의 종이 작업지시서 전달을 자동화함은 물론 자동화된 프로세스를 제어할 수도 있다. 가령, 제품설계 문서가 오토캐드(Autocad) 파일형태로 존재하는데 워크플로우시스템이 캐티아 파일형태를 요구한다면, 자동화된 프로세스를 통해 파일을 변환한 다음 그 다음 과업을 맡은 개인에게 통보한다. 이 것이 바로 의존성 개념이다. 워크플로우 시스템은 각 과업을 완료하는데 필요한 업무부문간 의존성을 반영해 구현된다.

문서이미징　　오늘날 컴퓨터 기술은 디지털 매체를 통해 정보를 체계적으로 관리함으로써 궁극적으로는 '서류없는 사무실'의 구현을 지향하고 있다. 그러나 아이러닉하게도 컴퓨터가 출현한 이후 서류는 오히려 크게 늘어나고 있는 실정이다. 컴퓨터에 보관된 정보를 사용자가 필요시마다 프린터로 출력하는 일이 많기 때문에 컴퓨터는 '서류없는 사무실'을 촉진하기보다는 저해하는 요인이 되고 있는 셈이다. 따라서 비록 정보화 시대가 도래했다고는 하지만 아직도 95%의 정보가 서류 형태로 존재하고 있는 실정이다.

게다가 이러한 서류 정보는 기업에서 대부분 데이터의 형태로 관리하는 반면, 경우에 따라서는 데이터가 아닌 이미지(像)의 형태로 관리할 필요가 있다. 매출 내역이나 주문 내용 등은 데이터로서의 의미가 중요하지만 서명과 같은 문자 이외의 정보가 포함되어 있는 문서들은 그 본래 문서의 이미지 자체가 중요성을 지니게 된다. 예를 들어, 계약문서에서는 계약조항에 대한 상호 합의를 나타내 주는 친필 서명이 중요한 정보가 되고, 경찰이 작성하는 교통사고 경위서에서는 사고지점의 약도 등이 이미지 정보로서 보

그림 12-4 　문서이미징시스템의 개념도

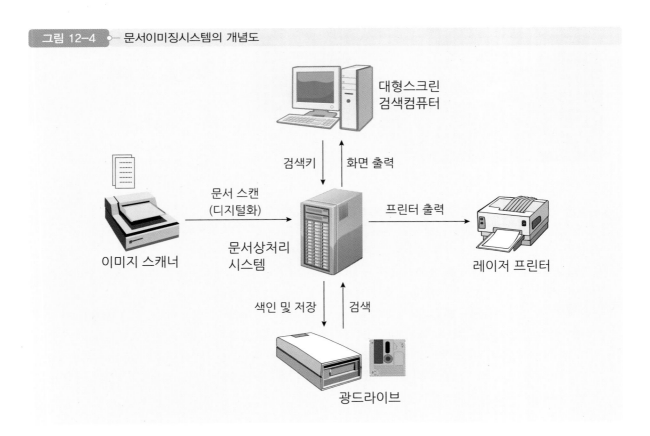

존되어야 하며, 결제된 당좌수표는 친필로 작성된 금액, 수취인, 서명이 이미지 형태로서 정보의 역할을 하게 된다. **문서이미징시스템**(document imaging system)에서는 제반의 문서를 디지털화된 이미지 형태로 컴퓨터 데이터베이스에 저장하고 이를 필요로 하는 사용자가 문서를 열람할 수 있도록 되어 있다. 그림 12-4는 문서이미징시스템의 개념도를 예시해 주고 있다. 거래업무를 통해 발생되는 해당 문서는 스캔, 저장, 색인 단계를 통해 디지털 이미지파일로 보관되며 필요시 검색 및 열람하거나 혹은 수정을 하는 것이 가능하다.

B·u·s·i·n·e·s·s
기업정보화현장

한화S&C, 그룹웨어로 소통 및 협업능력 높인다

▲ 변동좌석제를 도입한 한화 S&C 사무실의 모습

▲ 한화S&C 모바일그룹웨어

김수영 마케팅팀 차장은 오늘 영업팀·홍보팀·경영지원팀 등 담당자와 끝장 회의가 있다. 김 팀장은 아침부터 회의실 옆 자리를 잡아 업무를 시작했다. 아웃룩으로 회의실 예약 현황을 확인한 후 빈 회의실을 예약했다. 참석자 일정을 보니 오전 10시가 적합하다. 예약과 동시에 참석자에게 회의 메일을 보냈다. 회의를 마치고 그룹웨어로 마케팅 전문가를 찾았다. 사내 소셜네트워크서비스(SNS)로 신제품 출시 이벤트 아이디어도 공모했다. 오후 외근 중 모바일로 홍보팀과 짧은 회의를 진행했다. 오후 5시 회사 복귀 후 예약해 놓은 사내 안마서비스를 받았다. 지난 2014년 후 단계적으로 스마트업무 환경을 도입한 한화S&C 직원 일상이다. 랜선과 전화선이 없는 무선환경이 시작이다.

인터넷은 기업용 보안이 적용된 무선 네트워크 환경으로 바꿨다. 사내 메신저를 통해 인터넷 전화를 적용했다. 사무실 내 자리를 지정하지 않고 필요한 시간과 장소에서 업무를 진행하는 변동좌석제를 도입했다. 끝장 토론이 필요한 날은 회의실이 사무실이다.

지난해 그룹웨어를 아웃룩과 연동해 회의문화를 바꿨다. 아웃룩에서 회의실 예약현황과 참석자 일정을 확인한다. 빈 회의실과 참석자 참여 가능한 시간으로 예약이 가능하다. 자동으로 회의 요청 메일도 보낸다. 참석자는 참석여부, 대리참석자 등을 회신한다. 모바일로도 연동된다.

그룹웨어로 통합검색이 가능하다. 업무 전문가 정보와 관련 문서를 한눈에 찾아본다. 사내 SNS에 간단한 문의사항을 남겨 답변을 듣는다. 임직원 대상 브레인스토밍도 가능하다. 최근 사회공헌 아이디어에 대표가 직접 '좋은 아이디어. 검토해보자'라는 댓글을 달아 화제가 됐다.

사옥을 이전하면서 공간 변화도 꾀했다. 변동좌석제를 도입하면서 늘어난 업무 공간에 직원 의견을 반영해 회의실과 휴식공간을 늘렸다. 전문안마사가 안마 서비스를 해주는 리프레시 룸도 마련했다. 예약이 쉽지 않을 정도로 직원에게 인기가 높다. 늘어난 회의실에 영상회의 기능을 갖췄다. 클라우드 복합기도 설치했다.

올해는 하나의 애플리케이션으로 통합된 모바일 그룹웨어를 일정·결재·연락처 등 기능별로 나눠 편리하게 사용하게 했다. 스마트워크는 직원 업무 방식에 변화를 가져왔다. 쉬운 회의실 예약 문화로 타 부서와 협업이 활발해졌다. 회의는 효율화되고 문서는 체계적으로 관리됐다.

박찬홍 한화S&C 경영지원실장은 "임직원 삶의 질과 업무 효율성을 높이는 스마트워크를 위해 일하는 사람 생각과 태도 변화가 필요하다"며 "스마트워크 문화 선두 기업으로 자리 잡겠다"고 말했다.

출처: hsnc.co.kr, 2021년 8월 16일 참조; 전자신문, 2016년 9월 20일

그룹웨어

경영관리자들은 흔히 단독으로보다는 그룹으로 회의를 통해 의사결정을 수행하게 된다. 단독으로 결정을 내리는 경우일지라도 때에 따라서는 문제와 관련있는 다른 관리자들 의견의 수렴을 거친 후에 결정을 내린다. 따라서 그룹 구성원 간에 이루어지는 의견의 교환이 의사결정에 미치는 영향은 중요하다.

그룹웨어의 출현배경

그룹웨어의 역사는 1980년대 중반 경부터 미국 애리조나대 및 미네소타대를 중심으로 진행되어 온 **그룹의사결정지원시스템**(group decision support systems: GDSS)에 관한 연구로 거슬러 올라간다. **전자회의시스템**(electronic meeting systems: EMS)이라고도 불리는 GDSS는 그룹 공동에 의한 아이디어 생성의 촉진을 통해 회의의 과정 및 성과를 개선하는 데 역점을 두는 기술이다. 그 후 이 GDSS연구는 1980년대 말 로터스사의 노츠(Notes)를 중심으로 그룹웨어 개발노력이 활기를 띠면서 그룹웨어라는 하나의 개념부류 안으로 합류하게 되었다. **그림 12-5**에 예시된 바와 같이, 로터스 노츠는 회의지원 기

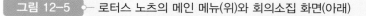

그림 12-5 ━ 로터스 노츠의 메인 메뉴(위)와 회의소집 화면(아래)

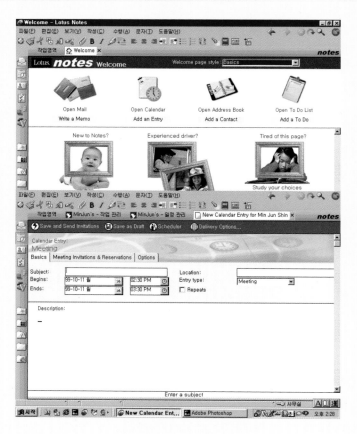

능보다는 조직 내 팀원들의 메시지교환 기능을 염두에 두고 개발된 소프트웨어이다. 각기 다소 다른 관점에서 출발한 이들 두 개념이 합류하게 된 것은 이들이 조직의 구성원들 간의 정보교환 촉진을 주요 목적으로 한다는 공통점 때문이었다.

그룹웨어의 개념 및 유형

문헌에 따라 다소 차이는 있을 수 있으나, **그룹웨어**란 팀 위주로 구성된 조직에서 공동과업을 수행해야 하는 구성원들이 목적을 달성하기 위해 효과적으로 의사소통 및 정보 공유를 할 수 있도록 지원해 주는 네트워크 기반의 정보기술이라 정의될 수 있다. 특히 팀, 혹은 워크그룹, 구성원들 간의 협업기능에 초점이 맞춰지므로, 협업 소프트웨어라고도 불린다.

협업지원의 수준에 따라 그룹웨어는 커뮤니케이션, 컨퍼런싱, 그리고 협업관리의 세 가지 유형으로 분류될 수 있다. **전자커뮤니케이션 툴**은 정보의 교환기능에 초점이 맞춰진다. 전화통화나 온라인 채팅(즉 인스턴트 메시징)이 이 부류에 속한다. **전자컨퍼런싱 툴**은 공동 목표를 달성하기 위해 필요한 상호대화적인 작업을 지원하는 것이 특징이다. 브레인스토밍이나 전자투표가 그 예라고 할 수 있다. **협업관리 툴**은 공동 목표를 달성하기 위해 필요한 복잡한 상호의존적인 작업을 지원한다. 스포츠 팀의 예를 들면, 팀원 모두가 펼쳐질 경기에서 적시에 최선의 플레이를 보여주어야 하는 반면, 팀이 승리할 수 있도록 팀원들이 각기 서로 다른 역할을 담당하여야 한다. 이 같이 협업관리는 구성원들 간의 조정관리를 통해 복잡한 과업을 지원할 수 있어야 한다.

전자 커뮤니케이션 툴

전자 커뮤니케이션 툴은 메시지, 파일, 데이터, 또는 문서를 조직구성원들 간에 전송하며 이를 통해 정보 교환 및 공유를 촉진시키는데 역점을 두는 소프트웨어이다. 예를 들면, 이메일은 문자화된 정보를 비실시간 방식에 의해 교환할 목적으로 이용되는 반면, 음성메일은 전화기를 통해 녹음된 음성 메시지를 비실시간 방식으로 수신자에게 전달한다. 또한 인스턴트 메시징(instant messaging)은 문자화된 정보를 실시간 방식으로 교환할 수 있는 온라인 채팅 툴로서, MSN 메신저, 네이트 메신저 등이 이에 속한다.

전자컨퍼런싱 툴

전자 컨퍼런싱(electronic conferencing) 툴도 역시 전자 커뮤니케이션 툴과 같이 정보의 교환 및 공유 기능을 지원한다. 그러나 정보의 교환이나 공유가 더 상호대화적인 방식으로 이루어지므로, 특정 이슈에 대한 논의를 통해 해법을 탐색할 목적으로 이용된다. 인터넷 포럼(혹은

▲ 화상컨퍼런싱시스템에 의한 원격회의 진행모습

토의게시판)은 사용자들이 온라인상에서 문자화된 메시지를 교환함으로써 심도있게 토의할 수 있는 환경을 제공하며, 윈도우7, 리눅스, 아이폰 등 특정 주제와 관련한 수많은 온라인 포럼들이 운영되고 있다. 화상컨퍼런싱시스템은 컴퓨터 네트워크에 연결된 이용

자들이 화상 및 음성신호를 통해 회의에 참여하며 또 회의진행 모습을 온라인으로 공유할 수 있는 시스템이다. 한편, 전자회의시스템(electronic meeting system: EMS)은 본래 기업의 회의실에 하드웨어 및 소프트웨어를 설치해 회의참여자들이 문자화된 의견을 네트워크상에서 교환함으로써 보다 생산적인 방식으로 회의를 진행하는 시스템을 의미했다. 그러나 EMS는 인터넷 환경과 만나면서 조직구성원들이 아무때나 어디서나 편리하게 회의에 참여할 수 있는 웹기반의 분산회의시스템으로 진화했다.

협업관리 툴

기업의 팀업무를 수행하는데 매우 중요하게 이용되는 협업관리(collaborative management) 툴은 워크그룹(혹은 팀) 활동을 촉진 및 관리하는데 이용된다. 예를 들면, 전자 캘린더(혹은 시간관리 소프트웨어)는 일정을 계획 및 관리하며, 자동으로 워크그룹 구성원들에게 일정을 미리 알려줄 목적으로 활용된다. 프로젝트 관리 시스템은 프로젝트의 추진과 관련한 과업들의 계획, 점검 및 관리를 하는데 이용되는 툴이다. 최근 들어 웹 2.0시대의 상징으로 빠르게 확산되고 있는 위키(Wikis)는 다수의 사용자들이 자율적으로 참여해 공동으로 문서나 기타 온라인 자원을 구축하는데 이용되는 협업 툴이다. 워크플로우 시스템은 조직의 비즈니스 프로세스 내에서 과업들 및 문서들을 협력적으

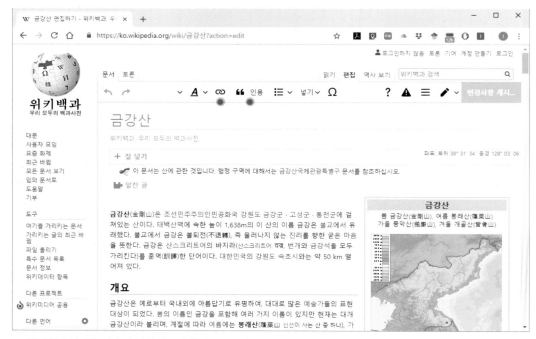

▲ 위키백과 사전은 다수의 사용자들이 협업관리 툴을 이용해 공동으로 구축한 콘텐츠의 예에 해당한다.

로 관리할 수 있는 기능을 제공한다. 끝으로, 지식관리시스템은 조직이 지식경영을 촉진하기 위해 다양한 형태의 정보를 원활하게 수집, 조직화, 관리 및 공유할 수 있는 시스템으로서, 이 시스템은 다음 섹션에서 살펴보기로 한다.

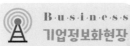

지식경영으로 협력사경쟁력 높이는 SK하이닉스

SK하이닉스는 '물고기를 잡아주기보다 잡는 법을 알려 줘야 한다'는 경영철학에 근거해 협력사의 경쟁력을 강화할 수 있는 장기적 관점의 반도체 생태계 육성 방안을 추진하고 있다. 공유인프라는 사회와 함께 더불어 성장하려는 SK그룹의 전략 중 하나다. SK가 보유한 유무형의 자산을 공유함으로써 새로운 사회적 가치를 창출하고 나아가 비즈니스 모델의 혁신을 통해 블루오션 시장을 추구한다.

SK하이닉스는 반도체 산업 생태계의 동반 성장을 목표로 협력사를 대상으로 한 '공유인프라 포털'을 열었다. 협력사들은 SK하이닉스가 30년 넘게 쌓아온 반도체 기술 관련 전문지식과 생산 현장의 노하우를 배우고, SK하이닉스 장비를 활용한 웨이퍼 분석·측정 서비스를 이용할 수 있다. SK하이닉스는 지난 4월 경기 이천 본사에서 국내외 협력사를 대상으로 'SV(Social Value) 및 공유인프라 플랫폼 설명회'도 개최했다.

최근 수요 급증으로 메모리 반도체 제품 경쟁력의 원천인 미세공정 전환이 한계에 도달하고 있다. 이를 해결하기 위해서는 생산장비, 재료 등을 공급하는 협력사의 역량 강화와 이들과의 긴밀한 협업이 절대적으로 필요하다. SK하이닉스 공유인프라 활동인 '반도체 아카데미'와 '분석·측정 지원센터'는 협력사 기술 경쟁력 제고의 핵심 플랫폼으로 긍정적 역할을 하고 있다. SK하이닉스는 공유인프라를 통해 협력사의 기술 수준을 높이는 게 SK하이닉스의 경쟁력 강화로 이어질 것으로 기대하고 있다.

SK하이닉스가 운영하는 반도체 아카데미는 업계 유일의 반도체 전문 학습기관이다. 협력사들은 공유인프라

▲ 공유인프라 포털 메인화면

포털에 회원 가입하는 것만으로도 반도체 아카데미를 통해 제조 공정, 소자, 설계, 통계 등 7개 분야 123개 온라인 교육과정을 무상으로 들을 수 있다. 포털 사이트가 가동된 지 두 달도 채 안 됐지만 반응은 뜨겁다. 지난달 기준 7,000회 이상 조회 수를 기록하며 89개 협력사 임직원들의 자율적인 학습이 이뤄지고 있다.

반도체 아카데미에서는 메모리 일반, 공정, 설계, 제품, 품질, 마케팅, 자동화 등 10개 분야 41개 과정 오프라인 집합 교육도 매월 진행한다. 현장 노하우가 압축된 양질의 콘텐츠를 지속적으로 제공하고 있다. 특히 SK하이닉스 소속 전임교수와 강사 22명이 차별화된 지식과 노하우를 전달한다. 한 협력사 관계자는 "현장 사례 중심의 반도체 교육은 SK하이닉스 외에 어느 곳에서도 받을 수 없다"며 만족스러운 반응을 보였다. SK하이닉스 관계자도 "공유인프라 포털 시스템은 구축 과정에서부터 협력사의 반도체 교육 및 기술 협력에 대한 수요 조사 결과가 반영됐다"며 "협력사들의 활용도가 높다"고 설명했다.

SK하이닉스는 반도체 아카데미를 한국 최고의 반도체 전문 교육기관으로 발전시킬 방침이다. 이를 위한 첫 단계로 협력사와의 전략적 협업을 통해 개별 협력사의 수요를 고려한 맞춤형 강좌를 개설할 계획이다. 협력사 신입사원 교육과정을 공동으로 개발하는 것도 추진한다.

반도체 아카데미의 운영 노하우를 기반으로 일방향 전달 교육을 넘어 협력사로부터 SK하이닉스가 배울 수 있는 쌍방향 학습 플랫폼도 구축한다. 협력사의 장비 개발 담당자가 직접 SK하이닉스의 장비 운영 엔지니어를 교육하고 상호 성장하는 선순환 구조를 구축할 계획이다. 협력사 퇴직 임직원을 강사로 채용해 일자리 창출에도 기여한다. SK하이닉스는 협력사와의 지속적인 상호 지식 교류를 통해 궁극적으로 세계 최고 수준의 공정기술 및 장비기술 전문가를 육성할 방침이다. 반도체 개발의 난제를 극복하기 위한 심화 교육과정을 개설해 SK하이닉스 기술력 강화에 직접적 기여하는 것은 물론 기술 인재 육성의 전진기지로도 활용할 계획이다. 나아가 대학생, 취업준비생에게 특화된 반도체 교육과정도 만들어 미래 인재 양성에 앞장설 생각이다.

분석·측정 지원센터는 SK하이닉스의 생산장비, 분석 역량 등 유무형 자산을 더욱 적극적으로 협력사와 공유하는 플랫폼이다. 협력사의 요청에 따라 SK하이닉스의 최신 장비를 활용해 물성분석(TEM, SEM, SIMS), 화학 분석(ICP-MS 외 20종) 등을 수행하고, 고품질의 데이터를 제공한다. 현재 15개 협력사가 분석·측정 지원센터를 활용하고 있다.

협력사들은 물질, 화학 분석을 통해 협력사의 재료가 실제 반도체 생산라인에서 얼마나 효과적으로 동작하는지 빠른 피드백을 받을 수 있다. 협력사들은 분석 결과를 향후 제품 성능 보완 및 신제품 개발 등에 반영해 기술 경쟁력을 높인다. SK하이닉스 관계자는 "분석 결과 데이터 외 회사의 34년간 경험이 담긴 분석 의견도 같이 제공하고 있다"며 "다른 곳에선 줄 수 없는 고품질의 데이터. 협력사에 큰 도움이 될 것"이라고 말했다. SK하이닉스는 향후 추가 장비투자를 통해 분석·측정 지원센터의 서비스를 확대하고, 장비 성능 평가 기술력에 기반한 장비 개발 전문 기관으로 자리매김할 계획이다.

SK하이닉스는 반도체 '스타트업·창업센터'도 세울 예정이다. 반도체 산업은 소자본 신규 창업이 매우 어렵다. 아이디어를 사업화하는 데 기술 장벽도 높다. SK하이닉스는 이러한 진입장벽을 낮추고 반도체 창업을 돕기 위해 스타트업 시작부터 운영, 성장 과정을 지원하는 컨설팅 모델을 기획하고 있다.

자사 창업 공간 제공, 기술 컨설팅, 경영관리 시스템 지원 등 유무형의 경영 자원을 적극 제공할 계획이다. 특히 설계, 제품 분야의 퇴직, 전직 기술 인재들이 국외로 나가지 않고 국내에서 후진을 양성하면서 전체 반도체 산업 생태계도 건강하게 만들 것으로 기대하고 있다.

SK하이닉스는 소자 기업, 장비·부품 회사, 재료 공급사, 대학 등 반도체 산업 이해관계자들의 역량을 한자리에 모아 반도체 미래기술을 확보하는 '공통 과제 연구개발센터' 설립도 검토 중이다. 반도체 아카데미, 분석·측정 지원센터 등을 통해 누적한 기술 역량을 외부와 공유·활용함으로써 기술적 난제들을 해결할 실마리를 찾을 것으로 기대하고 있다.

출처: 매일경제, 2018년 6월 14일

지식관리시스템

지식기반 경제의 출현

마이크로소프트사는 비교적 대단치 않은 규모의 공장 및 제품재고를 가지고 운영하는 회사이지만 회계장부상의 가치는 2,000억 달러로 평가되고 있다. 반면에, 산업화시대의 대표적 기업으로 인식되고 있는 제너럴 모터스는 시설 및 제품재고 면에서는 거의 세계 최대의 규모이지만 회사가치는 400억 달러 정도에 그치고 있다. 어째서 이러한 일이 가능할까?

기업이 유형자산보다는 무형자산에 그리고 제품재고보다는 지식에 점차 더 가치를 두게 됨에 따라 성공의 정의가 완전히 바뀌었다. 요즈음 성공은 기업의 혁신 능력, 즉 시장을 창조하고 해체할 수 있는 능력에 의해 좌우된다. 목표 달성을 위해 기업은 끊임없이 제품 및 서비스를 경쟁사보다 한 수 앞서 제공하여야 한다. 성공하기 위해 조직은 그 고유의 지식을 축적하여야 한다. 이러한 지식 중심적인 발상은 기업이 지식경영을 추진케 하는 원동력이 되고 있다.

물질적 자산보다 지적 자산에 더 큰 비중을 두는 추세는 금세기의 저명한 경영학자인 피터 드러커에 의해서도 예견되고 있다. 드러커 박사는 21세기는 곧 **지식기반 경제**(knowledge-based economy)에의 진입을 의미한다고 전제하고 지식이 가장 근본적인 기업의 자원이 될 것이라고 주장한다. 지식기반의 경제에서는 기업에서 생산근로자보다는 지식근로자가 더 중요한 역할을 담당하게 되며, 기업은 스스로 변화해 가는 능력을 갖추어야만 생존할 수 있다고 말한다. 따라서 무의미해진 지식은 과감하게 버리고 새것을 배울 수 있도록 준비하는 노력이 필요하다. 즉, 기업의 각 업무활동을 지속적으로 개선하고 성공적 경험들을 토대로 새로운 아이디어나 방법들을 개발할 수 있도록 최선을 다하여야 한다. 또한 조직차원에서 체계화된 노력을 통해 지속적인 프로세스 혁신을 추구해 나가는 것이 기업의 성공을 위해 필요하다.

지식경영과 기업 대응능력

오늘날 많은 기업들은 급변하는 경영환경 가운데서 살아 남고 성공하기 위해서는 지식창출 기업 혹은 학습조직이 되어야 하는 필요성을 인식하고 있다. 즉, 지속적으로 비즈니스 지식을 창조하고 이를 조직 내에 전파하며 또 신속하게 새로운 제품이나 서비스에 적용할 수 있는 능력을 갖추어야 한다는 의미이다. 지식창출 기업은 지식관리 기법 및 정보기술을 이용하여 조직원들이 알고 있는 바를 함께 공유하고 축적된 업무지식을

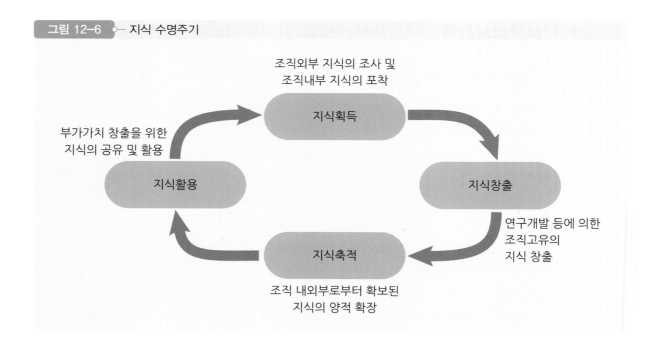

그림 12-6 ●─ 지식 수명주기

보다 효과적으로 활용할 수 있는 방법을 찾아야 한다.

지식경영은 조직이 **명시적 지식**(explicit knowledge: 쉽게 명문화해서 온라인으로 저장할 수 있는 지식) 및 **암묵적 지식**(tacit knowledge: 명시화가 어렵고 주로 종업원들의 두뇌 및 경험 속에 묻혀 있는 지식)을 효과적으로 공유할 수 있는 새로운 방법을 모색할 수 있게 해 준다. 지식을 기반으로 한 조직은 외부 요구에 신속하게 대응하고, 내부 자원을 지능적으로 최대한 활용하며, 외부 시장동향을 예측할 수가 있다. 이러한 능력을 갖추는 데에는 기업의 운영방향과 리더십에 있어 근본적인 변화가 요구되지만 그에 따른 보상은 실로 크다.

흔히 조직의 지식은 지식 수명주기(knowledge lifecycle)에 따라 관리된다. **그림 12-6**은 지식관리를 동적인 프로세스로서 보고 지식의 획득, 창조, 축적, 활용으로 이어지는 반복적 사이클을 통해 지식이 조직에 제공하는 가치를 증대시켜 나가는 과정을 나타내고 있다. **지식획득** 단계에서는 경쟁사와 같은 조직외부의 지식을 벤치마킹 및 기타 정보탐색 과정을 통해 발견해 내고 또 조직구성원들의 지식을 명문화(codify)함으로써 조직내부 지식을 포착하는데 초점을 둔다. **지식창출** 단계는 조직의 연구개발 노력 등을 통해 조직고유의 지식을 새로이 개발하는 것을 주요 목표로 한다. **지식축적** 단계에서는 조직 내외부로부터 확보된 지식을 양적으로 확장시켜 활용 가능한 조직 지식자산을 구축한다. 끝으로 **지식활용** 단계는 제품개발과 같은 부가가치 창출 활동을 위해 지식을 창의적으로 활용하는 단계이다. 무엇보다도 지식의 활용은 중요한데, 그 이유는 기업이 구성원들 간에 그리고 고객 및 비즈니스 파트너와 함께 지식을 공유함으로써 고객 서비스를 개선하고 제품인도 시간을 단축하며 또 회사내 및 파트너와의 협업을 보다 효율적으로 수행할 수가 있기 때문이다.

지식관리시스템

기업이 지식자원의 가치를 극대화하기 위하여 조직학습 및 비즈니스 노하우를 체계적으로 관리할 수 있게 해 주는 정보시스템을 가리켜 **지식관리시스템**(knowledge management system: KMS)라고 부른다. KMS는 지식근로자들(knowledge workers)이 필요할 때는 언제라도 중요한 비즈니스 지식을 창조하고, 정리하며, 공유할 수 있도록 해 주는 역할을 한다. 이를 위해 조직원들이 필요로 할만한 조직 내외부의 지식은 지식베이스에 저장이 되어야 하며, 조직원들이 내장된 지식을 기업의 가치창조 활동에 최대한 활용할 수 있도록 유도하는 노력이 필요하다.

KMS는 정보의 창출, 수집, 저장 및 전파를 지원하기 위해 조직의 지식을 관리하는 시스템이다. KMS의 역할은 조직구성원들이 조직의 팩트, 정보원 및 해결방법을 쉽게 접근할 수 있도록 하는 것이다. 가령, KMS를 구축하는 주된 목적은 다음과 같은 예시를 통해 표현될 수 있다. 어느 엔지니어가 기어 시스템에서 나는 소음을 줄여주는 합금 혼합기술을 아는데, 이 정보를 조직차원에서 공유하면 보다 효과적인 엔진설계가 가능하며 또 향상된 기기의 개발을 위한 유용한 아이디어가 생성될 수 있다.

KMS는 다음과 같은 특징을 지닌다.

- **목적:** KMS마다 협업의 지원 혹은 우수 업무수행기법의 공유와 같은 구체적 지식경영 목표가 있다.
- **맥락:** 지식이란 '의미있게 조직화되고, 축적되며 또 끊임없이 창출 및 응용되는 정보라는' 시각에서 KMS의 도입이 필요하다.
- **프로세스:** KMS는 지식의 수명주기(즉, 지식의 수집, 창출, 전파, 공유, 활용 등)에 관여된 핵심 프로세스를 지원하며 개선할 목적으로 개발된다.
- **참여자:** KMS를 이용하는 지식 커뮤니티에서 사용자들은 적극적인 참여자로서 역할을 수행할 수 있다.

지식관리시스템의 기술요소

지식관리시스템을 구축하는 데 고려할 수 있는 정보기술에는 본 장에서 주요 주제로 다루고 있는 문서관리시스템 및 그룹웨어가 중요한 비중을 차지한다. 지식관리시스템의 정보기술요소는 지식창출/획득(knowledge capture) 측면과 지식공유/교환(knowledge sharing) 측면의 두 가지로 나누어 설명할 수 있다.

지식창출/획득 툴   기업이 필요 지식을 창출하거나 수집하는 데 이용할 수 있는 도구로는 워크플로우, 전자회의, 전자토의포럼이 대표적이라고 할 수 있다. 워크플로우(workflow) 시스템은 기업 업무의 흐름을 관리하는 기능에 초점을 두므로 조직업무 프로세스와 관련한 지식을 포착하는 데 사용할 수 있다. 전자회의(electronic meeting) 시스템은 앞서 지적된 바와 같이 제품의 설계나 광고카피의 고안처럼 창의적인 발상을 통해 새로운 아이디어를 도출해 내는 데 중점을 두므로 조직의 지식창출을 위해 유용한 도구로 사용이 가능하다. 전자토의포럼(electronic discussion forums)은 비실시간 방식에 의한 조직원들 간의 주제토의를 지원한다는 점에서 전자회의시스템처럼 암묵적 지식의 창출 도구로서 활용될 수 있다.

지식공유/교환 툴   조직원들 간에 지식을 공유하거나 교환하는데 있어서도 정보기술의 역할이 중요하다. 이러한 기술에는 전자문서관리시스템, 그룹웨어, 인트라넷이 있다. 전자문서관리시스템(EDMS)은 앞서 설명한 바와 같이 조직 내 여러 유형들의 문서들을 통합적으로 관리하는 시스템이다. 이 시스템을 통해 개인이 필요로 하는 지식의 키워드만 입력하면 곧 그와 관련된 문서들이 화면에 열거되며 희망하는 문서를 선택하고 내용을 확인할 수 있다. 조직의 명시적 지식 중 상당 부분이 문서의 형태로 존재한다는 사실을 생각할 때 EDMS는 지식의 효과적 공유를 위해 중요하다. 조직원들 간에 정보를 공유하고 교환하는 기능에 역점을 두는 그룹웨어 및 인트라넷도 지식 공유를 위한 도구로 사용이 가능하다.

지식관리시스템의 도입

조직의 지식베이스를 구축하는 작업은 겉으로 보기보다는 훨씬 복잡하다. 구축비용도 매우 높을 수 있지만, 그 도입효과도 정당화시키기가 좀처럼 쉽지 않다.

지식관리시스템의 구축에 있어 중요하게 고려해야 하는 이슈 중의 하나는 지식관리시스템의 구축을 누가 총괄할 것인가 하는 문제이다. 지식관리시스템도 정보기술이므로 흔히 CIO(정보담당이사)가 총괄하면 된다고 생각할 수 있지만 CIO 혼자의 힘으로 이 복잡한 프로젝트를 감당해 나가기는 벅찰 수도 있다. 여러 기업들이 지식관리시스템 구축의 총괄역할을 담당하게 하기 위해 **지식담당이사**(chief knowledge officer: CKO)라는 직무를 설치하고 있다. 회장(CEO)과 정보담당이사(CIO)와의 연결고리 역할을 수행하는 CKO는 지식관리기반을 구축하고 지식 중심의 조직문화를 조성하며 지식경영의 성과를 극대화하는 책임을 담당한다.

특히, 지식관리시스템을 도입하는 데 있어 극복해야 하는 중요한 과제로는 조직문화의 조성이 있다. 아무리 우수한 지식베이스를 기술적으로 완벽하게 구현하더라도 조직원들이 이를 이용하여 새로운 지식을 창조하고 또한 함께 공유하는 노력이 없으면 시스템은 아무 의미를 지니지 못한다. 따라서 지식의 창조와 활용 노력에 대해 동기를 부여하는 보상시스템을 도입함으로써 조직원들 개개인이 확고한 의지를 가지고 지식경영에 참여할 수 있도록 CKO가 중요한 리더십을 발휘해야 한다.

KMS의 도입으로부터 기대할 수 있는 효과는 다음과 같다.
- 소중한 조직의 정보를 전사적으로 공유할 수 있음
- 중복적인 개발노력의 회피
- 신규 직원의 교육훈련 기간의 단축
- 직원이 회사를 떠나더라도 담당하던 지식을 사전에 명문화한다면 지적자산 보유 가능
- 시간의 효율적 관리

 요약

- 컴퓨터 기술은 본래 데이터처리 위주의 업무에 적용되었지만 기술의 발전과 함께 경영의사결정 문제로 그 응용범위가 확대되기 시작했다.
- 기업의 경영관리자가 담당하는 역할은 대인관계 역할, 정보매개 역할, 의사결정 역할의 세 가지이다. 이 중 세 번째에 해당하는 의사결정 역할은 정보기술을 통해 그 효과를 현저하게 제고할 수 있다.
- 경영관리자를 위한 정보기술은 의사결정지원시스템(DSS), 그리고 비즈니스 인텔리전스(BI)시스템이다.
- DSS란 관리자에게 데이터와 분석모형을 제공함으로써 반구조적 문제를 효과적으로 해결할 수 있도록 지원해 주는 컴퓨터기반의 시스템이다.
- DSS가 경영관리자에게 제공하는 가치는 의사결정의 효율성보다도 그 효과 혹은 성과에 중점을 두어 이해하여야 한다. 즉, 의사결정 시간도 절감되지만, 더 중요한 것은 의사결정의 성과(예: 매출, 시장점유, 고객만족도)를 증대시킬 수 있다는 사실이다.
- DSS는 불시의 문제 지원, 반구조적 문제 지원, 데이터 열람 및 모델 실행, 민감도 분석,

시나리오 분석, 목표변수 역추적 등의 기능을 제공한다.

- BI시스템은 비즈니스 운영의 지속적인 감시를 통해 기업의 즉각적인 대응이 요구되는 예외적 상황을 발견하는데 주요 목적이 있다. 지식업무를 지원하기 위한 정보기술은 전자문서관리시스템, 그룹웨어, 지식관리시스템의 세 가지로 분류된다. 전자문서관리시스템은 정보의 생성이나 관리를 목적으로 하되, 그룹웨어는 조직원 간의 의사소통이나 공동 문제해결에 주안점을 둔다.

- 그룹웨어는 조직의 업무 프로세스를 혁신하고 조직개편을 가능하게 할 뿐 아니라 나아가서는 조직 경쟁력을 제고시킬 수 있는 잠재력이 있다.

- 그룹웨어는 인터넷기술의 보편화로 점차 웹환경과 접목되고 있으며, 아무장소/아무시간대 그룹웨어로 발전되어 나갈 것으로 전망되고 있다.

- 지식관리시스템은 지식기반의 경제에서 기업이 지식을 중심으로 스스로 변화해 가는 능력을 확보하는 데 중요한 역할을 한다.

 **토의 문제**

E / X / E / R / C / I / S / E

01 전통적으로 경영의사결정에 이용되던 DSS 및 EIS가 오늘날 비즈니스 인텔리전스 시스템으로 진화했다는 시각이 있다. 오늘날 비즈니스 인텔리전스 시스템이 DSS와 EIS와 각각 어떤 공통점을 지니고 있는지 조사해 보자.

02 비즈니스 인텔리전스 시스템을 성공적으로 도입하기 위해 고려하여야 하는 성공요인이 무엇인지 인터넷 검색을 통해 알아보자.

03 데이터 마이닝(data mining)이란 용어에 대해 주요 개념을 조사하고, 본문에 소개된 OLAP 개념과는 어떻게 다른지 인터넷 검색을 통해 조사해 보자.

04 정보화 사회에서 핵심 인력으로 부상되는 '지식 근로자'의 업무를 지원해 줄 수 있는 소프트웨어에는 어떠한 것이 있는지 예를 들어 열거하여 보자.

05 우리 나라에서는 문서이미징기술을 도입하기에 어떠한 기업들이 적합하겠는가? 또한 이들 각 기업에서 문서이미징기술의 도입으로 인해 어떠한 변화가 있을 것으로 예상되는가?

06 그룹웨어의 조직 도입 여부를 검토하는 관점에서 그룹웨어의 기대효과를 생각해 보자.

07 외국의 그룹웨어 제품을 우리 나라 기업에 직접 적용시키기가 어려운 이유는 무엇인가?

08 우리 나라에서 그룹웨어를 성공적으로 도입한 기업들의 사례들을 조사하여 보자.

09 이미 그룹웨어를 도입한 기업이 지식관리시스템을 구축하기 위해서는 기존의 정보기

술을 어떻게 활용하여 시스템을 효율적으로 구축할 수 있는지 생각해 보자.

참고 문헌

[1] Gorry, G. A. and M. S. Scott-Morton, "Framework for Management Information Systems," *Sloan Management Review*, Vol. 13, No. 1, Fall 1971.

[2] Hong, Ilyoo and Douglas Vogel. "Data and model management in a Generalized MCDM DSS." *Decision Sciences*, Vol.22, No.1, Winter 1991.

[3] Johansen, Robert. *Leading Business Teams*, Reading, MA: Addison-Wesley, 2001.

[4] Keen, P.G. and M. Scott-Morton. *Decision Support Systems: An Organizational Perspective,* Reading, MA: Addison-Wesley, 1978.

[5] Mintzberg, Henry. *The Nature of Managerial Work*, New York: Harper & Row, 1983.

[6] Nunamaker, J.F., Jr., et al., "Electronic Meeting Systems to Support Group Work," *Communications of the ACM*, July 1991.

[7] Osborn, A. F. *Applied Imagination: Principles and Procedures of Creative Thinking.* New York: Charles Scribner & Sons, 1953.

[8] Laudon, K.C. and J.P. Laudon. *Management Information Systems: Managing the Digital Firm* (*17^{b} ed.*), New York: Pearson, 2021.

사례 연구

AI 기술로 BI 시스템 더욱 진화하다

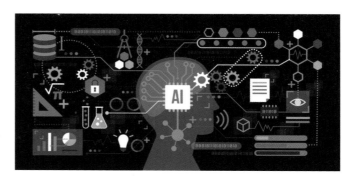

비즈니스 인텔리전스(BI) 플랫폼은 진화하고 있다. 데이터 대시보드와 비즈니스 애널리틱스는 인공지능과 머신러닝이 추가되면서 한층 종합적인 의사결정 지원 플랫폼으로 변신 중이다. 이러한 '의사결정 인텔리전스(Decision intelligence)'를 뒷받침하는 일련의 정교한 툴들이 기업 워크플로우에 추가되고 있다.

컨스털레이션 리서치(Constellation Research)의 애널리스트인 니콜 프랑스는 "의사결정 인텔리전스란 의사결정을 내리기 위해 대량의 데이터를 처리하는 역량이다"면서 "비즈니스 인텔리전스가 하고 있던 것과 동일하지만, 기업 전체에 걸쳐 액세스가 가능하다"라고 설명했다.

의사결정 인텔리전스가 실무에 적용된 대표적인 실례는 추천 엔진이다. 이는 애널리틱스를 이용해 소비자가 가장 선호하는 제품이나 다음에 시청할 영화를 예측한다. 이러한 툴은 맥락 및 연관 선택지를 제공하여 사람들이 더 나은 결정을 내리는 데 도움을 준다고 프랑스는 말했다. 그러면서 전통적인 BI 툴의 대시보드와 애널리틱스는 여전히 가치가 있지만, 의사결정 인텔리전스는 접근성과 유효성이 더 높다고 그는 덧붙였다.

프랑스는 "최전방에 있는 사람에게 맥락은 중요하다"면서 "그리고 정리하기 어려운 복잡성이 있다. 목표는 명확하고 이해하기 쉬운 방식으로 정보를 제시하는 것이고, 이에 따라 사람들은 복잡한 분석을 이해할 수 있고, 결정을 신속히 내릴 수 있다"라고 말했다.

의사결정 인텔리전스 응용 사례

코로나19 팬데믹은 세계 경제의 거의 모든 부분에서 디지털 트랜스포메이션을 가속했고, AI는 이의 핵심을 차지해가고 있다. 451리서치의 설문에 응한 기업의 95% 이상이 AI가 디지털 트랜스포메이션에서 중요하다고 생각하고, 65%는 매우 중요하다고 말했다.

1월 말 발표된 위 설문에 따르면 지난해 미국에서 AI 도입은 전년 대비 9% 포인트가 증가했고, 팬데믹이 AI 이니셔티브의 속도를 늦췄다고 응답하는 비율은 불과 28%에 그쳤다.

그리고 AI가 인기를 끌고 있는 핵심 분야는 데이터와 애널리틱스이다. 리얼BI가 소프트웨어 개발자 및 IT 리더를 대상으로 진행한 2021년 설문에 따르면 41%의 회사가 데이터 및 애널리틱스로의 액세스 요청이 증가했고, 가장 중요한 이유 가운데 하나는 이용자가 데이터 주도의 결정을 내리는 것을 지원하는 것이었다. 나아가, 설문에 따르면 애널리틱스 소프트웨어나 대시보드에 머신러닝을 추가하는 것에 관심이 증가했고, 현재의 6%에서 상승하여 16% 정도가 가까운 미래에 이 기술을 추가할 계획이다.

비즈니스 인텔리전스 플랫폼에 AI와 머신러닝을 추가한다면 이는 맥락, 예측, 추천을 의사결정자에게 적시에 제공하는 의사결정 인텔리전스 플랫폼으로 진화할 수 있다. 가트너에 따르면 2023년까지 대형 조직의 3분의 1 이상에 의사결정 인텔리전스를 담당하는 애널리스트가 있을 것으로 전망된다.

가트너는 데이터 및 애널리틱스 리더가 비즈니스 성과 및 행위의 맥락에서 결정 모델 및 프로세스를 설계하는 것을 지원하는 체계로서 '의사결정 인텔리전스'를 정의한다. 실무적으로, 의사결정 인텔리전스는 애널리틱스를 이용해 직원, 고객, 비즈니스 협력자가 의사결정을 내리는 데 도움을 준다. 적정한 시점과 장소에서 데이터, 분석, 예측을 제공하는 것이다. 의사결정 인텔리전스가 비즈니스 프로세스의 핵심 부분이 됨에 따라 의사결정은 과거보다 더 빠르고 더 쉽고 덜 비싸게 이루어진다.

캘리포니아 DMV의 대기열 줄이기

의사결정 인텔리전스는 더 나은 의사결정을 더 신속히 내릴 수 있도록 도움을 줄 수 있다. 더 신속한 의사결정은 매 순간 치명적 질병에 걸릴 위험을 무릅쓰면서 DMV에서 줄을 서는 사람들에게 특히 중요하다.

캘리포니아 차량관리국(Department of Motor Vehicles, DMV)의 최고 디지털 트랜스포메이션 임원인 아제이 굽타는 "의사결정 인텔리전스는 단순히 애널리틱스와 인사이트 뿐만 아니라 의사결정을 내릴 수 있는 역량이다"면서 "우리는

▲ 캘리포니아 차량관리국(DMV)

일상 업무에서 AI를 이용한다. 이는 단순히 무엇을 해야 하는지 말해줄 뿐 아니라 다른 사람이라면 내릴 듯한 결정을 내릴 수 있도록 도움을 준다"라고 말했다.

그는 팬데믹이 시작될 즈음 지능형 문서 처리(Intelligent Document Processing)를 구현하기 시작했다고 말했다. 이는 고객이 DMV에 도착하기 전에 서류를 업로드해 누락된 서류가 없는지 확인할 수 있게 해주었다. 디지털 트랜스포메이션 플랫폼 사업자인 애비(ABBYY)가 이 프로젝트에서 DMV와 협력하였고, 추가 작업은 유저 프렌들리 컨설팅(User Friendly Consulting)이 맡았다.

굽타는 "컴퓨터 비전(computer vision: 시각적 데이터 분석 기술)으로 패턴 마이닝을 이행한다"면서 "그리고 AI는 역사적 데이터와 훈련을 바탕으로 결정을 내리고 있다"라고 말했다. 그는 사람들이 정확한 서류를 가지고 다시 찾아올 필요가 줄었다며 "창구에서 처리해야 할 일이 적어져서 업무 처리 시간 또한 줄었다"라고 말했다.

예를 들어 운전면허증을 새로운 리얼ID 포맷으로 갱신하라는 연방의 압력이 있다. 이는 사람들의 국내 비행을 간편하게 해줄 것이다. 따라서 수많은 캘리포니아 주민이 신규 면허를 받기 위해 DMV를 방문해야 했다. AI 기능을 추가하고,

서류를 미리 업로드할 수 있는 역량을 추가함으로써, 캘리포니아 DMV는 대면 업무 시간을 1인당 27분에서 약 10분으로 줄였다.

이는 팬데믹 중에 큰 도움이 되었다고 굽타는 덧붙였다. 그는 "사람들이 붐비는 장소에 있는 시간이 줄어들수록 노출 확률도 줄어든다"라고 말했다. 게다가, 서류를 주고받지 않기 때문에, 바이러스가 종이 표면 상에서 전파될 기회도 줄어들었다.

챗봇 역시 DMV 고객 및 직원의 기본적인 질문에 답변하면서 도움을 준다. 그는 "우리가 탐색 중인 한 가지는 이를 이용해 전문 인력을 적시에 훈련시키는 것이다"라고 말했다.

의사결정 인텔리전스 도입하기

캘리포니아 DMV는 스케줄링에도 AI를 이용하고 있다. 1만여 명의 직원이 집, 현장사무소, 본사에서 근무를 하고 있기 때문에 각 지사에서 교대 근무가 적절히 이루어지도록 보장하는 것은 까다로웠다.

현재, DMV의 데이터 과학자는 이에 관한 애널리틱스를 수행하면서 지역 매니저 및 오피스 매니저에게 추천을 제공한다. 나아가 DMV는 데이터 과학자가 아닌 직원이 사용하는 시스템에 의사결정 인텔리전스를 설치하기 위해 플랫폼들을 평가 중이고, 올해 최종 사업자를 선정할 예정이다.

굽타는 "새로운 툴들에 의해 이는 연동될 것이다"라고 말했다. 그리고 워크플로우 시스템에 통합될 것이다. 그는 "이는 사용하기 쉬운 인터페이스의 일부가 될 것이다. 멋진 이용자 경험을 갖도록 특별히 설계된 기성 제품을 이용하기 때문이다. 이는 직원을 위해 증강된 의사결정 프로세스를 생성할 것이다"라고 말했다.

그는 최종 결정은 인간에게 달려있다고 말했다. 그는 "이는 선택지를 제시하고, 변경될 수 있는 일정을 생성하고, 최적의 기준 일정(baseline schedule)을 생성하고, 최종적으로 실행은 매니저에 의해 진행된다"라고 말했다.

DMV가 현재 이를 위해 평가 중인 툴에는 교통 데이터를 주입하는 능력이 포함된다. DMV의 웹사이트는 이미 풋 트래픽 정보(foot traffic information)가 포함되어 어느 날 어느 시간에 방문할 것인지를 결정하는 데 도움을 준다. 이 정보는 또한 교대 근무를 편성하는 데에도 사용된다.

굽타는 "베이 에어리어와 로스앤젤레스에서, 교통 및 주차는 현장 사무소 주변으로 수많은 정체를 생성한다. 따라서 이 데이터를 입력한다면 최적화를 하는 데 도움이 될 것이다"라고 말했다.

또한 DMV는 머신러닝을 이용해 내부 조사인이 조직 내외부의 낭비와 남용을 식별하는 것을 타진 중이다. 그는 "우리의 목표는 조사자, 행동과학자, 데이터 직원이 제공하는 정보로 완성되는 인간 지원 의사결정 인텔리전스 모델(human-aided decision intelligence model)에 도달하는 것이다"라고 말했다. 그는 코로나19가 DMV의 트랜스포메이션 일정을 가속했다고 말했지만, DMV는 이미 그 방향으로 나아가고 있었다.

굽타는 "AI, RPA, ML을 이용해 고객을 돕는 데 이번 위기가 촉매로 작용했다. 이 여세가 지속되었으면 하는 바람이다. 코로나19가 빨리 지나가기를 바라지만 우리가 달성한 일은 남아있기를 원한다"라고 말했다.

케이토 네트웍스사의 네트워크 분석

사이버 보안은 신속히 움직이는 방대한 양의 정보를 바탕으로 결정을 내려야 하는 분야이고, 회사에는 상당한 잠재적 위험이 따른다. 여기서

▲ 케이토 네트웍스사의 본사 사무소

AI와 ML은 보안 애널리스트가 더 나은 결정을 내리는 데 있어 일정한 역할을 할 수 있다. 이는 네트워킹 회사인 케이토 네트웍스(Cato Networks)의 실례에서 드러난다.

회사의 리서치 팀 리더인 애비던 애브라함은 "케이토에서는 여러 활동에 AI와 ML을 집약적으로 이용한다"면서 "예를 들어, 우리는 우리가 도메인 또는 IP 주소에 관해 가지고 있는 모든 정보를 이용하는 평판 모델(reputation model)을 구축했다. 내부 네트워크 데이터와 오픈 소스 인텔리전스 데이터를 기초로 도메인 또는 IP 주소가 악성일 확률을 예측한다"라고 말했다. 이는 위협 탐색 애널리스트가 조사의 우선 순위를 정할 수 있음을 의미한다고 그는 말했다.

케이토는 이를 위해 자체 기술을 개발했고, 아마존 일래스틱 맵리듀스(Amazon Elastic MapReduce)를 이용해 모델을 훈련시켰다. 애브라함은 회사가 1년 넘게 시스템을 이용 중이고, 성과가 우수하고 허위 긍정 비율이 낮다고 말했다. 그는 "이는 우리 애널리스트의 워크플로우에 장착된다"면서 "이 기술이 구축되기 전에는 네트워크 분석을 수작업으로 수행했다. 따라서, 당연한 말이지만, 이제는 작업 속도가 훨씬 빨라졌다"라고 말했다.

의사결정 인텔리전스는 기업들이 일관성을 높이는 데에도 기여할 수 있다. 예를 들어 은행 직원의 대출 승인 결정 같은 것이다. 프라이스워터하우스쿠퍼스(PwC)의 파트너이자 글로벌 AI 책임자인 애넌드 라오는 "사람들은 저마다 상이한 배경을 가지고 있다"라고 말했다. 일관성을 달성하는 방법, 다시 말해 교육 등이 없지 않지만, 외부 요인이 여전히 영향을 미친다. 예를 들어 대출 담당 직원의 기분이 좋지 않은 날이라면 어떻겠는가? 여기서 의사결정 인텔리전스 툴은 맥락과 추천을 제공해 비즈니스 프로세스를 한층 일관성 있게 만드는 데 기여할 수 있다.

고객 관계 관리 및 판매 툴 등 기업의 다른 부분에서 의사결정 인텔리전스의 응용 역시 증가하고 있다. 그리고 새삼스러울 것 없이, 인간의 지성과 AI를 결합하는 것은 이러한 분야에서의 의사결정 프로세스를 강화할 것이다.

출처: Korolov, Maria, "AI와 만난 BI… '의사결정 인텔리전스'", CIO Korea, 2021년 3월 8일

사례연구 토의문제

1. 사례 본문에서는 BI 시스템 기술이 AI 기술과 만나 더욱 진화하고 있다고 주장하고 있다. 본문 내용에 의하면, BI 시스템에 AI 기술을 결합시켰을 때 어떤 새로운 변화가 가능해지는지 설명하시오.

2. 의사결정 인텔리전스의 핵심은 애널리틱스라는 소프트웨어라고 사례 본문의 저자는 언급한다. 애널리틱스의 개념 및 역할에 관해 인터넷 검색을 통해 알아봅시다. 또한 사례 본문에서 언급된 추천 엔진(recommendation engine)은 애널리틱스를 어떻게 활용해 소비자가 가장 선호하는 제품이나 다음에 시청할 영화를 예측할 수 있는지 생각해 봅시다.

3. 사례 본문에 기술된 캘리포니아 차량관리국(DMV)는 의사결정 인텔리전스 기술을 어떤 동기에서 도입하였고, 이 기술을 어떻게 활용하였으며, 또한 이 기술의 적용으로 어떠한 성과를 얻었는지 설명하시오.

4. 사례 본문에 기술된 케이토 네트웍스사는 의사결정 인텔리전스 기술을 어떤 동기에서 도입하였고, 이 기술을 어떻게 활용하였으며, 또한 이 기술의 적용으로 어떠한 성과를 얻었는지 설명하시오.

5. 사례 본문에 소개된 두 사례에서 공통적으로 AI(인공지능) 및 ML(기계학습) 기술이 적용됐다고 하는데, 인터넷 검색을 통해 AI과 ML 간의 개념적 차이에 대해 알아봅시다.

제13장

글로벌 경영의 지원

학 습 목 표

　오늘날 경영 환경의 주요 특징 중의 하나는 세계 시장이 기업 활동의 주 무대가 되는 이른바 세계화(globalization) 추세이다. 세계 시장에서의 기업 활동은 매우 다양한 양상으로 나타나는데, 이를 전략적 기회로 삼기 위해 정보시스템의 능력에 의존하게 된다. 기업활동의 세계화를 지원하기 위한 정보시스템을 적절히 구축하면 타국에서의 생산 활동을 조정하고, 현지 시장에 맞도록 제품 및 서비스를 차별화하며, 기업 전반에 걸쳐 기술 혁신을 확산시키는 것이 가능해지게 된다.

　본 장에서는 글로벌 경영환경의 특성에 기초하여 글로벌 정보시스템에 대한 필요성을 이해하고 글로벌 정보시스템의 구축 및 관리와 관련한 주요 이슈들을 살펴보기로 한다.

　본 장을 학습한 후 학생들은 아래의 질문사항들에 대해 답할 수 있어야 한다.

• 기업의 세계화에 있어 글로벌 정보시스템은 어떠한 역할을 수행하는가?
• 글로벌 정보시스템은 구체적으로 기업의 어떠한 업무를 지원하기 위한 목적으로 활용되는가?
• 기업의 글로벌 정보시스템 구축을 조장하는 요인으로는 어떠한 것들이 있는가?
• 글로벌 경영의 주요 장애물로는 어떤 것들이 있는가?
• 글로벌 경영전략은 어떠한 유형으로 분류될 수 있는가?
• 각 글로벌 경영전략에 대해 어떠한 정보시스템 구조가 적합한가?
• 글로벌 정보시스템은 어떤 전략을 통해 관리해 주는 것이 바람직한가?

개념사례

글로벌 경영으로 위상 높이는 아사히맥주

'수퍼 드라이(Super Dry)'는 아사히맥주의 오늘을 있게 한 일등공신이다. 1980년대 부도위기까지 몰렸던 아사히맥주는 1987년 수퍼 드라이를 출시하면서 반전에 성공했다. 1998년에는 일본 맥주 시장 1위에 올랐다. 전성기 시절 수퍼 드라이의 일본 내 판매량은 2억박스에 달했다.

하지만 수퍼 드라이의 전성기는 오래전 끝났다. 인구 감소와 고령화로 일본 맥주 시장은 포화 상태에 도달한 지 오래다. 유로모니터에 따르면 2012년 554만㎘였던 일본의 맥주 소비량은 2016년 525만㎘로 줄었다. 수퍼 드라이라고 세월을 비켜갈 수는 없었다. 아사히맥주는 지난해 일본 내 수퍼 드라이 판매량이 9794만박스라고 발표했다. 전년 대비 2% 감소해 1989년 이후 처음으로 1억박스 판매에 실패했다.

주력 제품 판매가 줄었으니 실적도 부진해야 할 것 같은데 그렇지가 않다. 아사히맥주(아사히그룹홀딩스)의 지난해 매출액은 2조8,48억엔(약 20조8,040억원)으로 2016년(1조7,069엔)보다 오히려 크게 늘었다. 영업이익과 당기순이익은 각각 1,963억7,000만엔, 1,410억300만엔으로 역시 전년 대비 큰 폭의 증가세를 기록했다.

증권업계에서는 올해도 아사히맥주가 좋은 실적을 이어갈 것으로 전망하고 있다. 지난해 초 3,690엔이던 주가도 5,600엔대로 올랐다. 아사히맥주는 주력 제품의 부진을 어떻게 만회한 걸까.

M&A로 유럽 공략

'일본 주류업체인 아사히맥주가 인수·합병에 수십억달러를 쓸 준비를 마쳤다.' 아사히그룹홀딩스(아사히맥주의 지주회사)의 고지 아키요시(小路明善) 사장을 인터뷰한 지난해 9월 로이터통신 기사 제목이다. 일본 맥주 시장이 포화 상태인데도 아사히맥주가 고공 성장을 거듭하는 이유를 이 기사 제

▲ 일본 아사히맥주 가나가와 공장의 바에서 직원이 아사히 수퍼드라이를 따르고 있다.

목에서 찾아볼 수 있다. 고지 사장은 "일본 맥주 시장의 성장이 정체돼 있기 때문에 우리는 새로운 지역과 세대를 공략할 필요가 있다"며 "투자 기회만 있다면 얼마든지 큰 규모의 투자도 집행할 생각이 있다"고 말했다.

세계 최대 맥주업체인 벨기에의 '안호이저-부시 인베브(AB 인베브)'는 2016년 9월 세계 2위 업체인 영국의 사브밀러를 인수했다. 2015년 11월 AB 인베브는 1,040억달러(약 114조2,000억원)에 사브밀러를 인수하겠다고 밝혔는데, 10개월 만에 거래가 성사된 것이다. 사브밀러 인수로 AB 인베브의 세계 맥주 시장 점유율은 30%까지 올랐다.

인수·합병(M&A) 과정이 순탄했던 건 아니었다. 각국 반독점 당국은 AB 인베브의 시장 점유율이 지나치게 커지는 걸 문제 삼았고, AB 인베브와 사브밀러는 보유하고 있던 여러 맥주 브랜드를 팔아치울 수밖에 없었다. 이때 가장 큰 수혜를 입은 회사가 아사히맥주였다.

아사히맥주는 2016년 말 AB 인베브로부터 동유럽 5개 국가의 맥주 브랜드를 73억유로(약 9조6,720억원)에 사들였다. 이때 아사히맥주가 사들인 맥주 브랜드는 체코의 '필스너 우르켈'과 '코젤', 폴란드의 '티스키에'와 '레흐', 헝가리의 '드레허' 등이다. 같은 해에 아사히맥주는 AB 인베브로부터

페로니와 그롤쉬 등을 3,000억엔(약 3조원)에 인수하기도 했다. 한 해 인수·합병(M&A)에 쓴 돈만 12조원이 넘었다.

유럽 맥주 브랜드에 대한 대대적인 투자는 단순히 아사히맥주의 브랜드 라인업을 넓히는 것 이상의 의미를 가진다. 아사히맥주를 비롯한 일본 맥주는 유럽 시장에서 거의 인지도가 없다. 일본 맥주 수출의 대부분이 한국과 대만·미국·호주로 향할 뿐 유럽에서는 일본 맥주를 찾지 않는다. 아사히맥주는 수출이 아닌 현지 생산으로 유럽 시장을 개척한다는 계획이다. 인지도가 높은 유럽 현지 브랜드를 인수한 뒤, 현지 공장을 통해 아사히맥주를 생산·공급하면 진입장벽을 낮출 수 있다는 것이다. 최근 아사히맥주는 자국 내에서 경쟁사에 시장점유를 빼앗기고 있지만, 해외에서는 대표 브랜드인 수퍼 드라이 맥주를 글로벌 톱 10 맥주 상품으로 키우기 위해 노력을 경주하고 있다.

▲ 네덜란드 엔스헤데에 있는 그롤쉬 공장. 아사히맥주는 2016년 그롤쉬를 인수했다.

출처: 이코노미조선, 2018년 4월 16일; Lisa Du and Grace Huang, "New Ahahi CEO sees post-pandemic bounce in super dry beer demand," Bloomberg, April 8, 2021

13.1 ▶ 기업 세계화와 글로벌 정보시스템

개념사례에 소개된 아사히맥주가 글로벌 경영전략을 성공적으로 구현하기 위해서는 글로벌 정보시스템의 지원이 필요하다. 이 정보시스템을 통해 글로벌 비즈니스 운영현황을 신속하게 파악할 수 있기 때문이다. 기업의 세계화에 중심적 역할을 하는 글로벌 정보시스템은 그것이 운용되는 비즈니스 환경 측면에서 일반 정보시스템과는 다른 특성을 나타낸다. 우선 기업 세계화 및 글로벌 정보시스템의 개념을 각각 살펴보고, 글로벌 시스템의 문화적 · 경제적 · 기술적 환경의 주된 속성을 알아본다.

기업의 세계화

20세기 중반 이후 기업들은 꾸준히 국제화되어 왔다. 그 요인으로는 여러 가지가 있겠지만 국가 간에 제품, 자본, 장비, 노하우 등이 자유롭게 넘나들 수 있게 된데다 교통수단 및 통신망과 같은 국가 인프라(사회간접자본)가 큰 발전을 거듭함에 따라 기업의 세계화 추세는 가속화되었다. 이러한 세계화 움직임에 따라 기업 경영환경도 더욱 복잡해지고 동적으로 변하고 있다.

대부분의 기업들은 비용우위가 있는 곳에서 노동력을 확보하여 공장을 짓고, 자본도 입수가 가능한 현지에서 구하며, 제품을 판매할 시장은 전세계에 걸쳐 찾고 있다. 이제 제품의 국적은 차츰 의미를 잃어가고 있다.

기업이 국제적 사업에 참여하는 방식은 다양하다. 단순히 제품이나 용역을 수출입하거나 혹은 양국 간 상호계약을 통해 기술/경영기법을 교환할 수도 있는데, 이는 가장 초기 단계이다. 여기서 한 단계 발전되면, 해외의 현지에서 생산하는 방식을 택할 수도 있다. 가령 현대자동차가 처음에는 자동차를 자국에서 생산하여 세계 시장에 판매하였지만, 요즈음에는 해외 현지에서 직접 생산하여 공급함으로써 비용을 절감함은 물론 현지 시장의 요구에 더욱 민첩하게 대응하고 있다.

세계 시장을 주 무대로 하여 사업을 운영하는 데에는 여러 가지 극복해야 할 어려움이 따르게 된다. 우선 각국마다 문화와 풍습이 다르기 때문에 문화적인 차이에서 오는 문제들을 해결해야 한다. 기업활동과 관련한 법규가 다를 수 있으므로 기업활동에 어떠한 제약 요소로 작용할 것인지 조심스럽게 검토해야 한다. 또한 해외사업 투자 시 자금은 어떠한 방법으로 조달해야 하는지 결정을 해야 한다. 때에 따라서는 자국에서 조달하는 것보다는 현지 금융기관을 통해 조달하는 것이 바람직할 때도 있기 때문이다.

▲ 체코의 공장에서 생산되는 기아 차의 모습

▲ 국가 간 경계선이 무너지고 한 지구촌으로 인식되기 시작함에 따라 호주의 아웃백이나 미국의 퀴즈노스 서브와 같은 패밀리 레스토랑은 이제 전세계 어디에서나 쉽게 찾아볼 수 있다.

요즈음 들어서 정부 및 기업에서 세계화 움직임을 강조하는 경향이 높아지면서 세계화와 국제화라는 용어를 거의 동의어처럼 사용하는 것을 흔히 볼 수 있다. 그러나 이들 용어는 의미상의 차이가 있으므로 구별해서 사용할 필요가 있다. **국제화**란 자국 밖에서 사업을 하는 것과 관련된 것은 모두 통틀어 지칭하는 개념인데 반해, **세계화**란 국가 간 혹은 지역 간 구분 없이 사업을 운영하는 것을 의미한다. 즉 세계화 개념이 국제화 개념보다 더 포괄적이라고 할 수 있다.

글로벌 환경

제2차 세계대전 이후 기업의 국제화는 가속화되어 왔다. 기업의 국제화를 촉진하는 데는 기업 글로벌화 요인의 영향이 중요하다. 기업 글로벌화 요인이란 기업의 대응이 필요한 글로벌 환경의 요소이자 기업의 운영 방향에 영향을 미치는 요소이기도 하다. 이들 요인은 **표 13-1**에서와 같이 문화 요인과 비즈니스 요인의 두 부류로 나뉘어진다.

표 13-1 ─ 기업 글로벌화 요인

문화 요인	비즈니스 요인
• 글로벌 인프라(통신 및 운송 기술) • 글로벌 문화의 형성 • 글로벌 사회규범의 출현 • 정치적 안정 • 글로벌 지식베이스	• 글로벌 시장 • 글로벌 생산/운영 • 글로벌 조정관리 • 글로벌 규모경제

문화 요인   문화 요인은 경영적 요인에 못지 않게 기업활동의 세계화를 부축인다. 첫째, 정보통신기술 및 운송기술의 거듭된 발전으로 소위 **지구촌**(global village)이라는 개념이 탄생하였다. 이 글로벌 인프라를 통해 국가 간에 정보의 흐름

▲ 국내에 진출한 스웨덴의 다국적 기업 이케아 (이케아 광명점)

과 여행과 물건 운송이 자유로워진 것이다. 가령, 미국에서의 스포츠 게임이 세계 전역에 생중계되고, 누구나 출신국에 관계없이 세계 어느 곳이든지 여행이 가능하며, 제품은 생산국에 관계없이 수요가 있는 곳에서는 어디에서든지 소비가 가능하다.

둘째, **글로벌 문화**는 TV나 기타 매스컴 수단에 힘입어 문화적 공감대를 형성함으로써 전통적인 문화적 장벽을 극복하는 역할을 한다. 외국의 문화행사나 영화를 보고 기뻐하거나 슬퍼하면서 그들과의 생각이 크게 다르지는 않다는 생각이 드는 것도 한 예이다.

셋째, **글로벌 사회규범**은 세계 뉴스 또는 영화 등을 접하면서 스스로 갖게 되는 적절한 사고방식, 판단기준, 언행, 태도, 매너 등이다. 글로벌 사회규범에 대한 인식이 생기게 되면 상대방이 자신의 행위에 대해 어떻게 생각할지 알 수가 있으므로 서로 간에 어색한 감정이 사라진다.

기업의 글로벌화를 촉진하는 넷째 요인은 **정치적 안정**이다. 정치적 불안요인이 사라지면 글로벌 사업의 기회가 크게 증가하게 된다. 대표적인 예로서, 중국이 기존의 공산주의 노선을 수정하여 자유시장경제 체제를 수용함으로써 미국, 한국, 일본 등 기업들이 대거 진출하는 계기를 마련하게 되었고, 구소련 및 동유럽 국가들의 체제변화로 말미암아 유사한 결과가 나타났다.

끝으로, 세계가 문화, 사회, 정치적으로 동질화되어 감에 따라 **글로벌 지식베이스**가 축적되기 시작했다. 다른 나라에 유학해서 학문을 익힌 사람이 본국으로 돌아와서 자국산업의 발전을 위해 일하고, 세계 기업들 간에 전략제휴를 통해 기술이전 혹은 기술교환 경향이 늘어나면서 자국만의 지식베이스가 아닌 세계 공동체적 지식베이스가 출현하여 기업 세계화를 재촉하는 요인이 되었다.

비즈니스 요인

기업의 세계화에 보다 더 직접적인 영향을 미치는 비즈니스 요인은 **표 13-1**에서처

럼 네 가지로 요약된다. 첫째, 글로벌 통신기술의 발전과 글로벌 문화의 형성으로 말미암아 **글로벌 시장**이 출현하게 되었다. 공통적인 문화적 요소는 글로벌 시장에 제품을 팔기 위한 기본적 요건에 해당한다.

둘째, 이렇게 창출된 수요는 다시 생산 및 운영 기능을 해외에서 담당하는 이른바 **글로벌 생산/운영 체제**를 등장시키는 배경이 되었다. 삼성이나 현대와 같은 우리 나라의 글로벌 기업들도 남미나 동남아시아를 생산 거점으로 하여 현지 시장을 공략하고 있다.

셋째, 자국의 본사에서 해외에서 수행되는 생산 및 운영활동을 순조롭게 지휘하기 위해서는 고도의 관리전략 및 정보통신 기술을 통해 **글로벌 조정관리**(global coordination) 능력이 확보되어야 한다. 나이키(Nike) 신발은 미국의 본사

▲ 나이키 신발은 미국 본사에서 설계 및 마케팅/판매를 담당하지만, 아시아를 생산거점으로 삼는 글로벌 경영의 대표적인 사례이다.

에서 설계되지만, 생산은 한국 및 기타 아시아 국가의 공장에서 이루어지기 때문에, 지속적이고도 긴밀한 정보 교환을 통해 현지활동을 관리해 주어야만, 마치 본국에서 모든 기업활동이 이루어지는 듯한 효과를 얻을 수 있게 된다.

끝으로, 세계 시장이 형성되고 글로벌 생산 체제가 출현함에 따라 **글로벌 규모경제**가 가능해진다. 자국에서 생산하여 자국시장에 판매하는 경우에 비해 생산량 등이 크게 늘어나기 때문에 생산원가를 절감함과 동시에 보다 효율적으로 자원을 투입하여 생산하는 것이 가능해질 것이다. 그 결과로 인해 글로벌 스케일로 경영활동을 수행하는 기업들은 큰 전략적 우위를 확보하게 된다.

결국, 기업의 세계화를 촉진하는 요소로서의 문화 요인과 비즈니스 요인은 하나의 지구촌 안에서 서로 제품을 자유로이 사고 파는 것을 가능하게 함으로써 세계 교역량과 경제규모를 확대시키는 데 큰 역할을 담당하고 있다.

글로벌 경영환경의 장애물

우리 주변의 기업들이 경쟁이 치열한 세계 시장에서 큰 성공을 거두는 사례를 드물지 않게 볼 수 있다. 그러나 글로벌 기업으로 가는 길이 장애물 없는 순탄한 길은 아니

다. 일상적 경영관행이 세계 시장에서도 통할 것이라는 생각은 큰 오산인 것이다. 글로벌 경영환경의 주요 장애물은 문화적, 정치적, 지리경제적의 세 가지 측면으로 요약될 수 있다.

문화적 장애물

글로벌 경영관리자가 직면한 중요한 이슈 중의 하나는 국가간 언어, 종교, 인종, 관습 등의 차이이다. 이러한 장애물을 극복하기 위한 방법은 관리자를 현지에 직접 보내기 전에 그 국가의 문화적인 특성에 대해 이해하고 익숙해질 수 있는 기회를 갖는 일일 것이다. 문화적 장애물은 국가 간

▲ 애플사가 제조하는 맥북프로 제품은 글로벌화를 위해 각 국 언어에 맞게 제작된 키보드를 포함한다.

문화의 공유를 어렵게 할 수 있기 때문에 외국 상품이 자국시장에 진입하는 데도 큰 걸림돌로 작용한다. 특히, 언어는 상당히 심각한 장애 중의 하나이다. 비록 영어가 세계적 표준언어로 채택되고 있기는 하나 이는 일류 대기업에게나 해당되는 이야기이다. 소프트웨어만 하더라도 영어보다는 현지 언어로 된 인터페이스를 개발하는 것이 유리할 때가 종종 있다.

정치적 장애물

현지법인이 위치해 있는 국가의 규제는 기업의 글로벌화에 여러 가지 어려움을 가져올 수 있다. 우선, 국가 간 데이터흐름(transborder data flows)을 규제하거나 금지하는 법규가 존재한다. 국가 간 데이터흐름이란 국가 경계선을 넘는 디지털 데이터의 이동을 의미하며 일반적으로 네 가지의 유형으로 분류된다.

1. 운영 데이터(예: 회계정보시스템의 거래 데이터)
2. 특정 개인들의 사적 데이터(예: 항공예약정보, 직원인사정보)
3. 국가 간 자금이체
4. 기술 및 과학 데이터

따라서 시민의 정보 프라이버시를 보호하는 법규가 존재하는 국가에서는 고객의 주

소 리스트를 구입하여 홍보자료를 발송하는 것도 손쉽지 않다. 또한 하드웨어나 소프트웨어의 수입을 규제하는 경우도 있고, 라디오 및 인공위성 통신서비스를 규제하기도 한다. 끝으로, 어느 국가 내에서 발생한 매출액의 일정 부분을 그 국가 내에서 지출해야 하도록 하는 규정도 있다.

그러므로 진출하고자 하는 국가의 법적 환경을 세심하게 검토해야 한다.

지리경제적 장애물

글로벌 경영에서 관리되어야 하는 또 하나의 이슈는 지리적 여건이 경제적 측면에 미치는 영향이다. 오늘날 교통기술 및 정보통신기술이 눈부신 발전을 거듭해 온 것이 사실이라 하지만, 글로벌 기업에게는 물리적인 거리가 아직도 적지 않은 문제로 남아 있다. 예를 들어, 정보기술 문제가 생길 경우 전문가를 현지에 보내야 할 경우도 있을 것이고, 세계 시간대의 차이로 인해 전화통화가 편리하게 이루어지기 어려운 경우도 있을 것이다.

뿐만 아니라, 일부 국가에서는 전원공급이 원만하지 않기도 하고, 통신회선이 저속으로만 가능하며 또한 전송상의 오류도 종종 발생하여 불편을 겪는 경우도 있다. 따라서 글로벌 기업으로 진출하는 데 있어 지리경제적(geoeconomical) 측면을 고려할 필요가 있다.

13.2 글로벌 경영전략과 정보시스템전략

경쟁이 치열한 글로벌 시장에서의 다국적기업의 성공 여부는 글로벌 경영전략과 정보시스템 전략 간의 연계에 크게 달려 있다. 정보 관리자들은 세계시장을 무대로 활동하는 데 필요한 정보기술 활용방안을 구상하는 데 있어 기업의 전략적 방향과 연계시킬 필요가 있다.

글로벌 경영전략

세계 시장을 무대로 활동하는 글로벌 기업이 자국시장 중심의 전략으로 경쟁에서 성공을 거두기 어렵다. 글로벌 기업에게는 글로벌 전략의 적용이 필요한 것이다. 글로벌

경영전략	기업 구조	조정/통제 전략	주요 특성	의사결정 특성
다국적기업화 전략	분권식 연합체	사 회 화	해외활동을 비교적 독립적인 사업으로 여김	의사결정권이 계열사에 전부이양됨; 본사와 계열사간에 자연스런 관계 유지
국제화 전략	조정관리식 연합체	형 식 화	해외활동을 국내 본사의 부속물로 여김(핵심능력은 본사에 집중)	중요한 의사결정/지식은 본사에서 개발되어 계열사로 이전
글로벌화 전략	중앙집중식 연합체	중앙집중화	해외활동을 규모경제의 모색을 위해 재화/용역을 세계시장에 공급하기 위한 통로로 여김	의사결정이 중앙에서 내려짐; 지식 역시 본사에서 개발, 보전됨
초국적기업화 전략	통합적 네트워크		계열사 모두가 전세계에 걸친 통합 업무에 차별적으로 기여	의사결정과 지식생성의 책임이 계열사 간에 분담됨

표 13-2 글로벌 경영 전략

전략은 기업에 따라 그 유형이 다양할 수 있으나 **표 13-2**에서와 같이 기본적으로 다국적 기업화 전략, 국제화 전략, 글로벌화 전략 및 초국적 기업화 전략의 네 가지로 요약될 수 있다.

다국적 기업화 전략   외국의 현지법인에게 현지의 요구에 부합하고 다양한 국가적 이해관계에 대응할 수 있도록 경영 활동의 자율성이 주어지는 전략이다. 따라서 다국적 기업화 전략(multinational strategy)은 분권화된 조직구조를 통해 구현되며, 국가별 현지회사들의 자율적 운영을 관리하는 형식을 취하게 된다. 재무자원의 관리 및 통제는 자국에서 하되 생산, 영업, 마케팅 기능은 타국의 현장조직으로 분권화된다.

국제화 전략   외국의 현지법인이 자율적으로 활동하나 새로운 업무 프로세스나 제품이나 아이디어는 본사에 의존하는 전략이다. 국제화 전략(international strategy)을 추구하는 기업에서는 기술이나 시장 측면에서 개발이 덜 된 국가로 전문지식과 기술 노하우를 이전시킨다. 다국적 기업화 전략에 비해 본사에 의한 중앙집중적 통제 및 조정기능이 더 필요하게 된다.

글로벌화 전략   다국적 기업화 전략과는 달리, 글로벌화 전략(global strategy)은 회사의 세계적 운영을 본사에서 중앙집중적으로 관리하는 전략이다. 이 전략에서는 제품설계의 표준화, 제조기능의 글로벌화, 세계적 운영의 중앙집중적인 통제 등을 통해 규모경제를 획득함으로써 경쟁우위를 추구한다. 그러므로 글로벌화 전략에는 중앙집중적인 조직구조가 필연적으로 따르게 된다.

초국적 기업화 전략   정보시스템 기술에 크게 의존하여 글로벌 기업 활동을 통합하는

▲ 삼성과 같은 글로벌 기업은 해외 법인의 운영을 본사에서 중앙집중적으로 관리함으로써 효율적인 경영을 추구한다.

전략으로서 현지의 취향과 국가적 이해관계에 대응할 수 있는 능력에 역점을 두는 것이 특징이다. 각 현지법인은 아이디어나 기술이나 역량이나 지식을 제공하는 역할을 함으로써 기업 전체에 도움을 준다. 본사에서는 각 현지법인에서 수행되는 제품개발, 마케팅 활동, 경쟁 전략 등을 통합적으로 조정하기도 한다. 이러한 초국적 기업화 전략(transnational strategy)은 통합네트워크 조직구조를 필요로 하며 이를 위해 정보통신기술이 중요한 역할을 하게 된다.

글로벌 기업에서의 정보기술의 역할

글로벌 정보시스템의 역할 및 구조

정보기술이 점차 보편화되고 그 처리능력이 높아짐에 따라 글로벌 기업의 정보기술 활용은 서비스 산업에서는 물론 제조 산업에서도 증가하는 추세에 있다. 글로벌 기업은 정보기술을 통해 주문내역이나 제품정보와 같은 정보의 전송을 가속화할 뿐만 아니라 재무관리, 전략계획, 재고관리 등과 같은 기업 경영기능을 개선함으로써 기업 전반의 관리와 통제를 강화하고 있다.

표 13-3 ●── 글로벌 정보시스템의 역할 및 구조		
글로벌 경영전략	정보시스템 역할	정보시스템 구조
다국적기업화 전략	통제목적을 위해 계열사가 본사에 재무사항 보고	분권식: 독립분권식 시스템 및 분산 데이터베이스
국제화 전략	공식적인 계획/통제 시스템을 통해 업무 전체 조정관리	IOS: 시스템/데이터베이스들이 상호 연결됨
글로벌화 전략	중앙집중식 계획, 통제, 의사결정을 통해 계열사를 철저하게 중앙 관리	중앙집중식: 중앙집중식 시스템/데이터베이스
초국적기업화 전략	여러 계층에서 조정관리 역할 수행(지식업무, 그룹의사결정, 계획/통제)	통합 아키텍처: 개별 시스템/데이터베이스들이 상호공유 가능; 전사적인 경영지원 필요

한편, 앞서 지적한 바와 같이 기업의 비즈니스 기능들을 해외기업들에게의 아웃소싱을 통해 수행하는 이른바 가상조직을 구축하는 사례가 점차 증가하고 있다. 이러한 추세에서 글로벌 정보시스템은 세계적으로 분산된 조직들을 마치 하나의 조직처럼 유연하게 움직일 수 있도록 업무통제 및 조정관리 능력을 부여하고 있다.

그뿐 아니라 글로벌 기업들은 구매자나 공급자와의 업무통합을 통해 조직 업무프로세스를 신속하고도 효율적으로 처리하고 있다. 이를 가능하게 하기 위해 필요한 기술은 제2장에서도 언급되었던 조직 간 정보시스템(interorganizational systems: IOS)이다. 글로벌 기업의 IOS는 자동화된 비즈니스 프로세스를 통해 해외의 공급사 또는 고객사를 함께 연동하는 글로벌 공급망을 효율적으로 관리하는데 기여한다.

표 13-3에 나타난 바와 같이, 글로벌 환경에서 정보시스템이 담당하는 역할 및 시스템 구조는 기업의 글로벌 경영전략에 따라 각각 다르다. 분권식 구조를 취하는 다국적 기업에서는 계열사의 재무활동을 중앙관리하기 위한 수단으로서 분산 데이터베이스 기술을 사용한다. 반면, 핵심기능은 본사에서 관리하는 국제화 기업은 IOS와 같은 시스템을 통해 계열사의 전반적인 활동에 대해 통제할 수 있는 능력을 필요로 한다. 한편, 글로벌화 기업은 중앙집중식 데이터베이스 기술을 통해 보다 철저한 통제관리를 추구하게 된다. 끝으로, 초국적 기업은 중앙집중식 정보기술과 분권식 정보기술의 통합적 형태를 통해 전사적인 글로벌경영을 추진하게 된다.

글로벌 정보시스템의 비즈니스 요인

글로벌 기업이 구축하는 정보시스템의 구조 및 기능은 일반적으로 기업의 비즈니스전략과 정보기술전략에 따라 결정된다. 그러나 이들의 정보시스템은 비즈니스 요인

(business drivers)에 의해서도 영향을 받는다. 비즈니스 요인이란 기업이 속한 산업의 속성이나 환경에 기인하는 비즈니스 요구사항을 의미한다.

다음은 기업의 글로벌 정보시스템의 구축을 촉진하는 비즈니스 요인들을 요약하고 있다.

1. **글로벌 고객**: 여행자와 같은 고객을 대상으로 비즈니스를 하는 기업은 세계적 고객 데이터베이스의 구축이 필수적이다. 전세계적 통합서비스를 필요로 하는 고객들을 위해서도 마찬가지이다.

2. **글로벌 제품**: 동일 제품으로 세계 시장에서 통용되거나 세계에 분산된 사업단위들에 의해 조립되는 제품을 일컬어 글로벌 제품이라고 할 수 있다. 정보시스템을 통해 이러한 글로벌 제품을 위한 세계적 마케팅 프로그램을 관리할 수 있다.

3. **합리적 운영**: 동일제품의 부품들을 서로 다른 사업단위에서 제조함으로써 운영 효율성을 높일 수 있다. 이 경우 정보기술은 서로 다른 지역의 업무를 총괄 조정하는 목적으로 사용된다.

4. **유연한 운영**: 때에 따라서는 파업이나 원자재 부족과 같은 문제가 발생할 경우 공장을 타국으로 이전시킬 필요가 있다. 이 때 어느 공장에서도 보편적으로 활용할 수 있는 통일된 시스템이 있으면 공장이전이 훨씬 수월하다.

5. **공동 자원**: 서로 다른 나라에 위치한 사업단위들 간에 일부 시설이나 인력을 공유할 수 있다. 이 경우, 자원관리시스템으로 공동자원의 위치를 추적하는 것이 가능하다.

6. **복제 시설**: 화공약품 회사에서는 서로 다른 나라에서의 가스 생산을 위해 대동소이한 공장 시설을 이용한다. 그러한 생산시설을 지원하는 소프트웨어는 이들 공장 간에 공유가 가능하다.

7. **희귀한 자원**: 화공약품 회사의 경우 세계의 어느 공장에서라도 고가

▲ 다국적 은행은 글로벌 시스템을 이용해 외환 매매의 리스크를 줄일 수 있다.

의 가스 압축기가 고장날 경우 즉시 정상적인 것으로 교체가 이루어질 수 있어야 한다. 그러나 기계가 고가이기 때문에 공장마다 새 기계를 갖추기가 어렵다. 따라서 부품물류시스템을 통해 압축기의 사용과 분배상황을 관리할 필요가 있다.

8. **위험부담 감소:** 정보시스템은 또한 환전 등으로 인해 미래의 불확실성이 존재하는 기업에게 리스크에 대응할 수 있는 능력을 제공한다. 가령, 석유회사에서는 글로벌 시스템을 구축하여 원유 경매 가격을 결정할 수 있고, 다국적 은행에서는 글로벌 시스템으로 외환 매매의 리스크를 관리할 수 있게 해 준다.

9. **법적 환경:** 몇몇 국가들의 법규관련 정보요구는 글로벌 시스템으로 통합될 수 있다. 가령, 특정 현지 법인이 직면한 재무 혹은 환경관련 규제는 전사적 차원의 정보요구를 정의해야만 대처가 가능할 것이다.

10. **시스템의 규모경제:** 전사적 시스템을 하나만 구축하면 지역별 데이터 센터도 필요 없고, 중복적 개발노력을 기울일 필요도 없을 뿐더러, 유지보수에 필요한 자원도 줄일 수 있다.

글로벌 정보시스템의 관리전략

표 13-4에서 볼 수 있듯이, 글로벌 기업의 정보시스템 관리전략은 글로벌 시스템 운영방식에 따라 독립적 운영, 본사 주도의 운영, 상호협력적 운영, 그리고 통합적 운영의 네 가지 전략으로 분류된다.

독립적인 글로벌 시스템 운영　　다국적 기업화 전략을 추구하는 기업에 적합한 글로벌 정보기술 관리방법이다. 사업단위들이 각기 독립적으로 시스템을 운영하기 때문에 시스템들이 서로 상이하다. 또한 기술의 채택은 본사의 의지와 관계없이 현지 하드웨어/소프트웨어 공급업체 및 국가통신표준에 의해 큰 영향을 받는다. 따라서 기술 표준, 데이터베이스, 애플리케이션 등이 전사적으로 통합되지 않는 것이 특징이라고 할 수 있다.

표 13-4 ┈● 글로벌 경영전략에 따른 글로벌 시스템 관리방식

글로벌 시스템 관리 방식	관련 글로벌 경영전략	장 점	단 점
독립적 운영	다국적 기업화	사업단위에서 자유롭고 활발한 혁신 추진	기술적인 환경의 통합이 어려움
본사 주도의 운영	글로벌화	전사적 차원의 안정성	사업단위의 참여 미흡
상호협력적 운영	국제화	지적인 시너지 효과	
통합적 운영	초국적 기업화	글로벌 효율성, 현지요구 대응능력, 조직혁신의 증진효과	

본사 주도의 글로벌 시스템 운영   다국적 기업화 전략을 실현하는 경우 분권적인 방식으로 글로벌 시스템을 운영하는 것이 바람직한 반면, 글로벌화 전략을 채택한 경우에는 중앙집중적인 방식의 시스템 운영이 필요하다. 가령, 본사에서 일부 애플리케이션에 대해 전사적 차원의 정보시스템을 채택하도록 사업단위들에 요구할 수 있다. 그러므로 글로벌 고객과 제품이 있고 합리적인 생산체제를 갖추며 국제경쟁이 심한 환경에서 활동하는 기업은 글로벌 효율성을 얻기 위한 노력이 필요하다. 예를 들어, 중앙집중적인 정보기술로 통제/조정관리 기능을 제공하여야 한다.

상호협력적인 글로벌 시스템 운영   앞서 언급된 '분권식 운영'과 '중앙집중식 운영'의 절충적인 형태가 '상호협력적 운영'이라고 할 수 있다. 국제화 전략에 부합되는 이 방식에서는, 본사와 해외 사업단위 간에 협력 및 상호 보조의 관계를 유지함으로써 글로벌 시스템을 운영한다. 상호 간에 정기적으로 인력을 교환하고 애플리케이션을 공동으로 개발하기도 한다. 본사에서 이미 애플리케이션을 개발했을 경우 해외 사업단위에서는 이를 수정하여 이용하는 것이 가능하다. 가장 중요한 목적은 현지 대응능력을 확보하기 위해 필요한 유연성을 제공하는 동시에 해외 사업단위의 혁신을 신속하게 추진시키는 것이라고 할 수 있다. 본사와 해외 사업단위 양측 간의 협력관계를 통해 '지식 측면의 시너지 효과'를 기대할 수 있다.

통합적인 글로벌 시스템 운영   앞의 세 가지 글로벌 경영전략은 궁극적으로 초국적 기업화 전략으로 발전할 것으로 전망되는데, 초국적 기업화 전략을 추구하는 기업에서는 통합적으로 글로벌 정보기술을 운영하는 것이 적합하다. 이러한 글로벌 시스템 관리방식은 기업들에게 글로벌 효율성, 현지요구 대응능력 그리고 사업단위의 조직 혁신을 동시에 추구할 수 있게 해 주는 이점을 지닌다. 시스템이 국제 표준 및 전사적 정보아키텍쳐에 기초하여 통합 구축된다. 이러한 시스템은 국경을 초월하여 데이터의 전송을 가능하게 하므로, 다국적 개발팀이 현지화 및 통합화 양 측면을 고려하여 시스템의 구축을 조심스럽게 추진하는 것이 중요하다.

13.3 글로벌 정보시스템의 구축

글로벌 정보시스템의 주요 기술요소

글로벌 기업들은 다양한 정보기술을 이용하여 시스템을 구축하고 있다. 일부 대표적인 정보기술을 열거하면 아래와 같다.

인터넷

글로벌 네트워크로 대변되는 인터넷은 인트라넷 및 엑스트라넷 등의 기술을 통해 국가 간 정보 공유를 가능하게 하고 있다. 그뿐 아니라, 인터넷은 세계의 먼 거리에 위치한 중소공급업체와의 거래를 가능하게 하고 있다. 기업정보화 현장에 소개된 뉴잉글랜드 파터리사의 사례가 그 좋은 예이다. 특히, 인터넷은 유통기업이 필요로 하는 제품을 온라인상에서 발굴하는 데 유용하다. 가령, 백화점이나 완구전문점에서는 인터넷 웹상에서 제공되는 전자 카탈로그를 이용하여 새로운 제품을 찾아볼 수 있어 효율적인 방법으로 보다 다채로운 제품 구색을 갖추는 것이 가능하다.

ERP 및 SCM

전사적 자원 관리(enterprise resource planning: ERP) 시스템은 글로벌 기업의 운영관리에 필수적인 정보기술로 자리잡고 있다. 판매와 생산과 배송 프로세스를 모두 컴퓨터통신망으로 연결함으로써 국경이나 시간대를 초월하여 정보의 흐름을 가능하게 하는 것이 글로벌 ERP시스템의 주요 목적이다. 판매, 생산 및 납품 현황을 한 눈에 파악할 수 있는 능력을 제공하므로, ERP시스템은 제조업체에 있어 특히 중요하다. ERP 도입의 성공사례로 잘 알려진 삼성SDI가 경쟁이 치열한 세계 시장에서 가격경쟁력을 유지하고 시장점유율을 높일 수 있었던 배경에는 ERP시스템의 역할이 컸다고 할 수 있다. 한편, 공급망관리(supply chain management: SCM) 시스템은 글로벌 기업이 공급사나 고객사가 연동된 글로벌 공급망을 컴퓨터 기술을 이용해 최적화함으로써 주문배송 속도를 높이고 재고비용을 절감할 수 있는 기술이다. SCM은 ERP와 더불어 글로벌 기업에게 없어서는 안될 주요 정보기술 요소이다.

EDI

전자데이터교환(electronic data interchange: EDI)은 해외 시장의 고객업체와 거래를 하기에 적합한 정보기술로 알려져 있다. 무엇보다도, EDI는 공급망(supply chain) 관계의 기업 간에 거래관련 문서를 교환할 목적으로 널리 활용되고 있다. EDI로 글로벌 시스템을 구축하는 데 있어 중요한 것은 해당 지역에 EDI 네트워크를 구축하고 지속적인 EDI 서비스를 제공할 수 있는 서비스회사를 확보해야 한다는 사실이다. 글로벌 경영에 있어, EDI 기술은 단순히 기업 간 거래문서 교환의 효율성을 향상시킴은 물론 제품수요의 예측까지 가능하게 하고 있다.

Business 기업정보화현장

삼성, 클라우드 ERP로 글로벌 정보시스템 구축

삼성전자가 2020년까지 약 7,000억원을 투입해 전사적자원관리(ERP) 시스템을 교체한다. 현 시스템보다 정보처리 속도가 100배 이상 빠르고, 모든 정보가 클라우드에 저장돼 세계 어디에서든 업무를 처리할 수 있는 최첨단 프로그램이다. 새로운 ERP 시스템이 적용되면 업무 효율이 크게 향상되면서 삼성맨들의 '일하는 방식'도 바뀔 것으로 업계는 전망하고 있다.

10여 년 만에 ERP 재구축

삼성전자는 사내 ERP 시스템을 독일 소프트웨어 업체인 SAP의 'S/4하나(HANA)'로 교체키로 결정하고, 삼성SDS와 함께 시스템 탑재 작업을 실행할 업체 선정에 나섰다. 삼성전자가 ERP 시스템을 교체하는 건 10여 년 만이다. 삼성전자는 2000년대 중후반 SAP의 ERP를 도입한 이후 시스템만 업그레이드해오다 이번에 새 시스템으로 전면 교체키로 했다.

삼성이 도입하는 S/4하나의 가장 큰 강점은 속도다. 느린 보조기억장치(스토리지) 대신 빠른 주기억장치(메모리)에서 데이터를 처리하는 '인메모리 데이터베이스(DB)' 방식을 채택한 덕분이다. 예컨대 현 시스템에서 문서를 작성하려면 스토리지에 저장된 워드프로세서를 메모리로 불러내는 작업을 거쳐야 하지만 새 시스템은 메모리에서 곧바로 작업할 수 있다. 앱(응용프로그램) 실행 속도뿐 아니라 데이터 분석 속도도 훨씬 빠르다.

지리적 장벽도 없어진다. 모든 정보를 클라우드에 저장하는 데다 ERP 시스템을 스마트폰에 탑재할 수 있기 때문에 장소에 구애받지 않고 업무를 처리할 수 있다. 국내외 공장을 관리하는 시스템과도 연동돼 수원 본사에서 멕시코 공장 상황을 실시간으로 모니터링할 수 있다. 고객관계관리(CRM), 공급자관계관리(SRM), 공급망관리(SCM), 제품수명주기관리(PLM) 시스템도 함께 탑재될 전망이다. 소프트웨어업계 관계자는 "인공지능(AI)을 활용한 '디지털 비서' 기능이 들어간 것도 이 시스템의 특징"이라고 설명했다.

일하는 방식까지 바꾼다

삼성전자가 ERP 시스템 교체에 나선 이유 중 하나는 4차 산업혁명 시대에 발맞춰 임직원들의 '일하는 방식'을 바꾸기 위해서다. 임직원들이 창의적인 일에 더 많은 시간을 투입하려면 단순·반복 업무를 최대한 줄여줘야 하기 때문이다.

삼성전자는 새 ERP 시스템 도입과 함께 표준 업무 프로세스 개선 작업도 병행할 것으로 알려졌다. 더 빠르고, 더 효율적으로 일상적인 업무를 처리할 수 있도록 시스템화한다는 얘기다.

클라우드 덕분에 지리적 장벽이 사라지는 만큼 '글로벌 삼성' 전략에도 속도가 붙을 전망이다. 작년 말 기준으로 전 세계 217곳에 생산 거점과 판매 거점, 디자인센터, 연구소 등을 거느리고 있는 삼성전자는 올 들어 AI센터를 비롯한 해외 거점을 추가로 늘리고 있다. 업계 관계자는 "삼성전자의 현 ERP 시스템은 국내망을 먼저 설치한 이후에 나라별, 사업본부별 네트워크를 단계별로 붙인 탓에 '완벽한 통합'이 이뤄지지 않았다"며 "새 시스템은 국내외망이 하나의 시스템으로 운영되는 환경을 구현할 것"이라고 설명했다.

출처: 한국경제, 2018년 11월 1일

글로벌 정보시스템 구축상의 이슈

글로벌 정보시스템은 그 자체가 지니는 특성 때문에 시스템 구축에 있어 어려움이 따를 수 있다. 따라서 시스템을 성공적으로 구현하기 위해서는 우선 글로벌 시스템의 구축과 관련한 주요 이슈를 이해하고, 이에 대한 대처방안을 준비하는 것이 중요하다고 할 수 있다.

글로벌 정보시스템 구축의 주요 이슈

글로벌 시스템을 개발하는 데 주목해야 하는 이슈는 크게 두 가지로 요약할 수 있다. 첫째, 글로벌 정보요구와 현지 정보요구를 명확하게 결정하는 것이 쉽지 않다. 글로벌 시스템요구와 현지 시스템요구가 종종 서로 다를 뿐 아니라, 사용자와 개발자가 서로 다른 나라에 분산되어 있는 경우 시스템 요구의 공동도출이 매우 어려울 수 있다. 특히, 언어와 문화의 차이는 물론 의사소통의 문제가 장벽으로 작용하므로 평상시에 비해 수 배나 많은 기간이 소요되기도 한다. 이러한 지리적 장벽의 문제로 인하여, 현지 사용자를 적극적으로 개발 프로젝트에 참여시키는 것이 쉽지가 않다. 현지 사용자의 참여가 최대한 이루어지도록 사전 대책이 필요하다.

글로벌 시스템 개발의 두번째 이슈는 기존 애플리케이션을 지속적으로 유지 보수하는 것과 관련한 문제이다. 글로벌 시스템의 유지 보수는 몇 가지 측면에서 국내 분산시스템보다 더 어렵다. 예를 들어, 글로벌 시스템을 하나의 중앙 데이터 센터에서 운영하는 기업에서는 지역별 시간차로 인해 데이터 관리에 차질이 생길 수 있다. 이러한 측면을 고려하여 시스템을 설계하지 않는다면 추후 문제를 발생시킬 수 있다.

셋째, 글로벌 공급망은 산업 가치사슬 상에서 해외의 공급사나 고객사들을 함께 연결하는 가상기업 네트워크이기 때문에 국내에 한정되는 공급망에 비해 더 복잡하고 제품의 운송에 더 많은 시간이 소요되는 특징을 나타낸다. 따라서 공급망의 운영이 예고 없이 중단될 수도 있으며 어려운 사항에 직면할 우려도 크다. 특히, 법적 이슈, 통관비용, 관세, 언어 장벽, 급변하는 환율 등 여러 위험요인들로 인해 높은 물류비용이 발생하고 위기상황도 발생할 소지가 크다. 자칫 잘못하면 안정스런 공급망 운영에 차질을 빚을 수 있으므로, 이러한 요인들에 잘 대응할 수 있도록 글로벌 SCM시스템을 지혜롭게 구축해야 할 것이다.

끝으로, 웹기반의 글로벌 정보시스템의 콘텐츠를 관련된 국가들의 해당 언어로 번역하는 것이 때에 따라서는 매우 시간소모적일 수가 있다. 따라서 콘텐츠의 언어변환 시간을 줄이려면 자연어 처리기술을 응용한 애플리케이션을 이용해 문서를 언어 간에 자동으로 번역하는 것이 바람직하다. 한 예로, WorldPoint사가 출시한 WorldPoint Passport라는 다국어용 자동번역 소프트웨어 툴을 이용할 경우, 웹 개발자가 한 언어로만 웹사이트를 개발하면 소프트웨어가 다른 언어들로의 번역작업을 신속하고도 저렴한 비용으로 처리할 수 있어 경제적 효과를 기대할 수 있다.

이슈에 대한 대처 방안

이러한 문제들에 대처하기 위한 노력으로서 세 가지 대안을 고려할 수 있다. 첫째는 기존의 본사 애플리케이션을 글로벌 시스템으로 전환시키는 방법이다. 이미 안정된 시스템에 현지의 문화적 특성을 반영시켜 글로벌 시스템을 점진적으로 구축해 나감으로써 신속하고 효율

▲ 글로벌 정보시스템 구축에 있어 사업단위별로 비즈니스 전략을 이해하고 이를 바탕으로 시스템요구를 도출하여야 한다.

적으로 시스템을 완성할 수 있다.

둘째는 다국적 설계팀을 구성하는 방법으로서 본사와 해외 사업단위의 개발자와 사용자가 한 작업 장소에 모여 공동으로 시스템을 개발하게 된다. 상호 협력적인 개발 노력을 통해 이상적인 시스템을 기대할 수 있지만 높은 비용이 소모될 수 있다.

글로벌 시스템을 구축하기 위한 세번째 방법은 개발업무의 분담을 통한 동시 개발이다. 개발 프로젝트를 몇 개의 구성요소로 분할하고, 각 구성요소를 본사 개발팀과 사업단위 개발팀이 동시에 개발해 나가는 방식이다. 공통적인 개발방법론을 적용함으로써 일관성 있는 시스템을 개발할 수 있지만 팀들 간에 조정관리가 원만하게 이루어져야 한다.

 B·u·s·i·n·e·s·s 기업정보화현장

글로벌 공급망관리의 선두주자, 애플

애플은 스티브 잡스가 1997년 회사에 복귀한 후 즉시 공급망관리 혁신을 추진하기 시작했다. 그 당시, 대부분 컴퓨터 제조업체들은 운임이 항공보다는 훨씬 저렴한 해상을 통해 운송했었다. 그러나 애플사에서 이듬해 새로이 출시한 반투명 청색 아이맥제품에 대해 크리스마스 시점에 맞춰 충분한 물량을 공급할 수 있도록 하기 위해, 잡스는 5천만 달러를 들여 연말 항공운송서비스 여분을 몽땅 사들였다고, 당시 잡스와 항공운송 방안을 협의했던 물류전문 임원 존 마틴은 말한다.

이로 말미암아 이후 항공운송이 필요했던 컴팩과 같은 경쟁사들은 물류위기에 빠지기도 했다. 또한 2001년 아이팟 판매가 급증했을 때, 사이즈가 작은 이들 음악재생기 제품을 대량으로 항공기에 적재할 수 있으므로 항공운송 비용을 적게 들이고도 중국 공장에서 소비자 집으로 직접 배송시키는 것이 경제적인 잇점이 크다고 애플사는 판단했다. HP의 한 인사담당자가 아이팟 제품을 주문하고는 제품의 글로벌 이동현황을 온라인으로 추적하면서 며칠되지 않아 제품을 받고는 크게 놀랐다는 일화가 있다.

"필요할 때는 과도할 정도로 지출하고 장기적으로는 대량거래를 통해 큰 수확을 거둔다"는 사고방식이 애플사 공급망 전체에 배어 있으며, 이는 설계단계부터 응용

되기 시작한다. 애플의 엔지니어 일행은 때에 따라서는 공급사 및 제조사에서 거리가 가까운 호텔방에서 몇 달을 기거하며 시제품을 대량생산이 가능하도록 만들기 위한 제조프로세스를 준비하는 과정을 돕는다. 하나의 알루미늄 판에서 잘라내 만든 맥북의 유니바디 케이스와 같은 혁신적인 디자인을 개발할 때는, 애플 디자이너들이 공급사들과 긴밀한 협력을 통해 생산장비를 개발한다. 애플은 소수의 제품라인에 집중함으로써 복잡한 커스터마이징의 부담을 줄이기로 결정한 덕분에 비용절감, 대응속도 향상 등 장점도 누리고 있다. "애플은 매우 통일된 전략을 가지고 있으며, 비즈니스의 모든 부분이 그 통일된 전략과 일치가 되어 있다"고 지난 4년간 애플사를 세계 최고의 공급망으로 평가한 가트너의 공급망 분석가인 매튜 데이비스가 말한다.

생산에 돌입할 시점이 되면 애플은 큰 무기를 이용하는데, 8백억 달러를 능가하는 유동자산(현금 등)이 곧 그것이다. 애플은 2012년에도 회사 공급망에 대한 지출을 거의 두 배 수준으로 늘리는 반면 주요 공급사들에게 선금조로 별도의 24억 달러를 지출할 계획이다. 이러한 전술로 애플사는 판매가능한 제품물량을 증대시키고 또 가격도 낮출 수 있는 동시에, 타사들의 대응을 제한하기도 한다. 2010년 6월, 아이폰 4가 출시되기 전, HTC와 같

▲ 애플제품을 위탁생산하는 대만 폭스콘(Foxconn)사의 중국공장 생산라인. 폭스콘사에서의 생산 역량은 애플사의 글로벌 공급망관리 능력에 크게 의존한다.

은 경쟁사는 삼성, 도시바 등 부품제조사들이 애플 주문 물량을 공급하느라 바쁜 관계로 필요한 수량의 휴대폰 터치스크린을 구매할 수가 없었다.

애플은 수요와 공급을 다루는 솜씨 또한 대단하다. 2011년 처음 아이팻을 출시했을 때, 제품수요가 첫날 하루에만 20만대에 달할 정도로 전례없는 수준이었다. 애플은 SCM소프트웨어를 이용해 수요예측 정확성을 높이고 주요 공급사들과의 협업을 통해 공급망 관리능력을 향상시킴으로써 제품공급 속도를 크게 높였다. 이 때 접촉한 주요 공급사들로는 브로드컴, 삼성, 혹스링크, 도시바, 서러스로직, LG디스플레이, 세이코 엡슨 등이었다. 애플은 이들 공급사들과 실제수요 데이터를 온라인으로 공유하는 이른바 협업 공급계획수립(collaborative planning)을 수행하였다. 제품 공급망을 최적화함으로써 아이팻 관련 부품 및 부분품들에 대한 수요예측 정확성을 높이고 적시의 공급이 가능하게 한 것이다.

애플은 세계에서 매우 경쟁이 심한 시장에서 운영 및 혁신 둘 다 탁월성을 인정받았기 때문에 시장지배 또한 가능한 것이다. 공급망 관점에서 보면, (1) 끊임없는 혁신, (2) 가상네트워크화된 공급망, 그리고 (3) 수요의 조정관리의 세 가지가 애플사 공급망을 최고 수준으로 만들었다고 볼 수 있다. 이러한 점들 때문에, 애플이 P&G,

시스코, 월마트, 펩시, 델, 삼성 등과 같은 공급망 강자들을 미래에는 밀어낼 수도 있다는 관측을 갖게 한다.

한편, 글로벌 공급망은 위험요소가 많아 갑작스런 사고나 자연재해로 불능화되는 경우도 허다하다. 지난 2011년 3월 지진 및 쓰나미가 일본을 강타했을 때, 일본의 기업들로부터 부품을 공급받는 컴퓨터 및 기타 산업의 글로벌 메이커들은 생산라인의 운영이 중단되는 등 적지않은 부정적인 영향을 받은 것으로 알려져 있다. 애플은 일본 기업들에게서 아이팻2 제품의 생산에 필요한 부품 다섯 가지(도시바의 플래시 메모리, 엘피다의 RAM 메모리, AKM의 전자나침반, 아사히유리의 터치스크린 유리, 그리고 애플재팬의 전지)를 공급받고 있다. 일본 지진 이후, 애플은 이들 공급사들이 통상 수 주 분량의 재고를 유지하고 있기 때문에 당장은 영향이 없었지만, 2사분기에는 주요 부품의 공급부족 사태가 발생했을 것으로 산업전문가들은 추정했다. 지난 2011년 7월부터 계속된 홍수 피해로 인해 태국내 하드디스크 생산공장들이 마비사태를 빚었을 때도 세계의 정보통신 기기 제조업체들은 하드디스크 제품의 공급이 중단되거나 가격이 급등함으로써 비즈니스 운영에 차질이 있었던 것이 사실이다. 따라서 인터넷통신, RFID, 그리고 제품흐름을 추적 및 조정관리하는 소프트웨어 등 정보기술을 기반으로 우수한 글로벌 공급망 관리능력을 갖춘 기업이라도 이러한 자연재해나 화재등 기타 사고로 위기상황에 빠질 수 있으므로, 글로벌 제조업체들은 공급망의 위험요소들을 규명하고 이들에 신속하게 대응함으로써 피해를 최소화시킬 수 있는 대책이 필요하다.

출처: "Ipad supply chain success shows why Apple is no. 1 in AMR Top 25 supply chains," www.infoverto.com, 2021년 8월 20일 참조; Katie Canales, "Surging iPhone sales help Apple overcome global supply chain shortages," Business Insider, July 28, 2021

글로벌 정보시스템 구축전략

기업이 다국적 기업화(분권화) 전략을 추구할 경우, 현지법인에서 구성된 개발팀들이 정보시스템 구축을 주도하게 된다. 글로벌(중앙집중화) 전략을 적용할 경우에는 글로벌 정보시스템 개발팀이 대부분의 작업을 본사에서 수행하게 된다. 국제화(분권화와 중앙집중화의 절충) 전략을 따를 경우에는 개발팀이 본사와 현지법인 사이를 오가게 된다. 초국적 기업화(통합화) 전략을 추구할 때에는, 개발팀이 본사와 현지법인에서 각각 선발되어 구성된다.

초국적 기업화 전략은 이들 네 전략 중 가장 복잡하므로, 글로벌 정보시스템 구축의 대표적 모형으로서 살펴보기로 한다. 글로벌 정보시스템은 다음의 네 가지 측면을 중심으로 구축될 수 있다.

글로벌 정보시스템과 기업전략 간의 연계

시스템요구는 각 사업단위의 업무 및 환경에 따라 다를 수가 있기 때문에 기업전략과의 연계를 통해서만 정보기술을 일괄적으로 관리하고 표준화해 주는 것이 가능하다. 글로벌시스템을 기업전략과 원만하게 연계시키기 위해서는 기업 임원들과의 대화를 통해 사업단위별 비즈니스 전략을 이해하고, 글로벌시스템이 향후 글로벌 비즈니스 전략에 미치게 될 영향을 평가할 필요가 있다. 또한 사업단위별 비즈니스 전략을 원만하게 뒷받침할 수 있는 애플리케이션을 결정하여야 한다.

정보자원의 결정

글로벌 기업운영을 위해서는 하드웨어, 소프트웨어, 기술인력, 데이터, 시설 등 다양한 정보자원을 필요로 한다. 구체적으로 어떠한 정보자원을 어떠한 형태로 필요로 하는지를 글로벌 환경을 고려하여 결정해 주어야 하는데, 이는 종종 기술적으로도 복잡할 뿐만 아니라 정치적·문화적 측면과도 연관이 되는 어려운 과제가 되기도 한다. 예를 들어, 국가에 따라서는 높은 가격이나 관세 혹은 까다로운 수입규제로 인해 하드웨어 선정이 쉽지 않다. 또한 소프트웨어도 각 국 간의 언어차이로 호환이 어려울 수도 있어 패키지 선정에 주의를 기울여야 한다. 그러므로 사전에 각 정보자원과 관련한 해당국내의 여건을 조사하여 글로벌시스템 인프라를 선택해 주는 것이 중요하다.

데이터의 전사적 공유

글로벌 기업의 데이터 공유 문제는 정치적 논란을 불러 일으키는 민감한 이슈이며, 글로벌 기업운영에 있어 장애물이 되어온 사안이다. 가장 대표적인 것이 앞서 설명되었던 '국가 간 데이터흐름'(transborder data flows: TDF)의 이슈로서 비즈니스 데이터가 통신네트워크를 따라 국경을 넘는 경우와 관련이 있다. 여러 국가에서 TDF를 자국 법규에 대한 위반이라고 규정하고 있어 이 문제에 대응하기 위한 노력이 필요하다.

한편, 본사 및 현지법인의 조직구성원들이 글로벌 경영을 위해 필요한 정보를 효과적으로 공유할 수 있기 위해서는 전사적인 데이터 표준화가 이루어져야 한다. 그러나 때에 따라서는 언어, 문화, 기술 인프라상의 차이로 인해 글로벌 데이터표준화는 쉽지가 않다.

문화적 환경의 고려

글로벌 시스템의 구축은 기술적인 측면에만 치중해서는 안된다. 문화적 이슈가 기술적 이슈에 못지않게 중요시되어야 한다. 글로벌시스템 구축의 문화적 측면과 관련해서는 다음의 사항들을 고려할 필요가 있다. 첫째, 해외 사업단위가 위치한 국가들의 문화적 특성을 이해하고 이를 시스템 구축에 반영하여야 한다. 둘째, 각 사업단위 내에 근무하는 정보 전문가들의 전문영역을 파악한다. 셋째, 사업단위의 정보 전문가들에게 교육을 제공한다. 끝으로, 본사의 경영자와 사업단위들의 경영자 간에 상호 교환근무를 할 수 있는 제도를 마련한다. 이러한 문화적 측면에서의 노력은 기업의 기술인력을 최대한 활용하기 위해서도 필요하다.

정보시스템기술과 관련한 주요 이슈

글로벌 시스템의 구축은 앞서 언급된 바와 같이 자국 시스템의 구축과는 다른 관점에서 접근하여야 한다. 국제적인 환경에서는 정보시스템 기술과 관련하여 여러 가지 예상치 못한 문제가 발생할 수 있으므로, 확고한 기술적 기반을 구축하고 지속적으로 이를 개선해 나가는 노력이 필요하다. 글로벌 정보기술의 구축에 있어 특히 주목하여야 하는 기술적 이슈는 하드웨어 및 시스템 통합, 네트워킹, 소프트웨어의 세 가지이다.

하드웨어 및 시스템 통합

글로벌 시스템의 가장 중요한 목표 중의 하나는 분산 통합시스템을 개발하는 것이다. 기업이 구축한 글로벌 시스템이 과연 세계 각처의 사업단위에서 개발한 애플리케이션과 통합되어 조화를 이룰 수 있는가에 대해 고려할 필요가 있다. 통합은 하드웨어 및 오퍼레이팅 시스템(operating system: OS) 등의 차원에서 고려되어야 하는데, 일반적으로 하드웨어의 통합은 OS의 통합과 맞물려서 이루어진다. 가령, IBM 메인프레임은 IBM 고유의 OS와만 호환이 가능하며, Sun Microsystem 계열의 워크스테이션에는 Unix OS만이 지원된다. 이 경우 IBM 환경과 Unix 환경을 어떻게 접목시킬 것인가 하는 것이 주요 과제가 된다.

네트워크 구축

글로벌 정보시스템의 심장에 해당하는 것은 기업의 시스템과 조직원들을 하나의 통합된 네트워크로 상호 연결해 주는 통신기술이다. 이러한 연결기능은 국제 사설망을 구축하는 방법이나 공중 교환망 서비스에 의존하는 방법을 통해 제공이 가능하다. 각국의 전화회사로부터 회선을 임대하여 구성되는 사설망은 보안 기능은 우수하나, 국가마다 각기 다른 데이터통신 관련 규제로 인하여 네트워크 구축에 어려움이 따를 수가 있으며 비용도 높게 들 수 있다. 이에 반해 다양한 부가가치 서비스와 함께 제공되는 공중 교환망 서비스는 비용효율적인 대안이라고 할 수 있다. 뿐만 아니라 전세계의 통신관련 규제가 완화되면서 네트워크 서비스 공급업체도 크게 증가하여 큰 어려움 없이 양질의 서비스를 제공하는 업체를 선택할 수 있다.

소프트웨어

애플리케이션 소프트웨어도 하드웨어나 네트워크에 못지않게 중요한 비중을 차지하는 부문이다. 소프트웨어를 기존 시스템 환경과 접목시키는 일도 상당한 시행착오를 요구할 수 있지만, 시스템 접목을 위해 때에 따라서는 인터페이스를 새로이 개발해야 하는 경우도 있을 수 있으므로 예상보다 높은 비용과 시간이 소모될 수 있다. 또한 인터페이스의 개발은 현지 사용자의 관점에서 사용과 학습이 용이하도록 개발되어야 할 것이다.

Business 기업정보화현장
전 세계 재고물량을 훤히 들여다 보는 CIBA 비전

조지아주 애틀랜타시에 본사가 소재한 CIBA 비전은 스위스의 대규모 제약회사인 노바티스의 계열사로서 1980년 설립됐다. 세계에서 가장 규모가 큰 콘택트렌즈 공급사 중의 하나가 됐지만, 성장 과정에서 여러 가지 문제점을 나타냈다. 지난 10년간 콘택트렌즈 이용자들이 매년 렌즈 한 벌을 사용하던 패턴에서 매일 1~2회의 1회용 렌즈를 이

용하는 패턴으로 옮겨 감에 따라 콘택트렌즈 비즈니스가 크게 변화했다. 따라서 10여 년 전만 해도 매년 한두 벌의 렌즈를 구매하던 콘택트 렌즈 이용자들은 이제 연간 365~730벌의 렌즈를 구매하고 있는 것이다. 이러한 변화와 더불어 이 회사는 글로벌 기업으로 확장해서 현재는 전 세계적으로 대량의 렌즈제품을 판매하고 있다. CIBA 비전사에서는 현재 도수와 색상이 서로 다른 12만 벌의 렌즈를 제조하며 관리하고 있다. 이 회사는 명색이 글로벌기업인데도 불구하고 본사에서조차도 전 제품 재고의 40% 만이 확인가능하기 때문에, 제품을 공급하며 고객에게 만족을 주기가 매우 어려운 일이 돼버렸다. CIBA 비전의 공급망 관리자인 운니 막쿠니는 자신이 속한 팀이 공급망 정보를 쫓아다니느라 70% 시간을 소비하고 있다고 말한다. 그 이유는 공급망 면에서 회사가 고도로 분권화된 운영을 하고 있기 때문이라고 한다. 회사 재고의 효율성을 극대화하지 않았으며, 여분 재고가 한 곳에 있기도 하면서 동시에 재고 부족 현상이 다른 곳에서 발생하는 문제를 안고 있었다고 막쿠니는 설명한다. CIBA 비전사는 개별 국가에 대해 품목별 수요예측을 보다 정확히 해야 하는 과제에 직면한 것이다.

이러한 문제에 대응하기 위해서는 고급 공급망관리 소프트웨어를 도입하는 길 밖에 없다고 이 회사는 결론을 내렸다. CIBA 비전의 목표는 제품 가용율 수준을 99.9%까지 높이면서도 동시에 재고는 낮추는 것이었다. 막쿠니는 회사재고의 효율성을 극대화함으로써 재고의 규모 및 비용을 낮추기 원했다. SAP와 마누기스틱스와 같은 주요 공급망 벤더들을 조심스럽게 검토한 뒤 텍사스주 소재의 i2 테크놀러지사를 최종적으로 결정했는데, 그 이유는 이 회사 소프트웨어가 CIBA 비전의 비즈니스 요구사항과 가장 부합한다는 점에서였다. 수 백만 달러 규모의 프로젝트로 시작된 신규시스템 구축은 2000년도에 시작돼서 2002년까지도 아직 완료되지 않았다.

i2에서 공급하는 ADW(Active Data Warehouse) 소프트웨어는 예측 및 계획 데이터 일체를 관리하는 통합저장소이다. 이 소프트웨어는 회사의 물류센터 및 대량 창고를 포함해 전 세계의 46개 시스템에서 매일같이 데이터를 입력 받는다. CIBA 비전의 니즈와 관련해 중요한 것은 전 세계에 흩어져 있는 회사의 다양한 사이트들로부터 받은 데이터에 대해 시스템이 세정 및 표준화 작업을 수행한다는 점이다. ADW는 일별계획 시스템을 위한 데이터원천이다. 재고수량, 주문내역, 보류주문 등과 같은 공급망 정보를 즉시 확인할 수가 있다. 이 데이터를 이용해 수요계획 툴이 개별국가와 관련된 과거 사용패턴에 근거해서 품목별 수요예측을 제시하게 된다. 이들 소프트웨어 시스템은 글로벌 재고정보의 제공능력을 전체 품목의 90% 수준까지 끌어올렸다. i2의 재고계획 툴

이 전 세계에 흩어져있는 서로 다른 시스템의 품목별 수요예측 정보를 분석해서 적정 재고목표를 결정하고 공습망상의 다양한 공급지점에서의 최적 재고수량을 산출하게 된다. 애틀랜타 소재 회사본사에서 중앙 SCM 소프트웨어를 이용해 각국에 대한 글로벌 수요예측의 관리가 가능해졌다고 막쿠니는 시스템의 효과를 설명했다. 수요트렌드와 아울러 수요 대비 실적 비율을 추적할 수 있게 됨으로 인해 개별국가에서의 품목별 수요예측 능력이 크게 향상됐다고 그는 덧붙였다.

또 i2 시스템은 조조, 물류, 그리고 공급망관리 간의 업무조정 기능을 개선함에 따라, CIBA 비전이 신제품 출시기간을 거의 50% 가량 단축하는 데 결정적으로 기여했다. CIBA 비전은 이제 제품 가용률을 99.5% 수준까지 끌어올리는 동시에 재고량 및 재고비용은 크게 절감할 수가 있었다.

출처: Peter A. Buxbaum, "Ciba Vision Keeps Eye on Supply Chain with i2 Tools," May 28, 2002, searchcio. techtarget.com, 2021년 8월 15일 참조; www.cibavision. com, 2021년 8월 20일 참조

 요약 S / U / M / M / A / R / Y

- 세계 시장을 무대로 기업을 운영하는 데에는 여러 가지 극복해야 할 어려움이 따르게 된다. 문화적인 차이에서 오는 문제는 물론 법적환경의 제약으로 인해 글로벌 기업활동은 자국시장 중심의 활동에 비해 훨씬 복잡하다.

- 기업의 글로벌화를 조장하는 요인으로는 문화적 요인과 비즈니스 요인의 두 가지를 들 수 있다. 이들 요인들은 기업의 대응이 필요한 글로벌 환경의 요소이자 기업의 운영 방향에 영향을 미치는 요소이기도 하다.

- 글로벌 경영환경의 주요 장애물은 문화적, 정치적, 지리 경제적의 세 가지 측면으로 요약될 수 있다. 문화적 장애물은 국가 고유의 언어, 관습, 종교 등을 포함하며, 정치적 장애물로는 글로벌 제품이나 서비스에 영향을 미칠 수 있는 법적 규제가 있다. 그리고 지리경제적 장애물은 해외 사업단위들이 지리적으로 격리됨으로 말미암아 경험할 수 있는 문제들을 포함한다.

- 글로벌 경영전략은 기본적으로 다국적 기업화 전략, 국제화 전략, 글로벌화 전략 및 초국적 기업화 전략의 네 가지로 요약될 수 있다. 근래 들어, 기업들은 초국적 기업화 전략쪽으로 이동하는 경향을 보이고 있다.

- 다국적 기업화 전략에는 분권식 시스템 구조가, 국제화 전략에는 조직 간 정보시스템 구조가, 글로벌 전략에는 중앙집중식 시스템 구조가, 초국적 기업화 전략에는 통합시스템 구조가 각각 적합하다.

- 기업의 글로벌 시스템 구축을 조장하는 비즈니스 요인은 글로벌 고객이나 글로벌 제품과 같이 정보의 신속한 공유 혹은 전달 능력을 필요로 하는 요인들이다.
- 글로벌 정보시스템의 구축에 보편적으로 활용되는 정보기술 요소에는 인터넷, ERP, EDI 등이 있는데, 이들 기술은 주로 기업의 글로벌 가치사슬이나 공급망을 혁신할 수 있는 가능성을 지니고 있다.

주요 용어   K / E / Y / W / O / R / D

글로벌 문화	글로벌 사회규범	글로벌 지식베이스	글로벌 생산/운영
글로벌 조정관리	글로벌 규모경제	국제화 전략	국가 간 데이터흐름
세계화	현지화	현지법인	국제화
글로벌화	기업글로벌화 요인	글로벌 인프라	글로벌 경영전략
글로벌 정보시스템	지리경제적 장애물	글로벌화 전략	초국적 기업화 전략
다국적 기업화 전략	글로벌 정보기술	다국적 설계팀	

토의 문제   E / X / E / R / C / I / S / E

01 기업의 글로벌화는 가치사슬이나 공급망을 국내 스케일에서 국제 스케일로 확대함으로써 이루어지는 경우가 종종 있다. 이러한 글로벌 가치사슬/공급망을 지원하는 정보기술로는 어떠한 것이 있으며 각 기술이 제공하는 구체적인 효과는 무엇인지 개념사례에 소개된 기업 예들을 통해 알아보자.

02 초국적 기업화 전략을 구현하는 것이 현실적으로 가장 타당하다고 생각되는 우리 나라의 기업들을 셋만 열거하시오. 또 이 기업들에게 어떠한 글로벌 정보기술을 권하겠는가?

03 오늘날 인터넷은 여러 기업들에게 새로운 사업기회를 제공하고 있다. 글로벌 유통기업이 인터넷을 이용하여 새로운 틈새시장을 찾기 위한 방안을 생각해 보자.

 참고 문헌 R / E / F / E / R / E / N / C / E

[1] Diederichs, Raimund and Markus Leopoldseder, "It's Still a Big World," *Supply Chain Europe*, www.scemagazine.com, 2021. 8. 20 참조.

[2] Ives, Blake and *SirkkaJarvenpaa*, "Applications of Global Information Technology: Key Issues for Management," MIS Quarterly, Vol.15, March 1991, pp. 41-45.

[3] Ives, Blake and SirkkaJarvenpaa, "Wiring the Stateless Corporation: Empowering the Drivers and Overcoming the Barriers," *SIM Network*, September/October 1991.

[4] Karimi, J. & Benn R. Konsynski, "Globalization and Information Management Strategies," *Journal of Management Information Systems*, Vol.7, No.4, Spring 1991, pp. 7-26.

[5] Konsynski, B.R. and J. Karimi, "On the Design of Global Information Systems," *Globalization, Technology, and Competition*, S.P. Bradley, J.A. Hausman, and R.L. Nolan(eds.), Boston, MA: Harvard Business School Press, 1993.

[6] Laudon, Kenneth C. and Jane Laudon. *Management Information Systems: Managing the Digital Firm*(17^b *ed.*), Upper Saddle River, NJ: Pearson Education, 2021.

사례 연구

글로벌 e-비즈니스를 위해 구축한 네슬레의 전사적 시스템

네슬레 SA는 거의 세계 전 지역에서 운영되고 있는 거대 규모의 식품 및 약품기업이다. 스위스에 본사를 둔 이 회사는 1999년 기준으로 매출이 466억 달러에 달했고 80개 국가의 500여 생산시설에서 23만 명 이상의 직원을 두고 있다. 초콜릿, 커피, 우유 제품들로 잘 알려진 네슬레는 그 외에도 수천 개의 다른 품목을 판매하고 있으며 이들 대부분이 현지 시장 및 문화에 적합하도록 현지화되고 있다.

▲ 네슬레사의 네스카페 커피제품

전통적으로 이 거대 기업은 각 현지조직이 현지의 여건 및 비즈니스 문화를 고려하여 독자적으로 사업을 수행하도록 허용했다. 이러한 분권화 전략을 지원하기 위해, 80개의 서로 다른 정보기술 조직을 둬서 이들이 900여 대의 IBM AS/400 중형컴퓨터와 15개의 메인프레임 컴퓨터와 200대의 유닉스 시스템을 운영하고 있어 마치 바벨탑을 연상케 하고 있다. 흥미로운 점은 회사의 대형규모에 걸맞지 않게 중앙 컴퓨터센터가 없었다는 점이다.

그러나 현장여건에 따라 독립적으로 운영하도록 허용함으로 인해 비효율성과 추가비용이 발생하였고 결과적으로 전자상거래에 있어 효과적인 경쟁이 어렵게 되었다고 네슬레의 경영진은 믿고 있다. 표준화된 비즈니스 프로세스의 부재로 인해 네슬레가 세계적 구매력을 이용해 원재료를 저가에 구매하는 것이 불가능했다. 개별 공장이 동일한 글로벌 공급사를 이용한다 하더라도 구매조건 및 가격은 공장별로 각기 협상했다.

초기의 시스템 도입배경

수년 전 네슬레는 정보시스템과 비즈니스 프로세스를 표준화하고 조정관리하기 위한 프로그램을 출범시켰다. 초기에 ERP 소프트웨어로 SAP사의 R/3를 설치해서 미국, 유럽 및 캐나다에 설치된 원재료 구매, 분배 및 회계 프로그램을 하나로 통합하도록 했다.

네슬레는 500여 생산시설이 일관성 있게 e-비즈니스를 실현해 나갈 수 있도록 이들 모든 시설에 대해 전사적 시스템을 확장 적용했다. 일단 이 프로젝트가 종료되면 네슬레는 전세계 소매업자들에게서 수집한 매출정보를 이용해서 판촉활동의 효과성을 측정하고, 식품점 선반에 제품들을 너무 오래 방치시키는 데서 초래되는 식품 부패 현상을 줄이며 제품의 과다재고량을 줄일 수가 있게 된다.

그런데 네슬레 USA의 경험을 살펴보면 네슬레가 전사적 시스템을 구현하는데 극복해야 하는 문제점들이 존재함을 알 수가 있다. 매출 81억 달러규모의 법인인 네슬레 USA는 2001년만

해도 일련의 브랜드들로 구성된 조직으로서 각기 브랜드 사업부문별로 독립적인 운영을 하고 있었다. 예를 들어, 스투퍼와 카네이션 브랜드 사업부문은 서로 다른 별개의 사업체였고 둘 다 스위스 본사인 네슬레 SA의 소유인 반면 네슬레 USA에 의해 관리됐다. 1991년 네슬레 USA는 조직재편을 통해 중앙집중화를 위한 시도를 했음에도 불구하고 미국내 개별 사업부문들의 분권화 경영은 계속됐다. 이 상황은 네슬레 미국법인의 부사장 겸 CIO로 제리 던이 취임하고서야 달라지기 시작했다.

던은 회사에서의 오랜 경험을 통해 네슬레의 정보기술 현황을 너무도 잘 알고 있었다. 그녀가 CIO로 취임했을 때, 네슬레 USA의 회장 겸 CEO인 조 웰러는 비 IT전문가였지만 회사의 사업부문들을 통합할 생각을 하고 있었다. 던은 재무, 공급망, 물류, 구매 부문의 경영자들과 함께 팀을 구성해서 회사의 강약점을 분석하기로 했다. 이 팀은 동일 공급사로부터 공급받는 바닐라 제품에 대해 회사가 29개 서로 다른 가격으로 구입하고 있었다는 사실을 비롯해 많은 문제점들을 발견했다. "모든 공장이 동일 공급사에게서 바닐라를 독자적으로 구매하고 있으니 공급사는 임의적으로 가격을 책정하려는 것"이라고 던은 설명하고 있다. 또 사업부와 공장마다 동일한 제품을 각각 다른 이름으로 칭하고 있으니 회사는 전반적인 상황을 점검할 수도 없고 서로 비교할 수조차 없는 실정이다. 경영자 팀이 회사의 문제점에 관한 조사분석을 끝마치고 난 후, 이들은 단두 시간 동안에 웰러 회장 및 기타 임원들에게 결과를 발표하는 기회가 주어졌지만, 발표시간이 너무 짧다는 지적에 따라 하루 종일에 걸쳐 발표자리를 갖기로 했다. 발표에 참여한 임원들은 상황이 그토록 나빴다는 사실에 참담해 했다. 구매

시스템이 여러 개였고, 공장마다 공급사 계정을 별도로 설정해 놓고 독자적으로 구매를 했기 때문에 특정 공급사와의 거래량이 얼마나 되는지 파악 자체가 불가능했다는 사실이 밝혀졌다.

이 모임 직후 팀의 멤버들은 필요한 개선을 수행하기 위한 3~5개년 계획을 제시했다. 이 계획의 핵심은 회사에 SAP이라고 하는 ERP 시스템의 설치를 제안하는 내용이었다. 팀원들은 새 시스템의 도입에 소요되는 기간을 3~5년으로 예상했다. 이 프로젝트는 단순한 소프트웨어 교체와는 다르며 비즈니스 프로세스의 변화를 필요로 하고 또 이를 위해서는 비즈니스를 수행하는 방식을 바꾸는 것이 필수적이라는 사실을 자신은 알았다고 던은 말했다. 네슬레는 50명의 최고경영자 및 10명의 정보시스템 책임자들로 이루어진 프로젝트 추진팀을 구성했다. 이들은 제조, 구매, 회계 및 판매를 위한 표준 업무절차를 만들어 내기 위해 베스트 프랙티스를 개발했다. 소규모 기술팀이 구성되고, 이 팀이 모든 사업부문에서 필요로 하는 개별 품목에 대한 데이터 일체를 조사하고 회사 전체에 대한 공통적 데이터구조를 개발하는 데 18개월이 소요됐다.

프로젝트의 초기단계에서는 SAP의 공급망 소프트웨어를 사용하지 않기로 결정했는데, 그 이유는 이 소프트웨어가 새로이 출시된 것이어서 도입해 적용하는데 리스크가 따를 것으로 예상됐기 때문이다. 따라서 공급망관리 모듈은 마누지스틱스의 소프트웨어로 결정이 났다. 이와 함께 SAP사의 구매, 재무, 판매, 물류 모듈을 사용하기로 했다. 이들 소프트웨어 모듈 모두를 네슬레 USA의 개별 사업부마다 설치하기로 했다. 계획수립이 1998년 3월까지 완료됐고 개발작업이 1998년 7월에 시작됐다. 이 프로젝트는 '시스템 기술을 통한 비즈니스 혁신'이라고 명명됐다.

ERP 프로젝트 추진의 문제점

2000년 6월, 네슬레 SA는 네슬레 USA의 뒤를 따라 SAP와 계약을 맺고 mySAP.com이라고 하는 새 버전의 소프트웨어를 구매했다. 새 시스템은 회사 전체의 정보시스템 및 비즈니스 프로세스를 표준화하고 조정관리할 뿐 아니라 SAP의 전사적 소프트웨어를 웹환경으로 확장할 계획으로 되어 있다. 새 시스템을 도입하면 네슬레의 모든 직원은 인트라넷상에서 자신의 직무기능과 연결된 개인화된 웹 페이지를 통해 업무를 수행할 수가 있다. 직원의 직무는 SAP이 300여종의 업무역할에 대해 정의한 베스트 프랙티스에 부합하도록 구성되어 있다. 정보시스템 고위임원인 장 클라우드 디스포는 "모든 직원들이 동일한 직무를 동일한 방식으로 수행하도록 하기 위한 극히 단순한 방법"이라고 새 업무방식을 설명한다. 네슬레사는 또한 전세계에 걸쳐 다섯 개의 컴퓨터 센터를 설치하고 이들 센터에서 mySAP.com에 속한 전사적 재무관리, 외상매입계정, 외상매출계정, 기획, 생산관리, 공급망관리, 그리고 비즈니스 인텔리전스 소프트웨어를 구동할 계획이다. 네슬레 보도자료에 의하면 SAP 구매계약에만 2억 달러가 소요될 것이며, 모든 시스템을 글로벌 기업에 대해 설치하는 데 8천만 달러의 추가 비용이 들 것으로 알려져 있다. 그러나 프로젝트가 발표된 지 1년 후 네슬레 기업 전망에 대해 밝은 런던의 HSBC 증권분석가인 앤 알렉산더는 네슬레의 이러한 움직임에 대해 비관적인 평을 내놓았다. 그 이유는 프로젝트가 분권화되어 있는 기업문화를 건드리며 중앙집중화를 시도할 것이기 때문

에 성공여부가 불확실하다는 것이었다. 기업문화를 변화시키는 것은 항상 위험이 따르기 마련이라고 그녀는 강조하였다. 제리 던도 프로젝트를 진행하면서 이 점에 대해서는 공감을 하였다.

이 프로젝트가 미국에서 직면하고 있는 주요 문제는 웰러 회장 및 핵심 참모들이 프로젝트로 인해 비즈니스 프로세스가 얼마나 변화하게 될지 인식하지 못하고 있다는 점이었다. 던의 말에 의하면, 그들은 단순히 소프트웨어를 설치하는 정도로 이해하는 경향이 있었다고 한다. 뿐만 아니라, 공급망관리 소프트웨어를 포함하여 첫 네 개 모듈의 설치기한을 Y2K 변화가 시작되는 2000년 1월

1일로 정했다. 이 기한을 충족시키기는 했지만, 곧 이어 해결한 문제보다는 새로이 발생시킨 문제가 더 많은 것으로 나타났다. 팀이 공급망관리 모듈을 설치하기 시작할 무렵 이미 대 반란이 일기 시작했다.

문제는 프로젝트의 초기 기획단계에서 시작됐는데, 시스템 변화로 직접적인 영향을 받게 될 스탭들이 핵심 추진팀에 포함되지 않은 것이 계

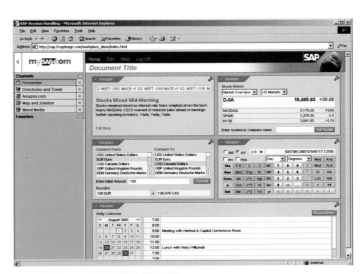

▲ mySAP.com 소프트웨어 예시화면

기가 됐다. 경영자 추진위원회에서 새로운 사항들을 발표할 때마다 이들 판매 및 사업부문의 책임자들은 놀라는 기색을 보였다. 2000년 초에 들어서는 아무도 새 프로세스를 배우려 들지 않았고 변화를 거부했다. 하위의 근로자들은 새 시스템을 사용하는 법을 알지 못했고 또 변화 자체도 이해하지 못했다. 아무도 새 업무수행 방식에 준비가 되어있지 않았고, 유일한 희망은 프로젝트 헬프데스크에 전화로 도움을 요청하는 것이었다. 헬프데스크에 하루 300통의 전화가 쏟아졌다. 이들은 변화에 대해 학습할 의도가 없었으며, 사업부문의 경영자들도 혼동에 빠지고 화를 내기가 일쑤였다. 공급망관리 소프트웨어를 이용해 제품 수요를 예측할 예정이었던 직원들의 이직률이 77%에 달했다. 이직하지 않은 직원들도 기존에 사용하던 스프레드시트 프로그램을 이용하는 것이 차라리 쉽다고 여길 정도였다.

이들 소프트웨어와 더불어 Y2K 조정프로그램을 동시에 설치한 것도 문제를 악화시키는 데 한 몫을 했다. 시기를 맞추기 위해 강행하는 과정에서 추진팀은 다양한 모듈을 통합하지 못했던 것이다. 예를 들어, 구매부서에서는 적절한 시

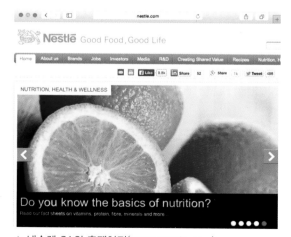
▲ 네슬레 SA의 홈페이지(www.nestle.com)

스템 및 데이터 명칭을 사용했지만, 그들의 시스템은 재무, 기획 및 판매 소프트웨어와 통합이 되지 않았다. 결과적으로 영업직원이 우대 고객에게 특별한 할인가격을 주기로 해서 신규 시스템에 정보를 입력하면, 외상매출계정 부서에서는 그 사실을 모르고 고객이 대금을 미납한 것으로 처리하는 일이 발생했다.

위기 극복을 위한 노력

결국 추진팀은 2000년 5월 프로젝트를 중단하기로 하였다. 프로젝트 리더 두 사람 중 한 사람을 직위해제 함에 따라 제리 던 혼자서 프로젝트를 총괄하기 시작했다. 10월, 던은 주요 추진 멤버들 및 비즈니스 임원들과 사흘간의 비공식 모임을 가졌다. 2000년 1월 1일로 정한 Y2K 추진기한이 프로젝트에 지나치게 큰 부담으로 작용했고, 그로 인해 프로젝트 팀의 구성원들이 전체적인 그림을 볼 수 없었다는 사실이 명백해졌다. 그 동안 세부적인 기술요소에만 치중했던 것이다. 기존의 구성요소와 통합할 필요가 있음을 공감했다. 던은 또한 1998년 사용치 않기로 결정했던 SAP사의 공급망관리 모듈이 그 동안 충분히 향상된 점을 들어 공급망관리 소프트웨어를 SAP사의 모듈로 다시 대체하기로 결정했다. 이 비공식 모임이 끝날 무렵, 추진팀은 프로젝트를 다시 시작해야 한다는 결론에 도달했다. 우선 비즈니스 요구사항을 결정하고 그 다음 기존의 급박한 구축기한을 버리고 새 기한을 설정하기로 했다. 또한 시스템 변화에 의해 영향을 받게 되는 직원들을 교육시킴으로써 모든 직원들이 어떤 변화가 발생하는지 그리고 왜, 어떻게, 언제 그러한 변화가 실현되는지를 알 수 있도록 했다.

프로젝트 팀은 세부 설계 및 프로젝트 로드맵을 2001년 4월까지 완성했다. 네슬레는 또 톰

▲ 네슬레 쿠키 및 아이스크림 전문판매점인 네슬레 톨하우스 카페

제임스라는 사람을 프로젝트의 프로세스 변화의 책임자로 지명해 사업부문들과 프로젝트 간의 연결고리 역할 책임을 부여했다. 추진팀은 또한 프로젝트가 직원들의 업무에 어떤 영향을 미치는지 그리고 직원들이 변화를 어떻게 수용해 나가는지에 대한 현장 조사를 반복적으로 실시하기 시작했다. 또 제임스와 던은 사업부 지휘자들과 자주 모임을 갖기 시작했다. 이러한 과정에서 수집된 정보를 이용해, 제조부문 이용자들이 여러 변화를 수용할 준비가 되어있지 않다는 사실을 새로이 발견하였고 그에 따라 소프트웨어의 완성일자를 6개월간 늦추도록 했다.

시스템도입의 가시적 성과

비록 늦었지만 성공적으로 추진되고 있는 신규 프로젝트는 2003년 1사분기에 완료되었다. 이미 네슬레 USA의 모든 사업부들이 동일 소프트웨어 및 데이터를 이용하고 있다. 이 회사는 보다 정확한 판매수요 예측이 가능해졌을 뿐 아니라 공장들은 이 정확한 예측치를 반영해 생산을 하고 있다. 네슬레 USA가 2002년 봄까지 전체적으로 절감한 비용은 3억 2,500만 달러에 달한다고 회사측은 말한다. 그리고 네슬레 SA는 미국법인의 경험을 토대로 보다 용이하게 프로젝트의 성공을 거둘 것으로 기대하고 있다. 네슬레 USA가 8~9개의 자율적 사업부들을 대상으로 프로젝트를 추진한 반면, 글로벌 본사에서는 80개국의 자율적 조직들을 대상으로 대규모 프로젝트를 추진하였음에도 불구하고 낙관적인 결과를 기대하고 있다. 글로벌 ERP 시스템의 도입 이후, 네슬레의 글로벌 조직은 데이터 및 비즈니스 프로세스가 표준화된 데서 오는 효과를 누리고 있다. 2004년 말부터 네슬레의 식품 및 음료 부문의 글로벌 사업은 표준화된 프로세스, 데이터 및 시스템을 이용해 운영되어 오고 있다.

출처: Derek S. Dieringer, "ERP Implementation at Nestle," www.nestle.com, 2021년 8월 10일 참조; ASUG Admin, "Nestle CIO Talks Upgrading to SAP HANA, Integration Difficulties," www.asug.com, 2021년 8월 23일 참조

🔍 사례연구 토의문제

1. 네슬레 SA는 개별현지 조직에 최대한 자율성을 부여하는 분권화 전략을 추구해 왔다. 이 분권화전략은 글로벌 기업네슬레에 도움이 되었는가? 만일 아니라면, 이 전략으로 인해 어떠한 구체적문제들이 발생했는지 알아보자.

2. 초기 ERP 도입은 어떤 배경에서 추진하였으며, 이 ERP 도입 프로젝트는 어떠한 이유로 인해 중도에 포기를 하게 되었는가? 사례 본문 내용에 기초하여 ERP 도입의 실패요인을 분석하여 보자.

3. 네슬레는 중도에 직면한 위기를 어떻게 극복할 수 있었는가? 또 새로이 시작된 프로젝트를 성공적으로 추진함에 따라, 회사의 비즈니스 프로세스는 어떠한 변화가 있을 것으로 예상되는가?

4. 네슬레 SA의 글로벌 정보시스템 도입사례를 바탕으로 글로벌 정보시스템을 도입하려는 다른 기업들에게 구체적으로 어떤 조언을 할 수 있겠는가? 조언내용을 뒷받침할 수 있는 논리적 근거도 함께 제시하시오.

제14장

새로운 미래를 여는 빅데이터

차 례

학 습 목 표

　빅데이터는 온라인 쇼핑, 소셜네트워크, 메신저 등을 통해 인터넷 사용자의 활동이 더욱 활발해지면서 웹상에 쏟아내는 문자, 이미지, 동영상 등 다양한 유형의 정보들을 통틀어 지칭하는 용어이다. 이전까지는 이러한 대용량의 데이터를 저장하기도 힘들고, 분석이나 활용을 위한 컴퓨팅 파워도 충분하지 못하였다. 하지만, 최근 들어 관련 인프라 기술들이 빠르게 발달하고 많은 기업들이 빅데이터의 활용에 관심을 보이게 되었으며, 그 결과 제품의 트랜드나 고객의 취향 분석 등 그 활용가치가 나날이 높아져가고 있다. 본 장에서는 이러한 빅데이터에 대해 정의하고 이를 제대로 활용하기 위한 방안을 살펴본다.

　본 장을 학습한 이후 학생들은 아래의 사항들에 대해 각각 답할 수 있어야 한다.

• 빅데이터란 규모, 다양성, 속도 등을 고려할 때 어떻게 정의할 수 있는가?
• 기존의 비즈니스 데이터와 비교할 때 빅데이터가 가지는 특징은 무엇인가?
• 빅데이터가 출현하게 된 기술적, 사회적, 경제적 배경은 무엇인가?
• 빅데이터를 구성하는 주요 구성요소인 기반 인프라, 분석 기술, 표현 기술은 무엇인가?
• 빅데이터의 활용한 사례들은 무엇이 있는가?
• 향후 빅데이터의 활성화를 위해 어떤 전문가가 필요하며 데이터 마켓플레이스를 어떻게 활용할 수 있을까?

개념사례

KT, 빅데이터 기반 해수욕장 혼잡도 신호등 서비스

첨단 빅데이터 분석기술이 휴가철 방역대책 분야에서도 크게 활약할 전망이다.

KT는 해양수산부와 함께 이달부터 오는 9월까지 전국 264개 해수욕장을 대상으로 빅데이터 기반 '해수욕장 혼잡도 신호등' 서비스를 제공한다고 6일 밝혔다.

이번 서비스는 지난해 50개 해수욕장에 한해 시범적으로 선보인 '해수욕장 혼잡도 신호등' 시범 서비스를 전국 해수욕장으로 확대한 것이다. 해수부는 지난해 해수욕장 내 코로나19 감염 사례가 단 한 건도 발생하지 않은 점을 들어 KT의 시범서비스를 적극 행정 우수사례로 선정하기도 했다.

이 서비스는 해수욕장에서 잡히는 KT 기지국의 무선 신

▲ 해수욕장 혼잡도 신호등 서비스 예시 화면 이미지. 해수욕장 적정 인구 대비 혼잡도가 100% 이하인 곳은 초록색으로 표기 된다.

호 빅데이터를 실시간 수집한 뒤 인공지능(AI) 알고리즘으로 분석해 실제 해수욕장에 방문한 인구를 집계해 30분 단위로 혼잡도를 알려주는 메커니즘이다. 해수욕장별 적정 인원 대비 인구 집계치가 100% 이하는 초록색, 100% 초과~200% 이하는 노란색, 200% 초과는 빨간색으로 혼잡도를 나타낸다.

혼잡도 확인을 원하는 누구나 네이버 검색, KT 내비게이션 서비스 '원내비', 정부 해양관광 안내사이트 바다여행에서 쉽게 확인할 수 있다.

KT와 해수부는 피서객들이 전국 해수욕장의 혼잡도 여부를 사전에 확인함으로써 이용객이 많은 해수욕장 방문을 자제하고, 코로나19 확산 가능성이 있는 해수욕장 내 밀접 접촉을 줄일 수 있도록 유도한다는 방침이다.

KT AI·빅데이터융합사업본부 최준기 본부장은 "휴가철을 맞아 피서객들이 더 안전한 바다여행을 즐길 수 있도록 빅데이터 기술을 지원하게 돼 기쁘다"며, "앞으로도 국가 생활방역 대국민 서비스에 기여할 수 있도록 실시간 인구 측위 기술을 지속 고도화 할 것"이라고 말했다.

출처: CCTV뉴스(http://www.cctvnews.co.kr), 2021년 7월 6일; IT 조선, 2021년 7월 1일

14.1 ▶ 빅데이터란?

"빅데이터 마케팅", "빅데이터를 통한 고객관리," "빅데이터를 이용한 트랜드 분석," "빅데이터를 통한 주가 예측"과 같이 "빅데이터"라는 용어가 새로운 키워드로 여기저기서 쉽게 접할 수 있게 되었다. 과연 빅데이터란 무엇이고, 기존의 비즈니스 데이터와는 어떤 차이가 있을까? 빅데이터는 다양한 비즈니스 분석과 예측을 한치의 오차도 없이 척척 해내는 마술과도 같은 것일까? 이 장에서는 이러한 질문에 대한 해답을 찾아보자.

🔗 빅데이터의 3요소

먼저 빅데이터를 규모(Volume), 다양성(Variety), 속도(Velocity)라는 세 가지 측면에서 정의해 보면 다음과 같다.

규모(Volume)

빅(Big)이라는 이름에서 알 수 있듯이 빅데이터의 규모는 어마어마하다. 이와 같이 추상적인 설명보다 좀더 실감나는 설명을 위해 우선 데이터의 크기를 측정하는 단위에 대해서 알아보자. 컴퓨터에 저장되는 데이터는 디지털 형식으로 0과 1의 조합으로 이루어 진다. 0과 1 중 하나의 값을 저장하는 공간을 1비트(bit)라고 한다. 이러한 비트가 8개가 모이면 1바이트(byte)가 된다. 요즘 들어 빅데이터를 설명하기 위해 부쩍 많이 사용하는 데이터 단위는 요타바이트(yottabyte), 제타바이트(zettabyte), 그리고 엑사바이트(Exabyte) 등인데 이는 다음과 같은 관계로 나타낼 수 있다.

> 1 요타바이트(yottabyte) = 10^3제타바이트(zettabyte) = 10^6엑사바이트(exabytes) = 10^9페타바이트(petabytes) = 10^{12}테라바이트(terrabytes) = 10^{15}기가바이트(gigabytes) = 10^{18}메가바이트(megabytes) = 10^{21}킬로바이트(kilobytes) = 10^{23}바이트(bytes)

대략 유사이래 2003년까지 생성된 모든 데이터를 그 용량으로 따지면 5엑사바이트(Exabyte, 10^{18} byte)정도라고 한다. 그런데 오늘날 인류가 하루에 만들어내는 데이터의 양이 그 크기의 절반인 2.5엑사 바이트라고 하니 그 규모가 어마 어마하다. 실제로 이런 양의 데이터를 DVD로 저장한다면 그 높이가 지구에서 달까지 왕복할 정도에 이른다.

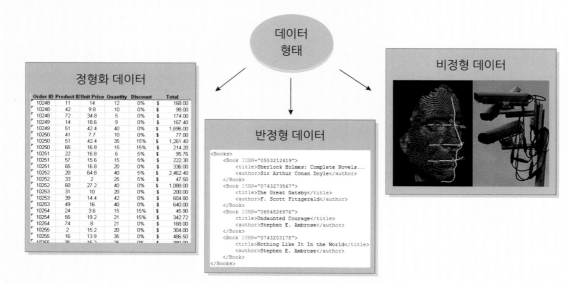

그림 14-1 ━●━ 데이터의 형태별 구분: 정형화, 반정형, 비정형 데이터

실로 대규모의 데이터이며 "빅"이라는 이름이 붙여질 만하다.

다양성(Variety)

빅데이터를 설명할 때, 규모와 더불어 생각해야 할 것이 그 다양성이다. 앞에서 설명한 바와 같이 10년 남짓되는 짧은 기간 동안 방대한 사이즈의 데이터가 쌓이게 된 주된 요인은 인터넷의 발전 및 웹 2.0의 등장으로 시작된 사용자의 적극적인 웹 콘텐츠 생산에 있다. 뉴스와 포털 사이트를 돌아다니며 볼거리를 수동적으로 받아들이던 소비자(컨슈머-consumer)가 이제는 유튜브에 자신이 만든 비디오를 올리고, 페이스북에 시시각각 자신의 근황을 뉴스피드로 제공하는 생산자(프로듀서-producer)의 역할을 병행하고 있는 것이다. 이러한 프로슈머(Prosumer)들이 쏟아내는 데이터는 현재 전체 데이터의 90% 이상을 차지한다고 한다.

이와 같이 웹 상의 활동을 통해 다양한 형태의 데이터가 축적되다 보니, 빅데이터는 기업에서 관리하는 고객 정보, 상품 정보와 같은 테이블 형태의 정형화된 데이터뿐만 아니라, 완전한 테이블 구조는 아니지만 HTML이나 XML과 같이 일정한 형식을 따르는 반정형화된 데이터, 그리고 텍스트, 오디오, 이미지, 동영상 등 비정형화된 데이터를 모두 포함하고 있다.

속도(Velocity)

빅데이터를 나타내는 또 하나의 키워드는 속도이다. 첫째, 데이터가 생성되는 속도가 빠르다. 누구나 어디서든 데이터를 만들고 스트리밍 형태로 웹에 쏟아 붓다 보니 그 늘어나는 속도가 종잡을 수 없을 정도이다. 둘째, 이렇게 불어나는 데이터를 빠르게 처리하기 위한 컴퓨팅 파워도 최근 몇 년간 놀라울 정도로 성장하였다. 이전 데이터 처리 속도가 수 주였다면, 이제는 수 분이나 수 초 이하로 단축되거나, 심지어 거의 실시간 처리가 가능해졌다. 예를 들어, 인간의 유전자 지도를 밝혀내는 게놈 프로젝트(Human Genome Project, HGP)의 경우 2003년에는 \$30억이라는 비용과 13년이라는 긴 시간을 투자하여야만 겨우 완성할 수 있었다. 지금은 누구든지 \$1,000의 비용만 지불하면 개인 유전자 지도를 2시간만에 받아 볼 수 있다.

요약하자면, 빅데이터의 3요소(3Vs)는 첫째, 제타바이트(ZB=1,000조 MB)의 규모(Volume), 둘째, 정형화, 반정형화, 비정형화된 데이터의 다양성(Variety), 셋째, 빠른 속도(Velocity)의 데이터 생성, 유통, 활용이라고 할 수 있다.

빅데이터 VS 비즈니스 데이터

빅데이터가 가지는 특징은 비즈니스 데이터와의 비교를 통해서 더욱 확연해진다. 기존의 비즈니스 데이터들은 기업의 운영을 위해서 사용되는 데이터들이다. 즉, 기업을 운영하기 위해서는 자재를 구매하고, 생산하고, 판매하는 일련의 과정을 거치게 되는데 각 과정에 필요한 정보들을 테이블 형태로 저장하고 필요시 변경한다. 가령 고객 테이블에는 고객의 이름, 주소, 전화번호를 저장하는 특정 칼럼이 존재한다. 이 밖에도, 자재 테이블, 생산 계획 테이블, 매출 테이블, 자산 테이블 등 수많은 테이블들이 서로 복잡한 관계를 맺게 되는데 이를 효과적으로 관리하기 위해서 제7장에서 다룬 관계형 데이터베이스 시스템(Relational Database System, RDBMS)을 이용한다.

기존의 비즈니스 데이터는 어떤 고객이 언제 어떤 상품을 구매하였는지와 같이 정확한 거래정보를 기입하기 때문에 개개의 데이터가 중요하며, 또한 어느 한쪽이 수정되었는데 다른 쪽은 수정되지 않아 정합성(consistency)에 문제가 생겨서도 안된다. 가령 영업사원이 재고가 10개 있음을 확인하고 고객에게 물건을 팔기로 하였는데 실제 창고 데이터를 확인해보니 재고가 없어서는 안 된다. 또한 기업의 운영과 모든 거래를 위해서는 해당 비즈니스데이터가 필수요소이기에 항상 유효성(availability)이 확보되어야 한다. 가령 제품을 생산하기 위해서는 자재들이 언제 입고가 되는지에 대한 정확한 정보가 항

표 14-1 ━ 비즈니스 데이터와 빅데이터의 비교

	비즈니스 데이터	빅데이터
사용 데이터베이스	관계형 데이터베이스(RDBMS) 이용	비관계형 데이터베이스(NoSQL) 이용
데이터 저장 형태	테이블	파일
데이터의 가치	개개의 데이터가 중요	개개의 데이터가 모여 새로운 정보 전달
주 활용 분야	• 소비자, 생산, 매출, 자산, 재고 등 ERP나 SCM 등 내부기간 시스템에서 활용 • 운영을 위한 개별 데이터 관리	• 고객 유형별 관심, 감성 분석, 트랜드파악 • 데이터를 통합하여 숨어 있는 가치 발견
필수 요건	• 정합성(consistency): 모든 노드는 같은 시간에 같은 데이터를 보여줘야 함 • 유효성(availability): 일부 노드가 다운되어도 다른 노드에 영향을 주지 않아야 함	• 수평적 확장(Horizontal scalability)의 용이성 • 분산 가용성(partition tolerance) 및 응답성: 네트워크 전송 중 일부 데이트를 손실하더라도 시스템은 정상적으로 동작해야 함

시 참조 가능한 상태로 유지되어야만 한다.

반면, 빅데이터는 위에 설명한 기업의 운영과 개별 거래에 필요한 비즈니스 데이터와는 성격이 다르다. 우선, 데이터의 형태가 반정형, 혹은 비정형성 데이터가 많다 보니 테이블 형태에 저장하기가 힘들다. 유튜브의 동영상이나 페이스북 댓글 등은 테이블에 저장하기보다는 비관계형 데이터베이스에 파일 형태로 저장하는 경우가 많다. 비즈니스 데이터의 사용목적은 개별 거래에 대한 정확한 기입과 보존, 그리고 필요시 변경하는 것이었다. 하지만, 빅데이터의 주된 사용목적은 대량의 데이터를 취합하여 새로운 정보를 예측하는 것이다. 즉, "누가 무엇을 언제 샀냐"가 아니라, "전체 고객의 동향을 볼 때 내년에 가장 유행할 상품 군은 무엇일까"와 같은 통합된 데이터를 이용한 고객 유형별 관심, 감성분석, 트래드 파악 등이 중요하다.

이와 같은 기존의 비즈니스 데이터와 빅데이터의 차이점과 특징을 **표 14-1**에서 요약하였다. 빅데이터의 사용목적이 통합된(aggregated) 관점에서 데이터를 분석하여 새로운 사실을 예측하는 것이다 보니, 개별 데이터 하나 하나의 정합성과 유효성은 상대적으로 그 중요성이 떨어진다. 대신, 얼마나 많은 데이터들을 받아들여 빠르게 수평적으로 확장할 능력을 갖추었는지(horizontal scalability), 분산 가용성 및 응답성(partition tolerance)을 가졌는지 등이 중요한 요소가 된다.

빅데이터의 출현 배경

그렇다면 과연 이와 같이 방대한 규모의 다양한 형태의 데이터가 최근 몇 년간 빠른 속도로 증가하고 관심을 받게된 배경은 무엇일까?

값싼 하드웨어 인프라

무엇보다도 빅데이터의 출현을 가져온 가장 중요한 요인은 하드디스크와 같은 데이터 저장소, 이를 처리하기 위한 컴퓨터 프로세스, 데이터를 전달하기 위한 네트워크 환경 등이 가격대비 성능이 급격히 증가하였다는 점이다. 가령 1980년 1TB 하드디스크 가격이 $14,000 이었지만 최근에는 $50이하로 판매된다. 그러다 보니 과거에는 비싼 컴퓨팅 자원의 한계로, 꼭 필요한 데이터만 저장을 하던 것이, 요즘은 심지어 어떻게 사용할지 모르더라도 일단은 값싼 저장소에 저장을 하게 되었다. 또한 과거에는 제한된 데이터 분석 및 처리 능력으로 텍스트, 이미지, 동영상 등의 비정형화된 데이터를 활용하

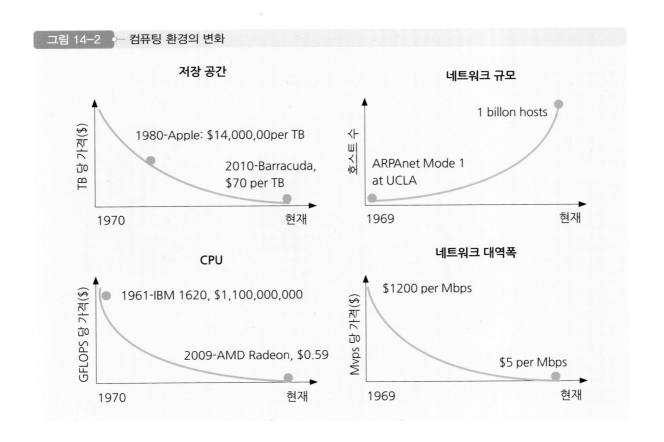

그림 14-2 컴퓨팅 환경의 변화

저장 공간

TB 당 가격($)

1980-Apple: $14,000,00per TB

2010-Barracuda, $70 per TB

1970 　　　　　 현재

네트워크 규모

호스트 수

1 billon hosts

ARPAnet Mode 1 at UCLA

1969 　　　　　 현재

CPU

GFLOPS 당 가격($)

1961-IBM 1620, $1,100,000,000

2009-AMD Radeon, $0.59

1970 　　　　　 현재

네트워크 대역폭

Mvps 당 가격($)

$1200 per Mbps

$5 per Mbps

1969 　　　　　 현재

는데 많은 어려움이 있었다. 하지만 지금은 네트워크의 성능이 발달하면서 분산된 범용 컴퓨터들을 하나로 모아 집약적으로 데이터를 처리하는 기술이 발달하게 되었고, 심지어 대용량의 슈퍼 컴퓨터도 처리하기 힘든 분석을 척척 해내고 있다. 이러한 인프라 기술의 발전은 빅데이터 관련 산업의 비약적인 발전을 선도하게 되었다.

빅브라더

이와 같이 대량의 데이터를 값싸게 저장하고 처리할 수 있는 기술 기반이 확보되다 보니, 기업들 중에는 자신의 고객들의 일거수일투족을 감시하고 정보를 수집하는 경우가 점차 늘어나고 있다. 이러한 기업들을 일컬어 "빅브라더"라고 부른다. 가령 온라인 쇼핑웹사이트에서 소비자들이 어떤 제품들을 비교하고, 어떻게 마우스를 움직이고, 구매 결정을 내리기 위해 얼마만큼 시간이 걸렸는지 등이 모두 웹 로그파일로 축적된다. 또한 스마트폰의 사용이 늘어나면서 사용자의 위치정보나 신상 정보들이 자신도 모르게 누출되기도 한다. 이러한 빅브라더들의 감시가 더욱 심해지고 있어 개인정보의 보호라는 측면에서 사회적 문제로 제기되기도 한다.

B·u·s·i·n·e·s·s 기업정보화현장

'빅 브라더' 중국, 사람들 '머릿속'까지 감시한다

통신장비 등을 생산하는 중국 기업인 항저우중헝(杭州中恒)전기는 생산라인의 노동자들에게 매우 작고 가벼운 무선 센서가 부착된 모자를 쓰고 일하게 한다. 이 센서는 노동자들의 뇌파를 실시간으로 측정해 인공지능(AI) 알고리즘을 사용하는 컴퓨터로 보낸다. 이 컴퓨터는 뇌파를 분석해 노동자의 걱정, 불안, 분노 등 감정 변화를 읽을 수 있다. 이 회사는 측정 결과를 바탕으로 생산 속도를 조절하고 공정을 개선해 전반적인 작업 능률을 높인다. 노동자들의 스트레스를 줄이기 위해 휴식 시간의 빈도와 길이를 조절하기도 한다.

사회통제 기술에서 세계 최고 수준을 자랑하는 중국이 이러한 뇌파 측정 등으로 사람들의 '머릿속'까지 통제하고 있다고 홍콩 사우스차이나모닝포스트(SCMP)가 30일 보도했다. '뇌 감시' 연구는 서구 선진국에서도 이

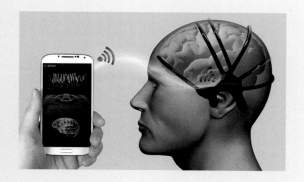

뤄지지만, 실제 산업 현장에 전면적으로 적용된 것은 중국이 처음이다. 미국 등지에서는 양궁 등 스포츠 훈련에서 선수의 기량 향상에 쓰일 뿐이다.

저장(浙江) 성의 각 가정과 기업에 전력을 공급하는 국가전망(電網)저장전력은 이러한 뇌 감시 시스템으

로 기업 경영을 개선하고 수익을 끌어올리는 데 큰 도움을 얻었다고 밝혔다. 이 회사 관계자는 프로그램의 세부사항을 밝히기는 거부하면서도 "그 효과에 대해서는 의심의 여지가 없다"고 말했다. 뇌 감시 시스템을 적용한 2014년 이후 이 회사의 순익은 20억 위안(약 3천400억원)가량 늘었다. 중국 정부의 지원을 받아 뇌 감시 프로젝트 '뉴로 캡'(Neuro Cap)을 진행하는 닝보(寧波)대학의 진지아 교수는 이러한 시스템이 10여 개 공장과 기업에 적용됐다고 밝혔다. 진 교수는 "중요한 임무를 맡은 직원이 격한 감정의 변화를 일으킨다면 전체 생산라인에 큰 위험을 불러올 수 있다"며 "이 경우 관리자가 그 직원에게 하루 휴가를 주거나, 다른 임무를 맡길 수 있다"고 말했다. 그는 "처음에는 이러한 시스템에 대한 거부감이 컸지만, 이제는 모두 익숙해졌다"며 "이는 중국이 경쟁자들을 추월하는 데 큰 도움을 줄 것"이라고 덧붙였다. 상하이의 기술기업인 디예아가 개발한 뇌 감시 장치는 베이징-상하이 구간을 운행하는 고속철 운전사의 훈련에 쓰인다. 운전사가 쓰는 모자에 부착된 센서는 피로와 집중력 저하 등을 90% 이상의 정확도로 측정할 수 있다. 운전사가 졸 경우 센서가 보낸 신호가 운전실 내 알람을 작동하게 해 운전사를 깨운다.

상하이에 있는 창하이 병원은 푸단(復旦)대학과 함께 환자의 감정을 모니터해 폭력적인 사고를 예방하는 시스템을 개발하고 있다. 환자의 감정을 모니터하는 것은 환자가 쓴 모자에 부착된 센서, 병실에 설치된 특수 카메라, 침대 밑의 압력 센서 등이다. 특수 카메라는 환자의 표정과 체온을 체크하며, 압력 센서는 환자의 움직임을 감지한다. 병원 관계자는 "이들이 보내는 데이터를 종합해 환자의 감정 상태를 모니터할 수 있으며, 감정 상태가 급격한 변화를 일으키면 의료진에 만일의 폭력 사태에 대비하도록 한다"고 말했다.

중국민항대학의 정싱우 교수는 중국이 뇌 감시 장치를 항공기 조종실에 적용하는 최초의 국가가 될 수 있다고 예측했다. 정 교수는 "대부분의 항공 사고는 조종사의 감정 파탄 등 인적 요인에 의해 발생한다"며 "항공기의 이륙 전 조종사의 감정 상태를 체크해 항공기 조종을 맡길지를 판단할 수 있을 것"이라고 말했다. 중국 군부도 이러한 뇌 감시 시스템을 도입한 것으로 알려졌으나 세부적인 사항은 알려진 바 없다.

전면적인 뇌 감시 시스템 적용이 초래할 '빅 브러더' 사회에 대한 경고의 목소리도 나온다. 베이징사범대학의 챠오지엔 교수는 "이러한 기술은 기업이 노동자의 감정을 통제하고 사생활을 침해하는 데 쓰여 '감정 경찰'로 변질할 우려가 있다"며 "페이스북의 개인정보 유출도 나쁘지만, 이러한 뇌 감시 시스템은 사생활 침해를 새로운 수준으로 끌어올릴 수 있다"고 경고했다. 챠오 교수는 "인간의 마음이 수익 창출에 함부로 쓰여서는 안 될 것"이라며 "뇌 감시 시스템을 제한할 법규를 마련하고, 이러한 시스템에 대한 노동자의 선택 권한을 부여해야 한다"고 강조했다.

출처: 연합뉴스, 2018년 4월 30일

대중의 데이터 생산

기업들뿐만 아니라 대중들도 빅데이터의 축적에 큰 몫을 하고 있다. 바로 SNS 사용자의 증가와 이를 이용한 다양한 활동 및 데이터의 생산이다. 특히 스마트폰의 사용과 더불어 한 달에 한 번이라도 페이스북 계정으로 모바일에 접속하는 이용자 수가 10억명을 돌파하였다고 한다. 또한 연령층도 확산되어 55~64세 이용자들도 50%이상씩 증가하고 있다. 매월 한 이용자당 평균 90개 이상의 컨텐츠를 생성하고, 뿐만 아니라 댓글,

선호도, 태그, 웹 로그 등과 같이 다른 활동의 부산물로 생겨나는 간접데이터(exhaust data)를 고려하면 지금 이 시간에도 생산해 내고 있는 데이터의 양이 엄청나다는 것을 쉽게 짐작할 수 있다. 이와 더불어 동영상 등 멀티미디어 데이터도 급증하고 있다. 가장 대표적인 동영상UCC(user created content)사이트인 YouTube는 1분마다 24시간 분량의 비디오가 업로드된다고 한다.

새로운 센서를 이용한 데이터 수집

이제는 데이터를 만들어내는 기기가 컴퓨터만이 아니다. 사물 인터넷(IoT)라는 용어의 대중화에서 보듯이 이제는 우리 주변 모든 기기들이 서로 인터넷을 통해 연결되고 통신을 하며 그 와중에 데이터를 쏟아내고 있다. 스마트폰은 눈(카메라), 귀(음성 인식 센서), 위치(GPS)와 같은 다양한 센서를 장착하고 실시간 정보들을 만들어 내고 있다. 뿐만 아니라, 운전하는 자동차에 달린 감지장치들은 운전자가 어떤 식으로 가속 페달을 밟았고, 어떻게 회전을 하며, 연료 효율은 어떤지 등을 실시간으로 무선 네트워크를 통해 중앙 서버에 전달한다. 이 밖에도 스마트 에너지 미터, 스마트 가전, 헬스/의료 모니터링 기기, 건축물 진동 센서 등 이전에는 상상도 못한 새로운 기기들을 통해 데이터가 축적되고 활용되어 지고 있다.

 B·u·s·i·n·e·s·s 기업정보화현장   ## 빅데이터와 사물 인터넷, 자동차는 물론 운전 패턴과 안전에 긍정적

기술 발전으로 사물에 센서를 부착해 실시간으로 데이터를 인터넷으로 주고받는 사물인터넷(Internet of Things, IOT)과 이들 실시간 데이터를 저장, 관리, 분석하기 위한 빅데이터 기술이 다양한 산업으로 영향을 미치고 있는 가운데 자동차 산업에서도 빅데이터와 사물인터넷으로 인한 변화가 예상된다.

현지시간으로 지난 17일, 미국 파이낸셜 익스프레스는 이와 관련된 전문가 논평을 내놓으며 미래 자동차 산업의 변화에 주목했다. 이에 따르면 자동차 산업에 있어 빅데이터 분석은 실시간 데이터를 활용해 운전자 안전 및 차량 서비스 그리고 운전 패턴을 전반적으로 개선하며 긍정적 변화를 이룰 수 있다고 평가했다.

이를테면 사물인터넷을 사용하면 모바일 어플리케이

션처럼 간단한 방법을 통해 자동차 성능을 점검할 수 있다. 사물인터넷은 전자 장치, 센서, 게이트웨이, 액추에이터, 플랫폼 허브 등과 같은 여러 장치에 연결을 의미한다. 이러한 장치들은 무선 네트워크를 통해 서로 연결되

고 상호 작용을 얻어 낼 수 있다. 또 이들 장치는 서로 데이터를 공유할 뿐 아니라 사람의 개입 없이 작동된다. 무선 IOT 기술을 활용하게 된다면 이들 자동차 기반 시스템을 실시간으로 모니터링하거나 데이터를 수집할 수 있다. 이 때 빅데이터 분석을 통해 운전자 안전, 차량 서비스 및 운전 패턴을 전반적으로 개선함으로써 보다 긍정적 변화가 가능하다는 주장이다.

관련 전문가들은 오늘날 글로벌 완성차 업체를 비롯해 관련 분야 기업들은 고객이 자동차를 보다 효율적으로 운용하고 유지 관리할 수 있는 모바일 어플리케이션을 구축하고 있다고 설명한다. 또 이를 통해 자동차가 실제 운행되는 동안 수집되는 다양한 데이터를 분석하고 이를 바탕으로 사고 및 잘못된 주행 패턴을 감지해 즉각적인 알림 혹은 주간 리포트를 보낼 수 있다고 말했다.

전 세계에서 발생하는 자동차 사고의 대부분. 정확히는 약 93%가 인간의 실수로 인해 발생하는 것으로 알려졌다. 전문가들은 IOT 기술을 활용하게 된다면 이를 크게 줄일 수 있다고 주장한다. 평소 운전 습관을 모니터링하고 위험 상황에서 경고 신호를 운전자에게 미리 보낼 수 있기 때문이다. 또한 IOT 기술은 자동차 부품의 유지 관리를 더욱 간편하게 모니터링할 수 있도록 지원하고 예를들어 고속도로에서 갑작스러운 고장 또한 예방할 수 있다. IOT 시스템을 자동차 정비에 활용하게 된다면 성능의 최적 보장과 함께 부품의 효율적 사용도 가능하다는 이야기다.

이 밖에도 누적된 주행 관련 빅데이터 분석을 통한다면 연료 소모량, 교통량, 소요 시간, 타이어 마모 등의 요인을 분석해 최적의 출퇴근 경로를 계산할 수 있으며, 속도 위반과 같은 평소 운전자 주행 패턴을 모니터링하게 된다면 보다 안전한 방향으로 주행 습관을 유도할 수 있다. 운전자가 원한다면 어플리케이션을 통한 사전 알림 서비스도 가능하다. 이 밖에도 연료 소모량, 엔진 회전수 등 자동차 주요 기능을 실시간 모니터링하고 차량의 유지 보수 비용 및 부품 마모를 줄이는데 데이터를 활용할 수 있다.

관련 전문가들은 사물인터넷 서비스는 고객 경험을 향상시키고 거의 모든 산업을 재편하고 있다고 주장한다. 또 IOT 어플리케이션은 자동차 산업에서 날로 증가하고 있으며 예를 들어 자동차 보험 분야에서는 이를 통해 보다 정확한 데이터 수집을 통해 비용을 절감하고 있다고 이야기한다. 또 향후 서비스 분야에 이를 도입할 경우 IOT 데이터를 기반으로 적절한 서비스 점검 시기를 파악해 고객에게 알릴 수 있으며 이를 통해 고객 충성도를 높일 수 있다고 설명한다. 결국 사물인터넷 기술 발전은 자동차 산업에 더욱 큰 상호 작용과 변화를 가져올 것이라는 주장이다.

출처: 오토헤럴드(http://www.autoherald.co.kr), 2020년 10월 21일

14.2 빅데이터의 주요 기술 구성

빅데이터의 주요 기술은 데이터를 수집하고, 정보를 찾아내고, 이를 효과적으로 표현하는 3단계로 구분하여 구성된다. 각각의 단계별 기술 요소들에 대하여 아래에서 살펴

보자.

기반 인프라 – Fast Data

빅데이터의 기반 인프라는 데이터를 수집, 처리, 관리하는 역할을 담당한다. 빅데이터는 규모 자체가 방대하며 형식 또한 다양하기 때문에, 어떻게 여러 대의 컴퓨터를 병렬로 연결하여 보다 효율적이고 빠르게 데이터를 처리하느냐가 관건이 된다. 따라서 이를 가능하게 해주는 분산 데이터베이스, 분산 병렬처리, 분산 파일 시스템 등의 기술이 핵심이 되고, 나아가 이런 기술을 뒷받침해주는 클라우드 컴퓨팅과 데이터 웨어하우스(DW) 환경이 필요하다.

빅데이터를 처리하는 기반 인프라는 여러 종류가 있는데 그 중 가장 널리 사용되는 것은 아파치의 오픈소스 프로젝트인 하둡(hadoop)이 있다(http://hadoop. apache. org/). 하둡을 사용하는 대표적인 회사들은 우리가 잘 알고 있는 국외 기업인 페이스북, 트위터, 이베이, 야후, 링크드인 등이 있으며 국내에는 네이버, 앤시소프트, 삼성 SDS 등이 있다.

하둡은 **그림 14-4**에서 보여주는 바와 같이 몇 가지 모듈들이 조합을 이루고 있는데 그 중 가장 핵심이 되는 것은 하둡 분산 파일시스템(Hadoop Distributed File System: HDFS)과 맵리듀스(MapReduce) 분산처리 방식이다. 다른 모듈들에 대한 설명은 이 책의 범위를 벗어나므로 생략하고 이 두 가지 핵심구성 요소에 대해서만 비교적 쉽게 설

그림 14-3 ─ 빅데이터의 3단계 기술 구성

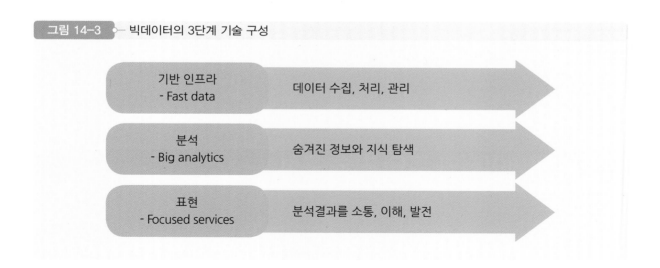

명해보자.

하둡 분산 파일 시스템(HDFS)

하둡 분산 파일시스템은 2003년 구글랩에서 발표된『The Google File System』이라는 논문을 바탕으로 대용량 데이터를 여러 장소에 분산하여 저장할 수 있도록 구성된 파일시스템이다. 하나의 컴퓨터가 아닌 수천대 규모의 저가 범용 서버를 클러스터로 묶어 단일 파일시스템 이미지를 제공하는 것이 가능해진다. 고가의 단일 서버를 사지 않고 비교적 저렴한 범용 서버들을 써서 그 비용절감 효과가 뛰어나기도 하지만, 더욱 중요한 것은 언제든지 필요할 경우 추가로 서버를 클러스터에 추가할 수 있는 뛰어난 확장성을 보장해 준다. 하둡 파일 시스템은 최소 세 개의 파일 복사본을 유지하여 데이터를 안전하게 보호하며(fault-tolerant), 대용량 데이터를 효과적으로 저장하기 위해 64MB의 큰 파일 블록 단위를 사용한다. 이런 큰 파일 블록은 아래 설명하는 맵리듀스의 기본 구성블록으로 사용된다.

그림 14-4 Hadoop Ecosystem

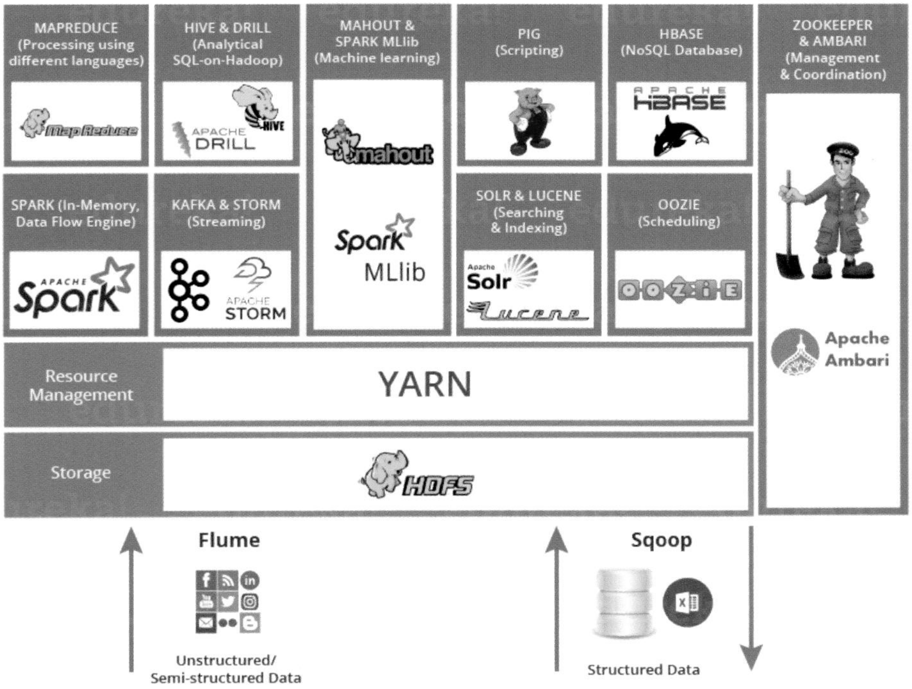

맵리듀스

맵리듀스는 하둡과 마찬가지로 2004년 구글랩에서 발표한 Map Reduce: Simplified Data Processing on Large Cluster란 논문을 바탕으로 개발된 대규모 데이터를 효과적으로 처리하기 위한 분산데이터 처리 프레임워크이다. **그림 14-5**에서 보여주듯이 주어진 대규모의 분산된 데이터를 병렬로 처리하기 위해 범용 서버들에게 해당 작업을 적절히 할당하는 작업이 맵(map)이라는 프로그램을 통해 이루어진다. 이렇게 작업이 할당이 되면 분산되어 있는 각 서버들은 맡은 작업을 효율적으로 마치고, 처리된 결과를 각 유형(키 값)에 따라 정렬시키는 셔플(shuffle)작업을 한다. 이후 유형별 정렬된 결과를 하나로 통합하여 최종 결과물로 구성하는 작업이 필요한데 이것이 리듀스(reduce)프로그램의 역할이다.

예를 들어, 1,500페이지의 책에서 세 가지 키워드를 찾는 작업을 생각해 보자. 위 그림에서 맵(map) 프로그램은 세 개의 범용서버에 각각 500페이지 분량의 작업을 할당하

그림 14-5 ◆── 맵리듀스의 병렬처리 방식

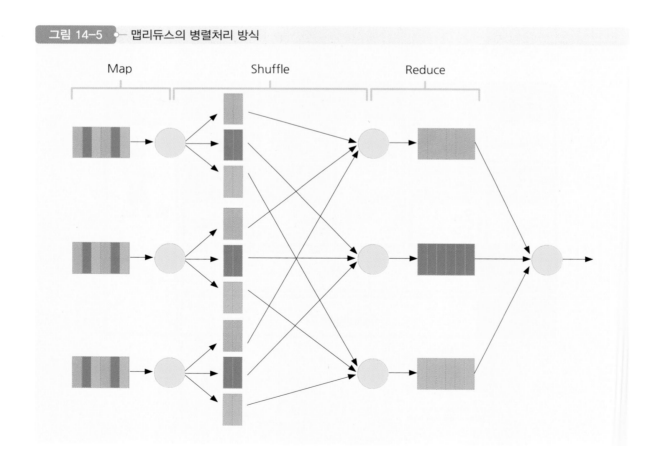

고 세 가지 키워드를 찾도록 명령한다. 각 서버 별로 할당된 500페이지를 검색하고 작업을 마친 후에는 키워드 별로 정리하는 셔플작업을 해준다. 마지막으로 각 서버들이 검색한 결과를 한 곳으로 통합하여 전체 1,500페이지에 대한 키워드별 검색결과를 종합해주는 리듀스작업이 실행된다.

맵리듀스 방식의 중요한 특징 중 하나는 기존의 병렬, 분산 처리 모델은 처리를 맡은 프로세스가 있는 컴퓨터로 분산된 데이터를 모아서 처리를 하였지만, 맵리듀스의 경우는 반대로 데이터가 있는 곳으로 프로그램(코드)을 배포하여 처리한다는 점이다. 그 이유는, 빅데이터는 그 규모가 처리를 위한 프로그램보다 훨씬 큰 것이 일반적이며 따라서 데이터를 네트워크를 따라 이동시키지 않고, 명령을 맡은 프로그램을 데이터가 존재하는 분산 서버들로 보내 처리함으로써 효율성이 높아진다. 빅데이터를 처리하는 내용에 따라 맵과 리듀스 프로그램의 내용은 달라지겠지만 프레임워크 자체는 위와 같이 표준화 되어있다.

분석 – Big Analytics

빅데이터의 핵심은 무엇보다도 주어진 데이터에 대한 분석을 통해 숨겨진 정보와 지식을 탐색하는데 있다. 이러한 분석 기술은 하루 아침에 생겨났거나 획기적으로 새로운 기술이 아니다. 대부분의 분석기법들은 통계학과 전산학, 특히 기계학습/데이터 마이닝 분야에서 이미 사용되던 기법들이며, 이 분석기법들의 알고리듬을 대규모 데이터 처리에 맞도록 개선하여 빅데이터 처리에 적용시키고 있다. 최근 소셜미디어 등 비정형 데이터의 증가로 인해, 텍스트/오피니언 마이닝, 군집분석 등이 주목을 받고 있다.

텍스트 마이닝(Text Mining)

앞서 설명한 바와 같이 빅데이터의 큰 비중을 차지하는 비정형 텍스트 데이터에서 가치와 의미를 찾아내는 기법이다. 대용량 언어자원과 통계적, 규칙적 알고리듬을 사용하여 인간이 사용하는 텍스트(자연어)를 구조화 시켜 처리하는 자연어처리(natural language processing)가 핵심이 된다. 주요 응용분야는 자동분류(document classification), 자동군집(document clustering), 연관단어나 특성 추출(information extraction), 문서 요약(document summarization) 등이 있다.

평판 분석(Opinion Mining)

텍스트 마이닝의 응용 분야로 오피니언 마이닝, 혹은 평판분석 기술이 있다. 평판분석은 먼저 웹문서, 댓글, 소셜미디어를 통한 정형/비정형 텍스트 등에서 소비자의 의견 등을 수집하고 이를 분석하여 긍정, 중립, 부정의 선호도를 판별한다. 이와 같이 비정

그림 14-6 ● 평판 분석 결과의 예

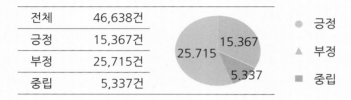

전체	46,638건
긍정	15,367건
부정	25,715건
중립	5,337건

● 긍정
▲ 부정
■ 중립

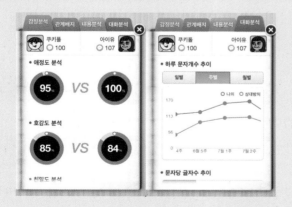

형 텍스트 데이터에서 감정을 파악하는 기법을 감성 분석(Sentiment)이라고 하는데 전문가에 의한 선호도를 나타내는 표현/단어자원의 축적이 필요하다. 감성분석 결과는 특정 서비스 및 상품에 대한 시장규모를 예측하고, 소비자의 반응을 살피며, 입소문에 대한 분석 등에 활용된다. 정확한 평판 분석을 위해서는 앞서 설명한 텍스트 마이닝, 자연어 처리, 형태소 분석 등을 종합적으로 활용하여야 한다.

소셜네트워크 분석(Social Network Analytics)

소셜네트워크 분석은 수학의 그래프 이론에 바탕을 두고 있다. 사용자들 간의 인맥과 이들간에 서로 주고 받는 메시지 데이터들을 기반으로 소셜네트워크의 연결구조 및 연결강도 등을 분석하며, 이를 바탕으로 사용자의 영향력, 관심사, 성향 및 행동 패턴 등을 알아낼 수 있다. 특히 **그림 14-7**에서 보여주는 바와 같이 입소문의 중심이나 허브 역할을 하는 사용자를 찾는데 주로 활용되는데 이렇게 소셜네트워크 상에서 영향력이 있는 사용자를 인플루언서(Influencer)라고 부른다.

인플루언서를 중심으로 한 인맥 정보들은 효과적인 마케팅을 위한 기반 정보로도 사용되는데 잠재적 소비자 군을 도출하고 커뮤니티 내에서 수행하는 역할과 의사소통 방식 및 경로를 파악하여 최상의 마케팅 커뮤니케이션 채널을 파악할 수 있다. 또한 인플루언서의 모니터링 및 관리는 소셜커머스에서 사용하는 구전 마케팅 관점에서 매우 중요한 역할을 한다.

한편, 소셜네트워크는 실시간 정보 유통의 채널로서 사건에 대한 실시간 뉴스를 전달한다. 따라서 트윗과 같은 소셜메시지를 분석하여 사건에 대한 징후와 경과 파악이 가능해 진다. 이러한 메시지가 소비자들의 제품이나 서비스에 대한 의견이라면 기업은 이를 빠르게 수렴하여 의사결정 시간을 단축함으로써 경영상의 리스크를 최소화하는 방향으로 이용할 수 있다.

군집 분석(Cluster Analysis)

군집 분석은 다변하는 데이터 간의 유사도를 정의하고 서로의 거리가 가까운 것부터 합쳐가면서 최종적으로 유사 특성군을 발굴하는데 사용된다. 예를 들어 트위터나 페이스북에서 주로 쇼핑이나 패션에 대해 이야기하는 사용자군, 최근 스마트폰이나 테이블릿 등 전자기기에 대해 관심이 있는 사용자군 등 관심사나 취미에 따른 사용자군을 군집분석을 통해 뽑아낼 수 있다. 이러한 군집 분석은 특히 타겟마케팅이나 맞춤형 추천 시스템 등을 위해서 없어서는 안 되는 중요한 요소이다.

그림 14-7 ●── 소셜네트워크 분석 결과의 예

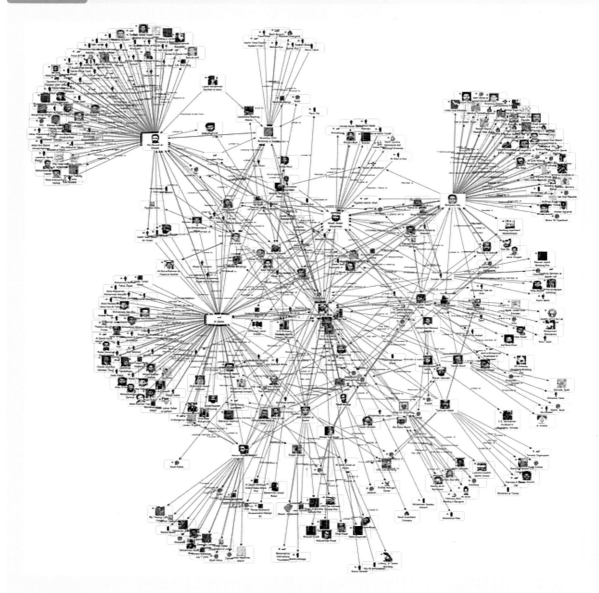

스포트라이트 "R vs. 파이썬" 데이터 사이언스에 더 적합한 언어는?

상사의 상사가 서버실을 둘러보고 수 페타바이트에 이르는 데이터를 살펴본다. 결론은 하나다. 이 잡음 속에 분명 신호가 있다. 이 숫자로 이뤄진 세계에는 지적 생명체가 분명히 존재한다. 숫자로 채워지는 이 하드 디스크에서 수익을 창출할 전략이 분명히 있다.

이 작업이 자신에게 떨어져, 지금부터 거대한 디지털 잡동사니를 뒤지고 뒤져 유용한 뭔가를 찾아 상사에게 보고해야 한다. 어떻게 할까? 개발자라면 선택지는 R과 파이썬(Python), 두 가지다.

데이터 크런칭을 위한 솔루션은 많고 이들은 비즈니스 인텔리전스나 데이터 시각화라는 그럴듯한 이름으로 포장된다. 어떤 솔루션이 원하는 기능을 한다면 해당 솔루션을 선택하면 된다. 그러나 솔루션이 해주지 않는, 다른 작업을 하려면 결국 코드를 직접 쓰는 수밖에 없다. 데이터가 깨끗하게 준비되어 있다면 포괄적인 서비스 툴을 사용하면 되지만, 이런 툴은 모든 부분이 완벽하지 않을 경우 문제를 일으키거나 삼킨 데이터를 제대로 소화하지 못하는 문제가 있다.

파이썬과 R의 차이는 대부분 사고방식 측면에 있다. 하나는 유닉스 스크립터들이 개발해 통계학자, 빅데이터 전문가와 소셜 과학자들 사이에서 자리잡은 포괄적인 서비스 언어다. 다른 하나는 통계학자, 빅데이터 전문가와 소셜 과학자들이 설계하고 만든 데이터 분석용 툴이다. 사용하는 계층은 거의 똑같지만 접근 방식은 전혀 다르다. 하나는 유용한 라이브러리가 많은 범용 툴이고 다른 하나는 빅데이터 분석 전용으로 만들어졌다. 무엇을 선택해야 할까? 이런 결정을 하기 위해 두 언어를 비교해 보자.

파이썬을 사용하면 전처리가 쉽다

데이터 분석의 50%는 분석에 앞서 데이터를 정리

하는 일이라는 말이 있다. 심지어 그 비중이 99%라는 사람도 있다. 정확한 수치야 어떻든 필요할 때 임의적 작업을 수행할 수 있는 포괄적인 서비스 언어로 데이터를 정리하는 편이 더 좋다.

파이썬은 포괄적인 서비스 명령형 언어이므로 사용해본 적이 없는 개발자에게도 구조와 접근 방법은 친숙하게 느껴질 것이다. 손쉽게 새 함수와 새 계층을 추가해서 데이터를 분해하고 정리할 수 있다. 로컬 저장, 웹 서비스 접근 또는 컴퓨터 프로그램이 일상적으로 수행하는 기타 임의적 요소가 필요하다면 별 어려움 없이 해당 요소를 포함할 수 있다. 파이썬은 언어다.

R을 사용하면 어떤 것으로도 전처리할 수 있다

물론 파이썬을 사용하면 전처리(preprocessing)가 쉽지만 R도 데이터를 정리하기 위한 용도로 사용할 수 있다. 어느 언어라도 무방하다. 사실 많은 경우 데이터 순화 루틴과 분석 루틴을 혼합하는 것은 구조적으로 부적절하므로 분리하는 편이 나은데, 어차피 둘을 분리한다면 그냥 좋아하는 언어를 사용하지 않을 이유가 없다. 파이썬일 수도 있고 자바, C, 어셈블리 코드도 괜찮다. 데이터베이스 내에서 또는 다른 스토리지 계층 내에서 데이터를 전처리할 수도 있다. R은 가리지 않는다.

파이썬에는 수많은 라이브러리가 있다

파이썬은 인기가 높다. 일반적인 리포지토리의 통계 수치에서도 명확히 드러난다. 파이썬 패키지 인덱스(PyPi)의 패키지 수는 이 기사를 쓰는 현재 10만 2,199개이며, 이 기사를 읽을 때쯤이면 그 수는 더 늘어나 있을 것이 거의 확실하다. 이 숫자조차 빙산의 일각에 불과하다. 깃허브부터 소셜 과학 웹사이트까지, 코드는 도처에 있다. PyPi를 제외해도 좋은 파이썬 코드는 풍부하고 거의 모두가 오픈 소스이므로 받아서 사용하면 삶이 한결 더 수월해진다.

R에는 수많은 통계 분석용 라이브러리가 있다

R 역시 패키지가 있다. 종합 R 아카이브 네트워크(CRAN)의 패키지 수는 이 기사를 쓰는 현재 10만 33개이며 파이썬과 마찬가지로 계속 늘어나는 중이다. 이러한 모든 패키지의 목적은 하나, 데이터의 통계 분석이다. 예를 들어 파일 시스템 검사나 서버 유지보수를 위한 패키지가 아니다. 그런 작업은 R의 소관이 아니다. 제대로 작동하지 않는 경우도 가끔 있지만(모든 오픈소스 리포지토리의 공통점) 대부분의 코드는 통계학자들이 작성하고 검토한 코드다.

파이썬은 계속 발전 중

프랑스에서 "르위켄(le weekend)"이라고 말하면 잘 통한다. 살아있는 언어란 그런 것이다. 파이썬은 프랑스어와 마찬가지로 계속 발전하고 더 나아지는 중이다. 버전 2.3에서 3.0으로 건너뛰면서 예전 코드가 작동하지 않게 됐지만, 많은 파이썬 애호가들은 변화에 그 정도의 가치는 있다고 말한다. 비록 과거의 코드를 단절시킨다 해도 살아있는 코드는 계속 발전한다.

살아있는 언어는 곧 사람들이 사용하고 개선하고 싶어한다. 이는 더 많은 오픈 소스 코드와 더 많은 솔루션으로 연결된다. 페이스북의 정치적 밈(meme)이 우리가 민주주의를 위해 치러야 할 대가라면, 표준의 변경과 코드의 단절은 인기있고 발전하는, 살아있는 언어를 사용할 때 감수해야 할 비용이다.

R은 순수함을 유지한다

R이 변화하지 않는다고 말하는 것은 불공정하다. 사실 R은 대규모 코드 베이스를 더 정화하기 위해 구문 유효 범위(lexical scoping)를 적용한 S의 변형이다. 그런데도 많은 경우 R 인터프리터에서 S를 실행할 수 있다. 파이썬 프로그래머처럼 코드 베이스가 2.3이냐 3.0이냐를 항상 따져야 할 정도의 중대한 패러다임 변화는

없다. 시간이 지날수록 더 익숙해지고 문제 발생의 가능성은 더 줄어들 뿐이다. R 역시 살아있으므로 보장할 수는 없지만 변화의 보폭이 크거나 급진적이지는 않다.

파이썬은 다른 언어가 할 수 있는 작업을 다 한다

파이썬은 프로그래머가 원하는 모든 작업을 할 수 있도록 프로그래머가 설계한 범용 언어다. 이 말이 곧 튜링 완전(Turing-complete)과 같은 의미는 아니다. 게임 오브 라이프(Game of Life)는 튜링 완전하지만 이걸로 피보나치 수열을 계산하는 함수를 쓸 사람은 아마 없을 것이다. 어떤 작업을 수행해야 한다면 일반적으로 선택할 수 있는 옵션은 풍부하다.

그러나 파이썬은 그 작업을 쉽게 하도록 고안된 언어다. 파이썬은 다량의 코드로 채워진 실제 프로젝트를 위해 고안됐다. 프로젝트를 시작하는 시점, 소소한 세부 사항들을 정리하기 위한 코드 몇 줄을 써야 할 때는 그 유용성이 드러나지 않을 수 있다. 그러나 나중에 이 몇 줄이 몇 천 줄이 되고 전체 덩어리가 스파게티 코드가 되면 파이썬의 이러한 특성이 빛을 발한다. 파이썬은 규모가 큰 프로젝트에 적합하도록 만들어졌고 언젠가는 여러분에게도 파이썬의 기능이 필요할 날이 있을 것이다.

R은 통계를 잘 한다

R은 통계 분석을 위해 만들어진 언어다. 지금 해야 할 일이 무엇인가? 통계 분석이라면 다른 건 볼 필요도 없다. 그 작업에 딱 맞는 툴을 선택하라. 렌치도 망치 대용으로 쓸 수는 있지만 망치가 필요한 일에는 망치를 쓰는 게 좋다.

파이썬에는 명령줄이 있다

마우스로 가리키고 클릭하면서 자란 아이들은 보통 처음에는 명령줄에 적응을 잘 못하지만 결국 좋은 키보드와 조화를 이룬 명령줄의 힘과 표현력을 깨닫게 된다. 명령줄이라는 언어의 조합은 정말 놀랍다. 십여 개

의 메뉴 페이지를 거치며 마우스로 클릭해서 할 일을 명령줄에서는 효과적인 문자열 하나로 할 수 있다. 파이썬은 이 세계에 속한다. 파이썬은 명령줄을 위해 태어났고 명령줄에서 힘을 발휘한다. 모양새는 터무니없이 뒤처져 보일 수 있지만 효율적이고 강력하다.

그건 R도 하고, R스튜디오도 있다

명령줄 안에서 이것저것 많이 쌓아 올리긴 했어도 R 역시 일종의 명령줄을 중심으로 만들어진 언어다. 그러나 많은 사람들은 모든 요소를 집어넣어 잘 포장한 두 가지 환경, R스튜디오(RStudio) 또는 R 커맨더(R commander) 내에서 작업한다. 명령줄도 있지만 데이터 편집기, 디버깅 지원, 그래픽을 위한 창도 있다. 파이썬 세계도 최근 이클립스, 비주얼 스튜디오 등의 기존 IDE를 통해 R의 이런 부분을 따라잡으려 노력하는 중이다.

파이썬에는 웹이 있다

유닉스 웹 서버와 함께 진화한 스크립팅 언어, 파이썬 개발을 위한 웹사이트가 등장한다는 것은 어찌 보면 자연스러운 현상이다. 우선 로데오(Rodeo)와 주피터(Jupyter)가 있고, 앞으로 더 생길 것이다. 인터프리터로 포트 80을 링크하기는 쉬우므로 파이썬은 웹에서 아주 잘 작동한다. 물론 스칼라, 줄리아, 꼭 원한다면 R과 같은 다른 언어에서도 주피터를 사용할 수 있지만 어느 언어가 가장 유리한지는 Jupyter라는 철자만 봐도 알 수 있다.

R은 레이텍과 잘 통한다

R을 사용해 데이터를 분석하는 사람들은 많은 경우 레이텍(LaTex)을 사용해 그 데이터에서 발견한 신호를 보고하기 위한 문건을 작성한다. 데이터 분석과 문서 레이아웃을 결합하는 아주 효과적인 시스템, 스위브(Sweave)가 나온 것도 어찌 보면 자연스러운 일이다. 데이터를 분석하고 그래프를 만들기 위한 R 명령이 결과를 보고하는 텍스트와 혼합된다. 모두 한 곳에 있으므로 손상이나 캐시 문제 발생 위험이 최소화된다. 버튼 하나만 누르면 소프트웨어가 데이터를 다시 분석하고 결과를 최종 문서에 넣어준다.

둘 다 사용한다면 어떨까

두 가지의 장점을 모두 사용하면 되지 않겠는가? 실제로 많은 데이터 과학자들이 그렇게 하고 있다. 데이터 집계의 첫 단계는 파이썬으로 실행 가능하다. 그다음 R에 내장된, 충분한 테스트와 최적화를 거친 통계 분석 루틴을 이 데이터에 적용한다.

R을 일종의 파이썬 라이브러리로 사용하거나, 파이썬을 R을 위한 전처리 라이브러리로 사용하는 개념이다. 특정 계층에 가장 잘 맞는 언어를 선택해서 케이크처럼 쌓아 올리면 된다. R이 케이크이고 파이썬이 그 위에 올리는 설탕 가루인가? 아니면 그 반대인가? 그건 각자가 선택하면 된다.

2018년 클라우드 아카데미 보고서에 따르면 R에 능통한 데이터 엔지니어에 대한 수요가 파이썬에 능숙한 사람들에 비해 현저히 적다. 데이터 엔지니어 직무 게시물의 66%가 파이썬을 언급했고, R을 언급한 게시물은 18%에 불과했다. 클라우드 아카데미에 따르면 R과 Python 이외의 데이터 엔지니어를 위한 다른 대표적인 기술로는 SQL, Spark, Hadoop, Java, Amazon Web Services(AWS), Scala, Kafka 등이 있다.

출처: 코딩월드뉴스(https://www.codingworldnews.com), 2019년 6월 19일; CIO Korea, 2017년 4월 11일

표현 – Focused Services

 빅데이터의 분석 결과는 수 백장의 촘촘한 글씨의 리포트가 되어서는 안된다. 빅데 이터는 방대한 양의 데이터를 가공하여 집약된 한 장의 결과물을 만들어 내고 이를 바 탕으로 서로가 소통하고 이해하며 발전을 가져올 때 그 가치를 인정받게 된다. 미국 노 벨 경제학상을 받은 허버트사이먼(HerbertSimon)은 일찍이 "넘쳐나는 정보를 효과적으 로 사용하기 위해서는 제한된 인간의 주목(attention)을 효과적으로 배분해야 한다"고 말했다. 바로 이를 위해서 가장 효과적인 방안이 "시각화(visualization)"이다. 앞서 언급 한 바와 같이 빅데이터를 논의할 때 개별 데이터 하나 하나의 정확성은 중요하지 않다. 과연 1,010명의 트위터팔로워를 가진 것과 1,012명의 팔로워를 가진 것이 큰 차이가 있 을까? 특정 웹 페이지를 20,000명이 "좋아요"라고 한 것과 20,001명이 "좋아요"라고 한 것이 큰 차이가 있을까? 빅데이터를 통해 알고자 하는 것은 1,000명 가까운 많은 사람 이 나를 팔로우하고 있다는 사실과 20,000명 가까운 많은 사람이 특정 웹페이지를 좋아 한다는 큰 그림이다. 따라서 빅데이터의 분석결과를 보여주는 기법은 마치 빈 캔버스에 알리고자 하는 사실을 가장 효과적으로 그려내는 그림과 같다. 아래 "기업정보화현장" 에서는 몇 가지 대표적인 시각화의 예를 보여준다. 이를 통해 시각화의 중요성을 실감 할 수 있을 것이다.

B·u·s·i·n·e·s·s 기업정보화현장

시각화(Visualization)의 예

(1) 페이스북 친구 관계도

 페이스북의 친구 관계에 대한 데이터를 사용자의 위 치에 따라 지도 형식으로 표시했다. 사용자가 많으면 많 을수록 그 밝기를 높여 표시하면 다음과 같은 지도가 그 려진다. 실제 위성 사진과 비교해 보면 어떻게 페이스북

사용자 데이터가 인구 분포를 포함한 세계 지도로 시각 화될 수 있는지 놀랄 것이다. 지도에서 밝은 부분은 얼마 나 인터넷이 대중화되어 있는지를 보여주는 척도로 사용 될 수도 있다.

(2) 월마트의 성장

 1962년 이후 월마트의 성장을 효과적으로 시각화한 것인데 해당 웹 페이지(http://projects. flowingdata. com/walmart/)를 방문해서 살펴보면 얼마나 빠르게 미 국 전역으로 월마트 매장이 확장되었는지를 잘 시각화 했다.

(3) 태그 클라우드

사용자들이 남긴 태그정보를 시각화해서 보여주는 "태그 클라우드"가 있다. 가량 아래 그림에서는 그룹 "소녀시대"에 대해 사용자들이 남긴 키워드, 즉 태그들을 그 빈도에 따라 크기를 달리해서 보여준다. 키워드별 리스트와 빈도를 숫자로 표시하여 보여주기보다 아래와 같은 시각화를 통해 얼마나 효율적으로 우리가 정보를 이해할 수 있는지에 대한 좋은 예가 된다.

(4) 위키피디어의 편집 기록

위키피디어에 있는 특정 페이지에 대한 편집 기록을 시각화한 예이다. 전반적으로 시간이 흐름에 따라 그 양이 증가함을 보여준다. 하지만, 중간에 내용이 삭제된 적이 있고 다시 복구된 후 점차 증가하다 다시 일부분이 삭제 되고 이후에는 조금씩 내용이 비교적 안정적으로 보완되는 모습을 알 수 있다.

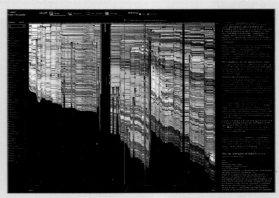

이와 같이 빅데이터의 분석 결과는 나무 한 그루 한 그루가 아닌 숲을 볼 수 있도록 도와주는 시각화 기법의 적절한 사용이 필수다.

14.3 ▶ 빅데이터의 활용

🔗 대표 활용 사례

아직까지 빅데이터가 광범위하게 분석·이용되고 있다고 보기는 힘들지만, 아래 몇 가지 대표적인 빅데이터의 분석 사례들을 살펴 봄으로써 빅데이터가 가지는 무한한 잠재력을 엿볼 수 있다.

추천 시스템

새로운 맞춤형 방식으로 각광을 받고 있는 추천시스템은 빅데이터에 의존하는 경우가 많다. 이러한 추천 시스템은 단순히 개별 사용자의 과거 구매 기록에 의존하지 않고, 유사성을 가진 수많은 고객들을 종합적으로 분석하는 협업필터링(Collaborative

그림 14-8 ── 빅데이터 기반의 추천 서비스: 아마존의 프라임 비디오 영화 추천(위) 과 왓챠의 영화 추천(아래)

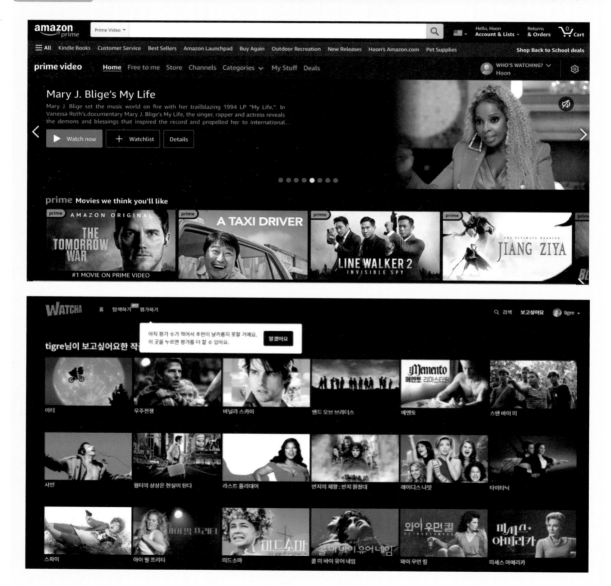

Filtering) 기법을 사용한다. 따라서 사용자와 상품간의 단순한 2차원적 매트릭스를 넘어서 고객의 취향이나 선호도 등을 분석하여 소비자가 진정으로 살만한 상품을 골라내고 추천하는 것이다. 이 분야의 대표주자인 아마존 온라인 매장은 실제 추천시스템을 통한 매출이 총 매출의 10% 정도를 차지할 정도라고 한다.

우리나라의 경우 **그림 14-8**에서 보여주는 '왓챠(watcha)'라는 개인 취향별 영화추천 프로그램이 있다. 내가 본 영화에 별점을 매기면 왓챠가 내 취향을 분석해서 자동으로 영화를 추천해 주는데, 협업필터링을 기반으로 이용자의 취향과 비슷한 사람을 검색한 뒤, 그 사람이 재미있게 본 영화 중 소비자가 보지 않은 영화를 추천하는 방식이다. 왓챠를 개발한 프로그램스라는 회사는 대규모 데이터를 분석, 예측하는 빅데이터 사업을 메인으로 한 스타트업 기업이라고 볼 수 있는데, 직접 영화를 시청한 이용자가 무려 51만명으로, 이들이 매긴 점수의 데이터를 과학적으로 분석한다. 왓챠는 별점 평가의 규모, 신뢰성을 인정받아 구글의 영화 검색 결과에도 공식적으로 노출되고 있다고 한다.

서울시 올빼미 버스

서울시에서 운영하는 심야버스는 공공 부문 빅데이터 사업 중 가장 성공적인 사례로 평가받고 있다. 대중교통 노선을 결정할 때 관건은 사람들이 얼마나 이용할지 수요를 파악하는 것이다. 서울시는 2013년 심야버스 6개 노선을 추가하면서 그동안 시민 설문조사, 버스사업자의 의견 등을 바탕으로 결정하던 경유지를 빅데이터인 휴대전화 위치 정보를 활용하여 결정하였다. 이를 위해서 서울시는 KT와 양해각서(MOU)를 맺고, KT 고객의 통화 기지국 위치와 청구지 주소를 활용해 유동인구를 검증하였는데 한 달 동안 매일 자정부터 오전 5시까지 통화 및 문자메시지 데이터 30억 건을 이용했다.

그 결과 **그림 14-9**에서 보여주는 바와 같이 통화량 데이터를 기반으로 서울 전역을 반경 500m 크기의 1,252개 정육각형으로 나눴다. A육각형에서 심야에 통화한 사람이 B육각형에 살고 있다면, 결국 A에서 B로 이동하는 수요로 판단했다. 이러한 분석결과를 토대로 분석하니 홍대·합정, 동대문, 신림역, 역삼·강남, 시청·종로 등의 순으로 심야 유동인구가 많다는 것을 파악하고, 심야택시 승·하차 데이터를 분석해 강남이 교통 수요가 가장 많다는 것 또한 파악했다. 또한 시각화된 유동인구를 노선별, 요일별 패턴을 분석해 심야버스 노선을 최적화된 시스템으로 운행하고 있다.

그림 14-9 서울시 심야버스 노선수립 지원 시스템

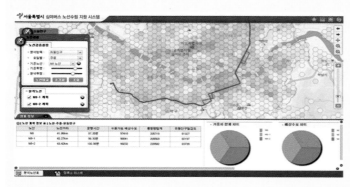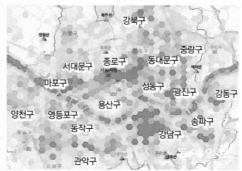

구글의 독감 예측

구글은 검색엔진을 통해 실시간으로 수많은 키워드를 처리한다. 이러한 키워드를 시간별·장소별로 데이터로 수집하고 이를 분석함으로써 새로운 의미를 찾을 수 있는데, 구글의 독감이나 조류독감 예측이 그렇다. 즉, 이전까지는 전염병이 퍼져나가는 추이를 알

그림 14-10 구글의 전 세계 독감 확산 현황 예측

아내기 위해서는 병원이나 관련 기관들이 이러한 사실을 파악하고 정보를 수집하여야만 했다. 하지만, 이를 대신하여 웹 사용자들이 사용하는 관련 키워드들(독감, 고열, 기침등)의 사용 시간, 빈도, 위치(IP주소)를 파악함으로써 전염병의 진행 상황 및 이동 경로를 예측하는데 성공하였다.

구글의 번역기

구글의 자동 번역기(https://translate. google.com)를 사용해 본 적이 있다면, 대부분 그 결과에 대체로 만족감을 표시한다. 특히 문맥상의 의미를 제대로 짚어내는 사실에 놀라기 마련이다. 이전부터 이와 같은 번역기의 발명은 여러 번 시도되어 왔다. 하지만 같은 단어라도 문맥에 따라 의미가 다르다 보니 실패를 거듭했다.

가령 IBM의 자동 번역프로그램이 그 예이다. 초기 명사, 형용사, 동사 등 단어와 어문의 문법적 구조를 인식하여 번역을 시도 하다 보니 번역된 결과물의 표현이 어색하고 만족스러운 결과를 얻지 못하였다. 가령 Apple이 사과로 해석되어야 할지 애플 회사로 해석해야 할지는 문맥이 결정하게 되는데 이를 파악하는 게 쉽지 않았다. 이후 캐나다 의회의 문서를 활용, 이를 반복적으로 기계에 학습시킴으로써 영어-불어 자동번역 시스템개발을 시도하였으나 실패하게 된다. 여기서 문제는 '수백만 건'의 문서는 충분한 양의 분석자료가 아니었던 것이다.

이후 구글은 이를 거울 삼아 '수억 건'의 문장과 번역문을 빅데이터베이스화 하여, 58개 언어 간의 자동번역 프로그램 개발에 성공하였다. 즉, 번역시 유사한 문장과 어구를 테이터베이스에서 통계적으로 추론하는 방식을 이용한 것이다.

그림 14-11 ●─ 구글의 번역기

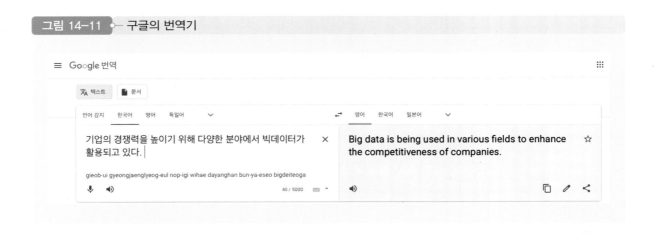

슈퍼 컴퓨터 왓슨

지난 2011년 슈퍼 컴퓨터 왓슨이 화제가 된 적이 있다. 한 마디로 자연어 검색과 인공지능을 이용한 실시간 빅데이터 처리 슈퍼 컴퓨터이다. 2011년 미국의 낱말 맞추기 게임인 '제퍼디'에 참여한 왓슨은 챔피언들을 재치고 당당히 우승한다. **그림 14-12**에서 보여주는 실제비디오를 보면 어떤 식으로 왓슨이 정답을 유추하는지 알 수 있는데 항상 대답하기 전에 여러 대안들을 확률적으로 비교하여 가장 가능성이 높은 정답을 골라내는 것을 알 수 있다.

왓슨은 이후 의료 분야에서 환자 기록과 함께 방대한 치료법, 의료 논문, 특허 등 관련 빅데이트를 분석하여 환자에게 3초안에 적절한 치료법을 제시하기도 하였으며 요즘은 보험 가입자의 관련 데이터를 분석하여 '보험 사기범 잡기'가 새로운 주특기로서 인정받고 있다고 한다.

탈세 및 사기방지 시스템

미국 정부 기관의 경우 빅데이터 분석을 통해 사기 방지 솔루션을 성공시킨 사례를 가지고 있다. 빅데이터 분석을 위한 솔루션을 제공하는 선두 회사 중 하나인 SAS사는 최근 정부 대상 사기 방지 프레임워크(Fraud Framework for Government)라는 빅데이

그림 14-12 ○─ 아이비엠 왓슨이 제퍼디에 참여하고 있는 모습

출처: 유튜브

터 분석 도구를 이용하여 방대한 자료로부터 이상 징후를 포착하고, 예측 모델링을 통해 과거의 행동정보를 분석하며, 사기패턴과 유사한 행동을 검출한다. 이러한 분석은 국민 의료보장제도나 장애인 의료보장제도 등과 같은 정부 복지 프로그램들에서 발생하는 문제들의 징후를 사전 감지하는 것에서부터 허위납세신고, 구매카드 사기, 입찰 담합 행위, ID 도용 등에 이르는 다양한 문제 해결에 활용된다. 결과적으로 이러한 분석 결과는 $3,450억(약 388조원)의 세금 누락 및 불필요한 세금 환급 절감 효과를 가져다 주었다고 한다.

B·u·s·i·n·e·s·s
기업정보화현장

IBM의 왓슨 사업부 매각, 보건의료분야 AI적용 난제 보여줘

IBM이 야심 차게 추진했던 왓슨 헬스 사업부를 매각하기로 하면서 보건의료 분야에 인공지능(AI)을 적용하는 것이 어렵다는 사실을 재확인했다고 월스트리트저널이 20일(현지시간) 보도했다.

왓슨은 IBM을 대표하는 AI다. 십 년 전 왓슨은 TV 퀴즈프로그램 '제오파디'에 출연해 다른 참가자들을 이기며 AI가 가져올 미래에 대한 기대를 높였다.

▲ 길병원 닥터 왓슨의 암환자 진료 현장

IBM은 AI 왓슨을 수조 달러 규모의 보건의료 시장에 진출시키려 했다. 보건의료 시장은 비효율성이 만연했다는 인식이 있는 만큼 AI를 통해 사업 기회를 확보할 수 있다고 판단했다.

여기에 투자한 비용은 수십억 달러에 달했고 IBM의 왓슨 투자는 모든 것을 건 투자로 불렸지만 왓슨 헬스는 미국 시장에서 고전했고 이익이 나지 않았다.

구글의 딥 마인드 사업부는 지난 2016년 이세돌 9단을 격파한 알파고 알고리즘으로 인기를 끌었지만, 의료 관련 사업에 진출한 이후 수년간 적자를 냈고 의료 자료 수집과 관련한 사생활 보호 우려를 샀다.

보건의료 전문가들은 이들의 실패 사례는 복잡한 의

료 상황을 다루는 데 AI를 적용하는 어려움을 상징적으로 보여준다고 말했다.

광범위한 환자군을 보여주는 자료에 접속하는 것도 위험하다고 전문가들은 지적했다. 외부로 드러나는 복잡한 질병은 의료 기록에서 충분히 포착되지 않는 다양한 요인에 영향을 받기 때문이다.

기술기업들이 깊이 있는 의료 전문가를 확보하지 못한 점도 AI가 환자를 설정하는 데 있어 문제를 일으킨다.

뉴욕 마운트 시나이 병원의 AI와 인간 의료 학장인 토마스 J 푹스는 "의료 업무 흐름을 이해해야만 한다"며 "어디에 AI를 넣고 어디에 도움이 될지 이해하고 있어야 한다"고 말했다.

IBM의 왓슨 사업부 매각은 의료 시장을 전도유망한

성장시장으로 간주하는 기술산업계의 시각에도 경고를 보냈다.

왓슨 시스템의 초기 테스터였던 서던 캘리포니아 대학 앨리슨 연구소의 데이비드 에이거스 최고경영자(CEO)는 "우리가 이 자료를 가지고 모든 종류의 암에 대해 대답할 수 있다고 생각한 것은 지나치게 야심만만했다. 우리는 지금 그럴 힘이 없다"고 말했다.

어떤 자료를 수집할 것인가에 대한 기준이 없는 것도 위험했다. AI 전문가이자 스타트업 랜딩AI의 CEO인 앤드루 응은 "보건의료 분야에서는 커스터마이제이션 문제가 심각했다"고 말했다.

다만, 흩어진 데이터를 결합하거나 좁은 범위의 문제에 대해서는 AI가 성과를 내기도 했다.

최근 일부 보건 사업자와 보험회사가 신종 코로나바이러스 감염증(코로나19) 취약 계층을 찾아내기 위해 의료기록과 소득자료를 연계한 것이 대표적인 사례다.

영상인식 소프트웨어를 적용한 방사선의학이나 병리학 쪽에서도 좋은 성과를 냈다.

이런 어려움에도 보건의료 분야에 대한 AI 적용 시도는 이어질 것으로 전문가들은 전망했다.

서던 캘리포니아 대학의 에이거스 박사는 "시장 규모가 무한하다"며 "보건의료는 아마도 수조 달러의 시장이고 40~60% 정도는 비효율적이다. 기계학습 알고리즘 혹은 AI를 통해 극적으로 개선할 수 있다는 생각은 아주 유혹적이다"고 말했다.

출처: 연합인포맥스(http://news.einfomax.co.kr), 2021년 2월 22일

사물 인터넷을 이용한 데이터 분석

볼보는 운행중인 차량에 부착된 센서, 즉 사물 인터넷(IoT)을 이용한 빅데이터 수집 및 분석으로 유명하다. 즉 운행 중 발생하는 속도, 제어, 운전 패턴 등 데이터가 고객데이터와 합쳐져 실시간으로 중앙 분석 허브로 클라우드 컴퓨팅 방식을 통해 전송된다. 이렇게 수집된 데이터를 분석함으로써, 볼보사는 잠재적 부품 결함을 고객이 말하기 전에 조기에 예측(Proactive maintenance)할 수 있고 에어백 등 안전 관련 설치의 특정 상황에서의 동작 분석도 가능해 졌다. 또한 이러한 분석 결과는 프로세스 개선, 부품 공급자에게 개선 요구, 고객 패턴에 맞는 소프트웨어적 업데이트로 사고시 반응성 향상 등 다양한 분야에 반영되었다. 그 결과 기존 50만대 판매 시점에서 발견하던 결함을 1,000대 판매 시점에서 발견할 수 있었으며 고객 충성도의 눈에 띄는 향상을 가져왔다고 한다.

사물 인터넷을 기반으로 한 빅데이터의 활용은 제조업이나 서비스업뿐만 아니라 농업에도 활용되어 진다. 일본의 소와과수원(早和果樹園)에서는 농업 클라우드를 구축하였다. 즉, 다양한 종류의 농업 센서를 5개 장소에 부착하여 온도, 습도, 토양 온도, 수분, 강우량, 일사량 등을 수집하고 5,000개의 묘목에 ID를 부여하고 성장 과정, 해충 발생 등을 관찰한 데이터를 수집함으로써 사전에 병충해 등의 피해를 효과적으로 방지할 수 있다고 한다(그림 14-13).

그림 14-13 ← 사물 인터넷:볼보의 데이터 수집(위)과 농업센서(아래)

스포트라이트 　머니볼 이론

　　아직까지 머니볼 이론을 모른다면 몇 년 전 개봉된 영화를 시간 내서 보기를 권장한다(영화 소개 자료: http://www.youtube.com/watch?v=Gc2Z8Nt7DZE). 이 영화는 실화를 바탕으로 만들어졌는데 오클랜드어슬레틱스팀의 빌리 빈 구단장을 소개한다. 그는 여러 가지 재정상의 문제로 우수한 선수들을 스카우트하는 데 어려움을 겪고, 이를 해결할 방안으로 전혀 상관없어 보이는 하버드 경제학과를 졸업한 폴 데포데스터를 선수발굴을 위한 분석가로 영입한다.

　　빌리 빈과 폴 데포데스터는 다른 팀들이 현재 명성을 날리고 흥행을 이끄는 선수들을 어떻게든 비싼 비용을 들여 스카우트하는 방식과 달리 철저한 데이터 분석을 시도한다. 즉, 수천명의 선수들에 대한 데이터를 수집하는데, 타율, 타점, 홈런 등 흥행 관련 데이터 대신 출루율, 장타율, 사사구 비율 등 철저한 경기관련 데이터 수집을 고수한다. 그리고 이러한 요인들로부터 앞으로 팀을 승리로 이끌 수 있는 가능성을 분석하고 이를 바탕으로 팀원을 스카우트하였다. 이러다 보니 사생활이 문란하거나 잦은 부상, 최고령 선수 등도 확률적으로 팀에 공헌할 가능성이 있으면 양키스팀 연봉의 1/3만 주고도 영입을 하게 되었으며, 대부분 주변 사람들의 비웃음이 이어졌다. 하지만, "빅데이터" 분석의 결과를 이용한 팀 구성은 놀라운 결과를 가져온다. 어슬레틱스팀은 4년 연속 포스트 시즌 진출, 메이저리그 최초 20연승이라는 최고의 영예를 누리게 되었다. 심지어 월스트리트 저널은 "미국 경제에 영향을 끼치는 파워 엘리트 30인"에 빌리 빈을 포함하였다. 요즘 야구는 투구의 궤적, 투수의 그립, 타구 방향, 야수의 움직임 등 더욱 정교한 비정형 데이터의 수집 및 정확한 분석이 가능해지고 있다고 한다.

빅데이터의 활용 가치

위에서 빅데이터를 활용할 수 있는 다양한 분야를 사례들을 통해 살펴보았다. 경영 전략 컨설팅 전문회사인 멕킨지의 최근 보고서에 따르면 빅데이터를 효과적으로 분석함으로써 얻어지는 예상 효과의 예로서, 아래 **표 14-2**에서와 같이 미국의 의료부문에서는 연간 $3조의 비용절감을 예상했고, 유럽의 공공행정 분야에서는 연간 £2.5조의 비용절감을 예측했다. 이 밖에도 소매업에서는 고객거래나 구매경향을 파악함으로써 $1조이상의 서비스업자 수익 및 $5조 이상에 이르는 소비자 이익을 발생시킬 수 있고, 제조업도 수요예측이나 다양한 센서를 활용하여 60%이상 마진을 증가시킬 수 있다고 예상했다. 이 밖에 스마트폰이나 차량에 달린 센서를 통한 개인 위치 데이터를 차량 생산에 활용함으로써 개발 및 조립 비용을 반 이상 감소시킬 수 있다고 하였다. 이처럼 빅데이터의 활용 분야는 날이 갈수록 광범위해 질 것이고 그 가치는 날로 증가할 것이라고 예측할 수 있다.

표 14-2 ── 빅데이터의 활용을 통한 예상 효과, 맥킨지

분야	분석 대상 데이터	예상 효과
의료 산업(미국)	• 제약사 연구 개발 데이터 • 환자 치료 임상 데이터	연간 $3조
공공 행정(유럽)	• 행정 업무 중 발생하는 데이터	연간 £2.5조
소매업	• 고객 거래 데이터 • 구매 경향	$1조+서비스업자 수익 $5조 소비자 이익
제조업	• 고객 취향 데이터 • 제조 과정 데이터 • 수요 예측 데이터 • 센서 활용 데이터	60% 마진 증가
개인 위치 데이터	• 개인, 차량의 위치 데이터	개발 및 조립비용 50% 감소, 운전자본 7% 감소

14.4 ▶ 빅데이터의 발전방향

🔹 빅데이터 전문가의 확보가 절실

앞서 사례에서 보듯이 빅데이터의 활용분야는 무궁무진하며 그 숨겨진 가치는 평가하기 힘들 정도이다. 하지만, 막대한 비용을 들여 데이터를 저장하였지만, 분석하고 활용할 줄 아는 전문가가 없다면 무슨 소용이 있겠는가? 실로 데이터 과학자(Data Scientist)들의 부족이 심각하다. 가트너 그룹은 이러한 전문가의 부재로 2015년까지 포춘 500대 기업의 85% 이상이 빅 데이터를 경쟁우위 확보에 활용하는데 실패할 것이라고 하였다. 데이터 과학자는 IT와 비즈니스 도메인에 대한 지식과 경험뿐만 아니라, 통계학 및 수학적 지식을 갖춘 전문가이다. 기업들이 점차 방대한 양의 정보를 잘 사용하기 위해서는 기존의 데이터 마이닝이나 비즈니스인텔리전스(Business Intelligence, BI)만으로는 부족하다는 점을 깨달을 것이며, 이에 따라 데이터 과학자들에 대한 수요는 앞으로 기하급수적으로 늘어날 것이다. 이에 대한 준비가 시급하다.

🔹 데이터 마켓 플레이스의 활성화

데이터의 효과적인 활용을 위해서는 원하는 데이터를 구할 수 있는 시장이 마련되어야 할 것이다. 앞으로 데이터는 자산이자 거래의 수단이 될 것이다("Data is a currency"). 기업은 자신이 보유한 고유의 데이터를 자산으로 관리할 필요가 있으며 외부 데이터에 대한 체계적인 목록도 반드시 작성하여야 한다. 필요한 데이터가 있으면 언제든지 데이터 마켓 플레이스를 통해 온라인 제품을 구매하듯이 조달해 올 수 있는 인프라가 갖춰줘야 할 것이다. 인포침스(Infochimps)나 GNip과 같은 회사들은 이미 웹 상에 흩어진 데이터들을 수집하여 가공하여 빅데이터로서의 가치를 부여하고 이를 다른 기업들에게 판매하기 시작했다(Scraping, cleaning, and selling big data). 대표적인 예로 지리정보나 소셜네트워크 정보 등이 상용화되어 판매되고 있다.

개인정보 보호에 대한 대책

빅데이터는 대량의 개인정보가 수집 및 관리되므로 사업자의 고의 또는 과실에 의해 개인정보가 침해 혹은 누설될 수 있다. 방송통신위원회의 '빅데이터 개인정보보호 가이드 라인'이 있지만 이 또한 현행 개인정보 보호법에 위배될 수 있고, 인권 침해 가능성이 있다며 시민단체들은 우려를 표하고 있다. 따라서 빅데이터를 산업발전에 유익하게 사용하려면 개인정보침해에 대한 강화된 대책이 필수적이다.

개인 데이터 은행(personal data bank)의 출현을 조심스럽게 예측하기도 한다. 웹 상에서 제공된 개인정보는 제3의 회사에게 넘어가기도 하고 관리가 힘들어지기 마련이다. 개인 데이터 은행은 데이터를 마치 자산과 같이 취급하여 관리한다. 즉, 고객은 자신의 개인 정보를 인출해서 원하는 서비스를 제공받은 후에는 서비스 제공자나 웹 사이트에 공개되어 있는 개인 정보를 다시 돌려받아 은행에 예치할 수 있는 방안을 제공할 것이라고 한다. 데이터가 거래의 수단이 될 수 있음을 보여주는 예이다.

요약 S / U / M / M / A / R / Y

- 빅데이터는 제타바이트에 다다르는 거대한 규모의 데이터 집합체로서(Volume), 다양한 데이터 형식을 취하며(Variety), 빠른 속도로 데이터가 생성, 유통, 활용(Velocity)된다.
- 빅데이터는 기존의 비즈니스 데이터와 비교할 때, 개개의 데이터가 모여 전달하는 새로운 정보에 초점을 맞추게 되며, 대량의 데이터를 수평적으로 분산시켜 저장하고 분산 처리 방식을 통해 분석을 하기 때문에 비관계형 데이터 베이스를 주로 이용한다.
- 빅데이터의 출현은 하드 디스크와 같은 데이터는 저장소와 이를 처리하기 위한 컴퓨터 프로세스 등의 가격대비 성능이 급격히 증가하면서 가능해졌다.
- 빅데이터는 소비자의 정보를 활용하려는 기업의 강한 욕구, SNS의 확산, 멀티미디어 데이터의 폭증, 다양한 사물이 전달하는 데이터가 증가함에 따라 그 중요성이 나날이 증가하고 있다.
- 빅데이터를 구성하는 기반 인프라는 대용량 데이터 처리용 분산 파일 시스템과, 분산 처리 프레임워크인 맵-리듀스가 있다.
- 빅데이터를 분석하기 위해서 텍스트 마이닝, 평판분석, 소셜네트워크 분석, 군집분석 등이 활용되며 대표적인 소프트웨어로는 R이 있다.

- 빅데이터는 그 결과를 표현할 때 세부적인 숫자 위주의 결과보다는 시각화 기술에 기반을 두어야 한다.
- 지금까지 빅데이터는 다양한 분야에서 활용되어져 왔으며, 추천 시스템, 교통량 측정, 구글의 키워드 기반 예측, 구글 번역기, 슈퍼 컴퓨터 왓슨, 탈세 및 사기방지 시스템, 사물 인터넷을 이용한 데이터 분석 등을 그 사례로 들 수 있다.
- 빅데이터는 향후에도 의료 산업, 공공 행정, 소매업, 제조업 등 다양한 분야에서 그 활용 가치가 뛰어날 것으로 예상된다.
- 기업들은 지금까지 막대한 비용을 들여 저장한 빅데이터를 제대로 분석할 줄 아는 전문가, 즉 데이터 과학자(Data Scientists)가 절실히 필요하다.
- 앞으로 데이터는 기업의 자산이자 거래의 수단으로서 마켓플레이스 등을 통해 공개되고 구매가 가능해질 것이다.
- 빅데이터를 산업발전에 유익하게 사용하려면 개인정보 침해에 대한 강화된 대책이 반드시 수립되어야 한다.

 주요 용어 　　　　　　　　　K / E / Y / W / O / R / D

빅데이터	정형데이터	반정형데이터	비정형데이터	빅브라더
사물 인터넷(IoT)	분산파일시스템	맵리듀스	텍스트 마이닝	평판분석
소셜네트워크 분석	군집분석	데이터과학자	데이터 마켓플레이스	

 토의 문제 　　　　　　　　　E / X / E / R / C / I / S / E

01 컴퓨터를 이용하여 빅데이터를 분석하기 위해서는 비정형화된 데이터를 반정형화된 데이터나 정형화된 데이터로 전환해주는 작업이 필요하다. 이러한 전환 작업의 예를 들고 이를 위해서 어떤 기술이 사용되는지 토의해보자.

02 데이터의 분석결과를 시각화하는 것이 중요하다는 것을 배웠다. 가상의 소비자 구매 행태에 대한 빅데이터 분석 결과가 주어졌다고 가정하고, 이를 어떻게 시각화할지 구체적인 방안을 제시해 보자.

03 다양한 웨어러블 디바이스(Wearable Device)를 예로 들어 사물 인터넷과 빅데이터의 관계를 설명해 보자.

R / E / F / E / R / E / N / C / E

[1] "공간빅데이터 분석으로 버스노선 · 토지이용 계획 세운다", 정종길, : IT Daily, 2018년 12월 24일

[2] "빅 브라더 중국, 사람들 '머릿속'까지 감시한다", 안승섭, 연합뉴스, 2018년 4월 30일

[3] "공공 빅데이터 우수사례집", 행정안전부, 2018년 2월 6일

[4] "Data Science for Business: What you need to know about data mining and data-analytic thinking", Foster Provost & Tom Fawcett, O'Reilly Media, 2013.

[5] "Big Data : The Next Frontier for Innovation, Competition, and Productivity", McKinsey &Company, 2011년 5월.

[6] "빅데이터의 활용 현황, 문제점과 대책", 조하현, KERI Column, 2014년3월 14일

[7] "빅데이터란 무엇인가. 각광받는 빅데이터, 활용분야, 미래전망", 이노텍 톡, 2014년2월 10일 (http://blog. lginnotek.com/272).

[8] 유튜브 비디오, 왓슨의 제퍼디 게임(http://www. youtube. com/watch?v=o6oS64Bpx0g).

[9] "빅데이터를 활용한 스마트 정부 구현(안)", 국가정보화전략위원, 2011.

[10] "재난시 긴급 구조, 트위터로 신고하세요!", 서동규 기자, 전자신문, 2012년9월 2일

사례 연구

재난관리의 새로운 해결방안, 빅데이터

최근 우리 사회는 사회, 환경, 안전문제 등 지금까지의 일하는 방식으로 해결하기 어려운 국가사회 현안문제에 직면하고 있어 "미래를 예측하고 대응"할 수 있는 선제적 국정운영 요구가 증대하고 있다. 이에 정부는 새로운 정부운영 패러다임 『정부 3.0』의 핵심가치를 개방, 공유, 소통, 협력으로 두고 창조경제를 지원하겠다고 발표하였다.

재난관리 역시, 위기상황 시에 가장 필요한 정보를 적시적소에 신속 제공할 수 있도록 재난안전 관계기관간 칸막이를 없애고 유기적 연계를 통해 실시간 모니터링과 상황판단이 가능한 체계 구축이 필요하다. 무엇보다 기존의 정부중심 재난대응·전파에서 벗어나 국민과 소통하는 양방향 재난관리를 위해서는 공공데이터와 민간데이터 등의 연계·분석이 가능해야 할 것이다. 본 사례에서는 빅데이터 시대의 재난관리 변화와 이에 대처하기 위한 방향을 제시하고 최근 국립재난안전연구원에서 구축한 "스마트 빅보드"의 개념을 소개한다.

를 신속하게 전파하여 피해를 최소화하는 것이 재난관리 기관의 핵심이라고 해도 과언이 아닐 것이다. 빅데이터 시대에 재난관리는 두 가지 맥락에서 큰 변화를 맞이하고 있다.

첫째, 적시 적소에 맞춤형 재난정보 제공을 위해서는 재난관리 기관 데이터만 활용하는 것에는 한계가 있다. 우리나라 국가재난관리 총괄기관인 소방방재청은 신속한 재난상황 파악 및 초동대처를 위해 각급 기관에서 보유·관리하고 있는 재난관리정보를 온-라인으로 연계·공유하는 재난정보공동활용시스템을 개발하여 활용하고 있다. 하지만 날로 복잡·다양해지는 재난상황파악 및 대응, 선제적 정책 수립지원을 위해서는 관련 기관내 공공정보의 범위를 벗어나 사회, 환경, 문화, 경제 등까지 분야를 확대하고 민간정보까지 수평적 융합·분석할 수 있는 기반이 필요하다.

둘째, 정보유통 채널이 과거 매스미디어에서 소셜미디어로 중심이 이동하고 있다. 신문, TV, 라디오 등과 같은 거대 미디어가 불특정 대중에

빅데이터와 재난

재난상황 시 가장 필요한 것은 위기에 신속하게 대처하고 효과적으로 피해를 경감하기 위한 정보이다. 따라서 정확하고 상황에 맞는 정보

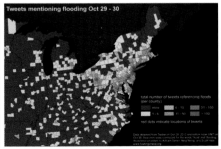

▲ 허리케인 샌디와 트윗

게 일방적으로 정보를 전달했던 채널에서 정보의 생산과 소비는 물론, 세상의 이슈나 의제를 담은 데이터가 확산되는 과정까지 폭넓게 걸쳐 있는 소셜미디어 채널로 변화하고 있는 것이다. 특히, 재난 시 소셜미디어는 신속·정확한 피해 상황 및 대피정보의 공유매체임과 동시에 재난관리 전반에 국민적 소통과 참여를 가능하게 하는 새로운 매개체가 되고 있다. 아이티와 동일본 대지진, 우리나라 강남지역 침수피해, 미국 허리케인 샌디, 최근 아시아나 항공기 착륙사고 등 소셜미디어를 통해 재난발생 현장을 생생히 보도하고 피해 최소화를 위해 정보를 공유하였다. 이 같은 소셜미디어의 재난관리 잠재력을 이용해 신속·정확하고 지능적인 재난관리 체계 마련이 필요하다. 미국 동부를 강타한 허리케인 샌디(2012. 11) 발생 당시, 뉴욕은 샌디와 관련된 트윗이 폭발적으로 발생하였다.

앞의 좌측 그림은 트윗의 발생 위치와 빈도를 지도에 맵핑한 것으로 파란 원이 클수록 해당 트윗의 빈도가 높은 것을 의미한다. 실제 가장 큰 피해가 있었던 맨하탄의 송전탑 부근에 가장 많은 트윗이 발생했음을 알 수 있다. 또한, 우측 그림에서는 샌디 피해가 발생할 당시 "flooding"이라는 키워드가 언급된 트윗의 위치와 건수를 지도에 맵핑한 결과를 보여주는데, 동부 전역에 해당 트윗이 다수 발생했으며 특히 허리케인샌디의 경로를 따라 다수 트윗이 발생했음을 알 수 있다.

위 사례들이 재난이 발생한 이후에 소셜미디어 활용현황을

분석하고 그 가치를 제시하는 사례였다면 특정 사건을 해결하기 위한 목적을 두고 커뮤니티 단위로 활용한 사례도 있다. 허리케인 샌디 당시 송전탑 피해로 인해 전력공급이 어려워져 집안에 발전기를 가동하기 위해 기름 확보를 위한 주유대란이 벌어졌고, 이 사건은 주유소 매플러 서비스라는 새로운 접근방식으로 해결되었다. 즉, 주유소를 방문한 일반시민들이 페이스 북, 트위터 등을 통해 주유소의 기름 보유상태, 연락처, 대기시간 등을 매플러 학생들에게 전달하고 이 정보를 지도에 매핑하여 공유하는 서비스를 제공함으로써 주유대란이 진정되면서 해결된 것이다. 이처럼 커뮤니티 기반 특정 목적을 갖는 소셜미디어 활용은 신뢰성 높은 집단지성을 활용할 수 있는 장점이 있다.

소셜미디어 속, 재난관리 사례는 국내도 예외는 아니다. 2010년 9월 추석연휴 첫날, 경기지역에 기록적인 폭우가 발생하였을 때 곧바로 홍대 전철역이 물에 잠겼고, 물에 잠긴 사진과 함께 침수사실을 보도한 것이 트윗이었다. 이는 어느 언론매체에서도 보도되지 않았던 상황이었으며, 이미 홍대 전철역이 범람한 후에야 TV에서 재난방송이 시작되었다. 또한, 부산 해운대 아파트 화재사건 당시 불꽃이 살아있고 구경하는 사람도 담겨있는 이른바 화재 사진으로는 특종감이었던 화재사진이 트윗에 올라왔다. 부산발 KTX가 금

▲ 주유를 기다리는 사람들과 매플러 서비스

정역에 멈춰선 사건 또한 코레일 본사에 사고보도가 안된 시점에 사고를 알리는 트윗이 먼저 올라왔다. 최근 미국 샌프란시스코 공항에 아시아나 항공기 추락 사고가 우리나라 시간으로 7월 7일 오전 3시 27분에 발생했다. 대형 사고였고, 미국에서 일어난 데다 새벽에 발생한 사건을 실시간으로 파악하기는 어려운 상황이었지만 1시간 남짓 후 사건발생 사실이 트위터를 통해 전달되었다. 항공기사고 현장과 대피하는 승객들의 모습이 담긴 사진과 짧지만 사건 사실을 알리는 트윗을 통해 언론과 관계기관의 대응이 시작되었다. 이처럼 트윗은 재난상황시 정보전달의 신속성뿐만 아니라 국민 스스로 긴급정보 공유의지의 수단으로 활용되었다.

재난관리도 정부중심 대응의 기존 방식에서 벗어나 공공데이터 뿐만 아니라 소셜미디어 데이터를 포함하는 빅데이터를 활용하여 국민이 참여하는 재난대응과 정치·사회·경제 등 제반 이슈와 연계된 분석·예측 방식으로 변화하여야 하며 이를 위한 기술개발이 필요하다.

스마트 빅보드

우리나라는 매년 발생하고 있는 재해를 경감하고자 재난안전관련 유관기관 및 지자체에서 다양한 정보관리시스템을 구축하고 있지만, 재난상황 발생 시 이들 정보들이 유기적으로 연계되지 못함에 따라 효과적이고 신속한 재난 대응체계를 갖추는데 어려움을 겪고 있다. 그 중에서도 재난안전 사고 발생 시 현장상황 지휘의 컨트롤타워 역할을 하고 있는 재난상황실은 중앙·지자체의 재난안전정보를 통합하여 표출하지 못하고 정보의 일방향적인 전달방식으로 인해 재난 유형·지역별 효과적인 재난관리 수행에 어려움을 겪고 있다. 정부 3.0 시대의 재난안전관리는

정보를 단순히 공개하는 것뿐만 아니라 중앙정부-지자체, 정부-민간기업, 정부-국민 간 소통 및 협력체계를 구축하고, 국민들이 생산하는 정보까지 적극 활용한다는 의미를 담고 있다. 따라서 국립재난안전연구원에서는 각 부처에 흩어져 있는 재난안전정보를 통합·연계하여 신속한 재난관리를 가능하게 할 뿐만 아니라, 국민이 생산하는 정보를 적극 활용하여 개인 맞춤형 재난안전 서비스를 실현하고자 스마트 빅보드(Smart Big Board, SBB)를 개발하였다.

(1) 복잡한 정보를 한 눈에 파악하는 스마트 빅보드

재난 및 안전사고 시 현장 중심의 모든 가용한 정보를 이용하여 현장의 상황을 모니터링하고 분석하는 스마트 재난관리 플랫폼인 스마트 빅보드는 사용자 중심의 'Simple but Enough'를 목표로 하여, 각종 재난정보를 한 화면에 가장 효과적이고 단순하게 표출한다. 스마트 빅보드는 기상, CCTV, 재난이력 등의 다양한 정보를 통합하고 스마트폰을 기반으로 하는 스마트 모니터링 체계의 도입, 트위터를 중심으로 하는 소셜빅데이터 분석 및 실시간 모니터링 장비(위성, UAV, MMS 등)의 활용을 통하여 공간적인 재난 상황 파악을 특징으로 한다. 특히, SNS 기반의 국민참여형 재난관리와 각종 정보의 통합을 통해 대응에서 복구까지 전 단계의 재난관리프로

세스를 모니터링 할 수 있다는 점이 스마트 빅보드의 차별화된 특징이라고 할 수 있다. SNS(트윗)을 활용해 평상시 재난에 대한 관심사를 분석하고, 재난이 발생할 가능성이 높은 지역의 트윗을 통해 재난전조를 파악하고 현장상황을 모니터링 할 수 있으며, 이와 더불어 트윗 발생자에게 대피정보를 전송함으로써 국민 개개인에게 맞춤형 재난 서비스를 제공할 수 있게 되었다. 스마트 빅보드는 기존의 재난관리 유관기관에서 개별적으로 관리·서비스하고 있는 정보를 연계하여 하나의 프레임에서 표출하는 기능을 가지고 있다. 다양한 유형의 재난에 대해 신속하게 관련정보에 접속하여 상황판단에 필요한 정보를 참조하고 최적의 상황대응 의사결정을 지원하는데 그 목적이 있다. 현재 구축하고 있는 대표적인 기존 재난정보로는 기상청과 SK 플래닛에서 제공하고 있는 기상정보, 재난·도로용 CCTV영상, 재난 감지와 모니터링 등 특정목적을 위해 설치된 센서정보 등이 있다. 특히 민간기관인 SK 플래닛(주)에서 구축하고 있는 기상정보는 보다 고해상도(서울 기준 265개, 반경 1~2km 간격)자료로서, 국지적으로 발생하는 집중호우나 폭설, 강풍, 안개 등에 대한 위험성 평가 및 피해경감

대응능력의 향상을 도모할 수 있다. 모바일 현장정보 메뉴는 기존의 수동적이고 간접적인 정보보다 직접적이면서 적극적인 상황정보 획득방법을 제공한다. 상황 발생 시 현장에 파견된 조사인력에 의해 취득된 영상 및 텍스트 정보는 실시간으로 서버에 전송되어 상황실내에서도 현장상황을 정확하고 구체적으로 파악하는 것이 가능하다. 이는 재난대응 프로세스 전반에 대한 시간적 측면의 업무효율을 증대시키고 시시각각 변화하는 상황전개 과정에 시의적절한 대응을 도출하는 재난관리 시스템의 기능을 강화시키는데 그 목적이 있다.

(2) 스마트 빅보드 추진전략

스마트 빅보드에서는 재난관리에 활용성이 높은 실시간 트윗정보, 과거 재난이력 및 원인분석 결과, 위성영상, 시뮬레이션, 관련 웹사이트 등을 빅데이터 메뉴로 분류하여 예방, 대비, 대응, 복구의 재난관리의 전체 프로세스에 대한 과학적이면서도 직관적인 재난관리 수행에 도움을 주고자 하였다. 빅데이터 메뉴는 재난발생 및 상황전개에 대한 인과관계 유추가 가능하다는 점에서 기존 접근방식과 다른 차별성이 있다고 할 수 있다. 2013년 4월 발생한 산대저수지 붕괴사고 당시 중앙정부 및 해당지자체에서 대응조치를 취하기도 전에 이미 트윗으로 붕괴위험에 대한 위험상황 전파가 이루어졌던 사례는 스마트폰 3천만 대 시대의 미래형 재난관리의 청사진을

제시한 좋은 사례일 것이다. 스마트 빅보드는 다른 모든 툴과 마찬가지로 다양한 구성요소들이 준비되어 있을 때에 최적의 기능을 발휘할 수 있다. 이를 위해서 시스템 요소기술개발 및 데이터 연계 방안에 대한 실용화 전략과 각 부처 및 유관기관의 정보 공유와 표준화를 위한 제도적 기반도 함께 마련되어야 한다. 최근 안전행정부에서는 안전책임관(CSO, Chief Security Officer) 제도를 도입하여 유관기관 간 재난안전정보의 연계 및 대응 체계를 사전에 정비하고 상황 발생 시 신속한 대응을 유도하고 있다.

(3) 형태소 분석

한편, 행정안전부는 2018년 포항시 최근 10여 년간의 민원을 분석하기 위해 인터넷 기사, SNS 등을 수집하였다. 이를 통해 시민의 주된 민원을 파악하고, 민원의 경중 등을 분석하여 대응방안을 미리 마련할 수 있었다. 포항시의 최대 민원 이슈는 주차로 나타났으며, 민원이 집중된 지역을 집중 관리 지역으로 선정하여 주차 관련 해결 방안을 우선순위로 행정에 반영하였다. 이처럼 빅데이터 활용의 가장 큰 장점 중 하나는 민원이 사회적으로 확산되기 전에 인지하여 적은 노력으로 문제 해결을 가능하게 할 수 있다는 점이다. 포항시에서 가장 먼저 실시한 것은 형태소 분석이다. 민원게시판에 시민들이 작성한 민원을 분석해, 문장을 이루는 가장 작은 단위인 형태소를 분류하기 시작한 것이다. 또한 민원 게시판의 지역별 이용현황을 연·월별로 분석해 가장 많이 사용된 키워드를 도출해냈다. 게시판 이용 빈도 역시 분석 대상 중 하나로 이런 과정을 통해 최종적인 '화제어'를 뽑아내는 한편, 그 화제어의 '연관어'를 파악해 이를 시각화할 수 있었다. 즉, 하나의 화제어가 어떤 연관어가 있으며 언제, 어디서 많이 사용되었는지 시각화함으로써 반복되는 민원을 파악하고 이에 대해 선제적 대응을 할 수 있게 된 것이다.

(4) 데이터, 무엇이 먼저인지 정확하게 알려주다

데이터를 분석한 결과, 포항시는 지역 내 민원들 중 시급한 것들을 과학적으로 판단하고 이에 대한 우선순위를 합리적으로 정하여 한정된 예산과 인력을 효율적으로 사용하고 있다. 불법 주정차 단속을 위한 CCTV 확대설치 및 단속문자 알람 서비스 구현, 관광지 인근의 학교 및 병원과 협의하여 여름철 임시 주차장 설치, 단속 예고 및 단속 강화 지역 설정 등 모두 포항시가 데이터 분석을 통해 마련한 해결책들이다.

출처: 기상기술 정책, Vol6, No. 2(통권 제 18호), 2013년 12월 31일, 공공 빅데이터 우수사례집, 행정안전부, 2018년 2월 6일

워드클라우드

▲ 워드 클라우드를 이용한 시각화 기법

사례연구 토의문제

1. "스마트 빅보드"에 사용된 데이터들은 어떤 것이 있을지 생각해보고 이를 공공데이터와 민간데이터로 구분해 보시오. 이와 같은 두 가지 유형의 데이터를 어떤 방식으로 연계·분석할지 방안을 제시해 보시오.

2. 재난안전 서비스에 개인이 제공하는 트윗의 역할이 중요할 수 있다고 사례에서 제시하였다. 만약 당신이 현재 화재나 대형 교통사고를 목격하였지만 트위터를 사용하지 않는다고 하자. 그렇다면, 이 정보를 트윗 외에 어떤 방식으로 국가 재난정보시스템에 제공할 수 있을까? 현재 스마트 빅보드는 이러한 국민의 자발적 정보제공 채널을 제대로 제공하고 있는가? 그렇지 않다면 어떤 식으로 이를 보완·발전시킬 수 있을지 방안을 제시해 보시오.

3. 위에서와 같이 당신이 현재 화재나 대형 교통사고를 목격하였고 이 정보를 트윗을 통해 다른 지인들에게 전파하려고 한다. 국내 트윗 사용자들이 워낙 많다보니 이러한 정보가 다른 트윗들과 섞여 제대로 국가 재난정보시스템에서 파악을 하지 못하는 경우가 생길 수 있을 것이다. 이러한 재난 관련 트윗을 제대로 파악하기 위해서는 어떤 기술이 뒷받침되어야 할지 제시해 보시오.

4. 재난 사실을 파악하는 것보다도 재난에 대처할 수 있도록 대국민 메시지를 전파하는 일이 관건이다. 해당 재난지역에 있는 국민을 어떤 방식으로 추출하여 개별 상황에 적합한 메시지를 어떻게 전파하여야 할지에 대한 방안을 빅데이터의 활용측면에서 제시하시오.

ㅊ

저자 약력

● 차 훈 상

|학 력|
- 서울 대학교 공학사 (금속공학 전공, 1998)
- 미국 University of Arizona 경영학석사 (경영정보시스템 전공, 2003)
- 미국 University of Arizona 경영학박사 (경영정보시스템 전공, 2007)

|경 력|
- 현, 미국 메릴랜드 솔즈베리 대학교 경영대학 경영정보시스템 부교수/학과장
- 중앙대학교 경영대학 경영정보시스템 부교수 (2011~2013)
- 삼성 SDS, IT 컨설턴트 (1998~2001)

|저 서|
- 경영정보의 이해 (법문사, 공저, 2018)
- e-비즈니스와 e-커머스(법문사, 공저, 2019)
- IT 경제 가치 분석, IT 아웃 소싱, IT 인적 자본 관리에 관한 다수의 논문이 MIS Quarterly, Journal of MIS, Communications of ACM 등에 게재

● 홍 일 유

|학 력|
- 미국 Indiana University 경영학사
- 미국 University of Illinois 경영학석사
- 미국 University of Arizona 경영학박사 (경영정보시스템 전공)

|경 력|
- 현, 중앙대학교 경영대학 경영정보시스템 교수 (ihong.cau.ac.kr)
- 미국 Western Kentucky University 경영대학 조교수, 한국경영정보학회 이사, (주)대교 부설대학원 원격교육과정 자문교수, 한국능률협회 자문교수 등 역임
- 미국 UCLA Anderson School of Management 방문교수 (2003~2004)

|저 서|
- 경영정보의 이해 (법문사, 공저, 2018)
- e-비즈니스와 e-커머스(법문사, 공저, 2019)
- 디지털경제시대의 기업 IT활용사례 (법문사, 2001)
- 신기업 창조를 위한 발상의 전환 (도서출판 애드텍, 1996)
- "Classifying B2B inter-organizational systems: a role linkage perspective" (Book Chapter), *Inter-Organizational Information Systems in the Internet Age*, Idea Group Inc., 2004.

디지털 기업을 위한 **경영정보시스템**(제5판)

2005년 2월 20일 초판 발행
2011년 7월 25일 초판 7쇄 발행
2012년 3월 2일 제3판 발행
2019년 2월 28일 제4판 발행
2021년 9월 20일 제5판 발행
2023년 9월 20일 제5판 2쇄 발행

공저자 차 훈 상 · 홍 일 유

발행인 배   효   선

발행처 도서출판 **法 文 社**

주 소 10881 경기도 파주시 회동길 37-29
등 록 1957년 12월 12일 / 제2-76호(윤)
TEL (031) 955-6500~6 FAX (031) 955-6525
e-mail (영업) bms@bobmunsa.co.kr
     (편집) edit66@bobmunsa.co.kr
홈페이지 http://www.bobmunsa.co.kr

조 판 (주) 성 지 이 디 피

정가 37,000원   ISBN 978-89-18-91240-0